Johanna Erzberger

Kain, Abel und Israel

Die Rezeption von Gen 4,1–16 in rabbinischen Midraschim

Verlag W. Kohlhammer

Gesamtherstellung:
W. Kohlhammer Druckerei GmbH + Co. KG, Stuttgart
Printed in Germany

ISBN 978-3-17-021497-2

Kohlhammer

Beiträge zur Wissenschaft vom Alten und Neuen Testament
Zehnte Folge

Herausgegeben von
Walter Dietrich
Christian Frevel
Reinhard von Bendemann
Marlis Gielen

Heft 12 · Der ganzen Sammlung Heft 192

Dank

Die vorliegende Arbeit wurde im Sommersemester 2009 von der Katholisch-Theologischen Fakultät der Universität Salzburg als Promotionsschrift angenommen. Für den Druck wurde sie geringfügig überarbeitet.

An erster Stelle gilt mein Dank Prof. Dr. Ilse Müllner und Prof. Dr. Gerhard Langer für die Betreuung der Dissertation. Dabei hat sich die Entfernung zwischen Salzburg und Kassel zu keinem Zeitpunkt störend bemerkbar gemacht. Prof. Dr. Gerhard Langer danke ich für die Erstellung des Erstgutachtens, Prof. Dr. Ilse Müllner für die Erstellung des Zweitgutachtens.

Prof. Dr. Christian Frevel und Prof. Dr. Walter Dietrich danke ich für die Aufnahme der Arbeit in die Reihe ‚Beiträge zur Wissenschaft des Alten und Neuen Testaments'.

Den Diözesen Fulda und Mainz und den Erzdiözesen Köln und Salzburg danke ich für großzügige Druckkostenzuschüsse.

Mein ganz besonderer Dank gilt all den Menschen, die auf unterschiedliche Art dazu beigetragen haben, dass dieses Projekt zu einem guten Abschluss kam. Namentlich erwähnen möchte ich mit Melanie Albrecht, Johanna Alpermann und Michael Hintze, Johanna von Cramon und Kathrin Goßmann einige Kasseler Freunde. Am ehesten wird Vollständigkeit bei der Aufzählung der Namen all derer zu erreichen sein, die Korrektur gelesen haben: Heidrun Erzberger, Sabine Friedrich, Dr. Michaela Geiger, Prof. Dr. Michael Konkel, Dr. Elisabeth von Lochner und Christiane Schneider. Sebastian Plötzgen danke ich für die Behebung der letzten Formatierungsmängel und die Erstellung des Registers.

Gewidmet sei dieses Buch meinen Eltern, meiner Schwester und – prospektiv – meinem Patenkind, Clara Hintze.

Bonn, 6. Oktober 2010 Johanna Erzberger

Inhaltsverzeichnis

1. Einleitung

Die vorliegende Arbeit fragt nach den Lesarten der Erzählung von Kain und Abel (Gen 4,1–16) in aggadischen Midraschim und nach den Aussagen, die sie vor dem Hintergrund dieser Lesarten treffen. Midraschim greifen auf offenbar feststehende intertextuelle Verknüpfungen zwischen biblischen Texten und auf überlieferte, fest formulierte Auslegungsversatzstücke zurück, die in unterschiedlichen Midraschim begegnen. Indem sie sie in je verschiedener Weise kontextualisieren, verhalten sie sich zu den darin bereits vertretenen Propositionen und treffen ihre je eigenen Aussagen. Indem die Arbeit unterschiedliche rabbinische Auslegungen desselben Textes vergleicht, fragt sie nach Gemeinsamkeiten und Unterschieden in Bezug auf Lesarten und Inhalte und erstellt eine Typologie.

Gen 4,1–16 weist eine besonders hohe Zahl von Leerstellen auf, die der Leser bei der Lektüre des Textes zur Herstellung eines Sinnzusammenhangs füllen muss. Was der Leser in den Text einträgt, entnimmt er den Relevanzsystemen und Auslegungskonventionen seines sozialen Umfeldes und seiner Zeit. Indem er sich ihrer bedient, verhält er sich zu ihnen. In der grundsätzlichen Herangehensweise, den Bibeltext im Lichte anderer biblischer Texte zu deuten, darüber hinaus aber auch in bestimmten wiederkehrenden intertextuellen Verknüpfungen, Motiven und bis in den Wortlaut hinein feststehenden Auslegungsversatzstücken zeigen sich Relevanzsysteme und Plausibilitätsstrukturen, die verschiedene rabbinische Texte miteinander teilen. In der Art, wie sie diese Elemente kontextualisieren, zeigen sich Differenzen.

Die vorliegende Arbeit hat damit zwei Schwerpunkte: Indem sie den Kontext kleinerer Auslegungsversatzstücke für relevant erklärt und berücksichtigt, behauptet sie eine bestimmte Hermeneutik auf Seiten der Midraschim. Unter dieser Perspektive steht die Art des Umgangs der Midraschim mit Gen 4,1–16 exemplarisch für den Umgang mit anderen biblischen Texten. Indem sie mit Blick auf das Vorkommen der Erzählung von Kain und Abel in einer Auswahl von Midraschim auf Vollständigkeit zielt, liefert sie einen Überblick über die Inhalte der Auslegung der Erzählung in diesen Midraschim.

1.1 Einordnung in die Forschungsgeschichte

Angesichts der Disparatheit des Begriffes ‚Midrasch‘ ist eine begründete weitergehende Eingrenzung der Textbasis der notwendige erste Schritt einer weiteren Beschäftigung mit ihr. Die Auseinandersetzung mit exemplarischen Positionen der Forschungsgeschichte zeigt, dass einige Differenzen wesentlich von dem die Perspektive auf den Midrasch bestimmenden individuellen Frageinteresse abhängig sind. In der weiteren Auseinandersetzung mit exemplarischen Positionen der Forschungsgeschichte gewinnen zwei grundlegende Thesen der Arbeit Gestalt, anhand derer sie sich im Forschungskontext singulär positioniert: Gegen einen breiten Forschungskontext geht die vorliegende Arbeit davon aus, dass die größeren Kontexte der Midraschim bedeutungstragend sind. Gegen einen breiten Forschungskontext wendet sich auch die andere grundlegende These, nach der die Aufnahme biblischer Texte in rabbinischen Midraschim nicht eklektisch oder in Zitatsplittern erfolgt. Der Kontext wird mit eingespielt. In diesem Punkt richtet sich die Arbeit auch gegen Boyarin, dessen methodischen Ausgangspunkt der Intertextualitätsforschung sie im Übrigen positiv rezipiert. Boyarins Rede von ‚cultural codes', die die Produktion intertextueller Verknüpfungen ermöglichen und beschränken, bedarf der Präzision. Auch in der Frage der Möglichkeit und Sinnhaftigkeit der Berücksichtigung des historischen oder soziologischen Kontextes der Auslegung der Midraschim hebt sich die vorliegende Arbeit damit von exemplarischen Positionen der Forschungsgeschichte ab.

1.1.1 *Textgrundlage*

Die Vorstellungen darüber, was unter ‚Midrasch' im Einzelnen zu verstehen ist, gehen quantitativ und qualitativ weit auseinander.[1] Durch die Forschungsgeschichte ist die Verwendung des Begriffes zunehmend inflationär. Sie reicht von innerbiblischer Schriftauslegung bis zu modernen literarischen oder literaturwissenschaftlichen Auseinandersetzungen mit dem biblischen Text.[2] Stern beschreibt mit durchaus kritischem Impetus eine Strömung innerhalb der Midraschforschung, die Midrasch in eine nicht-westliche, nicht-logozentrische Tradition stellt, die von innerbiblischen Texten bis zu Kafka und den Dekonstruktivisten der 2. Hälfte des 20. Jahrhunderts reicht:

> As it was constructed, this alternative nonlogocentric tradition was said to begin with midrash (or with the Hebrew Bible as a kind of proto-midrashic text) and to end with deconstruction.[3]

Bereits 1967 bemerkt Wright über die Forschungslage seiner Zeit:

> The word as used currently in biblical studies is approaching the point where it is no longer meaningful and where some of the material designated as midrash resembles the later midrash only in a very superficial way.[4]

Auf einen zweiten Blick ist die Lage in der Forschung jedoch nicht ganz so disparat, wie es auf den ersten Blick scheint. Vertreter eines weiten Midraschbegriffs arbeiten auffallend häufig mindestens implizit mit weitergehenden Differenzierungen, indem sie eine dem Midraschbegriff untergeordnete zweite Kategorie einführen. Porton unterscheidet in seinen späteren Arbeiten ‚rabbinic midrash' von ‚non-rabbinic midrashic activity'[5]. Shinan und Zakovitch unterscheiden rabbinische von biblischer und nachbiblischer nichtrabbinischer Literatur.[6] Wright unterscheidet ‚rabbinic' von ‚pre-' und ‚post-rabbinic' Midrash.[7]

---

1 Zu einer zusammenfassenden Darstellung vgl. Teugels (2004), 135ff.

2 Vertreter einer Position, nach der Midrasch innerbiblische Schriftauslegung mit umfasst, sind Robert, Bloch und Vermes. Für Midrasch als Literatur steht der Sammelband Hartman/Budick (1986). In die Nähe Hartmanns und Budicks rückt Teugels auch Boyarin. Vgl. Teugels (2004), 139, FN 12.

3 Stern (1996), 5. Vgl. auch Sterns Kritik, Stern (1996), 15f. Vgl. unter positivem Vorzeichen Boyarin.

4 Wright (1967), 22. Vgl. auch Porton (1979), 110.

5 Vgl. Porton (1985), pass. und später.

6 Vgl. Shinan/Zakovitch (1986), 262f.265.271.277. Vgl. auch an anderer Stelle die Rede von ‚rabbinic literary materials such as Midrash Rabbah or Midrash Tanchuma', Shinan/Zakovitch (1986), 258. Der Fokus des Artikels liegt jedoch auf der Herausarbeitung von Gemeinsamkeiten. Vgl. auch Shinan/Zakovitch (1986), 277 in ihrer abschließenden Konklusion.

7 Vgl. Wright (1967), 72 u.a.

Auch der Begriff ‚rabbinisch' ist in diesem Zusammenhang noch nicht präzise. Letzten Endes scheint die Zuschreibung des Attributes ‚rabbinisch' der mehr oder weniger selbstverständlichen Zugehörigkeit des Textes zu einer bestimmten Tradition und deren spezifischer Bedeutung innerhalb der Traditionsgemeinschaft des Judentums bis heute geschuldet zu sein. Da über die Relevanz der fraglichen Texte für diese Tradition auch innerhalb der Traditionsgemeinschaft keine hundertprozentige Einigkeit herrscht, bleibt auch diese Eingrenzung notwendig vage.

> 'Rabbinic' refers to the literature composed by the rabbinic Sages in about the 3rd–10th century C.E. *This is the formative literature of Judaism up to this day* [Hervorhebung J.E.].[8]

Der Nachsatz trägt die Beweislast.[9] Als Teil einer lebendigen Tradition bilden die in verschiedenen Zusammenhängen als Midraschim oder rabbinisch bezeichneten Texte ein Textkontinuum. Dieses Kontinuum zeichnet sich durch ähnliche Umgangsweisen mit dem biblischen Text und durch ähnliche oder vergleichbare Inhalte aus. Innerhalb des Kontinuums verbindet manche Texte untereinander mehr als diese mit anderen. Die Ränder jedweder genaueren Abgrenzung sind notwendig unscharf.

Da der Begriff der ‚rabbinischen Literatur' auch dort, wo er einen weiten Midraschbegriff einzugrenzen in der Lage ist, die Talmudim mit umfasst, eignet er sich für die vorliegende Arbeit nicht. Die vorliegende Arbeit votiert deshalb für einen im Einzelnen noch zu begründenden engen Midraschbegriff. Sie ist sich dessen bewusst, dass es sich dabei um eine von zahlreichen möglichen Eingrenzungen handelt.

1.1.2 Forschungsgeschichte: Perspektiven

Insgesamt lässt sich in der Forschungsgeschichte – jenseits einer sich in traditionellen Bahnen bewegenden innerjüdischen Auseinandersetzung mit diesen Texten – eine Entwicklung von einer historisch-kritischen Perspektive (die frühe ‚Wissenschaft des Judentums')[10] hin zu einer Wahrnehmung des Textes unter literaturwissenschaftlichen Gesichtspunkten, zumeist unter Absehung von historischen Fragestellungen,[11] hin zu einem noch vorsichtig formulierten neuen Interesse an den historischen Kontexten dieser Literatur in jüngster Vergangenheit festmachen.[12]

Traditionelle jüdische Auslegung bleibt innerhalb des den Midraschim selbst inhärenten Relevanzsystems.[13] Der Versuch der frühen ‚Wissenschaft des Judentums', unter historisch-kritischer Perspektive einen neuen Zugang zu den Texten der Tradition zu gewinnen, bedeutet einen Bruch mit dieser Tradition. Die litera-

---

8 Teugels (2000), 47, FN 1.

9 Die Zugehörigkeit zur Tradition ist jeder Definition vorgängig. Wird die Definition erweitert, werden einzelne Kriterien (Ausgangspunkt biblischer Text, nicht-logozentrische Perspektive, Dialog alternativer Auslegungen etc.) extrapoliert. Boyarin (1990a), VIII, geht nur scheinbar in umgekehrter Weise vor, wenn er, nachdem er sich einer breiteren Definition von Midrasch angeschlossen hat, wieder einschränkt: „The object of inquiry can, nevertheless, be delimited without any definition. For the purpose of this book, 'midrash' is the type of biblical interpretation which is found in the Jewish biblical commentaries which the Jews call 'midrash'."

10 Zunz u.a.

11 Boyarin, Stern u.a.

12 Bakhos. Vgl. auch manche der in dem von Bakhos (2006a) herausgegebenen Sammelband vertretenen Autoren, z.B. Kalmin (2006).

13 Stern definiert traditionelle jüdische Auslegung treffend in diesem Sinn: „to study midrash through its own methods", Stern (1996), 16.

turwissenschaftliche Auseinandersetzung mit dem Text sucht dem a-historischen Selbstverständnis der Texte zu entsprechen. Wie jede andere Auseinandersetzung, die sich auf Theoriekonzepte des 20. oder 21. Jahrhunderts beruft, trägt aber auch sie Relevanzsysteme an den Text heran, die diesem selbst fremd sein müssen.[14] Jede Wahrnehmung der Texte als Literatur in ihrem historischen Kontext findet ihre Grenze in den mit der Datierung dieser Texte verbundenen Schwierigkeiten. Datierungen ergeben sich aus den wenigen Anspielungen auf historische Ereignisse, sprachliche Besonderheiten, relative Datierungen und dem in aller Regel späten Druck als terminus ante quem. Die ihnen zu Grunde gelegten vorausgesetzten Abhängigkeiten sind im Rahmen einer disparaten Textgeschichte äußert fraglich.[15]

Der nachfolgende ausschnittsweise Forschungsüberblick orientiert sich an wiederkehrenden zentralen Aspekten vertretener Definitionen von Midrasch. Der Forschungsüberblick nimmt spätere als die von der frühen Wissenschaft des Judentums vertretenen Positionen in den Blick. Da die vorliegende Arbeit den Möglichkeiten einer historisch-kritischen Herangehensweise Grenzen gesetzt sieht und als Herangehensweise eine literaturwissenschaftliche Perspektive wählt, bieten sich literaturwissenschaftliche Perspektiven als Gesprächspartner an.

Die Definition dessen, was Midrasch ist, setzt eine Reihe von Vorentscheidungen voraus, die wesentlich vom Frageinteresse des Forschers abhängig sind.[16] Sie betreffen zunächst Auswahl und Gewichtung der Kriterien, nach denen innerhalb eines Textkontinuums ein Textkorpus der ‚Midraschim' eingegrenzt und bestimmt wird. Die Notwendigkeit einer sinnvollen Begrenzung des Textkorpus der Midraschim wurde bereits diskutiert (1.1.1). Andere Vorentscheidungen betreffen mögliche Perspektiven gegenüber dem rabbinischen Text. Ob Midraschim als die Auslegungen des biblischen Textes in den Blick genommen werden, als die sie sich präsentieren,[17] oder ob der Fokus auf Aussagen über die Welt hinter dem Text der Midraschim liegt, die die Midraschim mittels ihrer Auslegung biblischer Texte treffen, hängt vom Frageinteresse des Forschers ab. Ob Midraschim als eine bestimmte Herangehensweise an den biblischen Text oder ob die Texte in den Blick genommen werden, die diese Herangehensweise an den biblischen Text praktizieren, ist ebenfalls eine Frage des Forschungsinteresses. Wichtige Forschungsansätze werden zu diesen möglichen Perspektiven ins Verhältnis gesetzt (1.1.3 und 1.1.4) und kurz erläutert.

Drei Aspekte der Definitionen von Midraschim werden ausführlicher diskutiert. Sie betreffen den sinnvoll zu berücksichtigenden Umfang rabbinischer Texte (1.1.5), den von der Auslegung des Midrasch vorausgesetzten biblischen Textzusammenhang (1.1.6) und sowohl die Möglichkeit einer Berücksichtigung als auch den möglichen Ertrag der Berücksichtigung eines historischen Kontextes (1.1.7).

---

14 Vgl. Levinson (2006), 189: „The attempt to see midrash as literature already assumes a gap between us and the midrashic corpus. We endeavor to see 'as' literature because that is a category with which we are familiar."

15 Vgl. Schäfer (1986), pass. Nach Schäfer ist eigentlich erst der Druck als Endtext zu betrachten. Vgl. auch Teugels (2003b), 210ff.216f, nach der eine treue Textüberlieferung nicht Ziel der Tradenten ist. Jede Fassung ist letztlich ein eigener Text. Teugels bezieht sich auf Schäfer.

16 Vgl. Bakhos (2006b), pass. Nach Bakhos kann jede sinnvolle Definition von ‚Midrasch' nur in Abhängigkeit vom Interesse (und von den Relevanzsystemen) des Forschers beurteilt werden. Bestimmte Aporien in der Geschichte der Definition des Begriffes ‚Midrasch' lassen sich deshalb nicht auflösen, weil sie Ausdruck unterschiedlicher jeweils berechtigter Perspektiven auf denselben Gegenstand sind.

17 Vgl. Kugel (1990), 251; Teugels (2004), 155.

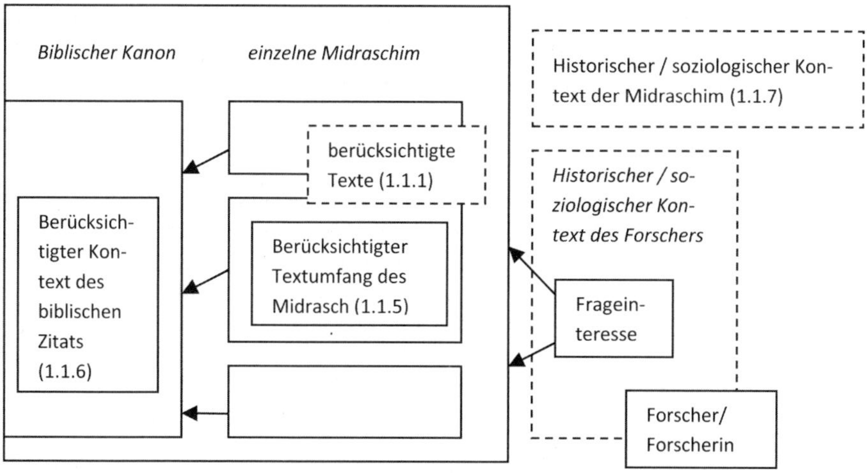

Die Skizze veranschaulicht den Zusammenhang der im Folgenden näher betrachteten zentralen Aspekte vertretener Definitionen von Midrasch.

1.1.3. Exegese oder Eisegese

Eine in den Diskussionen um die Definition des Begriffs ‚Midrasch' immer wiederkehrende Frage ist die des Gegenstandes der Auslegung.[18] Symptomatisch für diese Diskussion sind zwei im selben Sammelband erschienene Aufsätze Neusners und Stembergers.[19] Nach Stemberger ist der Midrasch Interpretation des biblischen Textes auf einem bestimmten historischen Hintergrund, nach Neusner Auslegung der Gegenwart der Rabbinen mit Hilfe des biblischen Textes.[20] Bei einer Anzahl von Forscherinnen und Forschern läuft das Verhältnis des rabbinischen Textes zum biblischen auf der einen und zur Lebenswelt der Rabbinen auf der anderen Seite auf eine Unterscheidung von Form (Exegese) und Inhalt (Eisegese) hinaus.[21] Ihrer Form nach sind Midraschim Auslegungen, also Exegesen eines biblischen Textes, gemessen am Inhalt sind sie Eisegesen, treffen also Aussagen über die Le-

[18] Verschärft wird das Problem dadurch, dass sich ein modernes Verständnis von Exegese oder Auslegung eines biblischen Textes auf rabbinische Literatur kaum anwenden lässt.

[19] Vgl. Neusner, J., The Role of Scripture in Tora – Is Judaism a „Biblical Religion"?, und Stemberger, G., Zum Verständnis der Schrift im rabbinischen Judentum, beide in: Merklein, Helmut/Müller, Karl-Heinz/Stemberger, Günther (Hgg.), Bibel in jüdischer und christlicher Tradition (FS J. Maier) (BBB 88), Frankfurt a.M. 1993. Vgl. auch Neusner (1987b), 28f.

[20] Neusners These impliziert, dass im Falle einer Exegese das Ergebnis vom Vers und der auf ihn angewendeten Methode hinreichend determiniert sei und schließt aus, dass die individuellen Interessen von Autoren sich im Ergebnis einer Exegese spiegeln.

[21] Ihr Verhältnis zueinander wird unterschiedlich gewertet. Goldberg und Stern führen eine Hierarchie zwischen beiden Aspekten ein, die den Unterschied von Form und Inhalt betrifft. Vgl. Goldberg (1985), 84.92. Nach Goldberg ist die Aussageintention des Textes, in dem die ‚funktionale Form Midrasch' sich realisiert, durch sie allein noch nicht erfasst. „Once the functional form has been determined, it is possible to describe texts as realizations of such functional forms. However this is obviously a formal description of the text. It tells us nothing about its content or why the text is composed." Goldberg (1985), 82. In ähnlicher Weise unterscheidet Stern exegetische Praxis (‚exegetical practice') und ideologisches Programm (‚ideological program').Vgl. Stern (1994), 184. Samely umgeht die Frage nach dem Verhältnis des rabbinischen Textes zum biblischen auf der einen und der Lebenswelt der Rabbinen auf der anderen Seite. Der biblische Text ist Bestandteil der Lebenswelt. Vgl. Samely (2007), 70: „The reading takes place in a milieu in which the rabbinic world is already Bible-shaped, and the Bible is world-shaped."

benswelt der Rabbinen mit Hilfe des biblischen Textes. Sie kommen der Position Neusners damit nahe. Nach Porton befinden sich Elemente der Eisegese und der Exegese mit Blick auf den Inhalt im Gleichgewicht:

> Also, the act of joining new laws to Scripture served as much to make Scripture relevant [...] as it did to give authority to the laws.[22]

Alle genannten Positionen haben gemeinsam, dass sie Eisegese und Exegese als Funktionen des rabbinischen Textes selbst betrachten. Im Anschluss an Portons These und über sie hinaus stellt sich die Frage nach der Rolle des Interpreten rabbinischer Literatur. Der Interpret ist es, der sich für die Erträge für das Verständnis des biblischen Textes oder der Lebenswelt der Rabbinen interessiert.

1.1.4 Methode oder Gattung

Die Unterscheidung zwischen Auslegungsprozess bzw. dem Ergebnis dieses Prozesses in Gestalt einer Einzelauslegung[23] und einem Text der Gattung Midrasch, der diese Einzelauslegungen in bestimmter Weise arrangiert, spiegelt drei Perspektiven auf den rabbinischen Text. Kugel ergänzt eine vierte: Midrasch ist die Summe der Auslegungen, die in verschiedenen Werken gesammelt und geordnet sind.[24]

1.1.4.1 Methode: Shinan und Zakovitch; Kugel; Goldberg; Samely

Für *Shinan* und *Zakovitch* ebenso wie für *Kugel* entspricht ‚midrash' einer bestimmten Herangehensweise an den biblischen Text.[25] *Goldberg* beschreibt die Tiefenstruktur des Midrasch in Gestalt der Beziehung der Auslegung zum biblischen Text.[26] Indem *Samely* einen Katalog von insgesamt 26 methodischen Operationen am biblischen Text erstellt, führt er in größerer Komplexität aus, was Goldberg in größtmöglicher Allgemeingültigkeit formuliert.[27] Texte, die nach Art der Midraschim verfahren, gehören nach *Shinan* und *Zakovitch* unterschiedlichen ‚Genres' an.[28] Die Identifikation mit einer literarischen Gattung müssen sie zurückweisen, soll auch Michelangelos Mose Midrasch sein.[29] Umgekehrt charakterisiert für Shinan und Zakovitch die Herangehensweise an den biblischen Text Texte der Gattung ‚Midrasch' nicht in allen ihren Bestandteilen.[30] Auch Goldbergs ‚funktionale Form

---

22 Porton (1979), 130. Im Zusammenhang einzelner Auslegungen stellt er sich einmal den einen, einmal den anderen Schwerpunkt als vorherrschend vor. Vgl. Porton (1985), 8f.12f. In ähnlicher Weise Kalmin (2006), 133: „because there is no reason, why the rabbis' comments cannot be motivated by exegetical and historical concerns."

23 Eine Einzelauslegung entspräche einer Einheit aus einem oder zwei biblischen Zitaten (Lemma) und einer sich auf dieses Zitat oder diese Zitate beziehenden Aussage (Diktum) als kleinstmöglicher Sinneinheit.

24 Vgl. Kugel (1986), 91.

25 Vgl. Kugel (1986), 91; vgl. Shinan, A./Zakovitch, J. (1986), 258.

26 Vgl. Goldberg (1985), 82.89. Vgl. auch Goldberg (1990), 8ff; Goldberg (1982), pass. Das Syntagma der Auslegung liest sich dann wie folgt: ***O****peration* (***L****emma*) = ***D****iktum*.

27 Vgl. Samely (2007), 91ff. Samleys ‚midrashic unit' scheint das Ergebnis bestimmter methodischer Vorgehensweisen zu sein. Vgl. Samely (2007), 64.

28 Kugel zählt unter solche Genres neben den ‚standard corpora of Jewish exegesis' Targumim und GA. Letzteres muss insofern überraschen, als er an anderer Stelle innerhalb desselben Artikels wesentliche Kriterien von Midraschim gerade am Gegenüber der ‚Rewritten Bible' Philos von Alexandrien festgemacht hat. Vgl. Kugel (1986), 87.91.

29 Shinan/Zakovitch (1986), 259.

30 Als Beispiel für innerhalb der Midraschim verwendete Gattungen nennen Shinan und Zakovitch Fabeln, Sagen, Gebete und die Exegese einzelner biblischer Verse. Sie beziehen sich auf Material, wie es

Midrasch' erfasst den tatsächlich vorliegenden Text nicht hinreichend in allen seinen Bestandteilen oder Funktionen, seiner Definition zufolge ist also nicht alles innerhalb der Midraschim ‚Midrasch'.[31] Teugels fasst die Schwierigkeit eines Ansatzes, der Midrasch mit einer Herangehensweise an den biblischen Text identifiziert, treffend zusammen:

> Form, therefore, says too much and too little. On the one hand an exclusively formal definition of midrash would include non-rabbinic literatures that I want to exclude. On the other hand, form does not say enough: it does not completely define rabbinic midrash.[32]

1.1.4.2 Text: Wright; Neusner; Porton

Für die Vertreter einer Gattung Midrasch ist eine bestimmte Herangehensweise an den biblischen Text vorrangiges Merkmal der Gattung. *Wrights*, *Neusners* und *Portons* Interesse gilt dem Werk als Beispiel einer Textgattung.[33] Wrights Monographie ‚The literary genre Midrash' verdeutlicht diesen Zusammenhang bereits in ihrem Titel. Als ‚a literature about a literature'[34] dienen Midraschim nach Wright der Aktualisierung eines für die Traditionsgemeinschaft bedeutsamen Textes. Kennzeichen des Genre ‚Midrasch' sind solche Charakteristika, die sich aus der gemeinsamen Auslegungstradition der Interpreten herleiten.[35] Bei diesen Charakteristika handelt es sich auch wieder um ein bestimmtes methodisches Vorgehen. Was Midraschim als Methode oder Hermeneutik auszeichnet, ist nach Neusner ihre Verortung in einem Werk, das einem bestimmten Kanon angehört.[36] Wo die Zugehörigkeit eines bestimmten Werkes zur Gattung Midrasch nicht einfach an der Zugehörigkeit des Werkes zum ‚Kanon' der Traditionsgemeinschaft des Judentums festgemacht wird, betreffen die Kennzeichen der Textgattung doch wieder eine bestimmte Art des Umgangs mit dem biblischen Text. Wo ‚midrashic activity' überwiegt, liegt nach Porton ‚midrashic genre' vor.[37] Die vorliegende Arbeit geht davon aus, dass Midraschim sich durch eine bestimmte Herangehensweise an den biblischen Text (eine bestimmte Methode), *aber auch* durch gemeinsame Inhalte auszeichnen.

1.1.5. Der Textumfang des rabbinischen Textes

Unterschiedliche Ansätze unterscheiden sich im Umfang des von ihnen innerhalb der Midraschim als Sinneinheit vorausgesetzten Textzusammenhangs. Wo Midra-

---

innerhalb einer einzelnen Sammlung wie Midrasch Rabbah oder Tanchuma versammelt ist. „Not all of the material found in a book named 'Midrash' is, by nature, midrash." Vgl. Shinan/Zakovitch (1986), 258.

31 Nach Goldberg (1990), 14 „… verhält es sich mit den Werken der sogenannten Midraschliteratur, [so, dass sie] *fast* [Hervorhebung J.E.] ausschließlich aus Midraschsätzen bestehen." Vgl. auch Goldberg (1990), 15.

32 Teugels (2004), 164 in Auseinandersetzung mit Goldberg. Nach Teugels (2004), 157ff lässt sich ein Werk ‚Midrasch' auf eine Sammlung von ‚midraschim' nicht reduzieren. Vgl. Teugels (2004), 160f. Letztlich ist Teugels Ansatz mit denselben Problemen konfrontiert, wie sie sie an Goldberg kritisiert. Teugels (2004), 164.

33 Vgl. Porton (1979), 118; Neusner (1987b), 3ff.

34 Vgl. Wright (1967), 67.

35 Vgl. Wright (1967), 30.

36 Vgl. Neusner (1987b), 30f.

37 Porton (1979), 122. Die Unterscheidung von ‚midrashic genre' und ‚midrashic activity' ist nicht konsequent, die Trennlinie zwischen beiden Begriffen unscharf. Vgl. auch Teugels (2004), 153ff.

schim als eine Textgattung repräsentierende Texte in den Blick genommen werden, rückt das Werk als Texteinheit ins Zentrum.[38] Wright, Neusner und Porton behaupten eine inhaltliche und formale Kohärenz jedes einzelnen Werkes. Stern, Samely, Stemberger und Bakhos stellen das Werk als Sammlung von Einzelauslegungen vor. Goldberg und Kugel nehmen kleinstmögliche Sinneinheiten (das sind Einzelauslegungen) in den Blick. Kugel stellt die Relevanz größerer Texteinheiten nicht grundsätzlich in Frage.

1.1.5.1 Die kleinstmögliche Sinneinheit: Goldberg; Kugel

Weder Goldberg noch Kugel fragen nach der Relevanz größerer Texteinheiten. Als tatsächlich vorliegende Einheiten, innerhalb derer die ‚funktionale Form Midrasch' sich realisiert, ohne dass sie in ihnen aufginge, nimmt Goldberg kleinste abgrenzbare Texteinheiten in den Blick.[39] Das Interesse Kugels gilt der Genese einer Auslegungstradition durch verschiedene Werke. Ein einzelner Text kommt, seinem Frageinteresse entsprechend,[40] nur in kurzen Ausschnitten in den Blick.

1.1.5.2 Das Dokument: Wright; Neusner; Porton; Teugels

Trotz ihrer Perspektive auf Midraschim als Textgattung und entsprechend ihrer Definition der Textgattung Midrasch beziehen sich Wright, Neusner und Porton in ihren Überlegungen auf kleine selbständige Texteinheiten innerhalb der Midraschim. Neusner postuliert im Sinne des ‚documentary reading' zwar ein eigenes Programm und einen individuellen Stil für jedes rabbinische Werk. Porton beruft sich auf Neusner, wenn er in späteren Veröffentlichungen ‚midrashic documents' als sinnstiftende Einheiten (‚integrated units') wahrzunehmen beansprucht.[41] Der innere Zusammenhang der einzelnen Dokumente bezieht sich bei Neusner aber überwiegend auf die als signifikant behauptete statistische Häufigkeit unterschiedlicher Typen[42] kleinerer Texteinheiten wie der Peticha[43] innerhalb eines Dokuments. Die inhaltliche Charakterisierung einzelner Dokumente ergibt sich aus dem kleinsten gemeinsamen Nenner angesichts der Summe der Inhalte der kleineren Einheiten.[44] Eine innere Dynamik behauptet er nicht. Gegenstand der Auslegung sind auch für Porton in seinen späteren Veröffentlichungen[45] Einzelauslegungen im

---

38 Vgl. Bakhos (2006b), 162 „… for if one chooses a definition that relegates term to hermeneutic activity then the boundary of the unit could conceivably shift from a relatively large document to a four-line pericope."

39 Vgl. Goldberg (1990), 15.86. Spätere Arbeiten nennen die Homilie und ihre Bestandteile, den Jelamdenu, die Peticha, den Inyan, die Chatima. Eine Bedeutung der Homilie über ihre ordnende Funktion hinaus ist m.E. nicht erkennbar. Eine Verknüpfung von Form und Inhalt wird nicht hergestellt. Die Tiefenstruktur Midrasch realisiert sich in den kleineren Formen.

40 In diesem Sinne Bakhos (2006b), 178. In der vorliegenden Arbeit wird allerdings die These vertreten, dass der Kontext für die Bedeutung der kleineren Einheit entscheidend ist.

41 We shall discover that each document asks its question in a unique manner, has its own presuppositions and constructs its exegetical comments in its own ways." Porton (1985), 13. Porton (1987), 229 wiederholt diese These in einem eigens zu Neusner (1987b) verfassten Appendix.

42 Vgl. Neusner (1987b), 58f.65.60.86.116f.

43 Vgl. Neusner (1987b), 16.188.

44 Neusner (1987b) macht die Einheitlichkeit der Parasche im Falle von GenR an inhaltlichen Kriterien in Gestalt eines Themas fest. Anders Neusner (1987a), 173, wo das auf LevR, nicht aber auf GenR zutrifft.

45 In frühen Veröffentlichungen untersucht Porton kleine unabhängige Texteinheiten, die er in den Midraschwerken durch einen Redaktor gesammelt findet, unabhängig vom Kontext des Werks. Vgl. Porton (1979), 129. Das einzelne Werk ist eine Sammlung „of independent units whose sequential or

Kontext des Werkes. Einige beispielhafte Auslegungen beziehen sich zwar auf längere Ausschnitte einer Parasche; als sinnstiftende Einheiten werden die von ihm seiner Auslegung faktisch zu Grunde gelegten Einheiten aber nicht begründet.[46] Die Darstellung ihrer Kohärenz erschöpft sich ähnlich Neusner in formalen Strukturen[47] und einer inhaltlichen Zusammenfassung, die einzelne thematische Schwerpunkte benennt,[48] ohne in ihnen aufzugehen. Wenn bei Wright ein Werk der Gattung Midrasch vorliegt, wo ‚midrashic activity' dominiert, liegt der Fokus doch wieder auf einzelnen ‚midrashic statements' als in sich geschlossene logische Sinneinheiten, die das unmittelbare Ergebnis der ‚midrashic activity' sind.[49]

1.1.5.3 Das Sammelwerk und Kompromissdokument: Stern; Samely; Stemberger; Bakhos

Stern, Samely, Stemberger und *Bakhos* nehmen das einzelne Werk als Sammlung von Auslegungsversatzstücken wahr.[50] Nach Stern und Samely sind kleinere Sinneinheiten wie der Maschal oder die Peticha[51] Teil eines über die Grenzen des einzelnen Werkes hinausreichenden Diskurses.[52] Bereits in ‚Parables in Midrash' bahnt sich eine Entwicklung an, die in ‚Midrash and theory' deutlicher zum Ausdruck kommt.[53] Stern schreibt:

> What is the purpose of this collection of parables? [...] did the editor intend to create a mini-anthology [...] in order to provide preachers with a choice of parables they might select for their sermons? Or did the editor wish the readers to note the subtle differences between the meshalim in the series by reading them in sequence?[54]

---

thematic arrangements are the work of the editors." Porton (1985), 8. Die Sammlungen, in denen sie überliefert sind, stellen nicht den ‚ursprünglichen' Kontext dieser kleinen in sich geschlossenen Einheiten dar. Vgl. Porton (1979), 129. Ähnlich Wright (1967), 67: „Every midrashic statement is a logically independent unit that is complete in itself."

46 Vgl. Porton (1985), 14: „I have provided passages lengthy enough to allow the reader to acquire a sense of the different collections."

47 Als formales Unterscheidungskriterium fungiert der mehr oder – im Fall von GenR – weniger enge Anhalt am biblischen Text. Vgl. Porton (1985), 185.219.

48 Vgl. Porton (1987), 229. Inhaltliche Kriterien, die die Weltanschauung der Autoren oder Redaktoren betreffen, das Verhältnis von Vernunft und Offenbarung, vgl. Porton (1985), 186, Skepsis gegenüber militärischen Aktionen, vgl. Porton (1985), 190, treten hinzu. In seiner Interpretation zu LevR 1 erwähnt Porton in seiner zusammenfassenden Darstellung an mehreren Stellen das Thema ‚Proselyten', ohne zu einer übergreifenden Darstellung des Themas ‚Proselytismus' in LevR 1 oder LevR zu kommen. Vgl. Porton (1985), 203–221.

49 Vgl. Teugels (2004), 164f. Teugels unterscheidet terminologisch zwischen einer kleinen Interpretationseinheit (‚midrash') und einem größeren Werk, das solche Interpretationseinheiten zu größeren Einheiten zusammenstellt (‚Midrash'). Vgl. Teugels (2004), 153, FN 12; 158.160f. Obgleich Teugels zugesteht, dass ein ‚Midrasch' mehr ist als die Summe seiner ‚midraschim', vgl. Teugels (2004), 153, FN 12.158.160f, kommt das Werk (‚Midrash') immer als Zusammenstellung der kleineren Interpretationseinheiten (‚midrashim") in den Blick. Vgl. Teugels (2004), 153, FN 12; 158.160f.

50 Vgl. Stern (1994), 183. Gegen Neusner formuliert Stern: „Despite a few recent attempts to demonstrate the 'integrity' – the formal and thematic coherence – of the various midrashic collections, they remain to all appearances more like anthologies of traditional Rabbinic interpretations that an anonymous editor selected and recorded than like self-contained logically structured books in their own right." Stern (1994), 152. Homilie und Auslegungsmidrasch geben der Sammlung von Auslegungsmaterial ihre äußere Form. Vgl. Bakhos (2006b), 173f.177 in Auseinandersetzung mit Stern.

51 Vgl. Stern (1994), 179.

52 Vgl. Stern (1994), 174.

53 Vgl. Stern (1994), 154ff.

54 Stern (1994), 178f.

In ‚Midrash and theory' gewinnt das einzelne Werk als Kompromissdokument Relevanz.[55] In einzelnen Fällen erwägt Stern inhaltliche Kriterien für die Zusammenstellung von Auslegungsmaterial. Im Zusammenhang einer auszugsweisen beispielhaften Auslegung von LevR 1 sieht Stern einzelne Proömien verbindende thematische Aspekte, die einen Gegenakzent zur Atomisierung des Ausgangsverses im Zuge der Auslegung setzen. Die einzelnen exegetischen Operationen gehen im thematischen Schwerpunkt aber nicht auf.[56]

Stemberger und Bakhos, letztere in unmittelbarer Auseinandersetzung mit ‚Parables in Midrash', ziehen den Gestaltungswillen eines Kompilators, der in der Auswahl der Auslegungsversatzstücke zum Ausdruck kommt, in Erwägung.[57]

Samely beschäftigt sich an zentraler Stelle mit der Frage des Zusammenhangs einzelner Aussagen oder Auslegungen im Textkontext.[58] Von wenigen Ausnahmen abgesehen geht er von lockeren Sammlungen nach thematischen Gesichtspunkten[59] aus. Zusammenstellungen, die sich durch „order or progression of statements" auszeichnen, sind selten („fairly rare")[60]. Immerhin kommen sie aber vor.

1.1.5.4 Diskurs über die Grenzen des Dokuments hinaus: Stern; Boyarin; Samely

In ‚Parables in Midrash' betrachtet Stern kleinere Sinneinheiten innerhalb eines Werkes als Teil eines über die Grenzen des einzelnen Werkes hinausreichenden Diskurses. In ähnlicher Weise betont Boyarin in seiner Auseinandersetzung mit Neusner, dass die Vielstimmigkeit rabbinischer Texte nicht erst im Gegenüber verschiedener rabbinischer Werke, sondern bereits innerhalb dieser Werke selbst anzutreffen ist. Nach Boyarin geben Midraschim unterschiedliche im biblischen Text selbst vertretene Stimmen und Strömungen wieder und stellen sie nebeneinander. Boyarin stellt sich keine Binnendifferenzierung dieses Dialoges nach verschiedenen rabbinischen Werken vor. Der Diskurs, der sich über die Grenzen potentiell abgrenzbarer Texteinheiten hinaus bewegt, ist prinzipiell grenzenlos.[61]

Nach Samely sind Textgrenzen Produkt des Leseprozesses. Im Leseprozess wird der Leser selbst zum Autor eines (neuen) virtuellen Textes. Samely setzt sich kritisch mit der Position Neusners auseinander:

> It is in the nature of things that evidence for this type of coherence becomes visible only, *because* a construction of coherence is placed upon certain phenomena in the text. How convincing the result is therefore depends on a large number of subsidiary observations and judgments, all based on the *assumption* of some coherence.[62]

---

55 Vgl. Stern (1996), 21.33.

56 Vgl. Stern (1996), 61.63.65ff.

57 Vgl. Stemberger (1992), 238. Vgl. auch Ungar (1990), pass., auf den Stemberger in diesem Zusammenhang auch verweist.

58 Vgl. Samely (2007), 43–63.

59 Darunter fällt für Samely auch die Aufeinanderfolge der auszulegenden Verse. Vgl. Samely (2007), 65.

60 Samely (2007), 43f mit Blick auf hallakhische Midraschim. Als Ausgestaltung einer These liest Ungar (1990), 21 mehrere aufeinander folgende Auslegungen in PRK 1. Heinemann (1971), 146 stellt fest, dass aufeinanderfolgende Petichot sich zu einem sinnvollen Ganzen ergänzen. Beide Autoren ziehen aus diesen Beobachtungen keine grundsätzlichen Schlüsse.

61 Tatsächlich realisierte thematische Verknüpfungen zu Texteinheiten im Kontext stellen immer nur einen Teil möglicher Verknüpfungen dar. Der intendierte Leser ist sich dessen immer bewusst. Vgl. Samely (2007), 60.

62 Samely (2007), 53.

Wo innerhalb der Grenzen einer nach formalen Kriterien bestimmten Texteinheit inhaltliche Kohärenz behauptet wird, wird diese inhaltliche Kohärenz entwickelt, ohne dass die Struktur über die Setzung der Textgrenzen hinaus auf den Inhalt Einfluss nähme. Entscheidend ist bei all diesen Autoren letztlich doch der Blick auf die kleinstmögliche Sinneinheit.

1.1.6 Der vom rabbinischen Text ausgelegte biblische Textzusammenhang

1.1.6.1 Die Fragmentierung der Schrift

Weitgehende Einigkeit herrscht dahingehend, dass die Rezeption der Schrift durch die Midraschim kleinen Einheiten des biblischen Textes gilt. Neusner, Goldberg, Porton, Kugel und Stern setzen voraus, dass Verse oder Versteile Gegenstand der Auslegung sind.[63] Samely unterscheidet Auslegungen, die sich auf ein Wort, auf einen Satz, auf mehrere Sätze, die auch unterschiedlichen biblischen Kontexten entnommen sein können, oder auf ein biblisches Ereignis beziehen.

Selbstverständlich geht etwa Goldberg davon aus, dass der zitierte Vers sich dabei von seinem Ursprungskontext löst.[64]

> Das [Die Zeit- und in diesem Sinne Kontextlosigkeit der Schrift; J.E.][65] macht es möglich, dass Zeichen aus ihren jeweiligen Zusammenhängen genommen und in Beziehung zueinander gesetzt werden. Die atomisierende Schriftauslegung der Rabbinen, die ohne Rücksicht auf Kontexte, also ohne Rücksicht auf größere Sinnzusammenhänge, einzelne Zeichen, vom Graphem bis zum Satz oder Schriftvers, fast nie aber mehr deutet, ist schon oft bemerkt worden. Die Rabbinen verfassen keine Kommentare, die fortlaufend die Schrift auslegen, solche Kommentare […] entstehen erst durch Redaktion, die die einzelnen Deutungen in der Abfolge der Schrift anordnet.[66]

Auch nach Samely[67] und Boyarin ist der unmittelbare Kontext des Verses nicht privilegiert.

> My claim is that poetic texts are understood to make free use of pre-existing linguistic material without any necessary responsibility to the original context in which the linguistic material appeared.[68]

Die Verwendung eines Zitates im neuen Kontext kann nach Boyarin und Stern[69] seiner Bedeutung im ursprünglichen Kontext diametral entgegengesetzt sein.

---

63 Vgl. Neusner (1987b), 4.21; Goldberg (1997), 418. Porton betrachtet als Gegenstand der Auslegung „a single verse, word, or letter", Porton (1985), 8. Vgl. Stern (1994), 154, der sich auf Kugel beruft. Als Gegenhorizont rabbinischer Midraschexegese scheint innerhalb der Argumentation Kugels die allegorische Exegese Philos auf. Ziel der Exegese Philos ist „the *de-particularization* oft the text". Was die Einheitlichkeit des Textes der Bibel in Frage stellt, wird unter dem Vorzeichen einer übergeordneten allegorischen Bedeutung integriert. Vgl. Kugel (1986), 87. Kugel verknüpft seine These mit dem Postulat der Mündlichkeit. In einem mündlichen Tradierungszusammenhang sei den Rezipienten der biblische Text im Umfang etwa eines Verses im Gedächtnis. Vgl. Kugel (1986), 94f.

64 Fraenkel erhebt diesen Umstand sogar zum Gattungsmerkmal und zur Bedingung sine qua non. Vgl. Fraenkel (1991), 11ff. Vgl. hierzu auch Bakhos (2006b), 166.

65 Hinter Goldbergs enklitischem Satzanschluss ‚das' verbirgt sich m.E. ein Denkfehler. Zeitlosigkeit und historische Kontextlosigkeit der biblischen Texte selbst bedeuten noch keine Kontextlosigkeit eines Verses im Textzusammenhang.

66 Goldberg (1987), 4f.

67 Vgl. Samely (2007), 83.

68 Boyarin (1990a), 23.

69 Vgl. Stern (1994), 149f: „This reading is, of course, a wholesale departure from the verse's contextual meaning."

> There is a tension between the meaning(s) of the quoted text in its 'original' context and its present context. What is so striking [...] about midrash is its claim that the new context is implied by the old one.[70]

1.1.6.2 Der Kontext der Schrift

Für Porton, Stemberger, Stern, Kugel und Boyarin wird der Umgang des Midrasch mit dem biblischen Text durch zwei Pole bestimmt: Jedes atomisierte Stück Schrift ist Träger von Bedeutung. Als Kontext des auszulegenden Verses fungiert der Kanon der biblischen Texte.[71] Auch für Samely ist der Kontext der unterschiedlich umfangreichen ausgelegten Texteinheit der biblische Kanon. Der unmittelbare Kontext einer solchen Texteinheit ist nicht privilegiert. Wo ein Bibelvers im Lichte eines anderen ausgelegt wird, ersetzt der neue Kontext den alten.[72] Die Schrift als Kontext des auszulegenden Verses stellt bei Stemberger den Gegenhorizont zu einem biblischen Buch,[73] nicht zum unmittelbaren Textumfeld des Verses dar. Über die Relevanz des unmittelbaren Textumfeldes trifft er keine eindeutige Aussage.

Mit der Wahl des Kontextes verbindet sich eine inhaltliche Aussage: Nach Porton wie Kugel dient die Verknüpfung verschiedener Verse der Verknüpfung der Kanonteile.[74] Mit der Verknüpfung der Kanonteile verbindet sich für Porton eine inhaltliche Aussage über die in diese Kanonteile noch einmal untergliederte Einheit der Schrift.[75] Kugel macht gar die Kanonisierung als Ziel dieser Art von Auslegung aus.[76]

1.1.6.3 Andeutungen alternativer Kontexte

Die These von der Fragmentierung der Schrift und die damit einhergehende Perspektive wird jedoch nicht von allen Autoren konsequent durchgehalten. Einige Beispiele müssen genügen: Wenige Interpreten versäumen, auf die gängige Praxis

---

70 Boyarin (1990a), 23. Vgl. auch ebd., 26.

71 Vgl. Porton (1985), 9; Kugel (1986), 93; Boyarin (1990a), 23; Stemberger (1992), 235; Stern (1996), 20.29. Vgl. Kugel (1986), 93. Der Satz „that midrash is an exegesis of biblical verses, not of books" hat innerhalb der um Definitionen von ‚Midrasch' ringenden Literatur seinerseits eine Auslegungsgeschichte voller ‚produktiver Missverständnisse' bis in die jüngste Vergangenheit hinein. Neusner kritisiert an Kugel: „As he says explicitly and repeatedly [...] Kugel treats documentary lines as null, just as he treats all data, deriving from all times and all places, as equally valid and wholly undifferentiated evidence for the genre he claims to define." Neusner (1987b), xi. Boyarin hinterfragt die Kritik Neusners an Kugel vor dem Hintergrund seines eigenen Ansatzes und lässt die Kritik Neusners an der historischen Kontextlosigkeit außer Acht. Ein Problem besteht im widersprüchlichen Kanonbegriff Neusners und Kugels. Während Kugel, wo er vom Kanon spricht, den biblischen Kanon meint, umfasst der Kanon des Judentums der Spätantike für Neusner den Kanon der hebräischen Bibel, Mischna, Talmudim und Midraschliteratur, damit auch gerade die den biblischen Kanon auslegende Literatur selbst. Vgl. Neusner (1987b), xvi.12. Indem Neusner zwischen biblischem und rabbinischem Kanon nicht unterscheidet, überlagern sich andere Oppositionen (Exegese vs. Eisegese). Mit der Bestimmung des Verses als auszulegendem biblischen Textzusammenhang bringt Neusner den Vorrang der Exegese vor der Eisegese in Verbindung, deren Vorrang er wiederum mit der Priorität des größeren Kontextes des Midrasch in Zusammenhang bringt. Vgl. Neusner (1987b), 14f.19.

72 Vgl. Samely (2007), 83.

73 Vgl. Stemberger (1992), 235.

74 Vgl. Porton (1985), 9.171; Kugel (1990), 261.263.

75 Anschaulich wird diese Funktion der Midraschim insbesondere an der Kleinform der Peticha. Vgl. Porton (1985), 171. Vgl. auch Stern (1996), 58: „the structure of the petihta exemplifies a fundamental tendency of midrash, the urge to unite the diverse parts of Scripture into a single and seamless whole reflecting the unity of God's will."

76 Vgl. Kugel (1990), 262.264.

zu verweisen, nach der ein Vers nur anzitiert wird. Die für die Auslegung relevante Passage folgt dann erst auf den zitierten Versteil.[77] Häufig macht der Midrasch durch ein das Zitat abschließendes וגו׳ (= usw.) den über sich selbst hinausweisenden Charakter des Zitates selbst deutlich.[78] Manchmal fragen Midraschim nach vorausgegangenen oder folgenden Textpassagen.[79] Stemberger und Samely setzen in den Fällen, in denen sie von einem biblischen Ereignis als Grundlage einer Auslegung ausgehen, einen Text, der über den Umfang eines Verses hinausgeht, als Gegenstand dieser Auslegung voraus.[80] Nach Goldberg setzt der Text des Midrasch die Kenntnis biblischer Erzählzusammenhänge beim intendierten Leser voraus.[81] In detaillierten Deutungen verschiedener Meschalim spricht Stern den ursprünglichen Kontext des Verses an.[82] Boyarin geht davon aus, dass der ursprüngliche Kontext der zitierten Verse eine Rolle spielt, wenn er im Zusammenhang zweier Beispiele betont, dass alle zitierten Verse im Kontext das Verhältnis Gottes zu Israel vor dem Hintergrund des Exodus[83] oder der Teilung des Roten Meeres[84] beschreiben. Diese Information ist den zitierten Versen selbst nicht zu entnehmen.[85] Im Zusammenhang eines Vergleichs mehrerer Textzusammenhänge merkt Kugel an, dass eine Namensänderung in den Patriarchenerzählungen mit Schlüsselmomenten im Leben der Patriarchen einhergeht.[86] Wenn Stemberger voraussetzt, dass ein Midrasch auf Abweichungen zwischen parallelen Erzählungen verweist, geht er von einer bestimmten Textgestalt aus.[87] Keiner der genannten Exegeten stellt die Fragmentierung der Schrift grundsätzlich in Frage.

1.1.7 Der historische Kontext des rabbinischen Textes

Jede Rede von einem historischen Kontext krankt daran, dass sich ein solcher für die in Frage stehende Literatur nur schwer bestimmen lässt. Für Kugel verbietet sich die Frage nach einem historischen Kontext vom Text selbst her. Insbesondere

---

77 Vgl. Kugel (1986), 94; Teugels (2004), 158.

78 Vgl. Teugels (2004), 158. In parallelen Versionen desselben Textes in anderen Handschriften kann das וגו׳ dann auch fehlen.

79 Vgl. Braude/Kapstein (1975), xli.

80 Stemberger (1992), 233.236; Samely (2007), 179ff.

81 Vgl. Goldberg (1985), 92: „These texts can obviously not be fully understood without reference to the Scriptural narration i.e., the biblical narrative, in full."
Der intendierte Leser meint im Folgenden immer den von den Autoren und Redaktoren der Texte angesprochenen und vorgestellten Leser, über dessen historische und soziologische Bedingtheiten sich aus den Texten nur wenige Grunddaten erheben lassen. Er verfügt über das zum Verstehen des Textes notwendige Wissen. Er partizipiert an den von den Autoren und Redaktoren nicht zur Disposition gestellten von ihnen selbstverständlich vorausgesetzten Relevanzsystemen. Er unterscheidet sich vom historischen ‚Erstleser' insofern, als der die von den Autoren und Redaktoren an ihn (implizit) gestellten Erwartungen und die von ihnen vorgestellten Eigenschaften nicht notwendig erfüllt haben muss. Er unterscheidet sich vom impliziten Leser Isers (vgl. Iser [1994], pass.), indem er weniger eine Funktion des Textes als eine im Text sich ausdrückende Annahme seiner Autoren oder Redaktoren darstellt.

82 In der detaillierten Deutung eines Maschal aus KlglR ist von entscheidender Bedeutung, dass ein zitierter biblischer Vers innerhalb seines Ursprungskontextes eine Wende markiert In anderen Zusammenhängen ist für Sterns Auslegung der Auslegung durch den Midrasch wesentlich, dass ein Vers im biblischen Textzusammenhang Einleitungscharakter hat. Vgl. Stern (1994), 57f; ders. (1996), 47.

83 Vgl. Boyarin (1990), XXX.

84 Vgl. Boyarin (1990a), 30f.

85 Zu einem weiteren Beispiel vgl. Boyarin (1990a), 46.

86 Kugel (1986), 96.

87 Vgl. Stemberger (1992), 236.

dort, wo Midraschim als Gattung gelten, drängt sich die Frage nach deren ‚Sitz im Leben' und damit der nach ihrem historischen und soziologischen Kontext auf.[88] Wright, Neusner und Stern gehen davon aus, dass der Text auf die Welt hinter dem Text erkennbar verweist. Für Boyarin, Samely und Bakhos, letztlich auch für Stern, ist der Text selbst Teil des historischen Kontextes und kommt der historische Kontext als dieser Text in den Blick. Drei prinzipielle Möglichkeiten sind somit zu unterscheiden: Die Welt ist Textwelt. Der Text verweist auf eine Welt hinter dem Text. Der Text ist Produkt einer Welt hinter dem Text, über die über den Text als Produkt dieser Welt hinaus wenig gesagt werden kann. Auch diese letzten beiden Varianten unterscheiden sich, außer in der Beantwortung der Frage nach dem, was überhaupt aussagbar ist, in der Perspektive auf den Text des Midrasch. Es macht einen Unterschied, ob der Text des Midrasch in einem bestimmten historischen Kontext oder als Produkt eines bestimmten historischen Kontextes zu lesen und zu verstehen ist.

1.1.7.1 Midraschim – jenseits von Historie: Kugel

Nach *Kugel* repräsentiert die Welt des Textes nicht nur eine andere Zeit, sondern geradezu eine andere Kategorie ‚Zeit'. „The Bible's time was other time."[89] Die Zeit der Bibel hat das Primat über die Welt des Lesers. „Instead it simply overwhelms the present; the Bible's time is important, while the present is not. […] For in midrash the Bible becomes […] a world unto itself. Midrashic exegesis is the way into that world."[90] Midrasch dient der Auseinandersetzung mit dem biblischen Text. In erster Linie dient er der Lösung textlicher Probleme.[91] Wo die Auseinandersetzung mit dem Text zum Selbstzweck wird, bedient sich der Midrasch der Lösung von Textproblemen als Form.[92]

1.1.7.2 Midraschim in ihrem historischen Kontext: Wright; Neusner; Stern

Der Bestimmung des sozialen Kontextes („social context") als Kennzeichen der Textgattung durch Wright[93] entspricht Neusners Anspruch, „[to] interpret a work of literature initially within a particular social and historical context"[94]. Bei Neusner bezieht sich dieser Anspruch über die Textgattung hinaus auf das einzelne Werk.[95]

Stern geht in seiner 1991 erschienenen Publikation immer wieder auf von ihm vorausgesetzte historische Kontexte ein, ohne das Thema grundsätzlich zu problematisieren.[96] In der literarischen Form (den Meschalim) einerseits, in den Anekdoten oder Erzählungen zu einzelnen Rabbinen andererseits werden für ihn, unbeschadet der Fragwürdigkeit konkreter Zuschreibungen, historische Bedingungen und Bedingtheiten sichtbar.[97]

---

88 Vgl. Bakhos (2006b), 163.

89 Kugel (1986), 89.

90 Kugel (1986), 90.

91 Vgl. Kugel (1986), 92.

92 Vgl. Kugel (1986), 92.

93 Vgl. Wright (1967), 17f.

94 Neusner (1987a), 3. Vgl. zu Neusner Bakhos (2006b), 168. Vgl. Neusner (1987a), 14; ders. (1987b), 3. Vgl. zu Neusner, Bakhos (2006b), 169. Vgl. Neusner (1987b), 11.15.

95 Vgl. Neusner (1987b), xi. 14f.19.

96 So liest er KlglR als Reaktion auf die Zerstörung des Tempels (70 n.u.Z.). Vgl. Stern (1994), 3. Dieses Szenario setzt er auch bei Einzeltextauslegungen immer wieder voraus.

97 Z.B. das Motiv des im Kreise seiner Entourage in eine Stadt einziehenden Königs. Vgl. Stern (1994), 121.

1.1.7.3 Midraschim als Ausdruck ihres historischen Kontextes: Boyarin; Samely; Bakhos

Bei Boyarin, Samely und Bakhos kommen Midraschim als Produkte ihres historischen Kontextes in den Blick. Über diese Texte hinaus wird der historische Zusammenhang wenig konkret. Die Autoren halten sich mit Datierungen zurück. *Boyarin* spricht von einer ‚ideology of the culture' und einem ‚cultural code'. In der Art und Weise, in Strukturen und Mustern, nach denen biblische Zitate aufeinander bezogen werden, spiegelt sich die Lebenswelt der Rabbinen.[98] Mit Bachtin geht er von „the social, interactional, dialogical nature of all language use"[99] aus. Auch für Stern sind Motive und Themen der Meschalim Ausdruck von ‚traditional conventions'.[100] Bakhos vermutet, dass selbst eine willkürliche Zusammenstellung von Auslegungsversatzstücken in einer Kompilation auf eine sozio-kulturelle Matrix verweist („the text's significance as inscribed in, and inscribing, a socio-cultural matrix"[101]).[102] Angesichts der Unzugänglichkeit jedweder Bestimmung eines historischen Kontextes votiert *Samely* für die Berücksichtigung des Textkontextes und bestimmt den biblischen Text als wesentlichen Teil des Milieus seiner Autoren.[103]

1.2 Das der vorliegenden Arbeit zu Grunde liegende Konzept

In der Auseinandersetzung mit den beschriebenen Positionen, die Richtungen der Forschung exemplarisch bündeln, steht das Konzept der vorliegenden Arbeit. Es geht von der folgenden Grundeinsicht aus: Zwischen der historischen Bedingtheit der Midraschim, dem Kontext, in dem sie den Bibeltext wahrnehmen, und dem Kontext, in den sie die Auslegung des biblischen Textes innerhalb der Midraschim stellen, besteht ein enger Zusammenhang.

Auch wenn die Auslegung der Midraschim an historischen Gegebenheiten kein offensichtliches Interesse zeigt, drücken sich im Zuge eben dieser Auslegung Plausibilitätsstrukturen aus, die selbst kontextgebunden und historisch bedingt sind. Was sich über die soziologischen und historischen Kontexte der Midraschim überhaupt sicher aussagen lässt, kommt in diesen den Texten zu entnehmenden Plausibilitätsstrukturen zum Ausdruck. Plausibilitätsstrukturen werden, eher als in der Bezugnahme auf außerbiblische Realitäten, in der Wahl und Verknüpfung biblischer Intertexte und in deren Kontextualisierung im Argumentationsgefüge des Midrasch[104] sichtbar. Gemeinsames Traditionsgut, von wiederkehrenden Argumen-

---

98 Vgl. Boyarin (1990a), 16. Als einem Beispiel par excellence widmet sich Boyarin ausführlich den Meschalim. Hier berührt die Position Boyarins die Sterns.

99 Boyarin (1990a), 12.

100 Vgl. Stern (1994), 120. Stern rückt hier in die Nähe Neusners, bleibt aber bei der Zuschreibung einzelner Aspekte und Elemente zu konventionellen Traditionen zurückhaltender.

101 Bakhos (2006b), 174.

102 Im Zusammenhang einer Wendung gegen einen weiten Intertextualitätsbegriff, der sich auf kulturelle Realitäten über Texte hinaus bezieht, setzt Bakhos sich für eine deutliche Trennung von historischem und Textkontext ein. Vgl. Bakhos (2006b), 180.

103 Vgl. Samely (2007), 57.61.

104 Solche sind im engeren Kontext die Verknüpfung verschiedener Intertexte. Explizite Deutungen, Meschalim und Anekdoten aus der Zeit der Rabbinen treten hinzu. Den weiteren Kontext charakterisieren die Anordnung verschiedener Auslegungen und ihr Bezug aufeinander, wie er etwa in der Zuordnung von Auslegungen zu bestimmten Sprechern zum Ausdruck kommt.

tationsmustern über feststehende Verknüpfungen biblischer Intertexte bis hin zu geprägten Textpassagen, zeigt gemeinsame Plausibilitätsstrukturen. Unterschiede in den Relevanzsystemen unterschiedlicher Midraschim treten dort deutlich vor Augen, wo geprägte Textpassagen in unterschiedlichen Midraschim unterschiedlich kontextualisiert sind.

1.2.1 Textgrundlage

Die vorliegende Arbeit grenzt den Textbereich, den sie untersuchen will, unter pragmatischen Gesichtspunkten ein. Notwendige Voraussetzung einer vertretbaren Eingrenzung ist, dass die ausgewählten Texte gemessen an einer möglichst großen Zahl von Kriterien (Gattung, Methode, wiederkehrende inhaltliche Traditionen) untereinander größere Ähnlichkeit aufweisen, als mit den ausgeschiedenen. Enger oder weiter gefaßte Eingrenzungen sind möglich. Gegenstand dieser Arbeit ist die Erzählung von Kain und Abel (Gen 4,1–16) in aggadischen Midraschim, in GenR, Tan, TanB, LevR, PRK, PesR, DtnR, ExR, NumR, AggBer, HldR, KohR und MdrPss.

Texte, die auf den Text der hebräischen Bibel Bezug nehmen, lassen sich von Texten unterscheiden, die ihn ersetzen.[105] Anders als die ‚rewritten bible' übersetzen (und zitieren) Targumim zwar den biblischen Text. Zitate des biblischen Textes werden jedoch nicht markiert, zwischen Übersetzung und Interpretation wird nicht erkennbar differenziert. Kabbalistische Texte unterscheiden sich von den hier untersuchten Texten in ihrem Blick auf den biblischen Text und durch ihren hermeneutischen Ansatz. Anders als in den vorliegenden Texten kennt die Kabbala eine Hierarchie der Auslegungen.[106] Auch die Talmudim unterscheiden sich durch ihren hermeneutischen Ansatz. Gegenstand der Auslegung der Talmudim ist zunächst die Mischna. Alle diese Textgruppen unterscheiden sich außerdem durch unterschiedliche Auslegungstraditionen und Inhalte.

Keine Berücksichtigung finden die sogenannten ‚halachischen' Midraschim.[107] Die Unterscheidung zwischen ‚aggadischen' und ‚halachischen' Midraschim gründet in einem unterschiedlichen Erkenntnis leitenden Interesse und anderen Fragestellungen an den Text.[108] Zwischen sog. homiletischen und sog. Auslegungsmidraschim wird nicht unterschieden.[109] Ergänzendes Kriterium ist die gemeinsame Verwendung von Auslegungstraditionen. Die vorgenommene Abgrenzung entspricht der ungefähren Datierung der Texte.

---

105 Vgl. Goldberg (1987), 14. Vgl. auch Teugels (2004), 144. Vgl. Fraade (2006), 60. Den Begriff der „Rewritten Bible" prägte Vermes (1973).

106 Vgl. Boyarin (1990a), XII.

107 Vgl. Stemberger (1992), 237. Vgl. auch Porton (1979), 128. Vgl. bereits Lerner (1882), 7.

108 Vgl. Stemberger (1992), 237. Allerdings ist diese Opposition nicht unbestritten. Vgl. Goldberg (1985), 80.

109 Zu dieser Unterscheidung vgl. Porton (1979), 129; Goldberg (1990), 15ff; Stemberger (1992), 238. Vgl. Porton (1992), 77: „This nomenclature should not suggest that the method, language or style differs between the two types; the term refer to purely literary and organizational principles." Stemberger (1992), 238 verweist auf die Vermischung der Gattungen. Wright (1967), 56 weist – völlig zutreffend – auf Übergangsphänomene hin. So entspricht die Reihenfolge der Paraschen in LevR der Chronologie ihrer aus Lev entnommenen Einleitungsverse. Die einzelnen Paraschen folgen einem bestimmten Aufbau, der sie zu in sich geschlossene Texteinheiten macht.

1.2.2 Der Textumfang des rabbinischen Textes

Ausgangspunkt jeder Untersuchung sind Texte. Selbst unter den Voraussetzungen, unter denen Stern, Samely, Stemberger, Boyarin und Bakhos Midraschwerke als Sammelwerk betrachten, kann eine Zusammenhanglosigkeit der einzelnen Texteinheiten gegen Stern und Samely nicht vorausgesetzt werden. Ob und auf welche Art kleinere Texteinheiten im Zusammenhang oder unverbunden nebeneinander stehen, muss am konkreten Textbestand überprüft werden. Als Anthologien sind rabbinische Texte keine Zusammenstellungen, die einem Anspruch auf Vollständigkeit Genüge tun. Gegen Stern und Samely und mit Bakhos bleibt zu prüfen, ob die Auswahl der in einem gegebenen Kontext miteinander kontextualisierten Texteinheiten sinnvoll und also bedeutungstragend ist. Auch wenn der Dialog, den die Midraschliteratur in ihrer Gesamtheit darstellt, den Rahmen eines einzelnen Werkes sprengt, ist gegen Boyarin eine Binnendifferenzierung dieses Dialoges nach verschiedenen rabbinischen Werken vorstellbar. Neusner stellt einzelne in sich geschlossene literarische Einheiten mit ihren je eigenen von der Intention des Redaktors abhängigen Inhalten[110] der Sammlung älteren Materials, das voneinander unabhängige Aussagen tradiert,[111] alternativlos gegenüber. Diese Alternativlosigkeit ist nicht zwingend.

Die Stiftung von Bedeutung durch (Neu-)Kontextualisierung stellt eine dritte in dieser Arbeit favorisierte Möglichkeit dar: Indem auf Material zurückgegriffen, dieses Material aber in einen anderen Kontext gestellt wird, werden überkommene Inhalte neu interpretiert. Kontext verändert Bedeutung. Damit ist auch der Kontext relevant.

Über Bakhos und Neusner hinaus ist vor diesem Hintergrund danach zu fragen, ob außer der Auswahl der miteinander kontextualisierten Texteinheiten auch die Art und Weise ihrer Kontextualisierung relevant ist. Entscheidend wäre dann nicht nur, welches Dokument welche Tradition tradiert, sondern auch, welche Funktion diese Tradition im engeren und weiteren Kontext dieses Dokumentes hat. Der Ort einer Tradition in der Hierarchie des rabbinischen Textes ist relevant. Struktur betrifft, gegen Neusner,[112] über die strukturellen Gemeinsamkeiten der einzelnen Einheiten innerhalb eines Dokuments hinaus auch die Struktur, in der diese Einheiten ihrerseits stehen und innerhalb derer sie sich zueinander verhalten.

Exkurs: Die Bestimmung des Kontextes

Wenn der Kontext bedeutsam ist, ist die Bestimmung der Grenzen des Sinn tragenden Kontextes unumgänglich. Die Bestimmung des Kontextes stützt sich auf formale und inhaltliche Kriterien.

Bestimmte Regelmäßigkeiten in der Struktur begegnen mit signifikanter Häufigkeit. Die Struktur der Homilie ist oft beschrieben worden.[113] Uneinigkeit herrscht über ihren Sitz im Leben. Innerhalb der sogenannten Homilienmidraschim folgt häufig auf mehrere Petichot zum selben Ausgangsvers eine durchgehende Kommentierung der auf den Ausgangsvers folgenden Versteile oder Verse. Nach diesem Muster gestaltete Einheiten schließen in aller Regel mit einem Ausblick auf die

110 „Everything we propose to interpret finds its original place in some document, rather than in some other." Neusner (1987b), 18. Vgl. auch Neusner (1987b), 108.

111 Vgl. Neusner (1987b), 13.

112 Vgl. Neusner (1987b), 109.

113 Vgl. Goldberg (1985), 86; Stern (1996), Kap. 3.

kommende Welt, einer Chatima. In der Tanchumaliteratur folgt auf eine Halacha häufig ein Abschnitt, der den Inhalt dieser Halacha inhaltlich weiter entfaltet. Auch die nach diesem Muster gestalteten Abschnitte schließen zumeist mit einer Chatima.

In Midraschim, die eine Vers-für-Vers-Auslegung des auszulegenden biblischen Textes darstellen, liefern Hinweise auf Sinneinheiten, die der Midrasch im auszulegenden biblischen Text wahrnimmt, Hinweise auf Sinneinheiten innerhalb des Midrasch.[114] Hinweise auf solche durch den Midrasch wahrgenommene Textabgrenzungen innerhalb des biblischen Textes betreffen die Form. Wo mehrere Auslegungen desselben Abschnittes eines biblischen Textes aufeinander folgen, nimmt der Midrasch ihn offensichtlich als geschlossene Texteinheit wahr. KohR zu Koh 3,1–8 legt Koh 3,1–8 in mehreren aufeinander folgenden Durchgängen aus. Nicht immer sind Hinweise auf im biblischen Text wahrgenommene Sinneinheiten in gleicher Weise eindeutig.

Midraschim wie LevR bewegen sich auf der Grenze zwischen Homilien- und Auslegungsmidraschim. Ihre Struktur entspricht im Wesentlichen der beschriebenen Struktur der Homilie. In ihrer Anordnung folgen sie der Abfolge der kommentierten Verse im Buch Levitikus. Wo mehrere aufeinanderfolgende Verse des biblischen Textes im Verbund ausgelegt werden, auf die dann eine Reihe von Versen folgt, die keiner Auslegung unterzogen werden, ist von einer entsprechenden Wahrnehmung des biblischen Textes durch den Midrasch und von einer sinnvoll geschlossenen Texteinheit innerhalb der Midraschim auszugehen.

Eine besondere Struktur, die so sonst nicht begegnet, weist AggBer auf. In AggBer folgen je drei Abschnitte, von denen einer von einem Vers aus der Tora, einer von einem Vers aus den Propheten und einer von einem Vers aus den Schriften ausgeht, aufeinander. Der Midrasch sieht nicht nur Anklänge zwischen den drei einander zugeordneten Ausgangsversen; die von ihnen ausgehenden Abschnitte nehmen auch inhaltlich aufeinander Bezug. Eine aus drei solchen Abschnitten bestehende Einheit schließt in aller Regel mit einer Chatima. In AggBer kann die Einheit der drei aufeinander bezogenen Abschnitte als über-, jeder dieser drei Abschnitte für sich als untergeordneter, jeweils in sich geschlossener Textzusammenhang betrachtet werden.

Häufig geht die Chatima mit einer Fokussierung der Größe Israel einher. Wo die Chatima fehlt, steht am Ende einer nach anderen formalen oder inhaltlichen Kriterien abgrenzbaren Texteinheit mindestens die abschließende Fokussierung Israels. Die abschließende Fokussierung Israels spricht den intendierten Leser unmittelbar an und eröffnet gegebenenfalls auch unabhängig von einer Chatima dezidiert ihm eine Hoffnungsperspektive.

Zu den formalen Kriterien treten inhaltliche. Häufig lassen sich innerhalb solcher nach formalen Kriterien bestimmter Einheiten motivliche und thematische Bezüge nachweisen, die die Hypothese eines inhaltlichen Zusammenhangs stützen. Manchmal gelingt der Nachweis einer Dynamik, die sich über die Einzelauslegungen der Verse erstreckt.

Samely warnt vor einem circulus viciosus, nach dem der Leser oder Interpret der Midraschim Kohärenz allererst schafft, um Sinn zu finden, wo er ihn voraussetzt. Letztlich besteht aber jeder Lesevorgang darin, dass bestimmte Kohärenzmuster an

114 Unter Umständen ist der gesamte Midrasch, der den zusammenhängenden Text eines biblischen Buches zusammenhängend auslegt, als Sinneinheit anzusehen. Als untergeordnete kleinteiligere Sinnabschnitte sind die Auslegungen Sinn tragender Einheiten im biblischen Text ansprechbar.

den Text versuchsweise herangetragen werden, die sich im Verstehensprozess entweder als hilfreich erweisen oder nicht. Entscheidend ist, dass sie den Text zu seiner Gänze wahrnehmen und nicht durch einzelne seiner Bestandteile konterkariert werden. Es mag dann durchaus mehrere alternative Kohärenzmuster geben.

1.2.3 Der auszulegende Textzusammenhang

Eine Vielzahl von Beobachtungen deutet darauf hin, dass Midraschim den Kanon der biblischen Texte erkennbar als linearen Text oder als eine Sammlung linearer Texte, nicht als ungegliederte Sammlung von Sentenzen wahrnehmen. Ereignisse oder Personen werden häufig in der Reihenfolge ihres Auftretens in der erinnerten Geschichte Israels zitiert. In Einzelfällen diskutiert ein Midrasch den ursprünglichen Ort einer Textpassage im Kontext.[115] Werden aus einer zusammenhängenden Erzählung aufeinander folgende Passagen, häufig in chronologischer Reihenfolge, zitiert, ist davon auszugehen, dass der gesamte Textbereich, wenn auch unter der Voraussetzung bestimmter Schwerpunktsetzungen, eingespielt wird. Wenn, wie in PesR 47 und 50, PRK 24, LevR 10, TanB בראשית und DtnR 8, unter Verweis auf Gen 4,16 auf die Umkehr Kains Bezug genommen wird, wird das Wissen des Lesers um das zuvor Geschilderte, den Brudermord, vorausgesetzt. Gegen Stemberger und Samely, die nur in einzelnen Fällen davon ausgehen, dass ganze Erzählzusammenhänge Gegenstand der Auslegung sind, ist nicht einzusehen, warum der intendierte Leser den Kontext des zitierten Verses einmal ein- und einmal ausblendet, wenn er über das Wissen um diesen Kontext idealerweise verfügt. Auf den über sich hinausweisenden Charakter einzelner biblischer Zitate verweisen auch solche Autoren, die im Übrigen von der Fragmentierung der Schrift ausgehen.[116]

Der Umfang des der Auslegung im Einzelnen tatsächlich zu Grunde gelegten biblischen Textzusammenhanges lässt sich nur aus der Auslegung selbst erschließen.[117] Der Kontext eines Zitates kann im Textzusammenhang der Parasche – in Aufnahme und Widerspruch – mehr oder weniger deutlichen Widerhall finden. Wo der ursprüngliche Kontext des Zitates im biblischen Text keinerlei erkennbaren Widerhall im Kontext des Midrasch findet – betroffen sind Beispiele von Zitaten aus Spr und auch einzelne Psalmen – scheint der Midrasch diese Texte in der Tat als eine Sammlung von Einzelsprüchen wahrzunehmen. Eine klare Eingrenzung des über ein Zitat eingespielten Textbereiches ist m.E. nicht möglich.

1.2.3.1 Intertextualität

Intertextualität bezeichnet die Eigenschaft von Texten, auf andere Texte bezogen zu sein.[118] Während ein enger deskriptiver Intertextualitätsbegriff nach Abhängigkeiten und intendierten intertextuellen Verknüpfungen fragt, geht ein weiter texton-

---

115 In den Traditionsstücken um die Qualität des Opfers der Kinder Noahs ist die Beantwortung der Frage, ob das Opfer Jitros vor oder nach der Gabe der Tora einzuordnen ist, für die Argumentation des Midrasch von entscheidender Bedeutung. In PesR 29 ist die Reihenfolge der Ankündigung von Unheil und Heil durch die kleinen Propheten relevant.

116 Vgl. ‚Andeutung alternativer Kontexte'.

117 Dass in der Auslegung des Hld durch HldR die Rollenzuweisung zwischen Gott und Israel auf der einen und Geliebtem und Geliebter auf der anderen Seite wechselt, spricht noch nicht gegen die Einheitlichkeit einer Auslegung. Es kann eben diese Flexibilität in der Rollenzuweisung Teil der Aussage sein. Dass an die Stelle Israels einzelne seiner Repräsentanten treten können, spricht gegen eine zusammenhängende Auslegung ebenfalls noch nicht. Vgl. Kugel (1986), 93.

118 Vgl. Lachmann (1990), 55f.

tologischer Ansatz, wie ihn Kristeva in Auseinandersetzung mit Bachtin entwickelt,[119] von der Dialogizität potentiell aller Texte aus. Ein weiter Intertextualitätsbegriff überträgt die Aufgabe, intertextuelle Verknüpfungen herzustellen, auf den Autor oder Rezipienten.[120]

Der Begriff der Intertextualität lässt sich sowohl auf das Verhältnis des Midrasch zu den von ihm zitierten oder angespielten biblischen Texten beziehen als auch auf das Verhältnis, in das der Midrasch die von ihm zitierten oder angespielten biblischen Texte zueinander stellt oder gestellt sieht. Vor dem Hintergrund, dass Midraschim biblische Texte, die sie zitieren, im Lichte anderer biblischer Texte betrachten, sind für den Nachvollzug der Wahrnehmung des biblischen Textes durch die Rabbinen über die Frage des über das Zitat eingespielten unmittelbaren Kontextes hinaus Intertextualitätskonzepte hilfreich.

Die vorliegende Arbeit stellt die Rabbinen als historische Rezipienten in den Mittelpunkt. Kennzeichen rabbinischer Auslegung in den behandelten Midraschim ist die Auslegung eines Bibeltextes durch einen oder mehrere andere. In ‚Intertextuality and Midrash' hat Daniel Boyarin 1990 das Vorgehen der Rabbinen und den Umgang rabbinischer Literatur mit ihren biblischen Prätexten erstmals vor dem Hintergrund eines Konzeptes von Intertextualität beschrieben. Konzepte der ‚Intertextualität' bieten ein geeignetes begriffliches Instrumentarium zur Beschreibung des Umgangs der Rabbinen mit ihrem Auslegungsgegenstand. Selbstredend haben diese Autoren nicht nach Maßgabe von Intertextualitätstheorien gearbeitet. Ihr Umgang mit biblischen Texten lässt sich anhand dieser Konzepte aber beschreiben.

> That is to say, without ascribing any theory to the rabbis, I am nevertheless attempting to determine what sort of theory would allow them to make the interpretive moves that they make in good faith.[121]

Angesichts einer unübersichtlichen Menge von Intertextualitätstheorien[122] nimmt diese Arbeit den Ansatz Daniel Boyarins als Ausgangspunkt.[123]

Eine Schwierigkeit ergibt sich daraus, dass Boyarin kein geschlossenes Konzept von Intertextualität entwickelt.[124] An zentraler Stelle in ‚Intertextuality and Midrash' greift Boyarin einige grundlegende Aspekte verschiedener Intertextualitätstheorien auf.

---

119 Vgl. an erster Stelle Kristeva (1972), pass.

120 Möglich wäre alternativ eine Begriffsbestimmung, die differenzierter nach drei Parametern (diachron – synchron; produktorientiert – rezeptionsorientiert; abgegrenztes Bezugsfeld – Bezugsfeld potentiell aller Texte) unterscheidet. So z.B. Müllner, leider bislang ohne entsprechende Veröffentlichung.

121 Boyarin (1990a), 10.

122 Vgl. Brockmöller (2004), 19.

123 Vgl. Brockmöller (2004), 23: „Vermehrt greifen BibelwissenschaftlerInnen in den letzten Jahren die unterschiedlichen theoretischen und praktischen Konzepte von Intertextualität für die Interpretation biblischer Texte auf. Für den anglo-amerikanischen Sprachraum gilt sogar das Schlagwort der ‚trendy intertextuality'. Unter deutschsprachigen ExegetInnen ist die Rezeption dieses literaturwissenschaftlichen Ansatzes […] noch zurückhaltend und wenig akzeptiert." Im letzten Jahrzehnt haben Konzepte der Intertextualität in den Bibelwissenschaften aber auch im deutschsprachigen Raum einen Boom erlebt. In je unterschiedlicher Weise legen Steins (1999), pass.; Bail (1998), pass.; Trimpe (2000), pass.; Rakel (2003), pass. und Brockmöller (2004), pass. Modelle von Intertextualität ihrer Auseinandersetzung mit biblischen Texten zu Grunde. Die hier vorliegende Arbeit fragt nicht nach einem der Autorin im Blick auf die Interpretation biblischer Texte selbst sinnvoll erscheinenden Konzept, sondern nach einem Konzept, das geeignet ist, die Umgangsweise der Rabbinen mit dem biblischen Text zu beschreiben.

124 Vgl. Boyarin (1990a), Xf: „Accordingly, in my reading in literary theory, when I have found a concept that seems to help in understanding a structure of midrash reading, I have adapted it to my descriptive system."

> This concept [of ‚intertextuality'] has several accepted senses, three of which are important in my account of midrash. The first is that the text is always made of a mosaic of conscious and unconscious citation of earlier discourse. The second is that texts may be dialogical in nature – contesting their own assertions as an essential part of the structure of their discourse – and that the Bible is a preeminent example of such a text. The third is that there are cultural codes, again either conscious or unconscious, which both constrain and allow the production (not creation) of new texts within the culture; these codes may be identified with the ideology of the culture, which is made up of the assumptions that people in the culture automatically make about what may or may not be true and possible, about what is natural in nature and history.[125]

Boyarin setzt für den Umgang der Rabbinen mit dem biblischen Text einen weiten Intertextualitätsbegriff voraus. Ein weiter Intertextualitätsbegriff liegt insofern nahe, als den Rabbinen eine diachrone Perspektive mit Blick auf den biblischen Text fremd ist.[126] Die Anwendbarkeit des weiten Intertextualitätsbegriffs unterliegt einer entscheidenden Einschränkung, die Boyarin im dritten Punkt formuliert: Möglichkeiten intertextueller Verknüpfung unterliegen kulturellen Grenzen. Zu diesen Grenzen gehört die Fokussierung solcher Texte, die für die Traditionsgemeinschaft konstitutiv sind.[127] Zu diesen Grenzen zählen außer einem bestimmten Kanon von Texten Konventionen über die Auswahl der miteinander verknüpften Texte und die Art ihrer Verknüpfung. Da die vorliegende Arbeit kulturell bedingte Grenzen intertextueller Verknüpfung und die Frage ihrer Erhebbarkeit aus dem biblischen Text im Detail anders bewertet als Boyarin, wird im nächsten Kapitel davon noch die Rede sein.[128]

Angreifbar macht sich Boyarin m.E. dort, wo er ein Intertextualitätskonzept zugunsten anderer Modelle verlässt, die das Intertextualitätskonzept weniger ergänzen als es zu unterlaufen drohen. Boyarin geht davon aus, dass einzelne Versatzstücke eines biblischen Textes unter Verlust ihres ursprünglichen Kontextes wie selbstständige Zeichen funktionieren, die zu neuen Texten rekombinierbar sind. Boyarin verwendet die Terminologie de Saussures, ohne sich explizit auf ihn zu beziehen. Dem hebräischen Kanon kommt nach Boyarin eine Doppelfunktion als parole und langue zu. In seiner Funktion als langue stellt der Kanon ein Repertoire sprachlicher Zeichen zur Verfügung.[129]

> The verses of the bible function for the rabbis much as do words in ordinary speech. They are a repertoire of semiotic elements that can be recombined into new discourse, just as words are recombined constantly into new discourse. Just as in a lexicon words

---

125 Boyarin (1990a), 12.

126 Eine Ausnahme stellt das in dieser Arbeit noch differenziert zu betrachtende Traditionsstück vom Opfer der Kinder Noahs dar, das geradezu Textkritik betreibt. Fokussiert wird jedoch die Diachronie der im biblischen Text erzählten Ereignisse.

127 Der Umfang dieser Texte entspricht weitgehend dem Kanon der hebräischen Bibel. Wenn etwa auch Sir in analoger Weise zitiert wird, unterstützt das die These, dass rabbinische Texte auf den Kanon der hebräischen Bibel in einer fixierten Form noch nicht zurückgreifen, sondern ihn mit konstituieren. Es ist nicht auszuschließen, dass rabbinische Texte auch außerbiblische Texte und Traditionen anspielen oder zitieren. Keine anderen Quellen aber werden explizit und markiert zitiert. Allein dieser Umstand verleiht ihnen besondere Relevanz. Als explizite Zitate generieren sich auch einzelne Deutungen biblischer Texte als Aussagen namentlich genannter Rabbinen. Zur Relevanz dieser Zitate s.u.

128 Findet ein Intertextualitätsbegriff Anwendung, der nach den drei genannten Parametern unterscheidet, lässt sich entsprechend differenzieren.

129 Vgl. Boyarin (1990a), 28f. Boyarin zitiert Hasan-Rokem, der sich nicht zufällig auf Sprichwörter, also ursprünglich kontextlose sprachliche Einheiten bezieht, und sie vom Zitat, das einen Kontext hat, unterscheidet. Boyarin hebt diese Unterscheidung nachträglich auf.

> are placed into juxtaposition revealing semantic similarities and differences [...] Just as the words of any language can be placed into new syntagmatic relations, so can the verses of the Bible.[130]

Im Rahmen eines weiten intertextuellen Konzeptes kann es ein eine langue bildendes Repertoire sprachlicher Zeichen nicht geben.[131] Es gibt nur auf andere Zitate verweisende Zitate. Ein Zitat, insbesondere wenn es wie in den Midraschim markiert und seine Quelle explizit gemacht wird, wird, anders als ein Wort oder ein Begriff bei de Saussure, außerdem immer einem ganz *bestimmten* Kontext entnommen. Es ist nicht durch eine Vielzahl von Oppositionen und durch mögliche Kontexte, sondern durch die oder den tatsächlich vorangegangenen Kontext bestimmt.[132]

Intertextuelle Bezüge, die die Autoren rabbinischer Texte in ihrer Lektüre biblischer Texte wahrnehmen und reproduzieren, sind für den aktuellen Leser nur aus diesen Texten selbst wieder zu entnehmen.

Skalierung

Das Modell der ‚Skalierung', das Broich und Pfister in ‚Intertextualität' bereits 1985 entwickeln, liefert ein Instrumentarium zu einer differenzierten Beschreibung intertextueller Bezüge auch vor dem Hintergrund eines weiten Intertextualitätsbegriffes.[133] Boyarins Konzept der Anwendung eines weiten Intertextualitätsbegriffs auf die rabbinische Literatur im Blick auf ihren Umgang mit dem biblischen Text soll in dieser Arbeit um das Modell der Skalierung ergänzt werden. Eine Anzahl von Kriterien, die Broich und Pfister zur Beschreibung intertextueller Bezüge erarbeiten, wird kurz zusammengefasst und mit Blick auf einige Besonderheiten der Midraschim modifiziert.

1. Die Kriterien der Referentialität, Kommunikativität, Autoreflexivität

Nach dem Kriterium der Referentialität ist der intertextuelle Bezug umso stärker, je deutlicher der Zitatcharakter und die Herkunft des zitierten Textes aus einem anderen Text ist.[134] Nach dem Kriterium der Kommunikativität hängt der Grad des intertextuellen Bezuges vom Grad seiner Bewußtheit beim Autor und beim Rezipien-

---

130 Boyarin (1990a), 28.

131 Vgl. Kristeva (1972), 352: „Die Definition [...] und der Begriff ‚Zeichen' [...], der eine vertikale [...] Zerlegung in Signifikant [...] und Signifikat [...] voraussetzt, können nicht auf die poetische Sprache angewandt werden, die aus einer Unmenge von Verknüpfungen und Kombinationen besteht." Vgl. Lachmann (1990), 69.

132 Vgl. Bachtin (1979), 172.173.183.268. Vgl. Bachtin (1979), 185: „Das Wort der Sprache ist ein halbfremdes Wort. Es wird zum ‚eigenen', wenn der Sprecher es mit seiner Intention, mit seinem Akzent besetzt [...] Bis zu diesem Moment der Aneignung befindet sich das Wort nicht etwa in einer neutralen und unpersönlichen Sprache (der Sprecher entnimmt das Wort ja nicht dem Lexikon), sondern in einem fremden Mund, in fremden Kontexten, im Dienst fremder Intentionen: von dort muss man es nehmen und zum eigenen machen." Neuinterpretation ist Neukontextualisierung. Vgl. Kristeva (1972), 348. Vgl. Kristeva (1972), 356: „Der Autor kann sich [...] des fremden Wortes bedienen, um diesem einen neuen Sinn zu geben, wobei er dessen ursprünglichen Sinn bewahrt. Daraus folgt, dass das Wort zwei Bedeutungen erhält, dass es *ambivalent* wird." Die kontrastierende Aufnahme eines Textes ist möglich. Auch ein „Zurückweisen der vorausgegangenen Schreibweise", „Dialog und Ambivalenz", Kristeva (1972), 352 setzt die Wahrnehmung der vorausgegangenen Schreibweise, des Kontextes voraus. Vgl. Lachmann (1990), 57; vgl. Rakel (2003), 14.

133 Vgl. Broich/Pfister (1985), 25–30.

134 Vgl. Broich/Pfister (1985), 26.

ten ab.[135] Nach dem Kriterium der Autoreflexivität reflektiert der Text über seine Beziehung zum Prätext.[136] Mit Blick auf die hier behandelten Midraschim lassen sich die Kriterien der Referentialität, der Kommunikativität und der Autoreflexivität zusammenfassend behandeln. Der Grad der Intertextualität, der das Verhältnis des Midrasch zu dem von ihm zitierten oder angespielten biblischen Text bestimmt, ist naturgemäß hoch.[137] Gemessen an den genannten Kriterien ist der Grad der Intertextualität der miteinander verknüpften biblischen Texte, die der Midrasch wahrnimmt und aufgreift, durchgehend schwach.

2. Das Kriterium der strukturellen Korrespondenz

Nach dem Kriterium der strukturellen Korrespondenz ergibt sich aus dem punktuellen Anzitieren der Prätexte ein geringerer Grad an Intertextualität als dort, wo ein Prätext zur strukturellen Folie eines neuen Textes wird.[138] Mit Blick auf Midraschim und die intertextuellen Bezüge, die sie zwischen verschiedenen biblischen Texten wahrnehmen, ist das Kriterium der strukturellen Korrespondenz zu modifizieren. Midraschim zitieren Texte und sie stellen intertextuelle Bezüge zwischen Texten her, die Teil eines gemeinsamen größeren Textzusammenhanges sind.[139] Verknüpft werden Erzähl- oder Textzusammenhänge unbestimmten Umfangs. Wo Midraschim intertextuelle Bezüge zwischen biblischen Texten wahrnehmen, sind die Grenzen der anzitierten und miteinander verknüpften Zusammenhänge erst zu bestimmen. Welche Elemente des Kontextes des biblischen Verses finden – in Aufnahme oder Widerspruch[140] – offensichtlich Widerhall in anderen Intertexten, im unmittelbar zitierten Vers oder in dessen Kontext oder im Midrasch selbst? Welche werden von der Thematik des Midrasch nicht berührt? Erst innerhalb der Grenzen eines so bestimmten Textes findet das Kriterium der strukturellen Kor-

135 Vgl. Broich/Pfister (1985), 27.

136 Vgl. Broich/Pfister (1985), 27f.

137 Wörtliche Zitate sind in den Midraschim in aller Regel markierte Zitate (übliche Einleitungsformeln rabbinischer Zitate sind: שנאמר, דכתיב, הדא הוא דכתיב u.a.). Eine Bewusstheit des intertextuellen Bezuges kann für den Autor wie für den Rezipienten in diesen Fällen vorausgesetzt werden. Ein Unterschied im Grad der Intertextualität zwischen markierten wörtlichen Zitaten und der Anspielung eines Textes über die Nennung eines Protagonisten ist, wo beides in parallelen Textfassungen begegnet, nicht erkennbar. Das Traditionsstück vom Auf- und Abstieg der שכינה belegt in seiner in PesR 5, in Tan und TanB נשא überlieferten Fassung die Taten der Frevler, die zum Rückzug der שכינה von der Erde führen, durch markierte wörtliche Zitate. In den im Übrigen nahezu wörtlich identischen parallelen Fassungen desselben Traditionsstücks in anderen Midraschim spielen sie denselben Text über die Nennung der Namen der Frevler ein. Auf die Argumentationsstruktur des Traditionsstückes scheint diese Differenz keine Auswirkung zu haben.

138 Vgl. Broich/Pfister (1985), 28.

139 Ob der Kanon als durchlaufender linearer Textzusammenhang zu denken ist und es sich also streng genommen um Intratextualität handelt oder als eine Sammlung von Texten, ist nicht zu entscheiden. Dass zwei Texte aus der Gen in genau der gleichen Weise miteinander intertextuell verknüpft werden können wie ein Text aus der Gen und einer aus Kön spricht dafür, dass Textbereiche aus einzelnen Büchern miteinander in Beziehung gesetzt werden. Da zwischen intra- und intertextuellen Bezügen nicht sinnvoll zu unterscheiden ist, Termini von Intertextualitätstheorien aber Verwendung finden, wird im Folgenden weiter von Intertextualität gesprochen.

140 Verletzungen des ursprünglichen Sinns („violations […] of the original context") sind denkbar; gerade in der Verletzung, die als solche erkannt wird, transportiert der Midrasch aber Sinn. Ein gutes Beispiel bietet die Auslegung eines Maschal durch Stern (1994), 57f; ders., (1996), 47: Das Demonstrativpronomen זה, das im biblischen Kontext auf die Attribute Gottes verweist, verweist im Kontext des Maschal auf die Tora. Der Maschal stellt damit auch einen Zusammenhang zwischen den Eigenschaften Gottes und der Tora her.

respondenz Anwendung. Je höher innerhalb dieses Bereiches die Dichte der zitierten oder angespielten Textpassagen, desto höher der Grad an Intertextualität.

3. Das Kriterium der Selektivität

Das Kriterium der Selektivität hebt auf den Grad der Exklusivität und Prägnanz der Anspielung oder des Zitats ab.[141] Der Anspielung von in biblischen Texten weit verbreiteten Motiven, wie etwa dem Motiv der Erwählung, käme ein geringerer Grad an Intertextualität zu als der Anspielung oder dem Zitat eines textuellen Details.

4. Das Kriterium der Dialogizität

Nach dem Kriterium der Dialogizität ist der Grad der Intertetxtualität umso höher, je stärker die intertextuell miteinander verbundenen Texte in Spannung zueinander treten.[142]

Hypertext-Strukturen

Der Umgang der Rabbinen mit dem biblischen Text erschöpft sich nicht in der Verknüpfung biblischer Intertexte. Die Midraschim stellen biblische Texte, die sie zitieren oder anspielen, in einen Kontext, der seinerseits die Art der Verknüpfung der Intertexte in bestimmter Weise organisiert. Midraschim ordnen die Erzählung von Kain und Abel mit anderen biblischen Erzählungen in einen Darstellungszusammenhang ein. Solche Darstellungszusammenhänge kennzeichnen wiederkehrende Strukturelemente. Häufig sind sie nach zeitlichen oder räumlichen Gesichtspunkten strukturiert. Wo zu einer unter zeitlich strukturierten Gesichtspunkten organisierten Syntax Kausalitäten treten, nehmen sie die Form einer Erzählung an. Erzähl- oder Darstellungszusammenhänge bilden etwas wie einen Hypertext über den auszulegenden biblischen Texten, die sie miteinander verknüpfen.

Der Begriff Hypertext ist hier nicht in dem Sinn zu verstehen, in dem ihn solche Intertextualitätstheorien verwenden, die Hypotext und Hypertext nach Art von Prätext und Folgetext einander gegenüberstellen.[143] Was hier als Hypertext bezeichnet wird, zeichnet sich dadurch aus, dass er die Art der Verknüpfung mehrerer vorgängiger Texte in bestimmter Weise organisiert.

Der Begriff des Hypertextes geht vom Hypertextbegriff Nelsons aus. Nelson beschreibt ein System der Informationsvernetzung und meint weniger eine konkrete Folge von Verknüpfungen als ein System möglicher Verknüpfungen von Informationen.[144] Nelsons Begriff des Hypertextes hat eine Wirkungsgeschichte insbesondere in der Computersprache und beschreibt Informationsvernetzungen und Lesestrategien im Netz.[145] Hypertexte zeichnen sich durch die „nicht lineare, nicht sequentielle Organisation“[146] des ihnen zu Grunde liegenden Materials aus.[147]

---

141 Vgl. Broich/Pfister (1985), 28f.

142 Vgl. Broich/Pfister (1985), 29.

143 So Steins, in Anlehnung an Genette. Vgl. Steins (1999), 100. Gleichwohl lässt sich das Verhältnis des rabbinischen Textes zu jedem einzelnen der von ihm zitierten biblischen Texte in dieser Weise verstehen.

144 Vgl. Nelson (1965), 96; Nelson (1992), 0/2.1/17; Nelson (1987), 29.234.

145 Vgl. Schramm (2008), 93.

146 Schramm (2008), 98.

147 Die Pioniere des Hypertextbegriffes gehen in diesem Zusammenhang von bereits im Vorfeld portionierten Informationseinheiten aus. Vgl. Bush (1945), 107.

In ‚Alltagsexegesen. Sinnkonstruktion und Textverstehen in alltäglichen Kontexten, Stuttgart 2008' bezieht Schramm den Begriff des Hypertextes auf das Lesen eines linear organisierten Textes.[148] Dabei scheint er davon auszugehen, dass die Linearität des Textes im Lesevorgang verloren geht. Der Leser zerlegt den Text in kleinere Informationseinheiten, die er neu miteinander verknüpft.[149] Bei Schramm ist nicht immer klar, ob Hypertext die Menge der möglichen oder die tatsächlich im Lesevorgang realisierten Verknüpfungen meint.[150]

Bezogen auf die Lesestrategie der Rabbinen gehe ich, anders als Schramm mit Blick auf die von ihm fokussierten neuzeitlichen Leser,[151] nicht davon aus, dass die Linearität des ursprünglichen Textes verloren geht oder zugunsten der Untergliederung des Textes in kleinere Einheiten ganz aufgegeben wird. Allerdings legt der rabbinische Text im biblischen Text auf bestimmte Textpassagen besonderes Gewicht, um diese dann in einer der Linearität des Ausgangstextes nicht entsprechenden Weise neu miteinander zu verknüpfen. Die neue Struktur ersetzt die Linearität des Ausgangstextes nicht.[152] Hypertexte erheben vielmehr eine Tiefenstruktur des biblischen Textes oder behaupten sie. Hypertext meint in dieser Arbeit nicht prinzipielle Möglichkeiten der Verknüpfung, sondern die in einem bestimmten rabbinischen Text zum Ausdruck kommenden und realisierten tatsächlichen Verknüpfungen biblischer Texte und die Struktur dieser Verknüpfungen.

Die Menge der wiederkehrenden möglichen Verknüpfungen und deren Organisation in bestimmten Strukturen, die sich wiederkehrender Strukturelemente bedienen, sind keine Erfindung der individuellen Autoren eines Textes. Bilden die wahrgenommenen Verknüpfungen und ihre Organisation den Hypertext, beschreiben die sich über die Grenzen verschiedener Midraschim wiederholenden Verknüpfungen bestimmter biblischer Texte und wiederkehrenden Strukturelemente Möglichkeitsräume.

Nach Bachtin sind Texte soziale Phänomene und von der sozialen Realität, aus der heraus und in die hinein sie sprechen, nicht loslösbar.[153]

---

148 Der Begriff dient dort der Beschreibung des Leseprozesses von im Rahmen eines empirischen Forschungsprozesses interviewten Gruppen. Die zentrale Fragestellung bezieht sich auf das Verstehen biblischer Texte durch die unterschiedliche Milieus repräsentierenden Gruppen. Vgl. Schramm (2008), pass. Vgl. auch den in Ebner/Gabriel/Erzberger/Geller/Schramm (2008), veröffentlichten ersten Teil der Ergebnisse des Forschungsprojekts.

149 Vgl. Schramm (2008), 99: „Die gerade beschriebenen Charakteristika von Hypertexten mit Blick auf ihre (variable) Lesbarkeit setzen hinsichtlich konstitutiver Bestandteile ein Zweifaches voraus: (I) einzelne überschaubare Einheiten einerseits sowie (II) Verknüpfungen (links) zwischen diesen Einheiten andererseits." Die Schwierigkeit der Festlegung der Grenzen solcher Einheiten erkennen dabei sowohl Schramm als auch die von ihm zitierten Autoren. Vgl. Schramm (2008), 101 und die dort zitierten Autoren. Vgl. Eibl (2004), 111–115; Kuhlen (1991), 88.

150 Zur ersten Möglichkeit vgl. Schramm (2008), 99.102ff. Vgl. aber auch die Rede vom „konkreten Hypertext", Schramm (2008), 101. Vgl. auch die Verwendung des Begriffes in den Analysen der einzelnen Interviews in diesem Sinn.

151 Schramm hat die in dem der Publikation zu Grunde liegenden Forschungsprojekt interviewten neuzeitlichen Leser vor Augen.

152 Mit der Abfolge der Texte wird mitunter argumentiert.

153 Vgl. Bachtin (1979), 11.128. Bereits bei Bachtin (1979), 239 heißt es: „Das heißt [...] nicht, dass die Rhetorik hinter dem Wort die Sache, die Tat, die außerhalb des Wortes liegende Wirklichkeit vergäße. Aber sie hat es mit dem gesellschaftlichen Menschen zu tun, und jeder wesentliche Akt dieses Menschen ist ideologisch durch das Wort mit Sinn ausgestattet oder direkt im Wort verkörpert." Bei Kristeva wird letztlich alle Wirklichkeit zu Text. Vgl. Kristeva (1972), 1323: „Der Terminus ‚Ambivalenz' impliziert das Eindringen der Geschichte (der Gesellschaft) in den Text und des Textes in die

> Außer der vom Wortkünstler vorgefundenen Wirklichkeit von Erkennen und Handeln wird von ihm auch die Literatur vorgefunden: es gilt gegen oder für alte literarische Formen zu kämpfen, sie sind zu benutzen und zu kombinieren, ihr Widerstand ist zu überwinden oder in ihnen ist Stütze zu suchen. Doch all dieser Bewegung und diesem Kampf im Rahmen des rein literarischen Kontextes liegt der wesentlichere, bestimmende primäre Kampf mit der Wirklichkeit von Erkennen und Handeln zu Grunde.[154]

Im Falle der rabbinischen Texte ist die soziale Wirklichkeit, die hinter dem Text steht und auf die der Text verweist, nur diesem selbst wieder zu entnehmen.[155]

1.2.4 Die Berücksichtigung des historischen Kontextes

1.2.4.1 Der implizierte Orientierungsrahmen

Jeder Versuch einer historischen Einordnung, die für die Berücksichtigung eines historischen Kontextes notwendig wäre, krankt daran, dass sich ein solcher für die in Frage stehende Literatur nur schwer bestimmen lässt. Unbestritten aber ist der Text Produkt einer historischen Situation.[156] Vor diesem Hintergrund scheinen ein Modell, wie es außerhalb der Exegese in der Soziologie innerhalb der qualitativen empirischen Forschung Verwendung findet, und die mit ihm verbundene Terminologie hilfreich.

In der Tradition Karl Mannheims[157] vollzieht sich Verstehen vor dem Hintergrund bestimmter Erfahrungsräume, die Menschen miteinander teilen. Erfahrungsräume werden durch eine gemeinsame Sozialisation, gemeinsame geschichtliche und religiöse Hintergründe bestimmt.[158] Von Bedeutung sind dabei gerade solche

---

Geschichte. Für den Schriftsteller ist das ein und dasselbe.“ Ähnlich Derrida (2004), 274: „Ein Text-Äußeres gibt es nicht.“ Vgl. dazu Rakel (2003), 15.

154 Bachtin (1979), 120.

155 In der Selbstpräsentation des rabbinischen Textes als Dialog verschiedener rabbinischer Stimmen wird offensichtlich, was Bachtin als Vielstimmigkeit eines Textes beschreibt, in der der Text verschiedene Stimmen repräsentiert und (der Autor) mit ihnen umgeht. Vgl. Bachtin (1979), 154ff. Die Selbstdarstellung des rabbinischen Textes als vielstimmiger Text betrifft seine literarische Gestalt. Sie ist nicht als Protokoll einer historischen Auseinandersetzung misszuverstehen. Innerhalb des Textes sind einzelne Rabbinen Protagonisten dieses Textes, nicht historische Gestalten. Nichtsdestotrotz verweist die literarische Gestalt auf ein soziales Moment. Die Vielstimmigkeit des Textes erschöpft sich nicht in der Repräsentanz verschiedener Stimmen durch verschiedene Sprecher. Vgl. auch Lachmann (1990), 59, die auf die historische Bedingtheit eines Horizontes möglicher intertextueller Verknüpfungen verweist.

156 „By the historicity of texts I mean to suggest the historical specificity, the social and material embedding, of all modes of writing […]. By the textuality of history, I mean to suggest, in the first place, that we can have no access to a full and authentic past, to a lived material existence that is unmediated by the surviving textual traces of the society in question, and, furthermore, that the survival of those traces rather than others cannot be assumed to be merely fortuitous but must rather be presumed to be at last partially consequent upon complex and subtle social processes of selective preservation and effacement,“ Montrose (1996), 5, zitiert nach Bakhos (2006b), 180. Vgl. Kalmin (2006), 134: „Not once do I claim that a specific event gave rise to a particular tradition; rather, I claim that disparate, independent texts attest to the same social concern or phenomenon.“ Unterschiede zwischen größeren Gruppen rabbinischer Texte führt Kalmin auf Unterschiede in der Lebenswelt palästinischer und babylonischer Autoren zurück. Allerdings behandelt Kalmin die im Text auftretenden Rabbinen als ‚Autoren‘, nicht als Protagonisten, und geht also von historischen Fakten, die er an den rabbinischen Text im eigentlichen Sinn heranträgt, aus. Vgl. dagegen Levinson (2006), 204.222.

157 Die kurze Zusammenfassung der Konzeption Mannheims folgt im Wesentlichen seiner Rezeption durch Bohnsack. Vgl. zusammenfassend Bohnsack, (2008), pass. Vgl. auch die zusammenfassende Darstellung in Nuscheler/Gabriel/Keller/Treber, (1995).

158 Vgl. Bohnsack (2008), 42ff.

Plausibilitätsstrukturen, die nicht explizit ausgesprochen werden, sondern implizit vorausgesetzt werden können.[159] Erfahrungsräume manifestieren sich in einem Orientierungsrahmen, der seinerseits in positiven und negativen Horizonten zum Ausdruck kommt.[160] Der Interpret, der keinen unmittelbaren Zugang zu den konjunktiven Erfahrungsräumen der anderen hat, kann die ihnen zuzuordnenden Orientierungsrahmen und die ihnen zu Grunde liegenden Plausibilitätsstrukturen aus (kommunikativen) Äußerungen nur erschließen.[161]

> Indem der Forscher stellvertretend für die Teilnehmer die Orientierungsstruktur interpretiert, vollzieht er, was Mannheim [...] *dokumentarische Interpretation* genannt hat, nämlich die begrifflich-theoretische Explikation der wechselseitigen (intuitiven) Verstehensleistungen der Erforschten [...] d. h. die ‚Interpretation' dieses impliziten Verständigungswissens.

Dies ist auch Aufgabe der neuzeitlichen Interpreten rabbinischer Texte. Neuzeitliche Leser haben zweifelsohne keinen unmittelbaren Zugang zu den Erfahrungsräumen der Rabbinen. Wichtigste Quelle für die Erhebung eines historischen oder soziologischen Kontextes sind die nur schwer datierbaren rabbinischen Texte selbst. Was sich den Texten entnehmen lässt, sagt über tatsächliche historische Begebenheiten wenig aus. Dem Text entnehmen lassen sich für die Autoren und Redaktoren bedeutsame und deshalb auch den Texten zu Grunde liegende Relevanzsysteme, die in Auseinandersetzung mit dem biblischen Text in Horizonten und Gegenhorizonten und in der Entwicklung von Handlungsoptionen zum Ausdruck kommen.[162] An die Stelle des historischen außertextlichen Kontextes (vgl. Bakhos!) tritt ein lebensweltlicher, der sich – und soweit er sich – aus den Texten selbst erheben lässt.

Die Reduktion der Lebenswelt der Rabbinen auf biblische Paradigmen nach Samely greift m. E. zu kurz. Der Umgang mit biblischen Texten ist bevorzugtes, es ist nicht notwendig das einzige Mittel zum Ausdruck von Horizonten, Gegenhorizonten und Handlungsoptionen, d.h. von Relevanzsystemen. Relevant ist nicht allein

---

159 Vgl. Bohnsack (2008), 43; ders. (2001), 331.333; ders. (1998), 113.

160 Negative Horizonte bezeichnen, wovon sich, wer am entsprechenden Erfahrungsraum teilhat, absetzt, positive Horizonte das, woran er oder sie sich orientiert. Vgl. Bohnsack (2008), 136.

161 Nach Mannheim (1980), 272 „[...] erfassen wir beim Verstehen der geistigen Realitäten, die zu einem bestimmten Erfahrungsraum gehören, die besonderen existentiell gebundenen perspektivischen Bedeutungen nur, wenn wir uns den hinter ihnen stehenden Erlebnisraum oder Erlebniszusammenhang irgendwie erarbeiten." Vgl. auch Bohnsack (2008), 43.57. Bedeutung, wie sie im Orientierungsrahmen zum Ausdruck kommt, unterscheidet Mannheim von Wortsinn und intendiertem Ausdruckssinn (vgl. Karl Mannheim, Beiträge zur Theorie der Weltanschauungsinterpretation, in: ders., Wissenssoziologie, Neuwied 1964a, 104ff), die aber beide erst vor dem Hintergrund des Orientierungsrahmens Geltung beanspruchen. Vgl. auch Bohnsack (2008), 50.57.67.

162 Um ein Beispiel Sterns aufzunehmen: Ein Relevanzsystem sagt weniger über die tatsächliche Streitkultur etwas aus, als darüber, wie eine Streitkultur nach Wahrnehmung der Autoren sein soll. Vgl. Stern (1996), 33ff: „The events [...] represent [...] the ‚worldly' aspects of the text, the human and social conditions out of which the homilies in the passage came into being. Yet this aspects [...] tend to undermine the idealized portrait of interpretative pluralism portrayed in the homilies." Es bliebe hinzuzufügen, dass diese äußeren Umstände sich bei Stern auf ihre Darstellung im Text beziehen. Sind die Darstellung der äußeren Umstände und die Darstellung dessen, was sich diesen äußeren Umständen verdankt, Teil desselben Textes, dokumentiert beides den Orientierungsrahmen. Historie dokumentiert sich selbst.
Bakhos Definition von ‚culture' als „socially transmitted knowledge and behavior patterns shared by a group of people. It is the set of ideas, rituals, beliefs and attitudes that underlie the various relationships that make up society" weist eine große Ähnlichkeit zum soziologischen Begriff des Orientierungsrahmens nach Bohnsack auf. Vgl. Bakhos (2006b), 182, FN 66.

dass, sondern auch welche biblischen Texte gewählt und wie zu ihnen Position bezogen wird. Bedeutsam ist die Art der Verknüpfung bestimmter Texte.[163]

Die Verpflichtung auf den biblischen Text, aber auch das Repertoire möglicher intertextueller Verknüpfungen und der Möglichkeitsraum der Hypertext-Strukturen beschreiben geteilte Relevanzen und einen gemeinsamen Orientierungsrahmen, auf den Midraschim sich beziehen und auf den sie zurückgreifen. Dabei gibt es auch Elemente im Orientierungsrahmen, die sich unterscheiden. Unterschiedliche Auslegungen unterschiedlicher rabbinischer Texte bringen disparate Elemente des Orientierungsrahmens und Relevanzen unterschiedlicher Gruppen zum Ausdruck. Der rabbinischer Auslegung implizit zu Grunde liegende Orientierungsrahmen ist nicht nur homogen. Der unterschiedliche Umgang mit denselben rabbinischen Texten zeigt Unterschiede in den Ausprägungen des Orientierungsrahmens der Rabbinen. Rabbinische Schriften unterscheiden sich darin, welche Verknüpfungen sie stark machen und wie sie diese Verknüpfungen werten. Unterschiedliche rabbinische Texte dienen einander deshalb als Vergleichshorizont.[164]

Das Konzept eines Orientierungsrahmens, der sich im Text und in Gestalt von dessen Auseinandersetzung mit anderen Texten ausdrückt, widerspricht nicht Bakhos Verdikt gegen eine Vermischung von historischen Kontexten und Textkontexten im Zusammenhang mit einem weiten Intertextualitätsbegriff. Intertextualität ist die Form, die die Auseinandersetzung der Rabbinen mit Texten annimmt. In dieser Auseinandersetzung spiegelt sich ein wesentliches Element ihres Orientierungsrahmens.

1.2.4.2 Traditionsstücke

Teil des ‚Orientierungsrahmens' der Rabbinen ist ein Kanon feststehender intertextueller Verknüpfungen und bestimmte Strukturelemente von Hypertexten, über die Intertexte miteinander verknüpft sind. Mit beidem gehen die Rabbinen um. Manche dieser Verknüpfungen stehen im Zusammenhang wörtlich gleich- oder nahezu gleichlautender Passagen, die in sich abgeschlossene kleinere Sinneinheiten bilden. Unterschiede und Varianten solcher Auslegungsversatzstücke zwischen verschiedenen Midraschim sind in aller Regel nicht größer als Varianten und Unterschiede zwischen verschiedenen Textausgaben eines Midrasch. Es liegt nahe, dass die Autoren oder Kompilatoren auf diese vorformulierten Textpassagen bereits zurückgreifen. Es soll in Zukunft von „Traditionsstücken" die Rede sein.

Indem sie dieses Traditionsgut variieren und je neu kontextualisieren, greifen unterschiedliche Auslegungswerke in je unterschiedlicher Weise darauf zurück, um ihre je eigenen Aussagen zu treffen. Selbst bei relativ feststehenden Verknüpfungen bestimmter Texte rückt der weitergehende Kontext des Midrasch manche Texte in den Vordergrund und lässt andere mehr oder weniger stark hinter sie zurücktreten. Nicht alle Inhalte, die ein geprägtes Textstück tradiert, werden vom größeren Kontext aufgegriffen. Traditionsstücke werden in unterschiedlichen Kontexten in un-

[163] Vgl. die Rolle der Meschalim bei Boyarin.

[164] Entsprechend können andere Texte etwa der jüdisch-hellenistischen Tradition den Texten der rabbinischen Tradition in ihrer Gesamtheit als Vergleichshorizont dienen. Ein wesentlicher Unterschied besteht hier nicht erst im signifikant unterschiedlichen Umgang mit unterschiedlichen Intertexten, sondern in der Wahl anderer, im hellenistischen Kontext auch nichtbiblischer Intertexte. Das Relevanzsystem, das in der Auslegung von Gen 4 durch Josephus etwa zum Ausdruck kommt, zeigt sich an Josephus Bezug auf und an seinem Umgang mit Texten über das Goldene Zeitalter. Vgl. Erzberger (2008), pass.

terschiedlicher Weise dem Kontext angepasst. Unterschiede zwischen den Relevanzsystemen unterschiedlicher Midraschim treten dort deutlich hervor, wo Traditionsstücke unterschiedlich kontextualisiert werden.

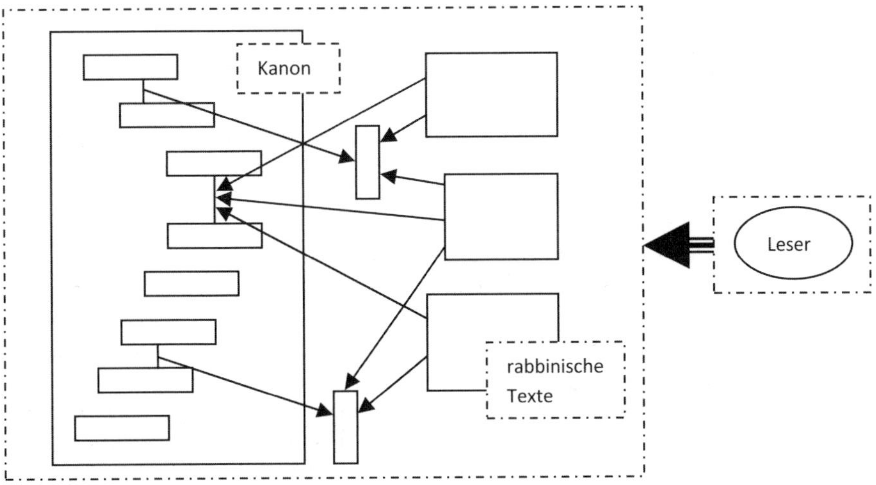

Midraschim greifen auf einen Kanon fester (Text-)Verknüpfungen, die sie je wieder neu kontextualisieren, bereits zurück. Der Leser rabbinischer Midraschim muss sich diesen Kanon, die mit diesem Kanon verbundenen Relevanzsysteme und die über sie hinausgehenden Aussagen einzelner Midraschim anhand der Texte erst erarbeiten.

1.3 Vorgehen

Der Analyse der rabbinischen Texte ist eine Analyse der biblischen Erzählung Gen 4,1–16 vorangestellt. Sie dient als Horizont, vor dessen Hintergrund die den modernen Lesern fernere rabbinische Auslegung Konturen gewinnt. Zwar ist rabbinische Auslegung und moderne Exegese Auslegung des Textes, sie funktioniert aber unter der Voraussetzung anderer Plausibilitäten, die bereits den Blick auf den Text, etwa in Gestalt der Wahrnehmung von Sinneinheiten innerhalb des biblischen Textes, selbst bestimmt.[165] Die Plausibilitätsstrukturen, die der rabbinische Text bei der Lektüre des biblischen Textes zu Grunde legt, lassen sich nur aus der rabbinischen Auslegung des Textes selbst erschließen. Selten werden sie explizit. Das Lesen und Verstehen des rabbinischen Textes setzt deshalb ein mindestens implizites Vorverständnis des biblischen Textes voraus, das sich an der Auslegung des rabbinischen Textes bestätigt oder anhand ihrer korrigiert. Vor dem Vergleichshorizont moderner Exegesen des Textes lassen sich signifikante Unterschiede aufweisen und gewinnt der Befund am rabbinischen Text Prägnanz.

Es folgt die Analyse der rabbinischen Auslegungen. Midraschim, die auf gemeinsame Auslegungstraditionen in Form von überkommenen intertextuellen Verknüpfungen oder Traditionsstücken zurückgreifen, werden im Zusammenhang behandelt und dienen einander wechselseitig als Vergleichshorizont. Die Analyse fasst

165 Vereinfachend soll im Folgenden unter Auslegung oder Exegese verstanden werden, was seiner Intention nach hilft, seinen Gegenstand besser zu verstehen. Im weiteren Verlauf wird ‚Exegese' aus rein pragmatischen Gründen für moderne, ‚Auslegung' für rabbinische Interpretationen verwendet.

auch solche Midraschim zusammen, die sich in ihrer Auslegung der Erzählung Gen 4,1–16 zwar unterschiedlicher tradierter Inhalte bedienen, die den von ihnen tradierten Inhalten aber eine ähnliche Form geben. Der Aufbau der Kapitel zu den Einzelauslegungen bleibt in den wesentlichen Punkten gleich.

Traditionsstücke, die in mehreren Midraschim auftreten, werden zunächst je für sich analysiert und dann in ihre alternativen Kontexte gestellt. Zu diesem Zweck werden sinnstiftende größere Einheiten, in deren Kontext das Traditionsstück steht, in ihrem Textumfang bestimmt. Diese sinnstiftenden Einheiten werden analysiert. Grundlegende Aussagen, die auch für die Verortung des Traditionsstücks im Kontext wesentlich sind, werden zusammengefasst. Die Funktion des Traditionsstückes im größeren Kontext wird bestimmt. Abschließend fragt die Autorin nach der Bedeutung der Erzählung von Kain und Abel in diesem Zusammenhang. Wo eine Auslegung zu Kain und Abel nicht im Zusammenhang eines solchen in mehreren Kontexten auftretenden Traditionsstückes ausgelegt wird, geht die Arbeit den umgekehrten Weg. Sinnstiftende größere Einheiten, in deren Kontext sich der Midrasch mit der Erzählung um Kain und Abel auseinandersetzt, werden in ihrem Textumfang bestimmt. Diese Einheiten werden analysiert. Grundlegende Aussagen der Texteinheit, die auch für die Verortung des Traditionsstücks im Kontext wesentlich sind, werden zusammengefasst. Der engere Textzusammenhang, in dessen Kontext die Bezugnahme auf die Erzählung von Kain und Abel steht, wird einer detaillierteren Analyse unterzogen. In einem letzten Schritt wird dieser engere Textzusammenhang und wird die Erzählung von Kain und Abel im größeren Kontext der sinnstiftenden Texteinheit verortet. Auch innerhalb der Analysen einzelner rabbinischer Texte dienen Interpretationen biblischer Intertexte als Vergleichshorizont.

Das abschließende Kapitel widmet sich einer Lesarten und Inhalte betreffenden Typologie der Auslegung der Kain- und Abel-Erzählung durch unterschiedliche Midraschim. Verhandelt wird zunächst der ‚Kanon' der Formen, in denen sich Midraschim mit der Kain- und Abel-Erzählung auseinandersetzen und in denen sie sie auslegen. Bestimmte Typen intertextueller Verknüpfung lassen sich unterscheiden. Hypertexte, die das Zusammenspiel verschiedener Intertexte auf einer makrostrukturellen Ebene organisieren, bedienen sich wiederkehrender Strukturelemente. Diese wiederkehrenden Strukturelemente lassen sich klassifizieren. In einem zweiten Schritt behandelt die Typologie die in dieser Form mit Hilfe dieser und über diese Erzählung getroffenen Aussagen (Inhalte).

Textkritische Ausgaben der Midraschim finden Verwendung, wo immer sie vorliegen. Varianten werden, soweit es sich nicht um offensichtliche Schreibfehler handelt, wie alternative Textfassungen behandelt. Dass die Analyse beim Haupttext der Druckausgaben ihren Ausgang nimmt, ist pragmatischen Überlegungen geschuldet. Jede andere Textfassung käme, soweit es sich nicht um eine offensichtlich unvollständige oder korrumpierte Textfassung handelt, als Ausgangstext in Frage.

2. Gen 4,1–16 (MT)

2.1 Übersetzung

1 Und der Mensch erkannte Eva, seine Frau, und sie empfing und sie gebar den Kain, und sie sagte: Ich habe einen Mann erworben/geschaffen [mit][1] JHWH.
2 Und sie fuhr fort zu gebären seinen Bruder, den Abel. Und Abel wurde ein Hüter von Kleinvieh. Und Kain wurde einer, der den Ackerboden bearbeitet.
3 Und es geschah am Ende der Tage: Und Kain brachte von der Frucht des Ackerbodens eine Gabe für JHWH dar.
4 Und Abel brachte dar, auch er, von den Erstgeburten seines Kleinviehs und von ihren Fetten[2]. Und JHWH blickte auf Abel und auf seine Gabe.
5 Und auf Kain und auf seine Gabe blickte er nicht. Und es entbrannte dem Kain sehr. Und sein Gesicht sank.
6 Und JHWH sprach zu Kain: Wozu ist es dir entbrannt? Und wozu ist dein Gesicht gesunken?
7 Ist es nicht so: Wenn du gut tust, Erheben. Und wenn du nicht gut tust, ist zur Tür hin die Sünde (f.) ein Lauernder (m.) und nach dir ist sein (m.) Verlangen. Und du sollst über ihn herrschen.[3]
8 Und Kain sprach zu Abel, seinem Bruder[4]. Und es geschah, als sie auf dem Feld waren, und Kain erhob sich gegen Abel, seinen Bruder, und er erschlug ihn.
9 Und JHWH sprach zu Kain: Wo ist Abel, dein Bruder? Und er sprach: Ich weiß nicht. Bin *ich* der Hüter meines Bruders?
10 Und er sprach: Was hast du getan? Die Stimme des Blutes (pl.) deines Bruders[5] schreit zu mir vom Ackerboden.
11 Und nun: Verflucht bist du vom Ackerboden [her/weg], der seinen Mund aufgerissen hat, das Blut deines Bruders aus deiner Hand zu nehmen.
12 Wenn du den Ackerboden bearbeitest, wird er nicht fortfahren dir seine Kraft zu geben. Unstet und flüchtig wirst du auf der Erde sein.
13 Und Kain sprach zu JHWH: Zu groß ist meine Schuld/Strafe um sie zu tragen.
14 Siehe, du hast mich heute vertrieben vom Gesicht des Ackerbodens und vor deinem Gesicht werde ich mich verstecken. Und ich werde unstet und flüchtig auf der Erde sein. Und es wird geschehen, jeder, der mich findet, wird mich erschlagen.
15 Und JHWH sprach zu ihm: Deshalb: Jeder, der Kain erschlägt, siebenfach soll er gerächt werden. Und JHWH setzte dem Kain ein Zeichen, damit ihn nicht erschlüge, jeder, der ihn fände.
16 Und Kain ging hinaus, fort vom Angesicht JHWHs, und er wohnte im Lande Nod (= ‚Flüchtig'), östlich von Eden.

1 Die Akkusativpartikel את ist an dieser Stelle praktisch nicht zu übersetzen.

2 Der hebräische Pentateuch der Samaritaner und ein Fragment aus der Kairoer Geniza bezeugen für Gen 4,4 מחלבהין in Pleneschreibung.

3 Die Genera von חטאת (f.) und des Partizips von רבץ (m.) sind inkongruent. Zu Lösungsversuchen vgl. die Auslegung. Die Arbeitsübersetzung folgt der verbreitetsten Tradition, der durchgehend auch die Lesart der Midraschim entspricht, macht die Inkongruenz der Geschlechter aber kenntlich.

4 Der hebräische Pentateuch der Samaritaner, die Peschitta und die Vulgata ergänzen den Inhalt der Rede Kains (‚Lass uns aufs Feld gehen').

5 דמט אחיך.

Der den Midraschim zugrunde liegende Text

Auf die Ergänzung der Rede Kains nach den Versionen (V 8) nehmen die Midraschim an keiner Stelle Bezug. Unterschiede gegenüber dem MT betreffen ausschließlich Plene- und Defektivschreibung. An keiner Stelle ist eine solche Differenz Ausgangspunkt einer Auslegung. Unterschiede in Plene- und Defektivschreibung sind auch zwischen Handschriften eines Midrasch häufig.[6] Für eine vom MT signifikant abweichende hebräische Textgrundlage gibt es keinen Anhaltspunkt.[7]

2.2 Gliederung

VV 1–5:	Einleitung
VV 1f:	Geburtsnotiz
VV 3–5:	Die Opfer und Gottes Reaktion
VV 6f:	Rede Gottes an Kain
V 8:	Redeeinleitung und Brudermord
VV 9–15:	Dialog Gottes und Kains
V 16:	Ausgang

Der Text lässt sich anhand der Personenwechsel und des Wechsels sprachlicher und nichtsprachlicher Handlungen in fünf Abschnitte untergliedern.[8] VV 1–5, innerhalb derer die Namen Kains und Abels in chiastischer Abfolge erscheinen, stellen die Brüder einander gegenüber. Eine Interaktion zwischen beiden erfolgt nicht. Innerhalb der VV 1–5 zeichnet sich VV 1f durch das Auftreten Adams und Evas aus. VV 6f gibt die an Kain adressierte Rede Gottes wieder, auf die Gott keine Antwort erhält. In V 8 tritt Abel erneut auf und Kain ihm gegenüber. Auf die Einleitung einer an Abel gerichteten Rede Kains folgt kein Zitat. In aller Kürze schildert V 8 den Mord. VV 9–15 folgt ein längerer Dialog zwischen Gott und Kain. V 16 schildert erneut eine nichtsprachliche Handlung. Kain entfernt sich aus der Gegenwart Gottes. Im Zentrum steht mit V 8 der Mord.[9]

2.3 Auslegungsgeschichte

Literarhistorische Auslegungen, die die Erzählung in ihrem Grundbestand als Sage auf ein bestimmtes historisches Szenario beziehen, haben mit Gunkel, von Rad und Westermann Auslegungsgeschichte geschrieben. In jüngerer Zeit stehen Ruppert, Dietrich und Seebass in dieser Tradition. Literarkritische Perspektiven gewinnen vor diesem Hintergrund literarhistorischer Vorannahmen Gestalt: Gunkel und von Rad vermuten den Grundbestand der Erzählung in einer Sage, die in Kain den Ahnherrn der Keniter beschreibt und mit dem Gegensatz von Kulturland und

---

6 Vgl. zur PRK auch Zinger (1966), pass.

7 Die Textgestalt der LXX unterscheidet sich derart von MT, dass ein der LXX entsprechender hebräischer Text als Vorlage der Midraschim ausgeschlossen werden kann. Zur Textgestalt der LXX vgl. Rösel (1994), 100–114.103ff.

8 Vgl. die weitgehend übereinstimmende Gliederung der Kommentare. Zahlreiche Exegeten fassen VV 1–5 als Einleitung zusammen. Manche Exegeten untergliedern VV 9–15. Vgl. Ruppert (1992), 188.

9 In manchen Handschriften hat Mp nach der Redeeinleitung in Gen 4,8 eine Abschnittseinteilung in der Mitte des Verses. Vgl. Tov (1997), 42.

Wüste umgeht.[10] Die Einbindung der Kenitersage in die Urgeschichte und ihre Bearbeitung geschieht mit Blick auf ihre neue Funktion innerhalb der Urgeschichte.[11] Allen voran die Bezüge zu Gen 3 sind sekundär und dienen der Eingliederung in den größeren Textzusammenhang.[12] Autoren wie Jacob und Cassuto stellen bereits während der ersten Hälfte dieses Jahrhunderts im Zuge ihrer Auslegung den Endtext in den Kontext des Kanons der hebräischen Bibel. Insbesondere für Jacob gilt, dass er die Erzählung in bewusster Abgrenzung von literarkritischen und literarhistorischen Perspektiven in den Kontext des biblischen Kanons stellt.[13] Die neuere Forschung beschränkt sich auf die Funktion des Endtextes im Rahmen der Urgeschichte und stellt über sein Zustandekommen in aller Regel keine Spekulationen an.

2.4 Auslegung

Der folgende Überblick beschränkt sich auf neuere Ansätze der letzten 20 Jahre. Auf zwei frühere Autoren wird mitunter Bezug genommen. Auf Jacob wird ausnahmsweise dort Bezug genommen, wo und weil eine bestimmte Richtung innerhalb der neuesten Auslegung sich im Wesentlichen der Wiederentdeckung seiner Positionen verdankt.[14] Westermanns Beobachtungen am Text und seine Aufarbeitung der vorangegangenen Auslegungsgeschichte stellen eine Basis dar, auf die sich Exegeten auch jüngerer Zeit in ihren Auslegungen beziehen.[15]

Die im folgenden close reading dargestellten exegetischen Ansätze dienen der Darstellung der Auslegung der Midraschim als Vergleichshorizont. Die dargestellten exegetischen Ansätze unterscheiden sich vor allem in der Gewichtung der Beziehungen der auftretenden Akteure. In unterschiedlicher Weise wird in unterschiedlichen Auslegungen einmal das Verhältnis der Brüder zueinander, einmal das Verhältnis Kains zu Gott betont und in den Vordergrund gerückt. Manchmal werden Figuren wie Adam und Eva, aber auch die Gruppe von Menschen, auf die Gen 4,14f durchsichtig ist, allerdings auch ganz bewusst vom Rand ins Zentrum gerückt.[16]

---

10 Vgl. Gunkel (1977), 47; von Rad (1981), 78f.

11 Vgl. von Rad (1981), 78f. Vgl. hierzu auch die zusammenfassende Darstellung bei Westermann (1976), 385ff.

12 Die Parallele von 3,16 und 4,7 ist der Korrektur eines unleserlich gewordenen Textes zu verdanken. Vgl. Gunkel (1977), 44.49.

13 Größeren Wert als Jacob legt Cassuto auf die heterogene Vorgeschichte des Textes.

14 Der Anschluss neuerer Exegese an die Exegese Jacobs beschränkt sich dabei allerdings auf einzelne Aspekte seiner Auslegung, insbesondere zu V 7. Andere Momente seiner Auslegung wie die Höherbewertung des Tieropfers in der Erzählung von Kain und Abel werden nicht rezipiert.

15 Ein anderer Genesiskommentar aus der Mitte des vergangenen Jahrhunderts mit einer ähnlichen Wirkungsgeschichte wie der Westermanns ist der von Rads, den aber Westermann seinerseits bereits zitiert. Die Westermann vorliegende 8. Auflage des Kommentars von von Rad von 1972 unterscheidet sich, soweit es den Kommentar zu Gen 4,1–16 betrifft, von den späteren Auflagen bis hin zur 11. Auflage von 1981 nicht.

16 Van Wolde (1991), stärkt die Position Abels. Wacker (2007), pass., fragt nach der Rolle der Frau, gerade angesichts ihrer Marginalität.

2.4.1 Einleitung (VV 1–5)

Kain und Abel

Innerhalb der einleitenden fünf Verse stehen die Namen Kains und Abels in chiastischer Abfolge.[17] Diesem scheinbaren Gleichgewicht entsprechen Gestalt und Inhalt der einzelnen Texteinheiten nicht. Kain erhält größeres Gewicht. Die Notiz über die Geburt Kains weist gegenüber der Notiz über die Geburt Abels Besonderheiten auf. Sie ist wesentlich umfangreicher. Die Namensgebung Kains durch die Mutter bindet den Lebensbeginn Kains außer an die Mutter auch an JHWH selbst zurück. קנה hat mit ‚erwerben' und ‚erschaffen' zwei Grundbedeutungen,[18] zwischen denen die Mehrzahl der Kommentare keine abschließende Entscheidung trifft.[19] Unabhängig von der Schwierigkeit einer adäquaten Lesart des Wortes קנה stellt die Rede Evas über dieses Verb eine Etymologie des Namens Kains her,[20] in dem das schwer zu bestimmende Verhältnis zur Mutter und zu Gott zum Ausdruck kommt.

Auffallend ist die Bezeichnung Kains im Zusammenhang seiner Geburt als איש.[21] Entweder wird Kain von Anfang an als der erwachsene Mann in den Blick genommen, der er in der folgenden Erzählung sein wird oder der Erzähler verweist über den Nachkommen des ersten Menschen hinaus auf den Mann oder Menschen.[22] Wacker liest die ‚Erschaffung' des Mannes (איש) durch die Frau mit Gottes Hilfe als Pendant und Korrektiv zur Erschaffung der Frau (אשה) durch Gott aus dem sich angesichts der אשה als איש verstehenden אדם nach Gen 2.[23]

Anders als der Name Kains erfährt der Name Abels keine explizite Deutung. Abels Name, הבל (Hauch), beschreibt Abels Funktion im Geschehen. Abels Geschichte ist eine vorübergehende Episode, die um der Geschichte Kains willen erzählt wird. Abel wird eingeführt, um das Opfer seines Bruders zu sein. Die Schilderung der Geburt Abels präsentiert sich als Fortsetzung der Schilderung der Geburt Kains: „Und sie fuhr fort zu gebären." Indem von einem eigenen Zeugungsakt Abels nicht die Rede ist und seine Geburt in Fortsetzung der Geburt Kains geschildert wird, wird die Bedeutung Abels weiter zurückgenommen. Er ist der Bruder des Sohnes, dessen Zeugung und Geburt die Mutter zu einem Jubelruf veranlasst hat. Manche Exegeten deuten das auffällige ותוסף ללדת auf eine Zwillingsgeburt,[24] die die Brüder näher zusammenrückt.

---

17 Vgl. Jacob (1934), 136. Vgl. van Wolde (1991), 29: Geburt: Kain – Abel / Tätigkeit: Abel – Kain / Opfer: Kain – Abel / JHWHs Reaktion: Abel – Kain.

18 Lipinski (1993), 63ff. In den meisten Fällen eines innerbiblischen Vorkommens von קנה lässt sich die Entscheidung für eine der beiden Grundbedeutungen nicht sicher begründen. Vgl. insbesondere die Diskussion zu Spr 8,22.

19 Vgl. Ruppert (1992), pass.190.

20 Vgl. die überwiegende Mehrzahl der Kommentare. Vgl. Jacob (1934), 135; Westermann (1976), 394f; Ruppert (1990), 190; Westermann (1996), 149f; Soggin (1997), 98. Wird die Wortbedeutung unabhängig von der Namensetymologie im Text erhoben, wird קין von קין in der Bedeutung ‚Speer' oder von dem arab. Wort für ‚Schmied oder der arab. Wurzel ‚kana' mit der Bedeutung ‚schaffen' abgeleitet. Vgl. detailliert Jacob (1934), 135; Westermann (1976), 394.

21 Nach einer Minderheitenmeinung, die von der neueren Exegese kaum mehr vertreten, aber im Modus der Ablehnung häufig zitiert wird, verweist der איש, den Eva sich mit der Geburt Kains erwirbt nicht auf Kain, sondern auf ihren Mann. Vgl. Jacob (1934), 135, der diese Position selbst nicht vertritt.

22 Vgl. Auch Swenson (2006), 379.

23 Vgl. Wacker (2007), 47f.

24 Vgl. Dietrich (2000), 167.

Kain und Abel werden als Repräsentanten unterschiedlicher Berufe und Lebensvollzüge eingeführt. Nach einer Gruppe von Auslegungen stehen ihre Lebensformen zueinander komplementär.[25] Andere Deutungen fokussieren auf Kain, der mit der אדמה in Verbindung gebracht wird. Ausweislich seiner Berufsbezeichnung ist Kain der, der die Bestimmung des Menschen erfüllt und dem das Adam, und damit dem Menschen überhaupt, nach Gen 3,17ff angekündigte Schicksal widerfährt.[26] Fokussiert der Text in dieser Weise auf Kain, steht die Wahl der Lebensform nicht zur Debatte. Wer mit der Wahl der Tätigkeit Kains dessen schuldhafte Bindung an die verfluchte אדמה verknüpft, vertritt in der neueren Exegese eine Minderheitenmeinung.[27]

Dass der Text zuerst vom Opfer Kains berichtet, entspricht der alternierenden Abfolge der Namen. Manche Exegeten gehen darüber hinaus davon aus, dass der Text die Initiative für das Opfer Kain zuschreibt. Ein Gegengewicht zur anfänglichen Nennung des Opfers Kains (V 3) bildet die differenziertere Beschreibung des Opfers Abels (V 4): *מבכרות צאנו ומחלבהן* gegen מפרי האדמה. Zwar opfern beide von den Erträgen ihrer Arbeit. Allein das Opfer Abels wird in doppelter Emphase („von den Erstgeburten seines Kleinviehs und von ihren Fetten") näher bestimmt.[28] Allein die Beschreibung des Opfers Abels unterstreicht durch das Personalsuffix die persönliche Beziehung des Opfernden zu seinem Opfer.[29] Mit der Beschreibung der Opfer räumt der Text einer auf Abel bezogenen Schilderung erstmals mehr Raum ein. Die Beschreibung des Opfers Abels differenziert im Sinne der Opfervorschriften des Pentateuch. Umso auffälliger ist die gleichartige Benennung beider Opfer als מנחה, das als Bezeichnung für Tieropfer sonst nicht vorkommt.[30]

Die Mehrheit der Exegeten betont die Äquivalenz der Ausgangssituation. Die Zurückweisung des Opfers durch Gott bleibt unterbestimmt.[31] Für van der Wolde

---

25 Vgl. Westermann (1976), 399; Vogel (1992), 329; Seebass (1996), 150; Soggin (1997), 99; Wehrle (2007b), 19. Vgl. auch Jacob (1934), 136, der in der Wahl des Berufes des Ackerbauern durch Kain, der sich mit seiner Wahl über die Verfluchung des Ackerbodens hinwegsetze, allerdings eine Wertung Kains begründet sieht.

26 Vgl. Ebach (1998), 20; ders. (2003), 103; Janowski (2003), 271.

27 Vgl. Ebach (1998), 20; ders. (2003), 103; Janowski (2003), 271. Für Jacob impliziert bereits die Entscheidung Kains, sich über den Fluch über die אדמה hinwegzusetzen ein Werturteil. Dazu muss Jacob davon ausgehen, dass die Lebensform Kains innerhalb der Logik der Erzählung eine Alternative hat. „… denn Landwirtschaft ohne Viehzucht gibt es nicht (allerdings aber Schafzucht ohne Ackerbau)." Jacob (1934), 136. Diese Deutung wird auch von Exegeten, die sich an anderer Stelle (V 7) auf Jacob berufen, nicht mitvollzogen. In neuerer Zeit bringt allein Herion die Nichtbeachtung des Opfers Kains damit in Verbindung, dass Kain Früchte der nach Gen 3 verfluchten אדמה opfert. Vgl. Herion (1995), 53f.

28 Vgl. Kim (2001), 111.

29 Vgl. auch Herion (1995), 59.

30 Vgl. Westermann (1976), 401. Die Mehrzahl der Exegeten nimmt keinen qualitativen Unterschied zwischen den Opfern wahr. So schon Westermann (1976), 403. Jacob stellt das Opfer in den Kontext der Tora. Als Tieropfer ist es nach Jacob Vorwegnahme des Opfers Noahs und deshalb höherwertig. Vgl. Jacob (1934), 137. Nach Jacob ist das Tieropfer außerdem verdienstvoller, weil es eine Grenze zwischen Tier und Mensch setzt. Jacob trägt hier eine Plausibilität ein, die dem Text und seinem Kontext allein nicht zu entnehmen ist. In ihr drückt sich der Orientierungsrahmen des Exegeten aus. Die Mehrzahl der Exegeten verortet das Opfer in einer Zeit, die allen Opfervorschriften noch vorausgeht, entweder weil sie die Erzählung selbst (Gunkel) oder weil sie das Erzählte in einer solchen Zeit verorten.

31 Wenn es keinen erkennbaren Grund für Gottes Reaktion auf die Opfer gibt und Gottes Handeln also unerklärlich ist, vgl. Ebach (1998), 22 schließt auch das eine Leerstelle.

spiegelt das übermäßige Interesse des Textes an Kain – in Verbindung mit der Bedeutung des Namens Abels – die Bevorzugung Kains in der durch den Text repräsentierten und von ihm beschriebenen Welt.[32]

Kain und Abel als Söhne des ersten Menschenpaares

Der Mensch und seine Frau treten nur in den beiden einleitenden Versen auf und stellen die Verbindung zwischen der Erzählung von Kain und Abel und der Erzählung um das erste Menschenpaar (Gen 2f) her.[33] Eine relativ größere Rolle spielt die Mutter, die die Geburt Kains kommentiert. Die Kain in besonderer Weise auszeichnende Beziehung zu seiner Mutter und zu Gott kommt allein in der Rede der Mutter zum Ausdruck.

Kain, Abel und Gott

Wo dem Text Unterschiede in der Wertung durch den Erzähler entnommen werden, begründen sie die unterscheidende Wahrnehmung der Brüder durch Gott. Nach van Wolde reagiert Gottes Hinwendung zu Abel auf das vom Text gespiegelte und durch ihn beschriebene Ungleichgewicht zwischen den Brüdern und korrigiert es.[34] Ebachs Position kritisiert die van Woldes: Angesichts dessen, dass dieser „Akt kompensatorischer Erziehung“ zum Tod des ursprünglich Benachteiligten führt, „greift [er] dramatisch zu kurz.“[35]

Darüber, worin das ‚Blicken‘ oder ‚Nicht-Blicken‘ Gottes auf sie und ihr Opfer sich für Kain und Abel erkennbar äußert, sagt der Text nichts. Einen Hinweis gibt die Semantik von שעה. An keiner Stelle im Textzusammenhang der hebräischen Bibel bezeichnet שעה die Annahme oder Zurückweisung eines Opfers. Gegenstand der Beachtung Gottes ist auch in Gen 4 zuerst der Opfernde und dann erst seine Gabe (אל־הבל ואל־מנחתו ואל־קין ואל־מנחתו).[36] An den drei anderen Stellen (Ijob 7,19; 14,6; Ps 39,14), an denen שעה Gott zum Subjekt hat und sich auf ein menschliches Objekt bezieht, hat der Blick unmittelbar Auswirkungen auf die Lebensmöglichkeit des Menschen. Der Sprecher empfindet den Blick Gottes als lebensbedrohlich. Ebachs Deutung ist als Konkretion und Engführung verstehbar: Ziel des Erstlingsopfers ist das Gelingen der Arbeit.[37] Beachtung und Nichtbeachtung des Opfers durch Gott macht Ebach am Erfolg der Arbeit fest.[38]

Der Zorn und der gesenkte Blick Kains (V 5b) schließen an die Reaktion Gottes auf die Opfer der beiden Brüder mit ו-PK an. Die Exegese stellt einen Kausalzusammenhang her und deutet den Zorn und den gesenkten Blick Kains als eine unmittelbare Reaktion auf die Nichtbeachtung seines Opfers.[39] Ein Kausalzusammenhang wird sprachlich nicht deutlich markiert.

---

32 Vgl. van Wolde (1991), 29.

33 Vgl. van Wolde (1991), 26: „Their only function seems to have been to introduce the new characters, the two sons.“ Vgl. auch Zwilling (2005), 511.

34 Vgl. van Wolde (1991), 29.

35 Vgl. Ebach (1998), 21f. Nach Gen 4,6f wird dieser erzieherische Misserfolg vom göttlichen Erzieher auch noch halb und halb in Rechnung gestellt.

36 Vgl. Heyden (2003), 94.

37 Vgl. Ebach (1998), 22. Vgl. in ähnlicher Weise auch Ruppert (1992), 195.

38 Während nach Ebach also der Mangel an Information über den Grund der Zurückweisung selbst Sinn trägt, sieht er sich genötigt, diese Leerstelle zu schließen.

39 Vgl. Kim (2001), 71; Zwilling (2005), 513.

2.4.2 *Die Rede Gottes an Kain (VV 6f)*

Kain und Gott

Obwohl Gott auf Abel und sein Opfer schaut, auf Kain und dessen Opfer aber nicht, tritt er nur mit Kain in Kommunikation. Kain lässt die Gottesrede unbeantwortet. Der Inhalt der Rede Gottes setzt Kain ins Verhältnis zur חטאת.

Kain, Abel und die חטאת

Gen 4,7 in der Gottesrede gehört zu den unverständlichsten Versen der Hebräischen Bibel. Jacob und Westermann halten den Vers für unübersetzbar.[40] Schwierig ist bereits der erste Halbvers. Die große Mehrheit der Exegeten übersetzt תיטיב/ לא תיטיב (יטב Hif.) mit ‚gut tun/handeln' / ‚nicht gut tun/handeln'. Unklar ist der Bezug von תיטיב / לא תיטיב.[41]

Einzelne Exegeten verdeutlichen den Bezug durch eine andere Übersetzung des Stammes. Ebach übersetzt אם תיטיב (Hif.) reflexiv. „Wenn es dir gut geht" und verbindet diese Lesart mit einer Deutung von שעה, nach der sich die Nichtbeachtung Gottes im fehlenden Erfolg der Arbeit äußert.[42] In die Gefahr moralischen Versagens gerät ein Mensch, dem es nicht gut geht.[43] Crüsemann übersetzt אם תיטיב kausativ, „Ist es nicht so, wenn du Gutes bewirkst: Erhebung. Wenn du aber nicht Gutes bewirkst …".[44] Crüsemann stellt seine Lesart in den größeren Kontext von Gen 3f ‚Gut und Böse erkennen' meint das Gute, d.i. das für den Menschen Nützliche zu erkennen, zu bestimmen und zu bewirken.[45]

> Hier werden die Züge menschlicher Autonomie vorausgesetzt, nach der die Menschen im vorangehenden Kapitel gegriffen haben […] Wir selbst erkennen und entscheiden, was für uns gut und böse ist, legen fest, was wir für uns für das Beste halten. Kein Gebot, auch nicht eine solche Warnung kann uns die Entscheidung abnehmen, im Lebensvollzug zu entscheiden, was wir letztlich, faktisch für gut und für schlecht ansehen. Gut erscheint mir in der Regel das, was gute Folgen für mich hat. Wenn das, von dem du annimmst, dass es dir gut tut und dir nützt, das auch tut, bist du stolz und meinst, deine Leistung lässt dein Leben glücken. Wenn nicht […] dann kommen Möglichkeiten, Verhaltensweisen in Sicht, die man erst einmal beherrschen muss.[46]

Heyden und Janowski, deren Lesart sich inzwischen auch Zenger angeschlossen hat, übersetzen תיטיב transitiv[47]:

> Ist es nicht so: wenn du es gut sein lässt, (bedeutet es) freundliche Aufnahme, und wenn du es nicht gut sein lässt … [48]

---

40 Vgl. Westermann (1976), 407: „Alle Deutungs- und Änderungsversuche sind bisher an diesem Satz gescheitert."

41 Vgl. Swenson (2006), 379; Kim (2001), 115; Stadler (2003), 79.

42 Ebach (1998), 23.

43 Ebach deutet die Nichtbeachtung des Opfers Kains durch Gott als Missernte. S.o.

44 Crüsemann (2003), 47. In der Paraphrase etwas freier: „Wenn du das (für dich) Gute tust (d.i. erreichst), ist Erheben (des Gesichtes, d.h. bist du stolz)." Vgl. Crüsemann (2003), 48.

45 Vgl. Crüsemann (2003), 47f.50. Auch unabhängig von Crüsemanns Bezug auf eine bestimmte sprachliche Formulierung lässt sich die Erzählung vom Brudermord in einer Weise lesen, in der Kain die durch die erste in Gen 3 geschilderte ‚Übertretung', geschaffene Voraussetzung menschlicher Autonomie erstmals und in verheerender Weise nutzt.

46 Crüsemann (2003), 89.

47 Vgl. Heyden (2003), 97.

Was Kain entsprechend der Semantik der im Deutschen gebräuchlichen Phrase ‚etwas gut sein lassen' auf sich beruhen lassen soll, ist die ungleiche Behandlung durch Gott.

Eine weitere Schwierigkeit innerhalb des ersten Halbverses ergibt sich daraus, dass נשא (‚tragen'/‚heben') kein explizites Subjekt bei sich hat. נשא (‚tragen/heben') in V 7 korrespondiert mit dem dort auf das Gesicht bezogenen נפל (‚fallen') in V 6 und wohl auch mit dem Tragen der Schuld in V 13. Die Mehrzahl der Exegeten bezieht נשא in V 7 in Analogie zu V 6 auf das Gesicht Kains und deutet שאת in V 7 als Ausdruck seines Gemütszustandes. Für Van Wolde äußert sich im Fallen oder Heben des Gesichtes das Gut-Tun oder Nicht-gut-Tun ganz unmittelbar. Bedeutet das Heben des Gesichtes Aufnahme von Beziehung, deutet das Fallen des Gesichtes auf den Abbruch derselben.[49] Es ist Ausdruck der geforderten, von Kain aber schließlich verweigerten, Kommunikation mit dem Bruder.[50] Auch bei Zenger steht das Sinken des Gesichtes für den Abbruch von Kommunikation. Der, im Gegenüber zu dem Kain Kommunikation verweigert, ist nach Zenger allerdings nicht Abel, sondern Gott.[51]

Eine dritte Schwierigkeit ergibt sich aus der Inkongruenz von חטאת (Sünde) (f.) und רבץ (der Lauernde) (m. Partizip) im zweiten Halbvers. Am weitesten verbreitet ist eine Lesart, der im Wesentlichen auch die hier vorliegende Arbeitsübersetzung folgt, die den Bezug gegen die grammatische Ungereimtheit herstellt.[52] Wo keine Textverderbnis angenommen wird,[53] wird die חטאת mehr oder minder deutlich personifiziert gedacht.[54]

> Ist es nicht so: Wenn du gut tust, Erheben. Und wenn du nicht gut tust, ist zur Tür hin die Sünde ein Lauernder und nach dir ist sein Verlangen. Und du sollst über ihn herrschen.

In seltenen Fällen wird רבץ statt auf die חטאת auf Kain oder Abel bezogen. Van Wolde identifiziert den רבץ mit Kain. Nicht um das Verlangen der Sünde als eines Lagerers geht es, es ist das Verlangen Kains zu lagern, das die Sünde näher bestimmt.

> Is it not true, when you do well, there is uplifting [of your countenance] and when you do not do well, there is at the door sin. The desire to be on the lurk is for you, but you can master it?

Nach Van Wolde drückt sich im Lauern wie im Fallen des Gesichtes eine Körperhaltung aus, die in Opposition zu שאת steht. Steht das Erheben des Gesichtes für die Aufnahme, stehen das gefallene Gesicht und das Lauern Kains für die Verweigerung von Kommunikation und Beziehung.[55] Auch das לא תיטיב kommt also unmittelbar in der Haltung Kains zum Ausdruck.

---

48 Janowski (2003), 270. Die von Crüsemann und Heyden/Janowski vertretenen Lesarten bleiben auf den deutschen Sprachraum beschränkt.

49 Vgl. van Wolde (1991), 32.

50 In ähnlicher Weise Ruppert (1992), 197: „... und seinem Bruder [...] nicht mehr arglos in die Augen sehen kann."

51 Vgl. Zenger (1983), 14.

52 Vgl. Ruppert (1992), 178.

53 Vgl. Westermann (1976), 407

54 Etwa in der Gestalt eines Dämons (Duhm) oder des Totengeistes des Erschlagenen. Vgl. Westermann (1976), 408; in neuerer Zeit wieder Wacker (2007), 51. Für Kim (2001), 116 verweist das Ausgestrecktsein der Sünde bereits auf das Ausgestrecktsein des toten Abel.

55 Vgl. van Wolde (1991), 35.

Eine andere Lesart, die das רבץ auf Abel bezieht und Kain zum Gegenstand seines Verlangens macht, beginnt mit Ibn Ezra und führt über Jacob zu Heyden, Janowski und Zenger. Die Kain angetragene Herrschaft wird als Herrschaft Kains über Abel interpretiert. Bei Heyden und Janowski schließt die Übersetzung des zweiten Halbverses an die Übersetzung des ersten damit harmonisch an.

> Ist es nicht so: wenn du es gut sein lässt, (bedeutet es) freundliche Aufnahme, und wenn du es nicht gut sein lässt, lagert er sich als (Öffnung >) Anlass zu einer Verfehlung, und doch ist sein Verlangen zu dir hin (gerichtet), und du bist es, der über ihn herrschen / seiner walten mag.[56]

Heyden und Janowski vertreten ihre jeweilige Lesart unter Rückbezug auf Gen 3 und die in Teilen wörtliche Aufnahme von Gen 3,16 in Gen 4,7.[57] Ihre Lesart tangiert das Verständnis beider Kapitel:

Die überwältigende Mehrheit der Exegeten versteht Gen 3,16 als Strafspruch und als Beschreibung einer korrumpierten Wirklichkeit nach dem sog. ‚Sündenfall'. Dafür spricht der Kontext. Herrschaft (משל) ist in diesem Kontext negativ konnotiert. Allerdings fällt der an die Frau gerichtete Spruch aufgrund formaler Kriterien aus den sog. Strafsprüchen heraus. Anders als die an Schlange und Mann gerichteten Sprüche wird der Spruch an die Frau nicht durch כי-שמעת/כי עשית זאת oder eine vergleichbare Formel eingeleitet.[58] Für Jacob handelt es sich bei diesem an die Frau gerichteten Spruch, der nicht ausdrücklich als Tatfolge gekennzeichnet ist, nicht um einen Strafspruch.[59] Die Herrschaft des Mannes über die Frau ist im Sinne verantwortlicher Fürsorge positiv konnotiert.[60] In Gen 4,7 hat die ‚Herrschaft' (משל) Kains eine positive Konnotation. Die Parallele zwischen Gen 3,16 und Gen 4,7, die den Bezug der Herrschaft Kains auf Abel in der Übersetzung Jacobs wesentlich stützt, wäre an einem zentralen Punkt nicht tragfähig, wäre sie in Gen 3,16 negativ konnotiert. Bei Janowski bleibt dieser Zusammenhang implizit.[61]

> In Gen 4,7f ist mit משל die ‚Verfügungsgewalt', d.h. ‚Herrschen' im Sinne einer Verpflichtung Kains gegenüber Abel gemeint, der – wie nach Gen 3,16 der Mann gegenüber der Frau – als der Ältere gegenüber dem Jüngeren bevollmächtigt ist, während Abel ‚Verlangen' nach seinem Bruder hat.[62]

Indem sie den Bezug von Gen 4,7 auf Gen 3,16 für ihre Deutung fruchtbar macht, kommt Wacker der traditionellen Lesart von V 7 näher. Wacker bezieht das Begeh-

---

56 Vgl. Janowski (2003), 270.

57 Das Stichwort תשוקה begegnet in der gesamten hebräischen Bibel nur noch ein weiteres Mal in Hld 7,11.

58 Vgl. Jacob (1934), 116ff; Seebass (1996), 124ff. Anders als für Jacob stellt für Seebass (1996), 126 aber auch der Spruch über die Frau eine Änderung der bis dahin geltenden Schöpfungsordnung nach der Logik der Erzählung dar. Seebass geht davon aus, dass der Spruch die Wirklichkeit im Kontext der Handlung verändert.

59 Vgl. im Anschluss an Jacob auch Janowski (2003), 276.

60 Vgl. Jacob (1934), 116f.139.

61 Ähnlich Jacob/Janowski deuten auch Chevillard-Maubuisson/Marchadour V 7 als Herrschaft Kains über den Bruder. Anders als Jacob/Janowski und unter ausdrücklichem Verweis auf Gen 3,16 deuten sie diese Herrschaft aber nicht positiv. Vgl. Chevillard-Maubuisson/Marchadour (1993), 269. Die Deutung Heydens und Janowskis ist außerdem darauf angewiesen, פתח im übertragenen Sinn zu verstehen. Heydens Argument, dass die Mischna פתח in dieser Bedeutung kennt, trägt die Beweislast nicht. Im biblischen Hebräisch ist ein solcher Gebrauch nicht belegt. Auch rabbinische Deutungen der Erzählung von Kain und Abel belegen eine solche Lesart an keiner Stelle. פתח in Gen 4 ist also auch zu einer Zeit, in der פתח in dieser Weise verstanden werden konnte, so nicht gelesen worden.

62 Janowski (2003), 276.

ren der Sünde auf das Begehren der Frau nach dem Mann und das Herrschen des Mannes über die Frau, wie es de facto ist, mit der geforderten Herrschaft Kains über die Sünde. Dem Verhältnis Kains und der als einen Dämon vorgestellten Sünde ist diese Herrschaft adäquat, dem Verhältnis von Mann und Frau ist sie es nicht.[63]

2.4.3 Der Mord (V 8)

Innerhalb der Erzählung macht V 8 erstmals explizit eine Ortsangabe. Das Feld ist innerbiblisch häufig Ort der Gefährdung, an dem keine Hilfe kommt.[64]

Kain und Gott

Gen 4,8 setzt nicht nur des Ortswechsels wegen neu ein. Indem auf das vorangegangene Gespräch Gottes mit Kain in keiner Weise erkennbar Bezug genommen wird, markiert Gen 4,8 einen Bruch.[65] Für manche Autoren besteht die Antwort Kains auf die Rede Gottes in der nicht weiter ausgeführten Rede Kains an Abel und im Mord. Eine Konsekution wird jedoch sprachlich nicht deutlich markiert.

Kain und Abel

Mit der dem Mord unmittelbar vorausgehenden, im Text nicht ausgeführten Anrede Kains an Abel handelt erstmals einer der Brüder am anderen. Sowohl in der Anrede Abels als auch im Brudermord ist allein Kain Subjekt.

In der Literatur wird häufig darauf verwiesen, dass אמר im Hebräischen nicht steht, ohne dass der Inhalt der Rede folgt. Mit 2 Sam 21,2 und 2 Chr 1,2 gibt es jedoch einige signifikante Ausnahmen, auf die gelegentlich verwiesen wird.[66] Die Mehrzahl der Exegeten nimmt Textverderbnis an und ergänzt im Sinne der alten Versionen.[67]

Heyden und Janowski deuten אמר im Gefolge Jakobs als ‚Signifikationsbegriff' und beziehen ויאמר auf die vorausgegangene Gottesrede zurück. („Kain sagt ‚es' Abel auf dem Feld").[68] Ruppert, der diese Variante als Möglichkeit zitiert, geht davon aus, dass Kain nur einen Teil der Gottesrede zitiert.[69] Welcher Teil der Gottesrede durch den Signifikationsbegriff genau gemeint ist, bleibt unterbestimmt.

Aus der regelwidrigen Verwendung der Präposition אל in ויקם קין אל־הבל אחיו[70], die eine Parallele zu ויאמר קין אל־הבל אחיו herstellt,[71] schließt Reis auf die Qualität

[63] Vgl. Wacker (2007), 50.

[64] Vgl. an Rechtstexten Dtn 22,25.27. Vgl. Jacob (1934), 140; Christensen (2002), 521; McConville (2002), 337.

[65] Einen Bezug schafft die Lesart Jacobs/Janowskis oder Rupperts, die אמר ohne darauf folgende wörtliche Rede dahingehend deuten, dass Kain den Abel über den Inhalt oder einen Teil des Inhaltes des vorausgegangen Gespräches informiert.

[66] Evtl. auch Ex 19,25, wenn sich אמר dort nicht auf die folgende Gottesrede bezieht. Vgl. Kim (2001), 118. Vgl. Reis (2002), 109; McEntire (2004), 10f. Allerdings ist der Adressat der Rede in 2 Sam 21,2 und 2 Chr 1,2 mit proklitischem ל angeschlossen. In Gen 4,8 erfolgt der Anschluss des Adressaten Abel mit singulärem אל. דבר mit אל kommt vor. Wenn die einfachste Lösung die plausibelste ist, wäre, angesichts dessen, dass אמר ohne folgende direkte Rede eben doch vorkommt, davon auszugehen.

[67] S.u. Textvarianten.

[68] Vgl. Janowski (2003), 279f.

[69] Vgl. Ruppert (1992), 199.

[70] Zu erwarten wäre ויקם קין על הבל.

[71] Vgl. auch Kim (2001), 119.

der Rede Kains. Im Sich Erheben wie im Sprechen erweist sich Kain als Gegner Abels.[72]

Manche Exegeten lesen das bloße אמר ohne folgendes Zitat als Ausdruck nicht stattfindender oder gestörter Kommunikation[73] und lassen den Mord am Bruder, der den Abbruch jedweder Kommunikation beinhaltet, an die Stelle des zu erwartenden gesprochenen Wortes treten. Für van Wolde nimmt, neben der Weigerung Kains, dem Bruder ins Gesicht zu blicken, die leere Kommunikation mit dem Bruder die endgültige Negierung der Bruderbeziehung im Mord bereits vorweg.[74]

2.4.4 Der Dialog Gottes und Kains (VV 9–15)

VV 9–15 bildet einen längeren Dialog zwischen Gott und Kain, der Kain vor dem Hintergrund seiner Tat in einem komplexen Beziehungsgefüge verortet. Das Verhältnis Gottes und Kains ist ebenso betroffen wie die Beziehung Kains zu seinem Bruder Abel, die Beziehung Gottes zu Abel und die Beziehung Kains zur אדמה.

Kain und Abel

In einer rhetorischen Frage nach V 9 weist Kain es von sich, ‚Hüter' seines Bruders zu sein. Zahlreiche Exegeten vermuten hinter שמר (‚hüten') ein Wortspiel, das den Beruf des ermordeten Abel anspielt.[75] Dagegen spricht, dass שמר für die Tätigkeit von Hirten selten verwendet wird.[76] Die Semantik von שמר weist in eine andere Richtung: Gott behütet (שמר) Menschen. Als Beschreibung eines zwischenmenschlichen Verhältnisses im Rahmen einer moralischen oder ethischen Forderung stünde שמר singulär.[77] Wo שמר ein zwischenmenschliches Verhältnisses beschreibt, beschreibt es Machtstrukturen.[78] Daraus, dass Kain es von sich weist, ‚Hüter' seines Bruders zu sein, lässt sich nicht notwendig schließen, dass er aus der Perspektive der Erzählung einer hätte sein müssen. Vielleicht verwendet Kain in ironischer Überpointierung diesen Begriff.[79]

Im größeren Kontext lässt sich שמר auf seine letzte Verwendung in Gen 2,15 zurückbeziehen. Nach Gen 2,15 ist es Aufgabe des Menschen, die אדמה zu bearbeiten (עבד) und sie zu bewahren (שמר). Nach Gen 3,23 ist nur noch die Bearbeitung der אדמה Aufgabe des Menschen. Kain zieht sich darauf zurück, dass das Bewahren (שמר) des Bruders seine Aufgabe nicht ist. In der Antwort Kains wird die Beseiti-

---

72 Vgl. Reis (2002), pass. Problematisch ist das zusätzliche Argument, auf das sie sich über den Parallelismus selbst hinaus stützt: Anders als Reis (2002), 109 behauptet, findet דבר אל nicht in erster Linie in der Bedeutung ‚sprechen gegen' Verwendung. Auch die von ihr aufgeführten Parallelstellen mit דבר אל tragen die Beweislast m.E. nicht.

73 Vgl. Wehrle (2007b), 12. Vgl. Zwilling (2005), 514: „Caïn, lui, parle à Abel, mais il ne lui dit rien."

74 Vgl. van Wolde (1991), 35.

75 Vgl. Ruppert (1992), 202; Kim (2001), 122.

76 428mal begegnet שמר im Qal, davon nur viermal (Gen 30,31; 1 Sam 17,20; Jer 31,10 und Hos 12,13) in dieser Bedeutung.

77 Vgl. Kim (2001), 123. Die überwiegende Mehrzahl der Belege von שמר bezieht sich auf das Halten von Geboten und Rechtsvorschriften. Vgl. Kim (2001), 123 und die dort aufgeführten Belege.

78 Die Wächter (etwa einer Stadt und ihrer Bewohner) sind שמרים (Ri 1,24 u.a.). Est kennt einen שמר הנשים. Relativ häufig bezeichnet שמר die Beobachtung oder Bewachung eines Feindes (2 Sam 11,16; 1 Kön 20,39). Jer 20,10 meint die nächsten Bekannten, die im Kontext allerdings sehr negativ gezeichnet sind. Vgl. Swenson (2006), 380.

79 Vgl. Kim (2001), 124.

gung des Bruders, die sich im Mord vollzog, auf einer anderen Ebene wiederholt. In der Lebenswelt Kains gibt es für den Bruder keinen Ort.[80]

Abel und Gott

Im Plural verweist דם zumeist auf Blutschuld.[81] צעק im Qal meint immer den Schrei dessen, der der Hilfe bedarf.[82] Entsprechend hört Gott den Schrei des hilfsbedürftigen ermordeten Abel.

Kain und die אדמה

Nach Gen 3,17 ist es die Bestimmung des Menschen, die um seinetwillen verfluchte אדמה zu bearbeiten. Nach Gen 4,11 ist Kain vom Ackerboden weg (oder vom Ackerboden her) (מן אדמה) verflucht. Der Fluch trifft den Brudermörder selbst. Die Verweigerung der Früchte der אדמה, die mit Ruhelosigkeit (נע ונד) und einer gestörten Beziehung zu Gott und den Menschen einhergeht, trifft den, der im Mord die Beziehung zum Bruder endgültig und unwiderruflich negiert, und die Beziehung zur אדמה *dadurch* (zer-)stört. Der Fluch über Kain ist unmittelbare Folge der Tat.[83] Für Ebach bedeutet die Vertreibung Kains von der אדמה, auf der das Blut des Bruders vergossen wurde, die Vertreibung des Bauern Kain von *seinem* Ackerland.[84] In diesem Zusammenhang steht bei Ebach die Rede von Rast- und Ruhelosigkeit.

Für solche Exegeten, für die Kain gerade in seiner Beziehung zur אדמה den Menschen repräsentiert,[85] steht die אדמה für den Lebensraum des Menschen, an den Kain als exemplarischer אדם in aller Ambivalenz gebunden bleiben wird.[86]

> Die ‚*adama*' aus der Kain als Mensch genommen ist und die ihm durch die Bebauung Lebensquelle und Heimat sein soll, hat diese Kraft für ihn verloren. Die soziale Desintegration durch den Brudermord führt zur Entfremdung des Lebensraums überhaupt.[87]

Der Mensch ist an die אדמה gebunden. Die Beziehung der אדמה zum Mörder wird durch den Mord gestört.

---

80 Vgl. van Wolde (1991), 35; Ebach (1998), 24.

81 65 von 74 Vorkommen stehen im Zusammenhang mit einem Verbrechen, 9 Vorkommen bezeichnen Blut im Zusammenhang mit Beschneidung, Geburt oder Menstruation. In jedem Fall handelt es sich um Blut des Menschen. Statistik BibleWorks.

82 Vgl. van Wolde (1991), 37.

83 Jacob macht für die Tatfolge unmittelbar das Gewissen Kains verantwortlich. Vgl. Jacob (1934), 142.

84 Vgl. Ebach (1998), 26.

85 Nach Spina betrifft der Fluch über den Mörder Kain die Menschheit. Vor dem Hintergrund des größeren Erzählkontextes bezeichnet die אדמה einen Teil der geschaffenen Welt, die dem Menschen nach dem ersten Mord verloren geht und die Noah für die Menschheit wiedergewinnt. Vgl. Spina (1992), pass. M.E. übersieht Spina, dass der Text von der Verfluchung des Mörders, nicht des Menschen, von der אדמה spricht.

86 Die אדמה, zu der Kains Verhältnis fortan gestört ist, ist die אדמה, die Kain bebaut. Butting fasst den Lebensraum weit und spricht von einer Störung der Beziehung des Menschen zur Natur. Die Wirklichkeit, um die es ganz im Sinne Buttings in ihrer Totalität und unter Einbeziehung aller Bereiche geht, ist eine auf den Menschen bezogene Wirklichkeit. Vgl. Butting (2003), 17.

87 Zenger (1983), 18. Vgl. auch Swenson (2006), 382: „… the land's rejection of Cain is his instability. In other words, Cain's stability is only a function of his right relation to the earth."

Kain und die עון

Die Rede vom Tragen (נשא) der עון, von dem Kain sagt, dass er dazu nicht fähig sei, greift das Tragen oder Heben (נשא) aus V 7 wieder auf.[88] עון in V 13 nimmt חטאת aus V 7 jedoch in auffälliger Weise nicht auf. In עון verbinden sich Schuld und Strafe. Zur חטאת tritt im Begriff עון das Moment der Strafe hinzu.[89]

Kain und die übrige Menschheit

In seiner Replik (V 14) auf den Strafspruch Gottes (V 12) interpretiert Kain die Verfluchung vom Ackerboden und die Ankündigung, er werde ‚ruhelos' und ‚flüchtig' sein, und ergänzt im Zuge dieser Interpretation die Gefährdung durch menschliche Rache. Erst in der Rede Kains wird das נע ונד im Ausschluss aus der menschlichen Gemeinschaft, diese wiederum in Kains Furcht vor seiner Gefährdung durch andere Menschen explizit. Kains Furcht vor Blutrache formuliert eine Folge und Zuspitzung des נע ונד.

Kain und Gott

In seiner Replik (V 14) auf den Strafspruch Gottes (V 12) interpretiert Kain die Verfluchung vom Ackerboden und die Ankündigung, er werde ‚ruhelos' und ‚flüchtig' sein, außerdem als Vertreibung durch Gott und ergänzt um die Notwendigkeit, sich vor dem Angesicht Gottes zu verbergen. Die Wurzel גרש, mit der Kain in Gen 4,14 seine Vertreibung vom Ackerboden und vom Angesicht Gottes beschreibt, findet in Gen 3,24 Verwendung. Während die Vertreibung des Menschen nach Gen 3,24 jedoch ausweislich der Stimme des Erzählers Handeln Gottes ist, ist sie eine solche nach Gen 4,14 ausschließlich in Rede und Wahrnehmung Kains. Ausweislich des Erzählers ist der Schutz Kains und die Applikation des Kainszeichens Tat Gottes. Der ‚Deutung' der Kainrede, die aus der Vertreibung eine Tat Gottes macht und die Vertreibung selbst mit Gottesferne in Verbindung bringt, werden weder vom Erzähler noch von Gott innerhalb der Erzählung widersprochen.

Im Dialog Gottes mit Kain wie im Schutz Kains vor der Blutrache durch das Kainszeichen zeigt sich, dass die Gottesferne keine vollständige ist. Das Kainszeichen[90] schützt Kain vor der letzten Konsequenz seiner Tat.[91] Jedes Leben, selbst noch das eines Menschen, der ein anderes Leben zerstört, steht unter dem Schutz Gottes.[92]

---

88 Vgl. Dietrich (2000), 163; Swenson (2006), 382.

89 Vgl. Westermann (1976), 420.

90 Für Beschaffenheit des Kainszeichens interessiert sich die jüngere Exegese nicht. Vgl. Wehrle (2007b), 39. Jacob bezieht das ‚Zeichen' auf die an Kain gerichtete Gottesrede. Ein ‚Zeichen' ist sie für diesen selbst. Vgl. Jacob (1934), 146. Vgl. auch Geiger (2003), 135.140.

91 Vgl. Wehrle (2007b), 38. Vom Tragen seiner Schuld wird Kain nicht entbunden. Vgl. Wehrle (2007b), 35. Eine Anzahl Exegeten geht davon aus, dass der Tod Kain willkommen sein müsste, und der ‚Schutz' Kains keine Minderung der Strafe impliziert, sondern in zynischer Weise dafür sorgt, dass er die Strafe bis ans Lebensende auskosten muss. Vgl. Ruppert (1992), 209f. Diese Deutung ist m.E. mit der Sorge Kains nach V 14 kaum zu vereinbaren.

92 Der Mörder wird vor den letzten sein eigenes Leben zerstörenden Konsequenzen seiner Tat geschützt. Vgl. van Wolde (1991), 29. In ähnlicher Weise Butting (2003), pass.16.

2.4.5 Der Ausgang (V 16)

Der Schluss der Erzählung

Die Erzählung endet mit einem Wortspiel. Unstet und flüchtig (נע ונד) lässt Kain sich nieder im Lande ‚Flucht' (נוד). קידמת עדן schlägt den Bogen zurück zu מקדם לגן עדן in Gen 3,24. Zwischen dem ‚Wohnen', dem Aufenthalt Kains im Land Nod und der in Gen 4,12 angekündigten und von Kain in Gen 4,16 aufgegriffenen Rast- und Ruhelosigkeit Kains ist eine Spannung wahrnehmbar. Wie es auch schon Kain ist, der den Strafspruch Gottes um den Aspekt der Vertreibung aus der Gegenwart Gottes und die Gefährdung durch seine Mitmenschen ergänzt, ist es nach V 16 Kain, der sich tatsächlich aus der Gegenwart Gottes entfernt.[93]

2.5 Fazit

Interpretationen sind abhängig von den Kontexten (Textkontexten und anderen) und Plausibilitätsstrukturen. Für einen Textkontext, in den ein Interpret eine Erzählung stellt, behauptet er Kongruenz. Plausibilitätsstrukturen dienen der Gewichtung von Textmerkmalen und Inhalten und der Schließung von Leerstellen. Auch die bewusste Offenhaltung einer Leerstelle schließt sie.

Innerhalb der neueren Exegese ergeben sich hinsichtlich des Textkontextes, in dem Gen 4,1–16 steht, nur geringe Abweichungen. Gen 4,1–16 wird als in sich geschlossene Texteinheit wahrgenommen und in den Kontext der Urgeschichte gestellt. [94] Besonders eng sind die Bezüge zu Gen 3. Die These von der sukzessiven Zunahme von Schuld wird schon von Westermann in seiner Zusammenfassung vorausgehender Literatur als weitgehender Forschungskonsens rekapituliert.[95] Nach Crüsemann wird die nach Gen 3 erworbene Autonomie des Menschen nach Gen 4 konkret. Der Mensch scheitert.[96] Nach Wacker führt das ‚Erkennen' zwischen Mann und Frau mit der Geburt des ersten Bruderpaares zunächst zum Leben, dann zum Tod. Der eine Bruder mordet den anderen.[97] Wird Gen 4,1–16 im Kontext der gesamten Urgeschichte gelesen, geht mit der Nachkommenschaft Kains die Geschichte des Mörders zwar zunächst weiter. Ihm und seiner Nachkommenschaft kommt das Verdienst der wesentlichen Kulturleistungen zu. Abels Geschichte endet mit seinem Tod. Langfristig aber wird die Linie Sets, der an der Stelle Abels steht, weitererzählt.[98]

Interpretation geschieht durch die Gewichtung von Inhalten. In Gen 4,1–16 steht der Mensch Kain in Beziehung zur אדמה, zum anderen Menschen und zu Gott.[99] Keiner dieser Bezüge steht für sich allein. Sie bedingen und beeinflussen sich wechselseitig. Deutungen unterscheiden sich jedoch in der Gewichtung dieser

---

93 Vgl. Swenson (2006), 383.

94 Als Hirte rückt Abel aus kanonischer Perspektive gelegentlich in die Nähe der Erzeltern. Vgl. Ruppert (1992), 193.

95 Vgl. Westermann (1976), 388ff.

96 Vgl. Crüsemann (2003), 51.

97 Vgl. Wacker (2007), 53.

98 Vgl. Butting (2000), 436. Wo der Kontext berücksichtigt wird, wird dieses Ungleichgewicht durch diesen Kontext noch unterstrichen. Während Kains ‚Geschichte' in Gen 4,17ff noch weiter geht, findet Abel weder hier, noch in Kap. 5 Erwähnung. Vgl. Ebach (1998), 18.

99 Vgl. van Wolde (1991), pass.34, der ich allerdings nicht in all ihren Schlussfolgerungen folge.

Bezüge. Unterschiedlich wird insbesondere die Beziehung der Brüder auf der einen und die Beziehung Gottes und Kains auf der anderen Seite gewichtet: Wehrle sieht in Gott, nicht in Abel, den eigentlichen Opponenten Kains.[100] Van Wolde deutet die Erzählung strikt von der Seite der Bruderpaarbeziehung her. Alles Handeln Gottes ist Kommentar dessen und Reaktion auf das, was zwischen den Brüdern geschieht.

Entscheidend bei der Gewichtung von Inhalten ist die Wahl der Identifikationsfigur. Der Text räumt Kain mehr Raum ein als Abel, den er durchgehend als dessen Bruder in den Blick nimmt.[101] Dennoch scheint die Wahl Kains als Identifikationsfigur nicht zwingend. Ob Exegeten Kain als Identifikationsfigur innerhalb des Textes wahrnehmen, hängt wesentlich davon ab, welche Schlüsse sie aus der Fokussierung des Textes auf den Protagonisten Kain ziehen, ob sie sie übernehmen oder ob Kain und Abel noch angesichts der Fokussierung Kains durch den Text Komplementarität zugestanden wird.[102] Mit Abel[103] kann der Leser sich gerade in seinem Mangel an Bedeutung identifizieren.[104] Entsprechend liest Crüsemann: „Kain ist nicht Adam. Der Mensch, אדם, ist auch Abel. Der Mensch ist Mörder *und* Opfer"[105] Nach Crüsemann ist „Kain [...] nur eine, eine durchaus bedrängende, aber vermeidbare Möglichkeit des Menschseins."[106] Als Repräsentant des Menschen rückt Kain dem intendierten Leser nahe.[107]

---

100 Vgl. Wehrle (2007b), 11.

101 Vgl. Ebach (1998), 18.

102 „... denn die Geschichte dieser beiden soll erzählt werden, und keiner wird eine bleibende Spur hinterlassen." Jacob (1934), 135.

103 ‚Handlungsrolle', im Gegensatz zum Charakter Kain, ist nach Zenger (1983), 11 Abel.

104 Gerade die Passivität und die Opferrolle Abels, bei darüber hinausgehender völliger Konturlosigkeit, der Umstand, dass Abel Opfer ist, ohne moralisch positiv oder negativ gewertet zu sein, lässt ihn zur Identifikationsfigur in literarischen Rezeptionen deutschsprachiger jüdischer Autoren nach 1933 werden.

105 Crüsemann (2003), 49.

106 Crüsemann (2003), 49. Crüseman zitiert als weitere Gewährsmänner von Rad, Westermann mit ihren Kommentaren und Drewermann in Drewermann (1995), 33.127.

107 Ob Kain Identifikationsfigur ist, hängt wesentlich auch vom Bezugsrahmen der Deutung ab. In den alten historisch-kritischen Deutungen rückt Kain als Ahnherr der Keniter vom intendierten Leser ab.

3. Gen 4,1–16 in rabbinischen Genesis-kommentaren: GenR

3.1 GenR 22

3.1.1 Text

Auf der Ebene der biblischen Erzählung bildet Gen 4,1–16 einen in sich geschlossenen Textzusammenhang.[1] GenR 21 schließt mit einer Auslegung, die sich auf Gen 3,16 und die Vertreibung des Menschen aus dem Garten Eden bezieht. Das Stichwort ‚Osten' weist auf die Erzählung von Kain und Abel voraus. Die Episode von Adam, der sich der Fortpflanzung angesichts einer von ihm vorausgesehenen Zukunft zunächst verweigert, angesichts der ihm vorausgesagten Zukunft Israels aber schließlich doch Kinder zeugt, funktioniert als retardierendes Moment. Sie schließt mit einem Blick auf Israel und einem Zitat von Gen 4,1, an das die erste Auslegung von GenR 22 anknüpft. GenR 22 beginnt mit einer Aussage über die Barmherzigkeit Gottes, die wie eine Überschrift über der folgenden Auslegung steht, und endet mit einer Notiz über die Vergebung der Schuld Kains, in der sich die Barmherzigkeit Gottes zeigt. GenR 22 endet mit einem heilvollen Ausblick auf Israel im Rahmen der Auslegung zu Gen 4,16. Der Midrasch setzt mit GenR 23 zu Gen 4,17 vor dem Hintergrund einer Unheilsperspektive neu ein. GenR sieht Gen 4,1–16 in einem engen Zusammenhang, insbesondere zu Gen 3.

Übersetzung

„Und der Mensch erkannte Eva, seine Frau, usw." (Gen 4,1). „Gedenke deines Erbarmens JHWH und deiner Güte, denn von Ewigkeit her sind sie" (Ps 25,6), nicht von nun an, sondern ‚denn von Ewigkeit her sind sie'.Rabbi Jehoschua ben Nechemja sagte: Denn so bist du verfahren mit dem ersten Menschen, zu dem du so gesprochen hast: „Denn an dem Tag, an dem du von ihm isst, wirst du sterben, ja sterben" (Gen 2,17). Wenn du ihm nicht einen Tag von den deinen gegeben hättest, der tausend Jahre ist, wie hätte er Geschlechter hervorbringen können.

„Und der Mensch erkannte usw." (Gen 4,1). Rabbi Huna und Rabbi Jakob im Namen Rabbi Abbas: Es hatte sich kein Geschöpf vor dem ersten Menschen gepaart, es ist hier nicht geschrieben ‚ein Mensch erkannte', sondern „und der Mensch" (Gen 4,1).[2] Er erkannte, um allen den Weg der Welt bekannt zu machen.

Er erkannte, aus welchem Weg der Sicherheit er geworfen war.

Er erkannte, was du für sie getan hattest, Schlange[3]. Rabbi Acha sagte: Die Schlange ist deine Schlange und du bist Adams Schlange.

„Und sie empfing und sie gebar den Kain" (Gen 4,1). Rabbi Eleazar ben Azarja sagte: Drei Wunder wurden an diesem Tag getan. An diesem Tag wurden sie erschaffen, an diesem Tag paarten sie sich, an diesem Tag brachten sie Geschlechter hervor. Rabbi Jehoschua ben Qarcha sagte zu ihm: Zwei stiegen auf das Bett und sieben stiegen herab: Kain und seine Zwillingsschwester und Abel und seine beiden Zwillingsschwestern.

---

1 Zur Abgrenzung des biblischen Textzusammenhangs vgl. Kap. 2.

2 אדם steht einmal mit und einmal ohne Artikel.

3 Er erkannte, was du für sie getan hattest, Eva, ך.

„Und sie sagte: Ich habe einen Mann erschaffen/erworben usw." (Gen 4,1). Rabbi Isaak sagte: Daraus folgt für sie: Wann immer sie Söhne hat, sagt sie: Dies hat erworben, dies hat erworben – mein Mann ist in meiner Hand.
Rabbi Jischmael fragte den Rabbi Aqiba, er [Jischmael] sagte zu ihm: Weil du Nachum, dem Mann aus Gimzo, zweiundzwanzig Jahre gedient hast: die ‚אך'‌s und die ‚רק'‌s sind von den einengenden, die ‚את'‌s und die ‚גם'‌s sind die vielen. ‚את', das hier geschrieben steht, was bedeutet es? Er [Aqiba] sagte, wenn gesagt ist, ich habe geschaffen/gekauft den Mann Gottes, ist die Sache schwierig, aber ‚את JHWH' spricht für dieses: „Denn es ist kein leeres Wort für euch" (Dtn 32, 47). Und wenn es leer für euch ist, dann kennt ihr seine Auslegung nicht. Aber ‚את JHWH' in Bezug auf das Besprochene: Der Mensch wurde aus Erde geschaffen und Eva wurde aus dem Menschen geschaffen und von jetzt an und weiter: „In unserem Bilde nach unserer Ähnlichkeit" (Gen 1,26). Nicht ein Mann ohne Frau und nicht eine Frau ohne Mann und beide nicht ohne die Schechina.
„Und sie fuhr fort zu gebären usw." (Gen 4,2). Dies ist eine Stütze für das, was Rabbi Jehoschua ben Karchahs sagte: Zwei stiegen auf das Bett und sieben kamen herunter. „Sie fuhr fort zu gebären" (Gen 4,2), ‚sie fuhr fort zu gebären' und nicht: ‚sie fuhr fort zu empfangen'.
„Und Abel wurde ein Hüter von Kleinvieh. Und Kain wurde einer, der den Ackerboden bearbeitet" (Gen 4,2). Drei sind es, die sich für den Ackerboden begeisterten und in ihnen fand sich keine Hoffnung[4], und diese sind sie: Kain „war einer, der den Ackerboden bearbeitet" (Gen 4,2), Noach, „ein Mann des Ackerbodens" (Gen 9,20), Usija, „Ackerbauern und Weinbauern in den Bergen und auf dem Karmel, denn er liebte den Ackerboden" (2 Chr 26,10).
„Und es geschah am Ende der Tage" (Gen 4,3). Rabbi Eliezer und Rabbi Jehoschua. Rabbi Eliezer sagte: Im Tischri wurde die Welt geschaffen. Rabbi Jehoschua sagte: Im Nisan. Wer sagte, im Tischri, lässt Abel vom Fest bis Chanukka leben. Wer sagte, im Nisan, lässt Abel von Pessach bis zum Wochenfest leben. Zwischen diesen Worten und jenen Worten, alle stimmen überein, dass er Abel nicht mehr als fünfzig Tage in der Welt sein lässt.
„Kain brachte von der Frucht des Ackerbodens dar usw." (Gen 4,3). Von dem Schlechten (Geschnittenen). Gleich einem schlechten Pächter, der die ersten Früchte aß und für den König die späten Früchte bedeutsam machte.
„Und Abel, brachte dar, auch er, von den Erstgeburten seines Kleinviehs und von ihren Fetten" (Gen 4,4). Rabbi Eliezer und Rabbi Jose bar Chanina. Rabbi Eliezer sagte: Die Söhne Noachs opferten Friedensopfer. Rabbi Jose bar Chanina sagte: Ganzopfer opferten sie. Rabbi Eliezer erwiderte dem Rabbi Jose bar Chanina: Und es steht geschrieben: „Und von ihren Fetten" (Gen 4,4). Etwas, dessen Fett man darbringt. Was machte Rabbi Jose bar Chanina daraus? Von seinen fetten *Tieren*. Rabbi Eliezer erwiderte dem Rabbi Jose: Und dies steht geschrieben: „Und er sandte junge Männer von den Kindern Israels und sie opferten Ganzopfer und sie schlachteten Schlachtopfer als Friedensopfer" (Ex 24,5). Was machte Rabbi Jose bar Chanina daraus? Friedensopfer in der Haut, ohne Häuten und Zerteilen. Rabbi Eliezer erwiderte dem Rabbi Jose: Und es steht geschrieben: „Und Jitro, der Schwiegervater des Mose, nahm ein Ganzopfer und Schlachtopfer" (Ex 18,12). Was machte Rabbi Jose bar Chanina daraus? Wie der, der sagte, dass Jitro nach der Gabe der Tora kam. Rabbi Huna sagte: Rabbi Jannai und Rabbi Chijja der Große unterscheiden sich. Rabbi Jannai sagte: Jitro kam vor der Gabe der Tora. Und Rabbi Chijja der Große sagte: Er kam nach der Gabe der Tora. Rabbi Chanina sagte: Und sie unterscheiden sich nicht. Wer sagt, er kam vor der Gabe der Tora, *meint*, die Kinder Noahs opferten Friedensopfer. Und wer sagt: er kam nach der Gabe der Tora, *meint*, sie opferten Ganzopfer. Und es ist eine Stütze für diesen, für Rabbi Jose bar Chanina: „Erhebe dich, Norden" (Hld 4,16). Dieses ist ein Ganzopfer, das im Norden geschächtet ist. Was bedeutet ‚Erhebe dich'? Etwas, das schläft und aufwacht. „Und komm, Südwind" (Hld 4,16). Diese sind Friedensopfer, die im Süden geschächtet werden. Und was bedeutet: ‚komm'? Etwas Neues. Rabbi Jehoschua von Sikhnin sagte im Namen Rabbi Levis: Auch

[4] kein Ertrag, 7.

dieser Vers ist eine Stütze für ihn, für Rabbi Jose bar Chanina: „Dies ist die Tora des Ganzopfers, dieses das Ganzopfer“ (Lev 6,2), denn die Kinder Noahs opferten es. In Bezug auf die Friedensopfer: „Dies ist die Tora der Schlachtopfer der Friedensopfer“ (Lev 7,11), die sie opferten, steht hier nicht geschrieben, sondern: „die sie opfern werden“, von jetzt an und in Zukunft.

„Und JHWH blickte auf Abel und auf seine Gabe“ (Gen 4,4). Er wurde von ihm beruhigt. „Und auf Kain und auf seine Gabe blickte er nicht“ (Gen 4,5). Er wurde nicht von ihm beruhigt. „Und es entbrannte dem Kain sehr. Und sein Gesicht sank“ (Gen 4,5). Es war wie ein Licht[5].

„Und JHWH sprach zu Kain: Wozu ist es dir entbrannt und wozu ist dein Gesicht gesunken? Ist es nicht so: Wenn du gut tust, Erheben / trägst du“ (Gen 4,6–7) einen Segen[6]. „Und wenn du nicht gut tust“ (Gen 4,7), trägst du einen Fluch[7].

Eine andere Sache: Weiterhin, wenn du gut tust, verzeihe ich dir[8], aber wenn nicht, fließt die Sünde dieses Mannes über, ja sie fließt über. Rabbi Berekhja im Namen des Rabbi Simeon sagte: „Dem David ein Lied. Glücklich, dem Übertretung vergeben wird, dem Sünde zugedeckt wird“ (Ps 32,1). Glücklich der Mensch, der über seiner Übertretung erhoben ist, und nicht seine Übertretung erhoben über ihm.

„Zur Tür hin ist die Sünde ein Lauernder“ (Gen 4,7). ‚Eine Lauernde (f.)‘ steht hier nicht geschrieben, sondern ‚ein Lauernder (m.)‘ (Gen 4,7). Zu Anfang ist sie schwach wie eine Frau, danach wird sie stark wie ein Mann[9].

Rabbi Aqiba sagte: Zu Anfang ist sie wie ein Faden eines Spinnennetzes und zum Ende ist sie wie dieses Schiffsseil. Dies ist, was geschrieben steht: „Wehe, die die Sünde mit Stricken des Nichts herbeiziehen und wie mit einem Wagenseil die Sünde“ (Jes 5,18).

Rabbi Isaak sagte: Zu Anfang wird sie zu meinem Gast und danach zum Gastfreund und danach zum Herrn des Hauses. Dies ist, was geschrieben steht: „Und es kam ein Reisender zu dem reichen Mann“ (2 Sam 12,4). Ein Fuß, der geht. „Ihm tat es leid, von seinem Kleinvieh und von seiner Herde zu nehmen, um es für den Wanderer, der zu ihm gekommen war, zuzubereiten“ (2 Sam 12,4), hier ist er ein Wanderer: „Und er machte es für den Mann, der zu ihm gekommen war“ (2 Sam 12,4). Hier ist er der Herr des Hauses.

Rabbi Tanchum bar Marion sagte: Es gibt Hunde in Rom, die wissen, es sich gut sein zu lassen. Er geht und er setzt sich vor eine Bäckerei und er kaut an einem Knochen und döst und die Besitzer der Bäckerei dösen, und er lässt das Brot auf das Gitter fallen, bis sie über ihnen sind, sie aufzusammeln, gewinnt er ein Brot und läuft davon.

Rabbi Abba bar Judan sagte: Gleich[10] einem Räuber, der geduckt an der Wegkreuzung saß. Jedem, der vorüberging, sagte er: Gib, was du bei dir hast. Ein Klarsichtiger ging vorüber und er sah, dass keine Hoffnung[11] in ihm war. Er begann ihn zu schlagen.[12] So viele Generationen hat der böse Trieb zerstört. Die Generation des Enosch und die Generation der Zerstreuung und die Generation der Flut. Als Abraham aufstand und er sah, dass in ihm keine Hoffnung[13] war, begann er ihn zu schlagen. Das ist, was geschrieben ist: „Ich will vor seinem Angesicht seine Feinde schlagen usw.“ (Ps 89, 24).

Rabbi Ammi sagte: Der böse Trieb geht nicht auf den Seiten, sondern im Zentrum der Hauptstraße. Und in der Stunde, in der er einen Menschen sieht, der mit seinen Augen suchend umherschaut, sein Haar zurechtmacht, stolzen Schrittes daherkommt, spricht er

---

5 Haut, פ א ר$_2$; Brände, ל$_0$.

6 … wie die Menschen sagen: „Und Aaron erhob seine Hände zum Volk und er segnete sie“ (Lev 9,22), ד פ א.

7 … wie geschrieben steht: „Sie laden auf sie die Schuld einer Sünde“ (Lev 22,16), ד פ.

8 … deine Vergehen, ד פ י; … all deine Vergehen, כ ר א ג ל.

9 Held, א.

10 Der böse Trieb gleicht, ד.

11 keine Hoffnung, ihm etwas zu rauben, ד י; kein Gewinn א$_1$ פ י.

12 … Das ist es, was geschrieben ist: „Ich will vor seinem Angesicht seine Feinde schlagen usw.“ (Ps 89, 24), א.

13 kein Gewinn, י.

das Urteil: Der gehört mir. Was ist Weisheit? „Siehst du einen Mann, weise in seinen Augen, für einen Dummen ist mehr Hoffnung als für ihn“ (Spr 26,12).[14]
Rabbi Abin sagte: Jeder, der seinen Trieb in seiner Jugend wie einen Freien behandelt[15], am Ende wird er in seinem Alter Herr über ihn sein[16]. Was ist Weisheit? „Wie einen Freien behandelt er seinen Sklaven von Jugend an, und am Ende ist er rebellisch“ (Spr 29,21).
Rabbi Chanina sagte: Wenn dein Trieb kommt, dich zum Lachen zu reizen, täusche ihn[17] mit den Worten der Tora.[18] „Den bewährten Trieb bewahrst du“ (Jes 26,3). [Und wenn du so handelst, erhebe ich dich, als ob du den Frieden geschaffen hättest. „Du bewahrst Frieden“ (Jes 26,3). {‚Du wirst bewahrt‘ steht nicht geschrieben, sondern ‚du bewahrst‘}[19].][20] Und wenn du sagst, dass es nicht in deiner Macht steht, [sagt die Schrift: „Denn auf dich vertraut er“ (Jes 26,3).][21] Und in der Tora habe ich schon für dich geschrieben: „Und nach dir ist sein Verlangen und du sollst über ihn herrschen“ (Gen 4,7).
Rabbi Simeon sagte: Wenn dein Trieb kommt, dich zum Lachen zu reizen, freue dich in den Worten der Tora: „Dem bewährten Trieb“ (Jes 26,3). Und wenn du so tust, erhebe ich dich, als ob du zwei Welten geschaffen hättest. ‚Frieden‘, ist hier nicht geschrieben sondern, ‚Frieden Frieden usw.‘.[22]
„Und Kain sprach zu Abel seinem Bruder usw.“ (Gen 4,8). Worüber stritten sie, während sie redeten? Sie sagten: Komm, und wir wollen die Welt teilen. Einer nimmt die unbeweglichen und einer nimmt die beweglichen Güter. Dieser sagte: Das Land, auf dem du stehst, ist mein. Und dieser sagte: Das, was du trägst, ist mein. Dieser sagte: Zieh dich aus. Und dieser sagt: Hebe dich weg. Sofort war es so: „Und Kain erhob sich gegen Abel“ (Gen 4,8).
Rabbi Jehoschua aus Sikhnin im Namen Rabbi Levis: Sie beide nahmen die unbeweglichen und sie beide nahmen die beweglichen Güter. Und worüber stritten sie? Dieser sagte: Auf meinem Gebiet wird das Haus des Heiligtums gebaut, und dieser sagte: Auf meinem Gebiet. „Und es geschah, als sie auf dem Feld waren“ (Gen 4,8). Nicht ‚Feld‘, sondern ‚Haus des Heiligtums‘, wie, worüber es heißt: „Zion (wie) ein Feld wird es gepflügt“ (Micha 3,12).[23] Sofort: „Und Kain erhob sich usw.“ (Gen 4,8).
Jehuda bar Ammi sagte: Über die erste Eva stritten sie. [Rabbi Aibo sagte: Die erste Eva war zum Staub zurückgekehrt, und worüber stritten sie?][24] Rabbi Huna sagte: Eine Zwillingsschwester, eine zusätzliche, wurde mit Abel geboren. Dieser sagte: Ich nehme sie. Und dieser sagte: Ich nehme sie. Dieser sagte: Ich nehme sie, der ich der Erstgeborene bin, und dieser sagte: Ich nehme sie, denn sie wurde mit mir geboren. „Und Kain erhob sich usw.“ (Gen 4,8).
Rabbi Jochanan sagte: Abel war stärker als Kain. Sagt davon nicht die Schrift: „Und er erhob sich“ (Gen 4,8), wenn nicht, um zu lehren, dass er ihm unterlegen war? Er sagte zu

14 … Und es steht geschrieben: „Das Herz des Toren ist zu seiner Linken.“ (Koh 10,2), פ.
15 versüßt, י; ausbessert, א מ כ.
16 wird er sich über ihn ausstrecken, ה א ג כ י מ.
17 stoße ihn mit einer Lanze, פ ב א ר$_3$; schlag ihn nieder, ד ר$_1$; hilf ihm, י; zerstöre ihn *oder* erfreue ihn, ח ג.
18 … Wenn du so tust, erhebe ich dich, als ob du den Frieden geschaffen hättest, ד.
19 ‚Frieden‘ steht hier nicht geschrieben, sondern ‚du bewahrst Frieden‘, כ; ‚Frieden‘ steht hier nicht geschrieben, sondern ‚du bewahrst Frieden, Frieden‘, ג; ‚Frieden‘ steht hier nicht geschrieben, sondern ‚Frieden, Frieden, ד א י.
20 Fehlt in ד$_1$.
21 Fehlt in ר.
22 … Frieden, Frieden. Und schon habe ich schreiben lassen: „Und nach dir ist sein Verlangen [usw.]“ (Gen 4,7), ד; … Frieden, Frieden. Und wenn du sagst, dass es nicht in deiner Macht steht, schon in der Tora habe ich schreiben lassen: „Und nach dir ist sein Verlangen usw.“ (Gen 4,7), א$_1$ ג כ; … Frieden, Frieden. Und wenn du sagst, dass es nicht in deiner Macht steht: Die Lehre sagt: Denn in dir ist Sicherheit, und schon habe ich für dich in der Tora schreiben lassen: „Und nach dir ist sein Verlangen“ (Gen 4,7), א$_2$.
23 …Und es gibt solche, die sagen: Über die Angelegenheit einer Frau, wovon die Menschen sagen: „Denn er hat sie auf dem Feld gefunden. Das Mädchen schrie“ (Dtn 22,27), פ.
24 Fehlt in א.

ihm: Wir beide sind in der Welt, was gehst du und was sagst du dem Vater? Er war seinetwegen voller Mitleid. Sofort erhob er sich über ihn und erschlug ihn. Von dort her sagen sie: Gutes sollst du dem Bösen nicht tun und Böses wird dich nicht erreichen.
Womit erschlug er ihn? Rabban Simeon ben Gamaliel sagte: Mit einem Stock erschlug er ihn: „Und einen Knaben für meine Strieme“ (Gen 4,23), etwas, das eine Strieme macht. Und die Rabbinen sagten: Mit einem Stein erschlug er ihn: „Denn einen Mann erschlug ich für meine Wunde“ (Gen 4,23), etwas, das Wunden macht.
Rabbi Azarja und Rabbi Jonatan im Namen Rabbi Isaaks: Kain überlegte, wo sein Vater den Bullen geschächtet hatte: „Denn es wird dem Herrn wohlgefälliger sein als ein Stier, ein (junger) Bulle, gehörnt, geteilt(e Hufe)“ (Ps 69,32). Und dort hat er ihn getötet, am Ort des Nackens, am Ort der Zeichen[25].[26]
Rabbi Jehoschua im Namen des Rabbi Levi: Es ist geschrieben: „Die Frevler beginnen mit dem Schwert“ (Ps 37,14), dies ist Kain. „Zu fällen den Armen und den Bedürftigen“ (Ps 37,14), dies ist Abel. „Ihr Schwert wird in ihr Herz kommen“ (Ps 37,15). „Unstet und flüchtig wirst du auf der Erde sein“ (Gen 4,12).
„Und JHWH sprach zu Kain: Wo ist Abel usw.“ (Gen 4,9). Gleich einem Provinzverwalter, der in der Mitte der Straße ging, er fand einen Erschlagenen und einen, der sich über ihn erhob. Er sagte zu ihm: Wer hat ihn erschlagen? Und er sagte dazu: Ich befrage dich und du befragst mich. Er sagte: Du hast nichts gesagt.
Gleich einem, der einen Garten betrat und Beeren pflückte und aß, und der Besitzer des Gartens rannte hinter ihm her. Er sagte zu ihm: Was ist in deiner Hand? Er sagte zu ihm: Nichts. Halte ein, deine Hände sind schmutzig. So[27]: „Die Stimme des Blutes deines Bruders schreit zu mir vom Ackerboden“ (Gen 4,10).
Gleich einem, der eine Weide[28] betrat und ein Jungtier raubte und es hinter sich warf. Und der Besitzer der Weide[29] rannte hinter ihm her. Er sagte zu ihm: Was ist in deiner Hand? Und nichts. Er sagte zu ihm: Und halte ein, es blökt hinter dir. So: „Die Stimme des Blutes deines Bruders schreit zu mir“ (Gen 4,10).
Rabbi Judan und Rabbi Huna und die Rabbinen: Rabbi Judan sagte: Nicht ‚Blut deines Bruders‘, sondern „Blut (pl.)“ (Gen 4,10) steht geschrieben, sein Blut und das Blut seiner Nachkommen. [Rabbi Huna sagte: Nicht ‚wenn nicht das Blut (sg.) Nabots und das Blut (sg.) seiner Söhne‘ (vgl. 2 Kön 9,26), steht hier geschrieben, sondern ‚Blut‘ (pl.), sein Blut und das Blut seines Samens.][30] Die Rabbinen sagten: Und es ist hier nicht geschrieben, er starb ‚wegen des Blutes Jojadas‘[31], sondern „wegen des Blutes (pl.)[32]“ (2 Chr 24,25)[, sein Blut und das Blut seiner Nachkommen][33].
Rabbi Simeon ben Jochai sagte: Schwierig ist die Sache zu sagen und zu interpretieren. Gleich zwei Athleten, die vor dem König standen und kämpften, wenn der König will, trennt er sie. Will er sie nicht trennen, wird einer stärker als sein Partner sein und ihn töten[34], und er schreit und sagt: Man soll meinen Fall vor dem König untersuchen[35]. So: „Die Stimme des Blutes deines Bruders schreit zu mir vom Ackerboden“ (Gen 4,10).
Hinaufsteigen nach oben, wohin bis jetzt keine Seele hinaufgestiegen war, konnte es nicht, und versinken, zu bleiben, wo bis jetzt kein Mensch begraben worden war, konnte es nicht. Und sein Blut war über die Bäume und über die Steine ausgeschüttet.

---

25 Fehlt in ל.

26 … Und wer begrub ihn? Rabbi Eleazar ben Pedat sagte: Die Vögel der Himmel und die [kultisch] reinen Lebewesen begruben ihn, und der Heilige, gepriesen sei er, gab ihnen Segen, er belohnte sie mit zwei Segen, die sie segnen, einer beim Schächten und einer beim Bedecken des Blutes, ד י.

27 So sagt er zu ihm, Kain zum Heiligen, gepriesen sei er: „Bin ich der Hüter meines Bruders?“ (Gen 4,9)? Der Heilige, gepriesen sei er, sagte zu ihm: Dies ist ein Frevler, ד י.

28 Stadt, פ א.

29 Stadt, פ א כ.

30 Fehlt in פ א ג.

31 ‚wegen des Blutes des Sohnes Jojadas‘, פ ג י.

32 … des Sohnes Jojadas, י; … der Söhne Jojadas, des Priesters, ג.

33 Fehlt in ל.

34 Fehlt in א ג.

35 Wer untersucht meinen Fall vor dem König?, ד י.

„Und nun verflucht bist du" (Gen 4,11). Rabbi Simeon ben Gamaliel sagte: An drei Stellen sprechen die Schriften in Untertreibung: „Und nun: Verflucht bist du" (Gen 4,11). „Wenn aber JHWH geschaffen hat" (Num 16,30). „Ich habe meinen Mund gegen den Herrn geöffnet" (Ri 11,35).
„Wenn du den Ackerboden bearbeitest, wird er nicht fortfahren, dir seine Kraft zu geben" (Gen 4,12). Rabbi Eliezer sagte: Dir gibt er nichts, einem anderen gibt er. Rabbi Jose bar Chanina sagte: Dir nicht und nicht einem anderen.[36] Und wie das: „Viel Samen wirst du hinausbringen zum Feld" (Dtn 28,38). Rabbi Jehuda sagte: Er sät ein Maß und er sammelt ein Maß. Rabbi Nechemja sagte: Wenn es so ist, woher kommt Versorgung? Sondern: was zwanzig zu ergeben scheint, ergibt zehn, und was zehn zu ergeben scheint, ergibt fünf.
„Wenn du den Ackerboden bearbeitest, wird er nicht fortfahren, dir seine Kraft zu geben" (Gen 4,12). Seine Kraft wird er dir nicht geben, deine Kraft wird er dir geben.[37]
„Und Kain sprach zu JHWH, zu groß ist meine Schuld/Strafe um sie zu tragen" (Gen 4,13). Die hohen Dinge und die tiefen Dinge trägst du, und meine Übertretung[38] trägst du nicht?
Meine Schuld/Strafe ist größer als die des Vaters.[39] Der Vater übertrat ein leichtes religiöses Gebot und wurde aus dem Garten Eden vertrieben. Diese, die eine schwere Übertretung ist, die Blutvergießen ist, ihretwegen, um wie und wie viel größer ist meine Schuld/Strafe. [Siehe, gestern hast du den Vater vertrieben, ja vertrieben, und nun vertreibst du mich. [*Unverständlich*][40]][41] „Siehe, du hast mich heute vertrieben" (Gen 4,14), darum, „vor deinem Gesicht werde ich mich verstecken. Und ich werde unstet und flüchtig auf der Erde sein usw." (Gen 4,14).
„Und JHWH sagte zu ihm: Nicht so, jeder, der Kain erschlägt usw." (Gen 4,15). Rabbi Jehuda sagte: [Das Haustier und das Wild und der Vogel][42] versammelten sich, um Abels Rache[43] zu suchen. Der Heilige, gepriesen sei er, sagte zu ihm[44]: Für dich habe ich[45] gesagt: „Jeder, der Kain erschlägt usw." (Gen 4,15).
Rabbi Nechemja sagte: Nicht wie der Urteilsspruch über Mörder ist der Urteilsspruch Kains. Kain erschlug, und es gab für ihn niemand, um von ihm zu lernen. Von nun an und weiter: jeder, der Kain erschlägt, wird erschlagen werden.
„Und JHWH setzte dem Kain ein Zeichen" (Gen 4,15)[46]. Rabbi Jehudah sagte: Er ließ für ihn das Rad der Sonne aufgehen. Rabbi Nechemja sagte: Als ein Zeichen für einen Frevler ließ er das Rad der Sonne aufgehen? Aber Aussatz[47] ließ er für ihn aufscheinen, wie, worüber es heißt: „Und es wird sein, wenn sie dir nicht glauben, und wenn sie nicht auf die Stimme des Zeichens hören usw." (Ex 4,8). Rab sagte: Er übergab ihm einen Hund. Abba Jose sagte: Er ließ ihm ein Horn wachsen. Rab sagte: Er machte ihn zu einem Zeichen für die Mörder. Rabbi Chanin sagte: Er machte ihn zu einem Zeichen für die „Herren der Reue". Rabbi Levi im Namen Rabbi Simeons ben Laqisch: Er hängte ihn

36 Rabbi Eliezer sagte: Dir gibt er nichts, anderen gibt er. Rabbi Jose bar Chanina sagte: Dir nicht und anderen nicht, א.
37 … Deine ganze Kraft wird sie dir nicht geben, teilweise gibt sie dir deine Kraft, ג ד ח; Deine ganze Kraft wird sie ihm nicht geben, teilweise gibt sie ihm deine Kraft, פ.
38 Schuld/Strafe, פ.
39 … Er sagte zu ihm: Dein Vater …, א.
40 Fehlt in ד ג כ י.
41 Fehlt in א$_1$.
42 Fehlt in ל.
43 Recht, פ; sein Blut, ד ר$_1$ ש י.
44 sagte zu ihnen, ח א ר ד כ ש י; sagte, ג.
45 für euch habe ich, ח ר$_1$; deshalb habe ich, ל$_0$ ד א ג כ ר$_2$ ש י.
46 … auf der Stirn, ח.
47 … Rabbi Levi sagte: Die alte Schlange kam, um die Rache / das Recht (ד י) Abels zu suchen. Der Heilige, gepriesen sei er, sagte zu ihr: Für dich / darum (ד) habe ich gesagt: „Jeder, der Kain erschlägt" (Gen 4,15), wird Kain erschlagen (ד ח) / wird erschlagen werden (י), ח ד י.

in die Ungewissheit und es kam die Flut und sie überschwemmte ihn, wovon gesagt wurde: „Und er löschte alles Lebende aus usw.“ (Gen 7,23).[48]
„Und Kain ging hinaus usw.“ (Gen 4,16). Wie ging er hinaus? Rabbi Aibo sagte: Er warf die Worte über seine Schulter und er ging hinaus, wie einer, der das Wissen der Höchsten hintergeht. Rabbi Berekhja im Namen Rabbi Eleazars sagte: Er ging hinaus wie einer, der geteilt[49] ist und wie einer, der seinen Schöpfer täuscht. Rabbi Chanina bar Isaak sagte: Er ging hinaus freudig wie, worüber es heißt: „Und siehe, er geht hinaus, dich zu treffen und er sieht dich und er freut sich in seinem Herzen“ (Ex 4,14). Und Adam traf ihn. Er sagt zu ihm: Was wurde in deinem Fall getan? Er sagt zu ihm: Ich bin umgekehrt und ich habe einen Kompromiss herbeigeführt[50]. Der erste Adam begann auf sein Gesicht zu schlagen: So[51] ist sie, die Kraft der Umkehr und ich habe es nicht gewusst. Sofort erhob er sich und sagte: „Ein Psalm, ein Lied für den Tag des Schabbat. Gut ist es zu preisen JHWH“ (Ps 92,1f).[52]

3.1.2 Analyse

3.1.2.1 Struktur

Einbindung in den Kontext der Urgeschichte	
4,1	Vorgeschaltetes Motto: Die Gnade Gottes
	Thema: Lernen und Lehren
4,1	Motiv: Geburt der Zwillingsschwestern
4,2	
4,2	Motiv: Geburt der Zwillingsschwestern
Die Brüder / Das Opfer	
4,2	
4,2	Thema: Verortung der Opfer im Festzyklus
4,3	
4,4	Thema: Verortung des Opfers Abels in der erinnerten Geschichte Israels
4,4f	
4,5	
Segen vs. Fluch / Vergebung vs. Anwachsen der Schuld	
4,6f	Thema: Schuldbekenntnis
Das Erstarken des bösen Triebes	
4,7	Finale: Der Sieg des Menschen über den bösen Trieb mit dem Mittel der Tora
Der Streit	
4,8	Thema: Verortung des Opfers Abels im imaginierten Raum Motiv: Die Zwillingsschwester
4,8	
4,8	Thema: Lernen
4,12(!)	
Das Eintreten Gottes	
4,9ff	Meschalim → Motiv: Versuch der Täuschung Gottes
4,10	(‚Blut‘, Pl.)
	Maschal → Anklage Gottes
	(‚Blut‘, Pl.)

48 … Wie, worüber es heißt: ‚Und Kain erhob sich usw.‘ (Gen 4,8), ד.

49 geteilt/gespalten, פ ח ב; ein Gesetz bewusst umgeht, י.

50 ich habe ausgelegt, ר$_3$ ג פ ד; mir wurde verziehen, א$_2$.

51 … groß, א.

52 … Rabbi Levi sagte: Der erste Adam sagte diesen Psalm, und er wurde von seiner Generation vergessen, und Mose kam und erneuerte ihn auf seinen Namen: ‚Ein Psalm, ein Lied für den Tag des Schabbat. Es ist gut, JHWH zu preisen usw.‘ (‚Ps 92,1f), ד.

Die Tatfolge	
4,11	
4,12	
Umkehr und Vergebung?	
4,13	Thema: Die Schuld Kains in Relation zur Schuld Adams
4,14	
4,15	Thema: Die Schuld Kains in Relation zur Schuld Adams Thema: Lernen
Das Zeichen	
4,15	Thema: Lernen
Umkehr und Vergebung	
4,16	Motiv: Versuch der Täuschung Gottes Thema: Die Schuld Kains in Relation zur Schuld Adams Schluss: Die Gnade Gottes

Bei GenR 22 handelt es sich um eine Aneinanderreihung von Einzelauslegungen zu einzelnen Versen oder Versteilen in der Reihenfolge ihrer Aufeinanderfolge in Gen 4,1–16. Dabei lässt die Auslegung des Gesamttextes eine eigene Struktur erkennen. Die Auslegung zu Gen 4,1 hat einleitenden Charakter. Die abschließende Auslegung zu Gen 4,16 greift auf die einleitende Auslegung zu Gen 4,1 zurück und schließt die Auslegung zu Gen 4,1-16 insgesamt ab. Das Erbarmen und die Güte Gottes äußern sich in der teilweisen Rücknahme der Strafe Kains. Wiederkehrende Motive und Themen legen ein Netz von Bezügen über den Text und unterstreichen die Geschlossenheit der Auslegung und die Wahrnehmung der Erzählung als in sich geschlossener Einheit durch den Midrasch.

Die Auslegung setzt Schwerpunkte. Nicht allen Textpassagen gilt die gleiche Aufmerksamkeit des Midrasch.[53] Was die Gesamtaussage des Midrasch unterstützt, wird ausführlicher, was sie weniger deutlich unterstreicht, weniger ausführlich ausgelegt. Wo mehrere sich auf einen Vers oder Versteil beziehende Deutungen nebeneinander stehen, lassen sie in der Zusammenschau eine Dynamik erkennen. Diese Dynamik ordnet sich der Gesamtaussage des Midrasch unter.

GenR 22 lässt sich in zwei größere Abschnitte untergliedern. Auf eine einleitende Auslegung des ersten Verses, die wie eine Überschrift über der folgenden Auslegung steht, folgen zwei längere Abschnitte zu Gen 4,1–8 und Gen 4,9–16, die jeweils von einem wiederkehrenden Motiv in der Auslegung gerahmt werden: GenR zu Gen 4,1–8 vom Motiv der Geburt der Zwillingsschwestern, GenR zu Gen 4,9–16 vom Motiv der versuchten Täuschung Gottes.

Die einleitende Auslegung zu V 1 schließt an die Auslegung der im biblischen Kontext vorausgegangenen und im Midrasch unmittelbar zuvor kommentierten Erzählung über die Schuld des ersten Menschen an. Allein die Vergebungsbereitschaft, das Erbarmen und die Güte Gottes ermöglichen das Leben des ersten Menschen. Gleichzeitig steht sie wie eine Überschrift über dem, was folgt. Adam wird zum Lehrer aller Lebewesen. Das Motiv des Lehrens und Lernens wird in den an V 8 und 15 anknüpfenden Auslegungen wieder aufgegriffen. Das Motiv von der Geburt der Zwillingsschwestern rahmt nicht nur den ersten Abschnitt zu Gen 4,1–8, sondern rahmt innerhalb dieses größeren Abschnitts auch einen ersten Unterabschnitt GenR zu Gen 4,1f über Zeugung und Geburt der Brüder. Über Zeugung und Geburt der Brüder stellt der Midrasch eine Verbindung zur Schöpfungserzäh-

53 Aus Gen 4,2 zitiert der Midrasch die Berufe beider Brüder, in der Deutung geht er aber nur auf den Beruf Kains ein. Auf die Reaktion Gottes auf das Opfer nimmt der Midrasch keinen Bezug. Gen 4,7 wird vergleichsweise ausführlich behandelt.

lung her. Das Thema der Geburt leitet zum Thema der Bruderbeziehung und damit zum nächsten Unterabschnitt GenR zu Gen 4,2–5, der von den Brüdern und ihrem Opfer handelt, über. Die Deutung des Berufes Kains weist auf den Ausgang der Erzählung bereits voraus. Die erste Deutung zum Opfer der Brüder schlägt erneut einen Bogen zur Schöpfungserzählung zurück. Das Zitat von VV 4f, die Reaktion Gottes auf beide Opfer und die erste Reaktion Kains darauf, dient der Überleitung zu einem Unterabschnitt GenR zu Gen 4,6f. Die Auslegung der Verse zielt auf die Offenlegung von Schuld als sine qua non von Vergebung und weist auf den Fort- und Ausgang der Erzählung in der Deutung des Midrasch voraus. Bekenntnis und Vergebung werden zunächst nicht wieder aufgegriffen. Eine Reihe von Auslegungen betreffen den Grund der Auseinandersetzung zwischen den Brüdern und bilden einen Unterabschnitt GenR zu Gen 4,8. Im Zusammenhang der Auslegung zu V 8 begegnet das Motiv des Lehrens und Lernens, das auch in den Auslegungen zu V 1 und 15 eine Rolle spielt. Der Midrasch ergreift mehr und mehr für Abel Partei und nimmt Kain in die Verantwortung. Das Motiv der mit Kain und Abel geborenen Zwillingsschwestern bezeichnet hier eine Streitursache. Anhand des Motivs greift der Midrasch auf den Anfang seiner Auslegung zu Gen 4,1 zurück.

In einem Unterabschnitt GenR zu Gen 4,9f beziehen sich drei Meschalim auf das Gesamt der Wechselrede zwischen Gott und Kain. Zentral ist das Motiv der Täuschung Gottes. Die Folge der Meschalim leitet zu den sich anschließenden Auslegungen zu V 10 über. Zwei Auslegungen zu V 10, die an den in der Wahrnehmung des Midrasch ungewöhnlichen Plural von דם anknüpfen, rahmen einen Maschal, der inhaltlich an die vorausgegangenen Meschalim zu den VV 9f anknüpft. Anders als dort wird die Rolle Gottes hier kritisch in den Blick genommen. Die zweite Deutung zum Plural von דם über die Ortslosigkeit des Blutes des heimlich erschlagenen Abel impliziert ein retardierendes Moment. Eine sich daran anschließende Reihe von kurzen Auslegungen GenR zu Gen 4,11 fragt nach den genauen Auswirkungen des Fluches, nach den vom Fluch Betroffenen und nach dem Ausmaß des Fluches. Einen letzten Unterabschnitt bildet GenR zu Gen 4, 13–16. Die an V 13 anknüpfende Auslegung stellt mit der Frage nach der Umkehr und Vergebung der Schuld Kains eine Frage, die zunächst unbeantwortet bleibt. Im Zusammenhang der Diskussion um Schuld und Vergebung wird die Schuld Kains mit der Schuld Adams verglichen. Erneut wird damit die Erzählung von Kain und Abel an die Erzählung vom ersten Menschen zurückgebunden. Das zentrale Motiv des Lehrens und Lernens schlägt einen Bogen zur Auslegung zu V 1 und zur Figur Adams wie auch zu V 8 zurück. Kain hatte noch niemanden, von dem er lernen konnte. Adam und Kain werden verschont, damit andere von ihnen lernen. Ein Exkurs über die Identität des Zeichens zielt auf die Zeichenhaftigkeit Kains. Die Auslegung zu V 16 beantwortet die im Zusammenhang der Auslegung zu V 13 offen gebliebene Frage. Kain kehrt um. Ihm wird vergeben Das Motiv der Täuschung knüpft an das in der an VV 9ff anknüpfenden Deutung zentrale Motiv der Täuschung an. Damit umschließt das Motiv der Täuschung den zweiten größeren Abschnitt. Wenn letztlich die Frage positiv beantwortet wird und Gott sich dem umkehrwilligen Kain voll Erbarmen und Güte zuwendet, schließt der Abschluss des Textzusammenhangs im Midrasch auch an die einleitende Proposition in Auslegung zu V 1 wieder an.

3.1.2.2 Einzelanalyse

Zeugung und Geburt – Gen 4,1–16 im Kontext der Schöpfungsthematik (VV 1f)

Die einleitenden Auslegungen zu V 1 schließen die Erzählung an die im biblischen Kontext vorausgegangenen Erzählungen an. Nach einer Rabbi Jehoschua zugeschriebenen Auslegung hat der erste Mensch den Umstand, dass er angesichts der Übertretung des ersten göttlichen Gebotes nach Gen 2,17 überhaupt noch in der Lage ist, sich fortzupflanzen, allein dem Erbarmen und der Güte Gottes zu verdanken. Im Zitat von Mit Ps 25,6 kommentiert der Midrasch Erbarmen und Güte Gottes. Ps 25 ist Gebet eines Einzelnen, das eine Bitte um Rettung mit Bekenntnis- und Bußelementen verbindet.[54] Im Zentrum (V 11) steht die Bitte um Vergebung der Schuld.[55] Die abschließende liturgische Formel öffnet die Perspektive des Einzelnen auf eine Israelperspektive hin.[56] Mit Ps 25,6 zitiert der Midrasch einen Vers, der das mit einer Bitte verbundene Bekenntnis zu רחם (‚Erbarmen') und חסד (‚Güte') Gottes auf eine grundsätzliche Aussage hin weitet.[57] Mit Schuldbekenntnis, Güte und Erbarmen Gottes spricht der Psalm Themen an, die für die Deutung von Gen 4 durch den Midrasch insgesamt relevant sind und auf den Ausgang der Erzählung in der Deutung des Midrasch vorausweisen. Dieser Umstand spricht dafür, dass auch der Kontext des zitierten Verses eingespielt wird. Dem Midrasch dient die Geschichte der ersten Menschen und der Umstand, dass es nach der ersten Übertretung eines göttlichen Gebotes durch den ersten Menschen überhaupt noch zu einer Geschichte der ersten Menschen kommt, als Beleg dieser von ihm als grundsätzlich gültig erkannten Aussage.

Im Zusammenhang der einleitenden Auslegung zu ידע (4,1) wird ידע in der sexuell konnotierten Bedeutung gelesen, die der biblische Kontext nahelegt. Eine zweite Rabbi Huna und Rabbi Jakob zugeschriebene Deutung kombiniert diese sexuelle Konnotation mit der Grundbedeutung von ידע (‚erkennen'). Der erste Mensch erst erwirbt die Grundqualifikation der Lebensweitergabe und ist so in der Lage, die Schöpfung den Weg der Welt (דרך ארץ) zu lehren (ידע Hif. – ‚wissen lassen'). Nach einer anonymen dritten Deutung ‚erkennt' der erste Adam rückblickend seine prekäre Lage jenseits des Garten Eden. שלה (Niphal) (geworfen) und שלוה (Ruhe, Sicherheit) bilden ein Wortspiel. Eine Schuldgenealogie wird über Eva bis zur Schlange weiterverfolgt (vgl. Gen 3,12f).[58]

Nach Rabbi Eleazar geschehen drei ‚Wunder' an einem Tag: Die Schöpfung des ersten Menschenpaares, ihre geschlechtliche Vereinigung (die damit verbundene Zeugung) und die Geburt von Nachkommen. Von Zeugung und Geburt handelt Gen 4,1. Mit dem Bezug zur Schöpfung verknüpft die Deutung Rabbi Eleazars Gen 4 mit der Schöpfungserzählung. Die Verknüpfung von Schöpfung, Zeugung und Geburt gibt diesen *drei* Elementen ‚Schöpfungsdignität'.

Zwei Vorkommen des Motivs der Geburt von Zwillingsschwestern rahmen Auslegungen zu Gen 4,1, die das Thema von Zeugung und Geburt fast durchgehend

---

54 Vgl. Seybold (1996), 108; Hossfeld/Zenger (1993), 161f.

55 Vgl. Seybold (1996), 109; Hossfeld/Zenger (1993), 161.

56 Vgl. Seybold (1996), 108; Hossfeld/Zenger (1993), 166; Gerstenberger (1991), 120.

57 Vgl. Seybold (1996), 109. Zu einem zeitlichen Beginn mit der Schöpfung vgl. Hossfeld/Zenger (1993), 165.

58 Der Mehrheitstext scheint stimmiger als ד, der Eva ins Zentrum rückt, aber keinen Anknüpfungspunkt für das Pronomen der 3. Pers. f. sg. im Gegenüber dann zu Eva, nicht der Schlange hat. Vielleicht handelt es sich um einen Schreibfehler.

vor dem Hintergrund des Schöpfungsthemas behandeln. Innerhalb des Textzusammenhanges des Midrasch bereiten sie gleichzeitig eine Deutung von V 8 vor, die sich auf eine Ursache des Streites zwischen den Brüdern bezieht, und unterstreichen den inneren Zusammenhang und die Kohärenz der Auslegung. Die Deutung Rabbi Jehoschuas, nach der mit Kain und Abel deren ungenannte Zwillingsschwestern gezeugt und geboren werden, erklärt eine grammatische Besonderheit aus Gen 4,2. Der biblische Text spricht dort von einer zweiten Geburt, nicht aber von einer zweiten Empfängnis.[59] Der Bezug zum biblischen Text wird hier noch nicht explizit. Erst dort, wo der Midrasch diese Deutung wieder aufgreift, stellt er ihn auch explizit her.[60]

Es folgen zwei Deutungen, deren erste eine Alternative zur problematischen Verwendung des Begriffes איש (‚Mann') für das neugeborene Kind Kain darstellt. Eine zweite betrifft die im Textkontext schwierige auf JHWH bezogene Partikel את. Die sich aus der je unterschiedlichen Übersetzung von קנה ergebende Spannung wird nicht thematisch.

Eine anonyme Deutung bezieht איש nicht auf den Säugling Kain, sondern auf Adam. Wenn eine Frau ein Kind geboren hat, sichert sie ihren sozialen und familiären Status über ihre Beziehung zu ihrem Mann.[61] Die folgende Rabbi Aqiba zugeschriebene Kontextualisierung der Zeugungs- und Geburtsnotiz innerhalb der Schöpfungserzählung über die erklärungsbedürftige Partikel את bietet einen der ganz wenigen Fälle im Zusammenhang einer Auslegung der Kain- und Abel-Erzählung durch den Midrasch, in dem der Midrasch eine rabbinische Auslegungsregel zitiert, um sie dann anzuwenden. Nach dieser Regel hat die Partikel את eine entschränkende Funktion.[62] Der Fokus liegt jedoch weniger auf der Anwendung der Regel, als darauf, dass eben diese Regel geeignet scheint, die Kain- und Abel-Erzählung erneut in den Zusammenhang der Schöpfungserzählungen zu stellen.[63] Kain ist der erste gezeugte Mensch. Die Zeugung eines Menschen allerdings, darin liegt das entschränkende Moment, geschieht immer unter Mitwirkung Gottes. Das Zitat aus Gen 1,26 erinnert daran, dass die Gottebenbildlichkeit des Menschen eine (menschlich) vermittelte Gottebenbildlichkeit ist.

Ausgehend von ותוסף in V 2 zitiert der Midrasch erneut das Motiv der Geburt der Zwillingsschwestern. Erst hier wird der Bezug zum biblischen Text, der von einer zweiten Geburt, nicht aber von einer zweiten Empfängnis spricht, explizit. In-

---

59 Vgl. Jacob (1934), 136; Westermann (1976), 398; Ruppert (1992), 190; Soggin (1997), 99; Dietrich (2000), 167.

60 Vgl. GenR zu Gen 4,2.

61 Vgl. auch Jacob (1934), 135.

62 Eingeschoben ist eine kurze Sequenz, die die Relevanz jedes Wortes des biblischen Textes zum Inhalt hat. Kein Wort ist ohne Bedeutung. Nach Dtn 32,47 verspricht die Orientierung am Wort JHWHs und seine Weitergabe an die Kinder Leben im Land der Verheißung. Der Bezug von דבר ist im biblischen Kontext nicht eindeutig. Vgl. Christensen (2002), 751. Nelson (2002), 378 und Christensen (2002), 751 beziehen דבר auf die Tora, wie sie das Buch Dtn rekapituliert. Vgl. Christensen (2002), 785.823. Der Midrasch bezieht sich mit seiner Deutung auf die außergewöhnliche Verwendung der Präposition את. Wo etwas ohne Bedeutung ist oder scheint, verantwortet der Interpret die Bedeutungslosigkeit. Vgl. Christensen (2002), 824. Im Kontext von GenR bezieht דבר in Dtn 32,47 sich auf die gesamte Tora, inklusive Gen 4. Entsprechend dem biblischen Kontext von Dtn 32,47 ist jedes Wort von Bedeutung, weil seine Beachtung Leben ermöglicht. Vgl. Nelson (2002), 378. Die sorgfältige Deutung jedes Wortes ist nach Meinung der Rabbinen lebensnotwendig.

63 Eine Lesart, die את unübersetzt lässt, ist vom Midrasch aus inhaltlichen Gründen zurückgewiesen worden. Der Midrasch verknüpft die als ‚schwere Sache' (דבר קשה) qualifizierte zurückgewiesene Deutung mit dem ‚leeren Wort' (דבר רק), das das auszulegende את nicht ist, im Rahmen eines Wortspiels.

dem der Midrasch Kain und Abel zu Zwillingen macht, nivelliert er die sich aus dem Altersunterschied ergebenden Rollenunterschiede. Im größeren Kontext leitet der Midrasch vom Thema der Geburt zum Thema der Bruderbeziehung über.

Die Brüder und die Opfer (VV 2–4)

Eine anonyme Auslegung bezieht sich auf den Beruf Kains und wertet ihn, indem sie ihn in eine Reihe mit den Beschäftigungen Noahs und Usijas mit der אדמה stellt. Die Deutung des Berufs Kains deutet bereits auf den Ausgang der Erzählung. Der Midrasch zitiert je einen Vers, der Kain, Noah und Usija mit der אדמה in Verbindung bringt. Kain ist ein עובד האדמה. Noah ist ein איש האדמה. Usija liebt den Ackerbau (אוהב אדמה). Jeder der Protagonisten ist dauerhaft durch seine Beziehung zur אדמה qualifiziert. Der Begriff אדמה findet sich in der hebräischen Bibel häufig.[64] Außer Kain, Noah und Usija wird aber nur Adam als erster Mensch mit der אדמה in ihrer Bedeutung ‚Ackerboden' / ‚landwirtschaftliche Nutzfläche' in Verbindung gebracht.

Die vom Midrasch veranschlagte Hoffnungslosigkeit (ולא נמצא בהם תוחלת) ergibt sich erst aus dem Fortgang der anzitierten biblischen Erzählungen. Kain, der Ackerbauer wird von der אדמה weg verflucht. Noahs Trunkenheit von den Früchten der אדמה führt zu seiner Bloßstellung und Demütigung.[65] Nach den außen- und innenpolitischen Erfolgen Usijas, unter die auch die Förderung der Landwirtschaft zählt, schildert der biblische Text Usijas Hochmut. Usijas Hochmut führt schließlich zu einem kultischen Verstoß, der Aussatz und damit den Ausschluss aus der Gemeinschaft zur Folge hat.[66] Die Nutzlosigkeit nach ד hat in der Kainerzählung in V 12 einen konkreten Anhalt.

Weder Kains Tätigkeit als Ackerbauer, noch Noahs Tätigkeit als Weinbauer auf der אדמה werden im biblischen Kontext einer eindeutigen Wertung unterzogen. Im Falle Usijas wird der Ackerbau unter den positiven Errungenschaften seiner Regentschaft aufgeführt.[67] Der Midrasch wertet die Liebe zum Ackerbau, indem er ihn in allen drei Erzählungen mit dem Ende dieser Erzählungen verknüpft.[68]

---

64 231mal. Vgl. Statistik BibleWorks.

65 Kritisiert wird im biblischen Kontext in der Wahrnehmung der modernen Ausleger eher das Verhalten der Söhne. Vgl. Soggin (1997), 161ff; Ruppert (1992), 413; Seebass (1996), 243f246. GenR selbst entwickelt an späterer Stelle einen kritischen Blick auch auf das Verhalten Noahs selbst.

66 Vgl. Japhet (2003), 335. Im Falle Usijas ist die Verbindung zwischen seiner Aktivität in der Landwirtschaft und dem für ihn unheilvollen Ausgang am schwächsten. Der Midrasch unterstreicht den Zusammenhang durch die Verknüpfung mit Noah und Kain.

67 Vgl. Johnstone (1997), 163; Japhet (2003), 332. Vgl. die positive Qualifizierung in 2 Chr 26,4f. Johnstone sieht einen Hinweis auf die ambivalente Haltung der Chronik zu Usija bereits durch die Wahl des Vergleichshorizontes mit seinem Vater Amazja und durch die Bindung an die ‚Zeit Sacharjas' gegeben. Vgl. Johnstone (1997), 163f.

68 Lewis (1994), 485 bezieht sich augenscheinlich auf diese Auslegung, dass nach GenR „there is intrinsically something better about offerings from the herd than by the greedy action of plowing the earth to plunder its riches." Ein so weitgehendes Werturteil läßt sich dem Text m.E. nicht entnehmen.

Usija verbindet Acker-, Weinbau und Herdenbesitz. Vgl. Johnstone (1997), 166. Noahs Daseinsform des איש האדמה kommt im Weinbau zum Tragen. In Gen 4 tritt der Ackerbau Kains neben die Viehhaltung. Ackerbau steht so im Kontext grundlegender kultureller Errungenschaften. In der Sicht des Midrasch sind diese grundlegenden kulturellen Errungenschaften bleibend ambivalent.

Kains, Noahs und Usijas Verhalten berührt ihr Verhältnis zu ihren Mitmenschen. Kain und Usija werden aus der menschlichen Gemeinschaft ausgeschlossen.[69] Im Falle Noahs ist die zwischenmenschliche (in Gestalt der familialen) Gemeinschaft gestört.[70] Bei Kain und Usija ist außerdem das Gottesverhältnis gestört. Bis zu einem gewissen Grad erfolgt auch ein Ausschluss aus der Gottesgemeinschaft.

Zwei alternative Deutungen Rabbi Eliezers und Rabbi Jehoschuas verorten die Erschaffung der Welt und den Tod Abels im liturgischen Jahreskalender. Indem umgekehrt die jährlich wiederkehrenden Feste der Erinnerung der Geschichte Israels dienen, werden die Bezugssysteme des Kultes und der erinnerten Geschichte miteinander verknüpft. Der Midrasch ordnet die Relevanz der Bedeutung stiftenden Bezugsysteme der Logik des Textes über und stellt fest: Abel wäre keine 50 Tage alt geworden. Zum wiederholten Mal innerhalb des Midrasch wird die Erzählung von Kain und Abel mit der Schöpfungserzählung verknüpft. Allein im Blick auf die Gabe Kains fragt der Midrasch nach der Intention des Opfernden. Entsprechend einer anonymen Deutung ist die Gabe Kains von minderer Qualität.[71]

Gen 4,4 über die Gabe Abels zitiert der Midrasch im Kontext einer Passage, die die Gabe Abels in den Zusammenhang anderer Opfer durch die Geschichte Israels stellt. In drei parallelen Argumentationsgängen interpretieren Rabbi Eliezer und Rabbi Jose den je gleichen Vers im Hinblick auf seine Aussagekraft für die Näherbestimmung der Opfer der ‚Kinder Noahs' als עולות[72] oder שלמים[73].

Die Antwort, die das Traditionsstück für die Frage nach der Qualität der Opfer der Kinder Noahs, des Opfers Abels und der Opfer der נערי ישראל findet, erschließt sich vom abschließenden Beispiel des Opfers Jitros her. Eine Strukturskizze kann den komplexen Aufbau der Argumentation verdeutlichen.

---

69 Über den Aussatz ergäben sich weitere Verbindungen der Usija-Erzählung zur Kain-Erzählung in der Lesart anderer Midraschim. Hier jedoch wird genau dieser Aspekt nicht stark gemacht. Er würde durch die Noah-Perikope auch nicht unterstützt.

70 Durch die Verknüpfung des Aufdeckens der Blöße Noahs (גלה) mit dem Exil (גלה) durch den Midrasch wird das Element des Ausschlusses weiter gestärkt.

71 Der Midrasch macht nicht explizit, woran er seine Deutung im biblischen Text festmacht. Einen Bezugspunkt böte die genauere Beschreibung der Gabe Abels. Vgl. auch Lewis (1994), 491.

72 עולות bezeichnen die regelmäßigen täglichen oder festtäglichen Opfer. Vgl. Milgrom (1991), 383; Hartley (2000), 16; Gerstenberger (1993), 30f. Seltener ist eine עולה auch ein Opfer der Gemeinschaft aus besonderem Anlass, etwa zur Einweihung eines Altars oder des Tempels (Gen 8,20; 2 Sam 24,25, 2 Chr 29,20–28) oder das freiwillige Opfer eines Einzelnen, etwa zur Erfüllung eines Gelübdes (Lev 22,17–19; Num 15,3). Vgl. Milgrom (1991), 144.160.203; Gerstenberger (1993), 22f.30f; Hartley (2000), 3.18. Häufig werden dann außerdem שלמים dargebracht (Ez 46,12; Lev 22,17–30). Als Opfernder gilt der Priester. bYoma 33a bezieht sich in seiner Beschreibung der עולה auf das tägliche Tamid-Opfer.

73 Mit wenigen Ausnahmen (Lev 23,19 zu Schavuot; evtl. Num 10,10; 1 Kön 9,25) bezeichnen שלמים keine regelmäßigen täglichen oder festtäglichen Opfer (gegen Milgrom [1991], 217). Num 28f[29,39] unterscheidet die שלמים ausdrücklich von den festgesetzten regelmäßigen Opfern am Tempel. Lev 7,11 unterscheidet שלמים, die zum Dank von solchen die zur Erfüllung eines Gelübdes, von solchen, die ohne besonderen Anlass dargebracht worden sind. Vgl. Milgrom (1991), 380f; Hartley (2000), 4.38. Als Opfer der Gemeinschaft gelten sie einem außergewöhnlichen religiösen oder politischen Ereignis (1 Sam 11,15; 2 Sam 6,17–18, 2 Sam 6,17). Seltener sind sie verbunden mit der Bitte um Gottes rettendes Eingreifen (Ri 20,26; 21,4; 1 Sam 13,9; 2 Sam 24,25) Vgl. Hartley (2000), 42. Als Opfernder gilt, in wessen Auftrag das Opfer dargebracht wird.

E: שלמים d. Kinder Noahs
J: עולות d. Kinder Noahs
E: Gen 4,4 („sein Fett“) [→ שלמים d. Kinder Noahs]
J: „von ihren Fetten“ (שמן) [→ עולות d. Kinder Noahs]
E: Ex 24,5 [→ שלמים d. Kinder Noahs]
J: שלמים ohne Häuten und Zerteilen [→ עולות d. Kinder Noahs]
E: Ex 18,12 (זבח שלמים = זבח) [→ שלמים d. Kinder Noahs]
J: wie einer, der sagt: Jitro kam nach der Gabe der Tora [→ עולות d. Kinder Noahs]
Jitro kommt vor der Gabe der Tora → Die Kinder Noahs opfern שלמים
Jitro kommt nach der Gabe der Tora → Die Kinder Noahs opfern עולות
pro J: Hld 4,16a
Erhebe dich, Nordwind → etwas schläft und wird aufgeweckt → עולות
Komm, Südwind → etwas kommt zur Erneuerung → שלמים
pro J: Lev 6,2 (עולות) ⇔ Lev 7,11 (שלמים) (PK → Zukunft)

Innerhalb des Beispiels zu Gen 4 hebt die Argumentation auf ein unterschiedliches Verständnis von ומחלבהן ab, das das Opfer des Abel über die Identifikation der Opfertiere mit den Erstlingen seiner Herde hinaus näher bestimmt. Nach Rabbi Eliezer bezeichnet חלב das Fett der geopferten Tiere und steht in einer Genetivverbindung attributiv zu צאן.[74] Rabbi Jose liest חלב als Adjektiv attributiv zu צאן. Es sind fette Tiere, die Abel als Opfergabe wählt. Auf der Basis des Textes von Gen 4 allein ist eine Entscheidung zwischen beiden Alternativen aus der Perspektive des Midrasch nicht möglich.

In Ex 24,5 ist explizit von שלמים und עולות die Rede. Rabbi Jose versteht שלמים in der Grundbedeutung der Wurzel שלם, ganz/vollständig („ohne Häuten oder Zerteilen“). Das Opfer eines ganzen unzerteilten Tieres aber wäre eine עולה und entgegen der Wortbedeutung kein Friedensopfer.[75]

Ex 18,12 berichtet im biblischen Kontext vom Besuch Jitros, der, nachdem er von den Befreiungstaten Gottes an Mose und seinem Volk gehört hat, die überragende Größe des Gottes Israels bekennt und ihm ein Opfer darbringt. Rabbi Eliezer identifiziert das Schlachtopfer (זבח), das Jitro außer einer עולה darbringt, mit den שלמים.[76]

Es ist häufig aufgefallen, dass Ex 18 relativ unverbunden im Kontext steht.[77] Ex 18,13ff steht mit 18,1–12 in einem engen inhaltlichen Zusammenhang. חקי האלהים

74 Der Terminus חלב (Fett) bezeichnet in Rechtstexten den Teil des Tieres, der bei den שלמים auf dem Altar verbrannt wird.

75 Die Bedeutung des Mahles ist in der Exegese umstritten. Vgl. die von Houtman (2000), 287 dargestellten Positionen. Vgl. Fretheim (1991), 259. Ein möglicher Zusammenhang des Mahles mit dem vorausgegangenen Opfer wird durch die Schilderung des Opfers selbst nicht explizit. Vgl. Houtman (2000), 290. Vom Midrasch wird ein möglicher Zusammenhang von Opfer und Mahl als Argument nicht bemüht. Es ist aber möglich, dass das Mahl in Ex 24 und 18 der Diskutierbarkeit der Opfer als שלמים zu Grunde liegt.

76 Das Verhältnis von שלמים und זבחים ist komplex und durch die Geschichte des Begriffes wechselhaft. Vgl. Milgrom (1991), 227f; vgl. auch Gerstenberger (1993), 44. זבחים bezeichnen immer Opfer, deren Fleisch – wie bei den שלמים – gegessen wird. Auf der Ebene des Endtextes kann זבח synonym zu שלמים gebraucht werden (vgl. זבח תודה in Lev 22,29; Ps 107,22; 116,17 oder זבח לפלא נדר in Num 15,3.8). Anders formuliert und gegen Milgrom: Dankopfer können sowohl unter den Überbegriff der שלמים als auch der זבחים zählen. Hartley hält שלמים, זבח und זבח שלמים auf der Ebene des Endtextes für grundsätzlich synonym. Vgl. Hartley (2000), 38.

77 Vgl. Houtman (1996); 396; Coats (1999), 146. Nachdem Israel nach Ex 18,5 bereits am הר האלוהים lagert, berichtet Ex 19 vom Aufbruch aus Refidim und der Ankunft in der מדבר סיני נגד ההר. Vgl. Coats (1999), 145.

und תורתיו in Ex 18,13ff setzen nach Einschätzung mancher Exegeten die Gabe der Tora voraus.[78] In mittelalterlicher rabbinischer Exegese begegnet die These, כל הטובה, das Gott nach 18,9 dem Vernehmen Jitros nach getan hat, beziehe sich auf die Gabe der Tora.[79] Mek II parr. diskutiert, ob Jitros Rede nach V 1 sich auf die Offenbarungen am Sinai zurück bezieht.[80]

In der Wahrnehmung moderner Exegese bleibt das Verhältnis, in dem Jitro selbst zu Israel und den geschilderten Ereignissen steht, unterbestimmt.[81] Im Zusammenhang mit dem Opfer macht sich die Frage der Zugehörigkeit Jitros zum Volk Israel an der Verwendung des Begriffes ויקח statt einer eher zu erwartenden Form von קרב fest.[82] Jitro hätte das Opfer dann vorbereitet, aber nicht selbst dargebracht.[83] Rabbinische Interpretationen der Perikope gehen mehrheitlich von einer Konversion Jitros und seiner Zugehörigkeit zum Volk Israel selbstverständlich aus.[84] Zeitgenössische Exegeten, die von einer Konversion Jitros ausgehen, vertreten eine Minderheitenmeinung.[85] Im vorliegenden Midrasch wird die – selbstverständlich vorausgesetzte – These von der Konversion Jitros mit einer Neukontextualisierung der Textstelle verknüpft.

Die Antwort, die der Midrasch auf die Frage nach der Art der Opfer der Kinder Noahs, des Opfers Abels und des Opfers der נערי ישראל findet, erschließt sich vom Beispiel des Opfers Jitros her. Nach der Lesart des Midrasch opfert Jitro שלמים. Der Midrasch unterscheidet zwei mögliche Szenarien, deren Geltung sich am angemessenen Ort der Perikope vom Opfer Jitros in der Chronologie der erinnerten Geschichte entscheidet. Findet dieses Opfer vor der Gabe der Tora statt, und d.h. steht die Perikope im biblischen Kontext an der chronologisch richtigen Stelle, opfern wie Jitro auch die Kinder Noahs שלמים. Findet es hingegen nach der Gabe der

---

[78] Vgl. die bei Houtman (1996), 400 dargestellten Positionen und Houtmans Gegenposition. Houtman (1996), 401. Vgl. die Zusammenschau rabbinischer Positionen bei Houtman (1996), 414 unter besonderer Berücksichtigung der Mekhilta.

[79] Vgl. Houtman (1996), 407.

[80] Zur Diskussion im Midrasch und im Mittelalter vgl. Jacob (1997) 508. Jacob führt Ibn Esra als Vertreter der These an, Jitro beziehe sich auf die Gabe der Tora und die Errichtung des Stiftszeltes und blicke auf diese Ereignisse zurück.

[81] Vgl. Houtman (1996), 394. Jitro wird, obwohl er im Zentrum des Geschehens steht, fast durchgehend über seinen Schwiegersohn definiert. Eine Ausnahme bildet die einführende Vorstellung Jitros als Priester Midians. Differenzen bestehen bezüglich der Differenzierung von Mose und Israel in Rede und Wahrnehmung Jitros (V 1 und V 10). Unklar ist der Bezug des Possessiv-Suffixes „*sein* Volk" (V 1) auf Mose oder Gott in der Wiedergabe der Perspektive Jitros. Zur rabbinischen mittelalterlichen Exegese (v.a. Ibn Ezra, Nachmanides), nach der die unterschiedenen Objekte auch auf unterschiedliche Taten Gottes rekurrieren vgl. die Zusammenschau bei Houtman (1996), 408.

[82] Vgl. die Mehrheit der Textzeugen.

[83] Vgl. Houtman (1996), 410. Die Opferhandlung selbst wird vom Text nicht beschrieben und die Frage, wer, wenn nicht Jitro, das Opfer darbringt, nicht beantwortet. Vgl. Houtman (1996), 410.

[84] Vgl. Houtman (1996), 400, FN 13.406.408. Die Mekhilta vertritt eine Tradition, die das Lob des Nicht-Israeliten Jitro dem ausstehenden Lob der aus Ägypten ausgezogenen Israeliten kontrastierend gegenüberstellt. Vgl. Mek. II.

[85] Vgl. Knierim, zitiert nach Houtman (1996), 398; Jacob (1997), 520. Relativ dicht an die Konversionsthese nähert sich Fretheim (1991), 196 an: „Whatever faith Jethro may have had before, there is now a new content to his confession in view of God's creation of a new people". Vgl. Fretheim (1991), 169f. Nach Houtman (1996), 394.410.412: Israels Repräsentanten, die sich um Jitro versammeln („gather around Jethro") „after the praise, confession and sacrifice, [...] regard him as one of them". Gleichzeitig fungiert Jitro nach Houtman (1996), 395 als Kontrastfigur. „If the mouth of outsiders cannot remain silent at the testimony about JHWHs mighty deeds [...], can Israel's mouth remain close?" Die Frage, ob Jitro im eigentlichen Sinne konvertiert sei, liege außerhalb des Skopus des Textes. Vgl. Houtman (1996), 412.

Tora statt, opfern die Kinder Noahs, anders als Jitro, keine שלמים. Die Reihenfolge der zitierten Beispiele in der Argumentation Rabbi Eliezers und Rabbi Joses orientiert sich an der – vom Midrasch postulierten – Chronologie der Ereignisse. Die Reihenfolge der zitierten Beispiele orientiert sich an der Chronologie dieser Ereignisse genau dann, wenn das Opfer der Kinder Israels (Ex 24) der Gabe der Tora vorausgeht und das Opfer Jitros (Ex 18) auf die Gabe der Tora folgt.[86]

Zwei abschließende Argumente werden zugunsten der These des Rabbi Joses vorgebracht. Beide Argumente unterstreichen, dass erst die Tora שלמים ermöglicht.[87] Die Zuordnung der עולות zu Hld 4,16aα und – entsprechend – der שלמים zu dem darauf folgenden Versteil Hld 4,16aβ geschieht über die Lokalisierung des Ortes der Schlachtung der עולות an der Nordseite des Altars.[88] Mit Bezug auf Hld 4,16a werden die עולות mit etwas, das aufgeweckt, d.h. in der Lesart des Midrasch mit etwas, das reinstitutionalisiert und nicht – wie kontrastierend von den שלמים behauptet – neu eingeführt wird, in Verbindung gebracht. Lev 6,2 und 7,11 leiten gesetzliche Regelungen zu עולות (Lev 6,2) und שלמים (Lev 7,11) ein. Anders als Lev 6,2, wo זאת תורת ... einen Nominalsatz einleitet,[89] benützt Lev 7,11 die PK, die der Midrasch als Futur liest („von jetzt an und für die Zukunft").

Im Zusammenhang mit dem Opfer im Tempel bezeichnen die עולות die geforderten täglichen und besonderen festtäglichen, שלמים die nicht geforderten aus einem besonderen Anlass dargebrachten Opfer. In den Opferordnungen von Lev 1ff und Lev 6f stehen die עולות an erster Stelle.[90] In rabbinischen Texten gelten die עולות, nicht aber die שלמים als ‚hochheilige' Opfer.[91] Das Traditionsstück stellt diese Rangordnung auf den Kopf. Für das Traditionsstück sind die שלמים, nicht die עולות, exklusiv an die Gabe der Tora gebunden.[92]

Analog zu der Art der Opfer der Kinder Noahs entscheidet sich auch die Art des Opfers Abels und die Art des Opfers der נערי ישראל am Zeitpunkt des Opfers Jitros. Das Traditionsstück unterscheidet zwischen einer Zeit vor und einer Zeit nach der Gabe der Tora. Die exklusiv an die Gabe der Tora gebundenen Opfer sind die שלמים. Die Tora ist die Voraussetzung der Möglichkeit einer Gottesbeziehung, die in den שלמים zum Ausdruck kommt. Das Beispiel des Opfers

---

86 Denkbar ist eine implizite Steigerung: Das Opfer Abels führt zu seinem Tod, das Opfer Noahs steht unter dem Vorzeichen neuen Lebens, das Opfers der jungen Männer Israels erfolgt unmittelbar vor, das Jitros unmittelbar nach der Gabe der Tora.

87 Unterstützt wird diese These vom biblischen Befund. Nichtisraeliten bringen עולות als nicht geforderte Opfer dar (z.B. Ijob). In der Chronnologie der biblischen Bücher ist erstmals in Ex 24,5 von שלמים die Rede. An keiner Stelle jedoch bringen Nichtisraeliten שלמים dar.

88 Zum Ort der Opferung der שלמים, vgl. Milgrom (1991), 164.209.401f; Hartley (2000), 19.23.37; Gerstenberger (1993), 29. In Belegtexten ist als Ort der Schlachtung neben der Nordseite des Altars aber nicht die Südseite, sondern ein Ort ‚לפני יהוה' oder ‚פתח אהל מועד', genannt. Vgl. Gerstenberger (1993), 29. Milgrom (1991), 148.164 identifiziert diese Ortsangaben mit der Ostseite des Altars. Vgl. Hartley (2000), 19 mit der Ost- bzw. Westseite.

89 Sam hat המקדה im Partizip statt על מוקדה (‚auf dem Herd'), was vor dem Hintergrund der Deutung des Midrasch ebenfalls Sinn machte.

90 Auch an anderer Stelle führt die עולה eine Liste der Opferarten an. Vgl. 1 Kön 8,64; 2 Kön 16,3; Am 5,22; Jer 33,18; 2 Chr 13,11. Vgl. Gerstenberger (1993), 30.

91 Die Mischna (Zebah 5:1; 6,1) rechnet die עולות unter die ‚hochheiligen' Opfer. Vgl. Milgrom (1991), 395. Vgl. auch Tanchuma צו, 1 (עולה שהיא עליונה מכל מקרבנות). Da in der Bibel als קדש קדשים nur die Teile eines Opfers bezeichnet werden, die von den Priestern gegessen werden (vgl. Milgrom [1991], 395), werden zwar die עולות an keiner Stelle als ‚hochheilig' bezeichnet, wohl aber der Altar, auf dem sie dargebracht werden. (Vgl. Ex 4,10. Lev 6,18 und 14,13 begründen mit der ‚Hochheiligkeit' eines Opfers dessen Schlachtung am Ort der Schlachtung der עולות.)

92 Vgl. auch Braude (1961), 267.

Abels dient der Konstruktion eines zeitlichen Koordinatensystems, dessen Nullpunkt die Gabe der Tora ist. Während die jungen Männer Israels und die Kinder Noahs ein inner- und außerhalb Israels repräsentieren,[93] steht das Opfer Abels am Anfang einer Dynamik, die in der Gabe der Tora ihren Höhepunkt findet.

Das Zitat von Gen 4,4–5 fungiert als Überleitung. Auf die Reaktion Gottes auf das Opfer nach Gen 4,4 nimmt der Midrasch nur in einer kurzen Paraphrase Bezug.[94] Denkbar ist, dass der Midrasch den Vergleich des Gesichtes Kains mit Licht (אור) im Anschluss an Gen 4,5 positiv auf die besondere Dignität der ersten Menschen bezieht. Das אודים in ל ist weniger deutlich positiv konnotiert.[95] Die Fortsetzung des Verses Gen 4,5 leitet zum Motiv des Fallens des Gesichtes und über dieses Motiv zu einer umfangreicheren Auslegung der VV 6f über.

Segen oder Fluch und Vergebung oder Anwachsen der Schuld –
vom Starkwerden und vom Umgang des Menschen mit dem bösen Trieb (V 6f)

Zwei Deutungen widmen sich den Konsequenzen von תיטיב und לא תיטיב. Auf die Alternative von Segen und Fluch folgt die Alternative von Vergebung oder Anwachsen der Schuld. Die Alternative von Vergebung oder Anwachsen der Schuld präzisiert die Alternative von Segen oder Fluch. Sie wird in mehreren sich anschließenden Auslegungen fortgeführt.

Der Mehrheitstext geht auf Inhalt und Adressat von Segen oder Fluch als Konsequenz der nach Gen 4,6f formulierten Alternativen nicht ein. In der Fassung von ד und פ verknüpft die Auslegung Elemente aus Gen 4,6f mit Elementen aus Lev 9,22 und Lev 22,16 zu einer Gottesrede.[96] נשא stellt eine Verbindung zwischen Gen 4,6 und Lev 9,22 her. In der Paraphrase des Midrasch bezieht sich שאת in Gen 4,7 bereits auf das in der Paraphrase der Gottesrede durch den Midrasch folgende ברכה, das Lev 9,22 anspielt. Das „Sich heben" (נשא) des Gesichtes wird über das „Heben" (נשא) der Hände in Analogie zum Segen Aarons nach Lev 9,22 gedeutet. In Opposition zum (Auf-/Er-)Heben (נשא) des Gesichtes steht im Midrasch nicht das Fallen des Gesichtes aus dem vorausgegangenen Vers, auch nicht das Lauern der Sünde vor der Tür, das der biblische Text als Konsequenz formuliert, sondern das Tragen (נשא) eines Fluches. Als Belegvers dient Lev 22,16. Die Wahl der Texte ist durch das ihn mit dem biblischen Text verbindende Stichwort נשא unterdeterminiert.[97] Weitere Anknüpfungsmöglichkeiten ergeben sich aus dem biblischen Kontext. Der Segen Aarons nach Lev 9,22 steht im Kontext der Beschreibung des ersten öffentlichen Gottesdienstes Israels am neu errichteten Heiligtum.[98] Er beschließt die priesterlichen Handlungen.[99] Das Opfer, das Aaron für Israel darbringt, wird durch eine Theophanie beantwortet.[100] Das Erheben der Hände stellt zunächst einen Gebetsgestus dar.[101] Die Geste, die Aaron in seiner

---

93 Zur Repräsentanz des Volkes Israel durch die נערי ישראל vgl. Dohmen (2004), 202.

94 Vgl. Oberhänsli-Widmer (2004), 171.

95 עור in פ א ר$_2$ macht im Kontext keinen Sinn und resultiert am ehesten aus einem Schreibfehler.

96 א zitiert Lev 9,22, lässt aber Lev 22,16 aus. Soweit die folgende Analyse das Zitat von Lev 9,22 durch ד פ betrifft, gilt sie unverändert auch für א.

97 נשא im Qal findet sich 562mal. Statistik BibleWorks.

98 Vgl. Levine (1989), 55; Milgrom (1991), 571.584; Hartley (2000), 120f.

99 Vgl. Hartley (2000), 123f.

100 Vgl. Levine (1989), 55; Milgrom (1991), 571.574.586; Hartley (2000), 121.124.

101 Vgl. Hartley (2000), 125.

Funktion als Priester vollzieht, ist sowohl Kommunikation mit Gott[102] als auch ein Akt der Vermittlung gegenüber Dritten.

Lev 22,15f steht im Zusammenhang einiger Anweisungen über den richtigen Umgang mit Opferfleisch. Lev 22,15f formuliert durchgehend mit unbestimmtem Peronalpronomen der 3. Person Plural. Die sich daraus ergebenden unklaren Bezüge schaffen zahlreiche Leerstellen. Angesprochen sind die für die Einhaltung der Opfervorschriften verantwortlichen Priester.[103] Auf eine Reihe positiver Bestimmungen über den richtigen Umgang mit Opferfleisch folgt eine Einzelbestimmung im Fall des Verstoßes. Der Adressat der abschließenden allgemein formulierten Warnung, die heiligen Gaben der Kinder Israels nicht zu entweihen, wird nicht explizit.[104] Was durch ו angeschlossen ist, kann als Parataxe oder als Formulierung einer Konsequenz gelesen werden: Eine nicht näher bestimmte Gruppe lässt eine andere nicht näher bestimmte Gruppe, indem die eine oder andere Gruppe ihr nicht zugedachte Opfergaben ißt, die Schuld einer Sünde (עון אשמה) tragen. Subjekt und Objekt können entweder mit den angesprochenen Priestern oder dem in der Verantwortung der Priester stehenden Volk identifiziert werden. Die beiden Verse enden mit einer Begründung und wiederum unklarem Objekt: Denn ich, JHWH, heilige sie. Die aufgezählten Leerstellen sind in jeder denkbaren Weise gefüllt worden.[105] Ob aber nun die angesprochenen Priester ihnen nicht zugedachtes Opferfleisch essen[106] oder andere dazu veranlassen,[107] in jedem Fall liegt der damit verbundene Verstoß in der Verantwortung der Priester. In der doppelten Formulierung עון אשמה sind beide Begriffe mehrdeutig.[108]

Für das Verständnis von Lev 22,16 in seinem biblischen Kontext durch den Midrasch bietet allein die Verknüpfung beider Levitikustexte innerhalb des Midrasch einen Anhaltspunkt. Nach Lev 9 ist der Priester handelndes Subjekt. Nach Lev 22 ist die Gruppe der Priester implizites Subjekt. Nach Lev 9 und einer Anzahl möglicher Deutungen, entsprechend auch nach Lev 22, hat dieses Handeln des Priesters Auswirkungen auf das anwesende und mit betroffene Volk. Durch den Vergleich mit Lev 9,22 wird Kain, wenn er ‚gut tut', weniger zum Träger als zum Übermittler göttlichen Segens. Widrigenfalls wird er zum Träger eines Fluches. Segen wie Fluch betreffen vor dem Hintergrund der Intertexte nicht Kain allein.

---

[102] Zum Erheben der Hände als Gebetshaltung vgl. Milgrom (1992), 586. Nach Levine (1989), 57 ist das Erheben der Hände eigentlich eine Gebets-, keine Segenshandlung.

[103] Vgl. Milgrom (2000), 1860.

[104] Vgl. Hartley (2000), 355f.

[105] Der vorangegangene V 14 legt ein Szenario nahe, nach dem das den Priestern zustehende Opferfleisch von einem Laien gegessen wird. Levine (1989), 150 entwirft im Anschluss an Raschi ein Szenario, nach dem Priester durch die widrigenfalls an sie ergehenden Strafzahlungen in Versuchung geführt, Laien dazu bringen, verbotenerweise Opferfleisch zu essen. Verstehbar wäre der Vers auch als über die unmittelbar vorausgehende Einzelanweisung hinausgehende verallgemeinernde Warnung, die Laien und Priester im Blick hat. Milgrom (2000), 1867ff, geht davon aus, dass die Priester Opferfleisch unwissentlich verwechseln und so die eigentlich Verantwortlichen für die Übertretung des Volkes sind, die Leid (in diesem Sinne עון אשמה) über das Volk bringt.

[106] Vgl. Hartley (2000), 356.

[107] Vgl. die bei Hartley (2000), 356 zitierten Gegenpositionen. Vgl. Hartley (2000), 356. Entweder in dem Sinn, dass sie des unwissentlich widerrechtlich gegessenen Opferfleisches wegen dem Tempel eine Gebühr entrichten, so die bei Hartley (2000), 256 zitierten Gegenpositionen, oder in dem Sinn, dass das Vergehen der Priester Konsequenzen auch für das Volk nach sich zieht, so Hartley (2000), 356 selbst.

[108] Vgl. Levine (1989), 150; Hartley (2000), 353.

Eine durch דבר אחר angeschlossene alternative Auslegung verknüpft die Alternative von תיטיב oder לא תיטיב mit der Vergebung oder Zunahme von Schuld. Geht es in der vorangegangenen Auslegung um die Alternative von Segen oder Fluch, stehen sich nun Vergebung und Anwachsen der Schuld gegenüber.[109]

In Fortführung und Erläuterung dieser anonymen Auslegung zitiert Rabbi Berekhja Ps 32,1. Ps 32,1 beschreibt die Voraussetzungen von Vergebung von Schuld: Das Zudecken der Schuld durch Gott setzt die Offenlegung der Schuld und das mit dem Offenlegen der Schuld identifizierte Bekenntnis durch den Beter voraus.[110] Der größere Kontext des Psalms spricht aus der Erfahrung bereits vollzogener Umkehr und erfahrener Vergebung. Er lädt zum Nachvollzug ein.[111]

Im Midrasch folgt auf das Psalmzitat eine Präzisierung, die das Verhältnis von Mensch und Schuld betrifft. Das einleitende אשרי im Midrasch greift das einleitende אשרי des Psalmverses auf. Wer gut tut, dessen Übertretungen werden zugedeckt und er hat deshalb Macht über seine Schuld. Im umgekehrten Fall gilt Umgekehrtes. Im Psalmkontext wird das dem Zudecken der Schuld vorausgehende ‚Gut-Tun' als Offenlegung der Schuld näher bestimmt.[112] Die Auslegung zu VV 6f läuft auf die für eine Vergebung notwendige Offenlegung der Schuld hinaus.

Eine Reihe von Auslegungen zu Gen 4,7b bilden einen Exkurs, der das Motiv der überfließenden Schuld einer- und der Herrschaft über die Schuld andererseits ausführt. Dominant ist das Motiv der Klugheit und Torheit. Gen 4,7 wird am Anfang und am Ende dieses längeren Exkurses zitiert und rahmt ihn.

Gegen die beschriebene Inkongruenz der Geschlechter in Gen 4,7 bezieht der Midrasch das maskuline רובץ auf das feminine חטאת. In einer anonymen Auslegung entnimmt der Midrasch dem Wechsel der Genera eine Zunahme der Macht der Sünde. Entsprechend der Reihenfolge der Begriffe und ihrer Genera im hebräischen Text beginnt die Sünde nach dem femininen חטאת schwach wie eine Frau und endet dem maskulinen רבץ, das im hebräischen Text folgt, entsprechend stark wie ein Mann. א macht aus זכר גבור und trägt so durch den mit נקבה kontrastierten Begriff bereits ein, was die inhaltliche Deutung des Kontrastes zwischen dem neutraleren זכר und נקבה durch den Midrasch bestimmt.

Die beiden folgenden Rabbi Aqiba und Rabbi Isaak zugeschriebenen Auslegungen malen die an Gen 4,7 entwickelte Dynamik am Beispiel zweier weiterer Schriftverse aus. Das abschließende Bild, nach dem die Sünde anfangs Gast, zuletzt aber Herr im Haus ist, knüpft implizit an die Rabbi Berekhja zugeschriebene Auslegung zu VV 6f an, die den Menschen glücklich preist, der Macht über seine Schuld hat.

Der Sinn einer unvermittelt durch Rabbi Tanchuma eingespielten Anekdote erschließt sich erst von der nachfolgenden Textpassage her. Der Midrasch spielt mit der Sympathie des intendierten Lesers, die dem Hund gilt, der vor der Tür einer Bäckerei auf eine Gelegenheit wartet, ein Brot zu stehlen, und sich listig selbst eine solche Gelegenheit verschafft. Erst die strukturelle Parallele der nächsten Beispiele macht deutlich, dass der Hund in der Anekdote bereits für den bösen Trieb stand.

---

109 Das Überfließen der Schuld wird durch eine Figura etymologica hervorgehoben: גדוש ומוגדש.

110 Vgl. Gerstenberger (1991), 141; Hossfeld/Zenger (1993), 200.204. Seybold (1996), 134f nennt den Psalm „ein Lehrstück für die Bußpraxis".

111 Vgl. Gerstenberger (1991), 142.

112 Dies gilt nur, wenn der Kontext mitzitiert wird. Aus dem zitierten Vers allein wird dieser Zusammenhang noch nicht deutlich. Würde der Kontext nicht mitzitiert, wäre der Zusammenhang zwischen der dem Psalmzitat unmittelbar vorausgehenden Alternative von Schuldvergebung und Anwachsen der Schuld einerseits und der auf das Psalmzitat folgenden und auf das Zitat auch Bezug nehmenden Alternative von Unter- oder Überlegenheit gegenüber der eigenen Schuld erklärungsbedürftig.

Im Zusammenhang der im Namen Rabbi Abbas eingespielten Erzählung vom Wegelagerer, der sich mit einem ‚Klugen' konfrontiert sieht, verdeutlicht das im Zusammenhang mit Ps 89,24 eingespielte Beispiel des Abraham die Überlegenheit des beispielhaft Klugen. Hinter Abraham steht als eigentlich handelndes Subjekt Gott. In א ג כ rahmt das Ps-Zitat die auf Abraham bezogene Deutung des Maschal. ד macht den bösen Trieb als Gegenstand des Vergleichs an dieser Stelle bereits explizit, in den übrigen Textversionen wird er das erst in der folgenden Auslegung. In unterschiedlicher Weise betonen unterschiedliche Versionen mit der Rede von Gewinn oder Hoffnung die Bild- oder die Sachebene.

Gegenüber dem Vergleich des bösen Triebes mit einem Wegelagerer stellt der im Namen Rabbi Ammis unter Bezug auf Spr 26,11 eingespielte Vergleich des bösen Triebes mit einem, der auf offener Straße unterwegs ist, eine Steigerung dar. Wer sich selbst für weise hält, erkennt den bösen Trieb auch dann nicht, wenn er offen auftritt. Der sich selbst für weise hält, steht dem Klugen aus der vorangegangenen Episode kontrastiv gegenüber.

פ schließt mit einem Zitat aus Koh 10,2, das das Stichwort כסיל aus Spr 26,11 aufgreift. Koh 10,2f stellt Tor und Weisen einander gegenüber. Im Zusammenhang mit dem folgenden Vers Koh 10,3, der die Wegmetapher wieder aufgreift, lässt sich Koh 10,2 so verstehen, dass der Tor auf dem linken, also auf dem falschen Weg unterwegs ist.[113] Der Midrasch knüpft an die Wegmetapher an.

An das Thema der Weisheit knüpft die Auslegung eines weiteren Zitates aus Spr 29,21 im Namen Rabbi Abins an. Wer den bösen Trieb in der Jugend nicht beherrscht, über den herrscht er im Alter. In Spr bezieht sich נער auf den Sklaven. Im Midrasch bezeichnet נער das Subjekt, während der Sklave für den bösen Trieb steht.[114] Die Deutung knüpft an das Motiv des Anwachsens der Schuld und der Herrschaft über den bösen Trieb an.

Die Passage schließt mit einem Abschnitt über die Tora als Mittel gegen den bösen Trieb. Im Verlauf dieser Auslegung führt die Auslegung auf Gen 4,7 zurück. Eine Rabbi Chanina und eine Rabbi Simeon zugeschriebene Auslegung folgen aufeinander. In Aufbau und Struktur folgt die Rabbi Simeon zugeschriebene Auslegung in zentralen Punkten der des Rabbi Chanina. Beide Auslegungen, die den Leser dazu aufrufen, den יצר רע mit Hilfe der Tora zu überwinden, sollen in ihren Parallelen und Abweichungen im Zusammenhang angeschaut werden.

Die Rabbi Simeon zugeschriebene Formulierung überbietet die Rabbi Chanina zugeschriebene insofern, als sie positiv formuliert. („‚freue dich in den Worten der Tora' statt ‚täusche' mit den Worten der Tora"').[115] Auf das den Reden beider

---

[113] Vgl. Longman (1998), 239, FN 6; Krüger (2001), 320; Schwienhorst-Schönberger (2004), 484. Nach Seow (1997), 312; Longman (1998), 240 handelt es sich zunächst einfach um verschiedene Wege. Seow (1997), 313; Krüger (2001), 320; Schwienhorst-Schönberger (2004), 484 identifizieren ‚rechts' und ‚links' mit ‚richtig' und ‚falsch'. Longman (1998), 240 führt mit der Unterscheidung von ‚Macht' und ‚Ohnmacht' eine Alternative in die Diskussion ein. Die beiden Verse verorten sich in einem größeren Kontext, der Weisheit und Herrschaft ins Verhältnis setzt. Vgl. Seow (1997), 322; Krüger (2000), 320. Der Midrasch nimmt beide Verse als Einheit wahr. Auf den weiteren biblischen Kontext nimmt er keinen erkennbaren Bezug.

[114] Unterschiedliche Versionen belegen das Verhältnis des Subjektes zum bösen Trieb mit unterschiedlichem Vokabular. Die Versionen nehmen auf die Bildebene und den Vergleich des bösen Triebes mit einem Sklaven darin weniger deutlich Bezug. An der Aussage ändert sich nichts. א מ כ mag ein Schreibfehler zugrunde liegen.

[115] Im einleitenden Satz der Auslegung des Rabbi Chanina beschreibt eine große Gruppe von Versionen (פ מ א ר) das geforderte Verhalten des Subjektes gegenüber dem bösen Trieb weit aggressiver mit ‚mit einer Lanze stoßen', ר$_1$ ד mit ‚niederschlagen'.

Rabbinen folgende Zitat von Jes 26,3 folgt je eine Deutung, die auf jeweils ein anderes Segment dieses Verses Bezug nimmt. Während sich die Deutung Rabbi Chaninas auf ‚Frieden bewahren' bezieht, nimmt die Deutung Rabbi Simeons auf das zweifache שלום Bezug. Während für Rabbi Chanina der, der den bösen Trieb zurückweist, zum Schöpfer von ‚Frieden' wird, bezeichnet ihn die Deutung Rabbi Joses als Schöpfer zweier Welten. Beide Deutungen werden durch nahezu gleichlautendes „Und wenn du so tust, erhebe ich dich, als ob du Frieden (die Deutung des Rabbi Chanina) / zwei Welten (die Deutung des Rabbi Simeon) geschaffen hättest" eingeleitet. In der sich anschließenden Durchführung der Deutung wird das Element des Verses, auf das die Deutung sich bezieht, gesondert hervorgehoben („Nicht ..., sondern ... steht geschrieben.") Rabbi Chanina schließt mit einem fiktiven Einwand und einer Erwiderung, die im Mehrheitstext keine Parallele in der Auslegung Rabbi Simeons haben. Da dieses Ende die erste der beiden Deutungen abschließt, markiert es gleichzeitig die Mitte der Doppelauslegung.[116]

Das Zitat aus Jes 26,3 steht einerseits beispielhaft für die Tora. Andererseits dient der Vers dem Midrasch auch zur inhaltlichen Auseinandersetzung über die Möglichkeit der Überwindung des bösen Triebes durch die Beschäftigung mit der Tora. Als Anknüpfungspunkt dient יצר סמוך im Psalmvers, das kontrastiv zum יצר רע des Midrasch steht. Im biblischen Kontext wird Jes 26,3 von der Exegese als Teil eines Textzusammenhangs 24,21 – 26,6 gelesen, der den noch ausstehenden heilvollen Zustand „jenes Tages" beschreibt.[117] Vertrauensaussagen und Ermutigungen in 26,1–6 sind auf die unheilvolle tatsächliche Situation hin durchsichtig.[118] Nach Art einer Tempeleinlassliturgie bescheibt der Psalm die Öffnung der Stadt Jerusalem für die, die um Einlass in die Stadt bitten.[119] Die Stadt wird zum Raum des Heils. In Jes 26,3 ist es Gott, der den יצר סמוך mit Frieden beantwortet. Im Kontext des Midrasch wird die Rezitation der Tora in Gestalt gerade dieses Verses selbst zum Mittel der Überwindung des יצר רע. Was der biblische Kontext mit dem Einzug in die Stadt Jerusalem verbindet,[120] verbindet der Midrasch mit der Tora. Während der biblische Kontext der Stadt Jerusalem die emporragende Ortschaft (V 5) als Verkörperung einer feindlich gesinnten Gesellschaft gegenüberstellt,[121] kontrastiert der Midrasch יצר רע und יצר סמוך.

Nach Rabbi Chanina schafft, wer den bösen Trieb mit Hilfe der Tora überwindet, Frieden. ברא steht in der hebräischen Bibel für die Schöpfertätigkeit Gottes. Frieden schaffen ist Schöpfungshandeln. Der Midrasch bezieht die Schaffung von שלום durch den Menschen und Gottes Bewahrung des Menschen im שלום aufeinander. Der Mensch schafft Frieden, indem er die Voraussetzung dafür schafft, dass Gott ihn im Frieden bewahrt. In der Rede Rabbi Simeons belegt das doppelte שלום die Schaffung zweier Welten. Wer Frieden schafft, wird zum Schöpfer dieser und der kommenden Welt.

---

[116] Eine größere Zahl von Textvarianten unterläuft entweder die parallelen Strukturen – in der Mehrheit der Fälle verleihen sie dann der Auslegung Rabbi Chaninas mehr Gewicht – oder sie gleichen im Gegenteil beide Fassungen weiter aneinander an.

[117] Vgl. Beuken (2007), 365.

[118] Die Vertrauensaussagen antizipieren das noch ausstehende Heil. Vgl. Beuken (2007), 391.

[119] Vgl. Beuken (2007), 369.

[120] Vgl. Blenkinsopp (2000), 365; Beuken (2007), 369. Vgl. Childs (2001), 190, der hier eine Öffnung auch über Israel hinaus sieht.

[121] Vgl. Blenkinsopp (2000); 365; Beuken (2007), 371. Vgl. Childs (2001), 189, nach dem zwar im Kontext die feindliche Stadt auf Babylon verweist, gleichzeitig aber Züge eines Typos trägt, der sie für andere Größen offen sein lässt.

Rabbi Chanina schließt mit einem fiktiven Einwand und einer Erwiderung. Mögliche Referenten dessen, was diesem fiktiven Einwand zu Folge nicht in des Menschen Macht steht, sind die Beschäftigung mit der Tora, die Bewahrung in oder die Schaffung von Frieden. Der Midrasch antwortet mit der Fortsetzung des zitierten Verses Jes 26,3b. Das Gottvertrauen dessen, der sich durch einen יצר סמוך auszeichnet, begründet den שלום Gottes. Jes 26,3 begegnet dem Einwand damit formal wie inhaltlich. Es folgt ein Zitat aus Gen 4,7. Der Midrasch identifiziert die חטאת aus Gen 4,7 mit dem יצר רע. Im Kontext des Midrasch liest sich Gen 4,7 als auch an den Leser des Midrasch gerichtete Gottesrede. Gen 4,7 formuliert eine an Kain und den Leser gerichtete Zusage. Es ist möglich, dem bösen Trieb zu widerstehen.

In ר fehlt das Zitat der Fortsetzung von Jes 26,3 und dient Gen 4,7 unmittelbar als Belegvers. Das Moment des Gottvertrauens wird in ג כ nicht explizit, dürfte, wenn der Kontext des zitierten Verses mit zitiert wird, aber mitzuhören sein.

Der Streit (V 8)

Eine Folge von Auslegungen, die sukzessive dem Textverlauf folgen, entwickelt, ausgehend von einer Darstellung, die beide Brüder nebeneinanderstellt, ohne zu werten, eine Dynamik, die sich mehr und mehr auf die Seite Abels stellt und Kain in die Verantwortung nimmt. Der Midrasch hat Ablehnung und Annahme des Opfers durch Gott in seine Deutung nicht mit einbezogen. Indem er jetzt ausgehend von V 8 die Ursache des Streites diskutiert, verlagert er den Anlass des Mordes von der Gottesbeziehung auf die Beziehung zwischen den Brüdern.

Ein Abschnitt, der den Gegenstand der Auseinandersetzung zwischen Kain und Abel diskutiert, zitiert einleitend Gen 4,8. Die Notiz über den Mord im Zitat von Gen 4,8b beschließt jede der drei Einzelauslegungen innerhalb dieses Abschnitts. Den Anfang macht eine anonyme Deutung. Die folgenden Deutungen korrigieren die erste und spitzen sie auf eine Verurteilung Kains hin zu.

Ein kurzer Dialog zwischen Kain und Abel schildert die Aufteilung der Welt in bewegliche und unbewegliche Güter. Kains und Abels gegenseitige Verwiesenheit endet tödlich, wo beide ihr Anrecht auf das je eigene, das jeweils im Gebrauch des anderen ist, einfordern.[122] Die Darstellung der Auseinandersetzung impliziert noch keine zwischen den Brüdern differenzierende Wertung.

Die als Alternative präsentierte Deutung Rabbi Jehoschuas lässt die Brüder bewegliche und unbewegliche Güter jeweils unter sich aufteilen. Gegenstand des Streites ist nun das Land, auf dem einst der Tempel gebaut werden soll. Über die Identifikation von שדה in Gen 4,8 und שדה in Mi 3,12 wird der Ort des Brudermordes mit dem Ort des späteren Heiligtums identifiziert.

Mi 3,12 steht im Kontext der Voraussage des Untergangs Jerusalems, der den Mächtigen Jerusalems angesagt wird. Die Ankündigung der Zerstörung Jerusalems steht im Gegensatz zum Zitat des Glaubens an die Unzerstörbarkeit des Zion und der Anwesenheit Gottes unter den Bewohnern, auf das sie antwortet. In einem dreigliedrigen Parallelismus stehen ‚Feld', ‚Trümmerstätte' und ‚Kulthöhen im Wald' Zion, Jerusalem und dem Tempelberg gegenüber.[123] Im biblischen Text widerspricht Mi 3,9–12 der Behauptung, dass der Zion als Ort der Gegenwart Gottes

[122] Anders als in den Parallelen in Tan משפטים und ExR 31 wird der Streit um den Besitz der Welt nicht einseitig von der Seite Kains her dominiert. Die Rollen der Brüder sind nicht festgelegt.

[123] Jeremias (2007), 166. Jeremias differenziert zwischen Palastgebiet, Stadt und Tempel. Selbst unter dieser Voraussetzung entsteht im Zusammenklang ein Bild der Zerstörung.

unzerstörbar sei. Die Mehrheit der Exegeten vertritt eine Lesart, nach der Gott am Ort des zerstörten Tempels nicht gegenwärtig ist.[124]

Wird das Feld aus Gen 4,8 mit dem Feld aus Mi 3,12 identifiziert, wird der Ort des Brudermordes nicht nur mit dem Zion als dem Ort der Gegenwart Gottes und dem Ort des Heiligtums, sondern mit dem zerstörten Zion gleichgesetzt. Bei der Auseinandersetzung, die zum ersten Brudermord führt, geht es um den zentralen Ort der Gottesverehrung in Israel. Er wird als der bereits zerstörte vorgestellt.

Nach einer Folge von Auslegungen betrifft der Streit die (beiderseits) begehrte Frau. פ hat eine zusätzliche Interpretation, die das Motiv der Streitursache der Frau über Dtn 22,27 mit den vorangegangenen Auslegungen zum Feld als Ort des Brudermordes verknüpft.

Dtn 22,23–27 stellt das Feld als den Ort, an dem keine Hilfe kommt, und die Stadt als den Ort, an dem Hilfe zu erwarten ist, einander antagonistisch gegenüber.[125] Dtn 22,25ff spricht die auf dem Feld vergewaltigte junge Frau vor diesem Hintergrund von eigener Schuld frei.[126] Die Auslegung des Midrasch knüpft vordergründig an das Stichwort אשה an. Über das Stichwort ‚Feld' und den in Dtn 22,25 im unmittelbaren Kontext des zitierten Verses angestellten Vergleich mit einem Mord auf freiem Feld ist Gen 4 zusätzlich mit Dtn 22,25ff verknüpft.

Der Midrasch macht die Frau zum Gegenstand der Auseinandersetzung, die zum Tod Abels führt. Im Hintergrund legt sich aber auch eine Verknüpfung der Frau als Opfer der Gewalt nach Dtn 22,27 mit Abel als Opfer der Gewalt nach Gen 4,8 nahe. Wie die Frau schreit (צעק), schreit (צעק) nach Gen 4,10 das Blut des getöteten Abel.

Nach Rabbi Ammi ist Eva als die erste Frau, nach Rabbi Aibo die Zwillingsschwester des Abel Objekt des Begehrens.[127] Der Midrasch bezieht sich damit auf das Motiv von der Geburt der Zwillingsschwestern und schlägt einen Bogen zur Auslegung von V 1 zurück.[128]

Eine Rabbi Jochanan zugeschriebene Auslegung stellt sich nicht als Alternative zu den vorangegangenen Auslegungen dar, sondern schreibt sie fort. Aus קום in V 8 schließt der Midrasch auf die ursprüngliche Unterlegenheit Kains. Dass Kain sich erhebt, deutet der Midrasch auf den vorausgegangenen Sieg Abels und darauf, dass Abel von ihm abgelassen hat. Das Erbarmen, das Abel Kain gegenüber hat, steht dem Verhalten Kains gegenüber Abel entgegen. Abel lässt, vom Bruder an das Leid des Vaters und die geringe Zahl der Erdenbewohner erinnert, aus Mitleid

---

124 Vgl. Kessler (2000), 166; Jeremias (2007), 166. Jeremias (2007), 166 geht selbstverständlich vom Entzug der Gottesgegenwart aus, der mit der Zerstörung Jerusalems und des Tempels einhergeht. Kessler (2000), 166 betont, dass das Handeln der Mächtigen, auf das die Zerstörung des Zion antwortet und denen die Zerstörung des Zion angekündigt wird, mit der Gegenwart Gottes inkompatibel ist. Sind die Trümmerstätte und der Wald als eine dem Menschen feindliche Region negativ konnotiert, nimmt Kessler (2000), 167 die Umwandlung des Zions zur landwirtschaftlichen Nutzfläche als ambivalent wahr. Vgl. Kessler (2000), 167.

125 Vgl. McConville (2002), 337.

126 Vgl. Christensen (2002), 521; McConvill (2002), 342.

127 Im Mehrheitstext stellt ein Einwand Rabbi Aibos unter Verweis auf den Tod der ersten Frau sicher, dass der Streit um die Mutter keine Alternative darstellt. In א fehlt dieser Einwand.

128 Nach Wünsche bezieht sich die Formulierung „die erste Eva war zurückgekehrt zum Staub" auf eine Legende, nach der die erste Eva dem Adam an dem Tag, als er vom Baum isst, weggenommen wird und nicht wieder zu ihm zurückkehrt. Gott erschafft ihm eine andere Eva. Vgl. die Übersetzung von Wünsche (1993), 103. Vor dem Hintergrund des Argumentationszusammenhangs des Midrasch stellte sich dann allerdings die Frage, warum das Begehren nicht dieser zweiten Eva gilt und ob der Midrasch hier nicht doch vom Tod der einen Eva ausgeht.

von ihm ab und wird selbst erschlagen. Der Abschnitt schließt mit einem markierten weisheitlichen Zitat, dessen Herkunft der Midrasch nicht benennt.

Die folgenden Abschnitte betreffen die Umstände des Mordes. Die Frage nach dem Mordwerkzeug und der Art der tödlichen Verletzung, die Kain dem Abel zufügt, dient der Verknüpfung verschiedener Textstellen, den darüber über die Qualität der Tat Kains getroffenen Aussagen und der Einbindung der Erzählung um den ersten Mord in die erinnerte Geschichte Israels.

In zwei Rabbi Simeon und den Rabbinen zugeschriebenen Deutungen schließt der Midrasch aus den in Gen 4,23 beschriebenen Verletzungen auf die den Tod Abels herbeiführende Verletzung Abels durch Kain. Aus den in Gen 4,23 beschriebenen Wunden schließt der Midrasch auf die sie verursachenden Werkzeuge, deren Verwendung er dann in die Erzählung um Kain und Abel einträgt. Explizit nimmt der innerhalb der Lamecherzählung folgende Vers Gen 4,24 auf die Erzählung um den Brudermord und das göttliche Urteil nach Gen 4,15 Bezug. Größer als die angekündigte Rache für Kain ist die Rache für Lamech.[129] 4,23 wird in der modernen Exegese ausgehend von V 24 auf die Rache Lamechs für ein an ihm selbst begangenes geringfügiges Unrecht bezogen.[130] Wenn der Midrasch Gen 4,23 mit Gen 4,8 parallelisiert, ist vorstellbar, dass der Midrasch eine von Lamech begangene Gewalttat der von Kain im Brudermord begangenen Gewalttat gegenüberstellt.[131] איש לפצעי וילד לחברתי wäre entsprechend mit „einen Mann durch eine Wunde, einen Knaben durch eine Strieme" zu übersetzen. Die Deutung der Rabbinen stellt im Vergleich zu der Rabbi Simeons eine Steigerung dar.

Nach einer Rabbi Azarja und Rabbi Jonatan zugeschriebenen Deutung dient Kain ein Tieropfer des ersten Menschen als Vorbild für den Brudermord. Das Vorbild der Tötung des Opfertieres betont das initiale Moment und spielt das Motiv des Lehrens und Lernens ein, das schon im Zusammenhang der einleitenden Auslegung zu V 1 bestimmend war und im Zusammenhang der Auslegung zu V 15 wieder eine Rolle spielen wird.

Im Kontext des Midrasch qualifiziert das Zitat von Ps 69,32 den Tod Abels (ironisch und aus der Perspektive Kains) als Opfer, das mehr wert ist als das Opfer eines Bullen. Ps 69 lässt sich in aufeinander folgende Klage-, Bitt- und Lobpreiselemente unterteilen.[132] Innerhalb des abschließenden Lobpreises ist der zitierte Vers Teil des einleitenden individuellen Lobversprechens, dem ein Aufruf zum Lob Gottes durch die gesamte Schöpfung folgt.[133] Im Psalm spielt der Kult, besonders die Kultkritik, eine zentrale Rolle.[134] Ob der Beter sich gerade seines Einsatzes für einen rechten Kult und eine rechte Gottesverehrung wegen verfolgt sieht[135] oder ob der Beter tatsächlich schuldig geworden ist und angesichts seiner Schuld sein Heil im Kult sucht,[136] – besser als das Opfer ist der Lobpreis, den der verfolgte Be-

---

129 Vgl. Jacob (1934), 150; Westermann (1976), 454.

130 Vgl. Westermann (1976), 454.456; von Rad (1949), 82. Westermann (1976), 455 bemerkt eine Spannung zwischen V 23 und V 24, da Lamech nach V 23 zwar Subjekt der Rache ist, die Parallele zu Kain, der fürchtet getötet zu werden, nach V 24 aber eigentlich den Tod Lamechs voraussetzen müsste.

131 Ähnlich sogar Westermann (1976), 455.

132 Vgl. Hossfeld/Zenger (2000), 262, die von drei Abschnitten ausgehen; vgl. Seybold (1996), 267, der in fünf Teile unterteilt.

133 Vgl. Seybold (1996), 270; Hossfeld/Zenger (2000), 264.

134 Vgl. Hossfeld/Zenger (2000), 273.277.

135 Vgl. Hossfeld/Zenger (2000), 262.

136 Vgl. Seybold (1996), 268; Gerstenberger (2001), 47.

ter ankündigt. Der zitierte V 32 beinhaltet ein Wortspiel. Gott ist ein Lied (שיר) lieber als ein Stier (שור).[137] Der Psalm schließt mit einem Ausblick auf die Wiederherstellung Zions.[138]

Im Kontext des Midrasch ist nicht der Verfolgte, sondern der Verfolger Sprecher des zitierten Verses. Im neuen Kontext des Midrasch nimmt das Zitat bereits dann eine ironische Wendung, wenn es aus dem Kontext gelöst für sich betrachtet wird. Klingt der Kontext des Bitt- und Klagepsalms mit, wird diese Ironie vor dem Hintergrund der Sprechrollen noch unterstrichen.

Die Bezeichnung des Angriffspunktes mit „Ort der Zeichen" macht Schwierigkeiten. Denkbar wäre ein Verweis auf den Ort des Kainszeichens. Allerdings verwendet der Midrasch im Kontext der Auslegung zu Gen 4,15 סימנין.[139]

Vom Begräbnis berichten nur ד und י. Nach Rabbi Eliezer begraben die Vögel und reinen Tiere Abel. Damit übernehmen sie eine Aufgabe, die im rabbinischen Judentum als religiös verdienstvoll gilt. Mit dieser Deutung des Begräbnisses Abels wird eine Halacha in Verbindung gebracht. Das Blut geopferter Vögel muss bedeckt werden.

Die Episode von den reinen Vögeln, die Kain begraben, folgt der Chronologie der Ereignisse und ergänzt mit dem Begräbnis ein Ereignis, von dem der biblische Text schweigt. In der Logik der Erzählung schafft sie die Voraussetzung für die sich im biblischen Kontext in V 9 anschließende Frage Gottes, der das Interesse der Auslegung im Folgenden gilt. Die Begräbnisfrage spielt im Midrasch auch an späterer Stelle noch eine Rolle.

Sowohl das Vorbild der Tötung des Opfertieres als auch die Umstände des Begräbnisses Abels durch die Vögel betonen das initiale Moment des ersten Mordes und spielen das Motiv des Lernens und Lehrens ein. Ist Inhalt des Lehrens und Lernens nach der Auslegung zu V 1 Lebensweitergabe, sind es hier die (gewaltsame) Tötung und das Begräbnis. In der Auslegung zu V 1 tritt Adam als Lehrer auf. Als solcher fungiert er auch in der Auslegung zu V 8. Stärker gemacht wird jedoch die Schülerrolle Kains. Implizit ist die Rolle Kains als Lehrer für alle, die nach ihm kommen. Steht Adam für Lebensweitergabe, steht Kain für (gewaltsamen) Tod und Begräbnis.

Die folgende, Rabbi Jehoschua und Rabbi Levi zugeschriebene, Auslegung knüpft an Gen 4,12 an. Sie greift in der Chronologie der Erzählung weit voraus. Indem sie den Strafspruch nach V 12 als unmittelbare Konsequenz des Brudermordes in den Blick nimmt, bindet sie diese Deutung an die vorangegangene zu V 8 an. Zusammen mit der im Rahmen der sukzessiven Vers-für-Vers-Auslegung an der zu erwartenden Stelle an V 12 anknüpfenden Auslegung bildet diese Auslegung einen Rahmen um einen thematisch einheitlichen Block, der sich mit der Schuld und Verantwortung Kains und kritisch mit der Rolle Gottes auseinandersetzt.

Der Midrasch verknüpft Ps 37,14f mit Gen 4,8 und Gen 4,12. Über die allgemeine Gültigkeit des Tun-Ergehen-Zusammenhangs hinaus[140] sind Wiederaufnahmen

137 Vgl. Hossfeld/Zenger (2000), 279.

138 Vgl. Seybold (1996), 270; Hossfeld/Zenger (2000), 265.279; Gerstenberger (2001), 52.

139 Möglicherweise in Anlehnung an Innereien als Orakelzeichen übersetzt Neusner ‚Innereien'. Vgl. Neusner (1985), 248. Neusner beruft sich in Neusner (1985), X auf die kritische Ausgabe Albeck, legt aber nicht im Einzelnen dar, wann er welche Variante bevorzugt. ד פ ח א ג כ מ י haben צואר („Nacken").

140 Die klare Antithetik, die der Psalm seiner Ausfaltung des Tun-Ergehen-Zusammenhangs zu Grunde legt (vgl. Seybold [1996], 156 in Bezug auf den V 14 enthaltenden Abschnitt VV 12–20; Zenger [1993], 229), wird im Midrasch der Gegenüberstellung und wechselseitigen Profilierung von Kain und Abel zu Grunde gelegt.

des restlichen Psalmtextes nicht erkennbar.[141] Der Midrasch scheint Ps 37 als Spruchsammlung wahrzunehmen. Argumente für eine solche Lesart finden sich auch in der modernen Exegese:[142] V 14 steht stilistisch im Gesamtkontext des Ps singulär. Im Unterschied zu den Nominalsätzen, die den Psalm insgesamt dominieren, hat VV 14f finite Verbformen.[143] Gegen den engeren Kontext der umgebenden Verse 12.16ff steht dem רשע nach V 14 nicht der צדיק, sondern stehen ihm עני und אביון gegenüber. Der Midrasch versteht VV 14f als Beschreibung eines Sachverhalts.[144]

Der Midrasch bezieht Ps 37,14 auf den unmittelbar zuvor ausgelegten Vers Gen 4,8. Kain wird mit dem handelnden Subjekt aus Ps 37,14a, Ps 37,14b entsprechend mit Abel identifiziert. Die Grammatik spiegelt die inhaltlichen Zusammenhänge. Die Abhängigkeit der Infinitive in Ps 37,14cd von 14ab[145] unterstreicht die Passivität des mit den Elenden und Armen identifizierten Abel und seine Abhängigkeit vom Subjekt Kain. Ps 37,15 konstatiert die Folgen, die der Midrasch mit Gen 4,12 identifiziert נע ונד greift die Wegmetaphorik des Psalms auf.[146]

War der Midrasch in der Frage nach der Ursache des Streites in seiner Wertung Kains zurückhaltend, sind die folgenden Auslegungen in der Beantwortung der Frage nach Schuld und Verantwortung eindeutig. Kritisch nehmen sie alle auch die Rolle Gottes in den Blick. Gen 4,12 und das Zitat der unmittelbar vorausgehenden Verse 11.12a an der in der Chronologie der Auslegung zu erwartenden Stelle bildet eine Klammer um den in dieser Hinsicht relevanten Block.

Das Eintreten Gottes (VV 9f)

Drei keinem bestimmten Autor zugeschriebene Beispielerzählungen vom Provinzverwalter, der einen Mörder, und vom Garten- und vom Weidenbesitzer, die einen Dieb in flagranti ertappen, folgen der gleichen Struktur. Alle drei Abschnitte beziehen sich auf das Gesamt der Wechselrede Gen 4,9f. Zitiert wird im Rahmen der ersten der drei parallelen Auslegungen die einleitende Gottesrede (V 9), im Rahmen der zweiten und dritten die Reaktion Gottes auf die Antwort Kains (V 10). Damit leiten diese V 9f auslegenden Beispielerzählungen zu den sich anschließenden Aus-

---

141 Das Thema Land (die 8mal vorgebrachte Landbesitzverheißung, vgl. Zenger [1993], 229; Seybold [1996], 155) wird in anderen Midraschim innerhalb der Kain- und Abel-Erzählung unter Rückgriff auf Gen 4,11.12.14 stark gemacht. Im vorliegenden Midrasch ist ein analoger Bezug nicht erkennbar. Vor dem Hintergrund der Landverheißung geht es in Ps 37 um Landansprüche der Armen in Israel. Vgl. Seybold (1996), 155. Die beiden Gen 4 parallel geschalteten Erzählungen Gen 14 und 2 Sam 10 // 1 Chr 19 handeln von Auseinandersetzungen von Vertretern oder Vorfahren Israels mit Nicht-Israel. In Gen 14 wird ‚Land' außerdem nicht thematisiert. Ps 37,22, insbesondere aber Ps 37,26 ist zwar als Reminiszenz an Abraham lesbar – vgl. auch Hossfeld/Zenger (1993), 136f. Den Vergleich des Gerechten mit der Zeder, den Ps 37,35f in der Negation aufgreift – der Frevler scheint nur wie eine Zeder – zitiert der Midrasch aus Ps 92, innerhalb desselben Abschnittes des Midrasch. Ps 37,12ff führt die Figur des Frevlers, die bereits V 10 schon einmal erwähnt worden ist, im Gegenüber zu der Figur des Gerechten ein.

142 Vgl. Seybold (1996), 155. Vgl. Hossfeld/Zenger (1993), 230 über die darüber bestehende Kontroverse.

143 Ps 37,12–26 besteht überwiegend aus Nominalsätzen und dient der Schilderung zeitneutraler, und allgemeiner Sachverhalte. Ausgerechnet VV 14f fällt mit Afformativkonjugationen und von ihnen abhängigen Infinitiven (V 14) und Präformativkonjugation (V 15) aus dem Rahmen. Vgl. Hossfeld/Zenger (1993), 230.

144 So Hossfeld/Zenger (1993), 236 vor dem Hintergrund des Gesamtduktus des Ps. Anders die EÜ.

145 Vgl. Hossfeld/Zenger (1993), 230.

146 Zu Ps 37 vgl. Hossfeld/Zenger (1993), 229; Seybold (1996).

legungen über, die an den als ungewöhnlich empfundenen Plural von דם in V 10 anknüpfen.[147]

Alle Beispielgeschichten schildern eine Situation offensichtlich gerade geschehenen Unrechts, in der der Täter einmal durch die juristisch verantwortliche Instanz (den Provinzverwalter[148]), zweimal durch den Geschädigten (den Besitzer von Grund und Boden), mit seiner Tat konfrontiert wird. א פ und כ werten im dritten Beispiel das Gegenüber des Diebes vom Besitzer der Weide zum Verwalter einer Provinz auf.

Das die Auslegung abschließende Zitat der Gottesrede nach V 10 leitet zu drei Abschnitten über, die sich auf das vom Ackerboden schreiende Blut beziehen. Auslegungen, die an den auf den ersten Blick ungewöhnlichen Plural von דם anknüpfen, rahmen einen Maschal, der den Fokus der Auslegung auf die Rolle Gottes legt. Indem Gott mit einem König verglichen wird, stellt der Midrasch einen Bezug zu den Meschalim, die VV 9f auslegen, her. Das Motiv der versuchten Täuschung weist auf die Auslegung zu Gen 4,16 voraus.

In einer Rabbi Judan zugeschriebenen Auslegung wird der Mord am Bruder zum Mord an dessen Nachkommenschaft. Eine Auslegung des Rabbi Chanina und eine den Rabbinen zugeschriebene Auslegung unterstützt und konkretisiert diese Deutung, indem sie den Brudermord mit zwei weiteren Erzählungen korreliert, in denen דם im Pl. steht. In der hebräischen Bibel begegnet דם im Plural 73mal. Die überwiegende Mehrheit der Belege bezeichnet schuldhaft gewaltsam vergossenes Blut.[149] Auch die drei vom Midrasch zitierten Erzählungen handeln von gewaltsamem und schuldhaftem Blutvergießen.

2 Kön 9 berichtet davon, dass Jehu die Leiche Jorams, des Sohnes Ahabs, auf den Acker werfen lässt, um dessen Besitzes willen Ahab den rechtmäßigen Besitzer des Ackers, Nabot, töten ließ. Innerhalb der Erzählung von 1 Kön 21 kündigt Elija dem Ahab in 1 Kön 21,19 ein seiner Tat entsprechendes Ende an. In der Darstellung von 2 Kön 9 erfüllt sich mit dem Tod des Sohnes Ahabs der gegen Ahab gerichtete Spruch.[150] Anders als in 1 Kön 21 ist in 2 Kön 9,26 explizit vom Blut Nabots und seiner Söhne die Rede.[151]

Das Vergehen Joaschs am Sohn Jojadas nach 2 Chr 24 steht im biblischen Textzusammenhang exemplarisch für eine zweite negativ gewertete Regierungsperiode, in der Joasch nicht mehr unter dem Einfluss des inzwischen verstorbenen Hohepriesters Jojada steht.[152] Den Tod Joaschs wertet der Chronist als Erfüllung eines Tun-Ergehen-Zusammenhangs.[153] Statt des zu erwartenden ‚Sohnes Jojadas, des

---

147 In ד und י weicht die durch die Zitate gegebene Struktur leicht ab. ד und י zitieren im Rahmen der ersten Auslegung die einleitende Gottesrede (V 9), im Rahmen der zweiten die Antwort Kains (V 9) und die Reaktion Gottes auf sie (V 10), im Rahmen der dritten die Reaktion Gottes (V 10). Die Zitate führen sukzessive durch den Text. Der Effekt ist damit der gleiche.

148 Im Kontext der Auslegung desselben Verses steht innerhalb eines Maschal etwas später der König für Gott.

149 65 von 74 Vorkommen stehen im Zusammenhang mit einem Verbrechen, 9 Vorkommen bezeichnen Blut im Zusammenhang mit Beschneidung, Geburt oder Menstruation. In jedem Fall handelt es sich um menschliches Blut. Statistik BibleWorks.

150 Vgl. Cogan/Tadmor (1988), 113. Der Spruch des Elija bleibt an Ahab selbst zunächst unerfüllt.

151 Vgl. Hentschel (1985), 44.

152 Die Darstellung des Justizmordes an Secharja funktioniert bis ins Detail als Gegenbild der Ägide des Vaters. Vgl. Johnstone (1997), 146.148; Japhet (2003), 304.

153 Den Implikationen eines Tun-Ergehen-Zusammenhangs, nach denen die Schwere des Vergehens am Sohn Jojadas der Vergeltung entspricht, steht die Wertung dieses Vergehens, wie es im Zusammen-

Priesters‘ hat der MT die ‚Söhne Jojadas, des Priesters‘.[154] Der Midrasch problematisiert den Plural בנים nicht. Er zitiert 2 Chr 24,25 in einigen Versionen abweichend vom MT mit „wegen des Blutes Jojadas“ oder „wegen des Blutes des Sohnes Jojadas“ (י ג פ). Nur ג vertritt an einer Stelle den MT. Den Plural von דמ in דמי בני יהוידע deutet der Midrasch als Hinweis auf Jojadas Nachkommenschaft.

Vordergründig zielt die Deutung des Midrasch darauf, dass der Plural von דם in allen drei Fällen auf den Lebensverlust nicht nur des unmittelbaren Opfers selbst verweist. In der Deutung des Midrasch macht die Schrift den Mörder für die Zerstörung des Lebens auch der Nachkommenschaft verantwortlich. Im Hintergrund steht jedoch eine Botschaft, die darüber hinausgeht: Gott steht für die Sühne gewaltsam vergossenen Blutes ein.[155]

Der von den beiden an דם im Plural anknüpfenden Auslegungen gerahmte Maschal, der Rabbi Simeon ben Jochai in den Mund gelegt wird, legt den Fokus auf die Rolle Gottes. Strukturelle Parallelen stellen auf zwei unterschiedlichen Ebenen einen Bezug zu den Meschalim, die VV 9f auslegen, einerseits und zum größeren Kontext von Gen 4 andererseits her. Mit dem Provinzverwalter und dem Besitzer der Ländereien in den Meschalim zu V 9f hat der König im Maschal zu V 10 sein überlegenes Wissen und seine Handlungsmacht gemein.

Innerhalb des Maschal zu V 10 überlagern sich die Szenarien des sportlichen Wettkampfs und des Gerichts. Der König ist Schiedsrichter und Richter. Die Forderung der Verhandlung des Falles vor dem König in seiner Funktion als Richter geschieht vor dem Hintergrund des Versagens des Königs in seiner schiedsrichterlichen Funktion.[156] Dass der Schrei um Rechtsbeistand nach dem Tod des Unterlegenen noch Erfolg verspricht, unterstreicht der Midrasch durch das Zitat von Gen 4,10.[157]

Deutlich ist die strukturelle Parallele zu Gen 4 über das verbindende Zitat von Gen 4,10 hinaus. Wie der König in seiner schiedsrichterlichen Funktion nicht eingreift, verhindert Gott den Mord Kains an Abel nicht. Die Parallele zum Maschall impliziert, dass Gott hätte eingreifen können und sollen. Eine Kritik Gottes ist implizit. Nach dem Mord tritt er als richterliche Instanz in Erscheinung.

Eine zusätzliche Erklärung für דם im Plural bietet das über Bäume und Steine verteilte Blut Abels. Für den Midrasch verweist מן האדמה auf einen Zwischenraum, der weder der Erde noch den oberen Regionen zuzuordnen ist. Weder ist, was vom Toten bleibt, in der Lage aufzusteigen, noch ist der Leichnam begraben. Dem Text an dieser Stelle einen Leib-Seele-Dualismus zu unterstellen, scheint immerhin möglich. Im Gesamt des Midrasch verkörpert diese Deutung ein retardierendes Moment.

---

hang seiner Schilderung deutlich wird, entgegen. Nach Japhet wertet der Chronist Joaschs Vergehen als Akt des Undanks gegenüber dem Vater. Vgl. Japhet (2003), 305.

154 Vgl. Japhet (2003), 294. Wenn der Chronist Joasch wegen des Blutes der Söhne Jojadas (pl.) sterben lässt, macht er womöglich Kreise, die mit dem Sohn Jojadas in Verbindung standen, für dessen Tod verantwortlich. Vgl. auch Japhet (2003), 305. Nach Johnstone (1997), 148 unterstreicht der Plural die Schwere des Vergehens.

155 In der Darstellung von 2 Kön 9 geschieht die Ermordung des Hauses Ahabs im Zusammenhang des Putsches Jehus zur Sühne unschuldig vergossenen Blutes. Vgl. Cogan/Tadmor (1988), 118.120; Fritz (1998), 52.

156 Das Subjekt ist unterbestimmt. Die strukturelle Parallele zur Kain und Abel-Erzählung legt es aber nahe, dass der Unterlegene um Rechtbeistand vor dem König ersucht.

157 א und ג sprechen nicht explizit vom Tod des Unterlegenen. Damit entfällt das Paradox innerhalb des Maschal. Gleichzeitig geht, wenn es von dort nicht eingetragen wird, eine strukturelle Parallele zu Gen 4 verloren.

Die Tatfolge (VV 11f)

In einer Rabbi Simeon ben Gamaliel zugeschriebenen Deutung parallelisiert der Midrasch drei Textstellen, an denen die Schrift untertreibt. Num 16,30 steht im Zusammenhang der Ankündigung einer Bestrafung Datams und Abirams, der eine Auseinandersetzung Datams und Abirams mit Mose um dessen Erwählung zur Führung Israels vorausgeht.[158] Im Kontext übersteigt die Ankündigung des Mose nach Num 16,30 alles Vorstellbare.[159] Wenn der Midrasch diese Überbietung nun als Untertreibung bezeichnet, unterstreicht er die Schwere der Tat und die Drastik der Tatfolge.

Ri 11 erzählt vom Sieg Jiftachs über die Ammoniter, dem ein Eid Jiftachs vorausgeht, Gott das erste zu opfern, das ihm nach seiner Heimkehr entgegen kommt. Es ist seine Tochter. Aus dem Umstand, dass Jiftach sein Gelübde tut, nachdem der Geist Gottes bereits über ihn gekommen ist, schließen auch manche Exegeten auf die Sinnlosigkeit und Verwerflichkeit des Gelübdes selbst.[160] In ähnlicher Weise deutet GenR zu Gen 24,12ff.[161] Die vom Midrasch zitierte Rede Jiftachs lässt sich vor diesem Hintergrund als implizite Selbstkritik lesen und vor dem Hintergrund des biblischen Kontextes sowohl auf ihren Inhalt wie auf ihr Zustandekommen beziehen.[162] Der Midrasch entspricht dieser Perspektive, wenn er die Rede Jitros als Untertreibung bezeichnet.

Die Parallelisierung von Gen 4,11, Num 16,30 und Ri 11,35 unterstreicht die Schwere der Folge einer verurteilten Tat und bezeichnet sie noch als Untertreibung. Immer tritt Gott als eine diese Tatfolge vermittelnde Instanz auf.

Andere Parallelen betreffen den weiteren Kontext der zitierten Verse. In Num 16 richtet sich der Aufstand Datams und Abirams gegen den Erwählten Gottes und damit letztlich gegen Gott selbst.[163] Der Vernichtung Datams und Abirams, die einem Gottesurteil gleichkommt, geht die Bitte des Mose um Ablehnung eines Opfers voraus.[164] Auch Kains Opfer wird nicht angenommen. Auch Kain opponiert gegen die Wahl Gottes. Der Tod Datams und Abirams folgt unmittelbar auf ihren Ausschluss aus der Gemeinde. Auch Kain sieht sich aus der menschlichen Gemeinschaft ausgeschlossen.

Die Parallelisierung von Ri 11 und Gen 4 stellt das Handeln Gottes in ein kritisches Licht. Weder verhindert Gott den Mord an Abel noch verhindert er die aus dem Gelübde Jiftachs resultierende Tat. Dass der Midrasch die Notwendigkeit ei-

---

158 Sie steht im Kontext eines Konfliktes zwischen Koram und den 250 und Mose und Aaron, die außer dem Führungsanspruch des Mose auch den Anspruch Aarons betrifft. Zum Zusammenhang beider Erzählstränge vgl. Seebass (2003), pass.174f.181.184.189; Schmidt (2004), pass.

159 Datam und Abiram sterben keines einfachen Todes, sie steigen lebendig in die שאל hinab. Vgl. Seebass (2003), 200.209.

160 Vgl. Görg (1993), 67.

161 Dass die Erfüllung des Gelübdes in Ri 11 keine Notwendigkeit darstellt, betont eine Auslegung in GenR selbst. Nach GenR 63 zu Gen 24,12ff wird Jephtach dreifach schuldig: (1) Er leistet unvorsichtiger- und törichterweise einen Eid, der seinen mangelnden Glauben und sein mangelndes Vertrauen in Gott unter Beweis stellt; (2) dass er bereit ist, den Inhalt seines Eides dem Wortlaut nach in die Tat umzusetzen, ohne Ersatzleistungen oder eine nichtwörtliche Auslegung in Betracht zu ziehen, belegt sein fehlendes Torastudium; (3) er führt das Opfer aus.

162 Vgl. Seebass (2003), 200.

163 Vgl. Seebass (2003), 182.194.197.

164 Vgl. Schmidt (2004), 72; Seebass (2003), 196, der hier eine Parallele zu Gen 4 wahrnimmt!

ner Rechtfertigung Gottes im Zusammenhang der Erzählung um Kain und Abel sieht, zeigt die Auslegung zu Gen 4,10.[165]

Eine den wiederholt als Kontrahenten auftretenden Rabbi Eliezer und Rabbi Jose zugeschriebene Auseinandersetzung fragt nach den von der Ertraglosigkeit des Ackerbodens Betroffenen. Zur Alternative stehen Kain und die Menschheit.[166] An die letzte Alternative schließt mit ודכוותה ein Zitat aus Dtn 28,38 an. Dtn 28,38 steht in Dtn im Kontext der Fluchsprüche, die Konsequenzen für den Fall eines Bundesbruches ankündigen. Der engere Kontext, der einen Ernteausfall unmittelbar auf eine Heuschreckenplage zurückführt, scheint zunächst dagegen zu sprechen, dass der Midrasch in seiner Deutung zu Gen 4,1–16 den Kontext des zitierten Verses mit zitiert. Die Heuschreckenplage steht im Kontext der Ankündigung von Naturkatastrophen[167] und Krieg. Naturkatastrophen und Krieg führen zum Verlust von Ernte, Besitz, Leben und Land.[168] Gen 4 sagt nichts über einen unmittelbaren Anlass dafür, dass die אדמה Kain ihre Kraft versagt. Die Totalität des Verlustes der Lebensgrundlagen[169] nach Dtn 28 spiegelt sich in der Verweigerung der Kraft der אדמה, in Heimatlosigkeit und drohender Blutrache im Textzusammenhang von Gen 4. Dtn 28,38 hat als Kollektiv Israel im Blick. Wie der Bundesbruch Israel betrifft, betrifft der Brudermord die Menschheit über Kain hinaus.

Es schließt sich ein Disput Rabbi Jehudas und Rabbi Nechemjas über das Ausmaß der Ertragseinbuße an. Die Perspektive des Midrasch wechselt von den Kontrahenten zur Tatfolge. Gegen seinen Kontrahenten stellt Rabbi Nechemja fest, dass die Voraussetzungen zum Überleben der Menschheit nach wie vor gegeben sind. Eine anonyme dritte durch דבר אחר eingeleitete Auslegung betont, dass Kain nun ganz auf sich selbst zurückgeworfen ist.[170]

Umkehr und Vergebung I (VV 13f)

Die an den folgenden Versen anknüpfende Auslegung folgt dem Textverlauf. Dabei knüpft aber die Auslegung zu V 16 an die Auslegung zu V 13 insofern wieder an, als sie eine Antwort auf die im Kontext der Auslegung zu V 13 gestellte und dort nicht beantwortete Frage gibt: Trägt Gott die Schuld und akzeptiert er die Umkehr Kains?

Die Fortsetzung der Kainsrede nach V 13 durch den Midrasch knüpft an das Motiv des Tragens (נשא) der Schuld an. An eine Proposition, nach der Gott die ganze Welt, die hohen und die tiefen Dinge, d.h. göttliche und menschliche Wirklichkeit trägt, schließt sich die Frage Kains an, ob Gott auch Kains Schuld trage. Wenn die Rede von den hohen und den tiefen Dingen einen Merismus darstellt, der für die gesamte göttliche und menschliche Wirklichkeit steht, impliziert sie bereits das Tragen auch der Übertretungen Kains durch Gott. Kains Frage ist dann eine rhetorische Frage. Andernfalls forderte Kain Gott zum Tragen seiner Schuld

---

[165] Indem er die Durchführung des Gelübdes in die alleinige Verantwortung Jiftachs stellt, rechtfertigt der Midrasch an anderer Stelle in GenR zu Gen 24,12ff Gott. In GenR 22 wird die Rechtfertigung Gottes an dieser Stelle nicht explizit und ist an dieser Stelle auch kein zentrales Thema.

[166] Während der Mehrheitstext אחר wohl kollektiv versteht, formuliert א kollektiv im Plural.

[167] Zu Heuschrecken als ‚sprichwörtlicher' Ursache landwirtschaftlicher Katastrophen vgl. Christensen (2002), 683.

[168] Vgl. Christensen (2002), 681.687.

[169] Vgl. Christensen (2002), 681.

[170] Die Varianten sind schwierig. Beim Wechsel der Personalpronomina ist das Subjekt der ‚Kraft' unklar. Die Grundaussage bleibt aber durch alle Versionen hindurch erkennbar. Immer geht es um das (Kräfte-)Verhältnis Kains und der אדמה, in dem sich Kain als der Abhängige und Gefährdete zeigt.

auf.[171] Durch die Verwendung des Begriffes ‚Übertretung' (פשע) schafft der Mehrheitstext eine Verbindung zu der folgenden Auslegung.[172]

An die Größe der Schuld nach V 13 knüpft eine weitere anonyme Auslegung an, die den folgenden V 14 zitiert. Die Größe der Schuld Kains wird in Relation zur Größe der Schuld Adams gesetzt. Der Vergleich der Schuld Kains und der Schuld Adams knüpft an die sich auf die Tatfolge der Vertreibung beziehenden Verse Gen 3,24 und 4,14 und ihre wörtlich gleich lautenden Passagen an.

Der Steigerung der Strafe Kains gegenüber der Strafe Adams, die der Midrasch der Fortsetzung des Verses in Gen 4 entnimmt und in der Paraphrase mit אבה anschließt, entspricht die größere Schwere der Schuld Kains. Im Gegenüber zu der Schuld Kains, die gegen ein fundamentales allgemeingültiges Recht verstößt, wird das erste Gebot Gen 2,17 als religiöses Gebot charakterisiert und als weniger bedeutsam qualifiziert. Wegen der relativ leichten Übertretung eines religiösen Gebotes wird Adam aus dem Garten Eden vertrieben. Wegen der Übertretung eines fundamentalen allgemeingültigen Gebotes sieht Kain sich in Überbietung der Modalitäten der Vertreibung des ersten Menschen vom Angesicht Gottes vertrieben, unstet und flüchtig. א fasst die Charakterisierungen der Schuld Adams und Kains in eine Gottesrede und verleiht der Aussage so besonderes Gewicht.

Was der vorausgegangenen Auslegung zufolge die über Kain die über Adam verhängte Strafe noch übertreffen lässt, wird in einer an V 15 anknüpfenden Deutung inhaltlich näher bestimmt. Gleichzeitig beantwortet der Midrasch eine Frage, die die Lektüre des Textes nahe legt: Wen fürchtet Kain, nachdem außer vom ersten Elternpaar und ihm – und in der Deutung des Midrasch von den Zwillingsschwestern – noch von keinen weiteren Menschen berichtet worden ist? Nach einer Rabbi Jehuda zugeschriebenen Auslegung empört sich die ganze Schöpfung über den Mord.[173] In unterschiedlicher Weise wird der Aufstand der Schöpfung als Suche nach Rache (der Mehrheitstext) oder Recht (פ ד) qualifiziert.[174] Adressat der Gottesrede wie auch des in diese Rede eingebetteten Zitats Gen 4,15 ist nach dem Haupttext Kain. Nach ח א ר ד כ ש י ist die durch die Tiere repräsentierte Schöpfung Adressat der Gottesrede. ח und ר1 haben die Tiere auch als Adressaten des eingebetteten Zitats. In den übrigen Fällen bleibt die Adressatenfrage offen und ist nicht zwingend Kain als Adressat des biblischen Textes zu ergänzen. In einigen Versionen wird die Deutung Rabbi Jehudas von Rabbi Levi dahingehend auf die Spitze getrieben, dass selbst die Schlange aus Gen 3, die im Zusammenhang mit der Übertretung des ersten göttlichen Gebotes durch den ersten Menschen eine unrühmliche Rolle spielt, zum Ankläger Kains wird. Gott schützt Kain vor dem Aufstand seiner Schöpfung.

Rabbi Nechemjas Deutung begründet und rechtfertigt die Verschonung Kains. Kain hatte niemand, von dem er hätte lernen können. Diese Deutung steht in einer gewissen Spannung zu der vorausgegangenen, nach der Kain selbst seine Schuld selbstverständlich als die größere Schuld begreift. Der Selbsteinschätzung Kains

[171] Parallele Traditionen in DtnR 8 und TanB בראשית verbinden die gleiche Proposition mit Mi 7,18, wo explizit vom Tragen der Schuld durch Gott die Rede ist. Das Zitat beantwortet die Frage. In GenR 22 wird die Antwort auf die Frage Kains jedoch erst am Ende von GenR 22 gegeben.

[172] Das gilt nicht für פ, das עון statt פשע hat.

[173] Das gleiche Motiv des Aufstandes der ganzen Schöpfung gegen den Brudermörder Kain findet sich bei Josephus. Im Orientierungsrahmen des Josephus ist dieses Motiv gut zu verorten. Gegen den Mörder Kain, der durch diesen Mord die gute Schöpfungsordnung stört, wendet sich die gestörte Ordnung selbst. Vgl. Erzberger (2008), pass. In ל bleiben die Gegenüber Kains anonym.

[174] Die Rede vom ‚Blut Abels' (ד ר1 ש י) umgeht die Abstrakta und lässt beide Zuspitzungen offen.

steht damit eine andere, zurückhaltendere Einschätzung der Tat Kains durch Gott gegenüber, die sie korrigiert.

Der Midrasch greift das Motiv des Lehrens und Lernens, das in den Auslegungen zu V 1 und V 8 begegnet ist, wieder auf. Kain, der selbst niemand hatte, von dem er lernen (למד Piel) konnte, wird nun selbst zum Beispiel. Auch wenn der Fokus des Midrasch auf der Verschonung Kains um seines Nichtwissens und Nicht-lernen-Könnens willen liegt, ist die Rolle Kains als Lehrer und Beispiel für die nach ihm Kommenden impliziert.

Worte aus dem semantischen Feld ‚Lehren und Lernen' (ידע Hif., למד) finden in der Auslegung zu V 1 und V 15, nicht aber in der Auslegung zu V 8 Verwendung. למד ist schwächer als das vielfach aufgeladene ידע.[175] Indem aber überhaupt ein Wort aus dem Wortfeld ‚lernen/lehren' (ידע Hif., למד) verwendet wird, ist der Bezug zwischen den Auslegungen zu V 1 und V 14 größer als beider Auslegungen zu V 8. Adam und Kain, werden verschont, damit (im Falle Adams) oder mit dem Effekt, dass (im Falle Kains) andere von ihm lernen.

Exkurs: Das Zeichen (V 15)

Eingebunden in einen Komplex, der vom Umgang mit der Schuld Kains erzählt, ist eine Passage, die an Gen 4,15 anknüpft und sich auf das Zeichen bezieht. Vier aufeinander folgende Deutungen, deren erste beiden der Midrasch explizit als Alternative präsentiert, betreffen abwechselnd ein Zeichen, das die Integrität Kains selbst nicht berührt, und ein solches, das Kain in seiner physischen Konstitution betrifft.[176] Das Zeichen kann dem Schutz Kains oder der Bestätigung der Zusage Gottes gegenüber Kain dienen. Kain wird aber auch zum Zeichen für andere. In der abschließenden fünften Deutung werden alle Deutungen zugunsten dieser letzten negiert.[177]

Nach der einleitenden, Rabbi Jehuda zugeschriebenen Auslegung lässt Gott die Sonne für Kain aufgehen. Diese Deutung wird nicht weiter ausgeführt. Die Tat Kains stellt die Schöpfung nicht grundsätzlich in Frage. Dass dies eigens formuliert werden muss, stellt heraus, dass etwas anderes zu erwarten gewesen wäre.[178]

Rabbi Nechemja versteht die Deutung Rabbi Jehudas mit Blick auf Kain als Ehrenerweis und weist sie zurück. Rabbi Nechemja knüpft mit der Formulierung צרעת הזריח לו über זרח (Hif.) an die Bildwelt dieser Auslegung an, setzt inhaltlich aber einen völlig neuen Akzent und deutet das Zeichen als Aussatz. Belegvers ist Ex 4,8. Ex 4,8 steht im Zusammenhang eines von mehreren Einwänden[179] des Mose gegen seinen Auftrag, auf die jeweils eine Gottesrede antwortet. Der Befürchtung des Mose, Israel werde sich nicht davon überzeugen lassen, dass Mose tatsächlich im Namen Gottes spricht, begegnet JHWH mit drei Zeichen, die ihn in den Augen Is-

---

175 Im Kontext der Auslegung zu Gen 4,1 ist die Verwendung der Wurzel ידע einem Wortspiel vor dem Hintergrund der Doppelbedeutung des Wortes, ‚wissen' einerseits und ‚geschlechtlichen Umgang haben' andererseits, geschuldet.

176 Vgl. Geiger (2003), 125.

177 Zur Ambivalenz des Zeichens in GenR 22 vgl. Geiger (2003), 125f, die die Auflistung möglicher Interpretationen jedoch nicht in den größeren Kontext der Parasche stellt und entsprechend auch innerhalb der Aufzählung keine Dynamik herausarbeitet.

178 Auf einer ähnlichen Linie liegt die Deutung, nach der die Schöpfung sich nach dem Mord gegen Kain stellt und die Tiere den Mord an Abel rächen wollen. Vgl. GenR 22 zu Gen 4,15. Vgl. auch Tan בראשית.

179 Vgl. Houtman (1993), 388; Coats (1999), 36. Vgl. auch Jacob (1997), 76.

raels als Mann Gottes legitimieren sollen.[180] Indem er ihn zwei der Zeichen unmittelbar vollziehen lässt, werden sie, ohne dass der Text dies explizit ausspräche, auch zum Zeichen für Mose selbst.[181] Alle Zeichen kennzeichnet der an ihnen sichtbar werdende Gegensatz von Leben und Tod.[182] Der Midrasch zitiert das zweite Zeichen, nach dem Mose seine Hand beim ersten Mal mit Aussatz[183] versehen, beim zweiten Mal geheilt, aus dem Gewandbausch zieht. Die Funktion des Mose als Sprecher Gottes wird im Zusammenhang dieses Zeichens in der Verfügungsgewalt über Leben und Tod, Krankheit und Heilung sichtbar.[184] Letztlich zeigt sich in dem sich an Mose vollziehenden Zeichen die Macht Gottes über Leben und Tod. An diesen Punkt knüpft der Midrasch an. Das sich entsprechend der Deutung des Midrasch an Kain vollziehende Zeichen demonstriert die Macht Gottes über Leben und Tod. Die Macht Gottes über Leben und Tod impliziert auch die Macht über das Leben des Mörders Kain. In letzter Konsequenz wird Kain zum Gesandten Gottes.[185] Rabbi Nechemja vertritt auch in der vorangegangenen an V 15 anknüpfenden Deutung eine Lesart, nach der Kain zum Beispiel für spätere Generationen wird. Er steht dort innerhalb einer Auseinandersetzung an prominenter Schlussposition. Die Vorstellung, dass Kain in Analogie zu Mose als Offenbarungsmittler auftritt, begegnet wieder in der abschließenden an V 16 anknüpfenden Auslegung.

Rab identifiziert das Zeichen mit einem Hund, der Kain zum Begleiter wird. Als so gedeutetes stellt es ganz unmittelbar einen Schutz für Kain dar. In diesem Sinne ist es Zeichen für ihn – und Zeichen für andere. Ein Horn, als das Rabi Levi das Zeichen deutet, macht Kain selbst zum Gezeichneten. Mit Blick auf dieses Zeichen allein ist über die Funktionsweise und über einen den biblischen Text weiter auslegenden ‚Inhalt' dieses Zeichens nichts gesagt. Indem das Zeichen die körperliche Integrität Kains dauerhaft betrifft,[186] leitet dieses Zeichen zur Deutung Rabbi Chaninas über, die einen zusammenfassenden Charakter hat.

Rabbi Chaninas Deutung schließt inhaltlich an die vorangegangenen Deutungen an, und weitet einen Aspekt ins Grundsätzliche. Kain selbst wird zum Zeichen für alle Umkehrwilligen. Eine abschließende Rabbi Levi zugeschriebene Deutung scheint eine Funktion des Zeichens für Kain überhaupt in Abrede zu stellen. Kain lebt in ריפון (Schwäche o. Unsicherheit), bis die Flut ihn auslöscht.[187]

Wenn ד die Folge der Auslegungen über das Kainszeichen mit einem Zitat aus Gen 4,8 beschließt, schafft es einen Übergang zum folgenden V 16, dem anderen Vers, der von einer Bewegung Kains spricht, und erinnert noch einmal an den Mord. Kain, der dank des Zeichens überlebt und hinausgeht, ist der Kain, der sich gegen den Bruder erhob.

---

180 Vgl. Houtman (1993), 386.

181 Vgl. auch Houtman (1993), 387; Jacob (1997), 79.

182 Vgl. Houtman (1993), 387. Vgl. auch Jacob (1997), 78.

183 צרעת beschreibt nicht näher bestimmbare Hautanomalien am Menschen oder Oberflächenveränderungen an Kleidern oder Mauern. Erst im Mittelalter wird die צרעת mit der unheilbaren ‚elephantiasis Graecorum' identifiziert. Vgl. Seidl (1989), pass.1129.1131. Was die Rabbinen darunter verstanden, dürfte im Einzelnen nicht mehr nachzuvollziehen sein.

184 Vgl. Houtman (1993), 398.

185 Einzig ה lokalisiert das Zeichen des Aussatzes auf der Stirn. Das Zeichen auf der Stirn ist sichtbar. Gleichzeitig mögen ikonographische Traditionen von Bedeutung gewesen sein.

186 Anders etwa als das Zeichen des Aussatzes unter Berufung auf Ex 4,8, demzufolge das Zeichen in Krankheit *und* Heilung besteht.

187 Das Motiv der Auslöschung Kains durch die Flut mag sich aus dem Umstand ergeben, dass die Bibel von Kains Tod nicht berichtet. Vgl. Geiger (2003), 127.

Umkehr und Vergebung II (V 16)

Die Auslegung zu V 16 kommt auf die im Zusammenhang der Auslegung zu V 13 offen gebliebenen Frage zurück. Wie reagiert Gott auf die Umkehr Kains? Zwei Deutungen bezweifeln zunächst die Aufrichtigkeit der Umkehr Kains. Das Motiv der Täuschung, das in der Rede von der Umgehung des Gesetzes wie im Bild eines Menschen, der sich etwas über den Rücken wirft, zum Ausdruck kommt, bezieht sich auf das in der an VV 9ff anknüpfenden Deutung zentrale Motiv der Täuschung zurück.[188]

Über eine zeitlich nach den in Gen 4,1–16 geschilderten Ereignissen verortete Begegnung Kains und Abels spannt der Midrasch den Erzählfaden über das im biblischen Text Erzählte weiter aus. Das Stichwort יצא verbindet Aaron in Ex 4,14 mit Kain in Gen 4,16.[189] Freude (שמח) zeichnet nach Ex 4,14 Aaron aus, der zu seinem Bruder hinausgeht. Vor dem Hintergrund der Verknüpfungen von Ex 4,14 und Gen 4,16 behauptet der Midrasch שמח auch für Kain.[190] In dem von Adam zitierten Ps 92, in V 5, bezeichnet שמח den Beter. Dass auf der Ebene des Midrasch שמח in Analogie zu Aaron zunächst Kain beschreibt, macht den Psalm zu einem, den Adam in Stellvertretung Kains spricht.[191]

Über die intertextuelle Verknüpfung mit Ex 4,14 werden nicht nur Adam und Kain, sondern wird auch das Paar Adam und Kain mit dem Paar Mose und Aaron und werden die Kontexte der zitierten Verse miteinander in Verbindung gebracht. Im Kontext beider Texte geht es um Gotteserkenntnis und ihre Vermittlung.[192] Ex 4,14 betrifft in seinem ursprünglichen Kontext eine für die erinnerte Geschichte Israels zentrale Gottesbegegnung des Mose, die über die Vermittlung Aarons aber zur Erfahrung und Gotteserkenntnis Israels wird. In der Deutung des Midrasch werden Kain und Adam zu Empfängern und zu Vermittlern einer aus erlebter Gottesbeziehung resultierenden Gotteserkenntnis. Subjekt erfahrener Gottesbeziehung ist Kain. Ist der Inhalt der Selbstvorstellung Gottes am Dornbusch das Mitsein Gottes mit und das rettende Eintreten Gottes für sein Volk, so steht im Midrasch Gottes, die Beziehung zu ihm je wieder neu ermöglichende, Vergebungsbereitschaft im Mittelpunkt. In GenR 22 steht das Traditionsstück im Kontext anderer

---

188 Die Versionen verwenden unterschiedliches Vokabular. Neben dem Mehrheitstext bedienen sich auch פ ח ב (‚geteilt' oder ‚gespalten') uneigentlicher Rede. Anders als פ ח ב knüpft der Mehrheitstext (‚die Worte über die Schulter werfen') bis in die Wortwahl an die Auslegung zu Gen 4,9f (das geraubte Jungtier ‚hinter sich werfen') an. י (‚ein Gesetz bewusst umgehen') bedient sich eigentlicher Rede. Die Deutung des biblischen Textes durch den Midrasch bleibt von den Varianten unberührt.

189 Beide Vorkommen haben nicht die gleiche grammatische Form. יצא gehört zu den in der hebräischen Bibel besonders häufig verwendeten Wurzeln. 1068 Vorkommen entsprechen etwa 5% aller gezählten Verse. Die Verknüpfung der Verse Ex 4,14 und Gen 4,16 beruht deshalb kaum auf dem gemeinsamen Vorkommen dieses Wortes allein. Sie wird von weiteren Strukturparallelen unterstützt. S.u.

190 Ex 4,14 schließt an die Offenbarung Gottes am Dornbusch an. Der Dialog Gottes mit Mose ist selbst noch als Teil dieser Selbstoffenbarung Gottes lesbar. Vgl. Jacob (1997), 42ff. Jacob bezieht die Freude Aarons weniger auf das Wiedersehen der Brüder, als auf die Vorausahnung des Kommenden. Vgl. Jacob (1997), 87.

191 Wo sie vom Gericht über Kain sprechen bedienen sich die Versionen eines unterschiedlichen Vokabulars. Während der Haupttext mit „ich habe einen Kompromiss herbeigeführt" Kain aktiv handeln lässt, ist Kain („mir wurde verziehen") in א$_1$ der, an dem Gott handelt. ד פ ג ר dürfte ein Schreibfehler zu Grunde liegen. א beschreibt innerhalb der Rede Adams die Kraft der Umkehr, diese steigernd, als ‚groß'.

192 Nach Jacob 1997, 91 ist Ex 3 – 4,14 die Geschichte einer Offenbarung wie die Geschichte ihrer Weitergabe und beginnenden Tradition.

Deutungen, die Kain zum Gegenstand und Ausgangspunkt des Lernens anderer machen.

Ps 92 verbindet ein Danklied eines Einzelnen für Rettung aus der Macht seiner Feinde, eine weisheitliche Reflexion über das Geschick von Frevlern und Gerechten und gottesdienstliche inhaltliche Motive und Redeformen miteinander.[193] Die Überschrift weist Ps 92 dem Schabbat zu.[194] Zentraler Inhalt ist die aus der Rettungserfahrung resultierende Einsicht des Beters in das Handeln JHWHs, das in dem kontrastiven Geschick von Gerechten und Frevlern zum Ausdruck kommt.[195] Die in die Nähe der Gegner des Beters rückenden Toren zeichnen sich dadurch aus, dass sie zu dieser Einsicht nicht kommen.[196]

Die Rezitation von Ps 92 schließt unmittelbar an den Ausruf an, mit dem Adam auf den Bericht von der Umkehr Kains antwortet und in dem er die verpasste Gelegenheit eigener Umkehr der Umkehr Kains gegenüberstellt. Der Bericht Kains und die Redeeinleitung Adams haben תשובה.[197] GenR 22 zitiert Ps 92 über V 2. Das Stichwort ידה verweist auf den Charakter des Psalms als Bekenntnis- oder Lobpsalm. Im Zitat des Psalms kommentiert Adam die Rücknahme der Folge der Schuld und die Annahme der תשובת Kains, als Lobpsalm betet er ihn stellvertretend für Kain. Im Bekenntnis bezieht er sich auf die Vergebungsbereitschaft Gottes. Indem Adam diesen Psalm rezitiert, antizipiert er, der von der Macht der Umkehr ausweislich der eigenen vorausgegangenen Rede nichts wusste, die Erfahrung Kains.[198]

In einem Nachsatz, der Rabbi Levi zitiert, wird der Titel des Psalms (Ps 92,1), der Ps 92 als שיר ליום השבת identifiziert, gleichfalls Adam in den Mund gelegt. Wenn השבת auf תשובה verweist, ist der Tag des Schabbat der Tag der Umkehr.[199]

Adam, ausweislich der von ihm selbst zum Ausdruck gebrachten Notwendigkeit der Umkehr, vor allem aber der Brudermörder Kain, für den er stellvertretend spricht, ist paradigmatischer Frevler. Ps 92, dessen lyrisches Ich sich mit den Gerechten identifiziert und von den רשעים distanziert, um deren Vernichtung es bittet, überrascht im Munde Adams, ob er ihn nun in eigener Sache oder in Stellvertretung Kains rezitiert. Dieser Widerspruch löst sich auf, wenn gerade Umkehr und Gebet Gottesbeziehung wieder herstellen. Indem Adam den Ps in eigener Sache und in Antizipation der Erfahrung Kains von der größeren Macht der Umkehr und der Annahme dieser Umkehr durch Gott spricht, werden beide nicht mehr unter die Feinde Gottes gezählt, von denen V 10 spricht. Die Situation der Verfolgung allerdings passt nach Gen 4,14 auf Kain.

---

193 Vgl. Seybold (1996), 365; Hossfeld/Zenger (2000), 629.

194 Vgl. Seybold (1996), 365f; Hossfeld/Zenger (2000), 631.

195 Vgl. Hossfeld/Zenger (2000), 629.

196 Vgl. Hossfeld/Zenger (2000), 634f. Vgl. auch Gerstenberger (2001), 171, für den die Feinde des Beters und in der Konsequenz auch Gottes sich dadurch auszeichnen, dass sie Gott nicht loben.

197 שוב changiert in der hebräischen Bibel zwischen einer grundlegenden wörtlichen und mehreren übertragenen Bedeutungen, deren wichtigste sich auf die Änderung einer Haltung im Verhältnis zum Gott Israels, aber auch auf daraus resultierende sichtbare Verhaltensänderungen bezieht. Vgl. Holladay (1958), pass. Das Substantiv תשובה ist in der rabbinischen Literatur häufig. In der hebräischen Bibel kommt es nur achtmal vor, an keiner Stelle hat es die für die rabbinischen Literatur vorauszusetzende zentrale übertragene Bedeutung.

198 Der Psalm ist nicht nur durchsetzt von gottesdienstlichen Motiven, sondern ist auch selbst gottesdienstlicher Vollzug. Ankündigung und Vollzug der kultischen Handlung gehen innerhalb des Ps ineinander über. Vgl. Seybold (1996), 365; Hossfeld/Zenger (2000), 629.

199 Vgl. Wagner (1998), 30. Allerdings behält PRK die Pleneschreibung in allen Versionen bei.

Zur Gotteserkenntnis wird sie erst in der Rezeption durch die Deutung und Aneignung Adams. Wie Mose und Aaron werden im Verständnis des Midrasch und durch den Midrasch auch Kain und Adam zu Empfängern und Vermittlern einer aus erfahrener Gottesbegegnung und Gottesbeziehung resultierenden Gotteserkenntnis.

ד tradiert einen weitergehenden Schluss, nach dem sich schließlich auch Mose die Gotteserfahrung Adams und Kains zu eigen macht und sie als eine in Vergessenheit geratene Erfahrung wieder neu tradiert.

3.1.3 Schwerpunkte

Im Geschick Kains zeigt sich die Barmherzigkeit (רחמים) und Güte (חסד) Gottes, die der Schöpfung Bestand verleihen.[200] Zentral ist der Themenkomplex des Lehrens und Lernens. Wie die Menschheit von Adam die Fähigkeit der Lebensweitergabe lernt, die Leben erst ermöglicht, lernt sie von Kain den Brudermord. Kain wird jedoch zum Lehrer darüber hinaus. Als erster Mörder wird er zum warnenden Beispiel. Als erster Umkehrer wird er zum Mittler einer Gottesbegegnung, die sich Adam im Lobpreis aneignet.

Während Kain als Individuum mit exemplarisch über sich selbst hinausweisender Bedeutung in den Blick genommen wird, steht Abels Opfer für die Verortung der Erzählung im größeren Zusammenhang der erinnerten Geschichte Israels.

3.2 GenR 19

3.2.1 Der Kontext

Im biblischen Text markiert der Auftritt Gottes nach Gen 3,8 einen Einschnitt. Der Midrasch setzt mit GenR zu Gen 3,8 thematisch neu ein. Gen 3,8 leitet eine Passage ein, die das Verhältnis von Gott und Mensch seit der Übertretung des ersten göttlichen Gebotes durch den ersten Menschen zum Thema hat. GenR zu Gen 3,7 leitet zu GenR zu Gen 3,8ff über. Innerhalb von GenR bildet die (kurze) Auslegung zu Gen 3,13 eine Überleitung zur Auslegung der Strafsprüche Gen 3,14–22 in GenR 20. Gen 3,14–22 bildet auch innerhalb des biblischen Textes eine sinnvoll in sich geschlossene Texteinheit.

Gen 3,7

Anekdote – Die ersten Menschen entkleiden sich des einzigen Gebotes – Die ersten Menschen schmücken sich mit Kleidern

Gen 3,8a

(a) הלך (Hitp.) der Stimme ⇔ הלך (Qal) des Feuers (Ex 9,23)
Die שכינה, deren Wurzel (עיקר) unter den Menschen ist, zieht sich in die Himmel (רקיע) zurück.

Der erste Mensch sündigt	Rückzug der שכינה in den	1. Himmel
Kain		2. Himmel
Geschlecht des Enosch		3. Himmel
Geschlecht der Flut		4. Himmel
Geschlecht der Zerstreuung		5. Himmel

200 חסד im abschließend zitierten Ps 92 greift ein durch den Midrasch eingangs zitiertes Stichwort aus Ps 26,6 wieder auf.

Sodomiten 6. Himmel
Ägypter 7. Himmel
Sieben Gerechte (Abraham, Isaak, Jakob, Levi, Kehat, Amram, Mose) holen die שכינה zurück

Die Gerechten werden für immer im Land leben (Ps 37,29) ⇔ die Frevler schweben nicht im leeren Raum (אויר), sie lassen die שכינה nicht auf der Erde wohnen

(b) Die Stimme der Bäume: der Mensch hat das Wissen des Schöpfers gestohlen

(c) Die Stimmen der Engel, die die Ankunft Gottes ankündigen

Gen 3,8b

Gott dehnt den einen dem Menschen verbleibenden Tag auf die Lebensspanne eines Menschen aus (Gen 2,17; Ps 90,10)

Westwind (Recht) – Ostwind (Barmherzigkeit)

Gen 3,8c

Reduktion der Größe des Menschen

Gen 3,8d

Hinweis auf Bestattung

Gen 3,9

Zusammenfassend: Wissen Gottes ⇔ Wissen der Schlange / raumfüllende Größe des Menschen ⇔ ‚unter den Bäumen'

Adam u. Israel (Hos 6,7):

Gott bringt hinein (in den Garten / zum Karmel)	Gen 2,16	Jer 2,7
Gott befiehlt	Gen 2,17	Ex 27,20 / Lev 24,2
Adam/Israel übertritt	Gen 3,11	Dan 9,11
Gott schickt (aus dem Garten / ins Exil)	Gen 3,23	Jer 15,1
Gott verstößt (Scheidung)	Gen 3,24	Hos 9,15
Gott klagt	Gen 3,9	Klgl 1,1

Gen 3,11

Maschal von der Frau, die in das Gefäß mit Schlangen und Skorpionen greift

Gen 3,12

Gott prüft vier und findet Urin

Adam (Gen 3,12), Kain (Gen 4,9), Bileam (Num 24,9), Hiskija (2 Kön 20,14)

Gott prüft Ezechiel (Ez 37,3)

Maschal vom Jäger, der Macht über Leben und Tod des gejagten Tieres hat

Antwort Ezechiels (Ez 37,3)

Pos.: Ijob (Ijob 9,35) – Ijob hört, anders als Adam, nicht auf seine Frau

Exkurs: Identifikation der Frau Ijobs mit Dina

Ijob sündigt im Herzen (nicht mit den Lippen: Ijob 2,10) – Adam sündigt mit den Lippen

Gen 3,13

Die Auslegung zu Gen 3,7–12 behandelt das Gottesverhältnis des Menschen seit der Missachtung des Gebotes, nicht von den Früchten des Baumes in der Mitte des Gartens zu essen (Gen 3,1–6). Die Auslegung von Gen 3,7, nach der die Scham des Menschen unmittelbar Folge der Übertretung dieses ersten Gebotes Gottes ist, steht wie eine Überschrift über der Auslegung zu Gen 3,8–12. Nacktheit und Scham des Menschen werden damit begründet, dass sich der Mensch des einen (und einzigen) göttlichen Gebotes ‚entkleidet'. Innerhalb der abschnittsweisen Auslegung zu Gen 3,8 nimmt das Traditionsstück vom Auf- und Abstieg der שכינה, mit dem die Auslegung zu Gen 3,8 beginnt, breiten Raum ein. Ausgehend von der Schuld des ersten Menschen entfaltet das Traditionsstück eine Dynamik, die mit

Mose und dem Sinaiereignis zu einem (vorläufigen) guten Ende kommt. Mit dem Sinaiereignis und der Gabe der Tora betrifft dieses gute Ende einen zentralen Punkt in der Geschichte Israels. GenR zu Gen 3,9 parallelisiert das Geschick des ersten Menschen bis zur Vertreibung aus dem Garten mit dem Geschick Israels bis zum Exil.[201] Es folgt ein weiteres Traditionsstück um die vergebliche Prüfung der vier Protagonisten der erinnerten Geschichte Israels in Auslegung zu Gen 3,12. Ein fünftes Beispiel setzt einen positiven Gegenakzent. Zwei Geschichtsentwürfe mit einem positiven Ausklang rahmen die eher pessimistische Gegenüberstellung der Geschichte des ersten Menschen und der Geschichte Israels.

Die Exegese hat häufig bemerkt, dass der Begriff חטאת oder ein Begriff ähnlicher Semantik in Gen 3 nicht fällt.[202] Gen 3 beschreibt die Disposition des Menschen, die Voraussetzung der Möglichkeit ist, schuldig zu werden. Nacktheit, d.h. Schutzlosigkeit und das Bedürfnis nach Schutz (Gen 3,7f), folgen aus dieser Disposition des Menschen.[203] Die beschriebene Disposition des Menschen berührt seine Gottesbeziehung.[204] Der Mensch, der die Weisung Gottes übertreten und vom Baum der Erkenntnis gegessen hat, darf vom Baum des Lebens *nun* nicht mehr essen.[205]

In der Wahrnehmung des Midrasch betreffen die Ereignisse um den ersten Menschen ein Geschehen, das, indem es seinen Anfang mit dem ersten Menschen nimmt, die Geschichte der Welt von Anfang an bestimmt. Der Midrasch deutet, analog der Vergehen der mit Adam parallelisierten Figuren, die Übertretung eines göttlichen Gebotes als Distanzierung des Menschen von Gott.[206] Das Verbot, vom Baum in der Mitte des Gartens zu essen, ist erstes und exemplarisches Gebot.[207] Vor diesem Hintergrund versteht der Midrasch sowohl die Scham des Menschen nach Gen 3,7 als auch seine Vertreibung aus dem Garten nach Gen 3,23f als unmittelbare Tatfolge.

Themenschwerpunkte

Zentrales Thema ist die Gottesbeziehung des ersten Menschen, die auf die Gottesbeziehung der Menschheit überhaupt wie auf die Gottesbeziehung Israels hin durchscheinend wird und den Anfang einer Geschichte der Beziehung von Gott und Mensch darstellt, die in der Geschichte Gottes mit Israel zu einem (vorläufigen) guten Ende kommt. Der Midrasch deutet die Übertretung jedes göttlichen Gebotes als Distanzierung des Menschen von Gott.

---

201 Es wird in diesem Zusammenhang der gesamte Textbereich von der Übertretung des göttlichen Gebotes bis zur Vertreibung aus dem Garten Eden eingespielt. Gen 3,14–22 bleiben ausgespart.

202 Vgl. Westermann (1976), 344ff.

203 Vgl. Soggin (1997), 87; Seebass (1996), 122. Westermann (1976), 146 wertet die beschriebene Disposition des Menschen nicht grundsätzlich negativ.

204 Vgl. auch Westermann (1976), 367: „‚So schickte Gott ihn aus dem Garten fort …‘ Dies ist die eigentliche und die ursprüngliche Strafe für die Übertretung des Gebotes Gottes. […] Die geschichtliche Existenz des Menschen setzt damit ein, dass der Mensch dort ist, wo Gott nicht ist.“

205 Vgl. Westermann (1976), 370; Soggin (1997), 79; Seebass (2007), 131. Nach Seebass (2007), 132 wird dem Menschen nach dem Essen vom Baum der Erkenntnis die Möglichkeit des Todes bewusst.

206 Vgl. auch Jacob (1934), 93, dessen Auslegung von rabbinischer Auslegung deutlich beeinflusst ist. Anders etwa Seebass (1996), 102.124, der dem Text keinen Tun-Ergehen-Zusammenhang entnimmt.

207 Als exemplarisches, „aller Moral vorausliegendes“ Gebot betrachtet Seebass (1996), 104 dieses Gebot.

3.2.2 Das Traditionsstück: Auf- und Abstieg der שכינה

Übersetzung

Siehe Anhang.

3.2.2.1 Analyse

Zwei kurze einleitende Sequenzen funktionieren als Leseanleitung: Der Midrasch verknüpft Gen 3,8 und Ex 9,23 über das in Gen 3,8 auf die Stimme Gottes,[208] in Ex 9,23 auf das mit Gott identifizierte Feuer als Subjekt bezogene Stichwort הלך. Das in Gen 3,8 auffällige הלך (Hitp.) deutet gegen den vordergründigen Sinn, nach dem Gott zu dem ersten Menschenpaar in den Garten kommt, bereits auf den Rückzug der שכינה. Beide Ereignisse, die Episode um den ersten Menschen nach Gen 3 verbunden mit dem Fortgehen der Stimme Gottes und der Auszug aus Ägypten verbunden mit dem Kommen Gottes, bilden ein Gegensatzpaar, das die folgende Passage als unheilvollen Anfangs- und heilvollen Endpunkt einer Dynamik einholt. Sie bildet den Kern des Traditionsstücks vom Auf- und Abstieg der שכינה.

Gen 4,1–16 wird in der hier zitierten Fassung des Traditionsstücks nicht über ein bestimmtes Zitat, sondern über die bloße Nennung des Namens ‚Kain' eingespielt. Kain zählt unter die sieben Frevler, die die שכינה von ihrem Ursprungsort unter den Menschen vertreiben.[209] Sieben Gerechte bringen sie sukzessive dorthin zurück. Die chronologische Abfolge der Frevler beginnt beim ersten Menschen und endet dort, wo die Kette der Gerechten beginnt. [210] Adam und Kain treten neben ‚Generationen' (דור) und Völker. Die Folge der Gerechten stellt mit den Erzvätern Abraham, Isaak und Jakob, dem Jakobsohn Levi, den Vertretern der drei Generationen, die die Lücke zwischen Levi und Mose füllen, und Mose selbst eine lückenlose Generationenfolge dar. In der Geschichte der der unmittelbaren Vorgeschichte Israels zuzurechnenden Gerechten kommt die Geschichte der Menschheit mit der שכינה zu einem vorläufigen guten Ende. Anfangs- und Endpunkt werden in einzelnen Versionen des Traditionsstücks deutlicher markiert und von den übrigen Gliedern unterschieden.

Auf das Traditionsstück vom Auf- und Abstieg der שכינה folgt ein Textstück, das die Bezogenheit von שכינה und Mensch topographisch beschreibt und an die Israelperspektive des vorangegangenen Abschnitts anknüpft. Das Wohnen der Gerechten im Land (ארץ), von dem Ps 37,29[211] spricht, tritt zu der Verdrängung der שכינה

---

[208] Der Midrasch bezieht הלך (Hitp.) auf die קול יהוה אלוהים. Vgl. auch Jacob (1934), 108. Die Mehrheit der Exegeten bezieht הלך (Hitp.) unmittelbar auf יהוה אלוהים. Beides ist möglich.

[209] Das hebr. עיקר (‚Ursprung', ‚Wurzel') und רקיע (‚Himmel') verwenden in genauer Umkehr die gleiche Buchstabenfolge. Sprachlich wie inhaltlich ist der Himmel die genaue Umkehrung des ursprünglichen Ortes (עיקר) der שכינה.

[210] Auf die Ägypter ‚in den Tagen des Abraham' folgt Abraham. Wo der Zusatz ‚in den Tagen des Abraham' fehlt, ist dennoch von Ägypten in den Tagen Abrahams auszugehen. Nur bei einer entsprechenden zeitlichen Einordnung ergibt sich eine durchgehende chronologische Abfolge.

[211] Ps 37 ist ein Akrostichon, dessen einzelne Verse durch thematische und Stichwortverknüpfungen inhaltlich zusammengehalten werden. Auch eine übergeordnete Struktur, wie Seybold (1996), pass., sie vertritt, impliziert keine Dynamik. Dem entspricht die Lesart des Midrasch. Der durch den Midrasch zitierte Vers spielt den übrigen Psalm soweit ein, als er über thematische und Stichwortverbindungen mit ihm verknüpft ist. Leitmotivisch durchzieht den Psalm das Thema vom Land als Gabe Gottes an sein Volk. Die antithetische Gegenüberstellung von Frevlern und Gerechten, die der Midrasch aufgreift, ist im Psalm Teil einer komplizierteren ausdifferenzierteren Antithetik, bei der die Gerechten

von der Erde (ארץ) durch die Frevler in Konkurrenz. In Ps 37 ist das ‚Land' (ארץ), auf dem die Gerechten wohnen, das verheißene Land.[212] שכן (‚wohnen') in Ps 37,29 verweist im Kontext des Midrasch auf die שכינה, die ‚Einwohnung' Gottes.[213]

In Ps 37 bezeichnet die ארץ das Land Israel als Wohnort der gerechten Armen aus Israel. Wird der gesamte Psalm mitgehört, gewinnt das im Psalm angedeutete Motiv der Gottesgemeinschaft der gerechten Armen im Midrasch vor dem Hintergrund der Vorstellung des ‚Landes' (ארץ) als dem Wohnort der שכינה an Bedeutung. Der Rückzug der Gottesgegenwart vom Lebensbereich des Menschen geht mit der Vertreibung des Menschen aus dem Garten Eden einher. Ist die שכינה im Rückzug vom Ort des Menschen begriffen, ist der Garten (Eden) als Ort der uranfänglichen Gemeinschaft von Gott und Mensch *deshalb* nicht länger existent. Wie die Frevler sich aus der Gegenwart Gottes entfernen, verunmöglichen sie die Gegenwart Gottes an ihrem ursprünglichen Ort unter den Menschen.

3.2.2.2 Kain und Abel im Kontext des Traditionsstücks

Die Erzählung von Kain und Abel wird über die Nennung des Namens ‚Kain' eingespielt. Die Einspielung nimmt auf die Schuld Kains Bezug, ohne sie weiter zu spezifizieren.[214] Die Einspielung der Erzählung dient der Konstituierung eines zeitlichen und räumlichen Koordinatensystems, in dem sich die Geschichte Gottes mit Israel und der Welt verortet. Die nicht näher spezifizierte Schuld Kains ist ein Meilenstein in der Rückzugsgeschichte der שכינה aus dem Lebensbereich der Menschen. Kain steht in der Nachfolge des ersten Menschen innerhalb einer Reihe von Gestalten, die die Gegenwart Gottes aus dem Lebensbereich der Menschen vertreiben. Die Schuld des Einzelnen Kain hat wie die Schuld aller genannten Frevler Konsequenzen für die Gottesbeziehung der Menschheit überhaupt. Kain und die übrigen für den Rückzug der שכינה verantwortlichen Frevler stehen den für die Rückkehr der שכינה verantwortlichen Gerechten, die mit den Erzvätern, Mose und dessen unmittelbaren Vorfahren Israel repräsentieren, gegenüber. Kain repräsentiert eine Zeit vor Israel. Er ist weder Sympathieträger noch Identifikationsfigur.

---

mit denjenigen unter den Armen Israels gleichgesetzt werden, die abwartend auf die sich am Ende durchsetzende göttliche Gerechtigkeit vertrauen. An ihnen wird sich die Landverheißung Gottes erfüllen. Ihnen stehen die ‚ungeduldigen Armen' (wörtl. die sich Erhitzenden/Erregenden, חרה) gegenüber, die auf die Gerechtigkeit Gottes zu warten nicht bereit sind, und die Mächtigen, die um ihrer Macht willen der göttlichen Ordnung zuwiderhandeln. Für sie wird im Land auf Dauer kein Ort sein. Vgl. Seybold (1996), 155. Vgl. Hossfeld/Zenger (1993), 229.

212 Vgl. Hossfeld/Zenger (1993), 229. Das Motiv der Gottesgemeinschaft der Armen/Gerechten ist im Psalm angedeutet.

213 Schwächere Verknüpfungen zwischen dem Midraschtext und dem Kontext des zitierten Psalmverses ergeben sich aus dem dort für den Frevler stehenden Bild der entwurzelten Zeder und der im Midrasch zurückgewiesenen Option, nach der die Frevler von der ארץ vertrieben geradezu in der Luft hängen. Im Midrasch kommt dem Gerechten eine gegenüber der Rolle der Gerechten im Psalm aktivere Rolle zu.

214 In Parallelen des Traditionsstücks in PesR 5, Tan פקודי und TanB/Tan נשא wird auf den Mord angespielt. In PesR 5 und Tan פקודי lässt sich die Anspielung auch als nicht markiertes Zitat lesen.

3.2.3 Das Traditionsstück: Gott prüft vier

Übersetzung

Siehe Anhang.

3.2.3.1 Analyse

Das Traditionsstück parallelisiert vier Textpassagen, darunter Kain betreffend Gen 4,9, nach denen Gott einem Protagonisten der erinnerten Geschichte Israels eine Frage stellt, auf die dieser Protagonist in inadäquater Weise reagiert. Als positiver Gegenhorizont fungiert die Antwort Ezechiels nach Ez 37,3. Nicht in jedem Fall werden Frage *und* Antwort zitiert. Der intendierte Leser muss den ursprünglichen Kontext der zitierten Verse also kennen.

Das für den Midrasch – und damit auch für die Deutung von Gen 4,1–16 in diesem Kontext – relevante Gemeinsame ergibt sich aus der Zusammenschau der Textpassagen. Leerstellen innerhalb der einzelnen Texte werden entsprechend der parallelisierten Passagen und dem sich aus ihrem Zusammenklang ergebenden übergeordneten Thema gefüllt. Dem Leser erschließt sich die Bedeutung der Dialoge im Kontext des Midrasch erst rückblickend von der beispielhaften Antwort Ezechiels her.[215] In der Rhetorik der Fragen – Gott ist über den Sachverhalt, auf den sie vordergründig zielen, immer schon informiert[216] – erschöpft sich für den Midrasch die Problematik der Antworten nicht. Immer zielt – aus der Sicht des Midrasch – die Frage Gottes letztlich auf das Gottesverhältnis des Gefragten, das dessen Antwort aufdeckt.[217] Die Antwort Adams ist als Ausdruck von Distanz und einer Störung im Verhältnis von Gott und Mensch lesbar.[218] Die im Midrasch als Gottesrede zitierte Prophetenrede 2 Kön 20,14 reagiert auf den Bericht über die Machtentfaltung Hiskijas angesichts der babylonischen Delegation. Sie lässt sich in einer Weise lesen, in der sie zu der vorausgehenden Erzählung von der doppelten Gefährdung Jerusalems durch die Assyrer und Hiskijas durch seine Krankheit und beider Bewahrung im Vertrauen auf göttliche Hilfe in Opposition steht.[219] Vor dem Hintergrund dieser Opposition ist das kritisierte Verhalten Hiskijas als Vertrauen in die eigene Stärke deutbar.[220] Der Midrasch zitiert die im biblischen Text keiner ein-

---

215 Ausgemacht im Falle Ezechiels legt sich eine andere als die von ihm gegebene Antwort nahe. Vgl. Block (2003), 374. „The question is ridiculous.“ Indem die Wiederbelebung der Gebeine auf die Rückkehr ins Land (ארץ ישראל) zielt, berührt der Intertext die übergeordnete Thematik des Midrasch. Vgl. Greenberg (2005), 454.

216 Vgl. zu Bileam Levine (2000), 151, unter Bezug auf rabbinische Auslegungen.

217 Cassuto (1989), 155 sieht eine Verbindung zwischen Gen 3,9 und Gen 4,9 im aufdeckenden Charakter beider von Gott an den Menschen gerichteten Fragen.

218 Vgl. Westermann (1976), 345.

219 2 Kön 20,12ff und 20, 1–11 werden durch בעת ההיא verknüpft und aufeinander bezogen. Die Krankheit, von der die Boten nach 20,12 hören, bezieht sich auf 20,1–11 zurück. Nach Cogan/Tadmor (1988), 262 steht der übermäßige Stolz Hiskijas als Vertrauen auf die eigene Kraft im Gegensatz zum Vertrauen auf die Kraft Gottes, von dem die vorausgehende Erzählung berichtet.

220 Die Rede des Propheten benennt aber nicht die Ursache der Kritik. Rückschlüsse lässt der Kontext zu. Vgl. Hobbs (1985), 294; Cogan/Tadmor (1988), 262. Für Hobbs (1985), 288 äußert sich in der Unbedarftheit Hiskijas politische Blindheit, die letztlich zum politischen Niedergang durch die fremde Macht führt.

deutigen Wertung unterzogene Antwort Bileams vor dem Hintergrund eines negativen Bileambildes, das Bileams Gottesverhältnis berührt.[221]

Die Antwort Ezechiels spielt Gottes Frage angesichts des von Ezechiel nach Ez 37 visionär geschauten Leichenfeldes an den Fragenden zurück.[222] Die nach Lesart des Midrasch passendere Antwort des Ezechiel qualifiziert Gott als den, der alleine adäquat antworten kann. Es folgt die Vision von der Wiederbelebung der Gebeine. Ezechiels Antwort beschwört die Unterschiedenheit, damit letztlich eine, hier positiv gewertete, Distanz von Gott und Mensch. Das allen Beispielen gemeinsame Thema der Gottesbeziehung wird durch das zentrale Thema der Passage in GenR 19 gestützt.

3.2.3.2 Kain und Abel im Kontext des Traditionsstücks

Das Traditionsstück von der Prüfung der Vier zitiert die zweite an Kain gerichtete Gottesrede über Gen 4,9. Die Figur des Kain steht in Analogie zu Adam, Bileam und Hiskija. Ezechiel repräsentiert einen Gegenhorizont. Vor dem Hintergrund des übergeordneten Themas der Parasche impliziert die Schuld Kains am Bruder, wie sie im Mord und darüber hinaus ganz grundsätzlich in der Zurückweisung der Verantwortung für den Bruder zum Ausdruck kommt, seine Distanzierung von Gott. In der durch die Schuld Kains bedingten Gottesferne liegt für den Midrasch ihre eigentliche Problematik. Kain steht in einer Reihe mit Figuren, die Israel wie mit solchen, die Israel nicht zuzurechnen sind. Er ist in seinem Scheitern potentielle Identifikationsfigur.

3.2.4 Kain und Abel im Textzusammenhang

Die Gestalt Kains stellt im Zusammenhang beider Traditionsstücke einen Vergleichshorizont unter anderen Vergleichshorizonten für den eigentlichen Gegenstand der Auslegung, Adam, dar. Vor dem Hintergrund des übergeordneten Themas des größeren Kontextes des Midrasch treffen sich beide Auslegungen der Erzählung von Kain und Abel in beiden Traditionsstücken in der Thematik der Gottesbeziehung. Während das Traditionsstück vom Auf- und Abstieg der שכינה zwischen Vertretern Israels und Vertretern einer Zeit vor Israel unterscheidet, trifft das Traditionsstück von der Prüfung der Vier eine solche Unterscheidung so wenig wie der größere Kontext des Midrasch. Die Unterscheidung, die das erste Traditionsstück nahelegt, wird vom Kontext wieder zurückgenommen.

---

221 Die Gottesbeziehung Bileams gestaltet sich insgesamt wechselvoll. Nach 22,12 verbietet Gott Bileam, mitzugehen. Obwohl Bileam nach V 12 weiß, dass das Volk gesegnet ist, sucht er eine zweite nächtliche Offenbarung. Nach V 20 nimmt Gott das Verbot zurück, gerät aber nach V 22 über den Aufbruch Bileams in Zorn, nur um ihm nach V 35 erneut zu gestatten mitzuziehen. Moderne Interpreten lösen die Spannungen im Text in aller Regel literarkritisch. Vgl. Rösel (1999), 517; Levine (2000), 154; Schmidt (2004), 131. Alle Versuche einer einheitlichen Deutung auf der Ebene des Endtextes zeichnen sich dadurch aus, dass sie den Text bereits unter deren Vorzeichen lesen. Aus der Perspektive eines positiven Bileambildes, das in der modernen Exegese vorherrschend ist, ergeben sich mehrere Lösungsansätze: Gott bindet Bileam nach 22,20.35 noch einmal ausdrücklich an sein Wort. Vgl. Levine (2000), 158.159. Die wiederholte Nachfrage Bileams um Erlaubnis mitzuziehen in 22,16f demonstriert seine Unterwerfung unter den Willen Gottes. Der göttliche Auftrag mitzuziehen (V 22) soll den Segen über Israel, von dem Bileam schon positiv überzeugt ist, gegenüber dem hartnäckigen Balak nachdrücklich bestätigen. Vgl. Schmidt (2004), 130.133; Seebass (2007), 72f. Nach Seebass (2007), 74 wird Bileam zum Gegenbild des ungehorsamen Israel nach Num 25. Auch außerhalb der rabbinischen Literatur wird Kain mit Bileam parallelisiert. Vgl. Jud 1,11.

222 Vgl. Block (2003), 375.

3.3 GenR 20

3.3.1 Der Kontext

Innerhalb des biblischen Textzusammenhangs bilden die drei Redegänge Gottes nach Gen 3,14–19 eine sinnvoll in sich geschlossene Texteinheit. Nach V 21 folgt eine Handlung Gottes. In der Deutung des Midrasch bezieht sich die nach V 20 auf die Gottesrede (Gen 3,14–19)folgende Handlung des Mannes auf den Inhalt der Rede zurück. Innerhalb der Deutung des Midrasch leitet GenR zu Gen 3,21 bereits zur folgenden Sinneinheit über. VV 22–24 und ihre Auslegung begründen die Notwendigkeit der Vertreibung aus dem Garten und erzählen von ihr.

V 14	die Verleumdung Israels durch Angehörige Israels und die Verleumdung Gottes/Israels durch die Schlange
V 15	den Mann, die Frau und die Schlange verbindet der Fluch und die Ansprache durch die שכינה
	Entfaltung des Fluches über die Schlange: (u.a.: Dauer der Trächtigkeit)
	Die Schlange hätte sein können wie der Mensch, wenn sie nicht die Frau begehrt hätte
	Kain, Korach, Bileam, Doeg, Ahitophel, Gehasi, Abschalom, Adonia, Usia und Hamman wird nicht gewährt, was sie sich wünschen, aber genommen, was sie haben
V 16	Entfaltung des Fluches über die Frau: (Dauer der Schwangerschaft; die Mühen der Geburt; die Mühen des Kinder-Großziehens)
	Das Verlangen der Frau nach dem Mann; des bösen Triebes nach Kain, der Erde nach Regen, Gottes nach Israel
	Einschränkung der Herrschaft des Mannes über die Frau
V 17	Evas Appell an das Verlangen Adams
	Der Mensch hat den Lebewesen der Schöpfung von der verbotenen Frucht zu essen gegeben
	Vergleich von Nahrungsbeschaffung und Geburt
V 18	Mühen der Nahrungsbeschaffung
V 19	endgültiges Ende oder Auferstehung
V 20	Adam nennt seine Frau Eva (= Schlange)

Gen 3,14–19, die sogenannten Strafsprüche formulieren die Folgen der Übertretung des an den Menschen ergangenen Gebotes in der Form einer Gottesrede an Schlange, Frau und Mann.[223] Der Inhalt der Sprüche gilt den Lebensbedingungen des Menschen in der gestörten Schöpfung.[224] Die beiden rahmenden Sprüche über die Schlange und den Mann kennzeichnet ihr paralleler Aufbau.[225] Auf die Begründung mit כי עשית folgt der explizite Fluchspruch (ארור אתה mit Blick auf die Schlange und ארורה האדמה mit Blick auf den Menschen).[226] Aufgrund formaler Kriterien fällt der an die Frau gerichtete Spruch aus den ihn umgebenden Sprüchen heraus. Anders als die an Schlange und Mann gerichteten Sprüche wird der Spruch über die Frau nicht mit ihrer Tat begründet und nicht durch formelhaftes כי עשית זאת / כי שמעת eingeführt. Es fehlt die Verwendung der Wurzel ארר.[227] Vor dem

[223] Vgl. Jacob (1934), 112; Ruppert (1992), 155; Soggin (1997), 91.

[224] Wenn der Spruch über die Schlange, die Ankündigung der Feindschaft von Frau und Schlange betrifft, betrifft auch dieser Spruch letztlich die Lebensbedingungen des Menschen.

[225] Vgl. Soggin (1997), 91.

[226] Vgl. Westermann (1976), 352; Ruppert (1992), 156.

[227] Vgl. Jacob (1934), 116ff; Ruppert (1992), 156; Seebass (1996), 124ff.

Hintergrund dieser formalen Unterschiede ist darüber diskutiert worden, ob der Spruch über die Frau als Strafspruch zu verstehen ist.[228] Jacob deutet die ‚Herrschaft' des Mannes über die Frau positiv als Fürsorge und wahrgenommene Verantwortung.[229] Die Mehrheit der Deutungen beruft sich auf die Logik der Erzählung, die eine Veränderung impliziert.[230] Vor dem Gegenhorizont eines idealen Ursprungs beschreiben alle Sprüche einen Zustand des Mangels.[231]

Schlange, Mann und Frau verbinden der Fluch und die unmittelbare Ansprache durch die שכינה. Im Midrasch rückt die einleitende Passage in Auslegung zu VV 14f die Schlange aber zusätzlich nahe an die beiden menschlichen Protagonisten heran. Durch die eingangs aufgemachte Parallele zwischen der Verleumdung Gottes resp. des ersten Menschen durch die Schlange und die Verleumdung Israels durch Angehörige Israels, wird das Bild der Schlange auf Menschen hin durchsichtig und verweist der Mensch auf Israel. Nacheinander legt der Midrasch die Sprüche über Schlange, Frau und Mann aus. In einer langen Kette von Protagonisten der erinnerten Geschichte Israels, die – gleich der Schlange – verlieren, was sie haben, weil sie nach etwas streben, das ihnen nicht zukommt, begegnet zum ersten Mal Kain. In keinem der genannten Beispiele führt der Midrasch das Ziel des Strebens oder den Gegenstand des Verlustes auf. Im Argumentationszusammenhang des Midrasch wird Kain als einer eingeführt, der die ihm gesetzte Grenze überschreitet. Weder das Ziel des Strebens Kains noch die Grenzüberschreitung wird durch den Midrasch expliziert.[232]

Schlange, Mann und Frau überschreiten in der Wahrnehmung des Midrasch die ihrer Verfügungsgewalt im Gebot gesetzte Grenze. Für den Midrasch verweist diese Grenzüberschreitung auf andere Grenzüberschreitungen, die die Verfügungsgewalt über etwas oder einen anderen betreffen. In den Bereichen der Sexualität, zwischenmenschlicher Beziehungen und des Nahrungserwerbs betreffen diese Grenzüberschreitungen Grundbedingungen menschlichen Lebens. Der Midrasch interpretiert die Strafsprüche in einer Weise, in der sie einerseits Ausdruck der veränderten Verhältnisse in allen diesen Bereichen sind, sie andererseits die Folgen der Grenzüberschreitungen aber auch ihrerseits schon wieder beschränken. Teil der Auslegung des Strafspruches über die Frau ist ein an Gen 3,16a anknüpfendes Traditionsstück, das die Kaingestalt berührt. Im unmittelbaren Anschluss steht eine Auslegung zu Gen 3,16b, die der Herrschaft des Mannes über die Frau eine Grenze setzt. In der Auslegung zu V 19, in der der endgültige Tod und das unumkehrbare Ende des Daseins des Menschen auf die Auferstehung hin durchsichtig werden,

---

228 Vgl. Jacob (1934), 116. Vgl. im Anschluss an Jacob auch Janowski (2003), 276.

229 Vgl. Jacob (1934), 116.

230 Trotz der auch von ihm bemerkten formalen Unterschiede stellt etwa für Seebass (1996), 126, anders als für Jacob, nach der Logik der Erzählung auch der Spruch über die Frau eine Änderung der bis dahin geltenden Schöpfungsordnung dar. Er geht davon aus, dass der Spruch die Wirklichkeit im Kontext der Handlung verändert.

231 Zum Spruch über die Frau vgl. Westermann (1976), 356f; Ruppert (1992), 160.161; Soggin (1997), 92. Vgl. Trible (1978), 160; Keel (1992), 232; Müller (1992), 77; Soggin (1997), 91; Frettlöh (2002), 18. Vgl. Zakovitch (2004), 256, der die konträre Wertung von Hld 7,11 und Gen 3,16 durch die Vertreibung aus dem Paradies vs. den intertextuellen Verweis auf den Garten Eden durch das Hld abgestützt sieht.

232 Dass eine Füllung der Leerstellen durch die Beachtung Kains durch Gott (Gegenstand des Verlangens) und den Brudernord (Grenzüberschreitung) nicht zwingend sind, zeigen Midraschim, die den unerfüllten Wunsch Kains, wie in Tan und TanB בהר, Tan משפטים und ExR 31 im Erbe der Welt näher bestimmen, und solche, die, wie NumR 9 das eigentliche Vergehen Kains mit der unangemessenen Antwort Kains gegenüber Gott identifizieren.

kündigt sich eine Hoffnungsperspektive an. V 20 ist abschließender Kommentar und anschauliches Beispiel der problematisch gewordenen Beziehung von Mann und Frau, in der beider Wünsche nicht mehr in Erfüllung gehen.

Themenschwerpunkte

Die Strafsprüche sind Ausdruck der in Folge der Überschreitung der der menschlichen Verfügungsgewalt gesetzten Grenzen veränderten Verhältnisse. Gleichzeitig ordnen sie die Beziehungskontexte des Menschen, der das erste Gebot übertreten hat, unter diesen Bedingungen neu. Zentrales Motiv ist das Verlangen. Das Verlangen der Schlange und des bösen Triebes stören die Schöpfungsordnung. Das Verlangen des Menschen nach dem anderen Menschen ist in all seiner Ambivalenz Ausdruck der gestörten Ordnung. Im Verlangen Gottes nach Israel verweist aber die in Unordnung geratene Schöpfung schon über sich hinaus auf die kommende Welt.

3.3.2 Das Traditionsstück: Vom Verlangen

Übersetzung

Siehe Anhang.

3.3.2.1 Analyse

Der Midrasch verknüpft Gen 3,16 mit Gen 4,7, Ps 65,10 und Hld 7,11. Innerhalb der hebräischen Bibel haben nur Gen 3,16; 4,7 und Hld 7,11 תשוקה.[233] Ps 65,10 hat nicht תשוקה, sondern eine Form des Verbes des gleichen Stammes.

Mit jedem dieser Zitate belegt der Midrasch ein Verlangen. Mit Gen 3,16 belegt der Midrasch das Verlangen der Frau nach dem Mann.[234] Nach Gen 3,16 ist das Subjekt des Verlangens die Frau. Auf das Verlangen der Frau antwortet die Herrschaft des Mannes. Mit Gen 4,7 belegt der Midrasch das Verlangen des bösen Triebes nach Kain. Subjekt des Verlangens nach Kain ist, der gängigsten Lesart nach, die חטאת. In der Paraphrase des Midrasch ersetzt und präzisiert יצר הרע das grammatisch schwierige לפתח חטאת רבץ.[235] Entsprechend der Deutung des Midrasch ist der böse Trieb Subjekt der תשוקה nach Kain. Mit Ps 65,10 belegt der Midrasch das Verlangen des Regens nach der Erde. Nach Ps 65,10[236] angesprochen und Subjekt von שוק ist im Kontext des Ps nicht der Regen, sondern Gott, der vermittels des Regens handelt. In der Deutung des Midrasch ermöglicht das Verlangen des Regens nach der Erde Leben auf ihr. Hld 7,11 belegt das Verlangen Gottes nach dem Land (ארץ). In Hld 7,11 spricht die Geliebte über ihren Geliebten. Subjekt des Verlangens ist das männliche Gegenüber der Sprecherin. Das dem zitierten Versteil unmittelbar vorausgehende אני לדודי sorgt für Rezi-

---

233 Vgl. Statistik BibleWorks.

234 Über die Verwendung von בעל statt איש deuten ע ו ח א כ י die Beziehung zwischen Mann und Frau Gen 3 vereindeutigend als Ehe. Zusätzlich wird das Herrschaftsmoment eingetragen.

235 Vgl. das Kapitel zu Gen 4.

236 VV 1–5 richten sich in Form eines Gebetes an Gott, der auf dem Zion wohnt, und formuliert verschiedene liturgische Vollzüge, VV 6–9 beschreibt das Wirken des Zionsgottes in der Schöpfung, VV 10–14 fokussiert auf Gott als den Regenspender. Vgl. Hossfeld/Zenger (2000), 214f. Der Hymnus VV 6–14 ist als ein solcher liturgischer Vollzug vorstellbar. Vgl. Seybold (1996), 253. In diesem Fall läge auch dem Zitat von Ps 65,10 Reziprozität zu Grunde. Der Midrasch spricht vom sorgenden Verlangen Gottes nach seiner Schöpfung im Zitat eines sich an diesen Gott richtenden Gebetes.

prozität bereits innerhalb von Hld 7,11.[237] Das Verlangen, das Hld 7,11 zum Ausdruck bringt, ist im Moment der Rede der Frau noch nicht erfüllt. Ein Lied geht voraus und folgt, das von der Erfüllung des Verlangens jeweils im Modus des Wunsches oder des Versprechens spricht.[238]

Unter der Voraussetzung, dass die תשוקה in Gen 4,7 und die Herrschaft in Gen 3,16 negativ konnotiert sind, stehen beide Texte im Zusammenhang der Beschreibung gestörter zwischenmenschlicher Wirklichkeit.

Das einseitige Verlangen der Frau nach ihrem Mann nach Gen 3,16 geht dem Verlangen des bösen Triebes nach Kain, dem dieser widerstehen soll, aber nicht widerstehen wird, insofern parallel, als beide Symptome der aus der guten Ordnung geratenen Schöpfung sind. Positiv konnotiert, aber (noch) uneingelöst, ist sowohl das Verlangen des Regens nach der ארץ als auch das auf Gott und Israel hin gedeutete Verlangen des Mannes nach der Frau im Hld. Gemeinsam ist Hld 7,11 und Gen 3,16 im biblischen Textzusammenhang die Beschreibung eines Verhältnisses zwischen den Geschlechtern. Die Perspektive ist komplementär. Ist Subjekt des Verlangens in Gen 3,16 die Frau und reagiert auf ihr Verlangen die Herrschaft des Mannes, ist Subjekt des Verlangens in Hld 7,11 der Mann. Ist das Verhältnis von Mann und Frau nach Gen 3,16 von Einseitigkeit geprägt, ist es schon innerhalb des Hld-Textes wechselseitig. Von Herrschaft ist in Hld 7,11 keine Rede.[239] Hld 7,11 ist auf Gen 3,16 als seinen Gegenhorizont rückbeziehbar.[240]

Innerhalb des Midrasch entfaltet und deutet das vierte Beispiel das dritte. Die Bedeutungsvarianz von ארץ in Ps 65 reicht von ‚Erde', eine Bedeutung, die von den Schöpfungsmotiven im Ps aufgegriffen wird, zum ‚Land' Israel, auf das Tempel und Zion auch innerhalb des Ps verweisen. Das Land ist auf Gottes Leben spendendes Verlangen ihm gegenüber – den Regen – angewiesen. Das ‚Verlangen' Gottes wird mit der Leben sichernden ‚Sorge' Gottes gleichgesetzt.[241] Der Uneingelöstheit des Verlangens Gottes nach Israel entspricht das Verlangen Gottes nach der ארץ.

Der Haltung Gottes gegenüber Israel entspricht komplementär die Haltung Israels gegenüber Gott, die im Gebet des Schma' zum Ausdruck kommt. Die Schwachheit Israels wird dem täglichen Gebet des Schma' gegenübergestellt und mit ihm konfrontiert. Im Gebet des שמע kommt das – uneingelöste – Verlangen Israels zum Ausdruck. „Obwohl wir schwach sind, hoffen wir und warten wir auf

---

[237] Vgl. Keel (1992), 232f; Müller (1992), 77; Murphy (1994), 187; Zakovitch (2004), 256; Longman (2006), 198.

[238] Hld 7,8–10 ist im Dialog zwischen Mann und Frau Rede des Mannes. Vgl. Keel (1992), 221–232; Murphy (1994), 185; Müller (1992), 76f; Longman (2001), 198f; Zakovitch (2004), 191. Mit V 10a, spätestens aber mit V 11 wechselt auf der Ebene des biblischen Textzusammenhangs der Sprecher. V 10b „der meinem Geliebten (לדודי) glatt eingeht", legt wegen לדודי eine Rede der Sprecherin nahe. Während Murphy (1994), 180.183 und Zakovitch (2004), 253 den Sprecherwechsel entsprechend bereits nach V 10a vollziehen, erkennen Keel (1992), 221.232, Müller (1992), 75 und Longman (2006), 191, einen Sprecherwechsel erst mit V 11. Während Keel (1992), 221.232, in V 10b anstelle von ‚Freund', ‚Freundschaft' liest, nehmen Müller (1992), 75 und Longman (2006), 191, Textverderbnis an. Der Midrasch lässt das problematische Versdrittel aus. Mit VV 12–14 wechselt auf der Ebene des biblischen Textes der Adressat. Spricht die Geliebte in V 11 über ihren Geliebten, ist er in VV 12–14 ihr Gegenüber.

[239] Ein Unterschied zwischen Einseitigkeit (nach Gen 3,16) und Komplementarität des Verhältnisses (nach Hld 7,11) besteht unabhängig von positiven oder negativen Konnotationen von משל in Gen 3,16.

[240] Vgl. Müller (1992), 77; Keel (1992), 232; Zakovitch (2004), 256.

[241] Vgl. Zenger (2002), 385.

die Rettung des Heiligen, gepriesen sei er, an jedem Tag und Tag, und wir rufen seinen Namen zweimal an und sagen: Höre Israel, JHWH unser Gott, JHWH ist einer." Diese auf das שמע ישראל Bezug nehmende Deutung und damit das in der Haltung Israels zum Ausdruck kommende komplementäre Moment fehlt in einer größeren Gruppe von Handschriften (פ ו א ג כ ר י).

Wie das uneingelöste Verlangen der Frau nach ihrem Mann und das Verlangen des bösen Triebes nach Kain gehört aber auch das Leben ermöglichende Verlangen des Schöpfers nach der Schöpfung und Gottes nach Israel einerseits und das Verlangen Israels, das im täglichen שמע zum Ausdruck kommt und auf das Verlangen Gottes antwortet, andererseits zur korrumpierten Schöpfung. Die korrumpierte Schöpfung trägt den Ansatz zu ihrer Überwindung damit im Kern bereits in sich.

3.3.2.2 Kain und Abel im Kontext des Traditionsstücks

Der Midrasch spielt die Erzählung von Kain und Abel über das Gen 4,7 entnommene Stichwort תשוקה ein. Unter formalen Gesichtspunkten steht das Verlangen des bösen Triebes nach Kain in Analogie zum Verlangen der Frau nach dem Mann, des Regens nach der Erde und Gottes nach Israel. Das Verlangen des bösen Triebes nach Kain ist Teil einer Beschreibung der korrumpierten Welt und einer über Kain hinausreichenden menschlichen Wirklichkeit. Dass das Verlangen des bösen Triebes eine über Kain hinausreichende menschliche Wirklichkeit beschreibt, unterstreicht der Midrasch durch seine Rede von Kain und seinen חביריו. Das Verlangen Gottes nach Israel und Israels nach Gott ist im Kontext des Traditionsstücks nicht so sehr Gegenhorizont zum Verlangen des bösen Triebes nach Kain, als selbst Teil der gestörten Schöpfungsordnung. Im Kern trägt dieser Gegenhorizont deshalb bereits die Hoffnung auf Überwindung in sich. Als Repräsentant allgemeinmenschlicher Wirklichkeit ist Kain Identifikationsfigur.

3.3.3 Kain und Abel im Textzusammenhang

Im größeren Kontext des Midrasch ist das Verlangen des bösen Triebes nach Kain Symptom der aus der guten Ordnung geratenen Schöpfung. Indem gleich zu Anfang der Sinneinheit nicht eine Unterscheidung zwischen Israel und einem Außerhalb Israels, sondern zwischen Israel und den Frevlern aus Israel gezogen wird, steht im größeren Kontext später auch Kain nicht in Opposition zu Israel.

3.4 GenR 21

3.4.1 Der Kontext

Auf die sogenannten ‚Strafsprüche' (Gen 3,14–19) folgt nach V 20 eine Handlung des Mannes, die sich auf den Inhalt des Strafspruches an die Frau, in V 21 eine Handlung Gottes, die sich auf Nacktheit und Scham des Menschen nach V 7 zurückbeziehen, sich aber noch im Garten verorten. VV 22–24 begründet die Notwendigkeit der Vertreibung aus dem Garten und erzählt von ihr. Mit Gen 4,1 beginnt mit der Erzählung von Kain und Abel eine neue Sinneinheit an einem anderen Ort und mit neuen Protagonisten. Die Interpretation der VV 22–24 in GenR 21 verbindet das zentrale Motiv des Seins des Menschen wie Gott.

Gen 3,22		
	Dan 8,13 ⇔ Gen 3,18	Der erste Mensch steht über den Dienstengeln – Vertreibung des Menschen für die Dauer der Weltzeit
	Spr 24,30f ⇔ Gen 3,18	Identifikation Adams/Edens und des Weinbergs des Faulen
	Ijob 20,6 / Ps 139,5 ⇔ Gen 3,22	Erniedrigung und Vertreibung des Menschen
	Ijob 14,20	Vertreibung des Menschen aus Eden für die Dauer der Weltzeit
	[zusammenfassende Auslegung]	
	Adam flieht (vor Gott o. dem göttlichen Befehl) wie **Jona**	
	Wie **Elija** nicht starb, hätte Adam nicht sterben sollen	
	Adam ist einer bis ihm die צלע zur Erkenntnis von Gut und Böse entnommen wird – (ועתה: Eröffnung der Möglichkeit der Umkehr)	
Gen 3,23		
	Vertreibung und Tod des Menschen nur für diese Welt (Maß des Rechts ⇔ Maß des Erbarmens)	
	Adam verstößt in der ersten Stunde gegen das Gebot, nicht vom Baum zu essen, Israel hat die ersten drei Jahre im Land nicht von dessen Bäumen gegessen (Lev 19,23)	
Gen 3,24		
	Verbannung und Ermöglichung der Umkehr (Maß des Rechts ⇔ Maß des Erbarmens)	
	Verweis auf die Zerstörung des Tempels – Identifikation des Gartens Eden mit dem Tempel	
Gen 3,24		
	Flucht nach Osten (Gen 4 / Dtn 4,41)	
	Erschaffung der Engel vor der Erschaffung des Garten Eden / Identifikation der Cheruben mit dem doppelseitigen Schwert	
	Erschaffung der Gehenna vor der Erschaffung des Garten Eden	
	Das doppelseitige Schwert hängt als doppelte Bedrohung über dem Menschen	
	Das doppelseitige Schwert = Beschneidung	
	Das doppelseitige Schwert = Tora	
	Als Adam seine Nachkommen in der Gehenna sieht, enthält er sich des Geschlechtsverkehrs, als er Israel die Tora empfangen sieht, nimmt er den Geschlechtsverkehr wieder auf.	

Die Rede der Schlange (V 5), nach der der Mensch, wenn er vom Baum der Erkenntnis gegessen habe, Gut und Böse unterscheiden und כאלהים sein werde, wird durch die Gottesrede (V 22) bestätigt. Die Vertreibung des Menschen nach Gen 3,23 schließt an die Befürchtung, der Mensch, der vom Baum der Erkenntnis gegessen hat, könne nun auch vom Baum des Lebens essen, unmittelbar an. Nach Gen 3,24 bewachen die Cherubim und die Flamme des doppelzüngigen Schwertes den Weg zum Baum des Lebens.[242] Die Vertreibung aus dem Garten hat ihre Spitze darin, dass der Mensch, der vom Baum der Erkenntnis gegessen hat, vom Baum des Lebens *nun* weder essen darf noch kann.[243]

---

242 Vgl. Westermann (1976), 374; Seebass (2007), 120f.

243 Vgl. Jacob (1934), 128; Westermann (1976), 325.370; Soggin (1997), 79; Seebass (2007), 131. Nach Westermann (1976), 327 wird in der Vertreibung aus dem Garten die Ambivalenz des Wissens um Gut und Böse deutlich, das Dasein steigern und Dasein gefährden kann. Nach Seebass (2007), 132 geht es nicht um die Sterblichkeit, sondern um das Wissen um die Sterblichkeit. Dem Menschen wird erst nach dem Essen vom Baum der Erkenntnis die Möglichkeit des Todes bewusst. In ähnlicher

Anders als die moderne Exegese liest GenR 21 das האדם היה כאחד ממנו in Auslegung von Dan 8,13, Ijob 20,6 und Ijob 14,20 als Beschreibung des Zustandes des Menschen vor Gen 3. היה כאחד ממנו meint einen Zustand, den der Mensch mit der Übertretung des an ihn ergangenen Gebotes, vom Baum in der Mitte des Gartens nicht zu essen, und der Vertreibung aus dem Garten verliert.[244] Die Auslegung des Midrasch zu Gen 3,22 schließt mit einer Auslegung, nach der Adam bis zur Entnahme der צלע, die der Midrasch unmittelbar mit dem Erwerb der Erkenntnis von Gut und Böse verbindet, einer (אחד), also vollständig war.[245]

Ausgehend von der Vertreibung aus dem Garten Eden werden Linien in die erinnerte Geschichte Israels ausgezogen. Nachdem die Vertreibung Adams (GenR zu Gen 3,22) mit der Zerstörung des Tempels parallelisiert wurde,[246] wird sie (GenR zu Gen 3,23) dem Einzug Israels in das Land Israel gegenübergestellt. Während die Missachtung eines Gebotes mit der Vertreibung des ersten Menschen aus dem Garten einhergeht, verbindet der Midrasch den Einzug Israels ins Land mit der Einhaltung eines Gebotes.[247]

Ambivalent sind die Deutung des מקדם לגן עדן (Gen 3,24) als Aufenthaltsort des Menschen nach seiner Vertreibung und die Deutung des den Baum des Lebens bewachenden zweischneidigen Schwertes. Entsprechend der Auslegung von Gen 4,16 und Dtn 4,41 ist der Ort der Vertreibung zugleich Zufluchtsort. Das zweischneidige Schwert hält den Menschen vom Garten als dem Ort ursprünglicher Gottesähnlichkeit fern, repräsentiert aber gleichzeitig mit Tora und Beschneidung zwei für Israel konstitutive Momente. Durch die Parasche zieht sich das Motiv vom Maß des Erbarmens, das dem Maß des Rechts korrigierend zur Seite gestellt wird.

Themenschwerpunkte

Bis zur Übertretung des an ihn ergangenen Gebotes vom Baum der Erkenntnis nicht zu essen, ist der erste Mensch wie Gott. Auch nach seiner Vertreibung aus dem Garten bleibt er jedoch in aller Ambivalenz an ihn gebunden. Was den Menschen an den Garten bindet, verweist auf Israel, dessen Aufenthaltsort und religiöses Zentrum mit dem Garten selbst identifiziert wird.

3.4.2 Das Traditionsstück: Flucht nach Osten

Übersetzung

„Von Osten." Rab sagte: Überall wird ein Ostwind wahrgenommen. Der erste Mensch: „Und er schickte den Menschen fort und er ließ sich östlich des Gartens Eden nieder" (Gen 3,24). Kain. „Und Kain ging hinaus, fort vom Angesicht JHWHs, und er wohnte

Weise geht Jacob (1934), 127 davon aus, dass der Mensch erst, als er um seine Sterblichkeit weiß, ein Bedürfnis hat, vom Baum des Lebens zu essen.

244 In seinen Auslegungen variiert der Midrasch den Vergleichspunkt. Manchmal bezieht כאחד ממנו sich auf Gott, einmal auf die Engel des Dienstes.

245 Alle Auslegungen zu כאחד ממנו (V 22), ob es auf Gott selbst oder auf den göttlichen Hofstaat bezogen wird, ob אחד Gott oder ob es den Menschen in seiner ursprünglichen Vollkommenheit meint, treffen sich darin, dass sie den neuen Zustand des Menschen als defizitär beschreiben. Er bemisst sich an der verlorenen Gottesnähe.

246 Wenn die Zerstörung des Tempels auch auf das Exil verweist, wird es hier nicht explizit erwähnt. Es geht um die Gegenwart Gottes.

247 In beiden Fällen geht es um das Verbot, von den Früchten eines Baumes zu essen. Der Midrasch präsentiert Lev 19,23 als Steigerung von Gen 3. Israel hat von den neugepflanzten Bäumen drei Jahre lang nicht gegessen.

im Land Nod, östlich von Eden“ (Gen 4,16). Ein Mörder. „Damals schied Mose drei Städte am Ufer des Jordan, zum Aufgang der Sonne, aus“ (Dtn 4,41).

3.4.2.1 Analyse

Das Traditionsstück parallelisiert über die Stichworte קדם und מזרח, die beide den Osten bezeichnen, die Verse Gen 3,24, 4,16, und Dtn 4,41.[248] Auch die Kontexte bieten Anknüpfungspunkte für ihre Verknüpfung. Über Gen 4,16 wird die Erzählung vom Brudermord und seinen Folgen eingespielt. Gen 3,24 und 4,16 im Kontext der Erzählung von Kain und Abel verbindet die Verknüpfung der Flucht nach Osten mit der Entfernung aus der unmittelbaren Nähe Gottes (Gen 3,24: aus dem Garten; Gen 4,16: vom Angesicht Gottes). Zwischen Gen 3,24 und Dtn 4,41 sind über das Stichwort ‚Osten‘ hinaus keine weiteren Berührungspunkte erkennbar. Gen 4,16 und Dtn 4,41 sind in ihrem Kontext außer über das gemeinsame Stichwort ‚Osten‘ und gegen Gen 3,24 auch über den gemeinsamen Tatbestand der Tötung eines Menschen miteinander verknüpft. Dtn 4,42 bezeichnet den רוצח[249] als einen, אשר ירצח בבלי ידעת und identifiziert ihn mit einem Totschläger. In Gen 4,16 und Dtn 4,41 werden die Möglichkeiten eines Lebens in menschlicher Gemeinschaft für den Mörder oder Totschläger drastisch eingeschränkt. Dass sie überhaupt noch gegeben sind, verdankt sich eines göttlich motivierten Eingriffes, entsprechend dem Kontext von Gen 4,16 dem Eingreifen Gottes, nach Dtn 4,41 in seinem Kontext einem Gebot der Tora. Das Leben ermöglichende Eingreifen Gottes manifestiert sich jedoch im Kontext von Gen 4,16, nimmt man den Text für sich, in der Setzung eines nicht näher charakterisierten Zeichens und nicht in der Flucht nach Osten.[250] Das Funktionieren der menschlichen Gemeinschaft wird ausweislich der sog. Strafsprüche von den Folgen der Übertretung des an ihn ergangenen Gebotes tangiert und beeinträchtigt.

3.4.3 Kain und Abel im Textzusammenhang

Die Erzählung von Kain und Abel wird über das Zitat der Ortsangabe ‚Osten‘ in Gen 4,16 eingespielt und mit der Ortsangabe in Gen 3,24 und Dtn 4,41 verknüpft. GenR 21 nimmt die Konsequenz des Brudermordes, in der gleichzeitig das Gottes-

---

[248] Im Hebräischen finden zwei unterschiedliche Bezeichnungen für den Osten Verwendung: קדם bzw. קדמה in Gen 3,24 und 4,16 und מזרח in Dtn 4,41. Vom רוצח, auf den das Zitat aus Dtn 4,41 sich ausweislich des Midrasch bezieht, ist erst im folgenden Vers die Rede. Dtn 4,41–43 bilden eine kurze in sich geschlossene Sinneinheit. Mose bestimmt drei Städte östlich des Jordan, in die ein Totschläger fliehen kann. Solange er sich innerhalb dieser Städte aufhält, ist er vor der Blutrache geschützt. Dtn 4,43 bringt die Namen der Städte, von denen V 41 spricht. Nach Christensen (1991), 97 trennt Dtn 4,41–43 die aus dem Munde Moses an Israel ergehende Ermahnung, die Gebote der Tora zu halten (4,1–40) von der Rekapitulation dieser Gebote (4,44–6,3). Dtn 4,41–43 hat nicht die Form eines Gebotes, sondern beschreibt eine Handlung des Mose, die es zum Zeitpunkt der Rede des Mose in Dtn zeitlich verankert (אז יבדיל משה). 4,44f setzt mit einer Überschrift neu ein: „Dies sind die Zeugnisse, die Ordnungen und die Rechtsbestimmungen, die Mose zu den Söhnen Israel redete, als sie aus Ägypten zogen …“

[249] רצח bezeichnet unterschiedslos Mörder und Totschläger. Vgl. Milgrom (1990), 290; Levine (2000), 555. In Num 35 bezeichnet רצח auch den Bluträcher, der vor dem Hintergrund des Rechtes tötet. Vgl. Levine (2000), 559. Im Bedarfsfall folgt, wie in Dtn 4,42, eine Näherbestimmung. Vgl. auch Num 35,11; Jos 20f.

[250] Vor dem Hintergrund der Parallelen in Gen 4,16 und Dtn 4,41 gewinnt das Vergehen des Menschen, das seine Vertreibung nach Osten zur Folge hat, die Qualität eines Totschlages. Tatsächlich ist mit der Vertreibung des ersten Menschen aus dem Garten seine Sterblichkeit verknüpft.

verhältnis des Brudermörders zum Ausdruck kommt, in den Blick. Es äußert sich in Distanz und Zuwendung Gottes. Das *Wohnen* im Osten ist als Folge und Ausdruck der schützenden Zuwendung Gottes, die sich im Kainszeichen ausdrückt, lesbar. Nach der Lesart des Midrasch wäre eine weitergehende Deutung, nach der das ‚Zeichen' mit der Zuflucht im Osten selbst gleichgesetzt wird, möglich.

Vor dem Hintergrund der Parallele zwischen Gen 4,16 und Dtn 4,41 scheint eine Lesart, nach der Kain nicht Mörder, sondern Totschläger ist, denkbar. Gegenstand der Auslegung ist Gen 3,24. Im größeren Kontext veranschaulicht auch Gen 4 das ambivalente Verhältnis des Menschen nach der Übertretung des Gebotes zu Gott. Damit stehen die Aspekte, die Gen 4,16 und Dtn 4,41 über ihre jeweilige Verbindung mit Gen 3,24 und das Motiv der Wendung nach Osten hinaus miteinander verbinden, nicht im Vordergrund. Kain ist Identifikationsfigur des intendierten Lesers aus Israel.

3.5 GenR 34

3.5.1. Der Kontext

Neuere Kommentare nehmen in den Schilderungen von den Ereignissen nach der Flut vergleichbare Sinnabschnitte wahr, die sie dann aber in unterschiedlichen übergeordneten Einheiten zusammenfassen. Gen 8,15–17 erzählt vom Auftrag Gottes, die Arche nach dem Ende der Sintflut zu verlassen, Gen 8,18f schildert den Auszug aus der Arche, Gen 8,20–22 Altarbau und Opfer Noahs und die Reaktion Gottes darauf. Gen 9,1 unterbricht die Gottesrede und setzt mit einer Handlungsschilderung (ויברך אלהים) und Redeeinleitung (ויאמר) neu ein. In 9,8 wird die Gottesrede durch eine weitere Redeeinleitung (ויאמר אלהים) unterbrochen. Eine deutliche Zäsur setzt Gen 9,18 mit dem Auftreten der Söhne Noahs.[251]

Innerhalb von GenR 34 lässt sich eine Passage, die Gen 8,15 – 9,2 auslegt, ausgliedern. Die einleitende Charakterisierung Noahs als Gerechten leitet zu GenR zu Gen 8,17–20 über einige beispielhafte Gebote über. Das Verbot, einen Menschen zu töten, mit dem GenR zu Gen 9,2 schließt, greift auf die unter GenR zu Gen 8,17–20 beispielhaft aufgeführten Gebote zurück.

---

251 Die exegetische Literatur fasst Unterabschnitte in unterschiedlicher Weise zusammen. Vgl. Westermann (1983), pass., (15–17.18f.20–22.1–7.8–17), der einen engen Zusammenhang zwischen 1–7 und 8–17 ausmacht, auf die er die Flutgeschichte insgesamt zulaufen sieht. Seebass (1996), pass., (8,13–19.20–22; 9,1–17) fasst das Ende der Flut und den Auftrag zum Verlassen der Arche zusammen. Jacob (1934), pass., unterscheidet Gottes Beschluss, keine Sintflut mehr hereinbrechen zu lassen, in unmittelbarer Folge auf den Auszug aus der Arche und aus Anlass des Opfers Noahs (8,15–22) vom Bundesschluss (9,1–7).

8,15f	Noah, der Gerechte (Interim Arche: keine Fortpflanzung)
8,17–20	Ordnung der Tiere → Ordnung der Tora (u.a.: Verbot des Genusses eines Lebendigen) / Opfer am Ort des Opfers des ersten Menschen und des Tempels in Jerusalem
8,21	Traditionsstück vom Opfer der Noahsöhne
	Verweis auf Hananja, Michael und Asarja; die Generation der Religionsverfolgung
	Die Frevler sind in der Gewalt ihres Herzens, die Gerechten haben Gewalt über ihr Herz
	Der böse Trieb
8,22	Der Bund Gottes mit den Söhnen Noahs gilt bis zum Ende der Welt
	Mit der Sintflut beginnt der Lauf der Planeten
9,1	Auftrag zur Vermehrung im Verdienst der Opfer
9,2	Die Furcht der Tiere vor dem Menschen besteht, solange er lebt – die Herrschaft des Menschen über das Tier kehrt mit David zurück
	Verbot des Genusses eines Lebendigen / des Selbstmords (→Verweis auf Hananja, Michael und Asarja)

Auf das Ende der Flut und den Auftrag, die Arche zu verlassen, folgt das erste Opfer Noahs und als Reaktion Gottes darauf das Versprechen, nie wieder eine ähnliche alles Leben zerstörende Katastrophe um des Menschen (אדם) willen über die Erde (אדמה) hereinbrechen zu lassen, solange die Erde (ארץ) besteht.[252] Das Opfer Noahs ist ein Dankopfer aus gegebenem Anlass.[253] Anders als die Gottesrede in 8,21f ist die Gottesrede in 9,1–7.8ff an das Opfer nicht mehr explizit zurückgebunden. Die Furcht der Tiere vor dem Menschen und die Erlaubnis des Genusses von Fleisch stehen im Kontext der Gewalt, die die Schöpfung nach der Flut bestimmt.[254] Töten ist nun erlaubt, unterliegt aber zweierlei Einschränkungen. Das Blut des getöteten Tieres darf nicht genossen werden.[255] Die Tötung eines Menschen bleibt ein Tabu.

Ereignisfolgen, die moderne Exegese vordergründig miteinander verbunden sieht, weisen für den Midrasch über sich hinaus und stehen innerhalb eines übergeordneten Bezugssystems miteinander in Beziehung. Eine einleitende längere Auslegung zu Gen 9,15f qualifiziert Noah als Gerechten. Die letzte Peticha dieser Auslegung leitet zu GenR zu Gen 8,17 und dem Thema der ‚Fortpflanzung' über. Indem GenR zu Gen 8,17 die Zahl der Tiere mit Geboten der Tora verbindet, knüpft es an die Schilderung Noahs als Gerechten an und führt es in die Opferthematik ein. Der Midrasch begründet die Fortsetzung des Lebens nach der Flut mit den Opfern und der Einhaltung der Tora. Gott weiß um den bösen Trieb des Menschen auch

---

252 Vgl. Westermann (1983), 617. Nicht die ארץ, aber die אדמה ist von der Zerstörung durch die Sintflut betroffen. Vgl. Seebass (2007), 237 und die dort zitierten Belege. Und: „Der Ausdruck […] schließt die Möglichkeit ein, dass sie nicht ewig existieren wird, dass es zur Freiheit JHWHs gehört, ihren Bestand weiter zu garantieren oder auch nicht." Vgl. Soggin (1997), 148. Vgl. auch Westermann (1983), 613.

253 Vgl. die zusammenfassende Darstellung bei Westermann (1983), 60f. Für Westermann steht dieses Opfer als Grundtypus im Gegensatz zu einem regelmäßig dargebrachten Opfer, für das die Opfer Kains und Abels stehen. Vgl. Westermann (1983), 607f.

254 Das ‚realistischere' Bild einer gewaltbestimmten Welt fordert und legitimiert ihre Herrschaft durch ein zu verantwortendes Maß an Gewalt. Vgl. Baumgart (1999), 365ff; Seebass (2007), 223.238.

255 בידכם נתנו impliziert auch einen gewaltsamen Aspekt, der in der Furcht der Tiere und der Erlaubnis zur Tötung einen Anhalt findet. Vgl. Westermann (1983), 619f.

nach der Flut. Vor diesem Hintergrund beschreibt GenR zu V 22 den Bund[256] zwischen Gott und den Kindern Noahs, der im Wechsel von Gewinn und Verlust, Leben und Tod, Heil und Unheil in all seiner Ambivalenz bis zum Ende der Welt besteht.[257] Unter dem Vorzeichen dieses Bundes steht die Aufforderung zur Vermehrung nach GenR zu Gen 9,1 einer- und das Tötungsverbot, zu dem GenR zu Gen 9,2 überleitet, andererseits. Das Verbot einen Menschen zu töten, greift auf die unter GenR zu Gen 8,17–20 beispielhaft aufgeführten Gebote zurück.

Indem Noah nur von den reinen Tieren opfert, hält er die Gebote der Tora.[258] Anders als in der Mehrzahl moderner Auslegungen steht nicht das Besondere des Opfers nach der Flut im Zentrum, sondern weist das Opfer längst über sich hinaus. Das erste Opfer nach der Flut findet am Ort des Opfers des ersten Menschen und am Ort des Tempelopfers statt. Indem es auf die Jünglinge im Feuerofen und die Generation der Religionsverfolgung verweist, wird das Opfer in die (Vor-)Geschichte Israels integriert. Der Auftrag zur Vermehrung, Voraussetzung für das Leben nach der Flut, steht ausdrücklich im Verdienst des Opfers. Es steht pars pro toto für die Erfüllung der Tora (auch vor der Gabe der Tora).[259] Aus der Perspektive des Midrasch ist die Geschichte Noahs Teil der Vorgeschichte Israels. Unter den an die Nachkommen Noahs ergehenden Geboten, wie der Midrasch sie dem biblischen Text entnimmt und interpretiert, sind solche, die nur Israel gelten.[260]

Wesentliche zeitliche Bezugspunkte in einem übergeordneten zeitlichen Bezugssystem sind die Sintflut, das Ende der Sintflut und das Ende der Welt. Die Zeit der Sintflut ist eine Zwischenzeit.[261] Mit dem Ende der Sintflut und dem sich unmittelbar anschließenden Opfer Noahs beginnt der Lauf der Geschichte neu.[262] Der Bund Gottes mit den Söhnen Noahs dauert bis zum Ende der Welt. Zwischen der Geschichte Israels und der Geschichte der Welt, soweit sie Israel nicht betrifft, gibt es keine Zäsur.

Themenschwerpunkte

GenR 34 zeichnet ein Bild der Welt nach der Flut zwischen Leben ermöglichender Beachtung der Tora und der ständigen Gefährdung der Welt durch die Nichtbefolgung der Tora.

---

256 Die biblische Textgrundlage spricht vom ‚Bund' erst in V 9. Westermann (1983), 617 ordnet vor diesem Hintergrund erst VV 8–17 dem Bund zu. Vgl. auch Jacob (1934), 241.

257 Im Midrasch scheint das Ende der Welt – mit dem hier nicht explizit genannten Einbruch der kommenden Welt – positiv konnotiert.

258 Die Notwendigkeit des Opfers (V 20) ergibt sich für den Midrasch (und für Noah innerhalb des Midrasch) unmittelbar aus der Zahl der auf Gottesgeheiß in der Arche geretteten Tiere. Zum Zusammenhang von Opfertauglichkeit und Anzahl der Tiere vgl. Soggin (1997), 147.

259 Im Gegensatz dazu gilt Noah Jacob (1934), 249 als Vertreter allgemein menschlicher Frömmigkeit.

260 Vgl. das Verbot der Vermischung. Das Verbot des Blutgenusses wird als Verbot des Genusses von Lebendigem interpretiert. Vgl. Westermann (1983), 628. Gegen Millard (1999), 5 ist nicht einzusehen, warum Gebote, die an die Erzväter ergehen, diese zu Vorgängern des Mose als des Mittlers der Tora machen, Noah, wo er in gleicher Weise gezeichnet wird, von dieser Rolle aber ausgenommen ist. Mindestens für GenR gilt, dass Noah in die Vorgeschichte Israels integriert wird.

261 Die Fortpflanzung und die sichtbare Bewegung der Planeten setzen für die Dauer der Sintflut aus. Nach dem Mehrheitstext von GenR zu Gen 8,22 sind die Planetenbewegungen während der Flut nicht sichtbar. Die Passage scheint in einigen Versionen korrumpiert. ₁א ist derart lesbar, dass die Bewegung der Planeten tatsächlich aussetzt. Diese Version unterstreicht dann den Neuanfang.

262 V 22 wird auf die Abfolge der Jahreszeiten hin gedeutet. In ganz ähnlicher Weise Raschi, Baba mez. 106b. Vgl. Jacob (1934), 228. In vergleichbarer Weise bezieht Westermann (1983), 614 die vier Wortpaare auf die Grundrhythmen des Jahres und des Tages.

3.5.2 Das Traditionsstück: Das Opfer der Noahsöhne

Übersetzung

Siehe Anhang.

3.5.2.1 Analyse

Unterschiede zu GenR 22 ergeben sich aus dem veränderten Kontext.[263] Der Kontext der Parasche identifiziert das Opfer der Kinder Noahs innerhalb des Traditionsstücks, von dem die Bibel nichts zu berichten weiß, mit dem Opfer Noahs nach Gen 8,20. Vom größeren Kontext der Parasche wird die Opposition zwischen den Kindern Noahs als Vertretern der Völker und den jungen Männern Israels als den Vertretern Israels nicht aufgegriffen. Eine über eine zeitliche Unterscheidung vor und nach der Gabe der Tora hinausgehende Unterscheidung, die sich an der Zugehörigkeit der Protagonisten zu Israel entscheidet, gibt es nicht.[264] Innerhalb des Traditionsstücks ist nicht die Sintflut, sondern die Gabe der Tora die entscheidende zeitliche Zäsur innerhalb des Konzeptes erinnerter Geschichte. Das Konzept erinnerter Geschichte des Traditionsstücks stellt damit ein Korrektiv des vom Kontext konstruierten Bildes erinnerter Geschichte dar.

Das Opfer des ersten Menschen und Noahs am Ort des späteren Tempels, die an Noah ergangenen spezifisch Israel geltenden Gebote weisen auf die Gabe der Tora voraus. Es bleibt ein Vorbehalt. Noch opfern Menschen עולות.[265]

3.5.3 Kain und Abel im Textzusammenhang

Die Erzählung von Kain und Abel wird über das Zitat von Gen 4,4 und das Opfer Abels eingespielt. Innerhalb des Traditionsstücks repräsentiert das Opfer Abels mit den parallel eingeführten Beispielen eine Zeit vor der Gabe der Tora. Zwar ist die Figur Abels durch den im Kontext so zentralen zeitlichen Einschnitt der Sintflut von Noah wie Israel getrennt. Indem sich die Qualität seines Opfers von dem des Noah nicht unterscheidet, stellt das Traditionsstück gegen diesen Bruch der Sintflut Kontinuität her. Wenn im Kontext nicht nur das Opfer Noahs, sondern das Opfer überhaupt verdienstvoll ist, stellt die Erzählung um das Opfer Abels eine Provokation dar. Das Opfer Abels endet mit seinem Tod und zerstörter Gemeinschaft. Diese Verortung wird durch die Verortung des Opfers vor der Sintflut ein Stück zurückgenommen. Wie das Opfer Noahs nach der Flut ist auch das Opfer Abels im größeren Kontext von GenR Teil der Vorgeschichte Israels.

---

263 א1 und פ sind offensichtlich korrumpiert.

264 Konsequenterweise ist mit Blick auf Jitro, wie in GenR 22, HldR zu Hld 4,16 – 5,1, NumR 13 und PesR 5, von seinem Kommen, nicht, wie in LevR 9, von seiner Konversion vor oder nach der Gabe der Tora die Rede.

265 In ähnlicher Weise tritt die Herrschaft des Menschen über die Tiere erst im Zuge der Herrschaft Davids wieder in Kraft. Indem ל innerhalb der Rede Rabbi Chaninas die Opfer der Kinder Noahs negativ nicht als Friedensopfer beschreibt, hebt sie die שלמים als entscheidende Bezugsgröße stärker hervor.

3.6 GenR 36

3.6.1 Der Kontext

In Gen 9,18 markiert der Auftritt der Söhne Noahs einen Neueinsatz. Gen 9,18–27, die Erzählung von der Trunkenheit Noahs und dem Vergehen seines jüngsten Sohnes gegen ihn, kulminiert in Segen und Fluch Noahs über seine Söhne resp. deren Nachkommen (Gen 9,25ff). Gen 9,28f berichtet vom Tod Noahs. Gen 10,1 setzt mit ואלה תולדת neu ein.[266]

GenR 35 handelt vom Bundeszeichen des Bogens (Gen 9,16f). GenR 36 beginnt und endet mit den Söhnen Noahs. GenR 36 zu Gen 9,26 leitet bereits zur Auslegung der sog. Völkertafel Gen 10 in GenR 37 über, die die Söhne Noahs und deren Nachkommen mit bestimmten Völkern und Gruppen in Verbindung bringt.

- VV 18f
  - Noah – die Generation der Flut (→ Völker)
  - Söhne Noahs – die Völker nach der Flut
- V 20
  - Noah beginnt (=profaniert sich) mit dem Ackerbau
    - Noah bringt Wein in die Arche
    - Drei begeistern sich für den Ackerboden und haben Schaden davon
    - Noah gibt dem Ackerboden ein Gesicht
    - Noah, der Gerechte, wird durch Noah, den Ackerbauern, relativiert
    - Die Gefahren des Weingenusses
- V 21
    - Der Weingenuss Noahs verantwortet das Exil / Die zehn Stämme gehen des Weingenusses wegen ins Exil
  - Der Weingenuss Noahs / die Verletzung durch einen Löwen hindert ihn am Geschlechtsverkehr
  - Ham hindert Noah am Geschlechtsverkehr
- V 21
  - Die Söhne Noahs – Ham, Vater Kanaans

Ham ‚sieht die Nacktheit' des wegen seiner Trunkenheit entblößt im Zelt liegenden Noah und berichtet seinen Brüdern davon. Die Brüder bedecken die Blöße des Vaters. Als Noah von den Geschehnissen Kenntnis nimmt, verflucht er in Kanaan einen Nachkommen Hams und segnet Sem und Japhet. In der Wahrnehmung der Exegese zielt die biblische Erzählung auf die unterschiedlichen Verhaltensweisen der Söhne Noahs[267] und die im abschließenden Spruch enthaltenen Aussagen über die Verhaltensweisen oder Gruppen, die sie, je nach Auslegung, repräsentieren.[268]

---

266 Die Gliederung ist in der exegetischen Fachliteratur unbestritten. Vgl. Westermann (1976), 645ff; Ruppert (1992), 438ff; Soggin (1997), 164. Unterschiedliches Gewicht wird auf den Einschnitt zwischen VV 18–24 einerseits und VV 25ff andererseits gelegt. Einen deutlichen Einschnitt sieht Seebass (2007), pass. Vgl. auch Ruppert (1992), 427.

267 Vgl. Zenger (2004), 31, nach dem die Trunkenheit Noahs das „erzählerisch (!) notwendige Motiv" zur Darstellung des Handelns der Söhne ist.

268 Die Söhne Noahs und Kanaan, der Nachfahre Hams, werden wahlweise als Vorväter bestimmter Völker (vgl. Westermann [1976], 650.654f), als urzeitliche Gestalten (vgl. Westermann [1976], 650.654f; Seebass [2007], 243), als Repräsentanten bestimmter Lebensweisen (Westermann [1976] 650.654f; Seebass [2007], 243) oder als Einzelgestalten (Jacob [1934], 268) gedeutet. Als urzeitliche Gestalten zeigt sich in ihnen in Fortsetzung der Störung anderer grundlegender menschlicher Beziehungen in Gen 3 und 4 die Störung des Generationenverhältnisses (Westermann) oder die Spaltung der Menschheit in Herrscher und Beherrschte (Seebass). Kommen die Söhne Noahs als Vorväter be-

Die Frage nach dem Verhältnis Noahs zur אדמה, wie es sich aus dem Verhältnis der Rede vom איש האדמה in V 20 zu Gen 3,17.23; 5,29 und 8,21 ergibt, berührt die Exegese nur am Rande. Zu der folgenden Erzählung von der Trunkenheit Noahs setzt sie es nicht ins Verhältnis.[269]

Gegen die Mehrzahl der modernen Exegeten legt GenR 37 den Schwerpunkt seiner Deutung auf die Qualifizierung und Wertung Noahs. Passagen, die von den Söhnen Noahs handeln, rahmen die Auslegung zu V 20, die Noah und den übermäßigen Weingenuss Noahs in den Mittelpunkt stellt. Indem Noah dem Geschlecht der Sintflut, das mit den Völkern identifiziert wird, gegenübersteht, bietet er sich als Identifikationsfigur für den intendierten Leser, der sich mit Israel im Gegenüber zu den Völkern identifiziert, an. Das Aufdecken (גלה) der Blöße Noahs weist auf das Exil (גלה – ins Exil gehen) Israels voraus. Dabei ist Noah Urvater nicht nur Sems und schließlich Israels, sondern auch Hams und Japhets, die der Midrasch mit den Völkern identifiziert.

Noah ist in seinem Verhältnis zur אדמה eine ambivalente Gestalt: Zweimal wird das Verhältnis Noahs zur אדמה positiv bestimmt: Noah gestaltet das Gesicht der um seinetwillen bewässerten אדמה, und fungiert als ihr Wächter. Allerdings dient schon der Beginn des Verses Gen 9,20 der Problematisierung des Ackerbauern Noah. חלל (Hif.) kann sowohl ‚beginnen' als auch ‚verunreinigen', ‚entweihen' bedeuten.[270] Diese letzte Lesart steht wie eine Überschrift über den folgenden Deutungen. Unter Rückbezug auf Gen 6,9 und die Qualifizierung Noahs als איש צדיק dort, liest der Midrasch die spätere Charakterisierung Noahs als איש האדמה als Relativierung.[271] Noahs Vorliebe für den Ackerbau wird mit dem seinerseits einer ambivalenten Wertung unterzogenen Weinanbau in Verbindung gebracht.[272] Eine längere Episode über die Begegnung Noahs mit einem Dämon bringt die dem Genuss von Wein inhärente Gefahr von Trunkenheit und Maßlosigkeit zum Ausdruck. Die zeitliche Verortung des Anbaus von und des Genusses des Weines und der Demütigung Noahs an einem einzigen Tag stellt all diese Ereignisse in einen engen inhaltlichen Zusammenhang. Indem Noahs Beziehung zum Weinbau auf die Zeit vor der

---

stimmter Gruppen in den Blick, stößt jede in der Exegese versuchte Zuordnung auf neue Schwierigkeiten. Vgl. Westermann (1976), 650.656.659. Vgl. Seebass (2007), 247.250.

269 Für Jacob bringt der Anbau des Luxusgutes Wein sinnfällig zum Ausdruck, dass die אדמה nach der Flut in Erfüllung von 5,29 nicht länger verfluchte אדמה ist. Vgl. Jacob (1934), 260. Westermann deutet den Weinanbau als kulturgeschichtlichen Fortschritt gegenüber dem Ackerbau und sieht diesen Zusammenhang bereits in 5,29 angespielt. Vgl. Westermann (1976), 651f. Andere Exegeten schenken der Frage nach dem Verhältnis Noahs zur אדמה in ihrer Auslegung von Gen 9,20ff keine Aufmerksamkeit.

270 Die von der überwiegenden Mehrzahl der Exegeten angenommene Bedeutung ‚beginnen' war im Kontext immer wieder geeignet, Fragen aufzuwerfen. Mit dem Ackerbau beginnt bereits vor der Flut Kain. Westermann bezieht ויחל נח nicht auf das unmittelbar folgende איש האדמה, sondern auf das sich daran parataktisch anschließende ויטע כרם. Vgl. Westermann (1976), 651.

271 Mose dient als Vergleichshorizont. Auch mit Blick auf Mose relativiert eine spätere Charakterisierung als איש האלהים (Dtn 33,1) eine frühere als איש מצרי (Ex 2,19).

272 Je nach Version zeichnet eine Auslegung zu Gen 9,20 ein mehr oder weniger ambivalentes Noahbild. Der Mehrheitstext hat: „Der dem Ackerboden ein Gesicht gibt, der um seinetwillen נתלה *(unverständlich)* und der das Gesicht des Ackerbodens füllte". ל$_0$ greift auf eine vorausgegangene Deutung zu חלל in Gen 9,20 zurück und fährt in diesem Sinne fort: „… der um seinetwillen profaniert (חלל, Nitp.) wurde …". Mehrere andere Versionen denken an die Bearbeitung des Ackerbodens oder deren Voraussetzung: ג und ר haben: „… der um seinetwillen durchlöchert/verletzt (חלל, Nitp.) wurde …". ת כ ד א$_2$ haben: „… der um seinetwillen bewässert (לחלח, Nitp.) wurde". פ hat „verflucht" (ארר Nif.).

Flut ausgedehnt wird – Noah selbst nahm die Schösslinge mit sich in die Arche[273] – stellt er einen Moment der Kontinuität über die Zäsur der Flut hinaus dar.

Themenschwerpunkte

Als Vertreter der Menschheit wie als Vorläufer Israels ist Noah Identifikationsfigur des intendierten Lesers. Als Vorläufer Israels ist er Gegenüber, er ist aber auch Vorfahre der Völker. Noah steht für die Ambivalenz einer allgemein menschlichen Existenz, die auch für Israel Gültigkeit hat.

3.6.2 Das Traditionsstück: Drei lieben den Ackerbau

Übersetzung

„Ein Mann des Ackerbodens" (Gen 9,20). Drei sind es, die sich für den Ackerboden begeisterten, und in ihnen fand sich keine Hoffnung. Und diese sind sie: Kain, Noah und Usija. „Kain wurde einer, der den Ackerboden bearbeitet" (Gen 4,2). Noah: „Und Noah, ein Mann des Ackerbodens, begann" (Gen 9,20). Usija: „Ackerbauern und Weinbauern in den Bergen und auf dem Karmel, denn er liebte den Ackerboden" (2 Chr 26,10).

3.6.2.1 Analyse

Das Traditionsstück, das eine Parallele in GenR 22 hat, spielt die Erzählung von Kain und Abel über das Zitat von Gen 4,2 und die Tätigkeit Kains als Ackerbauer ein. Bei geringen sprachlichen Abweichungen ergeben sich inhaltliche Differenzen aus dem unterschiedlichen Kontext. Im Kontext von GenR 36 dient das Traditionsstück der Qualifizierung Noahs, nicht Kains. Ähnlich Kain in GenR 22 ist hier Noah in all seiner Ambivalenz Identifikationsfigur des intendierten Lesers. Wie in GenR 22 Noah, dient hier Kain als Vergleichshorizont.

3.6.2.2 Kain und Abel im Kontext des Traditionsstücks

Die Erzählung von Kain und Abel wird über Gen 4,2 und Kains Tätigkeit als Ackerbauer eingespielt. Kain steht in Analogie zu Noah und Usija. Gleich GenR 22 stellt der Midrasch die Ambivalenz eines grundlegenden, für das Überleben des Menschen notwendigen Arbeits- und Lebensvollzuges heraus. Das weitere Geschick Kains scheint unmittelbar Folge seiner Tätigkeit als Ackerbauer zu sein. Analog Noah ist auch Kain Identifikationsfigur.

---

[273] Die Welt nach der Sintflut setzt damit keinen hundertprozentigen Neuanfang. Vgl. auch GenR 34, wo das Opfer Noahs in Kontinuität zum Opfer Abels steht.

3.6.3 Der engere Textzusammenhang: Ham argumentiert mit dem ersten Brudermord

Übersetzung

„Und Ham, der Vater Kanaans sah es usw. und er erzählte es seinen beiden Brüdern usw.“ (Gen 9,21). Und er sagte zu seinen Brüdern: Der erste Mensch hatte zwei Söhne, und einer[274] erhob sich und er erschlug seinen Kameraden[275]. Und dieser hat drei, und er bemüht sich, vier zu machen. [Er sprach zu ihnen, und er erzählte es ihnen.][276] Rabbi Jakob bar Sabdi sagte. Was ist das Argument: Der Sklave geht hinaus für einen Zahn und ein Auge: Von dort: „Und er sah und er erzählte“ (Gen 9,22).

3.6.3.1 Analyse

Im Zusammenhang einer Deutung zu Gen 9, die an V 21 anknüpft, nimmt GenR 36 nach dem Traditionsstück von den drei, die den Ackerbau lieben, ein zweites Mal auf die Erzählung von Kain und Abel Bezug. Eine kurze Zusammenfassung der Erzählung vom Brudermord ist Teil einer Ham in den Mund gelegten wörtlichen Rede. Ham reagiert eifersüchtig auf den Versuch der Zeugung eines vierten Sohnes, von dem er Sam und Japhet unter ausdrücklicher Bezugnahme auf die Erzählung von Kain und Abel berichtet. In der Argumentation Hams belegt die Erzählung von Kain und Abel die unter Brüdern drohenden Konflikte. Von den beiden Söhnen des ersten Menschen erschlägt einer den anderen. Indem Ham Noah beim Geschlechtsverkehr stört,[277] verhindert er die Zeugung des vierten Bruders. Anstelle des nicht gezeugten vierten Sohnes wird er, Ham, selbst zum Diener seiner Brüder. Im größeren Kontext des Midrasch bietet die kurze Erzählung eine alternative Deutung und Begründung der Verfluchung Hams durch Noah.

3.6.3.2 Kain und Abel im Kontext des engeren Textzusammenhangs

Die Erzählung von Kain und Abel wird über die Zusammenfassung wesentlicher Inhalte der Erzählung, der Ausgangssituation mit der Gegenüberstellung zweier Brüder und dem Brudermord eingespielt. Sie illustriert den unter Brüdern drohenden Konflikt und dient so Ham als Argument.[278] Im Kontext des Midrasch funktioniert die Erzählung als Argument nicht im Sinne Hams. Ham, der die Zeugung eines weiteren Bruders verhindert, stellt so selbst eine Analogie zwischen sich und dem Brudermörder Kain her.

3.6.4 Kain und Abel im Textzusammenhang

Indem eine der Deutungen der Kain- und Abel-Erzählungen die Person des Kain mit Noah, die andere mit Ham in Verbindung bringt, stehen beide in keinem unmittelbaren Zusammenhang. Während Noah mit Kain parallelisiert wird, nimmt Ham, der sich in ablehnender Haltung auf das Beispiel Kains beruft, tatsächlich

---

274 Kain, א$_1$.

275 Bruder, א ת.

276 „Und er sah und er erzählte“ (Gen 9,22) und er verursachte für sich Sklaverei, פ.

277 Sanhedrin 70a tradiert die Kastration Noahs durch Ham. Cassuto (1992) pass. referiert weitere Auslegungstraditionen dieser Art in der Exegese der ersten Hälfte des 20. Jahrhunderts (Gunkel u.a.).

278 Nur א$_1$ nennt Kain explizit beim Namen. Indem der Mehrheitstext, anders als א und ת Abel nicht, entsprechend dem Wortsinn des biblischen Textes, den Bruder (אח), sondern den חבר Kains nennt, verallgemeinert er, nimmt dem Scheitern der Beziehung der Brüder aber auch etwas von seiner Schärfe.

selbst dessen Rolle ein. Die Verbindung Kains mit Noah einerseits und dem Noahsohn Ham andererseits unterstreicht die Ambivalenz der Gestalt Noahs. In Analogie zu Noah ist Kain Identifikationsfigur des intendierten Lesers. Indem Kain auf Ham verweist, der im größeren Kontext die Israel feindlich gesinnte Völkerwelt repräsentiert, ist er es nicht.

3.7 GenR 61

3.7.1 Der Kontext

In Gen 25,1 beginnt mit dem erneuten Auftreten Abrahams ein neuer Sinnabschnitt. Es folgen Notizen über dessen letzte Lebensjahre, die Sterbe- und Begräbnisnotiz und eine Notiz über den Segen Gottes über Isaak. Mit VV 12–18 folgt eine Genealogie Ismaels.[279]

GenR 60 zu Gen 24,67 schließt mit einem Vergleich Saras und Rebekkas und leitet in einer abschließenden Notiz zur Heirat Abrahams über, die er zur Heirat Isaaks ins Verhältnis setzt.[280] GenR 61 und GenR 62 handeln von den Verdiensten Abrahams. GenR 61setzt Ismael, Isaak und die Söhne der Ketura, GenR 62 Ismael und Isaak ins Verhältnis. GenR 62 setzt jedoch mit einer Peticha neu ein.

Gen 25,1
- Ps 1,1–3
  - Abraham, der sich mit der Tora beschäftigt und ‚Früchte' (=Söhne) bringt
- Ps 92,14
  - Abraham, der bis ins hohe Alter Früchte (=Söhne) bringt
- Ijob 14,7f
  - Abraham, der bis ins hohe Alter Früchte (=gute Taten u. Söhne) bringt
- Koh 11,6
  - Was einer früh tut, soll er spät auch tun, er weiß nicht, was dabei heraus kommt
  - Exkurs: Identität von Hagar und Ketura
  - Die Zugabe ist größer als die Hauptsache [Traditionsstück]

Gen 25,2f
- Kinder der Ketura = Völker

Gen 25,5
- Abraham, der Isaak nicht segnen kann, ohne die übrigen Söhne zu segnen, überlässt den Segen Gott

Gen 25,6
- Rechtsstreit der Nachkommen Ismaels, der Kanaanäer und Ägypter mit Israel

Im biblischen Text folgt auf eine Notiz über die Heirat der Ketura durch Abraham nach dem Tod der Sara (V 1) ein kurzer, deren Nachkommen betreffender Stammbaum (VV 2–4), darauf eine Notiz über die Verteilung des Erbes und die ungleiche Behandlung Isaaks auf der einen und der ‚Söhne der Nebenfrauen' auf der anderen Seite (VV 5f). Wenn der Text, so die Mehrzahl der Exegeten, Ketura von den in V 6 unvermittelt eingeführten Nebenfrauen unterscheidet, trifft er in VV 5ff über das weitere Schicksal der Söhne der Ketura und ihren Anteil am Erbe Abrahams keine Aussage.[281]

---

[279] Vgl. Westermann (1981), 482f.

[280] „… wenn ein Vater erwachsene Kinder hat, so soll er nicht eher wieder zu einer Heirat schreiten, als bis sie verheiratet sind. Von wem kannst Du das lernen? Von Abraham …"

[281] Vgl. Soggin (1997), 331. Vgl. Seebass (1999), 255.257f, der einen sekundär zusammengesetzten Text

Der Midrasch beginnt mit einer umfangreicheren Auslegung zu Gen 25,1 über vier aufeinander folgende Petichot. Gegenstand der Auslegung der vier Petichot zu Gen 25,1 ist das der Tora entsprechende vorbildliche Verhalten Abrahams, das sich darin äußert, dass er noch im hohen Alter Tora studiert, gute Werke tut und Kinder zeugt.[282] Die Bedeutung der Söhne Abrahams liegt in dem, was sie über Abrahams Frömmigkeit aussagen.[283]

Die abschließende Auslegung zu Koh 11,6 begründet den (auch an den impliziten Leser gerichteten) Appell, bis ins hohe Alter mit einer als verdienstvoll erkannten Handlung fortzufahren. Beispielhaft nennt der Midrasch die Aussaat, das Almosengeben, das Studium der Tora, das Unterrichten von Schülern und das Zeugen von Nachkommen. Jedes Beispiel schließt mit einer Variation des Refrain: „Denn du weißt nicht, ob das oder das oder ob sie beide gleich gut sind." Ein konkretes Beispiel dafür, dass das Spätere das Frühere qualitativ übertreffen kann, sind die späteren Schüler des Rabbi Aqiba. Als Beispiel für das Verdienst der Zeugung von Nachkommen dient die Zeugung der Kinder der Ketura. Die Provokation, die in einer denkbaren größeren Bedeutung der Söhne der Ketura als der Isaaks liegt, wird vom Midrasch nicht ausgeführt.

Es folgen ein Exkurs zur Identität von Hagar und Ketura, der die Hagar-Ketura mit der Nebenfrau (sg.!) nach V 6 gleichsetzt,[284] und ein Traditionsstück, nach dem die Zugabe größer als die Hauptsache ist. Im Zusammenhang dieses Traditionsstücks spielt der Midrasch Gen 4 ein. Nachdem die Auslegung des letzten Petichaverses auf den Ausgangsvers Gen 25,1 bereits zurückgekommen ist, wirkt das von ihr durch den Exkurs getrennte Traditionsstück wie ein Nachtrag.

Abschließend werden die Verse Gen 25,2–6* einer sukzessiven Auslegung unterzogen. Die fortlaufende Auslegung zu Gen 25,2–6* behandelt eine Frage, die die vorausgehenden Auslegungen zu Gen 25,1 nahe legt, ohne sie ausdrücklich zu stellen oder zu beantworten, und die der Nachtrag des Traditionsstückes, indem es sich auf die Söhne der Hagar-Ketura beschränkt, umgeht: das Verhältnis Isaaks zu Ismael und den Söhnen der Ketura. Die Auslegung zu Gen 25,2–6* unterscheidet deutlich zwischen Isaak auf der einen und Ismael und den Söhnen der mit Hagar und der Nebenfrau aus V 6 identifizierten Ketura auf der anderen Seite. Allein die Erwählung Gottes begründet die Vorrangstellung Isaaks. Auch in dem die Parasche abschließenden Rechtsstreit zwischen Israel und den Nachkommen der ‚Nebenfrauen' werden die Nachkommen Ismaels und der Söhne der Ketura nebeneinander gestellt. Rückblickend unterstreicht das Traditionsstück grundsätzlichere Unterscheidung zwischen Isaak und den anderen Söhnen Abrahams durch seine Binnen-

---

annimmt. Anders Driver und Skinner, zitiert nach Seebass (1999), 257f. Die Parallele in 1 Chr 1,32 („Und die Söhne der Ketura, der Nebenfrau [פילגש] Abrahams") bezeichnet Ketura explizit als Nebenfrau. Dort fehlt die Notiz über das Wegschicken der Söhne.

282 Nicht die gnadenhafte Zuwendung Gottes, die im Kindersegen Abrahams bis in sein hohes Alter zum Ausdruck kommt, steht damit im Zentrum, sondern die Gerechtigkeit Abrahams, die darin zum Ausdruck kommt, dass er noch im hohen Alter eine Frau nimmt.

283 Der Mehrheit der Versionen legt Ps 1,3 auf die Kinder Abrahams in der Reihenfolge ihrer Geburt, also Ismael, Isaak und die Kinder der Ketura aus. ב setzt Isaak gegen die eigentliche Geburtenfolge an die erste Stelle und nimmt so die Vorrangstellung Isaaks, die der Midrasch erst an späterer Stelle begründet, vorweg.

284 Der Midrasch liest הפלגשם statt הפילגשים, also defektiv, und deutet des fehlenden י wegen als Sg. Auch Westermann für den der Status der Ketura uneindeutig bleibt und den das Wegschicken der Söhne nach Gen 25,5f an das Wegschicken Ismaels nach Gen 21 erinnert, bezieht VV 5f auf die Söhne der Ketura. Vgl. Westermann (1981), 484f. Holzinger und Wellhausen, zitiert nach Westermann (1981), 488, identifizieren Ketura mit Hagar.

differenzierung zwischen Ismael und den übrigen Söhnen der Hagar-Ketura, die Isaak völlig außer Acht lässt.

Themenschwerpunkte

Zentrales Thema ist neben der Gerechtigkeit Abrahams, die im Zeugen von Nachkommen bis ins hohe Alter zum Ausdruck kommt, die Vorrangstellung Isaaks, die allein in seiner Erwählung durch Gott gründet.

Die Parasche legt dem intendierten Leser eine provozierende Frage nahe: Ist den Abraham im Alter geborenen Söhnen der Ketura nicht nur gegenüber Ismael, sondern auch gegenüber Isaak eine Vorrangstellung einzuräumen? Im Kontext des Midrasch unterläuft das Traditionsstück diese Frage: Die Opposition von Hauptsache und Zugabe wird auf die Söhne der Hagar-Ketura und dort wiederum auf einen quantitativen Vorteil reduziert.

3.7.2 Das Traditionsstück: Die größere Zugabe

Übersetzung

Das Haupt von Lachisch im Namen bar Kapras: Eine Hinzufügung des Heiligen, gepriesen sei er, ist größer als die Hauptsache. Kain war eine Hauptsache, und Abel wurde geboren, wegen des Wortes ‚Zugabe', er wurde geboren[285], er und seine beiden Zwillinge. Josef war eine Hauptsache, und Benjamin stellte zehn auf wegen des Wortes ‚Zugabe', wie gesagt worden ist: „Und die Söhne Benjamins: Bela und Becher und Aschbel, Gera usw." (Gen 46,21). Er ist eine Hauptsache, und Schela stellte zehn Häuser des Rechtes auf wegen des Wortes ‚Zugabe'. Dies ist, was in den ‚Begebenheiten der Tage' geschrieben steht: „Und die Söhne Schelahs, des Sohnes Judas, Er, der Vater Lechas, und Lada, der Vater Mareschas, und die Familien des Hauses der Bearbeitung des Byssus für das Haus Aschbea usw." (1 Chr 4,21). Eine Hauptsache sind die Jahre des Ijob, es waren nicht mehr als 110 Jahre, und 140 Jahre wurden ihm hinzugefügt. Dies ist, was geschrieben steht: „Und Ijob lebte danach noch 140 Jahre" (Ijob 42,16). Eine Hauptsache war das Königtum des Hiskija, es waren nicht mehr als 14 Jahre, und 16 Jahre wurden ihm hinzugefügt, wie geschrieben steht: „Siehe, er fügt deinen Tage fünfzehn Jahre hinzu" (Jes 38,5). Ismael war eine Hauptsache, und die Söhne der Ketura wegen des Wortes ‚Zugabe': „Und sie gebar ihm den Simran und den Joschkan usw." (Gen 25,2).

3.7.2.1 Analyse

Kain	Abel (und die Zwillinge)
Josef	Benjamin (und seine zehn Söhne)
	Schela (der zehn Häuser stellt)
110 Jahre Lebenszeit des Ijob	140 zusätzliche Jahre Lebenszeit
14 Jahre Königtum des Hiskija	16 Jahre Königtum des Hiskija
Ismael	die Söhne der Ketura (pl.)

Das Traditionsstück parallelisiert eine Reihe von Beispielen, bei denen die Zugabe die Hauptsache übertrifft. Dabei spielt es auf eine alle Beispiele verbindende Form von יסף in den von diesen Beispielen handelnden biblischen Texten an. An keiner Stelle handelt es sich um ein explizites Zitat.[286] Im Zusammenhang der Erzählung von Kain und Abel verweist יסף auf das Vorkommen der Wurzel in Gen 4,2.

285 … wie geschrieben steht: „Und sie fuhr fort zu gebären[, seinen Bruder, den Abel]" (Gen 4,2), ת ד.

286 Mit dieser Art der Anspielung, bei der auf ein bestimmtes Wort im Text Bezug genommen wird, ohne dass dieser Text explizit zitiert würde, steht der Midrasch unter denen, die sich mit Gen 4,1–16, der Erzählung von Kain und Abel, befassen, singulär. Einzig ת ד spielen den im Zusammenhang mit dem

Die das Traditionsstück einleitende Behauptung, nach der die Zugabe (תוספת) größer als die Hauptsache (עיקר) sei, impliziert ein Paradox. Diese Paradoxie mag selbst Teil der intendierten Aussage des Textes sein. Inwiefern das ‚mehr' der Zugabe die ‚Hauptsache' in ihrer Funktion in Frage stellt, ist eine Frage, die der Midrasch durch seine Näherbestimmung der Art der Zugabe einholt.

In der Reihenfolge seiner Beispiele folgt das Traditionsstück der Chronologie der erinnerten Geschichte. Einzig das Abraham betreffende Beispiel Ismaels und der Söhne der Ketura, auf das der Kontext abzielt, steht gegen seinen Ort in der erinnerten Geschichte an prominenter Schlussposition.

Das mit Blick auf die Mehrzahl der zitierten Beispiele refrainartig wiederholte על ידי שהוא לשון תוספת, „wegen des Wortes *Zugabe*", nennt das diese Beispiele im biblischen Text miteinander verbindende Element יסף: Alle aufgezählten Beispiele sind über ein Vorkommen der Wurzel יסף im biblischen Text miteinander verknüpft. Mit Blick auf Abel, Benjamin, Schela und den Söhnen der Ketura steht יסף im Zusammenhang der Erzählung von ihrer Geburt.[287] Im Kontext des zitierten Ijobbeispiels steht die Wurzel יסף in Ijob 42,10 im Zusammenhang mit einer Notiz über die Mehrung des Besitzes, die die Beschreibung der Wende des Geschicks Ijobs einleitet. Auch im Hiskijabeispiel bezeichnet יסף in Jes 38,5 die Wende seines Geschicks.

Zitiert wird nicht der Vers mit der Wurzel יסף, sondern ein Vers, der die Art der Zugabe näher bestimmt.[288] Das Traditionsstück argumentiert durchweg quantitativ. Abel ist mit seinen Zwillingsschwestern dem Kain[289], Benjamin und Schela[290] sind mit ihren Nachkommen Josef und dessen Nachkommen, die Söhne der Ketura sind dem Ismael an Zahl überlegen. Die dem Ijob zugestandenen zusätzlichen Lebensjahre und die dem Hiskija zusätzlich zugestandenen Herrschaftsjahre überwiegen die den beiden ursprünglich zugestandene Zeit.[291]

Im Falle Josefs und Benjamins unterläuft die quantitative Überordnung die vom intendierten Leser mutmaßlich vorausgesetzte qualitative Wertung. Im Falle Ismaels und der Söhne der Ketura drängt sich die Frage nach der Relevanz Isaaks geradezu auf. Im Falle Kains und Abels entspricht die Gegenüberstellung aufgrund

---

Kain- und Abel-Beispiel für die Argumentation zentralen Bibelvers Gen 4,2 (*ותסף ללדת*) als explizites Zitat ein. An der Relevanz des Verses für die Argumentation ändert sich durch Zitat oder Anspielung nichts. Auch eine Anspielung kann den konkreten Wortlaut des Textes einspielen.

[287] Gen 4,2 für Abel, Gen 30,24 für Benjamin, Gen 38,5 für Schela, Gen 25,1 für Ismael.

[288] Mit Blick auf das Beispiel Abels (Gen 4,2) und Hiskijas (Jes 38,5) ist der die Art der Zugabe näher bestimmende Belegvers mit dem Vers, der die Wurzel יסף tradiert, identisch. Mit Blick auf das Beispiel Ismaels folgen beide Verse im Erzählzusammenhang unmittelbar aufeinander. Im Falle Ijobs werden Anfang und Ende der Erzählung von der Wiederherstellung Ijobs zitiert. Im Beispiel Benjamins und Schelas werden beide Verse allein durch den Zusammenhang der über weite Textstrecken ausgedehnten und nicht im Zusammenhang erzählten Geschichte Benjamins und Schelas zusammengehalten. Im Fall Schelas sind sie unterschiedlichen biblischen Büchern entnommen. Weder die Geschichte Benjamins noch die Schelas gewinnt im biblischen Erzählzusammenhang Eigengewicht. Die ‚Geschichte' Schelas erschöpft sich gar in Geburt- und Stammbaumnotiz.

[289] GenR 22 gesteht auch dem Kain, allerdings nur eine, Zwillingsschwester zu.

[290] Schela ist ein Nachkomme Judas. Die Nachkommen Schelas betreffen also letztlich die Nachkommen Judas. In Benjamin und Juda werden zwei Brüder Josefs dem Josef gegenübergestellt.

[291] Hiskijas Daten entsprechen nicht ganz den im biblischen Text genannten: Jes 36,1 spricht vom vierzehnten Jahr, Jes 38,5 von zusätzlichen 15 Jahren. Beide Zeitangaben lassen sich aufeinander beziehen, wenn man, wie von einer Mehrzahl der Exegeten üblicherweise angenommen, 38,1 auf Jes 36 zurückbezieht.

quantitativer Kriterien der vom biblischen Text her näher liegenden qualitativen. Umso auffälliger ist, dass sie hier nicht gewählt ist.

3.7.3 Kain und Abel im Textzusammenhang

Der Midrasch spielt die Erzählung von Kain und Abel über die Wurzel יסף in Gen 4,2 ein. Das Beispiel steht im Kontext einer Reihe von Beispielen durch die erinnerte Geschichte an erster Stelle.

Erschöpft sich die Überlegenheit Abels tatsächlich in der Zahl der mit ihm geborenen Schwestern, ist die Behauptung seiner Überlegenheit angesichts des ihn erwartenden Schicksals eine Provokation.

Die Bedeutung Kains und Abels innerhalb des Traditionsstückes ändert sich vor dem Hintergrund des größeren Kontextes kaum. Ist die Vorrangstellung Isaaks gegen alle vom Midrasch entwickelten Argumente nur unter Berufung auf seine argumentativ nicht einholbare Erwählung aufrechtzuerhalten, wirft diese Erkenntnis ein Licht auf die Erzählung Kains und Abels. Auch Abels Vorrang, der durch die Beschränkung der Argumentation auf ein quantitatives Argument eher in Frage gestellt als überzeugend begründet wird, ist argumentativ nicht einholbar und – wenn überhaupt – nur gegen den Anschein zu behaupten. Im größeren Kontext stellt das parallele Beispiel der Söhne der Ketura die Vorrangstellung Israels letztlich doch nicht in Frage. Abel ist Sympathieträger, ohne auf Israel zu verweisen.

3.8 Die Erzählung von Kain und Abel in GenR

Einige durchgehende Aussagelinien lassen sich durch alle im Zusammenhang mit der Erzählung von Kain und Abel behandelten Textausschnitte hindurch feststellen. Von fünf Vorkommen der Erzählung von Kain und Abel in GenR über die durchgehende Kommentierung der Erzählung in GenR 22 hinaus betreffen drei die Gartenerzählung Gen 2 – 3 und zwei die Erzählung von der Sintflut, Gen 6 – 9. Auch innerhalb der durchgehenden Kommentierung von Gen 4,1–16 in GenR 22 spielen die Bezüge zwischen Gen 2 – 3 und Gen 4 eine herausragende Rolle. Während das Gegenüber von Israel und Völkern innerhalb einzelner Traditionsstücke sehr wohl eine Rolle spielt, ist diese Rolle im größeren Kontext von GenR eine vergleichsweise untergeordnete. Einschneidende Ereignisse der Geschichte Israels sind im Gesamt der Texte die Übertretung des ersten Gebotes (GenR 20f) oder die Flut (GenR 34). Der Ursprung der Menschheit im Garten (vgl. GenR 21) verweist auf Israel. An Noah ergehende Gebote sind israelspezifische Gebote (GenR 34). Noah wird zum Vorläufer Isaels wie zum Vater der Völker. Entsprechend sind auch Kain und Abel eher Teil der Vorgeschichte Israels, als dass sie Israel kontrastiv gegenüberstehen.

Wo Kain Gegenstand des Interesses ist, steht dessen Beziehung zu Gott oder – seltener – zum anderen Menschen, meist in Gestalt des Bruders, im Vordergrund. GenR 19, im größeren Kontext wie im engeren Zusammenhang seiner Beschäftigung mit der Erzählung von Kain und Abel, erzählt von der Entfremdung des Menschen von Gott. In GenR 20 ist Kain Teil der entfremdeten Schöpfung. Für GenR 21 kommt im Zufluchtsort im Osten wie im Zeichen für Kain Gottes Hinwendung zu Kain zum Ausdruck. In GenR 36 ist die Gottesbeziehung Kains über den Umweg der Beziehung Kains zu seiner Lebenswelt relevant.

Wo sich der Midrasch für Abel interessiert, dient seine Person der Einordnung der Erzählung in die erinnerte Geschichte Israels auf der einen und der Konstruktion eines zeitlichen Bezugrahmens auf der anderen Seite. Wenn in GenR 61 ausnahmsweise die Gottesbeziehung Abels von Interesse ist, wird sie ganz von der Seite Gottes her bestimmt. Eine Ausnahme bildet die ethischen Kriterien Genüge tuende Wertung Abels in einigen kürzeren Auslegungen innerhalb von GenR 22 (etwa zu V 8), die dort allerdings im Zusammenhang einer komplementären Wertung Kains steht, der das hauptsächliche Interesse gilt.

4. Gen 4,1–16 in rabbinischen Genesis-kommentaren: Tan

4.1 Tan בראשית

4.1.1 Text

Die Auslegung zu Gen 3,22, nach der böse Nachrede schwerer wiegt als böse Tat, setzt mit formelhaftem ילמדנו רבנו ein. Die vorausgegangene Auslegung desselben Verses Gen 3,22 schließt mit einer Israelperspektive. Die Auslegung zu Gen 6,5 markiert mit שנו רבותינו weniger deutlich auch einen Einschnitt. Ihr gehen weder eine Israelperspektive noch ein Ausblick auf die kommende Welt voraus.

Der Abschnitt beginnt mit einer Reihe von Auslegungen zu Gen 3,22, deren gemeinsames zentrales Thema die לשון הרע ist. Die Auslegung zu Gen 4,3 setzt thematisch neu ein. Der Übergang der einleitenden Auslegung zu Gen 3,22 und dem Thema der לשון הרע zu der mit Gen 4,3 einsetzenden Vers-für-Vers-Kommentierung der Kain- und Abel-Erzählung ist nicht markiert. Die einleitende Auslegung zur לשון הרע steht damit über dem Folgenden wie eine Überschrift.

Übersetzung

„Und es geschah am Ende der Tage: Kain brachte dar usw." (Gen 4,3). Es kommt vor ‚am Ende des Jahres' und es kommen vor ‚am Ende von zwei *Jahren*' und ‚von *einigen* Tagen' und ‚vierzig Jahren'. Unsere Weisen, gesegnet ihr Gedenken, sagten: Kain und Abel waren Söhne des vierzigsten Jahres, „und Kain brachte von der Frucht des Ackerbodens dar" (Gen 4,3). Was bedeutet das? Von mangelhaften Nahrungsmitteln. Und die Rabbinen sagten: Flachssamen waren es, „und Abel brachte dar, auch er, von den Erstgeburten seines Kleinviehs und von ihren Fetten" (Gen 4,4). Deshalb ist Wolle zusammen mit Flachs verboten, wie gesagt worden ist: „Du sollst kein Mischgewebe anziehen usw." (Dtn 22,11). Und der Heilige, gepriesen sei er, sagte: Es ist nicht recht, dass die Gabe eines Sünders mit der Gabe eines Gerechten vermischt wird. Deshalb ist es verboten. „Und Kain sprach zu Abel, seinem Bruder" (Gen 4,8). Was sprach er zu ihm? ‚Wir wollen die Welt teilen und ich bin der Erstgeborene und will das Doppelte nehmen'. Abel sprach zu ihm: ‚Es ist möglich'. Kain sprach zu ihm: ‚Wenn es so ist, nehme ich einen zusätzlichen Teil über meinen Teil hinaus, den Ort, an dem dein Opfer angenommen wurde. Abel sagte zu ihm: ‚Du sollst es nicht nehmen'. Und über diese Sache kam es zum Streit zwischen ihnen, wie gesagt worden ist: „Und als sie auf dem Feld waren" (Gen 4,8). Und darüber steht geschrieben: „Zion, ein Acker wird gepflügt" (Jer 26,18; Micha 3,12). Und es gibt solche, die sagen, dass Kain zu Abel sagte: ‚Wir wollen die Welt teilen'. Er sagte zu ihm: ‚Ja'. Abel nahm sein Kleinvieh und Kain den Ackerboden, ihn zu bearbeiten. Und sie einigten sich untereinander, dass dem einen nichts vom anderen gehören sollte. Als Abel sein Kleinvieh genommen hatte, begann er das Kleinvieh zu weiden, und Kain verfolgte ihn vom Berg zur Ebene und von der Ebene zum Berg, bis einer den anderen festhielt, und Abel besiegte den Kain, und er fiel unter ihm. Und als Kain das sah, begann er zu klagen: Abel, mein Bruder, du sollst mir nichts Schlechtes tun. Und er erbarmte sich über ihn und er gab ihm Ruhe, und er erhob sich, und er erschlug ihn, wie gesagt worden ist: „Und Kain erhob sich" (Gen 4,8). Per Implikation *gilt*, dass er gefallen war. Nachdem er ihn erschlagen hatte, sagte er: ‚Ich muss vor meinem Vater und vor meiner Mutter fliehen, die allein mich nach ihm fragen werden, denn niemand ist in der

Welt, außer mir und ihm. Sofort offenbarte sich ihm der Heilige, gepriesen sei er: Vor deinen Eltern kannst du fliehen, vor mir kannst du nicht fliehen, wie gesagt worden ist: „Wenn sich ein Mann an einem geheimen Ort versteckt, und ich sähe ihn nicht?" (Jer 23,24). Er sagte zu ihm: „Wo ist Abel, dein Bruder?" (Gen 4,9). ‚Wehe über ihn, der sich über dich erbarmte, und dich nicht erschlug, als du unter ihm fielst, und du standest auf und du erschlugst ihn.' Wie erschlug er ihn? Er machte ihm viele offene Wunden, viele Wunden mit einem Stein an seiner Hand und an seinen Beinen, denn er wusste nicht, von wo sein Atem hinausgehen sollte, bis er seinen Nacken erreichte. Als der Heilige, gepriesen sei er, zu ihm sagte: „Wo ist Abel, dein Bruder?" (Gen 4,9), sagte er zu ihm: „Ich weiß nicht. Bin ich der Wächter meines Bruders?" (Gen 4,9). Du bist der Wächter aller Geschöpfe, und du forderst ihn von mir? Ein Gleichnis. Wem gleicht diese Sache? Einem Dieb, der Gefäße in der Nacht stahl und nicht ergriffen wurde. Am Morgen ergriff ihn der Torhüter. Er sagte zu ihm: Wozu hast du die Gefäße gestohlen? Er sagte zu ihm: Ich stehle und ich habe meine Kunst nicht aufgegeben. Aber deine Kunst ist es, im Tor zu wachen. Wozu hast du deine Kunst aufgegeben? Jetzt sprichst du so zu mir? Und auch Kain sprach so: ‚Ich habe ihn erschlagen. Du hast in mir den bösen Trieb erschaffen. Du wachst über alles, und mir hast du erlaubt, ihn zu erschlagen. Du bist es, der ihn erschlagen hat, der du ICH gerufen wirst, denn wenn du mein Opfer angenommen hättest, wie seines, wäre ich nicht auf ihn eifersüchtig gewesen.' Sofort erwiderte er ihm: „Was hast du getan? Die Stimme des Blutes deines Bruders schreit" (Gen 4,10). Davon lernst du, dass er ihm viele offene Wunden und viele Wunden zugefügt hatte. „Es schreit zu mir" (Gen 4,10). Es schreit über mich. Ein Gleichnis von Zweien, die einen Streit hatten. Einer von ihnen erschlug seinen Genossen. Bei ihnen war ein Dritter, und er trennte sie nicht. Von wem erzählen alle? Nicht von dem Dritten? Darum steht geschrieben: „Es schreit zu mir" (Gen 4,10). Es schreit über mich. Kain sagte zu ihm: ‚Meister der Welt, ich habe es nicht gewusst und ich habe bis zu diesem Tag keinen Erschlagenen gesehen, so dass ich gewusst hätte, dass ich ihn mit einem Stein verletze und er stirbt.' Und sofort erwiderte er ihm: „Verflucht bist du vom Ackerboden usw. Wenn du den Ackerboden bearbeitest, soll er nicht fortfahren, dir seine Kraft zu geben" (Gen 4,11). Er sagte vor ihm: ‚Meister der Welt, gibt es bei dir Informanten, die den Menschen bei dir denunzieren? Mein Vater und meine Mutter, siehe, sie sind auf der Erde, und sie wissen nicht, dass ich ihn erschlug. Und du bist in den Himmeln. Woher weißt du es?' Er sagte zu ihm: ‚Dummkopf. Die ganze Welt, die ganze, trage ich', wie gesagt worden ist: „Ich habe es getan und ich werde aufheben, ich werde tragen und werde retten" (Jes 46,4). Er sagte zu ihm: Die ganze Welt, die ganze, trägst du und meine Schuld kannst du nicht tragen? „Zu groß ist meine Schuld, sie zu tragen." (Gen 4,13). Er sagte zu ihm: ‚Weil du Umkehr getan hast, geh hinaus und geh ins Exil von diesem Ort, wie gesagt worden ist.' Wie gesagt worden ist: „Und Kain ging hinaus, fort vom Angesicht JHWHs und er wohnte im Lande Nod." (Gen 4,16). Als er hinausging, erhob sich jeder Ort, an den er ging, in Rebellion, und die Tiere und das Vieh erhoben sich in Rebellion. Und sie sagten: Wer ist dieser? Und sie sagten einer zum anderen: Kain erschlug den Abel, seinen Bruder. Der Heilige, gepriesen sei er, hat seinetwegen erlassen: „Unstet und flüchtig wirst du sein" (Gen 4,12). Und sie sagen: ‚Wir wollen zu ihm gehen und wir wollen ihn fressen.' Und sie versammeln sich, um zu ihm zu gehen. In dieser Stunde liefen seine Augen vor Tränen über und er sagte: „Wohin soll ich vor deinem Geist gehen und wohin vor deinem Angesicht soll ich fliehen. Wenn ich zum Himmel steige, bist du dort. Und wenn ich mich in der Scheol ausstrecke, siehe: Trüge ich die Flügel der Dämmerung, ließe ich mich nieder am Ende des Meeres, auch dort nähme mich deine Hand und es ergriffe mich deine Rechte." (Ps 139,7–10). „Siehe, du hast mich vertrieben usw. Und JHWH sprach zu ihm: ‚Deshalb: Jeder, der Kain erschlägt usw." (Gen 4,14f).' Es gibt solche, die sagen: ‚Der Schabbat ging auf seinem Gesicht auf, wie, worüber geschrieben steht: „Zwischen mir und zwischen den Kindern Israels ist er ein Zeichen für die Ewigkeit" (Ex 31,17). Wie du dort lernst, dass der Schabbat den ersten Menschen schützte, so lernst du über Kain. Und in dieser Angelegenheit gibt es solche, die sagen: Er befestigte ein Horn auf seiner Stirn. In der Stunde, in der Kain den Abel erschlug, war er niedergeworfen, und Kain wusste nicht, was tun. Der Heilige, gepriesen sei er, bestimmte ihm zwei reine Vögel, und einer

von ihnen erschlug seinen Genossen. Und er grub mit seiner Klaue und er begrub ihn und Kain lernte von ihm und er grub und er begrub Abel. Darum sind die Vögel wert, ihr Blut zu bedecken.
„Und JHWH sprach zu ihm: Darum, jeder, der Kain erschlägt" (Gen 4,15). Er sagte zu ihm: Vier Familien sollten zukünftig von Abel ausgehen und du hast sie von der Welt ausgelöscht. So wird die Erde ihren Mund öffnen und sie wird vier Familien von dir in sich aufnehmen. Diese sind sie: Henoch, Irad und Mehujael und Metuschael. Und wie wurde Kain erschlagen? 130 Jahre wurde er zu einem Boten des Todes und er war unstet und flüchtig unter dem Fluch. Lamech, der Sohn seines Sohnes, war die siebte Generation, und er war blind, und er ging hinaus um zu jagen, und sein Sohn hielt ihn an der Hand, damit er, wenn er einen Nachkommen eines Tieres sah, es ihm sage. Er sagte zu ihm: Ich sehe etwas, wie ein Tier. Er streckte den Bogen in seine Richtung aus, und er tötete Kain. Das Kind sah ihn aus der Entfernung erschlagen und ein Horn auf seiner Stirn. Er sagte zu Lamech: Mein Vater: Siehe, er gleicht einem erschlagenen Menschen und ein Horn ist auf seiner Stirn. Lamech sagte zu ihm: Wehe mir: Mein Vorfahr ist er. Er schlug seine beiden Hände in Reue zusammen und er verletzte den Kopf des Kindes und er erschlug ihn irrender Weise, wie gesagt worden ist: „Denn einen Mann erschlug ich für meine offene Wunde und ein Kind für meine Strieme" (Gen 4,23). Diese drei blieben an einem Ort: Kain erschlagen, und das Kind selbst erschlagen, und Lamech blind. Am Abend gingen seine Frauen hinaus ihm nach, sie fanden ihren Vorfahren erschlagen und Tubal-Kain, ihren Sohn, erschlagen und Lamech. In dieser Stunde öffnete die Erde ihren Mund und nahm vier Familien in sich auf: Henoch und Irad und Mehujael und Metuschael. Und Lamech wurde ein Bote des Todes, um zu erfüllen, was gesagt worden ist: „Denn Kain wird siebenfach gerächt und Lamech siebzig und siebenfach." (Gen 4,24). Als sie nach Hause kamen, sagte Lamech zu seinen Frauen: Lasst uns zu Bett gehen. Sie sagten zu ihm: Du hast Kain, unseren Vorfahren und Tubal-Kain, unseren Sohn, erschlagen. Wir werden nicht gehen. Er sagte zu ihnen: Er hat seinen Anteil bereits in der siebten Generation getragen, aber ich in der siebenundsiebzigsten. Sie sagten zu ihm: Wir hören nicht auf dich. Warum sollten wir zum Fluch empfangen? Er sagte zu ihnen: Wir wollen zum Haus des Rechts gehen. Sie gingen zum ersten Adam. Ada und Zilla sagten zu ihm: Unser Herr, Lamech, dieser unser Mann, hat unseren Vorfahren erschlagen. Sie sagten zu ihm: Ob unser Vorfahr ihn wegen seiner Ahnungslosigkeit erschlug? Adam sagte zu ihnen: Frauen Lamechs, hört meine Stimme. Lamech sagt: „Denn einen Mann erschlug ich für meine offene Wunde" (Gen 4,23) ohne Absicht. Er sagte ihnen: Geht und ihr sollt auf euren Mann hören. Sie sagten zu ihm: Heiler, heile deine Lahmheit. Du bist hundertunddreißig Jahre von deinem Bett getrennt und du lehrst uns? Wie anschließend geschrieben steht: „Und Adam war hundertdreißig Jahre und er zeugte in seiner Ähnlichkeit" (Gen 5,3). „Und Lamech war hundertzweiundachtzig Jahre und er zeugte einen Sohn" (Gen 5,28), von dem die Welt geschaffen wurde. „Und er rief seinen Namen Noach, um zu sagen: Dieser wird uns trösten" (Gen 5,29). Woher wusste er, das zu sagen? „Er wird uns trösten von unserer Tat usw." (Gen 5,29). Und war er denn ein Prophet? Rabbi Simeon ben Jehotsadaq sagte: Es gab Lehren, dass, in der Stunde, in der der Heilige, gepriesen sei er, zum ersten Menschen sagte: „Verflucht der Ackerboden um deinetwillen, in Mühe sollst du von ihm essen alle Tage deines Lebens" (Gen 3,17), Adam sagte: Meister der Welt, bis zu meinem Tod? Er sagte zu ihm: Bis ein beschnittener Mensch geboren wird. Als Noach beschnitten geboren wurde, wusste es Lamech sofort und er sagte ‚und der ist, von dem gilt': „Dieser wird uns trösten usw." (Gen 5,29). Und was bedeutet: „Von unserer Arbeit und von der Mühsal unserer Hände" (Gen 5,29)? Bevor Noach geboren wurde, säten sie nicht, was sie ernteten, sondern sie säten Weizen und ernteten Dornen und Stacheln. Nachdem Noach geboren war, kehrte die Welt zu ihrer Gewohnheit zurück. Sie ernteten, was sie säten, sie säten Weizen und sie ernteten Weizen, Gerste und ernteten Gerste. Und außerdem machten sie, bevor Noach geboren wurde, Arbeit mit ihren Händen, worüber geschrieben steht: „Und die Mühe deiner Hände" (Gen 3,17). Noach wurde geboren. Er erfand für sie Pflüge und Sicheln und Äxte und alle Geräte der Arbeit.

4.1.2. Analyse

4.1.2.1. Struktur

3,22		
ילמדנו רבנו	*üble Nachrede wiegt schwerer als böse Tat*	
	Aus der erinnerten Geschichte Israels: Num 14,22	
	Inhalt übler Nachrede: Apostasie: Ps 12,5	
	Konsequenzen übler Nachrede: Tod: Gen 3,5.22	
Das Opfer		
4,3f	Die unterschiedliche Qualität der Opfer liegt in der Verantwortung der Opfernden	
		Begründung des Verbotes der Vermischung von Wolle und Flachs (Dtn 22,11)
Die Ursache des Streites		
4,8	Streit um den Ort des Opfers und das Erbe der Welt	
Kain in seinem Verhältnis zu Gott		
4,9a	Unwissenheit Kains – Wissen Gottes – Unwissenheit des ersten Eltern paares	
4,9b.10	Mitschuld Gottes	
4,10	Unwissenheit Kains	
4,11	Wissen Gottes – Unwissenheit des ersten Elternpaares	
4,13	Gott trägt die Schuld Kains	
4,12	Aufstand der Tiere gegen Kain	
4,12	Wissen Gottes (Ps 139,14f)	
Das Schutzzeichen		
4,14f		
	Unwissenheit Kains – Wissen Gottes	
4,15	Erzählung vom Tod Kains durch Lamech	
5,28f; 3,16f	*Neuanfang mit Noah*	

Im Anschluss an die einleitende Auslegung zu Gen 3,22 bietet der Midrasch eine durch Zitate strukturierte Paraphrase der Erzählung von Kain und Abel. Die Deutungen der Verse nehmen aufeinander Bezug und bieten eine zusammenhängende Deutung des biblischen Textes. Die Auslegung folgt in groben Zügen dem Verlauf der biblischen Erzählung. Die Rezeption des Textes ist in Tan בראשית lückenhafter als in GenR 22. Auf manche Textpassagen nimmt sie nicht explizit Bezug. Die Geburtsnotiz ist nicht Bestandteil der interpretierten Erzählung. Die Paraphrase setzt unmittelbar mit dem Opfer der Brüder ein. Die Paraphrase des Bibeltextes schweigt über die Beachtung und Nichtbeachtung des Opfers beider Brüder durch Gott[292] und übergeht das erste Gespräch zwischen Gott und Kain (Gen 4,6f). In der Paraphrase des Midrasch schließen an das Opfer der Streit Kains und Abels und der Mord Kains an Abel unmittelbar an. [293]

[292] Die Nichtbeachtung des Opfers Kains durch Gott wird an späterer Stelle retrospektiv eingespielt.

[293] Tan בראשית zur Erzählung von Kain und Abel unterscheidet sich im Stil stark von der Mehrheit der in dieser Arbeit behandelten Midraschim. Rabbinennamen und ihnen zugeschriebene alternative Deutungen sind selten. In den seltenen Fällen, in denen alternative Deutungen präsentiert werden, werden sie anonymen Tradentengruppen (אמרים) zugeschrieben. Intertexte finden nur äußerst spärlich Verwendung. Tan בראשית unterscheidet sich damit auch von im Textverlauf späteren Texteinheiten von Tan, die die Erzählung von Kain und Abel thematisieren. Mit Ausnahme von Tan בראשית zeichnet Tan zu Gen und Ex eine Nähe zu TanB aus, insbesondere aufgrund des beiden Traditionen über weite Strecken gemeinsam zu Grunde liegenden Materials. Tan und TanB zu den übrigen Büchern der Tora sind weitgehend identisch.

Die einleitenden Auslegungen, nach denen böse Rede schwerer wiegt als böse Tat, sie der Apostasie gleichkommt und mit dem Tod bestraft wird, steht als Überschrift über dem Folgenden. Kains eigentliches Vergehen besteht in seiner dem Mord vorausgehenden Rede zu Abel in der Unterredung mit dem Bruder und in seiner an den Mord anschließenden Rede im Dialog mit Gott. Die לשון הרע der Schlange schafft die Voraussetzungen für die Erzählung nach Gen 4,3ff, die nach dem Tod Abels auch mit dem Tod Kains endet. Mit Noah sieht der Midrasch einen Neuanfang gesetzt, den er beschreibt, indem er sich über die Erzählung von Kain und Abel hinweg noch einmal auf Gen 3,17 zurückbezieht.

4.1.2.2 Einzelanalyse

Die Paraphrase setzt unmittelbar mit dem Opfer der Brüder ein. Anders als GenR, wo der Zeitpunkt des Opfers das Geschehen an die Ereignisse der Schöpfungserzählung rückbindet, stellt sich Tan die opfernden Brüder als Männer von vierzig Jahren vor.

Die Einstellung Kains und Abels gegenüber dem Opfer spiegelt ihre grundsätzliche moralische Disposition. Aus der präziseren Beschreibung des Opfers Abels schließt der Midrasch auf dessen höhere Qualität. Aus der Überlegenheit des Opfers des Viehhirten Abel gegenüber dem Landwirt Kain wird das Verbot Mischgewebe zu tragen nach Dtn 22,11 abgeleitet. Dtn 22,11 steht im Kontext weiterer Gebote, die eine Vermischung untersagen.[294] Mit dem Verbot eines Mischgewebes aus Leinen und Wolle haben Auslegungen durch die Auslegungsgeschichte hindurch Schwierigkeiten gehabt.[295] Der Kontext gibt keinerlei Begründung. Nach Nelson, ist das Verbot unzulässiger Vermischung vor dem Hintergrund der Aufrechterhaltung natürlicher oder ritueller Ordnung zu verstehen.[296] Nach Christensen hat das Verbot seine Sinnspitze im Halten der Verbote an sich.[297] Im Kontext des Midrasch erklärt die Deutung der Erzählung, nach der Leinen und Wolle Produkte der Erwerbstätigkeit Kains und Abels sind, das Verbot, Mischgewebe zu tragen, nicht umgekehrt. Das Verbot, Mischgewebe zu tragen, wird zur ständigen Erinnerung an den Brudermord. Aus der sich in den Opfern spiegelnden moralischen Disposition heraus wird das Verbot, Mischgewebe zu tragen, begründet.

Der Midrasch verwendet viel Text auf die Ergänzung des Inhalts der Rede nach V 8, über den dieser Vers schweigt. Zwei alternative Deutungen werden präsentiert: Die erste, nach der Kain, zunächst mit Erfolg, auf dem doppelten Erbteil des Erstgeborenen besteht, knüpft über den Gegenstand der Auseinandersetzung mittelbar an das Opfer wieder an. Abel verweigert Kain den Ort, an dem sein, Abels, Opfer stattgefunden hat. Es entzündet sich ein Streit, der mit dem Tod Abels endet. Über die Identifikation von שדה in Gen 4,8 und שדה in Mi 3,12 wird der Ort des Brudermordes mit dem Zion und über den Anschluss שאמר wohl auch mit dem strittigen Ort des Opfers Abels gleichgestellt. Mit dem Ort des zerstörten Zion wird der Ort des Brudermordes in Tan bereits identifiziert, bevor der Brudermord überhaupt geschehen ist. Anders als GenR 22 setzt TanB den Ort des Brudermordes

294 Vgl. Christensen (2002), 502; Nelson (2002), 267.

295 Vgl. Christensen (2002), 508f; Nelson (2002), 269. Diensthabende Priester tragen Mischgewebe aus Leinen und Wolle. Vgl. Christensen (2002), 508. Raschi rechnet das Verbot unter solche, an denen sich die Souveränität Gottes zeigt. Vgl. Christensen (2002), 509.

296 Vgl. Nelson (2002), 257.

297 Vgl. Christensen (2002), 509.

nicht nur mit dem Ort des späteren Tempels, sondern diese beiden mit dem Ort des Opfers Abels gleich.

Nach einer zweiten Deutung wird die Arbeitsteilung Kains und Abels als Ackerbauer und Kleinviehhirte mit einer Aufteilung der Macht- und Einflusssphären in Verbindung gebracht, die nicht lebensförderlich ist. Da Kain aller Grund und Boden gehört, hat Abel keinen Ort mehr, auf dem er sein Vieh weiden, schließlich auch keinen mehr, an dem er selbst sein und am Leben bleiben kann. Wie schon in GenR 22 schließt der Midrasch aus der Verwendung der Wurzel קום auf die Unterlegenheit Kains. Auch hier konterkariert das Verhalten des einen das Verhalten des anderen. Dient die erste Deutung der Verortung der Erzählung in der erinnerten Geschichte Israels, steht im Zusammenhang der zweiten das ethische Moment im Vordergrund.

Der Midrasch trägt die Flucht Kains in den Text ein. Davon, dass Kain fliehen oder sich verstecken will, steht im biblischen Text nichts. Der Midrasch lässt Kain vor seinen Eltern als den einzigen anderen lebenden Menschen fliehen. Mit dem Zitat der Gottesrede Gen 4,9 tritt Gott erstmals selbst in die Handlung ein. Die Frage Gottes, Gen 4,9, führt Kain und dem Leser vor Augen, dass der Mensch sich vor Gott nicht verbergen kann. Unterstützend wird Jer 23,24 zitiert.

Jer 23,24 steht im Kontext einer längeren Gottesrede gegen die falschen Propheten und ihre sich ungerechtfertigterweise auf Gottesnähe berufende Rede.[298] VV 23f unterbrechen den Redezusammenhang[299] und sprechen vom Wesen Gottes. Gott ist Sprecher und Subjekt von VV 23f.[300] V 23 bringt die Ferne und Unverfügbarkeit Gottes zum Ausdruck, V 24 die Gegenwart und Souveränität Gottes, die mit dieser Unverfügbarkeit einhergeht und zur Ferne Gottes gerade nicht im Widerspruch steht.[301] So sehr sie den Redegang durchbricht, bleibt die Passage in den größeren Zusammenhang eingebunden: Haben die Propheten keinen Zugang zu den Gedanken Gottes, hat Gott umgekehrt doch Zugang zu den Gedanken der Propheten.[302]

Im biblischen Kontext steht die Gegenwart Gottes im Kontrast zu den Propheten, die den Eindruck erwecken, über sie zu verfügen. Im Midrasch tritt die Haltung Kains in den Vordergrund. In der Interpretation des Midrasch tritt sie zur Gegenwart Gottes in Kontrast. Kain rechnet so wenig mit der Gegenwart Gottes, dass er sich vor dem ersten Elternpaar in acht nehmen zu müssen glaubt. Letztlich ist es Gott, vor dem ein Sich Verstecken nötig wäre, das nicht möglich ist.

Die Vielzahl der Wunden, die Kain dem Abel zufügt, und auf die der Midrasch verweist, erklären den Plural דמי nach V 10. Der Vers wird vom Midrasch jedoch nicht zitiert. Wichtiger ist das sich damit verbindende Motiv der Unwissenheit Kains, das an späterer Stelle wieder aufgegriffen werden wird. Kain weiß nicht, wie er töten kann und kommt deshalb nicht sofort zum Ziel.

Die deutende Ausgestaltung der Antwort Kains bezieht sich auf das betonte Personalpronomen אנוכי in Gen 4,9. Der Midrasch kontrastiert Gott und Kain und verbindet damit eine Anklage Gottes: Nicht Kain ist Wächter seines Bruders, Gott hätte der Wächter Abels sein und den Mord verhindern müssen. Ein Maschal veranschaulicht das Versagen Gottes und legt die Absurdität der Anklage Gottes ge-

298 Vgl. Holladay (1986), 639; Fischer (2005a), 687.698.

299 Vgl. Holladay (1986), 639; Lundbom (2004), 200; Fischer (2005a), 688.698.

300 Vgl. Fischer (2005a), 698.

301 Vgl. Lundbom (2004), 201; Fischer (2005a), 698.699.

302 Vgl. Fischer (2005a), 698.

genüber Kain nahe. Die Anklage Gottes wird variiert: Gott ist der Schöpfer des bösen Triebes Kains. Gott hat das Opfer Kains nicht angenommen. Bisher hat der Midrasch die Nichtannahme des Opfers Kains durch Gott weder als Tatbestand erwähnt noch als Ursache des Brudermordes qualifiziert. Dass dieses Tatmotiv an dieser Stelle Erwähnung findet, hat seinen Anhalt darin, dass es geeignet ist, die Verantwortung Gottes zu thematisieren. Über den Wortlaut des biblischen Textes hinaus, der שעה hat, hat der Midrasch קבל. Er unterstreicht damit die aktive Rolle Gottes. Im Zitat von 4,9 ist die Anklage Gottes Anklage aus dem Munde Kains. V 10 wird als Erwiderung Gottes auf die Anklage Kains zitiert.

In einem kurzen Exkurs wird דם, pl., erneut, diesmal unter ausdrücklichem Bezug auf den fraglichen Vers, auf die Vielzahl der Wunden Abels hin gedeutet. Der Midrasch liest אל im selben Vers in der Bedeutung ‚gegen'. Abels Blut schreit nicht zu Gott sondern gegen Gott, der, obgleich Zeuge der Tat, den Mord nicht verhindert. Das Argument erhält zusätzliches Gewicht dadurch, dass es diesmal nicht Kain, sondern der Midrasch ist, der es vorträgt. Die Antwort Kains greift das bereits angesprochene Motiv der Unwissenheit Kains zu dessen Gunsten noch einmal auf. Kain wusste nicht, dass das, was er tat, zum Tod Abels führen würde. Das Motiv der Allwissenheit Gottes wird wieder aufgegriffen und dem unvollkommenen Wissen der Eltern Kains gegenübergestellt.

Dass Gott – unter Verweis auf Jes 46,4 – die ganze Welt trägt, ist im Midrasch Gottesrede. Sie veranlasst Kain zu der auch aus anderen Midraschim bekannten Frage, ob Gott, wenn er die ganze Welt trägt, nicht auch fähig sei, Kains Schuld zu tragen. Das Zitat aus Jes 46,4 bereitet diese Frage auch inhaltlich vor.

נשא, משא, עמס und סבל fungieren als Leitworte des engeren Textzusammenhangs Jes 46,1–4.[303] Im Kontext von Jes 46,4 steht die Fähigkeit des Gottes Israels zu tragen im Gegensatz zur Disposition der übrigen Götter, deren Bilder von unter dieser Last beinahe zusammenbrechenden Tieren[304] und ihren Anhängern zu ihrer Rettung[305] oder in der Parodie eines Götterfestes[306] und/oder von deren Kriegsgegnern[307] davongetragen werden (müssen).[308] Mehrere mögliche Hintergründe mögen zusammenkommen.[309] Das Tragen Israels durch den Gott Israels bezieht sich auf die gesamte menschliche Biographie.[310] Tragen ist gewöhnlich verbunden mit dem Tragen einer Last und in diesem Zusammenhang negativ konnotiert.[311] Das Tragen wie das Nichttragenkönnen ist mit dem Retten oder Nichtrettenkön-

303 Vgl. Childs (2001), 360; Berges (2008), 446.450.

304 Vgl. Berges (2008), 452f.

305 Vgl. Blenkinsopp (2000), 265.267.

306 Vgl. Berges (2008), 449.

307 Vgl. Childs (2001), 359; Berges (2008), 448.

308 Vgl. Blenkinsopp (2000), 265; Childs (2001); Berges (2008), 447.454f.

309 Vgl. Berges (2008), 449.452f.

310 Vgl. Berges (2008), 456f. Berges vermutet vor dem Hintergrund der Stichwörter רחם und בטן in V 3 die Beziehung einer Mutter zu ihrem Kind als Bildhintergrund. Allerdings stehen Mutterschoß und Mutterleib, Alter und graues Haar desselben Menschen gegenüber. Berges sieht dieses Bild dann auch auf die gesamte Lebensspanne eines Menschen ausgedehnt. Es ist m.E. jedoch schwierig, allein eine Hälfte eines Merismus als bildbestimmend anzusehen.

311 Vgl. Blenkinsopp (2000), 269. Vgl. auch die semantische Verknüpfung mit dem Frondienst und die intratextuelle Verknüpfung mit Blick auf den die Krankheiten der anderen tragenden (נשא) und ihre Schmerzen und Verfehlungen schleppenden (סבל) Gottesknecht. Vgl. Berges (2008), 458. Gott trägt Israel im Zusammenhang mit dem Auszug aus Ägypten. Vgl. Blenkinsopp (2000), 268f; Berges (2008), 459.

nen eng verknüpft.[312] Der Midrasch weitet den Kontext. Objekt des Tragens Gottes ist nicht länger der Rest Israels, sondern ausdrücklich die ganze Welt. Der Midrasch wertet 4,13 als Zeichen der Umkehr Kains und interpretiert das Exil Kains im Lande Nod nach 4,16 als Minderung der Strafe.

Der im Bibeltext vorausgegangene Spruch 4,12 ist Anlass dessen, was Kain dem vom Midrasch nicht zitierten Vers 4,14 zufolge befürchtet. Gleichzeitig beantwortet der Midrasch die Frage, von wem Gefahr für Kain in einer Welt denn ausgehen kann, in der es außer dem ersten Menschenpaar und seinen Söhnen noch keinen Menschen gibt. Es sind die Tiere, die sich unter Berufung auf den göttlichen Urteilsspruch nach 4,12 gegen Kain in einer ‚Rebellion' (זעזע) erheben.[313]

Kain antwortet mit einem längeren Zitat aus Ps 139,7–10. Darüber, ob die Allgegenwart Gottes nach Ps 139, das vollständige Erkennen des Menschen durch Gott und die Unmöglichkeit, sich diesem Gott zu entziehen, positiv oder negativ konnotiert zu denken sei, ist durch die Auslegungsgeschichte des Psalms hindurch viel gestritten worden. Es spricht viel für eine ambivalente Konnotation, insbesondere der ersten Hälfte des Psalms (VV 1–12).[314]

Die Rede Kains über Gott in der 3. Person korrespondiert mit der Gottesrede in der 1. Person im Zitat von Jer 23,24. Inhaltlich greift das Zitat aus Ps 139 das Motiv der Allgegenwart Gottes wieder auf. Kain kann sich vor Gott nicht verstecken. Erst auf die tatsächliche Erfahrung dessen, was Kain nach dem Bibeltext bloß befürchtet, antwortet auch im Midrasch Gott mit der Zusage von Gen 4,14f, die auch der Midrasch mit der Funktion des Zeichens eng verbindet. Das ‚Zeichen' wird – unter Verweis auf Ex 31,17 – in erster Instanz mit dem Schabbat in Verbindung gebracht. Der Midrasch verweist darauf, dass der Schabbat wie für Kain so bereits für den ersten Menschen Schutzfunktion übernommen hat.[315] In zweiter Instanz wird das ‚Zeichen' mit einem Horn als einem äußerlich sichtbaren Erkennungszeichen identifiziert. In dieser Funktion wird es im weiteren Verlauf der Auslegung noch eine Rolle spielen und erweist sich dann als äußerst ambivalent.

Der Midrasch zitiert mit Ex 31,17 einen Text, der den Schabbat als Zeichen zwischen Israel und JHWH bestimmt. Das Zeichen des Schabbat impliziert die Qualifizierung Gottes als Schöpfer und des Menschen als Bild Gottes in dieser Funktion.[316] Der Schabbat ist Zeichen für das Mitsein Gottes mit Israel, das in engem Zusammenhang mit dem Bau des Heiligtums gegeben wird,[317] das aber auch unabhängig von ihm besteht.[318] Analog dem Heiligtum wäre der Schabbat als Zeichen Zeit (nicht Ort) der Begegnung von Gott und Israel.[319] Nach Dohmen und Houtman ist Israel Adressat dieses Zeichens.[320] Nach Jacob treten als sekundärer Adres-

---

312 Vgl. Blenkinsopp (2000), 265; Berges (2008), 455.

313 Die Erhebung der Tierwelt begegnet auch in GenR 22. Das Motiv erinnert an ein Motiv bei Josephus, der es in seinen seiner Auslegung zu Grunde liegenden Orientierungshorizont einordnet.

314 Vgl. Zenger (1998), 83f.87; Gerstenberger (2001), 402; Hossfeld/Zenger (2008), 719.

315 In Tan wird die Schutzfunktion des Schabbat über den ersten Menschen nicht weiter ausgeführt. Ausführlicher ist TanB.

316 Vgl. Jacob (1997), 844f.

317 Vgl. Houtman (2000), 588; Dohmen (2004), 280. Nach Jacob (1997), 842f schärft Ex 31,12–17 das Schabbatgebot auch und gerade für die Dauer des Baus des Heiligtums noch einmal ein.

318 Vgl. Dohmen (2004), 280f.

319 Heilige Zeit (der Schabbat) und heiliger Ort (das Heiligtum) werden im Kontext des biblischen Textes miteinander verknüpft. Die heilige Zeit ist dem heiligen Ort vorgeordnet. Vgl. Houtman (2000), 588. Vgl. auch Jacob (1997), 844. Zum Schabbat als Heiligtum in der Zeit vgl. Jacob (1997), 849.

320 Vgl. Dohmen (2004), 280; Houtman (2000), 589.

sat die Völker hinzu, insofern der Schabbat etwas über das besondere Verhältnis Gottes zu Israel aussagt.[321] Wenn der Schabbat zugunsten Kains wie zugunsten Adams Einspruch erhebt,[322] tritt er als selbständig handelndes Subjekt zwischen Gott und Kain.

Wie ein Einschub wirkt die Episode von den Vögeln, die Kain darüber belehren, wie er den Toten zu bestatten hat.[323] Ähnlich der mit der Auslegung zu 4,3f und dem Verbot der Vermischung, wird auch hier eine Halacha mit der Erzählung resp. deren Deutung in Verbindung gebracht. Das Blut geopferter Vögel wird bedeckt.

Zum Gegenstand der Auslegung durch den Midrasch wird auch das in 4,15 schwer verständliche שבעתים. Tan בראשית weitet den Erzählzusammenhang bis zum Ende von Gen 4 aus. Nach der Deutung des Midrasch findet Kain durch seinen Nachkommen Lamech in der siebten Generation den Tod. Mit ihm wird auch seine weitere Nachkommenschaft ausgelöscht, denn Lamech tötet, nachdem er seinen Vorfahren getötet hat, in seiner Verzweiflung unbeabsichtigt auch noch seinen Sohn, dessen Namen an Kain erinnert, Tubal-Kain. Das Motiv der Identifikation des Zeichens mit einem Horn begegnet hier erneut. Über das Horn identifiziert Lamech den Getöteten mit seinem Vorfahren Kain. Im Entsetzen über diese Entdeckung verursacht er den Tod Tubal-Kains. Nachdem sowohl der erste Mensch als auch die Frauen des Lamech und Lamech den Geschlechtsakt wieder vollziehen, kommt es zur Geburt zweier Hoffnungsträger: Set – und in größerer Breite ausgeführt – Noah.

4.1.3 Schwerpunkte

Gegenüber der einzigen anderen durchgehenden Auslegung in GenR 22 tritt die Verortung der Erzählung innerhalb der erinnerten Geschichte Israels hinter eine ethische Aussagelinie zurück. Im Zusammenhang einer an V 8 anknüpfenden Auslegung wird zwar auch die Identifikation des Ortes und Gegenstandes der Auseinandersetzung mit dem Zion diskutiert, an pointierter letzter Stelle steht jedoch eine Deutung, nach der der Midrasch Abel pointierter als in GenR als einen Gerechten charakterisiert.

Die Allwissenheit und Allgegenwart Gottes wird dem beschränkten Wissen und Vermögen Kains und der ersten Eltern gegenübergestellt. Die Unwissenheit Kains wird in ganz unterschiedlicher Weise beschrieben und gewertet: Nach einer ersten Interpretation weiß Kain nicht, wie er Abel tötet kann und fügt ihm deshalb eine große Zahl von Wunden zu. Nach einer zweiten hat er keine Kenntnis darüber, dass die Wunden, die er dem Abel zufügt, überhaupt tödlich sind. Nach einer dritten weiß er nicht, wie er den Toten begraben soll. Die beiden zuerst genannten Beispiele laufen sich in ihrer argumentativen Pointe zuwider,[324] ohne dass der Midrasch diesen Widerspruch ausführte, kulminieren aber in Kains Unwissenheit. Die Wertung der Allwissenheit Gottes durch den Midrasch ist ambivalent. Gott trägt eine Mitschuld am Tod Abels. Das Motiv der Unwissenheit Kains begegnet in GenR und in Tan. Während es in GenR der Anbindung der Erzählung von Kain

---

[321] Vgl. Jacob (1997), 843f.

[322] Eine Tradition, nach der der Schabbat zugunsten Adams Einspruch erhebt, begegnet in TanB, nicht aber in Tan. Tan beruft sich hier also auf eine Tradition, die es selbst nicht tradiert.

[323] Dieselbe Episode begegnet in Pesikta de Rabbi Eliezer.

[324] Im ersten Fall handelt es sich um einen absichtsvollen Mord, im anderen um absichtslosen Totschlag. Der Midrasch führt diesen Widerspruch nicht aus.

und Abel an die Anfangserzählungen nach Gen 1ff dient, steht in Tan die Unwissenheit Kains im Zusammenhang seiner Gottesbeziehung und im Kontrast zur Allwissenheit Gottes im Vordergrund.

Entsprechend der Lesart von Tan בראשית zeigt Gen 4 den Menschen in einer Welt, in die infolge der לשון רעה nach Gen 3 der Tod getreten ist. Mit Noah wird der Fluch, der auf der אדמה liegt, aufgehoben. Die scheinbar unheilvolle Geschichte des Anfangs birgt Perspektiven einer besseren Zukunft in sich. Sie weist über sich hinaus. Das Entstehen heilvoller Perspektiven aus einer unheilvollen Geschichte ist ein Grundthema des Midrasch.

4.2 Tan נח

Tan נח hat außer der biblischen Textbasis den größten Teil seines Auslegungsmaterials mit GenR 36 gemeinsam. Unterschiede, die auch die Gesamtaussage betreffen, ergeben sich aus dem anderen thematischen Schwerpunkt, der eine differierende Anordnung des Materials und einige zusätzliche Details zur Folge hat. Zentral ist das Thema der Gebotserfüllung. Der Bereich der Fortpflanzung steht sowohl mit Blick auf den Verstoß gegen das göttliche Gebot als auch mit Blick auf seine Erfüllung dafür exemplarisch.

Anders als in GenR 36 ist das Verhältnis Noahs zur אדמה im größeren Kontext des Midrasch jenseits des Traditionsstückes nicht zentral. Das zentrale Thema Fortpflanzung und Sexualität als Gebotserfüllung bleibt vom Kainbeispiel unberührt. Kains Verhältnis zur אדמה stellt eine Kontinuität zwischen der Welt vor und der Welt nach der Flut her, die der Midrasch an anderer Stelle auch unter dem Vorzeichen seines zentralen Themas Sexualität und Gebotserfüllung herstellt. Vor der Flut verstoßen die Geschöpfe gegen die Ordnung der Schöpfung, die die Tora repräsentiert. In der Arche verstößt Ham gegen ein Gebot der Tora. Das Anwachsen der Macht des Bösen kennzeichnet den Zustand der Welt über die Flut hinaus.

5. Die Erzählung Gen 4,1–16 im Zusammenhang von Normdiskussionen und erinnerter Geschichte

5.1 PRK 24, LevR 10, DtnR 8, TanB בראשית, MdrPss 100, PesR 47 und PesR 50

5.1.1 Das Traditionsstück: Umkehr

Übersetzung

Siehe Anhang.

5.1.1.1 Analyse

Eine Gruppe von Midraschim handelt von der Umkehr Kains. Trotz signifikanter Unterschiede lassen die gleiche argumentative Grundstruktur und wörtliche Parallelen zwischen einzelnen Varianten es vertretbar erscheinen, mit Blick auf das Kainbeispiel von einem Traditionsstück zu sprechen. Mehrere Motive begegnen in wechselnder Zusammensetzung in verschiedenen Midraschim. Mit Ausnahme von MdrPss 100 haben alle Varianten das Motiv von der Rücknahme des halben Urteilsspruches nach der Umkehr Kains, das Gen 4,12 (‚unstet und flüchtig', נע ונד) und 4,16 (wohnen im Land ‚Nod', נוד) aufeinander bezieht.[325] DtnR 8 gestaltet den als Hinweis auf die Umkehr Kains gewerteten V 13 zu einem längeren Dialog zwischen Gott und Kain aus. Anknüpfend an ein Zitat von 4,16 (ויצא) erweitern PRK 24 und LevR 10 um eine Diskussion des Gemütszustandes Kains bei dessen Hinausgang und die das Geschehen kommentierende abschließende Begegnung Kains und Adams. Die abschließende Begegnung zwischen Kain und Adam haben auch PesR 50 und MdrPss 100. Die Form, die TanB בראשית dem Traditionsstück gibt, verbindet die Ausgestaltung des Dialoges zwischen Gott und Kain, den auch DtnR 8 bezeugt, mit der Begegnung Kains, wie sie im Zusammenhang des Traditionsstücks in PRK 24 und LevR 10 begegnen.

Die Rücknahme des Urteilsspruches oder die Reduzierung der Tatfolgen um die Hälfte ergibt sich nach PesR 47, PesR 50, PRK 24, LevR 10 und DtnR 8 aus dem Zusammenspiel der Verse Gen 4,12 und 4,16. Der Name des Landes Nod und die Ankündigung des Wohnens in ihm nimmt einen Teil der Gen 4,12 angekündigten Tatfolgen wieder auf und negiert sie: Statt נע ונד (‚unstet und flüchtig') wird Kain im Land נוד (‚Flucht') wohnen.[326]

In TanB בראשית fehlt das Zitat von V 12, in PesR 47 das von V 16. In beiden Fällen werden beide Verse in der Argumentation aber vorausgesetzt. PRK 24, PesR 47 und 50 und LevR 10 ד zitieren zur Begründung der Umkehr Kains Gen 4,13.

[325] Diese Argumentationsfigur hat auch GenR 22.

[326] Dass der Rechtsspruch in PRK 24 und LevR 10, außer LevR 10 ט ד, als hart bezeichnet wird, während in LevR 10 ט ד, PesR 47, PesR 50, TanB בראשית und DtnR 8 einfach von einem Rechtsspruch die Rede ist, hat auf den Inhalt keine Auswirkung. In MdrPss 100 kommt Rechtsterminologie innerhalb des Traditionsstückes nicht vor.

LevR 10, außer LevR 10 ד, kennt keinen Beleg. Der Textausfall von PRK פ gegenüber dem Mehrheitstext von PRK reduziert das Argument von der Rücknahme der halben Schuld auf das zum Verstehen unbedingt Notwendige. Es fehlt das Zitat von V 13 und das ausführliche Zitat von V 16. Die Wiederaufnahme der für das Argument wesentlichen Textpassage aus V 16 trägt hier die Last der Argumentation allein. MdrPss 100 konstatiert Umkehr und Vergebung und begründet beide mit dem Hinausgang Kains vom Angesicht Gottes nach Gen 4,16. Denkbar ist, dass die Fortsetzung des Verses, die vom Wohnen Kains im Land Nod berichtet, mitzuhören ist.[327]

DtnR 8 und TanB בראשית bauen das Schuldbekenntnis Kains im Zitat von V 13 zu einer langen Rede aus, die Züge einer schriftgelehrten Argumentation trägt. In DtnR 8 folgt auf das einleitende Zitat von V 13 Kains an Gott gerichtete kaum anders als rhetorisch zu verstehende mit einer Aufforderung verbundene Frage. Wenn Gott die ganze Welt trägt, soll und wird er dann nicht auch Kains Schuld tragen?[328] Das folgende Zitat aus Mi 7,18, das explizit als Schriftzitat markiert ist, hat argumentativ begründende Funktion. Kains Rede schließt mit der expliziten Wendung an Gott und der Bitte um Schuldvergebung. Demselben Material, das DtnR 8 in Form einer in sich geschlossenen Auslegung präsentiert, gibt TanB eine komplexere Form. TanB präsentiert zwei durch דבר אחר voneinander getrennte Redegänge Kains. Indem der erste Redegang mit dem Zitat von Gen 4,13 beginnt und der zweite mit diesem Zitat schließt, entsteht eine chiastische Struktur, die beide Redegänge zusammenbindet. Was die erste Rede in die Form einer rhetorischen Frage kleidet, formuliert die zweite mit Hilfe des Schriftzitates positiv. Gott der die Welt, und insbesondere auch die Schuld Israels trägt, soll auch Kains Schuld, die Kain selbst nicht tragen kann, tragen. Anders als in DtnR 8 wird Mi 7,18 nicht explizit als Schriftzitat eingeführt.[329]

Gen 4,13 und Mi 7,18 werden intertextuell miteinander verknüpft. Mi 7,18 ist Teil einer das Michabuch insgesamt abschließenden literarischen Fiktion einer Liturgie[330] in Mi 7,8–20.[331]. Mi 7,18 erhält dadurch zusätzliches Gewicht, als es innerhalb von Mi 7,8–20 selbst noch einmal das Finale markiert.[332] Mi 7 beschreibt eine Situation des Umbruchs, in der der Zorn Gottes (V 9) noch spürbar ist, die Ver-

---

327 Der erste Versteil mit dem Motiv des Hinausgangs bietet einen Anknüpfungspunkt für die in MdrPss unmittelbar folgende Episode von der Begegnung Adams und Kains.

328 Dasselbe Motiv begegnet auch in GenR 22 im Zusammenhang der Auslegung desselben Verses ohne Bezug auf Mi 7,18. Während GenR 22 und DtnR in der Ausgabe Wilna eine einfache positive Aussage in die Form einer rhetorischen Frage kleiden („Und meine Schuld/Strafe trägst Du nicht?"), fragen TanB und DtnR in der Ausgabe Liebermann nach der Möglichkeit der Schuldvergebung („Und meine Schuld/Strafe kannst Du nicht tragen?").

329 „Du wirst genannt" (TanB) statt „Du hast geschrieben" nach der gewöhnlichen Ausgabe oder „Es steht über dich geschrieben" nach DtnR in der Ausgabe Liebermann. DtnR in der Ausgabe Wilna macht Gott zum Autor des Bibeltextes und zum Subjekt der ihn betreffenden Aussage. Die Ausgabe Wilna verleiht dieser Aussage so besondere Valenz.

330 Vokabular und Duktus erinnern an die Sprache der Psalmen. Vgl. Kessler (2000), 296; Jeremias (2007), 219. Mi 7,18 selbst zeichnet sich durch hymnischen Partizipialstil aus. Vgl. Kessler (2000), 309. VV 14–20 wird von direkter Gottesanrede dominiert.

331 Zur Abgrenzung der Passage vgl. Kessler (2000), pass. bes. 300. Dafür, dass der Midrasch ähnlich liest, spricht, dass V 18 Passagen zu Beginn dieses Textabschnittes aufnimmt, von denen vor allem V 9 für den Intertext Gen 4 auch sprachlich Anknüpfungspunkte bietet. Zur Gattungsfrage vgl. Kessler (2000), 297 und die dort zusammengefassten und kommentierten Positionen.

332 Vgl. Kessler (2000), 296.

gebung Gottes im Gebet aber bereits antizipiert wird.[333] Intratextuell bezieht sich V 18 auf das Schuldeingeständnis des Beters in V 9[334].

Gen 4,13 und Mi 7,18 werden über das Stichwort des Tragens (נשא) der Schuld (עון) miteinander verknüpft. Über das Stichwort נשא funktioniert die intratextuelle Verknüpfung von Mi 7,18 und 7,9.[335] Zwischen Gen 4,12 und Mi 7,9(!) besteht eine strukturelle Parallele: Während Israel, der Zion oder der Beter in V 9 den Zorn Gottes trägt, trägt Kain in Gen 4,13 seine Schuld oder Strafe und kann sie nicht tragen. Nach Mi 7,18 trägt Gott die Schuld Israels oder des Beters und im Zitat von 7,18 die Kains. Schuldeingeständnis und das Tragen des Zornes Gottes in Mi 7,9, das Tragen der Schuld und die Vergebung der Schuld durch Gott nach Mi 7,18 betreffen Israel. Das Schuldbekenntnis spricht der Prophet in Stellvertretung Zions, der wiederum für Israel steht.

In PRK 24 und LevR 10 schließt sich eine Diskussion über die Gemütsverfassung Kains an, die im Zusammenhang der Auslegung des gleichen Verses auch GenR 22 kennt. MdrPss hat nur das abschließende positive Argument Rabbi Hunas, das dort nicht Teil eines Diskurses ist, sondern der Einleitung der folgenden Erzählung von der Begegnung Adams und Kains dient.[336]

Gleich GenR 22 im Zusammenhang der Auslegung desselben Verses spannen auch PRK 24, LevR 10, TanB בראשית und MdrPss 100 den Erzählfaden mit der im nahezu gleichen Wortlaut wiedergegebenen Begegnung von Kain und Adam nach dem Brudermord über das im biblischen Text Erzählte weiter aus.[337] Was in der Analyse zu GenR 22 ausgeführt wurde, gilt in gleicher Weise hier. Unterschiedliche Versionen variieren zentrale Begriffe der Frage Adams und der Antwort Kains. Während die passive Formulierung der Frage Adams sonst überall auf die Frage nach dem Handeln Gottes hin durchsichtig ist, fragt LevR 10 א nach dem Tun Kains und stärkt so dessen Rolle. In der Antwort Kains sprechen MdrPss 100, PesR 50 und LevR 10 ב א von Erlass oder Vergebung. PesR 50, PRK 24 und LevR 10 in den übrigen Versionen sprechen zurückhaltender von einem herbeigeführten Kompromiss.

MdrPss zitiert als Belegvers für die Freude Kains nicht Ex 4,14, sondern, in gleicher Weise als Beleg für das Argument Rabbi Hunas eingeführt, Est 5,9. Gen 4,12 und Est 5,9 verbindet das Vorkommen von יצא. Dass in MdrPss gegen alle Parallelen der Gemütszustand Hamans nach Est 5,9 als Beleg für den Gemütszustand Kains bei seinem Hinausgang vor dem Hintergrund von dessen (Schuld-) Bekenntnis zitiert wird, hat eine subversive Note. Haman gehört zu den Protagonisten, die in der rabbinischen Tradition an keiner Stelle positiv gezeichnet sind. Kain wird nicht, wie in den Parallelen mit einer der zentralen Gestalten der erinnerten Geschichte Israels aus Israel, sondern mit einem paradigmatischen

---

333 Vgl. Kessler (2000), 297.299.301f; Jeremias (2007), 221.224.

334 Vgl. Kessler (2000), 298; Jeremias (2007), 221.223. Für Jeremias zeugt der „denkbar unterschiedlich[e]" Umgang mit Schuld in beiden Versen vom Wachstum des Textes. Vgl. Jeremias (2007), 222. Der unterschiedliche Umgang beider Verse mit Schuld passt sich der Dynamik des Midrasch gut ein. נשא verbindet beide Textpassagen auch mit Gen 4,13.

335 Vgl. auch Kessler (2000), 298; Jeremias (2007), 221.223.

336 Statt mit einem, der ‚seine Worte', vergleichen Lev ב ד und פ Kain mit einem, der ‚seine Kleider' über seine Schultern wirft. Bedeutsamer ist, dass in PRK כ die Rabbi Berekhja zugeschriebene, und damit eine der beiden negativen Deutungen des Gemütszustandes Kains fehlt. Die Möglichkeit des Betrugs erhält so weniger Gewicht.

337 LevR ד setzt diesen Teil durch דבר אחר von der vorangegangenen Auslegung ab und gibt ihm so ein gewisses Eigengewicht.

Gegenspieler Israels parallelisiert. Während die Diskussion über den Gemütszustand Kains, die in den Parallelen mit der Frage nach der Ernsthaftigkeit der Umkehr Kains einhergeht, in MdrPss 100 fehlt, wird eben diese Fragwürdigkeit durch die Wahl des Belegverses hier eingetragen.

Indem Ps 92 über unterschiedliche Verse eingespielt wird, setzen unterschiedliche Midraschim unterschiedliche Akzente: PesR 50 und LevR 10 zitieren Ps 92 über V 1. PRK 24 zitiert Ps 92 über V 2, trägt aber V 1 als nachträglichen Kommentar Adams nach. In einem Nachsatz, der Rabbi Levi zitiert, wird der Titel des Psalms (Ps 92,1), der Ps 92 als שיר ליום השבת identifiziert, gleichfalls Adam in den Mund gelegt. TanB בראשית zitiert den Psalm ebenfalls über V 2. Ps 92,1 wurde im Kontext im Rahmen einer Rede des Schabbat bereits zitiert.

Wo Ps 92,1 zitiert wird, tritt der Charakter des Psalms als שיר ליום השבת in den Vordergrund. השבת verweist auf תשובה. Der Tag des Schabbat ist dann der Tag der Umkehr.[338] Wo Ps 92,2 zitiert wird, verweist das Stichwort ידה auf den Charakter des Psalms als Bekenntnis- oder Lobpsalm. Im Rückbezug der Wurzel ידה auf ihren Gebrauch in der unmittelbar vorausgehenden Rede Kains steht in TanB בראשית das Bekenntnis im Vordergrund. ידה (Hif.) in Ps 92,2 greift im Kontext des Midrasch das gegenüber den Parallelen in TanB singuläre ידה (Hitp.) der vorausgegangenen Rede Kains („Hätte ich nicht bekannt …“) auf.[339] Dieser Aspekt wird vom Kontext des Midrasch, in dem Adam die als Selbstoffenbarung gekennzeichnete Gotteserfahrung Kains im Zitat des Psalms kommentiert, unterstützt. MdRPss 100 zitiert mit Ps 92,2 den Vers des Ps, der das zentrale Thema des Midrasch, das (Schuld-)Bekenntnis aufnimmt. In MdrPss deutet die erneute Redeeinleitung mit אמר לו auf Adam als Sprecher des Psalmzitats. Wenn auch in MdrPss Adam das (Schuld-)Bekenntnis Kains für sich übernimmt, wird die Antithese, die Adam und Kain repräsentieren, mit Blick auf diese beiden zum Schluss wieder aufgehoben.

5.1.1.2 Kain und Abel im Kontext des Traditionsstücks

PesR 47, PesR 50 und PRK 24 zitierten Gen 4,13 und werten den Vers als Hinweis auf die Umkehr Kains. In allen Midraschim der Gruppe, außer in der Fassung des Traditionsstücks in MdrPs 100, wird im Zusammenhang des Motivs von der Rücknahme des halben Strafspruchs die Erzählung von Kain und Abel über das נע ונד (‚unstet und flüchtig‘) in Gen 4,12 und das Wohnen Kains im Land Nod (נוד) aus V 16 eingespielt. Aus dem Gegenüber der VV 12.14 einer- und V 16 andererseits wird auf die Rücknahme eines Teiles der Tatfolge und auf die Annahme der Umkehr oder des Gebetes durch Gott geschlossen. Im Zusammenhang des schriftgelehrten Disputs Gottes und Kains wird die Erzählung in TanB בראשית und in DtnR 8 ebenfalls über das Schuldbekenntnis Kains in Gen 4,13 eingespielt. PesR 50, PRK 24, LevR 10 und MdrPs 100 knüpfen im Zusammenhang mit der Begegnung Kains und Adams an יצא in Gen 4,16 an.

Das Traditionsstück macht das sich an den Mord anschließende Gespräch zwischen Gott und Kain zu einem Lehrstück über Umkehr. Wie in GenR 22 wird auch in PRK 24, LevR 10, PesR 50 die Identifikation mit der Gottesbegegnung Kains für Adam Anlass und Ermöglichung des Vollzugs eigener Umkehr. Textpragma-

---

338 Vgl. Wagner (1998), 30. Allerdings behält PRK die Pleneschreibung in allen Versionen bei.

339 ידה kann auch im Hif. die Bedeutung ‚bekennen‘ haben. Vgl. Jastrow (1903), 564. Möglich, gegebenenfalls aber weniger deutlich, ist die Aufnahme von ידע in der einleitenden Rede Adams durch ידה in Ps 92,2.

tisch zielt die Erzählung von Kain und Abel in nächster Instanz auf die Ermöglichung eigener Umkehr auch durch den Leser.

Während TanB (‚Und es sprach') Kain und Adam in eine Linie stellt, kontrastiert nach PRK 24, PesR 50 und LevR 10 die Erfahrung Adams zunächst die Erfahrung Kains, die Adam in der Rezeption erst zu seiner eigenen machen muss. In MdrPss 100 fungiert Kain vor dem Hintergrund des Gegenhorizontes, den Adam darstellt, unmittelbar als positive Identifikationsfigur.

Wie in GenR 22 wird auch in PRK 24 und LevR 10 eine Analogie zwischen Mose und Aaron auf der einen und Kain und Adam auf der anderen Seite hergestellt. Sie unterstreicht das Moment der Gotteserfahrung oder -offenbarung. TanB בראשית geht noch einen Schritt weiter, indem es die Begegnung Kains mit Gott und das Gericht Gottes über ihn explizit als eine ‚Selbstoffenbarung' Gottes charakterisiert: „In der Stunde, in der Kain den Abel erschlug, offenbarte (גלה) sich ihm der Heilige, gepriesen sei er".

5.1.2 Die Kontexte

5.1.2.1 PRK 24

PRK 23 endet mit einem Ausblick auf die kommende Welt. PRK 24 setzt mit dem Ausgangsvers Hos 14,2 neu ein. Hos 14,2f ist durchgehend Gegenstand der Auslegung von PRK 24. PRK endet mit einer Aufforderung zum Lobpreis, der auf die Vergebungsbereitschaft Gottes, die Thema von PRK 24 ist, antwortet.

Der größere Teil von PRK 24 besteht aus einer Reihe von Petichot zu Hos 14,2a. Im Anschluss an die umfangreichste 11. Peticha löst sich die Form der Peticha mehr und mehr auf. Eine kürzere sukzessive Auslegung der folgenden Versteile Hos 14,2b.3 bildet den Abschluss. Über das gemeinsame Thema der תשובה hinaus sind die einzelnen Petichot über einzelne thematische Bezüge und Stichwortverbindungen miteinander verknüpft.

Die 11. Peticha funktioniert als in sich geschlossene kleinere Texteinheit im Kontext der größeren Einheit von PRK 24. Die Fortsetzung des Ausgangsverses Hos 14,1, Hos 14,2, dient ihr als Petichavers. Nicht in allen Versionen ist das Ende der 11. Peticha durch das Zitat des Ausgangsverses deutlich markiert.[340] Das Zitat von Hld 5,2 leitet jedoch erkennbar einen neuen Abschnitt ein.

Hos 14,1f	
1. Maschal	
Dialog Gott – Israel	
Gott nimmt die Umkehr Israels an, wie er die Umkehr Ahabs, der Männer von Anatot und Ninive, Mannasses und Jojachins angenommen hat	
Kain	Gen 4
[Einwürfe → Widerlegung der Einwürfe: Ex 4,14; Ps 92]	
Ahab	1 Kön 21
Männer von Anatot	Jer 11 ⇔ Esra 2
Männer von Ninive	Jona 3
Disput über die Langmut Gottes	
Mannasse	2 Chr 33
Jojachin	Jer 22 ⇔ 1 Chr 3
Zsf.: Die Macht der Umkehr erreicht den Thron JHWHs	
Hos 14,2	

340 In פ א$_2$ כ wird Hos 14,2 als Abschluss der 11. Peticha explizit zitiert.

Hos 14,1 und 14,2 werden üblicherweise als Schluss- resp. Anfangsvers zweier deutlich voneinander getrennter Einheiten wahrgenommen.[341] Obwohl die Abwendung von seinem Gott in der Todesverfallenheit Samarias kulminiert (Hos 13),[342] kündigt Hos 14,1, diesen Abschnitt abschließend, die Buße Samarias an.[343] Hos 14,2–10 antwortet als an Israel gerichtetes Heilswort auf Hos 13,1 – 14,1[344] und beschließt das Hoseabuch im Ganzen.[345] In VV 2–4 wird Israel-Juda zur Umkehr aufgefordert. In VV 5–9 folgt eine Heilszusage. Die unbedingte Heilszusage ist als Teil der Umkehraufforderung verstehbar.[346]

Aus der Umkehraufforderung in Hos 14,2, die auf eine Darstellung der Strafwürdigkeit Israels nach Hos 14,1 folgt, entspinnt sich ein Dialog zwischen Gott und Israel. Zwischen dem Zitat von Hos 14,1f und dem Dialog stehen ein Maschal, der die Situation Israels und Samarias nach dem Hoseatext illustriert,[347] und eine Paraphrase der Umkehraufforderung. Innerhalb des Dialoges fragt Israel Gott nach der Wahrscheinlichkeit der Annahme seiner Umkehr. Gottes Antwort besteht aus einer Aufzählung einer Reihe von Protagonisten der erinnerten Geschichte Israels, darunter Kain, deren Umkehr Gott bereits angenommen hat. Die Beispiele dienen als Horizonte für die Wahrscheinlichkeit der Annahme der Umkehr Israels („Umso mehr Israel …“).

Alle Beispiele folgen einer einheitlichen Struktur:

(1) Einleitung:
„Seine/Ihre Umkehr habe ich angenommen, und eure Umkehr nehme ich nicht an? Denn es wurde gesprochen/gerichtet über ihn/sie ein harter Rechtsspruch.“
(2) Schriftvers, der den Rechtsspruch und die Härte des Rechtsspruches belegt.
(3) Aus dem Fortgang des anzitierten Textes (Gen 4; 1 Kön 21; Jona 3; 2 Chr 33) oder mittels intertextuell verknüpfter Texte (Jer 11 ⇔ Esra 2; Jer 22 ⇔ 1 Chr 3) wird dann der Umstand untermauert, dass der Betreffende Umkehr getan und Gott ihm daraufhin vergeben habe.
(4) Abschluss
„Und eure Umkehr nehme ich nicht an?“

Gemeinsam ist der überwiegenden Mehrzahl der Beispiele in der Interpretation des Midrasch die Fragwürdigkeit der Ernsthaftigkeit der Umkehr ihrer Protagonisten. Ahab fastet, indem er seine Mahlzeiten über einen wenig längeren Zeitraum verteilt. Der Einbezug des Viehs in die Bußriten der Niniviten stellt einen Versuch der Erpressung Gottes dar. Solange Gott kein Erbarmen mit Ninive hat, hat Ninive

---

341 Vgl. etwa die Rahmenfunktion der Verse 13,1 und 14,1. Vgl. Jeremias (1983), 160f; Bons (1996), 160f; Ben Zvi (2005), 268.288.

342 Vgl. Jeremias (1983), 161.164; Bons (1996), 166f; Ben Zvi (2005), 273f.277. Der Bericht von der Todesverfallenheit des Gottesvolkes in Gegenwart und Zukunft (VV 1.14) – vgl. Jeremias (1983), 161.164 – ist verbunden mit der Botschaft von der Macht Gottes über den Tod – vgl. Jeremias (1983), 166.

343 Vgl. Jeremias (1983), 167.

344 Vgl. Ben Zvi (2005), 269. 285. Der Midrasch setzt die Identität Samarias (nach Hos 14,1) mit Gesamtisrael voraus. Eine solche Identifikation legt sich – auch schon innerbiblisch – durch das Zusammenspiel der Kap. 13 und 14 nahe. Umkehraufruf und Heilszusage in Hos 14 richten sich an Israel.

345 Vgl. Jeremias (1983), 169.

346 Vgl. Jeremias (1983), 169; Ben Zvi (2005), 289.291.304f. Gott ‚heilt‘ (רפא) die Abtrünnigkeit (משובה, Wurzel שוב) Israels (V 5). Vgl. Jeremias (1983), 172; Ben Zvi (2005), 305. Vgl. auch Bons (1996), 164.168.

347 Der Heerführer eines Königs rät einer Stadt, ihre Rebellion gegen den König zu überdenken. Er führt ihnen die Folgen der Rebellion einer anderen Stadt vor Augen.

kein Erbarmen mit dem Vieh.[348] Manasses Gebet zu JHWH ist ein letzter in einer langen Reihe systematischer Versuche der Anrufung verschiedener Götter. Etwas unklar bleibt die Darstellung mit Blick auf das Beispiel der Männer von Anatot und das Beispiel Jojachins.[349] Es handelt sich dabei um zwei Beispiele, die auch in LevR 10 begegnen. Vor dem Hintergrund der parallelen Beispiele legt sich eine entsprechende Lesart innerhalb von PRK 24 auch für diese beiden Beispiele nahe.

In das Beispiel der Männer von Ninive wird eine längere Passage über das Verhältnis von Gerechtigkeit, Barmherzigkeit und Langmut Gottes eingefügt.[350] Von der Ungewissheit über die Barmherzigkeit Gottes, die sich in der Rede des Königs innerhalb des Jonabuches in einem ‚vielleicht' ausdrückt,[351] verlagert sich das argumentative Gewicht innerhalb des Midrasch auf die begründete Hoffnung auf die Barmherzigkeit Gottes auch gegenüber den Feinden Israels und selbst im Falle nur halbherziger Umkehr. Der Exkurs rückt die aufgezählten Beispiele in ein bestimmtes Licht: Barmherzigkeit und Langmut Gottes sind größer als seine Gerechtigkeit. Der Abschluss der Peticha illustriert abschließend an einer Reihe von Bildern und Vergleichen die Macht der Umkehr.

Themenschwerpunkte

Zentrales Thema ist die Macht der Umkehr. Gottes Barmherzigkeit gewinnt über Gottes Gerechtigkeit selbst im Falle halbherziger oder fragwürdiger Umkehr Israels.

5.1.2.2 PesR 50

Der durchgehende Bezug auf den Ausgangsvers Hos 14,2 unterstreicht die Einheit des Textzusammenhangs und grenzt ihn gegen die vorausgehende und die nachfolgende Textpassage ab. Weder Anfang noch Ende der Parasche sind deutlich markiert. Ein Blick auf Israel und die kommende Welt steht in der Mitte des letzten Auslegungsdurchganges. Die Auslegung zu Hos 14,2 setzt sich im Anschluss aber ohne erkennbaren Neueinsatz fort.

---

348 Der Midrasch verknüpft die beiden im Jonabuch unvermittelt nebeneinanderstehenden Begründungen für die Verschonung Ninives: die Umkehr Ninives und das Mitleid Gottes, insbesondere mit den Kindern und dem Vieh. Vgl. Simon (1994), 131; Struppe (1996), 78.

349 Am Bibeltext belegt wird in beiden Fällen nicht die Umkehr, sondern die Rücknahme der Strafe. Von der Rücknahme der Strafe wird auf die vollzogene Umkehr geschlossen.

350 Dieser Exkurs stellt einen in sich noch einmal komplex gestalteten Textbereich dar, dessen Analyse hier zu weit führen würde. $_2$א bricht gegen Ende des Ahabbeispiels ab und setzt erst inmitten des Disputes über die Langmut Gottes wieder ein. Das Beispiel der Männer von Ninive, an das dieser Disput harmonisch anschließt, fehlt.

351 Vgl. Crenshaw (1995), 138.

Hos 14,2
Jes 38,18 Frevler in der Scheol ⇔ Gerechte und Umkehrende in der Scheol
(Jes 43,7; Ps 115,17; Ez 18,32) (Ps 149,5; Ps 115,17; Jes 38,18)
Tugendkatalog (Jes 75,15)
Hab 3,6 Gott misst und befindet würdig: Mose, das Schilfmeer, die Generation der Wüste, den Sinai, *[Kanaan]*[352], Jerusalem, den Schabbat, den Monat Tischri
Hos 14,2
Aufruf zur Umkehr – in dieser Welt richtet Gott mit dem Maß des Erbarmens (מדת רחמים) (Ps 75,8f)
Über die Umkehr
Koh 9,10; Ijob 3,19 (die Maßstäbe dieser gelten nicht in der kommenden Welt);
Koh 9,4 (besser ein Frevler, der Umkehr tut, als ein Gerechter, der zuletzt fehlt);
Hos 14,3 (Gebet und Umkehr sind besser als Opfer)
Hos 14,2
Spr 12,14 Rubens doppelte Umkehr: Rubens ‚Rückkehr' zur Zisterne (Gen 37,29), nachdem er seines Vergehens mit Bilha wegen Buße getan hat
Hosea wird als Nachkomme Rubens Israels Umkehr veranlassen (Hos 1,2; 1 Chr 5,6; Hos 14,2)
Maschal
Hos 14,2
Gott nimmt die Umkehr Israels an, wie er die Umkehr Kains angenommen hat
Gott schenkt Israel zehn Tage der Umkehr – die Umkehr eines Israeliten wird als Umkehr Israels gewertet – die Macht der Umkehr und des Friedenstiftens
Gott selbst ändert sein Wort, um Frieden zwischen den Menschen zu stiften (Gen 18,12.13)
Wo Israel Götzendienst übt, aber in friedlicher Gemeinschaft lebt, wird es nicht nach der מדת הדן gerichtet (Hos 4,17)
Der Priestersegen endet mit Frieden (Num 6,26)
Die friedliche Rückkehr Israels in der kommenden Welt (Ps 122,6; Jes 66,12)
Die Steine des Altars, der dem Versöhnung stiftenden Opfer dient, bleiben unbehauen (שלם)
[Die Versöhnung stiftende Rolle der Opfer für Israel]
drei Dinge annullieren einen Urteilsspruch: Gebet (2 Chr 7,14), Gerechtigkeit (2 Chr 7,14; Ps 17,15), Umkehr (2 Chr 7,14)
Hos 14,2

Ausgangsvers ist Hos 14,2. In Auseinandersetzung mit Jes 38,18 wird das kontrastive Geschick der Gerechten und Umkehrer und der Frevler nach ihrem Tod geschildert. Der darauf folgende Abschnitt zu Hab 3,6 stellt die Schaffung einer Möglichkeit zur Umkehr in den Zusammenhang der erinnerten Geschichte Israels und verbindet sie über den Jom Kippur mit der Gegenwart des intendierten Lesers. Der Abschnitt schließt mit Hos 14,2. Der folgende Abschnitt stellt einen Aufruf zur Umkehr dar. Ausgehend von vier Schriftversen wird Umkehr näher bestimmt. Der letzte Vers, Hos 14,3, folgt im biblischen Kontext dem Ausgangsvers. Innerhalb des Midrasch sticht er insofern heraus, als er nicht die Notwendigkeit sondern das Verdienst der Umkehr ins Zentrum stellt. Der dritte Abschnitt präsentiert im Kontext einer Auslegung zu Spr 12,14 Ruben als Beispiel exemplarischer Umkehr. Hosea gilt als Nachkomme Rubens, in dessen Tradition er steht, wenn er Israel zur Umkehr aufruft und bewegt. Das Verdienst Rubens, der selbst umgekehrt ist, ist, über die Vermittlung Hoseas, die Umkehr Israels. Der vierte Abschnitt legt Hos 14,2 aus. Auf Rückfrage Israels bekräftigt Gott seine Bereitschaft, die Umkehr

352 In eckigen Klammern und kursiv: Zusätze in Ms Dropsie.

Israels anzunehmen. Als Horizont dient das Beispiel Kains, dessen Umkehr Gott angenommen hat. Der fünfte und letzte Abschnitt verbindet תשובה und שלום in doppelter Weise. Zum einen ist Frieden zu stiften selbst Vollzug, zum anderen ist שלום Ergebnis von תשובה. In Ms Dropsie wird die Frieden stiftende Funktion der Opfer abschließend noch einmal auf Israel hin konkretisiert.

Ein einleitender Dialog zwischen Jesaja und Gott eröffnet die Möglichkeit der Umkehr. Im Dialog zwischen Israel und Gott an späterer Stelle vergewissert sich Israel, dass seine Umkehr auch angenommen wird. Insgesamt ergibt sich eine Bewegung vom Einzelnen hin zu Israel. Solche, die Umkehr tun, werden mit den Gerechten identifiziert.

Themenschwerpunkte

Der Umkehr tut, wird mit dem Gerechten gleichgesetzt. Umkehr ist notwendige Voraussetzung für eine heilvolle Zukunft des Einzelnen wie Israels.

5.1.2.3 LevR 10

LevR 9 endet mit einem Ausblick auf die kommende Welt. LevR 10 setzt mit Lev 8,2 in der Chronologie des Lev-Textes an einer späteren Stelle als LevR 9 neu ein und schließt mit einem Ausblick auf die kommende Welt.

- Lev 8,2 – Ps 45,8
  - Abraham
  - Jesaja
  - Aaron (Ex 32)
- Lev 8,2 – Spr 24,11
  - Anekdote aus der Zeit der Rabbinen
  - Aaron und seine Söhne (Ex 32)
- Lev 8,2
  - Die Macht von Gebet und Umkehr
    - Kain, Hiskija, die Männer von Anatot, Jojachin, Aaron
- Lev 8,2b.3

Im Anschluss an drei Petichot, die auf den Ausgangsvers Lev 8,2 zurückführen, wird Lev 8,2b.3 Sequenz um Sequenz ausgelegt. Das durch den Sedervers eingeleitete Kapitel Lev 8 berichtet von der Installation des Kultes und der Einsetzung Aarons als Hohepriester[353] und bildet insofern ein Gegenstück zu der im Midrasch häufig und zentral eingespielten Episode um das Goldene Kalb nach Ex 32. Im Gesamtzusammenhang des Midrasch kommt dem Beispiel Aarons eine Sonderrolle zu.[354]

---

353 Vgl. Milgrom (1991), 542ff; Gerstenberger (1993), 88; Hartley (2000), 109f.

354 Die Szene um das Goldene Kalb (Ex 32) wird gerahmt von den kultischen Anweisungen zur Errichtung und Ausstattung des Heiligtums (Ex 25ff) und zur Einsetzung des Kultes (Ex 29ff) und deren Ausführung (mit erneuten Anweisungen), Errichtung, Ausstattung und Zueignung des Heiligtums (Ex 35–40), Bestimmungen zum Opfergottesdienst (Lev 1–7) und die Weihe der Priester und die Einführung des Kultes (Lev 8). Vgl. Milgrom (1991), 592; Gerstenberger (1996), 91f. Zur Struktur von Lev 8 vgl. Milgrom (1991), 542; Hartley (2000), 108. Zum Verhältnis von Ex 29 und Lev 8 vgl. Milgrom (1991), 494f.545; Hartley (2000), 109f. Die Szene um das Goldene Kalb ist ein retardierendes Moment. In der Wahrnehmung der Exegese wie des Midrasch stellt sie innerhalb des biblischen Textzusammenhangs einen Gegenhorizont zum legitimen Kult dar. Es ist Zeichen der gnädigen Vergebungsbereitschaft Gottes, dass der legitime Kult auch nach den Ereignissen um das Goldene Kalb fortgesetzt werden kann. Vgl. Milgrom (1991), 631; Conville (2002), 189. Der Sedertext des Midrasch

Eine erste Peticha zu Ps 45,8 präsentiert drei beispielhafte Gerechte. Das einleitende Beispiel des Abrahams problematisiert das Verhältnis von Gottes Gerechtigkeit und Gottes Barmherzigkeit, die in Gottes Liebe zu seiner Schöpfung zum Ausdruck kommt. Eine ‚Lösung' deutet sich an, wenn es Abraham als ‚Gerechtigkeit' (צדקה) angerechnet wird, dass er Gott von der größeren Gerechtigkeit, die von der Umsetzung göttlicher Gerechtigkeit eher absieht, als dass sie ihre Schöpfung zerstört, überzeugt. Abschließendes Beispiel ist Aaron. Der Bau des Goldenen Kalbes durch Aaron wird als ein Versuch gewertet, Israel von Schuld freizusprechen.[355]

Die zweite Peticha zu Spr 24,11 erzählt im Anschluss an eine Anekdote aus der Zeit der Rabbinen von der Rettung zweier der vier Söhne des durch die Errichtung des goldenen Kalbes schuldig gewordenen Aaron. Ihre Rettung verdankt sich der Einrichtung des rechten Kultes nach Lev 8.[356]

Die dritte Peticha, mit Lev 8,2 als Petichavers diskutiert den Einfluss von Gebet oder Umkehr auf die Vergebungsbereitschaft Gottes. Am Beispiel von fünf Vertretern Israels werden alle Möglichkeiten durchgespielt, die sich aus der Kombination von Gebet und Umkehr auf der einen und Vergebung der ganzen oder der halben Schuld auf der anderen Seite ergeben. Das Kainbeispiel steht für die Vergebung der halben Schuld durch Umkehr. Die Reihenfolge der Beispiele nach diesem Schema entspricht der Chronologie der erinnerten Geschichte Israels, die nur die Schlussposition des Aaronbeispiels sprengt. Im Aaronbeispiel ist die Rettung zweier Söhne des Aaron nach dem Vergehen der Errichtung des goldenen Kalbes dem fürbittenden Gebet des Mose geschuldet.[357]

Der zweite Hauptteil der Parasche legt Lev 8,2b–3 abschnittsweise aus. Opfer und Kultkleidung des Hohepriesters verweisen auf die sühnende Wirkung des hohepriesterlichen Dienstes.[358] Die Salbung des Hohepriesters verweist über die Salbung des Königs auf die Königsherrschaft Davids und Salomos und auf die kommende Welt. Die Auslegung der letzten Sequenz endet an Jes 54,2f.4 anknüpfend ebenfalls mit einem Ausblick auf die kommende Welt. Über Themen-, Stichwort-

Lev 8,2f ist einleitende Gottesrede zu Lev 8, das die Einsetzung der rechtmäßigen Priesterschaft und die Konstituierung des rechtmäßigen Kultes schildert.

355 Drei Interpretationen gelten drei möglichen Motivationen Aarons: Aaron verzögert den Bau des Goldenen Kalbes. Aaron baut das Goldene Kalb zur Ehre JHWHs. Aaron nimmt die Verantwortung für den Bau des Goldenen Kalbes auf sich, um Israel zu entlasten. Auf einer anderen Ebene sprechen die Rabbinen Aaron gerecht.

356 Der Tod zweier Söhne des Aaron ist nach dem Midrasch doppelt motiviert. Er ist Resultat der Schuld Aarons wie Resultat ihres eigenen kultischen Vergehens. Nach Lev 10 erfolgt der Tod dieser Söhne auf ihr widerrechtliches Eindringen ins Heiligtum hin. Vgl. Milgrom (1991), 596ff; Gerstenberger (1996), 105. Neben Ex 32 ist Lev 10 von der Exegese als Gegenfolie zur Institutionalisierung des rechten Kultes nach Lev 8f gelesen worden. Vgl. Gerstenberger (1996), 88. Gerstenberger (1996), 108 sieht zwischen Ex 32 und Lev 10 eine Parallele. Lev 10,17ff lässt sich in einer Weise lesen, dass auch die beiden überlebenden Söhne des Aaron sich am Tag der Einsetzung des öffentlichen Kultes und des Todes ihrer Brüder eines kultischen Vergehens schuldig machen. Vgl. Gerstenberger (1996), 105f.111. Vgl. aber Milgrom (1991), 639.

357 Die Einspielung der Ereignisse um die Errichtung des goldenen Kalbes geschieht über ihre Rekapitulation nach Dtn 9. Vgl. Nelson (2002), 123ff. Die in Dtn 9 vereinfachte Struktur der geschilderten Ereignisse gegenüber Ex 32 stellt die Alleinverantwortung der Intervention des Mose heraus. Nur hier ist die Rede von einem Gebet des Mose. Vgl. Conville (2002), 178. Conville (2002), 189 verbindet die Erhörung des Gebetes mit dem späten Tod des Aaron.

358 Wie Aaron nach der Deutung von Ex 32 durch die erste Parasche in der Episode um das Goldene Kalb trägt der Hohepriester die Schuld des Volkes – in ritualisierter Form.

verknüpfungen und gemeinsame Intertexte sind die einzelnen Abschnitte der Parasche auch über die Grenzen beider Hauptteile hinweg untereinander verknüpft.[359]

Themenschwerpunkte

Die inhaltliche Linie des Midrasch führt, ausgehend von der Diskussion der Gerechtigkeit Gottes über die Einrichtung des sühnenden, aber immer schon gefährdeten rechten Kultes und die sühnende Kraft von Gebet und Umkehr, zum endgültigen Durchbruch von Gottes größerer Gerechtigkeit in der kommenden Welt. Deutlicher als in PRK ist die durchgehende Israelperspektive.

5.1.2.4 PesR 47

PesR 47 beginnt mit formelhaftem ילמדנו רבינו. PesR 47 endet zwar nicht mit einer eigentlichen Chatima, die sich auf die kommende Welt beziehen müsste, aber mit einer Israelperspektive. Lev 16,1 bezieht sich als Ausgangsvers auf die gesamte Parasche in all ihren Untergliederungen.

Lev 16,1
  Die Macht von Gebet und Umkehr
  Kain, Jojachin, Aaron
Lev 16,1
  Aaron versteht die Bestrafung seiner widerrechtlich ins Zentrum des Heiligtums eingedrungenen Söhne mit dem Tod dort anstelle ihrer Vertreibung aus der Mitte der Gemeinschaft durch Aussatz als gnadenhaftes Handeln Gottes
Lev 16,1
  ‚Glücklich ein Mensch, der unter Züchtigungen (יסור) leidet und nicht gegen das Maß des Rechtes aufsteht.‘
  Negatives Beispiel: Ijob
  Positive Beispiele: der erste Mensch, Abraham, Isaak, Mose, Aaron
Lev 16,1
  Spr 24,6
    Mose, Josua, Samuel und Aaron sind Führer Israels
    Aaron kann das Heiligtum um der Verdienste anderer willen betreten: die Verdienste der Väter (Lev 16,3.5; Gen 18,7; 22,13; 27,9), der Mütter (Lev 16,4), Manasses und Ephraims, der Stämme (Gen 49,28), der Beschneidung, der Tora (Dtn 4,44), Israels (Hld 7,8)
    Auch Mose empfängt die Tora um der Verdienste anderer willen: das Verdienst Israels (Ez 34,31), Manasses und Ephraims, der Beschneidung (Gen 17,10; Mal 2,5)

Die Parasche lässt sich ihn vier Abschnitte gliedern, die mit dem gemeinsamen Bezugs- und Ausgangsvers Lev 16,1 beginnen und, mit Ausnahme des letzten Abschnittes, auch mit ihm schließen.

Die Parasche beginnt mit einer Diskussion über den Einfluss von Gebet oder Umkehr auf die Vergebungsbereitschaft Gottes. An einer gegenüber LevR 10 ein-

[359] Jede der Petichot kulminiert im Beispiel Aarons und der Erzählung um die Errichtung des Goldenen Kalbes. Nach der ersten Peticha fürchtet sich Aaron – statt einer Form des Verbes ראה liest der Midrasch eine Form des Verbes ירא. Aaron fürchtet um Israels Unschuld. In der zweiten Peticha nimmt Aaron, indem er das Kalb anstelle seiner Söhne erbaut, deren Schuld auf sich. In der dritten Peticha schenkt Moses fürbittendes Gebet zwei Söhnen des Aaron das Leben. Nur hier ist der Bau des Goldenen Kalbes Aarons Schuld, nicht Aarons Verdienst. Heinemann (1971), 150 führt diesen Umstand als Argument gegen einen geschlossenen Textzusammenhang an. Das Motiv der zum Tode verurteilten vom Tode geretteten Aaronsöhne verknüpft den zweiten und dritten Abschnitt. Das Motiv des Salböls verbindet den zweiten Hauptteil mit der ersten Peticha, die es über das Zitat von Ps 45,8b eingespielt.

geschränkten Auswahl der Beispiele werden alle Möglichkeiten durchgespielt, die sich aus der Kombination von Gebet und Umkehr auf der einen und Vergebung der ganzen oder der halben Schuld auf der anderen Seite ergeben.[360] Eines dieser Beispiele betrifft Kain. Das Traditionsstück endet mit dem Beispiel Aarons.

Der zweite Abschnitt bietet eine Lektüre des ersten Teils von Ps 63. Aaron akzeptiert die Bestrafung seiner widerrechtlich in das Heiligtum eingedrungenen Söhne mit dem Tod im Heiligtum als gnadenhaftes Handeln Gottes. Besser als die mit einer Bestrafung durch Aussatz einhergehende Vertreibung aus der Gemeinschaft, deren Zentrum das Heiligtum ist, ist ihr Tod an diesem Heiligtum. Der dritte Abschnitt ist Explikation des vorangegangenen. Dem negativen Beispiel Ijobs, der wie die Väter Israels hätte sein können, wenn er die gegen ihn verhängten יסורים akzeptiert und nicht gegen sie rebelliert hätte, werden positive Beispiele gegenübergestellt, deren letztes Aaron ist. Ausgehend von Spr 24,6 sind es die Verdienste anderer, um derentwillen der Hohepriester Aaron das Allerheiligste zu betreten in der Lage ist. Alle Verdienste, um derentwillen Aaron das Allerheiligste betreten kann, berühren Israel als Ganzes.

Der erste und letzte Abschnitt berühren einander mit Blick auf die für die Parasche zentrale Gestalt des Aaron insofern, als Aaron auf das Verdienst anderer angewiesen ist. Nach dem Traditionsstück über die Kraft der Umkehr und des Gebetes ist es das Gebet des Mose, das die Zurücknahme des halben Strafspruches bewirkt. Nach dem abschließenden Abschnitt sind es die Verdienste Israels, die es Mose ermöglichen, sein Hohepriesteramt auszuüben.

Themenschwerpunkte

Im Zentrum der Auslegung steht Aaron. Gegen allen Anschein lernt Aaron sein Geschick als gnadenhaftes Handeln Gottes an ihm selbst verstehen. Umgekehrt besteht die Aaron auszeichnende besondere Gottesnähe um der Verdienste Israels willen.

5.1.2.5 DtnR 8

Innerhalb von DtnR lässt sich eine Passage ausgrenzen, die mit einer Halacha einsetzt und mit einem Ausblick auf die kommende Welt schließt.[361]

Halacha: Bis zu welcher Tageszeit können Morgengebet (Schacharit), das zusätzliche Gebet (Musaf) und das Nachmittagsgebet (Mincha) nachgeholt werden?
  Das Morgengebet kann bis zum Mittag, das Nachmittagsgebet bis zum Abend, das zusätzliche Gebet jederzeit, das Abendgebet bis zum Morgen nachgeholt werden (Spr 8,17)
Wer mit ganzem Herzen betet, darf darauf hoffen, dass sein Gebet erhört wird (Ps 10,17)
Die Kraft (כח) des Gebetes:
Wo das Gebet nicht alles erreicht, erreicht es die Hälfte:
  Kain (Gen 4,8.12f ⇔ Mi 7,18 ⇔ Gen 4,16)
  Hiskija (Jes 38,1.2.5)
Ps 145,19

[360] Im Manuskript des Jewish Theological Seminary (JTS) fehlt der die Beispiele zur Macht von Gebet und Umkehr einleitende Dialog Rabbi Jehudas und Rabbi Jehoschuas. Damit fehlen die ersten Sätze der Parasche. Wahrscheinlich ist der Text an dieser Stelle korrumpiert.

[361] Das von Buber veröffentlichte Material aus Cod. Hebr. 229 und das von Epstein beschriebene Ms haben Zusätze zu DtnR 8. Vgl. Stemberger (1992), 302. Beide waren für diese Arbeit nicht zugänglich.

An eine Halacha um den richtigen Zeitpunkt für das Gebet schließt sich ein Abschnitt über die Macht des Gebets an. Drei biblische Zitate strukturieren den Midrasch auf der Makroebene. Das erste beschließt die Halacha und dient dem abschließenden hallachischen Teilproblem als Belegvers. Nach Spr 8,17 gibt die Weisheit, denen, die sie suchen, das Versprechen, sie zu finden. Die die Weisheit suchen (שחר Piel), verweisen auf den Morgen (שחר) als dem spätest möglichen Termin für das Abendgebet. Ps 10,17 spricht von der hörenden Zuwendung Gottes im Modus der Gewissheit und eröffnet einen längeren Abschnitt über die große Macht des Gebetes, die durch die beiden Erzählungen um Kain und Hiskija belegt wird. Ps 145,19 ist Schlussdoxologie des hymnischen Lobes erfahrener Rettung. Das mit שכן הכתיב an das Hiskijabeispiel und die Proposition der Erhörung des Gebetes des Hiskija im Zitat von Jes 38,3 angeschlossene Zitat von Ps 145,19 lässt sich auch als Abschluss der Parasche in ihrer Gesamtheit lesen. Textpragmatisch knüpft der an Leser oder Hörer gerichtete Aufruf zum Gebet an den Beginn der Parasche und die das Gebet betreffende Halacha wieder an.

Unter Einbeziehung des ursprünglichen Kontextes der zitierten Verse ergibt sich innerhalb des Midrasch eine Dynamik ausgehend von Spr 8,17 über Ps 10,17 zu Ps 145,19. Sie gibt den hermeneutischen Rahmen ab, vor dessen Hintergrund auch die von ihm umschlossenen beispielhaften Erzählungen um Kain und Hiskija zu lesen sind.

Im Kontext von Spr 8,17 wirbt die Stimme der Weisheit um Gehör unter den Menschen. Spr 8 beschreibt die personifizierte Weisheit als eigenständige Gestalt in ihrem Verhältnis zu Gott (VV 23–31) und in ihrem Verhältnis zu ihren menschlichen Hörern VV 1–22.32–36. Das genaue Verständnis des Verhältnisses von Weisheit und Gott bleibt jedoch fraglich.[362] Die strukturelle Parallele der drei den Midrasch insgesamt strukturierenden Zitate identifiziert die weisheitliche Sprecherin von Spr 8,17 mit Gott. Der in der Exegese weithin wahrgenommene Entgrenzung der Perspektive durch den biblischen Text[363] setzt die Neu-Kontextualisierung von Spr 8,17 durch den Midrasch die Begrenzung auf Israel entgegen. Das Gebet ist über den hallachischen Anfangsteil als Gebet Israels charakterisiert.

Ps 10,17 zitiert einen Vers aus dem abschließenden Lobpreis des Psalms, der von der hörenden Zuwendung Gottes bereits im Modus der Gewissheit spricht.[364] Vor dem Hintergrund der unkonventionellen Abfolge von Dank und Klage[365] wendet sich der Beter im Bewusstsein bereits erfahrener Rettung an Gott. Während Ps 10,17 vom Hören Gottes auf den Beter spricht, ist der Mensch im Kontext von Spr 8,17 aufgerufen, auf den Ruf der Weisheit zu hören.[366] Dem sich im Suchen der

---

362 Der Weisheit kommt zwischen Gott und Mensch eine Mittlerposition zu. Vgl. Meinhold (1991), 143; Fuhs (2001), 66f; Baumann (1996a), 111–151.142; Baumann (1996b), 135–152; Schroer (1996); Schroer (1991), 151–182. Der Text wirft bezüglich seines genauen Verständnisses des Verhältnisses von Weisheit und Gott jedoch Fragen auf. Einzelne Formulierungen rücken die Weisheit bereits in den VV 1–22, insbesondere den VV 7 und 14 in die Nähe Gottes. Vgl. Meinhold (1991), 135.137.140; Fuhs (2001b), 63f. Einige Begriffe in den VV 23–31 bleiben mehrdeutig. (V 22: קנה, ראשית; V 30: אמון; V 31: שחק) Vgl. hierzu auch Meinhold (1991), 144. Einige Formulierungen beziehen sich an anderer Stelle auf Gott. Spr 8,30 erinnert stark an Ex 3,14. Vgl. Meinhold (1991), 147; Fuhs (2001b), 68.

363 Eine Weitung der Perspektive ist vor allem durch die kosmische Perspektive in Spr 8,23–31 gegeben, deutet sich jedoch in der Bezeichnung der Adressaten in VV 1–22 bereits an.

364 Vgl. Vgl. Hossfeld/Zenger (1993), 88.

365 Vgl. Seybold (1996), 58. Vgl. Hossfeld/Zenger (1993), 81.87.

366 Dreimal findet sich in den einleitenden Versen von Spr 8 eine Aufforderung zum Hören, ein weiteres und letztes Mal an herausgehobener Stelle in Spr 8,32, das die abschließende Passage des Textzusammenhanges Spr 8 einleitet.

Weisheit äußernde Hören des Menschen auf die Stimme der Weisheit tritt im Kontext des Midrasch das Hören Gottes gegenüber.

Das Zitat von Ps 145,19 ist der abschließenden Doxologie, VV 18–21,[367] des Psalms entnommen. Im Kontext des Midrasch nimmt Ps 145 die durch das Zitat von Ps 10,17 aufgenommene Perspektive mit Rettungsgewissheit und Aufruf zum Gebet auf und steigert sie. Elemente der Klage und der – damit verbundenen – Bitte fehlen in Ps 145. Im Zentrum von Ps 145 steht das hymnische Lob erfahrener Rettung.

Die Halacha, die die Verrichtung des täglichen Gebetes erleichtert, erleichtert die Aufnahme der Gottesbeziehung durch den Beter im Gebet. Der Midrasch identifiziert die weisheitliche Sprecherin von Spr 8,17 mit Gott und das Suchen der Weisheit mit dem Gebet. Ein Dialog, der sich zwischen Beter und Gott auf der Ebene der drei Zitate ergibt, wird im Zitat von Spr 8,17 mit der Aufforderung der Weisheit, sie zu suchen, von Gottes Seite eröffnet. Im Zitat der beiden Psalmverse antwortet der Beter, der in ihnen die Erhörung seines Gebetes antizipiert (Ps 10,17) oder konstatiert (Ps 145,19).[368] Dabei rufen die zitierten Psalmen selbst noch einmal zum Gebet auf.[369]

Der Fokus des Interesses liegt aus der Perspektive des Midrasch auf dem Gebet und der Gebetserhörung, nicht auf der dem Gebet zugrunde liegenden unheilvollen Situation. Der Midrasch parallelisiert die Erzählung von der Gebetserhörung des Hiskija und die Erzählung von Kain und Abel. Der Midrasch paraphrasiert beide Erzählungen, indem er kurze Passagen der biblischen Erzählungen in der Reihenfolge der biblischen Texte zitiert und mittels sparsam gesetzter eigener Kommentare mit der Bibel entnommenen Intertexten verknüpft. Die Verknüpfung der Erzählungen um Kain und Hiskija funktioniert vor dem Hintergrund einer strukturellen Parallele, die in der Rücknahme einer akuten Bedrohung des Lebens beider Protagonisten besteht.

Themenschwerpunkte

Thema ist die Gottesbeziehung, wie sie im Gebet zum Ausdruck kommt. Tora schafft Voraussetzungen eines Leben ermöglichenden Gottesverhältnisses im Gebet. Die Aufforderung zur aktiven Hinwendung des Menschen zu Gott im Gebet, auf die Gottes Hören antwortet, ist bereits Initiative und Handeln Gottes.

5.1.2.6 TanB בראשית

Innerhalb von TanB בראשית lässt sich ein Textbereich ausgrenzen, der mit ילמדנו רבנו-Formel und Halacha beginnt. Er legt Gen 3,21ff sukzessive aus. Die Passage schließt mit einem Ausblick auf die kommende Welt.

---

367 Vgl. Seybold (1996), 533.

368 Ps 10,17 und Ps 145,19 sind über Begriffe mit ähnlicher Semantik (תאוה, רצון) miteinander verknüpft.

369 Zu Ps 10 vgl. Seybold (1996), 57. Innerhalb von Ps 145 macht die Doxologie die Anrufung des im vorausgegangenen Psalm hymnisch besungenen Gottes selbst zum Thema. Vgl. Seybold (1996), 534.

Halacha: Selbst am Schabbat soll neben dem Buch auch die Buchhülle aus dem Feuer gerettet werden
  Spr 13,20
  Gen 7,23: Um der Generation der Sintflut willen wird alles Leben vernichtet
    Gen 13,5: Um Abrahams willen ist Lot gesegnet
    Num 16,32: Korachs Untergang trifft auch dessen Familie
    Dan 3,21: Die Kleidung der Männer erleidet um ihretwillen keinen Schaden
    Gen 3,24: Hätte sich der Mensch JHWH angeschlossen, wäre er unsterblich wie er
Gen 3,22
    Spr 24,30f
      Adam (→ Welt)
Gen 3,22
    Dan 8,13
      Die Zerstörung des Tempels verweist auf die Schuld der ersten Menschen, die Schuld Israels und auf seine Wiederherstellung in der kommende Welt
Gen 3,22
Gen 3,21ff sukkzess.
    Die Kleider verweisen auf den priesterlichen Dienst, die Vertreibung des ersten Menschen auf die Tempelzerstörung (Klgl 3,16), die Cheruben auf Gotteslästerung (2 Kön 19,15), das zweischneidige Schwert auf die Gehenna und die Beschäftigung mit der Tora, der Baum des Lebens auf die Beschäftigung mit der Tora
    Der Mensch hätte seiner Erschaffung wegen Lieder singen müssen (Jes 5,1) – Gott verbannt den Menschen aus der Welt (Ijob 14,19) – Aussetzung des Gerichts bis zum Ausgang des Schabbat (Ps 92,1) – Gott offenbart sich Kain (Gen 4,9) – Kains Täuschungsversuch (Gen 4,10) – Kains Umkehr (Gen 4,13; Mi 7,18) – Aufhebung eines Spruchs (Gen 4,16) – Lobpreis des ersten Menschen (Ps 92,2) – Lobpreis in der kommenden Welt (Jes 12,1)

Der Midrasch beginnt mit einer der Mischna entnommenen Halacha.[370] Selbst am Schabbat soll neben dem Buch auch die Buchhülle aus dem Feuer gerettet werden. Es folgt ein Abschnitt, der das hallachische Problem in fünf parallelen erzählerischen Durchgängen an biblischen Beispielen illustriert.[371] Der fünfte und letzte Durchgang führt zum Ausgangsvers zurück. „Wenn er [der Mensch] sich mir [JHWH] angeschlossen hätte, wäre er wie ich: Wie ich lebe und bestehe, so würde auch er in Ewigkeit leben und bestehen." Damit wird der im Kontext offensichtliche Sinn von Gen 3,22 positiv umgekehrt. Wenn der Mensch der Weisung Gottes gemäß gehandelt hätte, wäre er, was die Schlange für den Fall der Nichtbefolgung des göttlichen Gebotes versprach – wie Gott – und verfügte über das, was Gott nach V 22 vorzuenthalten sucht – ewiges Leben.

Im Kontext der zweiten Peticha zu Spr 24,30 wird das Bild des verödeten Ackers zum Bild des (ersten) Menschen, der auf die Weisung Gottes nicht hört und keine תשובה tut. Die Peticha gipfelt in der Aussage, Adam habe die Mauern der Welt eingerissen (הרס [...] גדר).

Es folgen zwei Petichot zu Dan 8,13. Ausgehend von Dan 8,13 fragt der Midrasch nach dem Zeitpunkt des Anbruchs der Heilszeit. Die Gefährdung von Tempel und Opfer sind Kennzeichen der vorausgehenden Unheilszeit. Sie werden mit der Schuld des ersten Menschen und mit den Söhnen des ersten Menschen in

370 Mschabb XVI, 1; b Schabb 115a.

371 Um der Generation der Sintflut willen wird alles Leben vernichtet; der Tod des Korach trifft auch dessen Familie; um Abrahams willen ist Lot gesegnet; die Kleider der Männer im Feuerofen verbrennen – wie diese selbst – nicht.

Verbindung gebracht.[372] Die Schuld Israels verweist auf Israels Wiederherstellung in der kommenden Welt.

Es folgt eine Passage, die Gen 3,21ff sukzessive auslegt. Zwei Elemente, die die Auslegung des Textzusammenhangs des Midrasch von Anfang an bestimmen, begegnen auch hier. Die Schuld des ersten Menschen, die in der Vernachlässigung der Tora besteht, ist auf die Schuld des Menschen überhaupt durchsichtig und verweist auf die Zerstörung des Tempels. Zweck des Daseins des Menschen im Garten Eden ist das Lernen der Tora. Der Mensch, der sich mit der mit dem Baum des Lebens identifizierten Tora nicht beschäftigt hat, wird aus dem Garten Eden (und vom Baum des Lebens) vertrieben. Der Midrasch formuliert ein zweites Versagen und dessen Konsequenz, die die Schuld des ersten Menschen und deren Folgen noch steigern. Der Mensch hätte Anlass gehabt, Lieder über seine Schöpfung zu singen.[373] Da er auch dieses Ziel seines Daseins verfehlt, wirft JHWH ihn „aus dieser Welt."[374]

Das Gericht über den ersten Menschen wird bis zum Ausgang des Schabbat ausgesetzt. Indem Gott das Gericht über den ersten Menschen bis zum Ende des Schabbat aussetzt, heiligt er den Schabbat. Ps 92,1 kommentiert die Heiligung des Schabbat. Ps 92 dient dem abschließenden Textteil als Klammer und bindet die Geschichte Kains und die des ersten Menschen zusammen. Die Geschichte von Umkehr und Vergebung Kains, die in der Darstellung des Midrasch in der Begegnung Kains und Adams zu Adam und einem neuerlichen Zitat von Ps 92 zurückführt, bildet ein retardierendes Moment innerhalb der Erzählung über Schuld und Strafe des ersten Menschen. Im Anschluss an den Aufschub des Gerichts über Adam wird Ps 92 als שיר ליום השבת eingeführt. Von Adams Umkehr ist zu diesem Zeitpunkt die Rede aber noch nicht.[375] Erst im Zusammenhang der Begegnung von Kain und Adam zitiert Adam selbst die Fortsetzung des Psalms, Ps 92,2, in Antizipation der Umkehr Kains.

Die Überschrift weist Ps 92 dem Schabbat zu.[376] Die Inhalte des Psalms enthalten keine Momente, die einen Bezug des Psalms auf den Schabbat erzwängen.[377] Der Psalm enthält aber Inhalte, die für einen Bezug auf den Schabbat offen sind und in der Exegese unter Verweis auf jüdische Auslegung gelegentlich auch bemerkt worden sind: das liturgische Gepräge des Psalms[378]; der Schöpfungsbezug[379];

---

372 „,dass sowohl das Heiligtum als auch der Opferdienst zur Zertretung preisgegeben sind?' [Dan 8,13] Die Söhne des ersten Menschen, über die beschlossen ist."

373 Der nicht-realisierte Lobpreis des ersten Menschen wird an Jes 5,1 illustriert. Was in Jes 5,1 wie ein Loblied beginnt, schlägt in seinem Fortgang in eine Anklage um. Vgl. Boadt (1997), 13f; Irsigler (1997), 44. Hätte Adam Jes 5,1 zitiert, wäre er, wird der Kontext mitbedacht, zum Sprachrohr der sich gegen ihn selbst richtenden Anklage Gottes geworden. Die Paradoxie macht im Kontext Sinn. Neben diesen inhaltlichen finden sich formale Argumente dafür, dass der Kontext mitzuhören ist. Vgl. Exkurs.

374 Der Hinauswurf Adams aus der Welt bezieht sich auf seinen Tod. Zitiert wird in diesem Zusammenhang Ijob 14,19f, das seinerseits auf den Tod Adams in der Sintflut hin gedeutet wird.

375 Vor dem Hintergrund des Motivs von Erschaffung und Schuld des ersten Menschen an einem Tag in Verbindung mit dem Motiv von der Aussetzung der Bestrafung des ersten Menschen bis zum Ausgang des Schabbat ist der Schabbat, der Adam verschont, krönender Abschluss der Schöpfung.

376 Vgl. Seybold (1996), 365f; Hossfeld/Zenger (2000), 631.

377 Vgl. Seybold (1996), 366.

378 Vgl. Hossfeld/Zenger (2000), 631.

379 Ein Schöpfungsbezug ist explizit in VV 5f und implizit durch das Motiv der Herrschaft des thronenden JHWH (V 9), das Motiv der Rettung am Morgen (V 3), die Leben ermöglichenden Konsequen-

ein eschatologisches Moment, das unter dem Vorzeichen des Schabbatbezugs den eschatologischen Weltenschabbat betrifft[380]. Insbesondere den ersten und dritten Bezug hat die jüdische Tradition stark gemacht.[381] Vor dem Hintergrund des Midrasch legt sich der Schöpfungsbezug nahe. Der Eintritt des Schabbat für Adam ermöglicht das Überleben der Menschheit. Wenn das Loblied, das Adam und Kain in Gestalt des Ps 92 singen, auf das Loblied in der kommenden Welt verweist, mag auch ein endzeitlicher Bezug mitzuhören sein.

In einer Schlusspassage nennt der Midrasch Adam und Kain zusammenfassend als Subjekte des im Zitat des Psalms zum Ausdruck gekommenen Lobes Gottes. Den Lobpreis Adams und Kains in dieser Welt konfrontiert er im Zitat von Jes 12,1 mit dem Preis der kommenden Welt. Die Rede, von der der Sprecher des biblischen Textes seinem Gegenüber ‚voraussagt', dass er sie sprechen werde („Du wirst sagen an jenem Tag", V 1), legt der Midrasch der Gesamtheit der Beter der עולם הבא in den Mund.

Im biblischen Kontext ist von der noch ausstehenden Verkündigung an die Völker die Rede, nicht von deren Bekenntnis. Indem der Midrasch von einem Bekenntnis spricht, behauptet er die Einlösung dessen, was im biblischen Kontext angekündigt ist. Indem der Midrasch Jes 12 zum Lobpreis der kommenden Welt macht, schließt er den Textzusammenhang mit einer Chatima. Anders als Jes 5 präsentiert der Midrasch Ps 92 und Jes 12 als geglückte Loblieder.

Themenschwerpunkte

Dass der erste Mensch seiner Bestimmung zum Studium der Tora nicht gerecht geworden ist und keine Loblieder gesungen hat, ist Ursache seiner Vertreibung aus dem Garten Eden. Die Schuld des ersten Menschen wird mit der Zerstörung des Tempels in Verbindung gebracht und weist damit über sich hinaus. Durch die Folge misslungener und gelingender Loblieder durch die erinnerte Geschichte hindurch wird eine Heilsperspektive eingespielt.

Exkurs: Der über ein Zitat eingespielte biblische Textzusammenhang

Die Folge der eingespielten Intertexte unterstreicht eine die Dynamik des Midrasch insgesamt kennzeichnende Bewegung vom Unheil zum Heil. Deutlich wird diese Dynamik jedoch erst, wenn der Kontext der unmittelbar zitierten Verse einbezogen wird. Stichwortverknüpfungen, die den Kontext der zitierten Verse betreffen, sind so signifikant, dass ihre Berücksichtigung geboten scheint. Am Beispiel der in TanB בראשית zitierten Intertexte soll dieser Zusammenhang exemplarisch aufgezeigt werden:

Spr 24,31 spricht von einer eingerissenen (הרס Nif.) Mauer (גדר).[382] Wenn der Midrasch Spr 24,31 paraphrasiert, spricht er vom Niederreißen (פרץ) einer Mauer

---

zen des Ordnung schaffenden Handeln Gottes (VV 13–16) gegeben. Vgl. Hossfeld/Zenger (2000), 632.641.

380 Vgl. Hossfeld/Zenger (2000), 631. Der eschatologische Weltenschabbat beschreibt die (endgültige) Herrschaft des Weltenherrschers JHWH über das Chaos.

381 Vgl. Hossfeld/Zenger (2000), 642, die Verwendung des Ps in der jüdischen Schabbatliturgie; Hossfeld/Zenger (2000), 631, die diesbezügliche Erweiterung der Überschrift in mTamid VII, 4.

382 Spr 24,30f spricht von der Beobachtung eines durch seinen faulen Besitzer vernachlässigten Weinbergs. Der Beobachter denkt darüber nach (V 32) und zieht seine Schlüsse: Faulheit führt zu Armut (VV 33f). Vgl. Clifford (1999), 218; Whybray (1994), 355f. Zeitgenössische Exegeten nehmen VV 30–34 als Einheit wahr. Vgl. Murphy (2000), 184; Clifford (1999), 216f.218; Fuhs (2001b), 155. Zu einer abweichenden Gliederung von Spr 24,30–34 vgl. Meinhold (1991), 410.413.

(גדר). Er nimmt damit den Sprachgebrauch von Jes 5,5 vorweg, der im Kontext von dem vom Midrasch zitierten Vers Jes 5,1[383] in gleicher Wortwahl vom Niederreißen (פרץ) einer Mauer spricht und den Begriff innerhalb des Midrasch das nächste Mal gebraucht. Mi 7,11 im Kontext von Mi 7,18 schließlich spricht unter nunmehr positiven Vorzeichen von (Wiederauf-)Bau von Mauern.[384] Die גדר verwendenden Intertexte beschreiben eine Bewegung vom Unheil zum Heil. גדר findet sich in der hebräischen Bibel innerhalb von 26 Versen 30mal.[385] Drei von diesen Vorkommen zitiert der Midrasch. Zusätzlich sind Spr 24,31 und Jes 5 über das Motiv des Weinbergs verbunden.[386]

Signifikanter ist eine parallel verlaufende Verknüpfung der Intertexte über ein anderes Stichwort. Dan 8,13 spricht von der Preisgabe des Heiligtums als Trampelplatz (מרמס).[387] Jes 5,5 spricht im Kontext des zitierten Verses Jes 5,1 davon, dass der im Lied besungene Weinberg zu einem Trampelplatz (מרמס) wird.[388] In Mi 7,10 im Kontext des zitierten Verses Mi 7,18 wird unter für den Beter gleichfalls positivem Vorzeichen, die Feindin zu einem Trampelplatz (מרמס).[389] מרמס kommt in der hebräischen Bibel nur sieben Mal vor, davon stehen drei Belege bei Jesaja.[390] Drei Belege, einen davon aus Jes, zitiert der Midrasch. Der Grad an Intertextualität ist in diesem Fall hoch.[391]

Vor diesem Hintergrund ist die Berücksichtigung zweier weiterer intertextueller Verknüpfungen über ein weiteres Stichwort, das nicht in gleicher Weise selten ist, überlegenswert. Vor dem Hintergrund eines sich ändernden Subjekts spricht erst Mi 7,17 im Kontext von Mi 7,18 davon, dass sich die Feinde bebend wenden (פחד).[392] Jes 12,2 im unmittelbaren Kontext des zitierten Verses Jes 12,1 spricht

---

383 Die Exegese nimmt das sog. Weinberglied Jes 5,1–7 als in sich geschlossene Texteinheit wahr. Vgl. Childs (2001), 37f.41; Beuken (2003), 134. Anders Blenkinsopp (2000), 206f, der V 7 dem folgenden Abschnitt zurechnet, und V 7 vor dem Hintergrund eines über V 6 hinausgehenden größeren Kontextes einen zentralen Platz zuschreibt.

384 Vgl. Kessler (2000), 303; Jeremias (2007), 226. Einen Bezug zwischen Jes 5,5 und Mi 7,11 stellen auch Kessler und Jeremias her. גדר meint nicht die Stadtmauer, die im Mi-Kontext zu erwarten wäre, sondern eine Umfriedung wie die eines Weinberges. Vgl. Kessler (2000), 303; Jeremias (2007), 226.

385 Vgl. Statistik BibleWorks.

386 Zu Spr 24,30 vgl. Meinhold (1991), 413f; Murphy (2000), 186; Clifford (1999), 218; Fuhs (2001b), 155. Zu Jes 5 vgl. Blenkinsopp (2000), 206; Childs (2001), 44f; Beuken (2003), 133ff.

387 Die in Dan 8 geschilderte Schau Daniels verweist auf die sich ablösenden Fremdherrschaften über Israel und ihren negativen Höhepunkt in der Herrschaft des mit dem Anti-JHWH gleichgesetzten Antiochus IV, vgl. Haag (1993), 62f.64; Collins (1993), 329.331.334.336. Dass der Text Antiochus IV nicht beim Namen nennt, die Anlehnung an mythische Vorstellungen, vgl. Haag (1993), 64; Collins (1993), 332, das endzeitliche mit der Schilderung des Sieges über den Anti-JHWH verbundene Szenario, vgl. Haag (1993), 64.66 und die Rede von der עת קץ in V 17, vgl. Collins (1993), 337, halten den Text für andere Deutungen offen. Dass Dan 8,11 über das historische Szenario hinaus vom ‚Sturz' des Heiligtums spricht, vgl. Collins (1993), 334 und dass der Opfergottesdienst am Tempel zur Zeit der Verfasser des Midrasch nicht wieder hergestellt ist, erleichtert die endzeitliche Deutung des Midrasch.

388 Vgl. Beuken (2003), 137.

389 Vgl. Kessler (2000), 302; Jeremias (2007), 225.

390 Vgl. Statistik BibleWorks.

391 Einen entsprechenden Bezug stellt auch Jeremias (2007), 225 zwischen Mi 7,10 und Jes 5,5 her. Kessler und Jeremias begründen die Einheitlichkeit des Textes Mi 7,9–20 u.a. mit der Aufnahme des Schuldbekenntnisses 7,9f in 7,18f. Vgl. Kessler (2000), 296.298 und weniger deutlich Jeremias (2007), 219. In seiner Auslegung zu Gen 4 legt der Midrasch Mi 7,18 Kain in den Mund. S.u.

392 Die Semantik von פחד ist ambivalent. Vgl. Kessler (2000), 308. Eine negative Konnotation fügt sich in die Dynamik des Midrasch ein.

dann davon, dass sich der Beter nicht bebend wendet (פחד).[393] Mi 7,17 ist innerhalb des biblischen Kontextes mit Mi 7,10 und Mi 7,18 von deutlicher markierten Versen umschlossen. Mi 7,10 hat מרמס, Mi 7,18 wird selbst zitiert. Jes 12,1 ist selbst unmittelbar Gegenstand des Zitats. Mi 7,20 im Kontext und in Fortsetzung von Mi 7,18 und Ps 92,3 in Kontext und Fortsetzung von Ps 92,1 zitieren die Gnadenformel.[394] Dornen und Disteln (שמיר ושית ועל העבים) in Jes 5,6 rufen Dornen und Disteln (וקוץ ודרדר), die die Arbeit des ersten Menschen auf dem Ackerboden (nach Gen 3,18) betreffen, in Erinnerung.

Innerhalb des Midrasch repräsentieren Ps 92 und Jes 12,1ff gelungene Loblieder. Ps 92 ist Loblied des ersten Menschen und Kains, Jes 12,1ff ist Lob und Bekenntnis aller in der kommenden Welt. Ps 92 und Jes 12,1ff sind als Loblieder gattungsverwandt.[395] Ähnliche Wortwahl ist nicht zuletzt diesem Umstand geschuldet. Im Zusammenhang des Midrasch fällt dennoch auf, dass beide Lieder mit dem, auch vom Midrasch zitierten Vers, nahezu gleichlautend beginnen. Während Ps 92,2 mit einer Proposition einsetzt „Gut ist es zu preisen (ידה Hif.)“, beginnt Jes 12,1 in der erste Person „Ich preise dich … (ידה Hif.)“. Im Kontext von Jes 12,1 schließt in Jes 12,4 eine Lobaufforderung an.[396] Im Fortgang beider Texte, in Ps 92,2 und Jes 12,5, folgt eine mit זמר (‚lobsingt‘) formulierte Aufforderung zum Lobpreis.[397]

Der Befund spricht dafür, dass der Midrasch zitierte Verse grundsätzlich mit ihrem Kontext einspielt.[398] Nicht immer lässt sich vom Umfang des eingespielten Kontextes so Genaues sagen, wie an dieser Stelle.

5.1.2.7 MdrPss 100

Die Auslegung zu Ps 100 zeichnet sich durch thematische Geschlossenheit aus. Die einleitende Auslegung zu Ps 100,1 gibt mit dem Thema ‚Bekenntnis‘ das Thema vor, das die Vers-für-Vers-Auslegung des Ps durchgehend bestimmt. Ein Ausblick auf die kommende Welt, mit der der Textzusammenhang der Auslegung zu Ps 100 endet, setzt einen abschließenden Akzent. Die Auslegung zu Ps 101 schließt an die zu Ps 100 thematisch eng an.

---

393 Vgl. Beuken (2003), 334.

394 Zu Mi 7,18 vgl. Kessler (2000), 309f; Jeremias (2007), 230; zu Ps 92 vgl. Seybold (1996), 365; Hossfeld/Zenger (2000), 631.638.

395 Zu Lob und Dank in Jes 12 vgl. Blenkinsopp (2000), 270; Childs (2001), 108.110 (‚The song of thanksgiving has been rendered into an eschatological hymn of praise‘); Beuken (2003), 329.331f.335. Innerhalb von Ps 92 repräsentiert der Lobpreis eine von mehreren Aussagelinien. Vgl. Hossfeld/Zenger (2000), 629.631. Zum Lob in Ps 92 vgl. auch Gerstenberger (2001), 169.

396 Vgl. Beuken (2003), 331.335f.

397 Vgl. Beuken (2003), 335.

398 Eine Ausnahme bildet Spr 24,30f. Diese Verse werden offenbar als kurzer in sich geschlossener Textzusammenhang wahrgenommen. Es gibt keine Hinweise auf eine Aufnahme der vorausgehenden Verse. Zeitgenössische Exegeten nehmen VV 30–34 als Einheit wahr. Vgl. Murphy (2000), 184; Clifford (1999), 216f.218; Fuhs (2001b), 155. Der Midrasch zitiert die Beobachtung (VV 30f). Zwar stellt die Bebauung des Ackerbodens durch den ersten Menschen nach Gen 3 eine Verbindung zu dem in Spr 24,30ff vorausgesetzten Szenario dar. Die Schlußfolgerungen des biblischen Textes (VV 32f) werden im Midrasch durch den Bezug auf den ersten Menschen überboten. Im Midrasch geht es nicht länger um einen allein die Arbeitswelt betreffenden innerweltlichen Zusammenhang. Nach Fuhs (2001b), 154 steht VV 30–34 isoliert, ohne Zusammenhang zu den vorausgehenden und folgenden Versen. Vgl. auch Murphy (2000), 185f. Meinhold (1991), 410 sieht thematische Bezüge.

- V 1
  - Jes 42,23
- JHWH nimmt das Bekenntnis der Völker an
  - Spr 28,13
    - Bekenntnis/Offenlegung von Schuld führt zu Erbarmen
      - Adam tut keine Umkehr – Kains Umkehr [Traditionsstück]
        - Adam: Ps 92,2
      - Saul ⇔ David
      - Anders als im menschlichen Gericht führt Verheimlichen zu Strafe und Bekenntnis/Offenlegen zu Vergebung
    - Mose: Ps 92
- V 2
  - Furcht (Ps 2,11) ⇔ Freude
- V 4
  - In der Zukunft: Nur das Dankopfer und das Bekenntnis des Dankes (Bezug v. תודה auf ידה)
- V 5

Die Überschrift von Ps 100 bezeichnet den Ps als Psalm für die תודה. תודה wird in aller Regel auf einen Dankopfergottesdienst hin gedeutet.[399] Der übrige Psalm zerfällt in zwei Teile. Auf eine Reihe von Imperativen, die zum Gottesdienst aufrufen (VV 1–4),[400] antworten mit כי angeschlossen Begründung, Inhalt und Durchführung des Lobgesangs[401]. Wenn nach Zenger bereits V 1b, die an die ganze Erde ergehende Aufforderung zum Jubel, eine universelle Perspektive impliziert,[402] sind in V 3 auch die Völker Sprecher der Bundesformel.[403] Der Ps argumentiert hier schöpfungstheologisch.[404] Nach Seybold wird hingegen der Psalm insgesamt im Tempelgottesdienst verortet.[405]

Der Midrasch führt תודה in der Psalmüberschrift auf ידה (Hif.) in der Bedeutung ‚bekennen', nicht ‚danken' zurück.[406] Die einleitende Proposition, nach der Gott das Bekenntnis der Völker zu ihm annehmen werde, steht wie eine Überschrift über dem Folgenden. Eine längere Peticha verschiebt das Gewicht von dem Bekenntnis des Gottes Israels auf das Bekenntnis von Schuld, auf das Gottes Barmherzigkeit (רחם) antwortet.

Ausgehend von Spr 28,13[407] werden die Folgen von (Schuld-)Bekenntnis und

---

399 Vgl. Seybold (1996), 391.

400 Vgl. Seybold (1996), 391f; Hossfeld/Zenger (2000), 707.

401 Vgl. Hossfeld/Zenger (2000), 707.711. Seybold (1996), 391f und Gerstenberger (2001), 204 gehen von einem Sprecherwechsel aus. Auf die Aufforderung zum Lobgesang folgt der Lobgesang selbst.

402 Vgl. Hossfeld/Zenger (2000), 710 und die Auseinandersetzung mit der Gegenposition dort.

403 Vgl. Hossfeld/Zenger (2000), 706.710. Gerstenberger (2001), 203 liest V 3b nicht als Zitat innerhalb der Aufforderung zur Erkenntnis, sondern als Antwort der wartenden Gottesdienstgemeinde, die dann Israel und nicht die Völkerwelt umfasst.

404 Vgl. Hossfeld/Zenger (2000), 711.

405 Vgl. Seybold (1996), 391f.

406 Vgl. Hossfeld/Zenger (2000), 710.

407 In der Wahrnehmung der Exegese steht Spr 28,13 mit Spr 28,14 in einem engen Zusammenhang, im weiteren Kontext aber relativ unverbunden. Der enge Zusammenhang von Spr 28,13f wird über den parallelen Aufbau der Sprüche und über inhaltliche Bezüge (Buß- und Unbußfertigkeit des Menschen) hergestellt. Vgl. Murphy (2000), 216; Meinhold (1991), 473. Zur Zusammenhanglosigkeit von Spr 28,13f im Kontext vgl. Malchow (1985), 239; Meinhold (1991), pass.273; Murphy (2000), 213f; anders Fuhs (2001b), 170.172. An einem Punkt scheint die Exegese den Kontext für ihre Deutung aber doch zu berücksichtigen. Nur aus dem Umstand, dass einerseits die Mehrheit der Sprüche im Kontext zwischenmenschliche Zusammenhänge betreffen – vgl. Murphy (2000), 218: politische und ökonomische

Verweigerung eines (Schuld-)Bekenntnisses exemplarisch an Adam und Kain, dann an Saul und David dargestellt. Während das erste Paar den Anfang aller Geschichte markiert, betrifft das zweite Israel. In einem dritten Schritt wird das menschliche dem göttlichen Gericht kontrastiv gegenübergestellt. Während das Eingeständnis von Schuld im menschlichen Gericht Strafe nach sich zieht, führt es im göttlichen zur Vergebung der Schuld. Für eine abschließende Replik, die die gesamte Peticha noch einmal kommentiert und die Argumentation gleichzeitig auf den Ausgangsvers zurückführt, greift Mose auf Ps 92 zurück, der hier noch einmal über V 2 eingespielt wird. Eine Auslegung zu V 2, die das Zusammenspiel von Gottesfurcht und Freude beim Dienst vor Gott diskutiert, leitet zur abschließenden Auslegung von V 4 über. In der kommenden Welt haben nur noch das Dankopfer (קרבן תודה), das als Opfer des Bekenntnisses verstanden wird, und das ‚Bekenntnis des Dankes' (הודיות תודה) Bestand. Dank und Bekenntnis gehen ineinander auf. Unter Bezug auf V 5 antwortet auf sie die Gnade (חסד) Gottes.

Die Auslegung von MdrPss 100 lässt Ps 100,3, wo vom Volk Gottes die Rede ist, außen vor. Wenn die Rabbinen unter dem Eigentumsvolk Israel verstehen,[408] passt dazu die durch die Auslegung eingangs eingenommene Perspektive. Auch das Bekenntnis der Völker nimmt Gott an. Volk Gottes sind die Völker aber nicht. Die fehlende Aufforderung zur ‚Erkenntnis' (V 3)[409] wird durch die Aufforderung zum ‚Bekenntnis', als das der Midrasch das תודה deutet, aufgegriffen.

Themenschwerpunkte

Das תודה hat die doppelte Bedeutung von Dank und Bekenntnis. Bekenntnis zu Gott realisiert sich im (Schuld-)Bekenntnis vor Gott. Auch die Völker sind zu dieser Haltung gegenüber dem Gott Israels fähig. Sie bestimmt die Endzeit.

5.1.3 Das Traditionsstück im Kontext

Die einzelnen Versionen setzen unterschiedliche Schwerpunkte, die sich, außer in der Gestalt der Einheiten, vor allem in deren Kontextualisierung äußert.[410] Außer

---

Themen; vgl. Fuhs (2001b), 170: ‚Gemeinwohl' –, und andererseits Gott in Spr 28,13 keine oder nur eine untergeordnete Rolle spielt, lässt sich auf den Charakter eines öffentlichen Bekenntnisses in Spr 28,14 schließen. Vgl. Murphy (2000), 216; Meinhold (1991), 474. Im Midrasch wird der Kontext nicht erkennbar aufgegriffen. Allenfalls die Verwendung von רחם deutet aus der Perspektive einzelner Exegeten auf Gott. Vgl. Murphy (2000), 216, der diese Deutung durch die Verwendung von אשרי im Folgevers abgesichert sieht. Stärker als die moderne Exegese macht der Midrasch die Rolle Gottes. Im Midrasch ist Gott Adressat des Schuldbekenntnisses.

408 Seybold (1996), 392; Hossfeld/Zenger (2000), 706.708 sehen hier und an anderer Stelle bereits im Ps eine Universalisierung. Vgl. auch Hossfeld/Zenger (2000), 706.710, die bemerken, dass die Universalisierungsabsicht hier eigentlich nicht recht passt, und gerade darin die Sinnspitze des Ps ausmachen. Anders Gerstenberger (2001), 170, bei dem die Gottesdienstgemeinde, also Israel, Sprecher von V 3b ist.

409 Vgl. Hossfeld/Zenger (2000), 707.

410 Obwohl die Gestalt der Einheiten zu Kain und Abel im Einzelnen differiert, ist der Grad der Übereinstimmungen von einander entsprechenden Passagen im Wortlaut hoch. Das ist dort besonders auffällig, wo Formulierungen, die in einem Midrasch zum Argumentationszusammenhang wesentlich beitragen, in einem anderen Midrasch, wo sie für den Argumentationszusammenhang unerheblich sind, beibehalten sind. Im Kontext von LevR 10, PesR 47 und DtnR 8 ist die Rücknahme nur der Hälfte des über Kain verhängten Strafspruches zentral. PRK 24, das in den Rahmenformulierungen grundsätzlich von der Annahme der Umkehr spricht, behält im Zusammenhang mit dem Kainbeispiel die ausdrückliche Erwähnung der Rücknahme nur des *halben* Strafspruches bei. In PRK 24 steht die Aufrichtigkeit der Umkehr mehrerer Protagonisten, darunter auch die des Kain, in Frage. In LevR 10,

in PesR 50 wird das Beispiel Kains überall mit den Beispielen anderer Protagonisten parallelisiert. Nicht nur das die Erzählung um Kain und Abel unmittelbar betreffende Textstück, auch dessen unmittelbarer Kontext hat geprägte Gestalt. Einzelne Elemente begegnen in anderen Midraschim in wörtlich fast gleichlautender Weise.[411] Allein das Kainbeispiel wird in all diesen Midraschim tradiert.

In allen untersuchten Midraschim thematisiert der Kontext die Gottesbeziehung des Menschen, die sich aus der Perspektive des Menschen in Umkehr[412] oder Gebet, in TanB בראשית außerdem in Bekenntnis und Lob und in MdrPss 100 im (Schuld-)Bekenntnis vollzieht. PRK 24, PesR 50 und MdrPss 100 fokussieren die Macht der Umkehr, DtnR 8 die des Gebets, LevR 10 und PesR 47 die Macht von Umkehr und Gebet. DtnR 8 und LevR 10 differenzieren zwischen der Rücknahme eines ganzen und eines halben Strafspruches (גזירה).

PesR 47	PesR 50	PRK 24	LevR 10	TanB (‚Und es sprach')	MdrPss 100	DtnR 8
Umkehr / zur Hälfte: Kain Umkehr / vollständig: Jojachin Gebet / zur Hälfte: Aaron	Umkehr: **Kain**	Umkehr: **Kain** Ahab Männer von Anatot Männer von Ninive Manasse Jojachin	Umkehr / zur Hälfte: ***Kain*** Gebet / vollständig: *Hiskija* Umkehr / vollständig: Männer von Anatot Jojachin Gebet / zur Hälfte: *Aaron*	Adam **Kain**	Adam **Kain**	Gebet / vollständig oder zur Hälfte: ***Kain*** *Hiskija*

das die Aufrichtigkeit der Umkehr Kains in wörtlich gleich lautender Weise anfragt, wird dieses Motiv von keinem der übrigen Beispiele aufgegriffen und unterstützt. MdrPss 100 verlagert das Gewicht ganz auf das Stattfinden des (Schuld-)Bekenntnisses Kains, das dem (Schuld-)Bekenntnis Adams, das nicht stattfindet, gegenübergestellt wird. Leichte Zweifel an der Aufrichtigkeit Kains werden durch die Einspielung von Est 5,9 und der Gestalt Hamans genährt.

411 Einzelne Beispiele scheinen an Umkehr oder Gebet fest gebunden zu sein.

412 In den vorliegenden Midraschim hat תשובה Leitwortcharakter.

PRK 24

In PRK 24 dient das Beispiel Kains – mit den übrigen – als Vergleichshorizont.[413] Zentrales Thema im Kontext von PRK 24 ist die Macht der Umkehr. Gott nimmt selbst halbherzige oder fragwürdige Umkehr an. Adressat der mit dieser Aussage verbundenen Botschaft ist Israel: Wenn der Gott Israels sogar die Umkehr derer annimmt, über deren Ernsthaftigkeit berechtigte Zweifel bestehen, um wie viel mehr dann die Umkehr Israels. Einzig im Kontext von PRK 24 wird, allerdings in der untergeordneten Funktion eines Vergleichshorizontes auch ein Beispiel genannt, das mit den Männern von Ninive Protagonisten betrifft, die eindeutig nicht zu Israel zu rechnen sind.

PesR 50

Wie in PRK 24 steht das Beispiel Kains auch in PesR 50 im Kontext einer an Hos 14,2 anknüpfenden Auslegung. Anders als in PRK 24 ist das Thema hier nicht die Akzeptanz auch noch der fragwürdigsten Umkehr durch Gott. Umkehr zeichnet den Gerechten aus.

LevR 10

Durchgängiges Thema von LevR 10 ist das Verhältnis von Barmherzigkeit und Gerechtigkeit Gottes. Die größere Gerechtigkeit Gottes erweist sich darin, dass Gott חסד vor צדקה ergehen lässt. Die חסד Gottes vermittelt die personale Beziehung von Gott und Mensch, wie sie in Gebet und Umkehr zum Ausdruck kommt. Horizont ist die Institutionalisierung des immer schon gefährdeten rechtmäßigen Kultes. Kult und Gebet haben wesentlich sühnende Funktion. Als Beispiele dienen neben Kain mit Hiskija, den Männern von Anatot, Jojachin und Aaron, Protagonisten aus Israel.

PesR 47

Die Gestalt des unmittelbaren Kontextes des Traditionsstückes in PesR 47 folgt in wesentlichen Zügen der Gestalt des unmittelbaren Kontextes des Traditionsstückes in LevR 10. Kain steht in Analogie zu Jojachin und Aaron. Gegenüber LevR 10 tritt die mit dem Kult verbundene Aussagelinie zurück. Im Kontext von PesR 47 spielt der Kult im Zusammenhang mit den Aaron betreffenden Episoden zwar weiter eine Rolle. Im Argumentationszusammenhang des Midrasch ist er aber nicht länger zentral. Wie schon in LevR 10 fokussiert auch in PesR 47 der Kontext Aaron. Klaglos erträgt Aaron das über ihn verhängte Geschick. An Aaron zeigt sich die Gnade Gottes.

DtnR 8

DtnR parallelisiert das Beispiel Kains im größeren Kontext mit dem Beispiel Hiskijas, das die Erzählung von Krankheit und Heilung Hiskijas nach Jes 38 paraphrasiert. Wie in der unmittelbaren Parallele in TanB בראשית baut der Midrasch das einleitende Schuldbekenntnis Kains gegen den Wortlaut des biblischen Textes zu einer langen Rede aus. Beide Beispielerzählungen schließen mit der Reaktion Gottes. Im

---

[413] In ${}_2$א fehlt im Kain-Beispiel die allen Beispielen gemeinsame Einleitung, die die einzelnen Beispiele in den Dialog zwischen Gott und Israel einbindet. ${}_2$א hat die zu Beginn fehlende Passage im Wortlaut als Abschluss des Beispiels. Hier ist von einem Schreibfehler auszugehen. Am Sinn ändert sich nichts.

Hiskija-Beispiel besteht die Reaktion Gottes aus einer Gottesrede. Im Kainbeispiel zitiert der Midrasch aus der Schlusspassage der Erzählung Gen 4,16 als Reaktion Gottes auf die ausgestaltete Bitte Kains. In der Paraphrase des Midrasch ist der göttliche ‚Rechtsspruch' Konsequenz der Tat des Brudermordes. In Jes 38 wie in der Paraphrase der Erzählung um Hiskija durch den Midrasch bleibt der durch den Propheten übermittelte Rechtsspruch, die Ankündigung des Todes Hiskijas, ohne erkennbaren Anlass.[414] In seinem vom Midrasch angespielten Gebet (Jes 38,3 // 2 Kön 20,3) verweist Hiskija unter Bezug auf das Konzept eines Tun-Ergehen-Zusammenhangs auf seine Unschuld.[415] Indem der Midrasch den Wortlaut dieses Gebetes übergeht, gilt die Reaktion Gottes nicht Schuld oder Unschuld Hiskijas, sondern dem Gebet an sich.[416]

TanB בראשית

TanB בראשית strukturiert eine Folge missglückender, sich in ihrem Missglücken (Jes 5) selbst entlarvender und schließlich gelingender Loblieder, in die sich auch das Zitat von Ps 92 innerhalb des Traditionsstücks einordnet. Das Zitat von Ps 92,2 im Munde Adams setzt das anonyme Psalmzitat, das die Aussetzung des Gerichtes über ihn kommentiert, fort.

Einige Besonderheiten des Traditionsstücks in seiner Gestalt von Tan בראשית verdanken sich der besonderen Diskussion des Kontextes. Die von den Parallelen abweichende Antwort Kains auf die Frage Adams: „Hätte ich nicht bekannt, wäre ich längst aus der Welt getilgt", stellt eine zusätzliche Verbindung zum Gericht über den ersten Menschen und die ihm im Zusammenhang mit dem Zitat von Ijob 14,19f angekündigte Verbannung aus der Welt her. Das Fehlen des Staunens Adams über die Größe der Macht der Umkehr, angesichts derer er sein eigenes Versäumnis erkennt, erklärt sich aus dem größeren Zusammenhang des Midrasch. In TanB בראשית hat Adam im Aufschub der Strafe für die Dauer des Schabbat die Barmherzigkeit Gottes selbst bereits erfahren.

MdrPss 100

In MdrPss 100 fungiert Kain als positiver Horizont vor dem durch Adam repräsentierten Gegenhorizont. Im Gegensatz zu Adam steht Kain für einen Menschen, der Umkehr tut.

5.1.4 Kain und Abel im Textzusammenhang

In allen Midraschim dieser Gruppe berührt die Auseinandersetzung mit der Erzählung von Kain und Abel die Gottesbeziehung Kains, die sich in Umkehr oder Gebet vollzieht. Durch die Gestalt des Traditionsstückes, vor allem aber vor dem Hin-

---

414 Blenkinsopp (2000), 483 und Fritz (1998), 122 gehen selbstverständlich von einem vom Text implizit vorausgesetzten Zusammenhang zwischen Hiskijas Schuld und Hiskijas Ergehen aus. Ein Satz, der im Kontext des Hiskijabeispiels in der Fassung von LevR 10 den Schuldzusammenhang explizit macht („Hiskija zerstörte / machte unfruchtbar sein Königtum"), fehlt in der Fassung von DtnR 8.

415 Anders als DtnR kennt LevR einen expliziten Nachweis der Schuld Hiskijas.

416 Seine Wortwahl verknüpft das im Midrasch nicht mitzitierte Gebet des Hiskija nach Jes 38,3 (התהלכתי לפניך **באמת ובלב** שלם) mit Ps 145,18b unmittelbar vor dem zitierten Vers, der das Rufen des Beters als Rufen ‚in Wahrheit' (באמת) spezifiziert und der Passage des Midrasch, die ihrerseits beide Schriftzitate aus Spr 8,17 und Ps 10,17 miteinander verknüpft und die Erhörung seines Gebetes einem solchen Beter in Aussicht stellt, der mit ganzem Herzen betet (ומכוון את לבו לתפילה).

tergrund des Kontextes, in dem es funktioniert, wird die Gottesbeziehung Kains in unterschiedlicher Weise akzentuiert. In je eigener Weise wird Kain ins Verhältnis zu Israel gesetzt. Unterschiedlich ist damit auch das Verhältnis, in dem der intendierte Leser zur Umkehr Kains steht.

In PRK 24 wird die Erzählung von Gen 4 zu einer Erzählung von der Annahme auch noch der unaufrichtigen Umkehr durch Gott. Die Umkehr Kains dient – mit den übrigen – als Vergleichshorizont für die Umkehr Israels. Wenn der Gott Israels sich sogar gegenüber den Völkern als barmherzig erweist und die Umkehr derer annimmt, über deren Ernsthaftigkeit berechtigte Zweifel bestehen, um wie viel mehr dann die Umkehr Israels. Vor dem Hintergrund der parallelen Gestalten innerhalb des Midrasch bleibt die Umkehr Kains fragwürdig. Selbst die fragwürdige Umkehr Kains wird von Gott nicht nur akzeptiert, noch in all ihrer Fragwürdigkeit wird sie Anlass und Ermöglichung der Gottesbegegnung Adams, Israels als Protagonisten innerhalb des Midrasch und schließlich des intendierten Lesers. Die Einspielung von Ps 92 über V 1 als שיר ליום השבת, die, wenn השבת im Kontext des Midrasch auf תשובה verweist,[417] den Schabbat mit dem Tag der Umkehr identifiziert, lässt sich auf die liturgische Verortung der Parasche am Schabbat zwischen Rosch Haschana und Jom Kippur beziehen. Das Kainbeispiel ist dann Teil eines im Festkreis verorteten Aufrufs zur Umkehr. Nicht der Bekenntnischarakter, sondern dieser Aufruf zur Umkehr steht im Mittelpunkt.

PesR 50 macht Kain als Umkehrenden zum exemplarischen Gerechten. In PesR 50 dient das Beispiel Kains dem Beispiel Rubens als Vergleichshorizont. Das Beispiel des Ruben ist ein zentrales Beispiel aus der erinnerten Geschichte Israels. Kain, der, anders als in PRK 24, mit keiner anderen Gestalt aus der erinnerten Geschichte Israels parallelisiert wird, dient – gerade als Beispiel am Anfang der erinnerten Geschichte und außerhalb Israels – als Vergleichshorizont. Ganz grundsätzlich und von Anfang an gilt, was die erinnerte Geschichte und die erhoffte Zukunft Israels bestimmt: Gott nimmt Umkehr an. Wer umkehrt, ist beispielhaft gerecht. Auch PesR 50 zitiert Ps 92 über V 1 als Umkehrpsalm.

In LevR 10 wird die Erzählung von Gen 4 zu einer Erzählung von der Umkehr Kains vor dem Hintergrund des Erbarmens als der größeren Gerechtigkeit Gottes. Die Identifikation mit der Gottesbegegnung Kains wird für Adam Anlass und Ermöglichung des Vollzugs eigener Umkehr. Umgekehrt kommt das stellvertretend für Kain gesprochene Gebet Adams Kain zugute. Vergleichshorizont ist der Kult. Nach LevR 10 haben Kult und Liturgie wesentlich sühnende Funktion. In diesem Kontext lässt das Zitat von Ps 92 ausschließlich über V 1 Lobpreis- und Bekenntnischarakter des Psalms in den Hintergrund treten. Als Psalm am Schabbat – wie als Umkehrpsalm – verweist der Psalm auf Kult und Liturgie. Umkehr, die Umkehr Kains, und Gebet, der abschließend von Adam rezitierte Ps 92, der das Thema des Kultes selbst zum Thema macht, sind im Kontext des Midrasch mit der Kultthematik eng verknüpft. Die Umkehr Kains leistet, was der Kult leistet.

PesR 47 nimmt das gnadenhafte Handeln Gottes an Kain in Analogie zum gnadenhaften Handeln Gottes an Aaron in den Blick. Identifikationsfigur des intendierten Lesers ist Aaron. Anders als im Fall Aarons ist im Fall Kains dessen Fähigkeit, sein Geschick zu ertragen, nicht Gegenstand des Frageinteresses des Midrasch. Rückblickend wirft das Beispiel Aarons dennoch auch in dieser Hinsicht ein Licht auf das Beispiel Kains. Kain hat die über ihn verhängte Strafe ausweislich des Zita-

417 Vgl. Wagner (1998), pass.30 u.a. S. zu GenR 22.

tes aus Gen 4,13 *nicht* ertragen. Zwar zeigt sich auch an Kain die Gnade Gottes, die Haltung Kains wird von der des Aaron aber weit übertroffen. Hinter Aaron steht Kain zurück.

Im Kontext von DtnR 8 ist es entscheidend, dass das Schuldbekenntnis Kains die Form des Gebetes annimmt. Im Gesamtzusammenhang von DtnR 8 tritt die Thematik der Schuld und der Umkehr Kains, die in der Paraphrase der Erzählung um Kain zentral ist, hinter das Gebet als von Gott ermöglichte und von Gott beantwortete Wendung des Menschen zu Gott zurück. Ist Mi 7 Vertrauenslied, fügt sich Mi 7,18, obwohl es sich als Teil der Beispielgeschichte um Kain auf einer anderen Textebene bewegt als die Zitate aus Spr 8 und Ps 10 und 145[418], in die Dynamik, die sich aus der Aufeinanderfolge der zitierten Texte in DtnR 8 ergibt, gut ein.[419] Das Thema der Schuld Kains tritt hinter das Thema des Gebetes[420] und der Leben ermöglichenden Gottesbeziehung Kains zurück.

TanB בראשית spannt einen Bogen vom Garten Eden, Schuld und Rücknahme der Folge der Schuld des ersten Menschen über die Zerstörung des Tempels bis zur kommenden Welt. Kain und Adam kommt innerhalb dieses Geschichtsentwurfs paradigmatische Funktion zu. Die aufgeschobene oder zurückgenommene Folge der Schuld erst Adams, dann Kains bedroht die Fortdauer der Menschheit. „Hätte ich nicht bekannt, wäre ich längst aus der Welt getilgt" hat in keinem anderen Midrasch eine Parallele und stellt eine zusätzliche Verbindung zum Gericht über den ersten Menschen und die ihm im Zusammenhang mit dem Zitat von Ijob 14,19f angekündigte Verbannung aus der Welt her. Horizont in TanB ist, anders als in LevR 10, nicht der Kult sondern die Schöpfung. TanB allein charakterisiert die Begegnung Kains mit Gott und das Gericht Gottes über ihn explizit als eine Offenbarung Gottes[421] („In der Stunde, in der Kain den Abel erschlug, offenbarte (גלה) sich ihm der Heilige, gepriesen sei er"). Vor dem Hintergrund des Aufrufes, Loblieder zu singen, steht hier der in der Wurzel ידה (Hif.) (V 2) zum Ausdruck kommende Lobpreis neben dem im engeren Kontext des Traditionsstücks betonten Bekenntnischarakter des Psalms im Vordergrund. Anders als in PesR 50, PRK 24 und LevR 10 ist die Erfahrung Kains für Adam nicht Anlass eigener Erkenntnis. Umgekehrt ist das Geschick Adams Horizont der Gotteserfahrung Kains, die Adam kommentiert. Die gelingenden Loblieder Adams und Kains weisen auf das gelingende Loblied der ganzen Schöpfung in der kommenden Welt voraus.

In MdrPss 100 fungiert Kain als positiver Horizont vor dem durch Adam repräsentierten Gegenhorizont. Wenn in MdrPss 100 der Midrasch Kain als Beispiel eines Menschen, der sich im Bekenntnis seiner Schuld zu Gott bekennt, mit Haman in Verbindung bringt, bleiben dem Leser drei Möglichkeiten: Es lassen sich Zweifel an der Aufrichtigkeit des nichtsdestotrotz von Gott angenommenen Schuldbekenntnisses Kains eintragen. Beide Erzählungen können als Kontrastgeschichen gelesen werden. Der Leser kann seine Bewertung der Figur des Haman, der exemplarisch für die Israel feindlich gesinnten Völker steht, überprüfen. Für letzteres

[418] Das gilt jedenfalls, wenn Ps 145,17 nicht selbst in erster Linie als Teil der Beispielgeschichte um Hiskija, sondern als Abschluss der gesamten Parasche wahrzunehmen und zu lesen ist.

[419] An den Menschen ergehende Aufforderung, die Weisheit/Gott zu suchen (Spr 8), ein von Klagen durchzogenes, vor dem Hintergrund früherer Erfahrungen Hoffnung ausdrückendes Gebet (Ps 10); ein Vertrauenslied in einer noch nicht zu ihrem Ende gekommenen unheilvollen Situation (Mi 7); ein Hymnus, der dazu auffordert, in das Lob Gottes mit einzustimmen.

[420] Ganz in diesem Sinne qualifiziert die Ausgabe Liebermann das Bekenntnis Kains als Gebet.

[421] PRK und LevR inszenieren das Gespräch Gottes und Kains über die Einspielung des Intertextes Ex 4,14 als Offenbarung.

spricht die einleitende Ausweitung der Perspektive des Midrasch auf die Völkerwelt. Gemeinsam stehen Adam und Kain für den Anfang aller erinnerten Geschichte. Indem der Midrasch den von ihm behaupteten Zusammenhang auf die Völkerwelt und den Anfang der erinnerten Geschichte ausdehnt, verschafft er ihm den weitestmöglichen Bezugsrahmen.

Ganz unterschiedlich gestalten die Midraschim den Bezug Kains zu Israel. In PesR 50 dient Kain als Beispiel eines exemplarischen Gerechten am Anfang der erinnerten Geschichte. In PRK ist Kain zusammen mit Beispielen, die die Völker betreffen, und solchen, die Vertreter Israel betreffen, Vergleichshorizont für Israel. Die Annahme der Umkehr Kains steht wie die der übrigen zur Annahme der Umkehr Israels dabei in einem Verhältnis der Überbietung. PesR 47 wählt mit Jojachin und Aaron ausschließlich Beispiele aus Israel. Die Umkehr Aarons allerdings übertrifft die Umkehr Kains. Auch LevR 10 wählt vor dem Horizont des Kultes Israels neben Kain ausschließlich Beispiele, die Israel betreffen. Indem LevR 10 diese Beispiele in einer Diskussion über den Kult verortet, stellt der Midrasch sie außerdem in einen ausschließlich Israel betreffenden Rahmen. Gleiches gilt für DtnR 8, wo der Midrasch das Beispiel Kains unter das Vorzeichen einer Halacha über das regelmäßige Gebet Israels stellt. In DtnR 8 und TanB בראשית argumentiert Kain mit Mi 7,18 und einer genuinen Erfahrung Israels. Dass ein Außerhalb Israels gar nicht in den Blick gerät, wird in TanB בראשית durch den Kontext unterstrichen. In TanB בראשית sind die Aufgaben, an denen Kain und Abel sich messen lassen müssen, der Lobpreis Gottes und das Studium der Tora.

6. Die Erzählung Gen 4,1–16 im Zusammenhang erinnerter Geschichte

6.1 TanB אמור / Tan אמור / PRK 9 / LevR 27

6.1.1 *Der Kontext*

Tan und TanB אמור, PRK 9 und LevR 27 stellen nahezu identische Textzusammenhänge dar. Unterschiede zwischen den rabbinischen Werken, die über die Differenzen der einzelnen Textzeugen *eines* Werkes hinausgehen, betreffen die Reihenfolge der die Parasche einleitenden Auslegungen zu Ps 36,7ab[1] und den Schluss der Parasche.[2]

Auf eine Reihe von Petichot zu Lev 22,27 folgt eine Auslegung der Verse Lev 22,28f. LevR und PRK schließen mit einer Auslegung zu Lev 22,29, die mit einem Ausblick auf die kommende Zeit endet. In TanB und Tan folgen zwei Petichot zu Lev 22,28, die auf Lev 22,27 zurückführen. Auch diese Texteinheit schließt mit einem Ausblick auf die kommende Welt.

Lev 22,27a	
Ps 36,7ab	Gerechte und Frevler – JHWHs Parteinahme für die Gerechten
Ps 36,7c	JHWH rettet den Gerechten und das Vieh
Ps 37,7ab	Anekdoten um Alexander den Großen
Ps 36,7c	JHWH rettet den Menschen (Frevler) um des Verdienstes des Tieres willen Nachtrag: Vergleich Israels mit den Tieren (Lev 22,27b + Lev 12,3) – vgl. u.
Ijob 41,3	Die Gerechtigkeit Gottes ist Bedingung der Möglichkeit der Gerechtigkeit des Menschen
Lev 22,27a	
Ez 29,16	Schuld wird nicht in Erinnerung gebracht
Lev 22,27a	
Koh 3,15a	Was JHWH für die kommende Welt verheißt, hat er durch Gerechte und Propheten in dieser Welt bereits getan
Koh 3,15b	Gottes Parteinahme für die Verfolgten
Lev 22,27a	
Micha 6,3	Rechtsstreit JHWHs mit Israel vor der Zeugenschaft der Völker
Micha 6,3	JHWH fordert nur das Machbare von Israel
Lev 22,27a	
Jes 41,24abc	Nichtigkeit Israels und/oder der Völker – Erwählung Israels
Lev 22,27a	Generationenübergreifende Vergebung im Verdienst der Erzväter [Yom Kippur]
Lev 22,27b	Vergleich des Menschen mit den Tieren (Lev 22,27b + Lev 12,3)
Lev 22,28	Gerechte und Frevler
Spr 12,10	Gott ⇔ Sanherib; Hamm Chronologie der sich überbietenden Pläne der Frevler
Lev 22,29	keine Opfer außer dem (freiwilligen) Dankopfer in der kommenden Zeit

[1] Die Textgestalt der Einzelauslegungen ist weitgehend identisch.

[2] Häufig steht LevR gegen Tan, TanB und PRK. Insgesamt geht LevR ד häufiger als eine andere Textvariante gegen den Mehrheitstext von LevR bei signifikanten Abweichungen mit TanB und Tan.

Zusatz in TanB/Tan:

Lev 22,28
Ps 89,7
Lev 22,27
Lev 22,29
Koh 3,19
Lev 22,27

Ausgangsvers ist Lev 22,27. Lev 22,27 ist Teil des Heiligkeitsgesetzes. So wie sich der Gott Israels an Israel als heilig erweist, soll sich Israel diesem Gott gegenüber als heilig erweisen.[3] Illustriert wird dieser Zusammenhang am Zusammenspiel von Kult, Land und Lebensweitergabe.[4] Lev 22,27f betreffen die Zulänglichkeit des Opfertieres und sind als Ausdruck der (göttlichen) Sorge um das Opfertier gelesen worden.[5] Auch im sorgfältigen und im sorgenden Umgang mit dem Opfertier erweist sich Israel als heilig.

An die Stelle des Begriffes der Heiligkeit tritt im Midrasch der Begriff der Gerechtigkeit. Der Midrasch spielt den Kontext über die zitierten Verse V 27–29 hinaus nicht explizit ein.

Die einleitende Peticha zu Ps 36,7 beschreibt das gegensätzliche Schicksal von Gerechten und Frevlern. Lev 22,27 ist Beispiel für das Handeln Gottes als Gerechtem. Die folgende Peticha zu Ijob 41,3 relativiert die Gerechtigkeit von Menschen, indem sie eine Reihe von Geboten präsentiert, deren Möglichkeit ihrer Erfüllung sich einer vorgängigen Initiative Gottes erst verdanken. Die Gerechtigkeit Gottes ist allererst Bedingung der Möglichkeit der Gerechtigkeit des Menschen.

Gott schafft die Voraussetzung menschlicher Gerechtigkeit, und er vergibt dem Frevler. Nach Ez 29,16 bringt Gott die Schuld Israels nicht in Erinnerung. Biblische Erzählungen und Rechtstexte, darunter Lev 22,27, wie rabbinische Rechtstraditionen stehen unter dem Vorzeichen des Vergessens der Schuld Israels, die sich in der Episode um das Goldene Kalb (Ex 32) verdichtet.[6] Nach der Auslegung zu Koh 3,15 deutet sich im Einstehen Gottes für die Verfolgten inner- wie außerhalb Israels durch die erinnerte Geschichte Israels an, was Israel verheißen ist. Im Rahmen der Auslegung zu Koh 3,15 berührt der Midrasch ein erstes Mal die Erzählung von Kain und Abel. In Auslegung zu Mi 6,3, im Kontext eines Traditionsstückes über einen Rechtsstreit Gottes mit Israel vor dem Auditorium der Völker, vergibt JHWH Israel, mit dessen Vernichtung die Völker der offensichtlichen Schuld Israels wegen[7] sicher rechnen. Auch hier steht Gott auf der Seite der Verfolgten. Die Auslegungen zu Ez 29,16 und Mi 6,3 über die Vergebungsbereitschaft Gottes mit

3 Vgl. Staubli (1996), 145; Hartley (2000), 247.249.

4 Vgl. Staubli (1996), 145; Hartley (2000), 250.

5 Vgl. Levine (1989), 152; Gerstenberger (1993), 302f; Staubli (1996), 171ff; Hartley (2000), 360. Vgl. Milgrom (2000), 1883, der diese Deutemöglichkeit, u.a. auch als rabbinische, zwar referiert, sich ihr selbst aber nicht anschließt.

6 Die Seraphim bedecken ihre kalbsförmigen Füße. Die Verwendung des Hornes einer Kuh ist an Rosch Haschana nicht gestattet. In Lev 22,27 steht ‚Rind' anstelle des im Kontext zu erwartenden ‚Kalbes'. Das Beispiel der des Ehebruchs angeklagten Frau, die im Rahmen des Eifersuchtsopfers aus einem anderen Becher trinken soll als andere mutmaßliche Ehebrecherinnen vor ihr, ist nur über das Motiv des Nicht-in-Erinnerung-Bringens mit Ez 29,16 verknüpft. In jedem Fall bringt die Erinnerung an das Vergessen der Schuld die Schuld in Erinnerung.

7 Die Schuld Israels kontrastiert mit der Haltung Gottes gegenüber Israel, der – in Gestalt der nach Lev 22,27 geforderten Opfer – nur das Machbare von Israel fordert.

Blick auf Israel rahmen die Peticha zu Koh 3,15, nach der Gott für die Verfolgten innerhalb wie außerhalb Israels einsteht.

Die abschließende Peticha zu Jes 41,24 greift auf die Erzählung vom Goldenen Kalb zurück. Jes 41,24c wird „ein Gräuel (תועבה) erwählt er in euch" gelesen. LevR und PRK deuten die Attribute der Nichtigkeit (אפס) und des Gräuel (תועבה) in einem ersten Schritt auf Israel. In einem zweiten Schritt beziehen LevR und PRK אפס auf die Völker. In der Fassung von TanB und Tan wird אפס unmittelbar auf die Völker bezogen. In jedem Fall erwählt Gott in Israel die Erbauer des Goldenen Kalbes als sein Volk.

Positiv verweisen die in Lev 22,27 genannten Tiere – über die Erzväter – auf die Geschichte Israels. Ausgehend von Lev 22,27 werden Mensch und Tier betreffende Rechtstexte miteinander in Verbindung gebracht.

Der Auslegung des folgenden Verses Lev 22,28 dient das Traditionsstück von den sich überbietenden Plänen der Frevler durch die erinnerte Geschichte Israels, das mit einem für Israel positiven Blick auf die kommende Welt endet.[8] Hier berührt der Midrasch die Erzählung von Kain und Abel ein zweites Mal. In LevR und PRK schließt die Parasche mit einer Auslegung zu Lev 22,29 über das Ende aller Opfer mit Ausnahme des Dankopfers in der kommenden Zeit. Tan und TanB verweist abschließend auf die Wirksamkeit von Gebet und Torastudium in dieser und die Gnade Gottes in der kommenden Welt.

Themenschwerpunkte

Zentrales Thema des Midrasch ist die Erwählung Israels. Die zentrale Kategorie der Erwählung erscheint – gerade auch im Gegenüber Israels zu den Völkern – jedoch mehrfach gebrochen. Exemplarisch verbindet Ex 32 Erwählung und Schuld Israels. Der Darstellung der Ambivalenz der Erwählung Israels dienen die nicht kongruenten Gegensatzpaare Israel – Völker und Gerechte – Frevler einerseits[9] und die Entgrenzung der Grundsätze göttlichen Handelns auf die Tierwelt andererseits.[10] Die Entgrenzung der Grundsätze göttlichen Handelns auf die Tierwelt als auch das quer zur Thematik des Verhältnisses von Gerechten und Frevlern behandelte Verhältnis von Israel und Völkern dienen der Dekonstruktion scheinbar selbstverständlicher Ordnungen und Werthaltungen. Der Midrasch spielt mit Identifikationen und deren Infragestellung.

---

8 Im ersten Teil der Auslegung zu Lev 22,28 fehlt in Tan das Sanheribbeispiel.

9 Das gilt für die zitierten Intertexte wie für deren Neukontextualisierung innerhalb des Midrasch. Das Heiligkeitsgesetz begründet die Identität Israels als heiliges Volk. Lev 22,17 im unmittelbaren Kontext von Lev 22,27 bezieht den Fremden (גר) ausdrücklich mit ein. Vgl. Hartley (2000), 361. Im Kontext der Israel von den Völkern unterscheidenden Speisegesetze steht nach Dtn 14,29 die Sorge um den Fremden. Vgl. Christensen (1991), 293; Nelson (2002), 176.181; McConville (2002), 254. Im Kontext von Dtn 7,2 gehen die Bestimmung Israel – Nicht-Israel und ‚die JHWH lieben' (אהביו) – ‚die ihn hassen' (שנאיו) nicht notwendig ineinander auf. Vgl. McConville (2002), 158ff.

10 Das gilt für die zitierten Intertexte wie für deren Neukontextualisierung innerhalb des Midrasch. Der Midrasch verknüpft die Zeitangaben in Lev 22,27 mit denen des Beschneidungsgebotes. Vgl. dazu auch Milgrom (2000), 1883; Hartley (2000), 362.

6.1.2 Das Traditionsstück: Eintreten Gottes für die Verfolgten

Übersetzung (Tan)

„Und Gott sucht das Verfolgte/Vergangene" (Koh 3,15c). Rabbi Huna sagte im Namen Rabbi Josefs: In der Zukunft wird der Heilige, gepriesen sei er, das Blut der Verfolgten aus der Hand ihrer Verfolger fordern. Ein Gerechter verfolgt einen Gerechten. Gott sucht den Verfolgten. Ein Frevler verfolgt einen Frevler.[11]. Und ein Frevler verfolgt einen Gerechten. Und Gott sucht [den Verfolgten][12]. Man findet: Ein Gerechter verfolgt einen Frevler. Überall: Und Gott sucht den Verfolgten.[13]
Du weißt, dass es so ist, denn siehe: Abel wurde von Kain verfolgt. Darüber[14]: „Und JHWH blickte auf Abel und auf seine Gabe. Und auf Kain und auf seine Gabe blickte er nicht" (Gen 4,4f). Noah wurde von seiner Generation verfolgt. [Und es steht geschrieben][15]: „Und Noah fand Gnade in den Augen JHWHs" (Gen 6,8). Abraham wurde von Nimrod verfolgt. [Und es steht geschrieben][16]: „Du bist es, JHWH Gott, der Abraham erwählt hat und ihn herausgeführt hat aus Ur in Chaldäa" (Neh 9,7). Isaak wurde von den Philistern verfolgt. [Und es steht geschrieben][17]: „Und sie sagten: Sehen, ja wir sehen, dass JHWH mit dir ist und wir sagten, es soll doch ein Eid zwischen uns und dir sein und wir wollen mit dir einen Bund schließen" (Gen 26,28). Jakob wurde von Esau verfolgt. [Und es steht geschrieben][18]: „Denn Jakob hat JHWH für sich erwählt, Israel zu seinem Eigentum" (Ps 135,4). {Josef wurde von seinen Brüdern verfolgt. [Und es steht geschrieben][19]: „Und JHWH war mit Josef, und er war ein Mann, dem alles gelang, und er blieb im Haus seines ägyptischen Herrn" (Gen 39,2).}[20] Mose wurde von Pharao verfolgt. [Und es steht geschrieben][21]: „Wenn nicht Mose, sein Erwählter, gewesen wäre. Er trat in die Bresche vor ihn, umkehren zu lassen seinen Grimm vom Verderben" (Ps 106,23).[22] Und Israel wird von den Dienern der Sterne[23] verfolgt[24]: „Dich hat JHWH Gott erwählt, um für ihn Eigentumsvolk zu sein" (Dtn 7,6).

---

11 … Gott sucht den Verfolgten, TanB, PRK, LevR.

12 die Gerechten, LevR א.

13 Die Textzeugen differieren im Folgenden im Einzelfall in der Besetzung der Protagonisten und in den angeführten Schriftbelegen. Varianten werden nur dort angeführt, wo sie den Rahmen oder unmittelbar die Interpretation der Kain- und Abel-Erzählung berühren.

14 … Und Gott sucht den Verfolgten, PRK, LevR (außer ז); Und der Heilige, gepriesen sei er, erwählte Abel, wie gesagt worden ist, LevR ז.

15 Und Gott sucht den Verfolgten, PRK, LevR (außer ז); Und der Heilige, gepriesen sei er, erwählte nur Noah, wie gesagt worden ist, LevR ז.

16 Und Gott sucht den Verfolgten, PRK, LevR (außer ז); Und der Heilige, gepriesen sei er, erwählte, Abraham, wie gesagt worden ist, LevR ז.

17 Und Gott sucht den Verfolgten, PRK, LevR (außer ז); Und der Heilige, gepriesen sei er, erwählte Isaak, wie gesagt worden ist, LevR ז.

18 Und Gott sucht den Verfolgten, PRK, LevR (außer ז); Und der Heilige, gepriesen sei er, erwählte Jakob, wie gesagt worden ist, LevR ז.

19 Und Gott sucht den Verfolgten, PRK; Und der Heilige, gepriesen sei er, erwählte Josef, wie gesagt worden ist, LevR ז.

20 fehlt in LevR (außer ז).

21 Und Gott sucht den Verfolgten, PRK, LevR (außer ז); Und der Heilige, gepriesen sei er, erwählte Mose, wie gesagt worden ist, LevR ז.

22 … David wurde von Saul verfolgt. Und der Heilige, gepriesen sei er, erwählte David, wie gesagt worden ist: „Und er erwählte David, seinen Knecht" (Ps 78,70), LevR (außer ז); … David wurde von Saul verfolgt. Und Gott sucht den Verfolgten. „Und er erwählte David, seinen Knecht" (Ps 78,70). Saul wurde von den Philistern verfolgt, und der Heilige, gepriesen sei er, erwählte Saul, wie gesagt worden ist: „Ihr habt gesehen, den JHWH erwählt hat" (1 Sam 10,24), LevR ז. Vgl. auch LevR פ.

23 Völkern der Welt, TanB; Völkern, LevR.

24 … Und Gott sucht den Verfolgten, LevR, PRK.

6.1.2.1 Analyse

Die Exegese liest Koh 3,15 im Kontext der VV 10–15. Koh 3,10–15 spricht von der Zweckmäßigkeit der Schöpfung (V 11a) wider allen Anschein (V 10), um die der Mensch zwar wissen (11bα), die er aber nicht zur Gänze verstehen kann (11bβ).[25] Die angemessene Reaktion des Menschen besteht in der Nutzung der sich ihm unter diesen Umständen eröffnenden Möglichkeiten.[26] Nach V 14 fällt letztlich nichts aus der ewigen Ordnung Gottes hinaus. V 15a wird in aller Regel vor dem Hintergrund von V 14[27] dahingehend interpretiert, dass im Lauf der Geschichte nichts Neues geschieht. Problematisch ist die Mehrdeutigkeit von רדף (Nif.) in V 15b.[28] In seiner Grundbedeutung und in der überwiegenden Mehrzahl seiner Vorkommen meint רדף (Qal) ‚verfolgen'. In Koh 3,15 wird רדף (Nif.) entweder metaphorisch verstanden und auf die von Gott veranlasste Wiederkehr des Vergangenen bezogen.[29] V 15b ist dann Explikation zu V 15a.[30] Alternativ ist das Subjekt von בקש Gott, implizites Subjekt von רדף der Mensch. Wem der Mensch umsonst nachjagt, etwa dem Vergangenen, das ist nur Gott fähig zu finden.[31] V 15 schließt dann an V 11 an. Der Mensch bleibt auf die Gegenwart zurückgeworfen.[32] Vereinzelt wird angedeutet, dass ein wörtliches Verständnis von רדף, das unter Umständen mitgehört werden kann, Gottes ausgleichende Gerechtigkeit in der Geschichte beschreibt.[33]

Im Midrasch steht das Traditionsstück von der Parteinahme Gottes für die Verfolgten, das sich als Auslegung von Koh 3,15b präsentiert, unter dem Vorzeichen der unmittelbar vorausgehenden Auslegung des *ersten* Versteiles Koh 3,15a, das ein Entsprechungsverhältnis des Handelns Gottes durch die Taten der Gerechten in dieser Welt und Gottes Handeln in der kommenden Welt konstruiert. Das Eintreten Gottes für die Verfolgten in der erinnerten Geschichte Israels präfiguriert die gegen allen Anschein behauptete Parteinahme Gottes für Israel jetzt und in Zukunft.

Gott sucht den Verfolgten. Anders als die meisten modernen Exegeten versteht der Midrasch רדף in seiner Grundbedeutung ‚verfolgen'. Im Verlauf der einleitenden Passage werden alle Kombinationsmöglichkeiten von Frevler und Gerechtem in den Rollen von Verfolger und Verfolgtem durchgespielt. Die Kategorien Frevler/Gerechter und Verfolger/Verfolgter werden entkoppelt. Gottes Sympathie gilt dem Verfolgten, unabhängig davon, ob es sich um einen Gerechten oder um einen Frevler handelt,[34] und gilt ihm selbst in jenem provozierenden Fall, in dem ein Frevler zum Opfer eines Gerechten wird.

---

[25] Vgl. Krüger (2000), 170.174ff; Schwienhorst-Schönberger (2004), 263.265.267.268. Vgl. auch Seow (1997), 173f.

[26] Das gilt unabhängig davon, ob לעשות טוב בחייו (V 12) dazu aufruft, es sich gut gehen zu lassen – vgl. Murphy (1992), 30; Seow (1997), 172 – oder Gutes zu tun – vgl. Schwienhorst-Schönberger (2004), 269.

[27] Vgl. Murphy (1992), 35; Schwienhorst-Schönberger (2004), 271.

[28] Vgl. Seow (1997), 165. Vgl. Frevel (1993), pass.363.

[29] Vgl. Murphy (1992), 30.36; Krüger (2000), 166; Schwienhorst-Schönberger (2004), 273.

[30] Vgl. Seow (1997), 165, der diese Möglichkeit referiert, aber verwirft.

[31] Vgl. Seow (1997), 166.174.

[32] Vgl. auch Seow (1997), 173.

[33] Vgl. Krüger (2000), 179. Vgl. auch Murphy (1992), 30, der diese Deutung für mit dem Kontext nicht kompatibel erklärt.

[34] LevR א vereindeutigt an einer Stelle und stellt eine Identität von Verfolgtem und Gerechtem her, die der Mehrheitstext so nicht vornimmt.

Kernstück des Traditionsstückes vom Eintreten Gottes für die Verfolgten ist die in ihrer Reihenfolge der Chronologie der erinnerten Geschichte Israels folgende Aufzählung beispielhafter Paare aus Verfolger und Verfolgtem. Mehrere Indizien deuten darauf hin, dass sich das Eintreten Gottes für die Verfolgten in ihrer Erwählung äußert. Die Mehrheit der Belegverse charakterisieren die beispielhaft Verfolgten unter Verwendung von בחר als Erwählte. Darunter fällt auch der Belegvers im Rahmen des Israelbeispiels, dem in mehrfacher Hinsicht eine noch zu erläuternde Sonderrolle zukommt. Es ist überlegenswert, die in syntaktischer Hinsicht parallel gebrauchten Formulierungen vom ‚Mitsein Gottes' ‚Blicken Gottes auf' und dem ‚Gnade Finden in den Augen Gottes' in analoger Weise zu verstehen.[35] LevR ד expliziert in diesem Sinne bezogen auf jedes einzelne Beispiel: „Und es erwählte (בחר) der Heilige, gepriesen sei er, XY, wie gesagt worden ist." Die Doppelbesetzung Sauls als Verfolger und als Verfolgter in LevR פ und LevR [36]ד zeigt die grundsätzliche Flexibilität der Besetzungen. Erwählt ist, wer verfolgt ist. Rolle geht vor Person.[37]

Die Rolle Israels steht analog zur Rolle der Verfolgten. Trotz einer weitgehend analogen syntaktischen Gestalt reiht das abschließende Beispielpaar aus Israel und Völkern sich in die Kette der vorangegangenen nicht einfach ein: Es hebt sich durch seine Schlussposition von den Übrigen ab. Einzelne der vorangegangenen Protagonisten sind der Größe Israel subsumierbar. Einige der Belegverse zitieren einzelne der Protagonisten explizit als Vertreter Israels. Ps 135,4 identifiziert im zweiten Teil seines Parallelismus Jakob mit Israel.[38] Wenn Josef nach TanB, PRK und LevR ד der Verfolgung durch seine Brüder ausgesetzt ist, verfolgen die Stammväter Israels einen der ihren. Abweichend von TanB und PRK belegt LevR ד die Erwählung Josefs mit Ps 81,6. Im Kontext des Psalms steht Josef, der im Midrasch den Brüdern gegenübersteht, im Zusammenhang mit dem Auszug aus Ägypten für ganz Israel.[39] Auch durch die grammatische Form unterscheidet sich das Beispiel Israels. Während von den vorangegangenen Beispielen im Erzähltempus der ו-PK erzählt wird, wird die Verfolgung Israels im präsentischen Partizip zum Ausdruck gebracht.

TanB und Tan zitieren Dtn 7,6[40]. PRK und LevR zitieren den nahezu gleich lautenden Vers Dtn 14,2[41] als Belegvers für Israel. Die ‚Heiligkeit' Israels wird mit sei-

---

[35] Mit Blick auf Isaak und Josef sprechen die Belegverse vom Mitsein Gottes, in Bezug auf Abel vom Blicken Gottes auf ihn. Noah findet Gnade in den Augen Gottes.

[36] Saul verfolgt David. In LevR ד wird Saul von den Philistern verfolgt. In LevR פ bleibt der Verfolger Sauls anonym.

[37] Vgl. Thoma (1993), 115f – nach Thoma allerdings mit Ausnahme Edoms/Esaus, Hamans und Gogs. Langer (2005a), 379 argumentiert dagegen am Beispiel Esaus: „In dieselbe Kategorie wie Esau fallen die ‚Bösen' Datan, Abiram, Ahas und auch Achaschverosch. Sowohl Datan, Abiram als auch Ahas sind eindeutig Israeliten, deren Verhalten biblisch wie rabbinisch ‚missfällt'". Und ebd., 375: „Die Parallelisierung von Esau und Jerobeam zeigt deutlich die Absicht, Abgrenzungen jenseits genealogischer Zuordnungen ethisch-religiös zu markieren." In Bezug auf den hier untersuchten Midrasch wäre die Einschätzung Thomas mit einem Fragezeichen zu versehen. Vgl. auch Langer (2005b), pass. zu Esau. Durch die Versionen ist die personelle Besetzung der Gruppe der Verfolgten konstanter als die der Verfolger.

[38] Vgl. Seybold (1996), 504; Hossfeld/Zenger (2008), 666.

[39] Vgl. Seybold (1996), pass.323; Hossfeld/Zenger (2000), pass.474.377.

[40] Dtn 7,1–6 tradiert einen Katalog von Verhaltensregeln, die Israels Verhältnis zu den Völkern im Land betreffen. Die Zusammenstellung einer Metaphorik des Heiligen Krieges und der Mischehenverbote wirkt disparat, sie haben aber ihre gemeinsame Sinnspitze in der Unterscheidung Israels von den Völkern. Vgl. Christensen (1991), 156f; McConville (2002), 152; Nelson (2002), 96.

ner Erwählung durch Gott begründet.[42] Die Erwählung Israels geht mit der Aussonderung Israels aus den Völkern einher.[43] Nach Ansicht der meisten Exegeten ist die Erwählung Israels der Bindung Israels an die Gebote Gottes, die in beiden Fällen die Aussonderung Israels (nach-)vollzieht, vorgängig.[44] Die auf Dtn 7,6 unmittelbar folgenden VV 7f machen diesen Zusammenhang besonders deutlich: Israels Erwählung ist nicht der Größe Israels, sondern der Liebe (אהבה) Gottes und seiner Treue zu den Vätern geschuldet.[45] Israels Erwählung ergibt sich einzig aus dem unbegründeten Handeln Gottes.[46] Die Begründung der Heiligkeit Israels nach Dtn 7,6 greift im Kontext des Midrasch auf die Entkoppelung der Kategorien von Frevler oder Gerechtem und Verfolger oder Verfolgtem zurück. Die Erwählung Israels ist unverdient, unbegründet ist sie nicht.

Für den Midrasch ist, wodurch sich die kommende Welt auszeichnet, in der erinnerten Geschichte bereits erkennbar. Durch die und mit der erinnerten Geschichte ist die kommende Zeit im Modus einer Zusage präsent. Gott garantiert die endgültige Einlösung dieser Zusage in der kommenden Welt. Ohne Unrechtsverhältnisse unmittelbar aufzuheben, bezieht er wertend Stellung, indem das Motiv der Verfolgung geradezu zum Synonym der Gottesnähe wird.

Die sich an das Israelbeispiel anschließende abschließende Sequenz führt auf den der Parasche übergeordneten Vers zurück. In Anerkennung der prinzipiellen Parteinahme Gottes für die Verfolgten ist Israel aufgefordert, Opfer nur von den ‚verfolgten‘ Tieren zu bringen. Der Kult Israels veranschaulicht und vergegenwärtigt die Grundsätze göttlicher Parteinahme, wie auch umgekehrt diese an der erinnerten Geschichte Israels ablesbare Parteilichkeit Gottes eine bestimmte Halacha erklärt. Die Parteilichkeit Gottes übersteigt die Perspektive Israels über die Grenzen der Menschheitsgeschichte hinaus auf die Tierwelt.

In Koh wie im Midrasch garantiert Gott den größeren (Sinn-)Zusammenhang der Geschichte. Zielt der biblische Text in der Wahrnehmung der modernen Exegese auf ein unter den gegebenen Umständen sinnvolles Handeln des Menschen, lenkt der Midrasch den Blick auf das verheißene (endzeitliche) Handeln Gottes am Menschen.

---

41 Im Kontext von Dtn 14,2 begründet die Erwählung Israels die Israel beispielhaft von Nicht-Israel unterscheidenden Speisegebote. Vgl. McConville (2002), 244f; Nelson (2002), 175f.176. Von den Fremden, die in der Stadt leben, wird die Einhaltung mancher Speisegebote nach V 21 explizit nicht gefordert. Vgl. Christensen (1991), 293.

42 Zu Dtn 7,6 vgl. Christensen (1991), 156; McConville (2002), 150.155; Nelson (2002), 100. Zu Dtn 14,2 vgl. Christensen (1991), 294; McConville (2002), 247; Nelson (2002), 178f.

43 Zu Dtn 7,6 vgl. Christensen (1991), 156; Nelson (2002), 96; McConville (2002), 151. Zu Dtn 14,2 vgl. Christensen (1991), 294; McConville (2002), 253.253; Nelson (2002), 176.179.181.

44 Zu Dtn 7,6 vgl. Christensen (1991), 156; Nelson (2002), 97.100ff. Vgl. McConville (2002), 156, der nach Dtn 7,12 eine Umkehrung des Bedingungsverhältnisses konstatiert: Nach V 12 ‚in strict grammar, the law-keeping is a condition of God's keeping his convenant of faithful love‘. McConville (2002), 159. Vgl. auch McConville (2002), 163. Nach Christensen (1991), 157 ist der ursprüngliche Bundesschluss ungeschuldet. Vgl. auch Nelson (2002), 102. Zu Dtn 14,2 vgl. Christensen (1991), 294; Nelson (2002), 176.

45 Vgl. Christensen (1991), 156. אהבה bezeichnet zunächst das Loyalitätsverhältnis zwischen Vertragspartnern. Vgl. McConville (2002), 156. Vgl. Bergman (1973), 106f; Haldar (1973), 107f. Dass die Rabbinen diese Bedeutung mithören, ist allerdings unwahrscheinlich. Gleichzeitig kommt בחר אהב nahe. Jes 48,14 verwendet אהב, um das Verhältnis Gottes zu Kyros zu beschreiben. Vgl. Wallis (1973), 122. Diese Bedeutungsnuance steht dem rabbinischen Verständnis näher.

46 Vgl. Nelson (2002), 101.

Das Spiel mit der Israelperspektive ist zugleich immer auch ein Spiel mit dem Leser. Unbeschadet der heilsgeschichtlichen Zusage für Israel als verfolgtem Volk muss sich der intendierte Leser in der Auseinandersetzung mit Texten und ihren Deutungen durch den Midrasch, die die Dichotomien Gerechte und Frevler, Täter und Opfer, Israel und Völker in ganz unterschiedlicher Weise gegeneinander verschieben, selbst je wieder neu einordnen.

6.1.2.2 Kain und Abel im Kontext des Traditionsstücks

Die Erzählung von Kain und Abel wird über das Zitat von Gen 4,4 und das Blicken Gottes auf das Opfer Abels eingespielt. Kain und Abel stehen in Analogie zu anderen Paaren aus Verfolgern und Verfolgten durch die erinnerte Geschichte Israels. Das Eintreten Gottes für den Verfolgten Abel begründet der Midrasch im Zitat von Gen 4,4, das diese Parteinahme Gottes selbst illustriert. Das Blicken Gottes auf die Opfergabe des Abel wird als Erwählung gedeutet. Allerdings geschieht die Illustration der Parteinahme Gottes der Erzähllogik der biblischen Erzählung folgend vor dem Mord Kains an Abel. Kehrt der Midrasch die Kausalitäten also um? Man wird nicht übersehen dürfen, dass die Annahme der Opfergabe des Abel durch Gott (Gen 4,4) in zahlreichen Auslegungstraditionen als Hinweis auf eine moralische Disposition Kains gelesen worden ist,[47] die im Brudermord ihren Ausdruck findet.[48] Eine solche Logik mag auch dem Midrasch zu Grunde liegen. Ein positiver Effekt des Eintretens Gottes für Abel entsprechend den analogen Beispielen kann nur gegen den offensichtlichen Ausgang der Erzählung behauptet werden. Als erstes Glied einer langen Reihe von Verfolgten stehen Kain und Abel für ein Paradigma, dass die Geschichte immer bestimmt und das auch für Israel Gültigkeit hat. Als Verfolgter rückt Abel in die Nähe Israels. Abel ist Sympatieträger und Identifikationsfigur.

6.1.3 Das Traditionsstück: Die wechselseitig sich überbietenden Pläne der Frevler

Übersetzung

> Rabbi Levi sagte: Wehe den Frevlern[49], denn sie vertiefen sich in Pläne gegen Israel. Jeder Einzelne sagt: Mein Plan ist besser als dein Plan.
> Esau sagte: Ein Narr ist Kain, denn er erschlug den Abel, (seinen Bruder,) zu Lebzeiten seines Vaters. Aber er wusste nicht, dass sein Vater fruchtbar sein und sich vermehren würde. Ich, ich werde nicht so handeln, sondern: „Die Tage der Trauer um meinen Vater nahen und ich werde den Jakob, meinen Bruder, erschlagen" (Gen 27,41).
> Pharao sagte: Ein Narr war Esau, denn er sagte: „Die Tage der Trauer *um meinen Vater* nahen" (Gen 27,41). Er wusste nicht, dass sein Bruder[50] fruchtbar sein und sich zu Lebzeiten seines Vaters vermehren würde. Ich, ich werde nicht so handeln, sondern ersticke sie unter dem (Gebär-)Stuhl ihrer Mütter[51], solange sie klein sind. Dies ist, was geschrieben steht: „Jeden Sohn, der geboren wird, sollt ihr in den Nil werfen" (Ex 1,22).

---

47 Vgl. Josephus, Ant. 1.51–66, im NT Hebr 11,4; 12,24.

48 Kugel (1990), 179 geht davon aus, dass auch die Targumim sich in ihrer Berurteilung der Protagonisten Kain und Abel auf Taten Kains vor den in Gen 4,1–16 geschilderten Ereignissen beziehen. So sie sie nicht völlig frei eintragen, können die Targumim und Talmudim Hinweise auf diese Vergangenheit nur wieder dem Text selbst entnehmen.

49 Völkern der Welt, LevR כ.

50 Vater, LevR פ.

51 im Mutterleib, LevR כ.

Haman sagte: Ein Narr war Pharao, denn er sagte: „Jeder Sohn, der geboren wird" (Ex 1,22). Er wusste nicht, dass die Töchter Männer heiraten und dass sie fruchtbar sein und sich durch sie vermehren würden. Ich, ich werde nicht so handeln, sondern: „Auszurotten, zu töten" (Est 3,13).

Rabbi Levi sagte: Auch Gog und Magog werden [in der kommenden Zukunft][52] so reden: Narren waren die ersten, [dass sie sich in Pläne gegen Israel vertieften][53]. Sie wussten nicht, dass sie einen Patron im Himmel haben. Ich, ich werde nicht so handeln. Sondern: Zu Beginn werde ich mich mit ihrem Patron verbünden / gegen ihren Patron kämpfen, danach werde ich mich mit ihnen verbünden / gegen sie kämpfen. Dies ist, was geschrieben steht: „Die Könige der Erde stehen auf und die Herrschenden halten in Eintracht Rat gegen JHWH und seinen Gesalbten" (Ps 2,2).

Der Heilige, gepriesen sei er, sprach zu ihnen: Frevler, Du wünschst[54], dich zu verbünden / zu kämpfen? Bei deinem Leben, ich führe gegen dich Krieg. Dies ist, was geschrieben steht: [„JHWH, wie ein Starker zieht er hinaus, wie ein Mann des Krieges weckt er Eifer" (Jes 42,13). Und er sagt:][55] „Und JHWH zog hinaus und er begab sich in den Krieg gegen diese Völker, wie am Tag, an dem er sich in den Krieg begibt, am Tag der Schlacht" (Sach 14,3).[56]

6.1.3.1 Analyse

Das einführende Zitat Rabbi Levis („Wehe, die Frevler, denn sie vertiefen sich in Ratschläge über Israel") dient dem Traditionsstück als Leseanweisung.[57] Die Erzählung von den sich wechselseitig überbietenden Plänen der Frevler führt die einleitende Rede Rabbi Levis im Detail aus und ist selbst als Teil der Rede Rabbi Levis lesbar.

Das Traditionsstück spielt die Erzählung von Kain und Abel über die Erwähnung des Brudermordes ein. Anders als in den Fällen der mit Kain und Abel parallelisierten Protagonisten der erinnerten Geschichte Israels fehlt ein Zitat. Das Traditionsstück überführt die beispielhafte Aufzählung prominenter Gegenspieler innerhalb der erinnerten Geschichte Israels in eine dynamische Erzählung. Kains Pläne richten sich gegen Adam und Abel, Esaus gegen Jakob, die des Pharaos, Hamans und schließlich die Gogs gegen Israel. Die später auftretenden Protagonisten lernen von den früheren. Die erinnerte Geschichte verengt ihren Fokus und endet mit der Perspektive auf Israel und einem Blick auf die kommende Zeit.

Der Wunsch nach Vernichtung des feindlichen Gegenübers gewinnt – seiner Intention nach – Gestalt in der Vernichtung der Nachkommenschaft. Die Frevler innerhalb der angeführten Beispiele kommen nicht zum Ziel, weil und insofern Nachkommenschaft überlebt[58]. Die in diesem Zusammenhang refrainartig wiederkehrende Formulierung, „fruchtbar zu sein und sich zu vermehren", zitiert mit Gen 1,28 die Schöpfungserzählung. Das Bemühen der Frevler zielt auf die Unter-

---

52 in der kommenden Zukunft, in der Zukunft, LevR, PRK (außer כ); in der Zukunft, TanB.

53 dass sie rebellierten mit Plänen, PRK כ.

54 bist zu mir gekommen, um, TanB.

55 Fehlt in PRK כ, LevR פ.

56 … Und was steht hier geschrieben? „Und JHWH wird König über die ganze Erde sein." (Sach 14,9), LevR (außer ל).

57 In der Variante von LevR ד erfährt die einleitende Rede Rabbi Levis in der Identifikation der Gegner Israels mit den Völkern der Welt im Verhältnis zum Mehrheitstext eine Engführung.

58 Da weitere Geschwister Esaus und Jakobs ohne Rückhalt im biblischen Text sind, wird es sich bei LevR פ, nach dem der Pharao die fortgesetzte Zeugungskraft Jakobs argumentativ gegen Esau ins Feld führt, um einen Schreibfehler in Analogie zum Beispiel Kains handeln. LevR כ steigert den Vernichtungswillen des Pharao, indem es ihn nicht erst den Neugeborenen, sondern bereits den Ungeborenen nach dem Leben trachtet lässt.

bindung des Vollzugs des göttlichen Schöpfungsauftrags und scheitert an ihm. Entweder wird die Israelperspektive auf die Schöpfung insgesamt hin aufgebrochen oder das Schöpfungshandeln Gottes wird als Schöpfungshandeln in der Geschichte an Israel fokussiert.

Was der Midrasch im Rahmen des letzten Beispiels von der endzeitlichen Gestalt Gog[59] erzählt, unterscheidet sich in inhaltlicher wie in formaler Hinsicht von dem, was über die vorangegangenen Protagonisten, von denen der Midrasch zuvor gehandelt hat, berichtet wird. Der Midrasch setzt mit der wiederholten Nennung des Erzählers, Rabbi Levis, neu ein. Nur das Beispiel Gogs spielt in der Zukunft. Ausdrücklich bezieht es sich auf *alle* vorangegangenen Figuren (הראשונים) zurück.

Gog paraphrasiert die einleitenden Worte des Rabbi Levi. Anders als seine Vorgänger innerhalb der erinnerten Geschichte Israels gewinnt Gog Einsicht in den wahren Grund der (Über-)Lebensfähigkeit Israels. Konsequenterweise sucht Gog seinen Vorteil in der Auseinandersetzung mit dem Gott Israels selbst.[60]

Das für die Beschreibung der anvisierten Auseinandersetzung mit diesem Gott verwendete hebräische זוג (Hitp.), der Grundbedeutung nach ‚sich in Paaren treffen', kann unter negativem Vorzeichen im Sinne von ‚angreifen'; ‚Krieg führen', unter positivem aber auch in der Bedeutung ‚heiraten' Verwendung finden.[61] Im Kontext des Midrasch liegt die Bedeutung ‚Krieg führen' näher[62]. Über die alternative Bedeutung berührt die Rede Gogs, mit ironischem Unterton, semantisch ein Feld, das sonst für die besondere Beziehung des Gottes Israels zu seinem Volk reserviert ist.[63] Syntaktisch tritt das Zitat der Rede des Rabbi Levi im Munde Gogs an die Stelle der verworfenen und im Folgenden dann korrigierten, in ihrer korrigierten Fassung aber gleichfalls nicht zum Ziel führenden Pläne der Frevler. In den Augen des Lesers desavouiert er sich damit selbst. Als Reaktion auf die Pläne Gogs ergreift schließlich Gott selbst das Wort. Syntaktisch spricht er an einer Stelle, die bisher dem Frevler vorbehalten war. Gott selbst unterbricht die Kette der Frevler. Der Schöpfergott selbst garantiert Israel schöpfungsgemäß Leben und Zukunft und ermöglicht die Einlösung der schöpfungskonstitutiven Weisung „fruchtbar zu sein und sich zu vermehren".

Das Beispiel Gogs verbindet den abschließenden Blick auf Israel mit einer endzeitlichen Perspektive.[64] In der Verknüpfung mit Ps 2,2, Sach 14,3 und Jes 42,13

---

59 Im endgeschichtlichen Heilsdrama der sog. ‚großen Gog-Perikope' in Ez 38f fungiert Gog als Repräsentant und Führer der gottfeindlichen Völkerwelt. Auf die Bibelstelle selbst wird im Midrasch aber nicht ausdrücklich verwiesen. Es findet sich kein Zitat. Die Gestalt Gogs hat außerhalb der Bibel eine breite Rezeption (vgl. Gießauf [2003], pass.; Art. Gog [RGG^3], 1683).

60 PRK כ qualifiziert die Pläne Gogs gegen Israel als Rebellion und unterstreicht so ihren grundsätzlich gegen eine bestehende Ordnung gerichteten Charakter.

61 Zu זוג oder זוד vgl. Jastrow (1903).

62 Diese Bedeutung liegt auch Kadushin (1987), 191 zu Grunde.

63 Die Ehe ist innerbiblisch immer wieder Bild der Beziehung Gottes zu seinem Volk. In diesem Zusammenhang findet die Vokabel זוג jedoch keine Verwendung. זוג kommt in der Hebräischen Bibel nicht vor.

64 Die endzeitliche Perspektive wird schon durch die Einleitung des Gog-Beispiels aufgerufen, in den unterschiedlichen Versionen aber unterschiedlich akzentuiert: TanB und PRK כ beziehen das Gog-Beispiel auf die Zukunft, damit nicht explizit auf die Endzeit, in Tan, LevR und PRK (außer כ) ist es in eigenartiger Doppelformulierung auf die Zukunft mit Blick auf die kommende Zukunft bezogen; der Kontext – sowohl des Bibeltextes als auch des Midrasch – legt ein endzeitliches Verständnis jedoch nahe.

wird Gog zum exemplarischen Vertreter der in der Endzeit gegen Israel auftretenden Völker.[65]

Das Traditionsstück steht im Zusammenhang einer der Auslegung zu Lev 22,28 zugeordneten Auslegung zu Spr 12,10, die Gerechte und Frevler miteinander vergleicht. Die Gerechtigkeit Gottes, die sich in den Geboten der Tora, insbesondere in solchen gegenüber den Tieren wie Lev 22,8 äußert, wird der Grausamkeit Sanheribs und Hamans gegenübergestellt. Während das Bemühen der Frevler sich auf die Unterbindung des Schöpferhandelns Gottes richtet, entweder des Schöpfungshandelns Gottes an Israel oder des Schöpfungshandelns Gottes, wie es sich exemplarisch in der erinnerten Geschichte Israels zeigt, zielt die ‚gerechte' Weisung Gottes auf den Schutz des Lebens.

6.1.3.2 Kain und Abel im Kontext des Traditionsstücks

Die Erzählung des ersten Mordes, die angespielt, nicht zitiert wird, nimmt inhaltlich wie formal innerhalb der Geschichte der sich überbietenden Pläne der Frevler eine Sonderstellung ein. Das Geschehen um Kain und Abel steht hier selbst außerhalb des Geschehenzusammenhangs, den es in Gang setzt. Der ‚erste' Mord löst, im Bemühen es besser zu machen, die Folge der Freveltaten aus. Innerhalb der kurzen Erzählung kommt Kain nicht zu Wort. Die Intention, die planvolle Vernichtung des Gegners, und die den Plänen aller späteren Frevler zugrunde liegende Plausibilität, die impliziert, dass die vollständige Vernichtung des Gegners nur gelingt, wo auch dessen Nachkommenschaft vernichtet wird, wird von außen an das Kainbeispiel herangetragen.[66] Der erste Mord wird allein im Modus seiner Interpretation durch die später auftretenden Protagonisten der erinnerten Geschichte Israels thematisch, die sich ihn zum Vorbild nehmen. Der erste Mord wie alle späteren Morde ist ein Angriff auf die Schöpfung selbst. Der Anfang aller lebensbedrohenden Gewalt ist der Anfang einer langen Kette von sich gegen Israel richtender Gewalt. Damit ordnet sich auch der sich gegen Israel richtende Vernichtungswille der Frevler in eine globale Perspektive ein.[67] Abel ist Sympathieträger.

---

65 Die drei von den Versionen in wechselnder Auswahl rezipierten Zitate setzen unterschiedliche Akzente. Im Zitat von Ps 2,2 wird die endzeitliche Gestalt Gogs Repräsentant des Aufstands der Könige der Welt. Hört der intendierte Leser den Kontext des Psalmverses mit, nimmt Gog seine Niederlage im Zitat des Psalms bereits vorweg. Die Einsicht, zu der VV 10–12 die aufständischen Könige aufrufen, vgl. Hossfeld/Zenger (1993), 46.49.54; Seybold (1996), 33, hat Gog nach der Darstellung des Midrasch gerade nicht gezeigt. Im Kontext von Sach 14,3 und Jes 42,13 geschieht zwar das Eingreifen Gottes zugunsten Israels. Die Heilsperspektive beider Texte greift jedoch über Israel hinaus. Während Israel nach Jes 42,18ff selbst noch blind und taub ist für die göttliche Welt- und Geschichtsordnung wie für die ihm zugedachte Mittlerrolle, vgl. Childs (2001), 333; Berges (2008), 245f.259, zieht nach Sach 14,16 ein Rest der Völker nach Jerusalem, um mit Israel das Laubhüttenfest zu feiern, vgl. Reventlow (1993), 127. Die über beide Zitate eingespielten Textbereiche unterscheiden sich in ihrer zeitlichen Perspektive wie in ihrer Akzentuierung der Rolle Israels und der Völker. LevR כ verzichtet auf die globale Heilsperspektive, die Jes 42,13 entwirft. PRK כ beschränkt sich auf die Heilsperspektive des Sach-Textes und verzichtet auf den kritischeren Blick auf Israel nach Jes.

66 Im Zusammenhang des Kain- und Abel-Beispiels wirkt das Argument sperrig. Bei den in Frage stehenden Nachkommen handelt es sich um weitere Nachkommen Adams und nicht um solche Abels. Evtl. ist Gen 4,25 angespielt, das Set als „Ersatz" Kains einführt.

67 Eine stark abweichende Variante des Traditionsstücks hat GenR 75. GenR 75 reduziert die Folge der Frevler auf Kain und Esau. Hier lernt nicht Esau eigener Einschätzung nach aus den Fehlern Kains, sondern begründet den eigenen Erfolg mit dem vermeintlichen Erfolg Kains. Aus der Nachkommenschaft Kains schließt Esau darauf, dass Kain straflos blieb.

6.1.4 *Kain und Abel im Textzusammenhang*

Indem der Midrasch in einem Traditionsstück den Brudermord anspielt und im anderen die Reaktion Gottes auf das Opfer als Reaktion Gottes auf die im Mord zum Ausdruck kommende Disposition Kains zitiert, fokussiert er in beiden das Verhältnis Kains zu Abel und in Abhängigkeit davon beider Gottesverhältnis. Das Interesse des Midrasch gilt Rollen, nicht Personen. Täter und Opfer gibt es nur in ihrer wechselseitigen Rollenzuweisung. Während die Rolle flexibel ist, ist ihre Wertung eindeutig. Anders als in anderen Midraschim ist der mit Israel identifizierte Abel auch dort Identifikationsfigur, wo Kain im Mittelpunkt steht.

6.2 KohR zu Koh 3,15

Das aus Tan, TanB אמור, PRK 9 oder LevR 27 bekannte Traditionsstück vom Eintreten Gottes für die Verfolgten unterscheidet sich in seiner Gestalt von KohR zu Koh 3,15 von den parallelen Versionen nicht stärker als diese untereinander. Eine Variante gegen die Parallelen imlipiziert, gestützt durch den veränderten Kontext, einen Sinnunterschied: Für das Israel-Völker-Beispiel wird keine von den übrigen Beispielen abweichende Zeitform gewählt.

Übergeordnetes Thema wie inhaltliches Ordnungsprinzip des Textbereiches von Koh 3 ist die – wider allen Anschein – vom Texte behauptete Ordnung der Welt (עולם). Das geordnete Ganze der עולם wird dreifach repräsentiert in der erinnerten Geschichte Israels, der Gegenwart des Lesers und der kommenden Welt. Anekdoten und Erzählungen über Rabbinen verlängern das Schrift gewordene, kulturelle Gedächtnis Israels bis in die Gegenwart des intendierten Lesers hinein. Im wechselseitigen Abbildungsverhältnis von Vergangenheit und Zukunft spiegelt sich, dass die (Welt-)Ordnung als eine ewige zu denken ist. (KohR zu 3,14.15)

Die Tora ist Protokoll und Maßstab der Welt- und Schöpfungsordnung. Darüber hinaus ist sie Maßstab eines der (Welt-)Ordnung entsprechenden Sich-Verhaltens des Menschen (KohR zu 3,11b). Insofern der Mensch durch ein der Tora konformes Verhalten die Schöpfungsordnung konsolidiert, wird er zum Mitschöpfer Gottes. Widersprüche werden auf unterschiedliche Weise in die Ordnung, die sie in Frage zu stellen scheinen, wieder eingeholt.

Die Auslegung von KohR zu 3,15 ist als Explikation des unmittelbar vorausgehenden Verses 3,14, und dessen Auslegung lesbar. Aus dem Gang der erinnerten Geschichte erschließt der Mensch zwar nicht die Schöpfungsordnung, aber das *Dass* eines geordneten Weltganzen, das menschliches Vertrauen in eine ausgleichende göttliche Gerechtigkeit allererst rechtfertigt und ermöglicht.

In KohR liegt der Fokus weniger auf dem Eintreten Gottes für die Verfolgten, unabhängig ihrer Charakterisierung als Gerechte oder Frevler[68], als darauf, dass die göttliche Ordnung der kommenden Welt sich auf der Ordnung diesseitiger Geschichte bereits abbildet. Anders als in den Parallelen wird die Erzählung von Kain und Abel nicht vor dem Hintergrund der Frage nach der Bedeutung Israels zitiert. Stärker als in den Parallelen steht die Erzählung im Zusammenhang der göttlich garantierten Ordnung der Welt.

---

68 In diesem Sinne TanB אמור, PRK 9 und LevR 27.

6.3 MdrPss 2

Auch die Textgestalt des Traditionsstückes von den sich überbietenden Plänen der Frevler, das in den Kontext von MdrPss 2 die Erzählung von Kain und Abel einspielt, entspricht weitgehend den Versionen des Traditionsstückes in Tan und TanB אמור, PRK 9 und LevR 27 und unterscheidet sich von ihnen nicht stärker als diese sich untereinander. Ausschmückungen und Zusätze sind in ihrem Umfang gering und verändern den Sinn nicht.[69] Wie LevR (außer LevR פ) hat auch MdrPss Sach 14,9 als Belegvers.

Ps 2 beginnt mit einer Schilderung der Revolte der Völker und ihrer Könige gegen JHWH und seinen Gesalbten (VV 1–3)[70], auf die eine breit eingeführte Gottesrede mit der Einsetzung des Gesalbten auf dem Zion antwortet (VV 4–6).[71] Ein Zitat der Gottesrede durch den Gesalbten setzt ihn als Werkzeug Gottes als Weltenherrscher zu diesem ins Verhältnis (VV 7–9).[72] Der Psalm schließt mit einer an die Völker gerichteten Aufforderung, sich dem Weltenherrscher und seinem Gesalbten zu unterwerfen und einer bedingten Heilsankündigung (VV 10–12).[73] Die Weltherrschaft JHWHs ist noch nicht abschließend verwirklicht.[74]

Thematischer Schwerpunkt in der Deutung von Ps 2 durch den Midrasch ist die Gegenüberstellung von Frevlern und Gerechten auf der einen und der Völker und Israels auf der anderen Seite, ohne dass je eine der Gruppen auf eine der anderen reduzierbar wäre. Zwar werden die גוים des Psalms gleich eingangs mit den Frevlern gleichgesetzt. Im Anschluss an das Traditionsstück in Auslegung zu V 3 jedoch, der im Ps Rede der Aufständischen ist,[75] kennzeichnet die Völker ihr ambivalentes Verhältnis zu den einerseits in Gestalt der noachidischen an sie selbst und andererseits an Israel ergangenen Geboten. Der ‚Zerstörung' der Gebote steht ein Ausblick auf die Völkerwallfahrt zum Zion im Zitat von Jes 2,3 gegenüber, der explizit mit dem Lernen der an die Völker ergangenen Gebote begründet wird. Im Fortgang der Deutung begegnen Frevler aus Israel (V 2).[76] Gott zeigt seinen Zorn gegenüber den Völkern, seine Gnade zeigt er gegenüber Israel (in Auslegung zu V 5). Die Gerechten kennzeichnet, dass sie für Israel bitten (in Auslegung zu V 8). Israel zeichnet aus, dass es der Fürsprache der Gerechten und der Barmherzigkeit Gottes bedarf. Gleichzeitig besteht die Welt und bestehen damit auch die Völker um Israels willen. Israel rückt an die Stelle des Gesalbten. Diese Rolle wird insofern variiert, als bereits die Existenz Israels, indem diese die Existenz der Welt gewährleistet, sich auch unabhängig von der Haltung der Völker gegenüber Israel und ihrem Gott bis zu einem gewissen Grad heilvoll auf diese auswirkt. Die vorherrschende Israelperspektive wird dadurch unterstrichen, dass der Midrasch VV 10.11a.12 des Psalms keiner Auslegung unterzieht. Es sind diese Verse, in de-

---

69 Im Text im Anhang sind sie kursiv gesetzt.

70 Vgl. Hossfeld/Zenger (1993), 49. Anders Seybold (1996), 32, der das Motiv vom Weltenherrscher auf die geopolitische Situation Palästinas herunterbrechen will.

71 Vgl. Hossfeld/Zenger (1993), 49. Einen anderen Akzent setzt Seybold (1996), 32, s.o., der im Übrigen aber der gleichen Texteinteilung folgt.

72 Vgl. Hossfeld/Zenger (1993), 49f.53.

73 Vgl. Hossfeld/Zenger (1993), 49. Vgl. Seybold (1996), 33, der auch dies wieder auf die geopolitische Situation Palästinas herunterbricht.

74 Vgl. Gerstenberger (1991), 45; Seybold (1996), 33.

75 Vgl. Hossfeld/Zenger (1993), 49.53.

76 Der Frevler Korach wird im Midrasch Aaron gegenüber gestellt.

nen der Psalm um die Einsicht (שכל Hif.) der Könige wirbt und in der abschließenden Seligpreisung über Israel hinausgreift.[77] Die globale, nicht aber die endzeitliche Perspektive des Psalms[78] wird von der Auslegung in bestimmter Weise pointiert und aufgegriffen.

Zweifach wird das Traditionsstück vom Kontext aufgenommen. Die gleich im Rahmen der eingängigen Auslegung zu V 1 formulierte Frage, ob nicht die späteren Generationen von den ersten (hier bezogen auf die Generation der Sintflut) hätten lernen können (ולא היה להם לאחרונים ללמוד מן הרשונים), wird vom Traditionsstück negiert. Tatsächlich wiederholen die späteren Generationen, während sie von den ersten (הראשונים) zu lernen meinen, nur deren Fehler. Mit dem Zitat von Jes 42,13 greift der Midrasch den dem Traditionsstück unmittelbar vorausgehenden Maschal auch terminologisch wieder auf, nachdem die eine Stadt angreifenden Truppen erst den sich dort befindlichen Starken (גבור) zu vernichten planen, bevor sie die Stadt angreifen. Im Kontext liegt das Hauptgewicht weniger auf dem Eintreten Gottes für die Schwachen als auf dem Eintreten Gottes für Israel, ohne dass das besondere Verhältnis Gottes zu Israel noch einmal eigens begründet würde. Nicht das Eintreten Gottes für Israel, das dessen Existenz gewährleistet, erfährt eine Begründung, wohl aber die Konsequenz dieses Eintretens Gottes für Israel für die gesamte Schöpfung. Die Erzählung von Kain und Abel rückt damit weiter an den Rand und spielt nur noch im Zusammenhang des vergeblichen Lernens der Völker eine Rolle. Während Kain in der Sukzession der Frevler steht, bietet sich Abel als Rollenmuster für Israel nicht mehr einfach an. Es fehlt das Traditionsstück vom Eintreten Gottes für die Verfolgten, das Abel mit Israel parallelisiert. Der veränderte Kontext verschiebt das Schwergewicht innerhalb des Traditionsstückes von den sich überbietenden Plänen der Frevler auf das analogielose Eintreten Gottes für Israel, um dessentwillen die Schöpfung letztlich besteht.

6.4 HldR zu Hld 8,1–5, TanB שמות und ExR 5

6.4.1 Das Traditionsstück: Brüderpaare A

Übersetzung

Siehe Anhang.

6.4.1.1 Analyse

Das Traditionsstück zitiert die Erzählung von Kain und Abel in allen Varianten über Gen 4,8. In den drei Varianten des Traditionsstückes werden Beispiele aus der erinnerten Geschichte Israels als Hld 8,1 entweder widersprechende oder entsprechende Beispiele präsentiert. Alle Varianten des Traditionsstückes halten die Chronologie des biblischen Textes durch die Aufeinanderfolge der Reihe der negativen und der positiven Paare hindurch durch.[79] Abschließendes positives Beispiel ist

---

[77] Vgl. Hossfeld/Zenger (1993), 50. Mit שכל (Hif.) verwendet der Psalm einen weisheitlichen Terminus. Vgl. Hossfeld/Zenger (1993), 54.

[78] Vgl. Gerstenberger (1991), 49; Hossfeld/Zenger (1993), 51.

[79] Das letzte negativ konnotierte Beispiel betrifft ein ausgesprochenermaßen Israel insgesamt zugeordnetes Protagonistenpaar. Im Beispiel des Josef und seiner Brüder wird diese Zuordnung schon durch die vor dem Hintergrund der anderen „Brüderpaarmidraschim“ einmalige Wortwahl „Stämme“

Mose und Aaron. Das Beispiel Aarons und Moses kennzeichnet den positiven Endpunkt einer dynamischen Entwicklung.[80]

Mit Hld 8,1 wählen die Midraschim innerhalb von Hld einen Textabschnitt, der eine fiktive Situation beschreibt. Innerhalb dieser fiktiven Situation ist die Charakterisierung des Verhältnisses der Sprecherin zu ihrem Gegenüber als ihrem Bruder Bestandteil des Wunschtraumes der Sprecherin. Das Gegenüber der Sprecherin ist ihr heimlicher Geliebter. Eine Begegnung der Liebenden findet nicht statt. Im Kontext des Traditionsstückes ist das im Zitat von Hld bemühte Wunschbild ein immer schon gescheitertes.

Die unterschiedlichen Fassungen des Traditionsstücks unterscheiden sich in der Auswahl und Präsentation der Brüderpaare. Gegen ExR und HldR macht TanB Israel im Zusammenhang einer an Gott adressierten Rede zum Sprecher von Hld 8,1 und zum Sprecher der einzig adäquaten Antwort.[81] TanB unterscheidet sich von ExR und HldR durch den die negativen Brüderpaarbeispiele einleitenden Zusatz: „Du findest vom Anfang seiner Schöpfung der Welt und bis jetzt …“.[82] Anders als in ExR und HldR werden in TanB Mose und Aaron auf der einen, die übrigen Brüderpaare auf der anderen Seite durchgehend durch das begriffliche Gegensatzpaar אהב (lieben) und שנא (hassen) qualifiziert. Die Belegverse der negativen Brüderpaarbeispiele thematisieren eine lange Reihe des Scheiterns brüderlicher Beziehungen. Mit Blick auf Ismael und Isaak zitieren ExR und HldR anders als TanB keinen Belegvers und konstatieren (in der präsentischen Partizipialform!) nur den brüderlichen Hass.[83] Auch im abschließenden Beispiel Josefs und seiner Brüder, das Israel insgesamt betrifft, verzichten einige Versionen von ExR auf einen Belegvers für das Scheitern der brüderlichen Beziehung.[84] HldR und ExR kennen mit Josef und Benjamin über die auch in TanB aufgeführten Brüderpaare hinaus ein zusätzliches positives Brüderpaar.[85]

Unterschiedlich ist die Einbindung des Traditionsstücks in den Kontext: In HldR wird Hld 8,1 unmittelbar einer Auslegung unterzogen. HldR bezieht aufeinander folgende Abschnitte des auszulegenden Verses Hld 8,1 nacheinander auf das Beispiel Josefs und Benjamins (Hld 8,1aβ) und auf das Beispiel Moses und Aarons (Hld 8,1b). Beide Beispiele haben außerdem einen Belegvers bei sich. Belegvers des Beispiels Moses und Aarons ist Ex 4,27. Hld 8,1e leitet über zu einer Anekdote aus rabbinischer Zeit. Die Protagonisten der kleinen Anekdote sind als zusätzliches abschließendes positives Beispiel lesbar.[86] In ihm äußert sich als Charakteristikum gelungener Geschwisterbeziehung die Sorge des einen um den anderen.

(שבטים) deutlich gemacht. Der Leser identifiziert sich insofern mit ihnen, als sie ganz Israel repräsentieren.

80 Der Wechsel von einer Heils- zu einer Unheilsperspektive ist nicht als Wechsel der Perspektive auf die Menschheit zu einer Perspektive auf Israel misszuverstehen. Das die negativen Brüderpaarbeispiele abschließende Beispiel ist ein innerisraelitisches.

81 Der Sprecher der als Gegenhorizont eingeführten Negativbeispiele bleibt unbestimmt.

82 מתחילת ברייתו של עולם ועד עכשיו Stärker als bei den Äquivalenten (ברשית) ist bei תחילה der temporale Aspekt.

83 Vielleicht ist das ein Hinweis auf die grundsätzliche Bedeutung dieses Beispiels mit Blick auf Israel. ExR נ י א ש haben ganz in diesem Sinne: ‚Ismael hasste Israel‘ und ersetzen auch in Gen 27,41 gegen MT Jakob durch Israel.

84 ק נ י א ש.

85 Josef tritt so einmal als Objekt des Hasses seiner Brüder, einmal als Gegenpart in der positiv gewerteten Beziehung zu dem jüngsten und einzigen Vollbruder auf.

86 Die Protagonisten der kleinen Anekdote werden aber nicht ungebrochen als Beispiel einer positiv zu wertenden Geschwisterbeziehung präsentiert. Deutlicher als die Parallele in ExR 5 streicht HldR zu

In TanB שמות und ExR 5 fungiert Hld 8,1 als Petichavers des eigentlich im Zentrum der Auslegung stehenden Verses Ex 4,27. ExR dient für das Beispiel Benjamins und Josefs der Petichavers Hld 8,1b („Der saugte die Brüste meiner Mutter"), für das Brüderpaar Mose und Aaron der Ausgangsvers Ex 4,27 („Und er kam und er traf ihn am Berg Gottes [und er küsste ihn][87]") als Belegvers. Über die Verbindung von Ex 4,27 mit dem Paar Mose und Aaron ist das Traditionsstück in den größeren Kontext integriert. TanB שמות hat für das Beispiel Moses und Aarons als Belegvers nicht Ex 4,27, sondern Ps 133,1.[88] Erst ein längerer sich an das Zitat aus Ps 133 anschließender Exkurs führt auf den Ausgangsvers Ex 4,27 zurück.

Während in HldR unter anderem das Beispiel Moses und Aarons die in Hld 8,1 gemachte Aussage illustriert, dient in TanB und ExR umgekehrt Hld 8,1 der Beschreibung des Verhältnisses Moses und Aarons, das für den Midrasch im Vordergrund steht. In ExR tritt das Beispiel Josefs und Benjamins in seiner Relevanz hinter das Beispiel Moses und Aarons zurück. TanB beschränkt sich überhaupt auf dieses eine positive Beispiel.

In TanB dient die durchgehende Charakterisierung Moses und Aarons auf der einen, der übrigen Brüderpaare auf der anderen Seite, die durch das begriffliche Gegensatzpaar אהב (lieben) und שנא (hassen) erfolgt, der Vorbereitung des Zitates des Belegverses Ps 133,1 und des sich daran anschließenden Exkurses. אהב wird durch חבב näher bestimmt. Die Semantik der Verben bleibt zunächst unterbestimmt. Die Präsentation der negativen Brüderpaare steht schon auf der Ebene der sprachlichen Darstellung in Spannung zur einleitenden Formulierung האחין שונאין זה לזה, die Wechselseitigkeit suggeriert. Die Folge der aufgeführten negativen Beispiele löst diese Wechselseitigkeit weder in ihrer sprachlichen Gestalt noch ihrem Inhalt nach ein. Eindeutig benennen sie je Subjekt und Objekt des Hasses unter Brüdern: השבטים שנאו ליוסף, עשו שנא ליעקב, ישמעאל שנא ליצחק, קין שנא להבל. Die zitierten Belegverse beschreiben durchweg ein Verhältnis lebensbedrohlicher einseitiger Dominanz. Der mit Blick auf Mose und Aaron angeführte Belegvers dokumentiert ein Verhältnis der Wechselseitigkeit. Das hohe Maß an Wechselseitigkeit, das die Beziehung Aarons und Moses auszeichnet, wird in unmittelbarer Aufeinanderfolge dreimal expliziert. Aaron und Mose lieben (אהב) und ehren (חבב) einer den anderen. Die Aufzählung gipfelt in der doppelten Formulierung: שמחין זה בגדולת זה וזה בגדולת זה. Im Gegensatz zu der Beziehung der negativ gewerteten Brüderpaare zeichnet sich die Beziehung Moses und Aarons tatsächlich durch Wechselseitigkeit aus. Der sich an das Zitat aus Ps 133 anschließende Exkurs steht ganz im Zeichen dieser behaupteten Wechselseitigkeit.

6.4.1.2 Kain und Abel im Kontext des Traditionsstücks

In allen Gestalten des Traditionsstückes fungiert das über das Zitat von Gen 4,8 eingespielte Brüderpaar Kain und Abel zusammen mit den analogen Brüderpaar-

Hld 8,1 durch Kontextualisierung mit dem Teilvers aus Hld 8,1 die potentielle Fragwürdigkeit dieser Begegnung unter Geschwistern heraus. Analog zum Kontext dieses Versabschnitts resp. Verses in Hld wird sie wohl darin bestehen, dass die weibliche Protagonistin sich alleine auf den Weg zu ihrem entfernt wohnenden Bruder macht, als sie von dem Unglück hört, das ihn dort traf.

87 Nicht alle Textzeugen zitieren auch diesen letzten Versteil. Auch dort, wo er nicht zitiert wird, funktioniert die Verknüpfung von Hld 8,1 mit Ex 4,27 über dieses Stichwort. Der letzte Versabschnitt ist deshalb auf jeden Fall mitzuhören.

88 In den Fassungen ף נ י א ש, die als zusätzlichen Belegvers für das Beispiel Moses und Aarons Ps 133,1 zitieren, rückt ExR näher an TanB heran, ohne die Gesamtstruktur von TanB zu übernehmen.

beispielen als Gegenhorizont des abschließenden positiven Brüderpaares Mose und Aaron.[89] In unterschiedlicher Weise bestimmt der Kontext die Bedeutung des Brüderpaares Mose und Aaron in diesem Kontext näher. Von der jeweiligen Funktion Moses und Aarons im Kontext ist damit auch die Bedeutung Kains und Abels abhängig.

In allen Fassungen des Traditionsstückes kommt dem Beispiel Moses und Aarons die Qualität eines Wunschbildes zu. Im Gegensatz dazu beschreiben Kain und Abel als erstes Glied der Reihe negativ gezeichneter Brüderpaare die Realität. Ganz grundsätzlich ist das Verhältnis von Brüdern durch Gewalt bestimmt. TanB שמות betont im Zusammenhang mit der Erzählung von Kain und Abel die Gültigkeit dieses Paradigmas von Anfang an.

Die Liste der negativ bewerteten Brüderpaare umfasst zwei der Erzväter mit ihren brüderlichen Antipoden. Ihre Konflikte sind auf die Auseinandersetzung um die Rolle des Verheißungsträgers hin durchsichtig. Anders als in AggBer 47 wird die Art des Konflikts hier aber nicht explizit. Das Traditionsstück betont den wechselseitigen Hass der Brüder. Die Rolle Kains und Abels als potentielle Identifikationsfiguren ist unterbestimmt. Zwar steht Abel in Analogie zu den Vätern Israels. Nicht nur die positiven Beispiele, auch das letzte negativ gewertete Paar aus Josef und seinen Brüdern ist aber Israel insgesamt zuzurechnen.

6.4.2 Der Kontext

6.4.2.1 HldR

Zakovitch und Keel verweisen auf einen Ortswechsel zwischen 7,14 und 8,1. Während die Geliebte ihren Freund in 7,11–14 dazu auffordert, ihr ins freie Feld zu folgen, ruft sie ihn in 8,1–4 in das Haus ihrer Mutter.[90] Zakovitch erkennt zwischen 8,1–2 und 8,3–4 eine deutlichere Kontinuität als Keel, der 8,3f in Wiederaufnahme von 2,6–7 als eigenes Lied liest. Beide nehmen aufgrund des Sprecherwechsels einen Einschnitt zwischen V 2 und 3 wahr.[91]

Der Midrasch nimmt zwischen 7,14 und 8,1 einen Einschnitt wahr, der in einem Themenwechsel zum Ausdruck kommt. Bereits die Auslegung der Verse 7,12–14 verknüpft die Weisungen Gottes mit den Früchten des Gartens. Die Auslegung zu 8,1 macht die Gabe der Tora zum zentralen Moment der Beziehung Gottes zu Israel. An die Auslegung zu Hld 8,1 schließt eine Auslegung der VV 2.5, die auf den Sinai als dem Ort der Gabe der Tora Bezug nimmt, eng an. In der Auslegung von HldR zu Hld 8,6a wechselt der Fokus auf Gehorsam und Ungehorsam Israels, auf die daraus resultierende Möglichkeit (und Notwendigkeit) von Buße und Umkehr, die nicht mehr länger an den Ort des Sinai gebunden sind.

---

89 In ExR 5 und HldR zu Hld 8,1–5 auch zu Josef und Benjamin, die ihrerseits in Analogie zu Mose und Aaron treten, aber nicht in gleicher Weise im Zentrum stehen.

90 Vgl. Zakovitch (2004) 261.

91 Vgl. Keel (1992), 242; Zakovitch (2004) 260ff. Vgl. im Übrigen eine Übersicht über mögliche Untergliederungen in Schwienhorst-Schönberger (2006), 391f.

Der engere Kontext von HldR zu Hld 8,1, der das Brüderpaartraditionsstück enthält, gliedert sich in folgender Weise:

8,1	Brüderpaartraditionsstück	
	Ziel: Mose und Aaron	
	Einschub: Anekdote von den Geschwistern in Meron und Gusch Calab	
8,2	Israel am **Sinai**	(Motiv: Israels neue Geburt am Sinai)
8,2.5*	Lehre Israels am **Sinai**	(Motiv: Israels neue Geburt am Sinai)

Die exemplarische Qualität der Beziehung Moses und Aarons zueinander verdeutlicht ihre Begegnung in der Wüste. HldR zu Hld 8,2 leitet zum Sinai und zur Thematik der Gabe der Gebote über, die die Auslegung in HldR zu Hld 8,2–5* bestimmen.[92] In HldR macht die Auslegung des Folgeverses Hld 8,2, der mit dem Brüderpaartraditionsstück über die örtliche Szenerie der Begegnung Moses und Aarons verbunden ist, Gott zum Sprecher und handelnden Subjekt. Gott handelt an Israel. Wie auf der Ebene des Textes des Hohenliedes die Geliebte ihren Geliebten – jedenfalls in ihrer Imagination – in das Haus ihrer Mutter bringt, bringt Gott sein Volk zum Sinai. Wie die Geliebte den Geliebten im Haus mit Wein versorgt, versorgt Gott Israel am Sinai mit der Tora und ihren Auslegungen, expliziert am Beispiel einer kultischen Weisung.

Der Ortswechsel, den der Text des Hld zu Hld 8,5 vollzieht, wird vom Midrasch nicht mit vollzogen. Der mit dem Haus der Mutter identifizierte Sinai und der aus Hld 8,5 übernommene Ort der ‚Wüste' werden als Ort des Lebens und Ort des Todes kontrastiert, bleiben aber Teil einer Szenerie.[93] Auch im Kontext der weiteren Auslegung von HldR zu Hld 8,5 wechselt die Szenerie nicht. Nach dem Haus der Mutter wird auch zwischen dem Apfelbaum und dem Ort der Wehen der Mutter auf der einen und dem Sinai auf der anderen Seite eine Beziehung hergestellt. Als der Ort der Gabe der Tora wird der Sinai zu einem Ort der Neuschöpfung und neuen Geburt.

Themenschwerpunkte

Zentrales Moment der Beziehung Gottes zu Israel ist die Gabe der Tora.

6.4.2.2 TanB

Innerhalb von TanB שמות, das in groben Zügen Ex 1 – 4 auslegt, lässt sich ein in sich geschlossener Textbereich nur schwer ausgrenzen. Formelhafte Neueinsätze oder durch eine eröffnende Halacha markierte Neueinsätze, wie sie in der Tanchumaliteratur an anderer Stelle vorkommen, fehlen. Erst mit dem Ende von TanB שמות findet sich eine deutliche Chatima. Die Auslegung folgt dem Text nicht Vers für Vers, sondern in großen assoziativen Sprüngen.

---

92 Es fehlt die vergleichsweise direkte Beschreibung des Liebeslebens der Liebenden (V 3) und der die Sprechrichtung wechselnde V 4, der, indem er eine neue Personengruppe, die Töchter Jerusalems anspricht, die Gruppe der Protagonisten erweitert und die auf Gott und Israel bezogene Zweisamkeit von Liebendem und Liebender aufbricht.

93 Zwischen Hld 8,2 und Hld 8,5 stellt der Midrasch eine Kontinuität her, die der biblische Text durch die zwischengeschalteten Verse und einen Ortswechsel, den der Midrasch, indem er die Orte, zwischen denen gewechselt wird, in Beziehung zueinander setzt, auf der Bezugsebene nicht in gleicher Weise mit vollzieht, nicht notwendig nahe legt. Der Midrasch verbindet wechselnde Szenarien, die ihm der Text des Hld anbietet, indem er sie über ihre gemeinsamen Protagonisten hinaus miteinander vernetzt.

Thema des Midrasch ist der Beginn der Geschichte Gottes mit Israel und innerhalb dieser Geschichte der Beginn der Geschichte des Mose. Der Anfang der Geschichte des Mose weist auf den Fortgang seiner Geschichte und der Geschichte Israels voraus. Die Geschichte Gottes mit Mose ist der Anfang der Geschichte Gottes mit Israel, auf die hin sie durchsichtig ist. Stärker als die noch zu behandelnde Parallele in Tan fokussiert TanB auf die Person des Mose. Um das Traditionsstück, das die Erzählung von Kain und Abel berührt, lässt sich eine längere Textpassage ausgrenzen, die von zwei Abschnitten zu 4,29 und der Rolle der Ältesten gerahmt, 4,27 auslegt. Im Zentrum der Auslegung zu 4,27 stehen Mose und Aaron.

4,29.31; 5,1		die Ältesten, die Mose und Aaron im Stich lassen, werden am Sinai bei der Gabe der Tora zurückbleiben
4,27		
	Ia)	die Stimme Gottes umgibt Israel, schenkt Israel Leben, jeder Einzelne aus Israel hört die Stimme Gottes entsprechend dem ihm eigenen Maß
		Ex 4,27a + Ijob 37,5
		…
		Ijob 37,5
	Ib)	Mose und Aaron hören die ihnen entsprechende Stimme Gottes
		Ex 4,27 + Ijob 37,5
		…
		Ijob 37,5 + Ex 4,27
	II)	Brüderpaartraditionsstück
		Ex 4,27a + Hld 8,1a
		…
		Hld 8,1a+b + Ex 4,27b
	III)	Mose und Aaron verweisen auf die Eigenschaften Gottes
		Ex 4,27 + Ps 85,11
		…
		Ps 85,11a + Ex 4,27a + Ps 85,11b + Ex 4,27b
4,27b		erlaubte und unerlaubte Küsse
4,28.29		Mose und Aaron versammeln die Ältesten – die Rolle der Ältesten in der Geschichte Israels
		Verweis auf die kommende Welt (Jes 24,23)

Zwischen den rahmenden Passagen um die Ältesten Israels stehen – in strenger Symmetrie – vier Passagen, die mit einer Kombination aus einem Vers des auszulegenden Textzusammenhangs, Ex 4,27, und einem Petichavers beginnen und enden. Im Mittelpunkt von Ib, II und III stehen Mose und Aaron. Ia verwendet die gleichen Rahmenverse (Ausgangs- und Petichavers) wie Ib und bereitet Ib vor, indem er das Thema der Macht der Stimme Gottes an Israel und den Völkern an Stelle von Mose und Aaron illustriert. Der die Erzählung von Kain und Abel behandelnde Textzusammenhang steht in Teil II.

Themenschwerpunkte

Die Geschichte Gottes mit Mose ist der Anfang der Geschichte Gottes mit Israel, auf die hin sie durchsichtig ist.

6.4.2.3 ExR

Innerhalb von ExR 5 lässt sich ein Textzusammenhang ausgrenzen, in dem zwei längere Auslegungen zu Ex 4,27 eine lückenlose Vers-für-Vers-Auslegung von Ex 4,18–26 rahmen.[94]

Ex 4,27		„Und JHWH sprach zu Aaron: Geh Mose entgegen in der Wüste! Da ging er hin und traf ihn am Berg Gottes und küsste ihn.“
	Hld 8,1a: Brüderpaartraditionsstück	
	Hld 8,1b: erlaubte und unerlaubte Küsse	
Ex 4,18.19.20.21.22.23.24.25.26		
Ex 4,27a		„Und JHWH sprach zu Aaron: Geh Mose entgegen in der Wüste …“
		Ijob 37,5
		…
		Ijob 37,5
		[Nachträge?]
Ex 4,27b		„… Da ging er hin und traf ihn am Berg Gottes und küsste ihn“
	Ps 85,11	
Ex 4,27b		

Die einleitende Auslegungen zu Ex 4,27 beginnt mit dem Traditionsstück in der oben abgedruckten und beschriebenen Form. An das Stichwort „küssen“ in Ex 4,27 schließt sich als eine weitere Auslegung zu Ex 4,27 ein weiteres Traditionsstück über erlaubte und unerlaubte Küsse an. Das dritte Beispiel, den (erlaubten) Kuss der Begegnung betreffend, führt über Hld 8,1 auf den Ausgangsvers Ex 4,27 zurück.

Wo er im Verlauf seiner Vers-für-Vers-Interpretation auf Ex 4,27 noch einmal zurückkommt, geht der Midrasch auf die besondere Qualität der Beziehung von Mose und Aaron noch einmal ein.[95] Zwei Petichot schließen mit dem Beispiel Moses und Aarons und dem Zitat von Ex 4,27. Die zweite Peticha zu Ps 85,11 greift die Traditionsstücke von den Brüderpaaren und den erlaubten Küssen am Beispiel Esaus und Jakobs noch einmal auf und führt beide Themenkreise an diesem Beispiel zusammen.[96] Obwohl die Auslegungen zu Hld 8,1 und Ps 85,11, die auch Tan und TanB kennen, dort in größerer textlicher Nähe zueinander stehen, sind sie nur in ExR über das Brüdermotiv auch inhaltlich miteinander verbunden.

In ExR wird die Erzählung von der Rückkehr des Mose nach Ägypten als Anfang des gemeinsamen Handelns Moses und Aarons erzählt. Ereignisse, die der biblische Text darüber hinaus in den Zusammenhang der Rückkehr des Mose nach Ägypten stellt,[97] treten hinter dieses Thema zurück.

---

94 ExR 5 und TanB שמות haben einen großen Teil ihres Materials gemeinsam, so das von der doppelten Wirkweise der Offenbarungsstimme Gottes und das von der dem Hörer je angemessenen Erscheinungsform der Stimme Gottes.

95 Da der Midrasch Kain und Abel als Negativfolie für das im Zentrum stehende Beispiel Moses und Aarons in den Blick nimmt und diese Passage für die Bedeutung Moses und Aarons im Midrasch von Bedeutung ist, scheint der Einbezug dieser Passage in eine detailliertere Analyse sinnvoll.

96 Die Wiederaufnahme greift das Motiv des Kusses wieder auf, verwendet aber einen anderen Begriff (פסול statt תפולה), um die Unangemessenheit des Kusses zum Ausdruck zu bringen.

97 Der Abschied des Mose von seinem Schwiegervater und die Beschneidung des Sohnes des Mose durch seine Frau Zippora.

Themenschwerpunkte

Der Textzusammenhang fokussiert auf die Person des Mose. Zwei ausführliche Auslegungen zu Ex 4,27, die ihren gemeinsamen Nenner darin finden, dass sie Mose in seiner Beziehung zu Aaron ins Zentrum rücken, rahmen die Auslegung der übrigen Verse. Die Erzählung von der Rückkehr des Mose nach Ägypten wird als Beginn des gemeinsamen Wirkens Moses und Aarons erzählt.

6.4.3 Das Traditionsstück im Kontext

ExR 5 dient der Ausgangsvers Ex 4,27 der Einbindung des Traditionsstücks in die Erzählung vom Leben des Mose. ExR 5 verknüpft das Paar im Hld mit Mose und Aaron. In TanB שמות und HldR werden drei Größen miteinander verbunden: Das Liebespaar im Hld entspricht Mose und Aaron. Es entspricht aber auch Gott und Israel.[98] In HldR ergibt sich dieser Bezug aus der Gesamtanlage von HldR. In TanB wird der Israelbezug dadurch unterstrichen, dass TanB Israel im Zusammenhang einer an Gott adressierten Rede zum Sprecher von Hld 8,1 wie auch zum Sprecher der einzig adäquaten Antwort macht. Deutlicher als in ExR ist in TanB und HldR der Israelbezug.

Die Einbindung des Traditionsstückes in den Kontext von TanB hängt wesentlich an dem Belegvers des abschließenden Beispiels Moses und Aarons, Ps 133,1, und an dem sich daran anschließenden Exkurs. Der Midrasch bezieht die grundsätzliche Proposition des einleitenden Psalmverses („Es ist gut und lieblich, wenn Brüder einträchtig beieinander sitzen“ [99]) auf Aaron und Mose. Anschlussmöglichkeiten, die der Psalm darüber hinaus bietet und die der Zusammenhang des Midrasch aktualisiert, betreffen den Kult Israels. Wenn Aaron als Prototyp des Hohenpriesters auf Tempelkult und Zionstheologie anspielt,[100] wird das herausragende positive als letztes Glied einer chronologischen Kette präsentierte Brüderpaar mit dem als heilvoll verstandenen Kult Israels in Verbindung gebracht. Im Zusammenhang mit dem Kult wird besonders die Rolle des Aaron stark gemacht.

---

98 TanB greift hier eine in der Midraschliteratur weit verbreitete Auslegungstradition auf, nach der die Beziehung der Liebenden im Hld auf die Beziehung Gott – Israel hin ausgelegt wird. Vgl. Urbach (1971), 249; Boyarin (1990a), 105ff; Boyarin (1990b), 223f; Stemberger (1992), 309.

99 ‚Wohnen‘, vgl. Deurloo (1992), 12; Booij (2002), 261 (und die dort kritisch aufgenommenen Positionen); ‚sitzen‘ im Sinne von ‚sich versammeln‘, vgl. Booij (2002), 267; im Sinne einer figurativen Gemeinschaft, vgl. Zenger (1994), 174.181. Vgl. auch Hossfeld/Zenger (2008), 642.

100 Je nach Lesart wird das das einträchtige Beieinandersitzen von Brüdern zwei, vgl. Doyle (2001), pass., oder drei, vgl. Auffret (1985), pass., Vergleichen unterzogen: gutes Öl, das vom Kopf, und der Tau des Hermon, der auf den Zion hinab fließt. Wie eingeschoben wirkt das Hinabfließen – je nach grammatikalischem Bezug – des Bartes oder des Öles auf die Kleider Aarons. Vgl. Deurloo (1992), 12; Booij (2002), 267, v.a. im Zusammenhang mit dem abschließenden Vergleich (des auf den Zion herabfließenden Tau des Hermon). Die meisten Exegeten gehen im Zusammenhang dieses Vergleiches abweichend von einem profanen Kontext aus. Hamidovic (2000), 60ff diskutiert die Möglichkeit, bereits den ersten Vergleich (das Herabfließen des Öles auf den Kopf) mit einem kultischen Kontext, der Salbung des Hohenpriesters, in Verbindung zu bringen. Zenger (1989), 174 geht von einem profanen Kontext im Fall des ersten, von einem kultischen (Zionswallfahrt) im Zusammenhang mit dem abschließenden Vergleich aus, der vom Einschub des Bartes Aarons (sekundär) verstärkt worden ist, und in diesem Zusammenhang von einer Steigerung der Aussage durch den Textverlauf aus. Vgl. auch Hossfeld/Zenger (2008), 638. Eine systematische Auflistung möglicher und tatsächlich vertretener Verstehenshintergründe und -kontexte des Psalms in seiner Gesamtheit wie einzelner Vergleiche finden sich bei Doyle (2001), 6ff und Hamidovic (2000), 60ff.

Ungleichbehandlung eines Bruders (durch Gott) kennzeichnet die Situation aller in TanB aufgeführten Brüderpaare.[101] Mit Blick auf die negativen Brüderpaarbeispiele wird dieser Umstand durch den Midrasch nicht ausdrücklich thematisiert. Im Falle Aarons und Moses wird er durch die Ausführungen des Midrasch im Anschluss an das Zitat von Ps 133,1 explizit zum Ausdruck gebracht. Einleitend ist von der wechselseitigen neidlosen Freude Aarons und Moses die Rede. Während der Midrasch die neidlose Anerkenntnis der Bevorzugung des Mose durch Aaron einfach konstatiert, gestaltet er die Sorge des Mose um Aaron angesichts seiner Zurücksetzung und der ‚Ungerechtigkeit' göttlicher Erwählung erzählerisch aus.[102] Die Diskrepanz zwischen der betonten Wechselseitigkeit des gegenseitigen Verhaltens der Brüder, das Mose und Aaron gerade vor dem Hintergrund einer in der Erzählung faktisch einseitigen Ausgangssituation aufgrund ungerechter Verteilung göttlicher Zuwendung dennoch einlösen, schlägt implizit den Bogen zurück zum ersten Brüderpaar.

Die örtliche Nähe des Ortes des das Brüderpaartraditionsstück abschließenden Beispiels Moses und Aarons und des Sinai in HldR zu Hld 8,2 geben einen Hinweis darauf, dass der Midrasch zwischen Hld 8,1 und 8,2 eine Kontinuität und nicht etwa einen Bildwechsel wahrnimmt. Hld 8,2 wie die Deutung dieses Verses im Midrasch nehmen das Bewegungsmoment aus Hld 8,1bα wie auch das der Deutung von HldR zu Hld 8,1b auf und führen es fort. Ist die Beziehung zwischen der Auslegung von HldR zu Hld 8,1 und 8,2.5 von einer über Stichwortverknüpfungen hinausgehenden Art, wird die in der Begegnung Moses und Aarons gipfelnde Reihe der Brüderpaarbeispiele auch inhaltlich mit der Gabe der Gesetze am Sinai in Verbindung gebracht.

Indem die Brüderpaarbeispiele in ihrer Reihenfolge durch die Abfolge der negativen und positiven Beispiele hindurch der Chronologie der erinnerten Geschichte folgen, machen sie eine Linie vom Anfang der Geschichte bis zu Mose und Aaron auf, die in der erinnerten Geschichte Israels mit dem Exodus und den Ereignissen am Sinai verknüpft sind. Eine in weiten Teilen Leben als brüderliches Zusammenleben verunmöglichende Geschichte der Menschheit und Israels gipfelt im Ereignis der Leben stiftenden Gabe der Tora am Sinai. Dabei endet dieser Weg keineswegs in Heilsgewissheit. Die Leben ermöglichende Gabe der Tora bleibt immer gefährdet und abhängig von der Antwort ihrer menschlichen Empfänger.

Anders als in Tan und TanB wird im größeren Kontext von ExR weniger auf die Wechselseitigkeit der Beziehung angesichts der Ungleichbehandlung der Brüder durch Gott als auf die Gleichwertigkeit ihrer Rollen rekurriert.[103] Deutlich wird das

101 Die Möglichkeit, die dem Midrasch zu Grunde liegenden biblischen Texte vor dem Hintergrund der Ungleichheit der Brüder zu kontextualisieren, entfällt in HldR und ExR vor dem Hintergrund des Josef- und Benjamin-Beispiels, bei dem dieses Thema keine Rolle spielt.

102 Die Freude des Aaron wird im Bild des Brustschildes der Rechtssprechung (משפט) zum Ausdruck gebracht. Sie kommt in den Insignien seiner Priesterschaft selbst zum Ausdruck. Die Verbindung mit dem Kult trifft gerade den (scheinbar) zurückgesetzten Bruder. ExR baut die Verbindung mit dem Kult als eigenständige Rolle des Aaron aus.

103 Auch ExR kennt die Tradition von der Weigerung des Mose, seinem Auftrag nachzukommen aus Rücksicht auf die Befindlichkeit Aarons. In Tan und TanB ist diese Tradition Teil des Brüderpaartraditionsstücks. In ExR steht sie in einem anderen Zusammenhang als Auslegung zu Ex 3,13f. Sie steht dort in einer Reihe mit anderen Argumenten, die Mose gegen seinen Auftrag vorbringt. Der Rolle des Mose als Führer Israels wird dort sofort die Rolle Aarons als Hohepriester gegenübergestellt. Insgesamt fokussiert ExR in diesem Zusammenhang weniger das Verhältnis Moses und Aarons zueinander als die Person und Rolle des Mose.

im Zusammenhang der Auslegung zu Ps 85,11. Während sie in TanB in keinem deutlichen Zusammenhang zu der Gen 4 berührenden Auslegung steht und zwar Mose und Aaron in ihren unterschiedlichen Rollen, nicht aber das Motiv der Brüder berührt, ist sie in ExR über das Brüdermotiv mit der Kain und Abel betreffenden Auslegung zu Hld 8,1 verbunden. In vier Anläufen fokussiert die Auslegung auf die durch den Midrasch auf Mose und Aaron bezogenen vier Attribute der Treue (חסד), der Wahrheit (אמת), der Gerechtigkeit (צדקה) und des Friedens (שלום). In ihrer Zuordnung zu Mose und Aaron erscheinen diese Attribute austauschbar. Die das Attribut des Friedens betreffende Auslegung führt auf Ex 4,27 zurück.

In der Lesart moderner Exegese beschreiben die in dem vom Midrasch zitierten, der abschließenden Prophetenrede angehörenden Epitepha חסד, אמת, צדקה und שלום die Qualität der prophetisch zugesagten heilvollen Gottesgegenwart.[104] Sie treten in personifizierter Gestalt als Personifikationen der Gaben oder Wirkweisen Gottes auf und handeln als Subjekte neben oder mit ihm.[105] Im Psalm wird Israel zum ‚Erstling' einer sich solcher Gottesgegenwart verdankenden gelungenen Gottesbeziehung.

Im Midrasch werden die im Psalm auftretenden Personifikationen von חסד, אמת, צדק, שלום in den Gestalten Mose und Aarons konkret. Als tertium comparationis dienen die in Ex 4,27 wie in Ps 85,11 gebrauchten Verben נשק und פגש. V 11 macht insofern textkritisch Schwierigkeiten, als das Verb נשק, wenn man es wie die Masoreten als Qal vokalisiert, nicht reflexiv ist. Ein Objekt des Kusses wird jedoch nicht genannt. Entsprechend korrigieren viele Exegeten zu Nif'al.[106] נשק kann neben ‚küssen' auch in der Bedeutung ‚(kriegerisch) (aufeinander-)treffen' gelesen werden,[107] פגש sowohl mit positiver als auch mit negativer oder auch mit keiner Wertung versehen sein. Der Midrasch liest נשק im Kontext der Begegnung von Mose und Aaron offensichtlich reflexiv. In der Verbindung mit Ex 4,27 und Hld 8,1 legt sich für נשק die Bedeutung ‚küssen', für פגש entsprechend eine positive Deutung nahe. Immerhin transportiert diese zweite mögliche Bedeutung einen interessanten Beiklang, gerade vor dem Hintergrund, dass das Bruderpaar Aaron und Mose zu anderen – im Gegensatz zu ihm – negativ gewerteten Brüderpaaren in Beziehung gesetzt wird. חסד und אמת, צדק und שלום können sowohl als parallele, als auch als zueinander in einem spannungsvollen Verhältnis stehende Konzepte verstanden werden. Dass חסד, אמת, צדק und שלום die Qualität der prophetisch zugesagten heilvollen Gottesgegenwart beschreiben, schließt die Möglichkeit ihres spannungsvollen Aufeinander-Bezogenseins nicht aus. Im Kontext des Midrasch stellen sich das Verhältnis der aufeinander bezogenen Epitepha auf der einen und der beiden Brüder bzw. der ihnen zugeordneten Aufgabenbereiche des König- und des Priestertums auf der anderen Seite wechselseitig in ein bestimmtes Licht. Die

104 Ps 85 formuliert je nach Lesart entweder eine zeitgeschichtlich gebundene Bitte um die Fortsetzung des heilvollen Handelns Gottes an seinem Volk, vgl. Hossfeld/Zenger (2000), 527; Gerstenberger (2001), 131; Seybold (1996), 335, oder eine eschatologische Heilsbitte um die (Wieder-)Herstellung eines heilvollen (Ur-)Zustandes, vgl. Hossfeld/Zenger (2000), 525; Zenger (1999) pass. Ein Volksklagelied (VV 5–9) wird von zwei in der Suffixkonjugation formulierten Zusagen gerahmt. Mindestens bei VV 11–14 handelt es sich um die Herstellung eines noch nicht vorhandenen, von göttlicher Seite aus erst einzulösenden Heilszustandes (prophetisches Perfekt). Vgl. Hossfeld/Zenger (2000), 529; Gerstenberger (2001), 127.

105 Vgl. Hossfeld/Zenger (2000), 533; Gerstenberger (2001), 139. Vgl. Zenger (1999), 246 als himmlischer Hofstaat. Vgl. Seybold (1996), 335f, als personifizierte Realitäten des Heils, die jedoch direkt mit Gottes Erscheinen in Verbindung gebracht werden.

106 Vgl. Hossfeld/Zenger (2000), 526.

107 Vgl. Hossfeld/Zenger (2000), 626; Seybold (1996), 334; Beyse (1986), 677.

Priestertums auf der anderen Seite wechselseitig in ein bestimmtes Licht. Die Austauschbarkeit der Protagonisten Aaron und Mose in ihrem Bezug auf die im Psalm aufgeführten Epitepha unterstreichen deren Gleichwertigkeit.

Der im Midrasch zitierte V 11 ist Teil der im prophetischen Perfekt formulierten prophetischen Zusage. In der Begegnung von Aaron und Mose ist exemplarisch bereits geschehen, was sich der Beter des Psalms im Kontext einer heilvollen Gottesbeziehung erhofft. Die Zeit der Erzväter und des Exodus ist im Kontext des Midrasch eine Zeit, die sich durch gelingende Bruderpaarbeziehungen auszeichnet. Als Schlusspunkt einer Dynamik hin von negativ zu positiv gewerteten und schließlich das Wirken Gottes abbildenden Bruderbeziehungen wird die Zeit des Exodus zu einer mythischen Zeit.[108]

6.4.4 Kain und Abel im Textzusammenhang

Weder im Traditionsstück noch vor dem Hintergrund seiner Kontexte sind Kain und Abel primärer Gegenstand der Auslegung. In TanB und ExR stehen in je anders akzentuierter Weise Mose und Aaron, deren Beziehung auf die Beziehung Gottes und Israels durchsichtig wird, in HldR steht die Beziehung Gottes zu Israel, die die Beziehung Moses und Aarons illustriert, im Zentrum. Kain und Abel sind Teil des Gegenhorizontes. Im Miteinander eines Brüderpaares wie Mose und Aaron ist die liebende Zuwendung Gottes zu Israel unmittelbar erfahr-, im Beispiel Moses und Aarons ist solche Erfahrung erinnerbar. Das Beispiel Kains und Abels steht nicht nur dem Beispiel Moses und Aarons, sondern auch dem Beispiel Gottes im Verhältnis zu Israel entgegen.

Gleichzeitig handelt es sich um eine Beziehung, die mittels eines Zitates aus Hld im Modus eines unerfüllten Wunsches formuliert wird. Mose und Aaron nehmen vorweg, was sowohl im Hohelied als auch, auf den Text des Hohenliedes Bezug nehmend, mit Blick auf Israels Verhältnis zu seinem Gott im Modus der Hoffnung formuliert wird. Das Übliche ist, was alle Brüderpaarbeispiele, darunter Kain und Abel, die Mose und Aaron vorausgehen, exemplifizieren.

Von seinem – hier vielleicht zeitlich zu verstehenden – mit der Schöpfung gegebenen Anfang bestimmt das Gedächtnis Israels eine lange Kette von Brüderpaaren, die den an sie gestellten Ansprüchen nicht gerecht werden. Die Aufeinanderfolge der Beispiele, die der im Gedächtnis Israels entspricht, suggeriert Lückenlosigkeit und Normalität.

In dem Maße, in dem sich die Bedeutung des Kain und Abel unmittelbar gegenübergestellten Paares Mose und Aaron in unterschiedlichen Kontexten unterschiedlich darstellt, variiert die Bedeutung ihres Gegenhorizontes Kain und Abel. In HldR steht die Sonderrolle Moses und Aarons ganz im Zeichen einer Dynamik, die über dieses Brüderpaar noch hinausreicht. Die sich in der Abfolge der Brüderpaare abbildende erinnerte Geschichte ist ganz Vorgeschichte des Zentralereignisses der Gabe der Tora am Sinai. Am Beginn einer Reihe von Beispielen, die als ganze unter dem Vorzeichen dieser Dynamik zu lesen ist, stehen Kain und Abel.

HldR kontextualisiert die Gabe der Tora als Leben stiftende Tat Gottes an Israel mit der Beziehung des Liebespaares im Hld. Mit dieser Kontextualisierung verknüpft ist der sich an Israel richtende Appell, sich an die Tora Gottes zu halten.

---

[108] Der Ort, an dem sich erfahrbar (oder erinnerbar) ausdrückt, was der Psalm in prophetischer Rede zusagt, ist variabel. Im Kontext des Psalters ist die Zionstheologie im Hintergrund präsent.

Zwar wird das gestörte Zusammenleben der Brüder vor diesem Hintergrund als gerade nicht lebensförderlich näher qualifiziert. Ein mit der Präsentation der Brüderpaarbeispiele selbst unmittelbar verknüpfter ethischer Appell wird aber nicht erkennbar.

In TanB שמות werden Kain und Abel vor dem Hintergrund des Ungleichgewichtes ihrer Bruderbeziehung präsentiert. Der gegenseitigen Liebe Moses und Aarons steht die Einseitigkeit des Hasses im Zusammenhang der analogen Bruderpaarbeispiele gegenüber. Wenn die Ungleichbehandlung der Brüder und die bevorzugte Behandlung eines Bruders die Situation aller aufgezählten Beispielpaare treffend beschreibt und der Midrasch dem neidlosen Sich-Verhalten Aarons gegenüber dem Bruder – aber auch Moses sensiblem Umgang mit dem Benachteiligten – hauptsächliche Aufmerksamkeit widmet, sind weitreichende Rückschlüsse auf das Verständnis auch von Gen 4 möglich. Nicht das Ungleichgewicht der Verhältnisse Kains und Abels, die wie auch in allen anderen Brüderpaarbeispielen, das Moses und Aarons eingeschlossen, auf eine Ungleichbehandlung durch Gott zurückzuführen sind oder mit einer solchen einhergehen, werden von der Auslegung problematisiert, sondern das daraus resultierende Ungleichgewicht im Verhältnis der Brüder zueinander, das von ihnen selbst verantwortet wird. Vor der Folie der aus der Perspektive des Mose breit ausgeführten Beziehung Aarons und Moses erscheint nicht nur das Verhalten Kains, sondern auch das Abels problematisch. TanB שמות bringt bis zu einem gewissen Grad Empathie mit Kain auf.

Gegenüber TanB tritt in ExR das Motiv der Ungleichbehandlung der Brüder zurück. In ihrer positiv gewerteten Begegnung als Brüder werden Mose und Aaron zu Personifikationen genuin göttlicher Eigenschaften. Rückblickend wird der שלום, der sich im Handeln Aarons und Moses aneinander zeigt, zu einem göttlichen Attribut. Entsprechend wird das Fehlen von שלום bei der Begegnung Kains und Abels auch in dieser Hinsicht zu einem Gegenhorizont.[109]

6.5 Tan שמות

Angesichts der großen Nähe von TanB שמות und Tan שמות kann sich die Analyse auf signifikante Unterschiede beschränken: Die Gestalt des Traditionsstückes ist in Tan und TanB שמות weitgehend gleich. Tan hat in der Aufzählung der Beispiele שנא durchgehend im Partizip. Das durchgehende Partizip rückt die aufgeführten Beispiele in die Gegenwart des Lesers. Zueinander stehen sie in relativer Gleichzeitigkeit. Dem entspricht, dass Tan gegenüber der Variante in TanB auf die Formel „vom Anfang der Schöpfung der Welt und bis jetzt", damit auf den Bezug zum Anfang der Geschichte und deren Chronologie verzichtet.

Identisch ist auch ein Großteil des Materials im Kontext von Tan und TanB. Dort, wo die Auswahl des Materials differiert, zeigen sich Nuancen. Nach Tan שמות weist die Geschichte des Mose zu jedem früheren Zeitpunkt seines Lebens auf seine spätere Rolle als Retter Israels einerseits und auf die Geschichte Israels

[109] Dem steht nicht entgegen, dass auch in Tan und TanB Mose und Aaron in ihrer Beziehung zueinander auf die Eigenschaften Gottes verweisen. In dem Maße, in dem auch im Kontext von Tan und TanB Kain und Abel als Gegenhorizont zu Mose und Aaron in den Blick kommen, ist dieser Zug im Bild Moses und Aarons auch dort nicht bedeutungslos. Er tritt aber dahinter zurück, dass Kain und Abel im engeren Textkontext insofern Gegenbild zu Mose und Aaron sind, als deren Beziehung die Beziehung Gottes zu Israel in ihrer Wechselseitigkeit spiegelt.

mit seinem Gott andererseits voraus. Der Midrasch verwendet mehr Raum für die Profilierung der Größe Israel, zu der er Mose ins Verhältnis setzt. Deutlicher noch als in TanB ist die Verweisfunktion des Mose auf Israel. Kain und Abel stehen für ein Gegenbeispiel unter anderen.

6.6 PRK 16 und PesR 29/30

6.6.1 Das Traditionsstück: Brüderpaare B

Übersetzung

Siehe Anhang.

6.6.1.1 Analyse

Anders als HldR zu Hld 8,1–5, Tan und TanB שמות und ExR 5 spielen PesR 29/30 und PRK 16 die Erzählung von Kain und Abel nicht über ein Zitat, sondern über die Anspielung des Brudermordes ein. Analog diesen Midraschim werden auch in PesR 29/30 und PRK 16 Beispiele aus der erinnerten Geschichte Israels als Hld 8,1 entweder widersprechende oder entsprechende Beispiele präsentiert. Die Tröstung (נחם) der Brüder durch Josef nach Gen 50,21 entspricht der Tröstung (נחם) Israels durch Gott nach Jes 40,1. Beides spiegelt Hld 8,1. Gegenhorizont ist der Hass, der die Beziehung der negativ konnotierten Brüderpaare bestimmt. Deutlicher als in TanB שמות handelt es sich bei Tröstung und Hass um ein einseitiges Verhältnis. Der Midrasch unterscheidet ein Subjekt und ein Objekt von Hass und Tröstung.[110] Auch im Verhältnis Gottes zu Israel kommt einseitig die Haltung Gottes gegenüber Israel in den Blick.

Hld 8,1 entspricht positiv das Verhalten Josefs gegenüber den Brüdern, für das der Midrasch Josef in Form einer an die Brüder adressierten Rede selbst eine Reihe von acht Argumenten in den Mund legt. Das Hauptgewicht der Argumentation des Midrasch liegt auf dieser Rede Josefs, die sein Verhalten begründet und qualifiziert, nicht auf dem Vergleich mit den übrigen Brüderpaaren. Die einzelnen Argumente Josefs belegen die Notwendigkeit seines Hld 8,1 entsprechenden Verhaltens gegenüber den Brüdern. Das erste Argument bezieht sich auf die Überlegenheit der älteren Brüder, das zweite auf Gen 15, die Segensverheißung an Abraham. Das nach der Zählung von PRK dritte und vierte Argument parallelisiert die Rolle Jakobs als Erzeuger seiner Söhne mit der Segen spendenden Rolle Gottes. In beiden Fällen geht es um die Leben stiftende und ermöglichende Autorität und Rolle des Subjekts, der Josef sich nicht einfach widersetzen kann. Der fünfte Argumentationsgang argumentiert mit der Schöpfungsordnung. Die abschließenden drei Argumentationsgänge beziehen sich auf die Haltung der Ägypter. Gottes barmherzige Zuwendung zu Israel wird mit seinem Gesichtsverlust gegenüber den Völkern begründet.[111] Der Midrasch lässt Josef, den er über Hld 8,1 mit Gott parallelisiert, mit der Haltung Gottes gegenüber den Stämmen, die auf Israel verweisen, argumentie-

---

110 Entsprechend kommt Josef einmal als Objekt des Hasses, einmal als Subjekt der Tröstungen in den Blick.

111 So innerbiblisch in zahlreichen prophetischen Texten, die mit der Formel למען שמי (‚um meines Namens willen') operieren: vgl. Jes 48,9; Jer 14,7.21; Ez 20,9.14.22.44; 36,22f. So innerhalb der Midraschliteratur in ähnlicher Weise in Tan und TanB אמור, PRK 9 und LevR 27.

ren. Zwei Argumente spielen Segen und Segensverheißungen Gottes gegenüber Israel an. Eines argumentiert mit der Schöpfungsordnung.

Das positive Verhalten Josefs zeichnet sich vor dem Hintergrund des Gegenhorizontes des konträren Verhaltens der Brüder ihm selbst gegenüber aus. Die übrigen Brüderpaarbeispiele bereiten dieses abschließende innerhalb der Reihe negativ konnotierter Beispiele vor. Der Vergleichspunkt zwischen der langen Reihe der negativen Brüderpaare einerseits und der Haltung, die Josef gegenüber den Brüdern einnimmt, andererseits, besteht im Hass und als dessen Negation der Tröstung. Zwischen der Haltung, die Josef gegenüber den Brüdern und die Gott gegenüber Israel an den Tag legt, ergeben sich eine Reihe weiterer Vergleichspunkte, die auf die übrigen Beispiele nicht ausdehnbar sind.

Für die Haltung des Josef gegenüber den Brüdern lässt der Midrasch Josef selbst Gründe anführen, die auf die Beziehung Gottes zu Israel übertragbar sind, nicht aber auf die übrigen Beispielpaare. Das Verhalten Kains gegenüber Abel steht analog dem Verhalten der Brüder gegenüber Josef, ohne dass Abel Josef gleichgesetzt würde. Im argumentativen Gefüge des Midrasch rücken Kain und Abel gegenüber HldR zu Hld 8,1–5, Tan und TanB שמות und ExR 5 weiter an den Rand.

6.6.2 Der Kontext

Eine zusammenhängende Auslegung des Ausgangsverses Jes 40,1 umfasst in Ms Parma und in der Handschrift des Jewish Theological Seminary New York (JTS) Teile der Piskot 29 und 30. Eine der in PesR sonst üblichen Einleitungsformeln fehlt. PesR 29/30 in diesen Versionen und PRK 16 haben den größten Teil ihres Materials gemeinsam und gehen weitgehend parallel.[112] Der Anfang ist nahezu identisch. In der folgenden Übersicht stehen Zusätze, die PRK 16 gegenüber PesR 29/30, in eckigen, solche, die PesR 29/30 gegenüber PRK 16 hat, in geschweiften Klammern.

Jes 40,1	
Ijob 4,17	Boaz tröstet Ruth [ausführliche Auslegung von Rut 2,11–13]; Gott tröstet Israel (Jes 40,1)
Koh 1,16	Das Herz sieht (ebd.), spricht (ebd.), weiß (Spr 14,10), hört (1 Kön 3,9), [weiß (Spr 14,10),] steht (Ez 22,14), fällt (1 Sam 17,32), geht (2 Kön 5,26), schreit (Klgl 2,18), freut sich (Ps 16,9), {wird getröstet (Jes 40,1),} [tröstet (Jes 40,2]
Jes 40,1	
Klgl 2,13aα	JHWH schickt viele Propheten; JHWH *schmückt* Israel; JHWH gibt Israel *Beute* JHWH *trifft* Israel an vielen Orten; JHWH hat an keinem anderen Volk in vergleichbarer Weise gehandelt[113] – Klgl 2,13aγ
Klgl 2,13bα	Aussonderung Israels durch Beschneidung, unbeschnittenes Haar und Zitzit
Klgl 2,13	die Propheten
Ps 45,8	Abraham und Jesaja sprechen das Volk gerecht → Jes wird mit einer doppelten Prophetie belohnt (Jes 40,1)
Hld 8,1	Brüderpaartraditionsstück
Jer 30,14	Das Schicksal Jerusalems gleicht dem Schicksal Ijobs – doppelte Entschädigung (Jes 40,1)
Ijob 30,24	Keine Zerstörung ohne Tröstung (Jes 40,1)

112 Kern (1983), 112 kommt zum Schluss einer Abhängigkeit von PesR 29/30 von PRK 16.

113 Kursiv gesetzt sind Lesarten der Wurzel עוד.

Die Fortsetzung differiert deutlich. Material, das PesR 29/30 und PRK 16 gemeinsam haben, ist in der folgenden Übersicht grau hinterlegt.[114]

	[Maschal vom Weinbergsbesitzer]	– wenn Israel schuldlos ist: „mein Volk" – wenn Israel sündigt: „dein [Moses] Volk" – Mose weigert sich weiterzugehen, bis JHWH Israel wieder als „mein Volk" anspricht (Ex 32)
Jes 40,1b		JHWHs Trost gilt auch allen späteren Generationen

[Jes 40,1]		
	Hld 8,1	Josef – Brüder Josefs (Gen 50,21); Gott – Israel (Jes 40,1)
	Ijob 21,34	Der Anfang passt nicht zum Ende: Hosea, Joel, Amos, Nahum, Zefania, Haggai, Sacharja, Maleachi – JHWH mit allen Propheten (mit mir – עמי) (Jes 40,1)
Jes 40,1		Adressat der Tröstung ist Gott als Besitzer des (zerstörten) Weinbergs Israel
Jes 40,1		Jesaja antwortet mit Heilsankündigungen auf die Unheilsankündigungen des Jeremia (resp. der Klgl)

PRK 16:

Jes 40,1		
	Ijob 21,34	Der Anfang passt nicht zum Ende: Hosea, Joel, Amos, Nahum, Zefania, Haggai, Sacharja, Maleachi – JHWH mit allen Propheten (mit mir – עמי) (Jes 40,1)
Jes 40,1		
	[Maschal vom Weinbergsbesitzer]	Adressat der Tröstung ist Gott als Besitzer des (zerstörten) Weinbergs Israel wenn Israel schuldlos ist: „mein Volk" – wenn Israel sündigt: „dein [Moses] Volk" – Mose weigert sich weiterzugehen, bis JHWH Israel wieder als „mein Volk" anspricht (Ex 32)
Jes 40,1		Tröstungen entsprechen dem gegen Israel verhängten Unheil, das Israels Taten entspricht

In relativ loser Folge reihen sowohl PesR 29/30 als auch PRK 16 Beispiele für die Tröstungen Gottes gegenüber Israel aneinander. Eine besondere Rolle spielt die Mittlerschaft der Propheten, insbesondere Moses und Jesajas. Eine gewisse Sonderrolle spielt eine Peticha zu Ps 45,8, die das doppelte נחם des Ausgangsverses nicht unmittelbar auf die Tröstung des Volkes bezieht, sondern als Auszeichnung des Propheten liest, der das Volk vor Gott gerecht gesprochen und analog Abraham Gott zur Barmherzigkeit und zur Tröstung des Volkes veranlasst hat. An anderer Stelle kommt Mose in Auslegung zu Ex 32 eine vergleichbare Rolle zu. Die Propheten fungieren in doppelter Hinsicht, einmal als Mittler der Tröstungen Israels durch Gott, einmal als solche, die Gott von der Notwendigkeit der Tröstung überzeugen und zur Tröstung Israels motivieren. Entsprechend einer Auslegung unmit-

[114] Einen sehr viel detaillierteren Vergleich zwischen PesR und PRK, jeweils in Ms Parma, bietet Kern (1983), pass. Der Mehrheitstext von PesR 29/30 setzt mit der Peticha zu Hld 8,1, die sich mit der in Ms Parma und JTS vorausgegangenen Auslegung zu Hld 8,1 überschneidet, erst ein. Das Kainbeispiel fehlt dort.

telbar zu Jes 40,1 im Schlußteil der Parasche ist Gott selbst Adressat der Tröstungen angesichts eines zerstörten Israels.

Es lassen sich keine Unterschiede in der sich aus der Gesamtanlage ergebenden Aussagetendenz zwischen beiden Midraschim ausmachen. Einen unterschiedlichen inhaltlichen Akzent setzt nur die unterschiedliche Gestaltung der abschließenden Heilsperspektive.[115] Nach PesR 29/30 behalten die Heilsankündigungen des Jesaja gegenüber den Unheilsankündigungen insbesondere des Jeremia das letzte Wort. Wenn PRK 16 eine Trias der Entsprechungen zwischen den Taten Israels, dem über sie verhängten Unheil und den abschließenden Heilsankündigungen konstruiert, lenkt es stärker als PesR 29/30 auch noch einmal den Blick auf die Taten Israels.

Themenschwerpunkte

נחם (Piel) ist durchgehend Leitwort, die Tröstungen des Volkes durch die Propheten zentrales Thema der Einheit. Eigentliches Subjekt der Tröstung des Volkes ist Gott.

6.6.3 Das Traditionsstück im Kontext

Das Brüderpaartraditionsstück vergleicht die Haltung Gottes gegenüber Israel, die in den durch die Propheten vermittelten Tröstungen Israels durch Gott zum Ausdruck kommt, mit der Haltung Josefs gegenüber den Brüdern.

6.6.4 Kain und Abel im Textzusammenhang

Angespielt wird der Brudermord. Das Verhältnis Kains zu Abel steht in Analogie zum Verhältnis der Brüder der Erzväter zu diesen und Josefs zu seinen Brüdern. Entsprechend den parallelen Beispielen ist allein das Verhalten Kains gegenüber Abel Gegenstand des Vergleichs und damit des Interesses. Bezugspunkt des Vergleichs ist das unter Bezug auf Hld 8,1 vorgestellte Verhältnis, das der Midrasch, anders als in den Parallelen HldR zu Hld 8,1–5, Tan und TanB שמות und ExR 5, nicht expliziert.[116] Im Verhältnis Josefs zu den Brüdern und Gottes zu Israel wird dieses Verhältnis positiv in den Tröstungen konkret. Außer zum Verhalten Josefs gegenüber den Brüdern tritt das Verhalten Kains auch zum Verhalten Gottes gegenüber Israel in einen Gegensatz. Das Verhalten Gottes gegenüber Israel findet im Verhalten Josefs, einem Angehörigen Israels, gegenüber den Brüdern, die Israel angehören und es repräsentieren, Parallelen, die auf Kain und Abel, die hier deutlich außerhalb Israels stehen, nicht übertragbar sind. Gegenüber dem in Teilen parallelen Traditionsstück in der Gestalt von HldR zu Hld 8,1–5, Tan und TanB שמות und ExR 5 treten Kain und Abel weiter in den Hintergrund. Indem das Traditionsstück in der Gestalt von PesR 29/30 und PRK 16 anders als in seiner Gestalt von HldR zu Hld 8,1–5, Tan und TanB שמות und ExR 5 das einseitige Verhältnis der Brüder betont, ist mit größerer Eindeutigkeit Abel Sympathieträger und – innerhalb der Erzählung von Kain und Abel – Identifikationsfigur.

---

115 Anders Kern (1983). 111: „… der Unterschied ist demnach ein struktureller, kein inhaltlicher."

116 Der Hass ist Leitwort einiger, aber nicht aller Belegverse.

6.7 AggBer 46ff

6.7.1. Der Kontext

Die Abgrenzung des Textes ergibt sich aus der Anlage von AggBer. Innerhalb des Midrasch beziehen sich jeweils ein Abschnitt zu einem Vers aus der Tora, den Propheten und den übrigen Schriften aufeinander.[117]

Der Tora- und der Schriftenabschnitt sollen soweit in den Blick genommen werden, wie sie für das Verständnis der Auslegung der Kain- und Abel-Erzählung innerhalb des Prophetenabschnitts von Interesse sind.

נב״ים

Hos 12,13
  Mensch und Leid: Gott schickt Leid unter dem verdienten Maß
Appell: sich nicht gegen verdientes Rechtsmaß (מידה הדין) zu stellen
  Appell: sich nicht gegen das Schicksal (die Stunde) zu stellen
  Nabot ⇔ Abraham, Isaak, Josef, [Mose[118]], Jakob (Hos 12,13)
Hos 12,13 ⇔ Spr 22,3
  Traditionsstück

Verbindendes Moment der drei Abschnitte Tora, Propheten und Schriften ist die Figur des Jakob. Ausgangspunkt der Auslegungen des Toraabschnittes ist Gen 28,11. Im Abschnitt ‚Tora' ist Gen 28,10 Gegenstand dreier Auslegungen. In der ersten und dritten werden Jakob und Esau als exemplarischer ‚Weiser' (חכם) und ‚Tor' (אויל), ‚Frommer' und ‚Frevler' (רשע) einander gegenübergestellt. Davon eingeschlossen steht eine Interpretation von Gen 28,10, die Jakobs Lebensweg zum Beispiel für Toraobservanz macht. Der Fokus der Auslegungen des gesamten Abschnittes liegt auf Jakob. Esau ist Gegenhorizont.

Nachdem der Toraabschnitt Jakob als exemplarischen Weisen und Frommen, Esau als exemplarischen Tor und Frevler gegenübergestellt hat, dient der Prophetenabschnitt der Profilierung der Weisheit Jakobs. Ausgangspunkt des Prophetenabschnitts ist der Vers Hos 12,13, der in seinem biblischen Kontext auf die im Kontext von Gen 28,10 geschilderten Ereignisse um die Flucht Jakobs zu Laban Bezug nimmt. Die sich an den Ausgangsvers anschließende Frage ist die nach Ursache und Maß des durch Gott verursacht gedachten und, daran anschließend, die Frage nach dem Umgang des Menschen mit diesem Leid. Aus der Annahme, dass das dem Menschen zugemutete Leid immer hinter dem verdienten Maß zurück bleibt, folgt der an den Leser gerichtete Appell, das ihm zugemutete Maß zu akzeptieren. Der Midrasch verwendet Worte aus dem Wortfeld ‚Recht' und ‚Rechtsprechung' (מידה הדין) und spricht von der ‚Stunde des Schicksals'. Unterbestimmt ist das Verhältnis von Schicksal und Strafe.[119] Dem Beispiel Jakobs gilt ein längerer Nachtrag, der in seiner ausführlicheren Variante in Ms Oxford 2430 die Erzählung von Kain und Abel einspielt. [120]

---

[117] Der Abschnitt zu Tora und Propheten hat eine weitgehende Parallele in TanB. Die den beiden Abschnitten entsprechenden Textpassagen folgen auch dort direkt aufeinander.

[118] Nur in Ms Oxf. 2430.

[119] Die Personen, die sich ihrem Schicksal beispielhaft nicht oder unklugerweise doch in den Weg stellen, trifft darüber hinaus keine offensichtliche Schuld.

[120] Ms Oxf. 2430 hat außerdem das gegenüber dem Mehrheitstext zusätzliche Beispiel des Mose.

Der Abschnitt ‚Schriften' öffnet die Perspektive über die Einzelfigur Jakob hinaus auf die Weltgeschichte und Israels Rolle in ihr.

Themenschwerpunkte

Am Beispiel Jakobs, der auf Israel verweist, mit Israel aber nicht identisch ist, wird die weisheitliche Regel, sich den Umständen entsprechend klug zu verhalten und auf vermeintliches oder tatsächliches Recht nicht zu bestehen, in den größeren Kontext der Geschichte Israels gestellt. Umgekehrt wird die Geschichte Israels an diesem Grundsatz gemessen.

6.7.2 Der engere Textzusammenhang

Übersetzung (Ms Oxford 2430)

Eine andere Sache: „Und Jakob floh" (Hos 12,13). Dies ist, was die Schrift sagt: „Der Kluge sieht das Übel und versteckt sich usw." (Spr 22,3). Dies ist Jakob. Und was sah er, dass er floh, außer dass, sobald er die Segnungen empfangen hatte, Esau nach einer Möglichkeit zu suchen begann, ihn zu erschlagen, wie gesagt worden ist: „Und er war feind usw. [und ich werde den Jakob, meinen Bruder erschlagen]" (Gen 27,41). Er ging zu Ismael, wie gesagt worden ist: „Und Esau ging zu Ismael" (Gen 28,9).
Was tat Esau, der Frevler? Er selbst ging zu Ismael und sagte zu ihm: Wir wollen uns beraten, ich und du, und über die ganze Welt herrschen.
Er sagte zu ihm: Wie?
Esau sagte zu ihm: Du weißt, dass dein Vater dich wie seine Seele liebte, denn es ist gesagt worden: „Wenn doch Ismael vor deinem Angesicht lebte" (Gen 17,18). Und nun, als Isaak, dein Bruder, geboren wurde, kam dein Vater und schickte dich fort und er schickte dich leer aus seinem Haus. Und seine Frau sagte zu ihm: „Schicke diese Sklavin fort usw." (Gen 21,10). Und er hinterließ dir von allem, was deinem Vater gehörte, nichts zum Erbe, nicht eine kleine Münze, wie geschrieben steht: „Und Abraham gab alles, was ihm gehörte, dem Isaak" (Gen 25,5).
Und es ist nicht genug, was er dir antat, sondern auch mich schickte er weg. Und nun weißt du, dass es für einen Sohn nicht Recht ist, seinen Vater zu erschlagen. Aber der Bruder kann seinen Bruder um des Erbes willen erschlagen, denn so finden wir es bei Kain, der den Abel, seinen Bruder, erschlug, wie gesagt worden ist: „Und Kain erhob sich gegen Abel, seinen Bruder, und er erschlug ihn." (Gen 4,8)
Und nun gibt es dir das Recht, deinen Bruder zu töten, denn er schickte dich weg von all deinem Geld und von allem, was dir gehört. Und so werde ich meinen Bruder töten, und danach nehmen wir die ganze Welt in Besitz. Und wir zwei werden über das herrschen, was unserem Vater Abraham gehört.
Ismael sagte zu ihm: Ich kann diesen Dingen nicht trauen, denn du verkehrst sie.
Esau sagte zu ihm: Wenn ich deine Tochter nehme, wirst du mir trauen?
Ismael sagte zu ihm: Ja.
Sofort „nahm er die Mahalat, die Tochter Ismaels usw. für sich zur Frau" (Gen 28,9).
In dieser Stunde wog Ismael für sich selbst leicht und schwer und sagte:
Wenn ich Isaak, meinen Bruder, erschlage, wird der Heilige, gepriesen sei er, mich schuldig sprechen und einen Fluch über mich und meinen Samen bringen, wie er es gegenüber Kain tat, den er von dieser Welt abschnitt. Es ist besser für mich, alles zu lassen, was mir gehört, und den Fluch Gottes nicht entgegenzunehmen.
Und Esau, der Frevler, hätte diese Sache nicht getan, sondern angesichts der großen Gerissenheit, die in ihm war, sprach er in seinem Herzen: Nachdem er den Vater erschlagen hat, werde ich rechtmäßig über ihn kommen, und zu ihm sagen: Warum hast du den Vater erschlagen? Und er wird schuldig sein. Sofort werde ich ihn erschlagen. Und danach werde ich meinen Bruder Jakob erschlagen. Und ich werde König über die ganze Welt sein.

> Der Heilige, gepriesen sei er, sagte zu ihm: Frevler, du stellst dir in deinem Denken vor, dass ich nicht weiß, was du in deinem Herzen planst, aber ich stehe überall auf und weiß alle Pläne des Herzens. Und woher, dass dieser Frevler in seinem Herzen so dachte? Weil gesagt worden ist: „Weil du sagst: Zwei Völker usw." (Ez 35,10). Bei deinem Leben, dort war ich. Ich werde allen Kommenden der Welt bekannt machen, was du tun wolltest, wie gesagt worden ist: „Denn ich habe Esau entblößt, ich habe seine Verstecke aufgedeckt" (Jer 49,10).
>
> Weil er seinen Vater und seinen Bruder und alle seine Nachbarn zu töten suchte, wie gesagt worden ist: „Wie wurden sie von Esau durchsucht und seine [verborgenen] Schätze wurden gesucht" (Ob 1,6). Und dies ist, was Jakob wusste und er floh vor seinem Angesicht. Deshalb sagt die Schrift: „Der Kluge sieht das Übel und er versteckt sich usw." (Spr 22,3). Dies ist, was die Schrift sagt: „Und Jakob floh" (Hos 12,13). Und der Geist des Heiligen rief und sagte: „Und er warf sich auf ihn und er verschonte ihn nicht, von seiner Hand flieht, flieht er" (Ijob 27,22).

6.7.2.1 Analyse

Der Midrasch zitiert die Erzählung über Kain und Abel über die Anspielung des Brudermordes und das Zitat von Gen 4,8, das die Wendung Kains gegen den Bruder und den Mord belegt. Der Verweis auf den Brudermord und das Zitat von Gen 4,8 werden im Kontext der Passage einem der Protagonisten der Erzählung des Midrasch in den Mund gelegt. Inhalt der Passage ist der – vergebliche – Versuch Esaus, Ismael zum Mord am Vater Esaus und Bruder Ismaels zu überreden. Zwei Argumente werden sowohl innerhalb der Argumentation Esaus wie in deren Widerlegung durch Ismael miteinander verknüpft: Das Unrecht der Bevorzugung des Bruders und die Aussicht auf das Erbe der Welt. Das Motiv geteilter Weltherrschaft bildet einen Rahmen um die Argumentation Esaus insgesamt.

An die einleitende Aufforderung zum Brudermord schließt sich unmittelbar das Motiv der Herrschaft über die Welt an. Es folgt, breit ausgeführt, das Motiv der ungerechten Behandlung der Brüder. In der Rede des Esau vollzieht sich ein kaum bemerkter Subjektwechsel. Wird zunächst Abraham die Schuld gegeben an der Zurücksetzung Ismaels, überträgt die Rede die Schuldzuschreibung fast unbemerkt auf Isaak, der zum Schuldigen an der Zurücksetzung Ismaels und Esaus wird. Die strukturelle Symmetrie – Unrecht jeweils durch den Vater – wird zugunsten einer weitergehenden Parallelität zwischen Ismael und Esau – Unrecht durch Isaak – aufgebrochen. Abraham wird entlastet – einmal durch den Verweis auf die Initiative Saras, einmal durch die Verlagerung der Schuld auf Isaak.[121]

Der Midrasch lässt Esau den Brudermord vor dem Hintergrund der Unrechtmäßigkeit des Vatermordes rechtfertigen. Als Teil seiner Argumentation verweist er im Zusammenhang mit dem Brudermord auf Gen 4. Im Kontext der Rede Esaus verwendet er viel Mühe auf nuancierte Formulierungen. Anders als im Kontext der Qualifizierung des Vatermordes, von dem der Midrasch Esau sagen lässt, er entspreche nicht dem ‚Recht' (דין), finden im unmittelbaren Zusammenhang der Rechtfertigung des Brudermordes vergleichbare, dem Wortfeld von Recht und Rechtsprechung entnommene Vokabeln keine Verwendung. Der Midrasch lässt Esau von der ‚Fähigkeit' (יכול) zum Brudermord sprechen. Der Anschluss אלא

---

121 Die Verstoßung Ismaels auf Initiative der Sara wird gerahmt von einem doppelten Hinweis auf die Modalitäten dieser Verstoßung. Abraham schickt Ismael mit leeren Händen fort. Ms Oxf. 2430 korrespondiert damit einer Passage aus dem vorausgehenden Abschnitt zur Auslegung der Tora, nach der Isaaks Verhalten gegenüber Jakob – ganz im Gegensatz zum Verhalten Abrahams gegenüber Isaak – mit denselben Worten in gleicher Weise qualifiziert wird. („Sieh, was Abraham für Isaak tat, und Isaak handelte nicht so an Jakob, sondern er schickte ihn leer [ריקן] fort.")

suggeriert eine inhaltliche Entsprechung und einen antithetischen Parallelismus zwischen der Rechtswidrigkeit des Vater- und der Möglichkeit des Brudermordes. Die Vorspielung einer inhaltlichen Entsprechung wird durch die Fortsetzung, die die ‚Fähigkeit' zum Brudermord gleichzeitig auf eine bestimmte mit einem Rechtstatbestand eng verbundene Situation „um des Erbes (נחלה) willen" einschränkt, noch unterstrichen. Zur argumentativen Absicherung seiner Behauptung wählt Esau allerdings keinen Rechtssatz, sondern mit der Erzählung von Kain und Abel nach Gen 4 ein Ereignis aus der erinnerten Geschichte Israels, das für den Leser – und für Ismael auf der Ebene des Textes – mit seinem ‚schlechten' Ende schon fest verknüpft und als Argument eigentlich unbrauchbar ist. Das Verhältnis der Fähigkeit zum Brudermord zum Recht wird angedeutet, nicht – auch im Munde Esaus nicht – explizit behauptet. An den Leser richtet sich die Botschaft, dass Esau nur andeuten kann, was als positive Aussage nicht aufrecht zu erhalten ist.

Auf die erneute Aufforderung zum Brudermord, in diesem Fall sachlich nahe liegend erweitert um die Bereitschaftsbekundung Esaus, auch seinerseits seinen Bruder Jakob zu töten, folgt erneut das Motiv der Herrschaft über die Welt. Im Kontext der Wiederholung des Motivs wird die ‚Herrschaft über die Welt' in der Rede Esaus zu Ismael näher bestimmt als das Erbe, das, was unseres Vaters Abraham ist (שלי אברהם אבינו). Wenn Abraham innerhalb der an Ismael gerichteten Rede Esaus als „unser Vater Abraham" näher qualifiziert wird, macht der Midrasch von einem Sprachspiel Gebrauch, das sonst auf Israel bezogen bleibt.

Dem Misstrauen Ismaels begegnet Esau mit der Heirat der Tochter Ismaels. Auch innerbiblisch ist diese Heirat etwas wie eine vertrauensbildende Maßnahme – allerdings gegenüber Isaak – der mit den kanaanäischen Frauen Esaus nicht einverstanden ist. Misstrauen Ismaels und die von Erfolg gekrönte vertrauensbildende Maßnahme Esaus bilden innerhalb des Midrasch ein retardierendes Moment. Dieses retardierende Moment trennt Esaus auf das Beispiel von Gen 4 sich beziehende Argumentation von Ismaels Überlegungen, die sich ihrerseits mit diesem Argument und Beispiel auseinandersetzen, daraus aber gegenteilige und dem biblischen Ende der Erzählung von Kain und Abel angemessenere Schlüsse ziehen.

Ismael betreibt Bibelauslegung, indem er vergleichbar den Rabbinen auf eine analoge Stelle verweist und einen Vergleich anstellt, als er das Argument Esaus widerlegt. In seiner Widerlegung wird erneut das Thema des ‚Erbes' aufgerufen: Es ist besser auf selbst berechtigte(!) Erbansprüche zu verzichten als durch einen Brudermord den Fluch Gottes auf sich und seine Nachkommen zu laden.

Auf die zweite Aufforderung zum Brudermord, in die sich Esau mit seiner ausdrücklich bekundeten Bereitschaft, auch seinerseits seinen Bruder Jakob umzubringen, selbst mit einschließt, läuft die Textpassage zu. Der geplante Mord Esaus an seinem Bruder Jakob schafft die Ausgangssituation für das positiv gewertete Verhalten Jakobs, der flieht und sich in der Stunde seines Schicksals diesem Schicksal nicht in den Weg stellt.

Die Schlusspassage mit dem Urteilsspruch Gottes verknüpft Ez 35,10 und Jer 49,10 miteinander und weitet die Perspektive bereits auf Israel. Ez 35,1–15 identifiziert Esau mit dem Land Edom und dem Gebirge Seir. Der zitierte Vers offenbart Gottes Wissen um die Pläne Edoms, sich das verheißene von Israel verlassene Land anzueignen,[122] wie er innerhalb der Erzählung des Midrasch von den Plänen Esaus weiß. Das Zitat Jer 49,10 schließt an das Zitat aus Ez geschickt an.

122 Vgl. Block (2003), 319; Greenberg (2005), 411ff.

Das innerhalb des Textzusammenhanges in Jer mehrdeutige Entblößen des Landes wird in der Exegese unterschiedlich gedeutet. Die Entblößung der unübersichtlichen gebirgigen Landschaft Edoms bietet Edom oder Esau keine Schlupfwinkel.[123] Die Entblößung Edoms impliziert den Tod seiner Bewohner und bezeichnet so ganz unmittelbar Edoms Untergang.[124] Vor dem Hintergrund der Einbettung des Verses in den Kontext des Midrasch versteht der Midrasch darunter die Aufdeckung der Pläne Esaus.[125] Vor dem Hintergrund des Textzusammenhanges des Midrasch ist auffällig, dass Edom Weisheit abgesprochen wird.[126] Im Midrasch ist es Jakob, der sich vor dem Hintergrund von Spr 22,3 als weise erweist. Während sich Jakob erfolgreich durch Flucht entzieht und sich in der Flucht Jakobs in der Lesart des Midrasch gerade seine Weisheit zeigt, ist das Sich Verstecken Edoms nach Jer 49,10 vergeblich.[127]

Innerhalb der Erzählung des Midrasch erfahren die Protagonisten der Erzählung eine differenzierte und differenzierende Wertung: Kain und Abel sind selbst keine Protagonisten der kurzen durch den Midrasch geschaffenen Erzählung. Sie sind Protagonisten einer Erzählung, auf die Esau als einer der Protagonisten der Erzählung des Midrasch sich beruft. Obwohl der Midrasch in seiner Anlage und Struktur die Figur des Jakob in den Vordergrund rückt, verwendet das Traditionsstück ungleich mehr Textmasse auf diejenigen der Figuren, die die erinnerte Geschichte nicht unter die Eltern Israels zählt. Es sind die nicht in der Verheißungslinie stehenden Figuren Ismael und Esau, die der Midrasch Bibelauslegung nach Art der Midraschim betreiben lässt (Ismael) oder die er eine Formulierung wählen lässt (Esau), die biblisch-rabbinischem Sprachgebrauch entspricht, dort aber auf den Verheißungsträger und also üblicherweise nicht auf Ismael angewendet wird. Auch wenn die Rede Esaus für den Leser erkennbar aus unlauteren Motiven geschieht, sich in den Augen des intendierten Lesers selbst desavouiert, bleibt ein Rest von ‚Wahrheit'[128] und die offene Frage, wie vor dem Hintergrund der Wertung Ismaels durch den Text mit ihr umzugehen sei. Die Ungerechtigkeit, die in der Ungleichbehandlung Ismaels – und auch Esaus – liegt, weckt die Sympathie auch der Leser. In Ms Oxf. 2340 bleibt Ismaels Anspruch auf einen Teil des Erbes vor dem Hintergrund der Rede von der ‚Sohnschaft' Abrahams in ihrer an dieser Stelle ungewohnten biblisch-rabbinischen Semantik ambivalent.

Die auf dieser Beschreibung der Sachlage beruhenden Argumente können den Brudermord – und darauf liegt der Fokus der Erzählung – aber nicht rechtfertigen. Der Midrasch legt in seiner Fassung von Ms Oxf. 2340 Ismael die Erkenntnis in den Mund, dass es besser sei, Unrecht zu ertragen. Ismael wird selbst zum Beispiel für einen Menschen, der Unrecht erträgt und sich seinem Schicksal nicht in den Weg stellt. Die Strukturparallele, die Esau in seiner Rede zwischen sich selbst und Ismael aufmacht, bestätigt der Midrasch in seiner Gesamtheit gerade nicht.

Verkompliziert werden Struktur und Inhalt durch den Ausgangsvers Hos 12,13, der im biblischen Kontext zwar seinerseits auf den im Toraabschnitt verwendeten

---

123 Vgl. Lundbom (2004), 329; Fischer (2005b), 543.

124 Vgl. Lundbom (2004), 332.

125 Von der Entvölkerung des Landes spricht auch der unmittelbare Kontext des Ezechielzitates. Allerdings verwendet er שממה.

126 Jer 49,7, der Beginn der Edom-Strophe. Vgl. Wanke (2003), 420; Lundbom (2004), 328f; Fischer (2005b), 541. Für Lundbom ist die (vergebliche) Flucht Edoms mit diesem Mangel an Weisheit unmittelbar verknüpft.

127 Vgl. Lundbom (2004), 331.

128 Abraham ist ‚Vater' Ismaels.

Einleitungsvers Gen 28,10 verweist, der im eigenen biblischen Kontext die dort ambivalent beschriebene Handlung Jakobs aber seinerseits einer polyvalenten und in der Lesart der meisten modernen Exegeten kritischen Perspektive unterzieht.

Uneinigkeit herrscht in der modernen Exegese über die Wertung Jakobs im Textzusammenhang von Hos 12,1–15.[129] Positiv ist das Bild Jakobs bei Bons und Stuart. Entsprechend deuten Bons und Stuart Jakobs Flucht (V 13a) und den Bericht über den Dienst Israels um eine Frau (Rahel nach Gen 29) (V 13b). Moses Hütedienst an Israel entspricht dem Hütedienst Jakobs/Israels (Stuart) oder überbietet ihn noch (Bons).[130] Die Rede vom ‚bewahren oder (be-)hüten' in VV 7.13f hat den Charakter eines Leitmotivs. Israel ist aufgefordert, das Recht zu hüten oder zu wahren. Jakob hütet oder bewahrt um seiner zukünftigen Frau Rahel willen. Gott bewahrte oder behütete Israel durch den Propheten Mose.[131] Nach Stuart stellen das Bild Israels und das Bild des Erzvaters Jakob Gegenhorizonte dar.[132] Stuart sieht dabei auch V 4 und 5, die auf die Geburt Jakobs und den Kampf mit dem Engel anspielen, nicht, Bons nicht notwendig, unter ein negatives Werturteil gestellt.[133]

Ein unter dem Strich negatives Jakobbild entnimmt Jeremias Hos 12. Jeremias liest V 14 adversativ zu VV 12f.[134] Jeremias versteht VV 12.13 als Absage an die Zusage Gottes in VV 6.7 und 10.11.[135] Nach Jeremias antwortet die Flucht Jakobs (V 13) auf die Aufforderung Gottes in V 7 zurückzukehren, die an die Jakobepisode in V 5, verbunden mit der formulierten Hoffnung Gottes, in Bet-El werde er Jakob finden und mit ihm reden, ihrerseits eng angebunden ist.[136] Die Rede vom ‚Betrug' und verwandte Begriffe durchziehen den Abschnitt leitmotivisch. Israel betrügt Gott, wenn es unsicheren politischen Bündnissen vertraut (VV 1f). Israel be-

---

129 In mehrfachem Wechsel beschreibt der Textabschnitt Hos 12,1f.3–15 Israels torawidriges Verhalten (VV 1f.4f.8f.12–14.15a) und die anklagende, dabei aber jedes Mal wieder neu Möglichkeiten zu einem Neuanfang eröffnende Reaktion Gottes (3.6f.10f.1415b). Vgl. Jeremias (1983), 149ff; Davies (1992), 267–284; Stuart (1987), 186–197; Bons (1996), 147ff. Die im Folgenden genannten Exegeten stehen für zwei exemplarische Positionen.

130 Vgl. Stuart (1987), 190.195.197; Bons (1996), 157.

131 Vgl. Jeremias (1983), 150.157; Bons (1996), 157f.

132 Stuart (1987), 190.192.197.

133 Wenn Hos mit der Doppeldeutigkeit von עקב, das außer ‚hintergehen' auch ‚die Ferse halten' meint, spielt, verbindet V 4 zwei Bibelstellen, den Kampf der Brüder um die Erstgeburt im Mutterleib, in dem Jakob unterliegt (Gen 25) und den erschlichenen Erstgeburtssegen (Gen 27). Vgl. Stuart (1987), 190.197; Bons (1996), 153. Anknüpfungspunkt im Text der Gen sind die Namensätiologien im Zusammenhang beider Episoden. (Vgl. Jeremias [1983], 152; Stuart [1987], 190f; Davies [1992], 273; Bons [1996], 150f.) Versteht man עקב strikt im Sinne von ‚festhalten', bezieht sich der Vers auf die Geburtsnotiz allein und es ergibt sich kein Widerspruch.

134 Vgl. Jeremias (1983), 150.156. Vgl. auch Davies (1992), 282. Jakob hütet ‚nur' um einer Frau willen und steht so hinter Mose als positivem Beispiel zurück.

135 Vgl. Jeremias (1983), 156f.

136 V 4f spielt den Kampf Jakobs mit Gott (resp. seinem Engel) nach Gen 32 an. Vgl. Jeremias (1983), 150. Davies schließt sich der Argumentation Jeremias im Wesentlichen an. Vgl. Davies (1992), 272f. Noch die Gottesoffenbarung in Betel (Gen 28 oder 35) ist Teil dessen, was Davies eine ‚disaster-history' nennt. Mindestens mit Blick auf den Aufgriff des Betrugs Jakobs und seinen Kampf mit Gott, die in V 4 im Parallelismus stehen, scheint das positive Urteil Bons angesichts der leitmotivischen Funktion der Rede vom ‚Betrug' im Textzusammenhang und der vorangestellten Prozessaufforderung in V 3 fraglich. Dagegen ist es denkbar, ו in V 13 adversativ zu lesen und der Argumentation Bons bezüglich VV 13.14 zu folgen. Damit ergäbe sich allerdings ein Bruch im Jakobbild innerhalb des Textzusammenhangs Hos 12,1–15.

trügt im Streben nach Reichtum (V 8).[137] Das über עקב in V 4 angespielte Betrugsmotiv greift dieses Motiv auf.[138] Der Zusammenklang von Gen 25 und 27 in V 4 lässt sich derart interpretieren, dass ‚Hintergehen' die Bruderbeziehung Jakobs grundlegend bestimmt.[139] Das Bild Jakobs stellt keinen Gegenhorizont zum Bild Israels dar.

Der Midrasch rückt die Flucht Jakobs in ein positives Licht. Unter dieser Rücksicht aber ergeben sich unter Einbezug des Einleitungs- und des Petichaverses mehrere Deutungsmöglichkeiten der Figur Jakobs über deren Flucht hinaus. Unterstellt der Midrasch dem Hoseatext ein in V 13 positives Jakobbild, ergeben sich keine weiteren Schwierigkeiten. Unterstellt der Midrasch dem Text des Hoseabuches eine kritische Wertung der Figur Jakobs in allen Teilen des Textzusammenhangs ergeben sich zwei Möglichkeiten: Entweder korrigiert der Midrasch das negative Bild des Hoseatextes oder er wertet Jakobs Flucht angesichts des vom Midrasch verurteilten Verhalten Esaus als lebenspraktisch klug, ohne es in anderer Hinsicht einer Wertung zu unterziehen.[140]

Die abschließende Wertung Jakobs durch den Midrasch bleibt unsicher. Sicher ist seine Charakterisierung als ‚weise'. Der Hos 12,13 zugeordnete Vers Spr 22,3 zielt in seiner Gegenüberstellung von ערום und פתי auf lebenspraktische Klugheit. Klug ist, wer sich den Umständen entsprechend verhält.[141] Andernfalls fallen die Umstände auf ihn zurück.[142] Die Rahmung des Verses durch VV 2.4 im innerbiblischen Kontext stellt diese lebenspraktische Klugheit in den Kontext der JHWH-Furcht.[143] Inwieweit Jakobs ‚kluges' Verhalten auch auf der Ebene des Midrasch im Zeichen der JHWH-Furcht steht, muss dahingestellt bleiben. Es ist nicht zuletzt abhängig von einer Interpretation des Kontextes von Hos 12,13.[144]

6.7.3 Kain und Abel im Textzusammenhang

Die Erzählung von Kain und Abel wird an in der Syntax des Midrasch nicht zentraler Stelle über Gen 4,8 eingespielt. Das zentrale Interesse des Midrasch gilt dem Brüderpaar Jakob und Esau. Ähnlich dem Traditionsstück von den sich überbietenden Plänen der Frevler (TanB אמור / PRK 9 / LevR 27) wird auf das Beispiel Kain und Abel als auf ein Argument Bezug genommen. Nicht nur Esau in seiner Argumentation gegenüber Ismael, sondern auch Ismael in seiner Widerlegung der Argumente Esaus verwendet die Erzählung von Kain und Abel. Die Geschichte Kains dient innerhalb der Rede Esaus, die sich ausschließlich auf das Faktum des Brudermordes selbst bezieht, als Beleg, der die Beweislast zu tragen von Anfang an deshalb nicht in der Lage ist, weil die Beanspruchung der Erzählung als Argument für die Möglichkeit oder das Recht auf Mord die Frage nach den Folgen des ersten

---

[137] Vgl. Jeremias (1983), 151, 155; Bons (1996), 147. Zu den beiden letzten, ausdrücklich mit מרמה bezeichneten Vergehen und ihrer intratextuellen Verknüpfung, vgl. Bons (1996), 155.

[138] Anders Bons (1996), 150, der auf eine Inkonsistenz verweist.

[139] Vgl. Jeremias (1983), 153; Davies (1992), 197.

[140] Auch dann allerdings bliebe es insofern bei einer Korrektur des Hoseatextes, als das Motiv der Flucht Jakobs – nicht im Sinne einer Flucht vor Gott, sondern vor Esau – ein anderes wäre. Auch unter der Rücksicht, dass die Flucht Jakobs vor Esau mit der Schuld Jakobs nach V 4 in Verbindung stünde, gälte das Interesse des Midrasch der Klugheit der Flucht, nicht der Schuld Jakobs.

[141] Vgl. Meinhold (1991), 364; Clifford (1999), 196; Murphy (2000), 165.

[142] Vgl. Murphy (2000), 165; Meinhold (1991), 364f spricht vom „schuldhaft Unerfahrenen".

[143] Vgl. Meinhold (1991), 362ff.

[144] Das Thema ‚Weisheit' spricht auch der Kontext des aus Jer zitierten Verses Jer 49,10 an.

Brudermordes selbst nahe legt, ohne sie einzubeziehen. Ismaels Widerlegung bezieht sich entsprechend auf das Ende der Erzählung, das die Argumentation Esaus übergeht. Die Ungleichbehandlung Kains und Abels in Gen 4 wird im Midrasch nicht eigens thematisiert, in der Argumentation aber vorausgesetzt. Dass die Ausgangssituation in Gen 4 und die Ismael und Isaak auf der einen, Esau und Jakob auf der anderen Seite betreffenden biblischen Erzählungen in der Ungleichbehandlung der Brüder inhaltliche Berührungspunkte erkennen lassen, setzt die Argumentation Esaus voraus. Ihr wird innerhalb der Erzählung weder durch Ismael noch durch die Stimme Gottes widersprochen.

Der Midrasch identifiziert den Gegenstand der tödlich endenden Auseinandersetzung Kains und Abels mit dem Erbe der Welt. Das Streitobjekt des ‚Erbes der Welt' begegnet auch in anderen rabbinischen Quellen.[145] In der Argumentation Esaus wird das Erbe der Welt mit dem Erbe Abrahams identifiziert. Ihren Anhalt im biblischen Text hat sie darin, dass es bei der ‚Bevorzugung' Isaaks und Jakobs jeweils um die Bestimmung des Verheißungsträgers geht, für die Gott selbst einsteht. Hingegen bleibt es den Lesern überlassen, eine Verknüpfung der im Blicken Gottes auf das Opfer des einen Bruders zum Ausdruck kommenden Bevorzugung mit dem Erbe der Welt herzustellen. Der Text ist für eine solche Deutung offen, er erzwingt sie aber nicht.

Werden Erbe der Welt und das Erbe Abrahams gleichgesetzt, dient diese Gleichsetzung zunächst der Qualifizierung des Erbes Abrahams innerhalb des Midrasch. Bezogen auf Kain und Abel scheint dies dem Leser zu sagen: Es geht in der Eifersucht dieser Brüder nicht um eine Lapalie. Das, was der eine hat und der andere nicht hat, ist von größtmöglicher Relevanz.

Der Fokus des Textes liegt nicht auf der Ungleichbehandlung der Brüder, auch nicht auf deren göttlicher Ursache bei Uneinsichtigkeit der göttlichen Motive. Der Fokus des Textes liegt auf der Reaktion des Benachteiligten. Ismael auf der einen und Esau und Kain auf der anderen Seite bieten alternative Verhaltensmuster an. Durch den als bekannt vorausgesetzten Ausgang biblischer Einzelerzählungen wie im abschließenden göttlichen Urteil bezieht der Midrasch deutlich Position. Ungleichbehandlung und der Streit um das Erbe, selbst wo es um nichts weniger als das Erbe der Welt oder das Erbe Abrahams und d.h. die Erbschaft des Verheißungsträgers geht, rechtfertigen den Brudermord nicht.[146] Diese Erkenntnis ist für den Leser wie innerhalb der Erzählung für Ismael an der Erzählung vom ersten Brudermord ablesbar. Sie bietet im Umkehrschluss eine Deutung von Gen 4.

Im größeren Kontext steht das Verhalten Jakobs im Mittelpunkt des Interesses. Dass der Midrasch in seinen drei großen Abschnitten Esau und Jakob als Gegenhorizonte konstruiert, lässt Rückschlüsse wenigstens auf die Person Esaus zu. Jakobs Verhalten, seine Flucht vor dem Bruder, ist unbeschadet jeder weitergehenden Qualifizierung Jakobs weise und lebenspraktisch klug. Ismaels Verhalten geht in dieser Hinsicht ausgerechnet dem Verhalten Jakobs (nicht etwa Esaus) in gewisser Weise parallel. Der Kontext des im Ausklang des Traditionsstückes zitierten und auf Esau/Edom bezogenen Verses Jer 49,10 identifiziert Esau mit dem Gegenteil eines Weisen und trifft sich in diesem Urteil mit dem zentralen Thema des

145 Vgl. z.B. GenR zu Gen 4,8; AggBer 27; TanB לך לך.

146 Es ist möglich, die Rede Ismaels so zu lesen, dass die Handlung Ismaels noch eine Überbietung der sich aus dem Schicksal Kains heraus nahe legenden Verhaltensweise darstellt, wenn nämlich Ismael – anders als Kain – auch auf das verzichtet, was ihm tatsächlich rechtmäßig zusteht und auch göttlicherseits nicht abgesprochen wird.

Toraabschnittes des Midrasch. Mit Rücksicht auf die Parallelisierung der Erzählung Gen 4,1–16 läge Kains Vergehen *auch* in einem Mangel an Weisheit.

6.8 TanB ויהיו חיי שרה

Das Traditionsstück geht seiner Struktur nach mit seiner Parallele in GenR 61 weitgehend parallel. Das Fehlen des Ijobbeispiels lässt sich aus der Fokussierung Israels innerhalb des Traditionsstückes wie vor dem Hintergrund des größeren Kontextes von TanB ויהיו חיי שרה erklären. Das Beispiel Abrahams steht, anders als in GenR 61 nicht an exponierter Schluss-, sondern der Chronologie der erinnerten Geschichte entsprechend an erster Stelle. Werden die Kinder der Ketura in GenR Ismael, werden sie in TanB Isaak gegenübergestellt. Daraus ergibt sich nicht nur eine Fokussierung auf Israel, sondern auch eine über GenR hinausgehende Provokation. An exponierter Schlussposition stehen gegenüber GenR zusätzliche Israel betreffende Beispiele. Auf sie läuft die Dynamik des Traditionsstückes zu. Während der Fokus in GenR 61 auf dem weisheitlichen Handeln der menschlichen Protagonisten liegt, liegt er in TanB auf dem Handeln Gottes. Schon der einleitende Satz macht diese Perspektive deutlich: „Von dort lernst du, dass *die Zugabe (תוספת) des Heiligen, gepriesen sei er*, mehr als die Hauptsache ist." Der Midrasch macht Gott auch dort zum Subjekt von יסף, wo in den Belegversen der Mensch grammatisches Subjekt von יסף ist.

Im größeren Kontext fokussiert der Midrasch auf die Segensverheißung Gottes an Abraham und Israel und behauptet die Wirkung dieses Segens im Leben Abrahams wie für Israel auch auf den Nebenwegen der erinnerten Geschichte Israels und auch dort, wo aller Anschein dagegen spricht. Innerhalb von GenR ist das Traditionsstück der Auslegung des letzten Petichaverses Koh 11,6 in der Art eines Exkurses zugeordnet. In TanB beschließt das Traditionsstück den Textzusammenhang mit einem Ausblick auf Israel und die kommende Welt.

Anders als in GenR 61 wird das Beispiel Kains und Abels als ein den ersten Menschen betreffendes Beispiel eingeführt. Auf der Ebene des Midrasch ist nicht Eva vordergründig Subjekt der Handlung, sondern der אדם הראשון. Der Midrasch formuliert um den Preis einer grammatikalischen Inkonsequenz (כן את מוצא **באדם הראשון** כי **ילדה** לקין). Von Anfang an gilt, was der Midrasch in seiner Gesamtheit behauptet. Anders als GenR 61 bestimmt TanB das, was das Größere der Zugabe im Falle Abels ausmacht, inhaltlich nicht. Mehr noch als in GenR 61 gilt in TanB, dass die Zugabe, die im Kontext als Segen stiftende, Leben ermöglichende Zugabe Gottes näher bestimmt ist, im Fall Abels nur gegen allen Anschein behauptet werden kann.

7. Die Erzählung Gen 4,1–16 im Zusammenhang des konstruierten Raumes und der erinnerten Geschichte

7.1 HldR zu Hld 4,16 – 5,1, NumR 13f und PesR 5, LevR 9, Tan פקודי, Tan und TanB נשא

7.1.1 Das Traditionsstück: Das Opfer der Noahsöhne

Übersetzung

Siehe Anhang.

7.1.1.1 Analyse

Die Erzählung von Kain und Abel wird über das Zitat von Gen 4,4 über das Opfer Abels eingespielt. Die Textgestalt des Traditionsstückes entspricht weitgehend der in GenR 22 und 34. Gegen alle anderen Versionen wird der für die Argumentation entscheidende Zeitpunkt des Auftretens Jitros nach Ex 18 in LevR 9 mit der ‚Konversion' Jitros identifiziert (לאחר מתן תורה נתגייר יתרו).[1] Zwar ist nach wie vor die Gabe der Tora Voraussetzung der Möglichkeit der Darbringung von Friedensopfern. Die Fähigkeit Jitros, שלמים darzubringen, wird darüber hinaus aber explizit an seine Zugehörigkeit zum Judentum geknüpft. Das Opfer der שלמים wird so über den bestimmten Zeitpunkt der erinnerten Geschichte Israels hinaus auch mit der Zugehörigkeit zur Erinnerungsgemeinschaft verbunden.[2] Kain repräsentiert ein Außerhalb Israels.

Deutlicher unterscheidet sich die Gestalt des Traditionsstückes in PesR.[3] Entscheidender als Unterschiede, die die Reihenfolge der Beispiele und Argumente betreffen,[4] sind zwei Zusätze. In PesR ist das an Lev 7,7 anknüpfende Argument gegenüber den Parallelen erweitert. Auch Speise- und Schuldopfer sind erst mit der

---

1 א und ב haben beim ersten Vorkommen Jitros בוא. Anschließend sprechen aber auch sie durchgehend von der Konversion Jitros.

2 Die Verknüpfung der Fähigkeit Jitros, שלמים zu opfern, mit seiner Konversion wird nach LevR 9 von beiden Kontrahenten selbstverständlich vorausgesetzt.

3 Varianten, die Ms Parma gegenüber der Editio Princeps verzeichnet, sind weitgehend vernachlässigbar. Während die Editio Princeps Rabbi Jose innerhalb seines Beitrags zu Gen 4 auf das Ausgangsproblem der Qualität der Opfer der Noahsöhne explizit noch einmal Bezug nehmen lässt, verzichtet Ms Parma darauf. Der explizite Rückbezug desRabbi Jose steht innerhalb des Dialogs in der Fassung von PesR wie in den Parallelen singulär, stärkt dabei aber noch einmal das Ausgangsproblem. Ms Parma bietet den glätteren Text. Die Kürzung des zweiten Argumentes des Rabbi Jehoschua zugunsten Rabbi Joses in PesR nach Ms Parma ändert am Sinn nichts.

4 Anders als in den parallelen Versionen werden die Beispiele in der Reihenfolge der Schrift, nicht in ihrer dem Argumentationsgang des Midrasch entsprechenden chronologischen Reihenfolge gebracht. Die Auseinandersetzung Rabbi Jannais und Rabbi Chijjas, die die Diskussion zwischen Rabbi Jose bar Chanina und Rabbi Eliezer in den anderen Versionen abschließt, ist hier in diese selbst integriert. Die beiden zusätzlich zugunsten der Position Rabbi Levis angeführten Argumente werden in ihrer Reihenfolge vertauscht.

Gabe der Tora möglich. Gleichzeitig ergänzt PesR um ein drittes Argument, das an Ex 20,24 anknüpft. Ganz- und Friedensopfer werden auf den beiden Hälften desselben Altars dargebracht. Da Friedensopfer erst nach der Gabe der Tora möglich sind, ist wohl der Altar des Heiligtums im Blick. Stärker als in den Parallelen rückt neben dem Zeitpunkt der Gabe der Tora das Heiligtum als Ort aller Opfer Israels in den Mittelpunkt. Beide Zusätze nehmen die Sonderrolle der שלמים gegenüber den parallelen Versionen zurück.

HldR, und LevR erweitern das Traditionsstück gegenüber GenR 22.34 und PesR um ein zusätzliches dreigliedriges Argument Rabbi Eliezers. Eine Folge von Schriftzitaten identifiziert den ‚Norden' aus Hld 4,16 nacheinander über Jer 31,8 mit den aus dem Norden heimkehrenden Exilierten, über Ez 39,2 mit dem Herkunftsort Gogs und über Jes 41,24 mit dem Herkunftsort des Messias. In NumR fehlt das Schriftzitat innerhalb des ersten Arguments.

Im biblischen Kontext kündigt Jer 31,8 die Heimkehr der Exilierten an.[5] Die Exegese liest den Vers vor dem Hintergrund des vorausgesetzten ursprünglichen historischen Zusammenhangs des engeren Kontextes. Der Norden verweist auf Babylon.[6] Dem zitierten Vers unmittelbar vorausgehend steht eine entweder an die Völker oder an Israel[7] gerichtete Aufforderung zum Jubel über die sich ankündigende Rettung Israels.[8] Die Perspektive der Völker und die Weitung des Blicks auf die Ränder der Erde sprengt die vorausgesetzte Situation der Exilierung in Babylon bereits im biblischen Kontext und weist auf eine globale Perspektive, die der Midrasch aufgreift.

Nach Ez 38f ist Gog Führer einer die Ränder der bekannten Welt repräsentierenden[9] Koalition von Königen. Gott, auf dessen Initiative hin Gog Israel bedroht, vernichtet die angreifende Streitmacht. Aus der Auseinandersetzung Gottes mit Gog resultiert die Anerkennung der Größe und Souveränität des Gottes Israels durch die Völker.[10] Die Gog-Perikope trägt das Gepräge einer endzeitlichen Szenerie.[11] In der rabbinischen Tradition stehen Gog und Magog als Chiffre für den finalen endzeitlichen Krieg.[12]

---

5 Die Schilderung der Heimkehr trägt Züge des Wunderbaren. Blinde und Lahme, Schwangere und Gebärende sind zu einer solchen Reise nicht fähig. Vgl. Holladay (1989), 184. Vgl. Fischer (2005b), 151, der von der Sorge Gottes für die Schwachen spricht.

6 Vgl. Holladay (1989), 161.

7 Die Adressaten sind unklar. Vgl. Holladay (1989), 170; Lundbom (2004), 422; Fischer (2005b), 149.

8 V 7 ist entsprechend der masoretischen Vokalisation von dieser Rettung im Modus der Aufforderung oder Bitte die Rede. Vgl. Fischer (2005b), 150. Eine in der Moderne gängige Lesart übersetzt eine Form der Vergangenheit. Vgl. Holladay (1989), 152.184; Lundbom (2004), 423. Zur Diskussion vgl. Lundbom (2004), 422f. Es folgt eine Gottesrede im (präsentischen) Partizip. In jedem Fall steht die Rückkehr der Exilierten noch aus, sie wird für den Leser aber in die unmittelbare Gegenwart geholt. Vgl. Lundbom (2004), 423.

9 Vgl. Block (2003), 441f.

10 Vgl. Block (2003), 480f; Konkel (2002), 171. Der Untergang Gogs unterstreicht und bestätigt eine endgültige Heilsordnung auch im Blick auf die Völker. Vgl. Konkel (2002), 174. Vgl. Block (2003), 451. Dennoch präsentiert sich der Text als israelzentrierter Text. Die Botschaft von der Anerkennung der Größe des Gottes Israels durch die Völker gilt Israel. Vgl. Block (2003), 482. Vergleichbares gilt für die universale Perspektive des Midrasch.

11 Der nur unter großen Schwierigkeiten mit einer realen politischen Macht in Verbindung zu bringende Name Gog (Vgl. Block [1997], 432ff, 461), die geographische Verortung der von ihm angeführten Reiche, die Rede vom Ende der Tage (באחרית הימים in Ez 38,16) (Vgl. Block [1997], 428; Konkel [2002], 175.), kosmische Begleiterscheinungen (Erdbeben) (Vgl. Block [1997], 457f), die anschließende kultische Reinigung des Landes markieren die Textstelle als eine endzeitliche. Vgl. Block (2003), 427f. Vgl. Konkel (2002), 173, nach dem die Gogperikope, die sich innerhalb des Erzählzusammenhangs

Jes 41,25 hat außer צפון (‚Norden') auch den Verbalstamm ערר (im Hitp., Subjekt ist Gott) mit Hld 4,16 gemeinsam. An der Souveränität JHWHs über die Geschichte[13], die an der Heraufführung des im weiteren Kontext mit Kyros identifizierten Mannes aus dem Norden (und Osten)[14] erkennbar wird, erweist sich die Gottheit ausschließlich des Gottes Israels.[15] Für den Midrasch wird der in Jes 41,25 namentlich nicht genannte Mann aus dem Norden auf die Ankunft des Messias hin durchsichtig.

Der Midrasch greift Aspekte, die über die konkrete Situation hinausweisen, auf. Im Gegenüber der vom Midrasch zitierten Verse stehen sich Heil und (scheinbares) Unheil aus dem Norden gegenüber.[16] In Ez 39,2 und Jes 41,25 gewinnt das über eine Gestalt aus dem Norden vermittelte Eingreifen Gottes eine globale Dimension.[17] Der Midrasch bezieht beide Texte auf die kommende Zeit. [18] HldR und LevR stellt Jer 31,8 als Leseanweisung vor Ez 39,2 und Jes 41,25.

Das vom Midrasch ausgemalte endzeitliche Szenario vom Kampf und der endzeitlichen Versöhnung der beiden Winde, das Jes 24,6 belegt, bezieht die Rückkehr der Exilierten auf die Endzeit. Schon im biblischen Textzusammenhang bilden Ost und West (V 5), Nord und Süd (V 6) einen Merismus, der die im Kontext vorausgesetzte Situation der Exilierung in Babylon sprengt.[19] Die Rückkehr der Exilierten aus Babylon, auf die Jes 24,6 Bezug nimmt, wird durchscheinend auf die endzeitliche Heimkehr Israels aus der Diaspora.[20] Besondere Aufmerksamkeit schenkt der Midrasch in der Stimme Rabbi Eliezers dem (Wind des) Norden(s), der mit den nicht auf Israel und den Zeitpunkt der Gabe der Tora beschränkten עולות verbundenen ist. Indem er Nord- und Südwind nicht mit שלמים und עולות, sondern mit endzeitlichen Ereignissen in Zusammenhang bringt, stellt er das argumentative Gefüge in einen neuen es insgesamt einer Neubewertung unterziehenden Kontext. Gegenüber der Variante in GenR 34 stehen die עולות nicht länger nur als Opfer vor der Gabe der Tora den שלמים gegenüber.

des Ezechielbuches zwischen der Vision Ezechiels von der heilvollen Rückkehr und dem friedlichen Leben der Exilierten im Land und der Vision eines neu zu erbauenden Tempels verortet, den „Zeithorizont der erzählten Welt des Ezechielbuches in einzigartiger Weise [sprengt]."

12 Vgl. Block (2003), 433f.

13 Vgl. Childs (2001), 322; Blenkinsopp (2002), 205.

14 Vgl. Zapff (2001), 247; Childs (2001), 316; Blenkinsopp (2002), 205. Dass als Himmelsrichtung hier der Norden steht, führt Zapff auf die der Eroberung Babels (im Osten) vorausgehenden Eroberungen des Kyros in Kleinasien (Norden) zurück. Formulierungen wie diese unterstützen die Durchlässigkeit für eine Übertragung des Verses auf den endzeitlichen Messias.

15 Vgl. Childs (2001), 321.322; Zapff (2001), 246.

16 In die Überlegungen zur Bedeutung der im Midrasch zitierten Textstellen einzubeziehen wären zahlreiche weitere einschlägige Textstellen vom Feind aus dem ‚Norden', die der Midrasch nicht berücksichtigt. Jer 1,13f; 4,6–17; 6,1–30 u.v.m.

17 Im biblischen Kontext beider Verse erweist sich die Gottheit des Gottes Israels in seinem geschichtsmächtigen Handeln.

18 Fragment Targum und 3 Enoch 45,5 schreiben dem Messias den Untergang Gogs zu. Vgl. Block (2003), 490.

19 Vgl. Zapff (2001), 259. Blenkinsopp (2000), 222 stellt die Beschränkung der im gesamten Textzusammenhang vorausgesetzten Situation auf Babylon überhaupt in Frage.

20 Liest man Jes 43,1ff als perfectum propheticum, im Sinne eines angebrochenen, aber noch nicht zu Ende gekommenen Vorgangs, mag aber auch der Midrasch derart zu lesen sein, dass er mit der Versöhnung der Winde auf die Vollendung dieses heilvollen Geschehens in der Zukunft anspielt.

7.1.2 Das Traditionsstück: Auf- und Abstieg der שכינה

Übersetzung

Siehe Anhang.

7.1.2.1 Analyse

Von der Fassung des Traditionsstücks in GenR 19 unterscheiden sich die Fassungen von PesR 5 und TanB/Tan נשא dadurch, dass sie für die einzelnen Beispiele Belegverse zitieren. Ausgerechnet im Zusammenhang des Kainbeispiels fehlt ein explizites Zitat. Die Paraphrase des Kainbeispiels ist jedoch so dicht am biblischen Text, dass sie als nicht markiertes Zitat gelesen werden kann. Weitere Unterschiede ergeben sich aus der Einbettung des Traditionsstücks in unterschiedliche Kontexte.

7.1.3 Der Kontext

In HldR zu Hld 4,16 – 5,1, NumR 13f und PesR 5 findet die Auseinandersetzung mit Gen 4 im Zusammenhang einer Auseinandersetzung mit Hld 4,16 – 5,1 statt. Die moderne Exegese nimmt Hld 4,16 – 5,1 als Teil von 4,12 – 5,1 wahr. Hld 5,2–7 ist dann vor dem Hintergrund von 5,8 bereits Teil des Zwiegesprächs zwischen der Geliebten und den Töchtern Jerusalems (Hld 5,2 – 6,3). Nach vorn schließt Hld 4,12 – 5,1 an 4,8–11 eng an. Spricht nach Zakovitch der männliche Sprecher in 4,8–11 von den Vorzügen der Braut, spricht er in 4,12 – 5,1 vom Genuss dieser Vorzüge.[21] In V 16 findet allerdings ein Sprecherwechsel statt. Nach Keel zeichnet sich 4,12–15 gegenüber 4,9–11 mit seinem Nominalstil unter weitgehendem Verzicht auf Possessivsuffixe der 1. und 2. Person durch einen stark beschreibenden Charakter aus.[22] In V 16 löst sich das statische Bild jedoch weitgehend auf, wenn sich die Bewegung, die die Verse beschreiben, auch in Aufforderungen, Wünschen und Verheißungen erschöpft.[23]

VV 12–15 ist Rede des Mannes.[24] Erst Hld 4,16b ist durch den Bibeltext selbst deutlich als Rede der Frau an ihren Geliebten markiert. Zakovitch und Longman weisen V 16 insgesamt der Frau zu,[25] während Keel die Möglichkeit diskutiert, erst mit V 16b einen Sprecherwechsel anzunehmen.[26] Die Aufforderung, Nord- und Südwind mögen durch den Garten streichen, wird dann einmal von der Geliebten, einmal vom Geliebten geäußert. Keel ordnet aufgrund der Tatsache, dass die Sprecherin in V 16b den Garten als ‚seinen Garten' bezeichnet, die Rede von ‚meinem Garten' in V 16a dem Sprecher zu. Nach Zakovitch kommt im Verlauf des von der

---

21 Vgl. Zakovitch (2004), 198.

22 Vgl. Keel (1992), 156. Longman (2006), 152f bestimmt 4,10 – 5,1, mit einer Unterbrechung in V 16, als die Frau beschreibende Rede des Mannes (ähnlich 4,1–7) und grenzt VV 10–15 als Beschreibung der Frau als ‚Garten' in diesem Zusammenhang noch einmal aus. Die Charakterisierung von 4,10 – 5,1 als Beschreibungslied stützt Longman wenig überzeugend durch eine Übersetzung, die in VV 12–15 Anredeformen der 2. Person frei ergänzt.

23 Vgl. Keel (1992), 156.157. Keel diskutiert das Für und Wider eines stärkeren oder schwächeren Einschnittes zwischen 4,15 und 4,16, ohne eine endgültige Entscheidung zu treffen.

24 Zakovitch weicht insofern davon ab, als er in V 14 eine erste Rede der Frau wahrnimmt, die er in der Wiederholung des Wortes ‚Narde' ausreichend begründet sieht. Vgl. Zakovitch (2004), 198. Keel (1992), 157 vermutet hier eine sekundäre Erweiterung, keinen Sprecherwechsel.

25 Vgl. Zakovitch (2004), 198.205.

26 Vgl. Keel (1992), 169. Entsprechend liest Bergant (1998), 75. Nach Longman (2006), 158 unterbricht V 16 als Rede der Frau die Rede des Mannes.

Frau gesprochenen Verses Hld 4,16 im Wechsel von „‚mein‘ Garten“ zu „‚sein‘ Garten“ ihre Bereitschaft zum Ausdruck, sich dem Geliebten zu öffnen.[27] Umstritten ist die Zuordnung von V 5,1c. Keel und Zakovitch ordnen sie dem Sprecher zu, der sich hier an ein weiteres Publikum wendet, Bergant der Sprecherin, Longman dem als eine Art Chor fungierenden weiteren Publikum. Nach Zakovitch und Keel handelt es sich um eine Aufforderung, am Hochzeitsmahl teilzunehmen, wobei ‚Essen und Trinken‘ einen Wechsel in der Bildebene impliziert, nach Longman und Bergant darum, dem Vorbild des Paares zu entsprechen und selbst die Liebe zu genießen. Die in 5,1cd nach Keel und Zakovitch unvermittelt angesprochenen Freunde scheinen bereits im Vorfeld Zeugen des Zwiegesprächs gewesen zu sein.[28]

4,16 und 5,1 bleiben, unbeschadet der Zuordnung von V 16b zu einer der beiden Sprecherrollen, inhaltlich wie formal eng aufeinander bezogen. In 5,1 kündigt der Sprecher an, genau das zu tun oder auch schon getan zu haben,[29] wozu die Sprecherin ihren Geliebten in 4,16 aufgefordert hat.[30]

7.1.3.1 HldR zu Hld 4,16 – 5,1

Der Kontext von HldR zu Hld 4,16 – 5,1 lässt sich nach thematischen Schwerpunkten gliedern. Die Gliederung des biblischen Textes durch den Midrasch folgt grob den Unterteilungen, die auch die moderne Exegese am biblischen Text vornimmt:

4,1–7:	Körperliche Attraktivität der Braut – Attribute Israels
4,8–11:	Heimholung der Braut Israel aus dem Exil (Ägypten)
4,12 – 5,7:	Garten und Haus als Ort der (Nicht-)Begegnung
4,12 – 5,1:	Garten
5,2–7:	Haus
5,8–16:	Körperliche Attraktivität des Geliebten – Attribute des Gesetzes (= Gabe Gottes)

Anders als in der Wahrnehmung der modernen Exegese schließt Hld 5,2–7 in der Wahrnehmung von HldR an Hld 4,12 – 5,1 enger als an 5,8–16. HldR zu Hld 4,16 – 5,1 und HldR zu Hld 5,2–7 werden durch das Motiv der im biblischen Text genannten Räume des Gartens und der Kammer bestimmt. Beide Räume werden als abgrenzbar und potentiell verschließbar gedacht. Die Beziehung Gottes und Israels durch die erinnerte Geschichte Israels, die in mit diesen Räumen verbundenen Bildern vorgestellt wird, ist durch räumliche Trennung, durch Annäherung und Abkehr bestimmt.[31] Innerhalb des Textzusammenhangs 4,12 – 5,1 nimmt HldR Hld 4,16 – 5,1 noch einmal als in sich geschlossene Texteinheit wahr. HldR zu Hld 4,16 – 5,1 nimmt in seiner Auslegung die Frage-Antwort-Struktur, die auch der Midrasch am biblischen Text wahrnimmt, auf.

---

27 Vgl. Zakovitch (2004), 206. Als Sprecher an dieser Stelle den Geliebten anzunehmen, entspräche der impliziten Rollenverteilung des Midrasch.

28 Vgl. Zakovitch (2004), 199.

29 בוא steht in der SK. Vgl. auch Zakovitch (2004), 206.

30 Vgl. Zakovitch (2004), 198.

31 Moderne Exegeten machen mitunter eine thematische Nähe von Hld 4,12 – 5,1 und 5,2–8 für die Platzierung beider Lieder in unmittelbarer Nachbarschaft verantwortlich. Vgl. Keel (1992), 174; Zakovitch (2004), 211.

Hld 4,16a	Traditionsstück von den Opfern der Noahsöhne
Hld 4,16b	Versöhnung der Winde in der kommenden Zukunft (Jes 43,6)
Hld 4,16c	Der Bräutigam betritt das Brautgemach erst nach Erlaubnis der Braut
Hld 5,1a	Der Garten ist Brautkammer und Ursprungsort der שכינה (Gen 3,8)
	Traditionsstück vom Auf- und Abstieg der שכינה
	Die Gerechten leben im Land (ארץ) (Ps 37,29) – die Frevler hängen im Raum
	Die Frevler entfernen die שכינה von der Erde, die Gerechten lassen sie auf der Erde leben (Ex 40,34)
	Am Tag der Errichtung der Wohnstätte wohnt die שכינה auf der ארץ
	Maschal
Hld 5,1bβγ	עולות, Opfergaben der Allerheiligsten, Trankopfer, Opfergaben der leichten Heiligen
Hld 5,1cαβ	Mose und Aaron – Nadab und Abihu
Hld 5,1cα	die Fürsten / David in Anlehnung an die Fürsten (Ps 66,15)
Hld 5,1cαβ	die Fürsten, deren Opfer in dreierlei Hinsicht gegen die Tora verstößt, das Gott aber doch annimmt
Hld 5,1cαβ	Fürsten und Prinzen
	1. und 2. Maschal vom Gastmahl
Hld 5,1	

Die Auslegung zu Hld 4,16 zielt auf die im ‚Garten' verortete Begegnung von Gott und Israel, Gott und Mensch. Sie beginnt mit dem Traditionsstück über die Opfer der Noahsöhne, das seinen Zielpunkt in der Gabe der Tora an Israel hat. Nord- und Südwind verweisen auf Ganz- und Friedensopfer, auf die Rückkehr der Exilierten und die kommende Zeit. Die Tradition vom Bräutigam, der das Brautgemach erst auf Anweisung der Braut betritt, dient dem Übergang zur Auslegung von Hld 5,1. HldR zu Hld 5,1 beginnt mit dem Traditionsstück vom Auf- und Abstieg der שכינה[32]. HldR zu Hld 5,1aβb, das auf verschiedene Bestandteile und Teilnehmer des Kultes hin ausgelegt wird, zielt auf die Auslegung von V 5,1bβ. Mose und Aaron auf der einen und Nadab und Abihu auf der anderen Seite dienen als Beispiele gelungener oder misslungener Gottesbegegnung. Für eine gelungene Gottesbegegnung steht auch das Opfer der Fürsten am neuerrichteten Heiligtum.[33]

Über die Chiffre des Gartens werden verschiedene Orte miteinander verknüpft. In HldR steht der Garten des Hoheliedes für den Garten Eden als den Ort der ursprünglichen Gegenwart Gottes unter den Menschen. Der Garten des Hoheliedes verweist auf das Ziel der endzeitlichen Rückkehr der Exilierten und den Ort des endzeitlichen Heiligtums, das der Messias errichten wird. Im Zusammenhang mit der Rückkehr der שכינה und ihrem Einzug ins Heiligtum verweist er auf das Heiligtum als den Ort der Gegenwart Gottes inmitten seines Volkes. Die Semantik von ארץ als Aufenthaltsort der שכינה und Wohnort der Gerechten (Ps 37,29) schillert zwischen dem verheißenen Land (Ps 37) und der Erde.

32 Vgl. GenR 19.

33 Das Zitat, das das die Weisungen der Tora überbietende Opfer der Fürsten belegt, kann sowohl Lev 7,37 als auch Num 7,17ff entnommen sein. Im Zusammenspiel mit der Erwähnung der נשיאים legt sich der Kontext von Num 7 nahe.

Themenschwerpunkte

Die Gegenwart des Lesers steht unter dem Vorzeichen der Geschichte einer wechselvoll gelebten Beziehung Gottes und Israels, die an ihr gutes Ende noch nicht gekommen ist. Die mit der Gabe der Tora verbundene (Neu-)Bestimmung der Beziehung Gottes und Israels nimmt das gute Ende vorweg.

7.1.3.2 NumR 13f

Eine Passage, die die Opfer der Vertreter der Stämme Israels nach einem einheitlichen Schema deutet, erstreckt sich über NumR 13 und den ersten Teil von NumR 14. Die erste Auslegung zu Num 7,12 gilt den am Heiligtum dargebrachten Opfern insgesamt. An die Auslegung des Opfers des Vertreters des letzten Stammes Naphtali schließt sich eine Deutung der bei all diesen Opfern verwendeten Opfermaterie an.

Num 7,1, datiert das Folgende auf den Termin der Errichtung des Heiligtums (nach Ex 40,17):[34] Im Rahmen eines Einweihungsritus[35] bringen die Häupter (נשיאים) der Stämme stellvertretend für diese die jeweils gleichen Opfergaben zum Heiligtum. Alle biblisch bezeugten Opferarten sind vertreten. Die Reihenfolge der Stämme entspricht der Ordnung des Lagers nach Num 2.[36] In der Wahrnehmung der Exegese gilt Num 7 der Präsentation Israels als geordnete und egalitäre Gemeinschaft.[37] Der Stamm Juda steht an erster Stelle.

In der Lesart des Midrasch steht der zuerst aufgeführte Stamm Juda pars pro toto für ganz Israel. Die Vertreter der übrigen Stämme repräsentieren verschiedene verdienstvolle Lebensvollzüge,[38] die dem Kult gleichwertig sind. Einen dieser Lebensvollzüge stellt der Kult noch einmal selbst dar. Die Auslegung zu Gen 4,1–16, die hier wie in HldR im Zusammenhang der Auslegung zu Hld 4,16f steht, ist Teil der einleitenden Auslegung zu Num 7,12.

---

34 Aus der Perspektive des in der Chronologie des Erzählten erreichten Zeitpunktes wird um einen Monat zurück datiert. In der Chronologie der Erzählung wird so vom ersten Opfer am Heiligtum durch die Vertreter der Stämme berichtet, nachdem von der idealen Ordnung des Volkes, wie sie sich in der Ordnung des Lagers präsentiert, bereits berichtet worden ist.

35 Vgl. Levine (1993), 255.

36 Vgl. Olson (1996), 45.

37 Vgl. Olson (1996), 45.

38 Torastudium, Ermöglichung des Torastudiums, Umkehr, das Nasiräat.

Num 7,12	
I)	
Hld 4,16a	Die endgültige Errichtung des Heiligtums (Ex 40,17)
Hld 4,16a	עולות und שלמים
Hld 4,16bc; 5,1b	einzelne Elemente des Kultes
Hld 5,1c	die Opfernden (Mose und Aaron; Israel)
II)	
Hld 4,16a	Traditionsstück vom Opfer der Kinder Noahs
Hld 4,16bc	das Gastmahl der Gerechten im Garten Eden in der kommenden Welt
Hld 5,1a	das Exil als Ursprungsort der Gemeinschaft Gottes mit Israel (Ps 44,23; Klgl 2,15; Jes 61,10)
Hld 5,1bα	Bitterkeit und Heiligung des Namens im Exil → Gewürz und Weihrauch im Garten Eden
Hld 5,1bβ	Tod (Jes 53,12) und Beschäftigung mit der Tora im Exil → Wein der ersten Tage der Schöpfung und Ströme aus Milch im Garten Eden (Joel 4,18)
Hld 5,1c	Israel im Exil – Herren der Gebote – Weise der Tora
III)	
Hld 4,16a	4,16aαβ עולות und שלמים; 4,16bα – Wohnstätte (Ex 26,31) u. Brautkammer; 4,16bβ – Weihrauch
Hld 4,16c; 5,1	Der Bräutigam betritt das Brautgemach erst nach Erlaubnis der Braut Maschal Vertreibung Adams aus dem Garten – Rückkehr Gottes in die Mitte Israels (Ex 25,8) Maschal: der König ist bereits in seinem Palast, als das Volk ihn ruft Garten = Brautkammer (Gen 3,8) Traditionsstück vom Auf- und Abstieg der שכינה Die Frevler entfernen die שכינה von der Erde (Ps 37,29), die Gerechten lassen sie auf der Erde wohnen (Ex 40,34)
Hld 5,1b	5,1bα – Räucherwerk und Weihrauch; Hld 5,1bβ – die עולות und Opfergaben der Allerheiligsten; Hld 5,1bγ – Trankopfer und Gaben
Hld 5,1c	5,1cαβ: Mose und Aaron – Nadab und Abihu; 5,1c: Fürsten Maschal
Hld 5,1b	JHWH nimmt das Opfer der Fürsten an, obwohl es gegen die Tora verstößt

Im Rahmen der einleitenden Auslegung zu Num 7,12 wird Hld 4,16f nacheinander dreimal im Zusammenhang ausgelegt. Im ersten Durchgang wird je ein Versabschnitt von Hld 4,16f mit einem Element des Kultes oder mit einem Opfernden in Verbindung gebracht. Im zweiten Durchgang identifiziert der Midrasch zentrale Orte durch die erinnerte Geschichte Israels mit dem Garten im Hld. Der dritte Durchgang liest Hld 5,1 als Antwort des Bräutigams auf die einladende Aufforderung der Braut in Hld 4,16 und akzentuiert die Begegnung von Mann und Frau in bestimmter Weise. In zwei mit Hld 4,16f parallelisierten Szenen stärkt der Midrasch die Rolle der Israel repräsentierenden Geliebten und nimmt dem männlichen, die Rolle Gottes spielenden Part ein Stück seiner Handlungsmacht. Der Bräutigam hat vor dem Betreten der Brautkammer die Einladung der Braut abzuwarten. Die verstoßene Königin im Maschal ist erst bereit, zu ihrem Mann zurückzukehren, nachdem sie von ihm einen besonderen Gunstbeweis erhalten hat. Auf der Bedeutungsebene hat die Rolle der Königin ihre doppelte Entsprechung in Adam und Israel. Nachdem Adam aus dem ‚Lager' (מחנה) Gottes verstoßen ist, äußert sich der Wunsch JHWHs, Israel in sein Lager (מחנה) zurückzuholen, in der Äußerung zum

Bau des Heiligtums, um in Israels Mitte zu wohnen.[39] Der besondere Gunstbeweis besteht in eben diesem Wohnen Gottes in der Mitte Israels, das in der Annahme der Opfer Israels zum Ausdruck kommt.

Wie in HldR ist der mit dem Garten Eden identifizierte Garten Ort der ursprünglichen Gegenwart Gottes unter den Menschen. Er ist gleichzeitig Aufenthaltsort Israels in der kommenden Welt. Die Darstellung der mit dem Ort des Gartens verknüpften Endzeit schlägt einen Bogen zurück zum Garten als Ort des Anfangs („Wein aus den sechs Tagen des Anfangs"). Über HldR hinaus wird der Garten als Brautkammer[40] und Ort der Begegnung von Braut und Bräutigam in NumR mit dem Exil als dem Ort der Bewährung und ursprünglichen Begegnung Gottes und Israels gleichgesetzt.[41] Der größere Kontext bringt den Garten mit dem Heiligtum und den dort dargebrachten Opfern in Verbindung.

Themenschwerpunkte

Für den intendierten Leser besteht im beispielhaften Lebensvollzug eine Möglichkeit der Teilhabe an dem für Israel konstitutiven Moment des ersten Opfers am Heiligtum. In der wechselvollen Geschichte Israels ist die Geschichte der Welt zu einem vorläufigen guten Ende gekommen. Ein endgültiges gutes Ende steht noch aus.

7.1.3.3 PesR 5

PesR 5 beginnt mit einer Halacha und formelhaftem ילמדנו רבנו (Ms Parma), mit ילמדנו in der Editio princeps. Durchgehend Gegenstand der Auslegung von PesR 5 ist Num 7,1. PesR 5 schließt mit einer Chatima.

39 מחנה bezeichnet in den Büchern der Tora das Lager Israels im Zusammenhang des Exodus. Durch die Verwendung dieses Begriffes für das Wohnen Adams (und Israels) im Bereich Gottes wie umgekehrt Gottes im Bereich Israels wird, über den gemeinsamen Bezug auf dieselbe Protagonistin des Maschal hinaus, ein Bezug zwischen Adam einerseits und Israel andererseits hergestellt.

40 An zwei Stellen verwendet der Midrasch גנון, an einer Stelle חופה. Die kontextnahe Verwendung beider Begriffe spricht m. E. dafür, dass der Midrasch hier an den gleichen Ort denkt.

41 Die Rolle des Einladenden changiert zwischen Gott in der Rolle des Bräutigams und des Ausrichters des endzeitlichen Gastmahls und dem mit der Braut identifizierten Israel, das Sprecher von Hld 4,16 ist, auf das Gott, der mit dem Bräutigam identifiziert wird, in 5,1 antwortet.

Num 7,1
Halacha: Darf der, der den liturgischen Leseabschnitt übersetzt und erläutert, sich an einer schriftlichen Fassung orientieren?
Die Trennung von mündlicher und schriftlicher Tora konstituiert Israel (Hos 8,12)
Hos 8,12: mit dem Namen des Mose verbundene Konstituenten Israels: Rechtssprechung (Dtn 33,21), Tora (Mal 3,22) und Heiligtum (Num 7,1)
Num 7,1
Spr 30,4: Gott; Elija; Mose (Num 2,2; 7,1 → das Heiligtum)
Num 7,1
Gottes Erbarmen, Tora und Dienst am Heiligtum halten die Schöpfung zusammen
Vollendung der Schöpfung mit dem Bau des Heiligtums durch Mose (Num 7,1; Jes 40,22)
Num 7,1
Hochzeitstag Israels
Hld 4,16ab Gott und Israel
Traditionsstück vom Opfer der Kinder Noahs
Hld 4,16cde Weihrauch, **Tora**, Opfer
Hld 5,1a Maschal: der König ist bereits in seinem Palast als das Volk ihn ruft
Hld 5,1bcdef verschiedene Opfer
Hld 5,1 Gott nimmt das regelwidrige Opfer der Fürsten an (Num 7)
Hld 5,1; 4,16 Israel, Brautkammer
Num 7,1
Koh 2,21 Bezalel (Ex 31,3); Mose (Num 7,1)
Num 7,1
Gott macht den Bau des Heiligtums zur Bedingung des Exodus (Ex 29,46)
Num 7,1
Mit dem Bau des Heiligtums nimmt die שכינה (wieder) Wohnsitz auf der Erde
Traditionsstück vom Auf-und Abstieg der שכינה
Die שכינה füllt die Oberen und die Unteren
Num 7,1
ויהי→ Bedrängnis *und* Freude
Num 7,1
ויהי = ווי (→ retardierendes Moment) (zuletzt: Weherufe über Nationen)
Num 7,1 ⇔ Num 6,27
Israel baut JHWH ein Heiligtum – JHWH segnet Israel (Vorgängigkeit des Segens)
Num 7,1
Entsprechung des oberen und des unteren Heiligtums
In dieser Welt: Segen Aarons – In der kommenden Zeit: Segen Gottes

Gegenstand der einleitenden Halacha ist die Frage, ob einer, der den in der Synagoge vorgetragenen Leseabschnitt übersetzt und interpretiert, sich dabei an einer schriftlichen Vorlage orientieren darf. Der Midrasch antwortet mit der strikten Trennung von schriftlicher und mündlicher Tora, die Israel konstituiert. Die Auslegung zu Hos 8,12 etabliert die Trias Rechtssprechung, Tora[42] und Heiligtum als wesentliche Konstituenten Israels. Eine zweite Trias von Tora, Dienst am Heiligtum und Erbarmen Gottes stabilisiert die Schöpfung. Zentral ist die Bedeutung des Heiligtums. In Auslegung von Spr 30,4 rücken Elija und Mose als Erbauer des Heiligtums in die Nähe des Schöpfers. Erst mit dem Bau des Heiligtums ist die Schöpfung vollendet. Auf das Heiligtum bezieht der Midrasch sich auch in seiner Auslegung zu Hld 4,16f. Außer auf die Opfer am Heiligtum, das Heiligtum selbst und den Garten Eden als den Ort, von dem die Geschichte Gottes mit der Welt ihren Ausgang nimmt, verweist Hld 4,16f gegen die parallelen Traditionen in NumR aber

[42] In der Unterscheidung von mündlicher und schriftlicher Tora.

auch auf die Tora. Das Traditionsstück vom Auf- und Abstieg der Schechina steht in einer Reihe von Auslegungen, die den Bau des Heiligtums mit der Präsenz Gottes inmitten seines Volkes in Verbindung bringen. Dem irdischen entspricht ein himmlisches Heiligtum. PesR schließt mit einem Ausblick auf die kommende Welt, in der der Priestersegen im Heiligtum durch den Segen Gottes selbst noch überboten werden wird.

Themenschwerpunkte

Das Heiligtum bestimmt das Verhältnis Gottes zu Israel und den Bauplan der Welt. Anders als in den Parallelen nimmt der Midrasch eine kosmische Perspektive ein. Erst mit dem Bau des Heiligtums und der Rückkehr der שכינה ist die Schöpfung vollendet. Israel und Mose werden durch den Bau des Heiligtums zu Mitschöpfern. Indem auch die Tora zur Konstitution der Schöpfung beiträgt, wird Israel bis in die Gegenwart eine schöpferische Rolle zugedacht.

7.1.3.4 TanB/Tan נשא

Der vorliegende Abschnitt setzt mit formelhaftem ילמדנו רבנו pointiert neu ein. Im Zentrum steht das Heiligtum. Durchgehender Bezugsvers ist Num 7,1. Was folgt, setzt ausgehend von einem in der Chronologie des biblischen Textes weit später folgenden Verses Num 7,48[43] neu ein.

Num 7,1		
		7 Dinge existieren vor der Erschaffung der Welt (Thron Gottes, Tora, Heiligtum [Jer 17,12], Väter, Israel, Name des Messias, Buße) (außerdem: Paradies und Feuerhölle?)
	JHWH wohnt inmitten Israels im unteren Heiligtum (Ex 25,8), das dem oberen Heiligtum (Jer 17,12) entspricht	
		Dreier Worte wegen erschrickt Mose (Ex 25,8; Ex 10,12; Num 28,2)
Num 7,1		
	Spr 27,18	Salomo, David, Mose sammeln Verdienste um das Heiligtum
Num 7,1		
	Num 24,5	Das Heiligtum ist Pfand für Israel
Num 7,1		
	Num 7,2.18f; 1 Chr 12,32	Issachar opfert um seiner Torakenntnis willen am zweiten Tag
Num 7,1		
	Num 7,12ff	Eingeschränkter Opfergottesdienst am Wüstenheiligtum
Num 7,1		
		ויהי – etwas, das aufhört und neu beginnt – Auf- und Abstieg der שכינה
Num 7,1		
	Ps 85,9	Am Tag der Errichtung des Heiligtums schließt Gott Frieden mit Israel
Num 7,1		
		Gott segnet Israel
Num 7,1		
	Ps 91,1–6	Die Errichtung des Heiligtums bedeutet die Vernichtung der Dämonen
Num 7,1		Einzug der Braut in ihr Brautgemach

Im Zentrum steht die Errichtung des Wüstenheiligtums. Der Abschnitt beginnt mit einer Notiz von der Existenz des Heiligtums vor der Schöpfung der Welt und einer Notiz über die Entsprechung von himmlischem und irdischem Heiligtum, die wie eine Überschrift über dem Folgenden steht. Es folgt eine Reihe von Auslegungen, die in lockerem Verbund miteinander stehen und die Bedeutung des Wüstenheilig-

[43] Eine kurze Auslegung zu Num 7,2 schafft einen Übergang.

tums und des Tempels, auf den das Wüstenheiligtum bereits verweist, betreffen. An der Errichtung des Heiligtums zeigt sich Gottes ständiges Entgegenkommen gegenüber Israel. In mehreren an das Traditionsstück vom Auf- und Abstieg der שכינה anschließenden, die Passage insgesamt abschließenden Durchgängen widmet sich der Midrasch der Segen stiftenden Wirkung der Erbauung des Heiligtums. Subjekt des Segens ist Gott.

Themenschwerpunkte

Im Bau des Heiligtums zeigt und äußert sich die Segen stiftende Zuwendung Gottes zu Israel.

7.1.3.5 Tan פקודי

Nach einem Abschnitt zu Ex 37,1 setzt Tan פקודי mit Ex 38,21, der den Ausgangsvers des gesamten Abschnitts bildet, neu ein. Die letzte Auslegung zu Ex 38,21 nimmt Bezug auf die kommende Welt. Der nächste Abschnitt beginnt mit dem Zitat von Ex 39,32.

Ex 38,21
- Jer 17,12; Ex 15,2; Jes 49,16; Ps 26,8 – himmlisches und irdisches Heiligtum bilden einander ab
- Ps 26,8
  - Die Errichtung des Heiligtums spiegelt die Erschaffung der Welt
  - Schöpfung und Heiligtum zeugen für Israel
    - Das Heiligtum als Pfand für Israel
  - Entsprechung von Heiligtum, Schöpfung und Mensch

Ex 38,21
- Die Tora und das Heiligtum als Stellvertreter JHWHs
  - Das Heiligtum als Pfand für Israel

Ex 38,21
- Spr 28,20: Mose (angesichts seiner Verdienste um das Heiligtum) ⇔ Korach
  - Das Heiligtum als Pfand für Israel

Ex 38,21
- Zeugnis für Israel (angesichts Ex 32) – JHWH wohnt in der Mitte Israels
- Traditionsstück vom Auf- und Abstieg der שכינה – Die Aufrechten lassen die שכינה auf der Erde wohnen (Spr 2,21)

Ex 38,21
- 2 Sam 22,44; Ps 18,44: Mose legt Rechenschaft ab vor dem Volk

Ex 38,21
- Angesichts der Zerstörung des Heiligtums: Rettung Israels vor Gehenna oder Exil

Ex 38,21
- Die Gabe der Frauen
- In dieser Welt haben die Gaben an das Heiligtum sühnende Funktion, in der kommenden Welt sühnt Gott
- Bitte um Ersatz der Gaben durch Gebete für die Zeit des zerstörten Heiligtums

Tan פקודי beginnt mit einer kosmischen Perspektive. Irdisches und himmlisches Heiligtum bilden einander ab. Das Heiligtum ist Abbild der Schöpfung im Großen wie im Kleinen, auch des Menschen. Durch die erinnerte Geschichte Israels hindurch ist das Heiligtum Pfand für Israel und gegenüber den Völkern Zeugnis für die Zuwendung Gottes zu Israel trotz Israels Schuld. Angesichts der Zerstörung des Heiligtums, das sühnende Funktion für Israel hat, und der Schuld Israels entgeht Israel dem Exil nicht. Der Textzusammenhang innerhalb des Midrasch endet mit einem Ausblick auf die kommende Welt. Hat in dieser Welt der Kult am Heiligtum sühnende Funktion, ist es in der kommenden Welt Gott, der Israel sühnt. Angesichts der Nichtexistenz des Heiligtums in der Gegenwart der intendierten Leser steht abschließend die Bitte um den Ersatz der Opfergaben durch Gebete.

Themenschwerpunkte

Mit PesR 5 und Tan und TanB נשא hat Tan פקודי die Vorstellung von der Entsprechung von oberem und unterem Heiligtum gemein. Anders als in PesR ist das Heiligtum nicht nur konstitutiv für die Schöpfung, sondern bildet sie ab. Leitmotivisch begegnet das aus TanB und Tan נשא bekannte Motiv vom Heiligtum als Pfand Israels. Während Tan und TanB נשא das Heiligtum unter der Perspektive des segnenden heilvollen Handeln Gottes an Israel in den Blick nehmen, steht in Tan פקודי die Schuld Israels, angesichts derer der Kult sühnenden Charakter hat, im Vordergrund.

7.1.3.6 LevR 9

LevR 9 setzt mit dem LevR 9 insgesamt bestimmenden Ausgangsvers Lev 7,11f neu ein.[44] Über die übergeordnete Thematik des Opfers hinaus sind keine inhaltlichen Berührungspunkte zu LevR 8 erkennbar. LevR 9 endet mit einer Chatima.

I)
Lev 7,11f
  Ps 50,23
    Dankopfer ⇔ Schuld- oder Sündopfer → Dankopfer ohne Anlass von Schuld oder Sühne

II)
Lev 7,12
  Spr 14,9a
    Wer behauptet, keine Schuld- oder Sündopfer nötig zu haben / Wer vergeblich opfert
  Spr 14,b
    Wer schuldlos opfert
Lev 7,12

III)
Lev 7,12
  Hld 4,16
    Traditionsstück vom Opfer der Noahsöhne
    Der Bräutigam betritt die Chuppa erst nach Erlaubnis der Braut

In der Endzeit: Dankopfer und Dankgebete (Jer 33,11; Ps 56,13)
Friedensopfer umfassen alle anderen Opfer
  Wer שלם ist, opfert שלמים

IV)
שלום als höchstes Gut und Kennzeichen der kommenden Welt (… Jes 66,12; Jes 52,7)

Als Ausgangsvers dienen Lev 7,11f. Lev 7,11 leitet im biblischen Text einen Abschnitt ein, der die Modalitäten der שלמים regelt. Die Exegese unterscheidet im biblischen Textzusammenhang Lev 6f drei unter dem Oberbegriff שלמים subsumierte Varianten: שלמים על זבח התודה (V 12), נדר und נדבה (V 16). Mehrheitlich versteht die Exegese unter זבח תודה eine Variante der שלמים neben den danach

[44] Lev 7,11f fungiert als Ausgangsvers dreier von vier Abschnitten von LevR 9. Der letzte Abschnitt bleibt inhaltlich auf ihn bezogen.

genannten נדר und נדבה.[45] Die vorliegende Parasche scheint von der Identität der שלמים und des im biblischen Textzusammenhang unmittelbar darauf aufgeführten זבח תודה auszugehen. Für den Midrasch markiert **אם** keinen Konditionalsatz, sondern eine Näherbestimmung. „Und dies ist die Tora des Opfers der Friedensopfer (זבח שלמים), die man darbringt für JHWH, wenn/insofern man es darbringt zum Dank (תודה) und man es darbringt zum Opfer des Dankes (זבח תודה) …“[46]

Die Parasche lässt sich in vier ungefähr gleich lange Abschnitte gliedern, deren erste beide thematisch eng zusammenhängen. Begründen die ersten beiden Abschnitte die Höherwertigkeit des mit dem Friedensopfer identifizierten Dankopfer als eines ungeschuldeten Opfers[47] gegenüber dem Schuld- und Sündopfer, so vertritt der dritte die Überlegenheit der Friedensopfer gegenüber den Ganzopfern, indem er beide in der erinnerten Geschichte Israels in je spezifischer Weise verortet. Die Auslegungen der Petichaverse der ersten beiden Abschnitte Ps 50,23 und Spr 14,9, führen auf die Fortsetzung des Ausgangsverses Lev 7,11 in Lev 7,12 zurück.

Der dritte Abschnitt beginnt mit einer zusammenhängenden Auslegung von Hld 4,16f. Die Auslegung zu Jer 33,11 schließt vor dem Hintergrund des Hochzeitsmotivs[48] an die Auslegung zu Hld 4,16f und die im Zuge der Auslegung zu Hld 5,1 vorbereitete Endzeitthematik an. Der auf die kommende Zukunft fokussierende Abschluss des dritten Teils kann als gemeinsamer Abschluss der Abschnitte I – III und als Überleitung zum abschließenden vierten Abschnitt gelesen werden, der seinerseits mit dem Frieden in der kommenden Welt schließt. Die Auslegung zu Jer 33,11 definiert שלמים nicht länger im Gegensatz zu anderen Opfern. Die Proposition, in den שלמים seien alle übrigen Opfer integriert, greift auf das Ende des vierten Abschnitts voraus.

Der vierte abschließende Abschnitt wird durch den wiederkehrenden Refrain „Groß ist der Friede, denn …“ (...גדול [ה]שלום ש...[49]) gegliedert. Die Opferthematik, vor deren Hintergrund der Begriff שלום auf die שלמים bezogen wird, rahmt den gesamten Abschnitt. Der Midrasch charakterisiert die Endzeit als einen Zustand der ungestörten Beziehung von Gott und Mensch, in der es nicht nur keine Schuld- und Sündopfer mehr gibt, sondern auch die regelmäßigen Opfer am Tempel nicht mehr.[50] In der Endzeit gibt es nur noch Dankopfer.

---

45 Vgl. Milgrom (1991), 412; Hartley (2000), 95.99; Staubli (1996), 77.

46 Eine grammatische Besonderheit unterstützt die Lesart des Midrasch. In Bezug auf נדר und נדבה (V 16) ist die Satzstruktur nicht völlig parallel. Es fehlt dort die Präposition על. **אם על** תודה יקריבנו steht **ואם** נדר או נדבה זבח קרבנו gegenüber. Denkbar ist, dass der Midrasch V 16 weder als alternative noch als zweite grundsätzliche Näherbestimmung zu V 11 liest, sondern als weiteres zusätzliches Opfer. Innerbiblisch werden an anderer Stelle (Lev 22,21) נדר und נדבה einander gegenüber gestellt, unter die שלמים subsumiert und תודה-Opfer von ihnen unterschieden. Die Mischna (mQinnim) unterscheidet zwischen נדר und נדבה , unterscheidet dort aber keine dritte Variante der תודה-Opfer.

47 Moderner Exegese gilt das Dankopfer als Reaktion auf erfahrene Rettung. Als Reaktion auf erfahrene Rettung wäre das Dankopfer zwar kein gefordertes Opfer. Ähnlich den Opfern zur Einlösung eines Gelübdes und anders als die freiwilligen Opfer hat es aber einen Anlass. Allein die freiwilligen שלמים sind ohne bestimmten Anlass. Der Sache nach kommt das זבח תודה שלמים des Midrasch einer נדבה, einem freiwilligen Opfer, sehr nahe. Die Lesart der Rabbinen hat eine Parallele in der Lesart des Philo, nach der das Dankopfer keinen spezifischen Anlass hat. (Vgl. De spezial. legibus 1.224).

48 Jer 33,11 zählt die personifizierte Wonne und Freude (ששון und שמחה), Braut und Bräutigam, mit denen oder für die die Sprecher die Gemeinde zum Dank aufrufen, auf. Die unspezifische Rede von der תודה, das die Gemeinde zum Tempel bringt, erlaubt ihre Deutung als Dank oder als Dankopfer.

49 Die Schreibweise mit und ohne Artikel wechselt zwischen den Versionen.

50 Parallel zum Opfer steht das regelmäßige Gebet in Gestalt des morgendlichen Tamid und der abendlichen Mincha. Nicht nur alle Opfer außer dem Dankopfer, sondern auch alle Gebete außer dem Dankgebet werden in der kommenden Zeit für überflüssig erklärt.

Erst die Gabe der Tora, die Israel konstituiert, ermöglicht שלמים. Die Bestimmung der שלמים als ‚Opfer ohne Anlass' und ihre Ermöglichung durch die Gabe der Tora qualifiziert die Tora nicht als Katalog von Weisungen. Gerade die Grundlosigkeit der שלמים entspricht der Tora. In der kommenden Welt braucht Israels Gottesverhältnis die es (wieder-)herstellenden und (rituell) absichernden Opfer nicht mehr.

Themenschwerpunkte

Als ungeschuldete freiwillige Opfer, die mit der Gabe der Tora eng verbunden sind, weisen die שלמים auf ein von Freiwilligkeit bestimmtes ideales Welt- und Gottesverhältnis und als solche auf die kommende Welt.

7.1.4 Die Traditionsstücke im Kontext

In all seinen Fassungen unterscheidet das Traditionsstück vom Opfer der Noahsöhne anhand der Unterscheidung zwischen עולות und שלמים eine Zeit vor und eine Zeit nach der Gabe der Tora. In dem Zusatz zum Traditionsstück, den HldR zu Hld 4,16 – 5,1, NumR 13f und LevR 9 überliefern, verweisen עולות und שלמים außer auf die Unterscheidung einer Zeit vor und einer Zeit nach der Gabe der Tora auch auf die Endzeit. In PesR fehlt der Bezug auf die Endzeit. Unterschiedliche Kontexte unterstreichen oder korrigieren den dem Traditionsstück impliziten Geschichtsentwurf.

Nach HldR zu Hld 4,16 – 5,1 kommt in der Geschichte Israels und mit der Gabe der Tora die Geschichte der Menschheit zu einem vorläufigen – aus der Perspektive des Lesers selbst bereits wieder in der Vergangenheit liegenden – guten Ende. In der kommenden Welt kommt die erinnerte Geschichte zu ihrem endgültigen Abschluss. Israel wird der Ort des – endzeitlichen – Wohnens Gottes unter *den Menschen*. Deutlicher als HldR zu Hld 4,16 – 5,1 akzentuiert NumR 13f das Exil. Im Kontext von LevR 9 erhält der Bezug auf die kommende Welt gegenüber HldR zu Hld 4,16 – 5,1 und NumR 13f noch einmal zusätzliches Gewicht. Die שלמים und die Gabe der Tora stehen den עולות und der durch sie markierten Vorgeschichte Israels kontrastiv gegenüber. Im Gesamtkontext der Parasche sind es zunächst die שלמים, die auf die עולם הבוא voraus weisen. Im engeren Textzusammenhang des Traditionsstückes verweisen auch und gerade die עולות auf die kommende Welt. In die Geschichte, die die Parasche in ihrer Gesamtheit erzählt, trägt das Traditionsstück von den Opfern der Noahsöhne seine Gegengeschichte ein.

Mit der Errichtung des Heiligtums wird in NumR 13f und PesR 5 ein zweiter zentraler Zeitpunkt dem Zeitpunkt der Gabe der Tora korrigierend zur Seite gestellt. Die Gabe der Tora und die Errichtung des Heiligtums bilden eine doppelte zeitliche Zäsur. NumR 13f verbindet die Errichtung des Heiligtums mit dem ersten Opfer am Heiligtum. Anders als in den Parallelen deuten עולות und שלמים in PesR 5 nicht über die Zeit des Heiligtums auf die Endzeit hinaus. Von größerer Bedeutung ist die Errichtung des Heiligtums in PesR 5, insofern sie als letztes Schöpfungswerk die Erschaffung der Welt abschließt.

NumR 13f und PesR 5 stellen darüber hinaus einen unmittelbaren Bezug zum intendierten Leser her. PesR 5 rückt neben dem Verdienst Israels am Bau des Heiligtums den Verdienst an der Bewahrung der Tora, die beide der Aufrechterhaltung der Schöpfungsordnung dienen, ins Zentrum. NumR 13f verlängert die zeitliche Perspektive bis in die Gegenwart der Leser hinein. NumR 13f und PesR 5 stärken über die den Opfern am Heiligtum gleichgesetzten Lebensvollzüge in NumR 13f und die Rolle der Tora in PesR 5 den Bezug auf die Gegenwart des intendierten Lesers. Nicht nur in der Erinnerung der erinnerten Geschichte, sondern auch im Vollzug bestimmter Lebensvollzüge nimmt der Leser an der Israel konstituierenden erinnerten Geschichte und dem in ihr beschriebenen und durch sie konstituierten Gottesverhältnis Teil.

Stärker als in NumR 13f ist in PesR 5 der ausschließliche Bezug auf Israel. Der Bezug auf die Tora unterscheidet Israel von den Völkern. In LevR 9 wird die Fähigkeit Jitros, שלמים darzubringen, – zusätzlich zu ihrer Verortung in der Chronologie der erinnerten Geschichte Israels – explizit an seine Zugehörigkeit zum Judentum geknüpft.[51] Im Kontext von LevR wird der Israelbezug deutlich intensiviert.

PesR 5, Tan/TanB נשא und Tan פקודי verbinden die Rückkehr der שכינה über die Person des Mose dezidiert mit dem Zeitpunkt der Errichtung des Heiligtums. Anders als NumR 13f und PesR 5, die mit Tan/TanB נשא den Bezugsvers Num 7,1 gemeinsam haben, nimmt Tan/TanB נשא die Errichtung des Heiligtums ganz als gnadenhaftes und Segen stiftendes Handeln Gottes an Israel wahr.

Unterschiedlich fällt der Bezug auf den intendierten Leser aus. In Tan/TanB נשא kommt ein Verdienst Israels anders als in NumR 13f und PesR 5 nicht in den Blick. Tan פקודי richtet den Blick vor dem Hintergrund der sühnenden Funktion des Heiligtums auf die Schuld Israels.

7.1.5 Kain und Abel im Textzusammenhang

Das Traditionsstück vom Opfer der Noahsöhne spielt die Erzählung von Kain und Abel über das Zitat von Gen 4,4 über das Opfer Abels ein. Das Traditionsstück vom Auf- und Abstieg der Schechina spielt den Brudermord an, ohne den Text zu zitieren. Die Anspielung entspricht Gen 4,8 jedoch im Wortlaut, so dass sie als nicht markiertes Zitat gelesen werden kann. Innerhalb des Traditionsstücks von den Opfern der Noahsöhne wie innerhalb des Traditionsstücks vom Auf- und Abstieg der שכינה dient die Erzählung von Kain und Abel der Erstellung eines zeitlichen Koordinatensystems. Die Traditionsstücke vom Auf- und Abstieg der שכינה und vom Opfer der Kinder Noahs spielen die Erzählung von Kain und Abel über jeweils einen der beiden Protagonisten Kain und Abel an. Mit Kain verbindet sich die Perspektive der Unheilsgeschichte des Rückzugs der שכינה aus der Mitte der Menschen. Mit Abel (und seinem Opfer) verbindet sich die Zeit vor der Gabe der Tora. In HldR und NumR verweisen gerade die bereits vor der Gabe der Tora möglichen עולות, damit auch das Opfer Abels, über den vorläufigen Höhepunkt erinnerter Geschichte, wie er mit der Gabe der Tora und der Ermöglichung der שלמים gegeben ist, hinaus bereits auf die kommende Welt. In PesR hat die Erzählung von Kain und Abel – anders als in den Parallelen – an der Vorausdeutung auf das Ende der Zeit keinen Anteil.

Im Kontext beider Traditionsstücke sind Kain und Abel Teil einer (noch) defizitären Welt. Im Kontext des Traditionsstückes von den Opfern der Noahsöhne in ihrer Fassung von NumR 13f und HldR zu Hld 4,16 – 5,1 verweist die Erzählung

---

51 Die Bindung der Fähigkeit Jitros, שלמים zu opfern, an seine Konversion wird von beiden Kontrahenten selbstverständlich vorausgesetzt.

von Kain und Abel gleichzeitig auf ein letztgültig positives Ende der erinnerten Geschichte.

Im engeren wie im weiteren Kontext beider Traditionsstücke steht der Mensch in seiner Beziehung zu Gott im Vordergrund. Kains Tat ist insofern relevant, als sie die Beziehung des Menschen zu Gott berührt. Innerhalb des Traditionsstückes vom Auf- und Abstieg der שכינה bringen PesR 5, Tan פקודי und Tan/TanB נשא die Tat Kains zwar explizit mit dem Brudermord in Verbindung; am Brudermord aber interessiert, was er über die Gottesbeziehung Kains aussagt.

Die Einbindung des Traditionsstücks in den jeweiligen Kontext und sein Platz in der Syntax des Midrasch verleiht der Erzählung von Kain und Abel in diesem Kontext unterschiedliche Bedeutung. Wo beide Traditionsstücke eingespielt werden, kommentieren sie sich in ihrer Deutung der Erzählung von Kain und Abel wechselseitig.

Wo immer der Kontext wie in NumR 13f und HldR zu Hld 4,16 – 5,1 die Verweisfunktion der עולות auf die kommende Welt wieder aufgreift, wertet er die über das Traditionsstück von den Opfern der Noahsöhne eingespielte Figur des Abel auf. In LevR 9 fehlt ein solcher die עולות aufwertender Kontext. In LevR 9 verweisen die שלמים auf die kommende Welt.

LevR 9 beschränkt sich auf das die Person Abels betreffende Traditionsstück. Eine mögliche Lesart der erinnerten Geschichte Israels als Unheilsgeschichte bleibt im Hintergrund im Zusammenhang mit der Erzählung von Kain und Abel, die die Rede vom Opfer Abels insgesamt einspielt, präsent, wird aber nicht explizit thematisiert.

Wenn HldR zu Hld 4,16f, NumR 13f und PesR 5 beide Traditionsstücke einspielen, das vom Opfer der Kinder Noahs, das die Erzählung von Kain und Abel über Gen 4,4 und den Protagonisten Abel anspielt, und das vom Auf- und Abstieg der שכינה, das dieselbe Erzählung über Gen 4,8 und den Protagonisten Kain anspielt, sind die beiden hauptsächlichen Protagonisten der Erzählung je für sich Teil zweier partikularer Argumentationszusammenhänge innerhalb des größeren Textzusammenhangs des Midrasch. Vor dem Hintergrund des Argumentationszusammenhangs des Textzusammenhangs des Midrasch verbinden sich die Geschichten Kains und Abels neu. Indem sie die erinnerte Geschichte als eine Geschichte zunehmenden Heils in den Blick nimmt und Abel in dieser Geschichte auf deren positives Ende vorausweisen lässt, ohne die unheilvollen Aspekte in der Erzählung in den Blick zu nehmen, bietet die Geschichte Abels innerhalb der Erzählung um Kain und Abel bereits eine Gegengeschichte zur Geschichte Kains. Abel wie Kain repräsentieren eine Zeit vor Israel.

7.2 PRK 28 / PesR 52

7.2.1 Der Kontext

In allen Versionen zerfällt PRK 28 in zwei gemeinsam überlieferte und hintereinander abgedruckte Fassungen desselben Textes. Die zweite Textfassung ist die längere. Sie umfasst nahezu das gesamte Textmaterial der kürzeren Fassung, gibt ihm durch eine veränderte Syntax aber ein deutlich anderes Gepräge. Der Beginn der ersten Fassung ist durch eine Halacha, das Ende der zweiten durch eine Chatima markiert. Die zweite Textfassung hat eine wörtliche Parallele in PesR 52.[52]

Halacha: Ist es erlaubt am 8. Tag in der Sukka zu essen?		(Num 29,35)
Jes 26,15		
גוי = Israel		
Gott vermehrt für Israel die Feste (A), Israel vermehrt für Gott die Opfer (B)		
Koh 11,2		(A)
Struktur der Feste und geprägter Lebensvollzüge: der 7. und 8. Tag		
Num 29,35 / Dtn 16,8		(A)
Gottes Leben stiftendes Handeln an Pessach und Sukkot (Regen)		
Hld 7,2		(A)
Gottes Leben stiftendes Handeln an Sukkot (Möglichkeit zur Umkehr am 8. Tag)		
Num 39,35		(B)
7 Tage: Opfer für die 70 Völker – 8. Tag: Israel opfert für Israel		

Num 29,35		
Jes 26,15		
גוי = Israel		
	Israel ⇔ Völker	(Auf die Vermehrung der Feste reagiert Israel – nicht die Völker – mit der Vermehrung der Opfer)
Ps 37,21	Israel ⇔ Völker	(Verhalten Israels und der Völker auf Festgelagen)
		(Gott vermehrt als exemplarischer Gerechter Israels Feste)
Koh 7,14	Eintreten der Gerechten und Reichen für die Frevler und Armen – Gott ist Schöpfer aller / Nähe von Gehenna und Eden	
Koh 11,2	Struktur religiöser Vollzüge: der 7. und 8. Tag → Vergleichshorizont: erinnerte Geschichte	
Ps 149,4	Opfer der Demütigen (Gen 4,4) – Opfer Israels (Num 29,35	
	Gottes Leben stiftendes Handeln durch die Gabe des 8. Tages (Sukkot)	
	Israels Umkehr	
	7 Tage zugunsten der Völker – 1 Tag zugunsten Israels	
Num 29,39; Ex 13,10; Dtn 26,15f		
Wiedererrichtung des Tempels in der Zukunft – Toraobservanz (Dtn 26,15f)		

Vordergründiges Thema von PRK 28 ist das Sukkotfest, das Beispiel Leben stiftenden Handelns Gottes an Israel ist. Auf die Zuwendung Gottes zu Israel antwortet Israels Zuwendung zu seinem Gott, die sich in den im Verlauf des Sukkotfestes dargebrachten Opfern äußert. Der Ausgangsvers der Parasche, Num 29,35, ist Teil des Festkalenders Num 28, 1 – 30,1, der festlegt, welche Opfer die Gemeinde Israels an jedem Festtag darzubringen hat. Die Opfer des achten Tages sind weniger umfangreich als die der vorangegangenen sieben Tage.[53] Die Zahl der an den ersten sieben Tagen des Laubhüttenfestes dargebrachten Opfer beträgt 70. In der Wahr-

[52] PesR 52 ist in vier Versionen überliefert, zwei davon in JTS. Eine dieser beiden Versionen (76aff) weicht von den übrigen drei in Reihenfolge und Umfang der Textpassagen stark ab. Da in ihr auch die Kain- und Abel-Erzählung fehlt, bleibt sie unberücksichtigt. Alle Versionen von PesR haben gegenüber den Versionen von PRK Auslassungen und Änderungen in der Reihenfolge von Beispielen innerhalb einer Einzelauslegung. Sie wirken sich weder auf die oben dargestellte Struktur noch auf die zentralen Aussagen des Textzusammenhangs aus.

[53] Vgl. Schmidt (2004), 180f. An den ersten sieben Tagen des Laubhüttenfestes werden insgesamt 70 Stiere geopfert, am achten Tag nur ein einziger. Vgl. Schmidt (2004), 319f.

nehmung der modernen Exegese stiftet der Festkalender Ordnung in der Zeit.[54] In der Deutung des Midrasch steht 70 für die Völker der Welt.[55]

Der Midrasch beginnt mit einer Auslegung zu Jes 26,15. Gott stattet Israel und die Völker[56] gleichermaßen mit Privilegien aus und unterscheidet zwischen ihnen nicht. Israel und die Völker unterscheidet ihre Reaktion auf das Handeln Gottes an ihnen. Israels vorbildliches Verhältnis gegenüber seinem Gott äußert sich vornehmlich im Halten derjenigen Gebote der Tora, die Israel konstituieren: die Beschneidung, die Versammlung in Lehrhäusern und Synagogen. Das Bild der Völker ist – bis zum Umschlag ins Groteske – als Negativfolie zum Israelbild konzipiert. Sie „ziehen an der Vorhaut" ihrer Söhne. Den Abschluss bildet die Gabe von Festen (יום טוב), auf die allein Israel mit der Vermehrung der Opfer angemessen reagiert.[57]

Ps 37,21 stellt Gerechte und Frevler einander gegenüber. In mehreren aufeinander folgenden Durchgängen wird der Psalm einmal auf das unterschiedliche Verhalten von Gerechten und Frevlern gegenüber ihren Mitmenschen, einmal auf Israel und Völker hin ausgelegt. Das Verhältnis beider Gegensatzpaare zueinander ist vielschichtig. Die Gegensatzpaare Gerechte – Frevler in seiner ethischen Dimension und Israel – Völker sind nicht aufeinander rückführbar. Israel und Völker unterscheiden sich nicht gemessen an ethischen Standards, sondern in ihrem Gottesverhältnis. Indem die Wurzel צדק mit doppelter Semantik versehen wird, einmal das Gottesverhältnis, einmal das ethische Verhalten des Menschen gegenüber seinen Mitmenschen betreffend, werden beide Themenbereiche jedoch implizit verknüpft. Gerechtigkeit und gelungene Gottesbeziehung werden dort aufeinander bezogen, wo Israel aufgrund seiner Gottesbeziehung mit dem Prädikat ‚gerecht' belegt wird. Gottes Reaktion auf das ethische Versagen Israels äußert sich in der Streichung der Feste für die Monate Tamuz, Ab und Elul. Es qualifiziert Gott als den wahren Gerechten, wenn er Israel die verlorenen Feste durch drei Feste im Monat Tischri ersetzt. Die Feste betreffen das besondere Gottesverhältnis Israels.[58]

Die Auslegung zu Koh 7,14 setzt den guten Tag und den schlechten Tag in Opposition. Der Leser wird dazu aufgefordert, den schlechten Tag zur Umkehr und den guten dazu zu nutzen, für einen Frevler einzutreten. Umkehr wird der Gerechtigkeit äquivalent gesetzt. Als Beispiel für Umkehr dient mit den Männern Ninives ein Beispiel außerhalb Israels. Der Midrasch begründet das sühnende Eintreten (כפר) der Gerechten für die Frevler und das Eintreten (פרנס Hitp.) der Reichen für die Armen mit der sie alle verbindenden Geschöpflichkeit. Vor dem Hintergrund des größeren Kontextes klingt für den Leser in der Rede vom guten Tag (יום טוב) die Rede vom Festtag an.

---

54 Wie das Lager Israels Ordnung im Raum, stiftet der Festkalender Ordnung in der Zeit. Die Zahl 7 ist im Zusammenhang der Festtermine von Bedeutung. Im Zusammenhang der Anzahl der Opfer spielen die Zahlen 7 und 2x7 eine bedeutende Rolle.

55 Vgl. auch LevR 30; HldR zu Hld 1,15 u.a. In anderen Zusammenhängen deutet auch die moderne Exegese die Zahl 70 auf die Weltvölker, vgl. zu Gen 10 und der Zahl der Nachkommen Noahs.

56 Resp. ihre Vertreter.

57 Im Kontext der Auslegung zu Jes 26,15 spricht PRK in allen Versionen mit Blick sowohl auf Israel als auch auf die Völker davon, dass Gott gute Tage (יומים טובים) gibt oder vermehrt. יומים טובים hat auch die Bedeutung ‚Feste'. PesR entschärft die damit verbundene Provokation, indem sie mit Blick auf die Völker von ‚Tagen' (יומים) spricht.

58 PesR JTS konkretisiert die Übertretungen und bösen Taten Israels dahingehend, dass sie sich auf die Fertigung des Goldenen Kalbes beziehen. עבירה und מעשה רעה sind auf soziale Vergehen damit nicht mehr beziehbar und treffen Aussagen einzig über das Gottesverhältnis Israels.

Die Auslegung zu Koh 11,2 bietet eine Aufzählung religiöser Vollzüge, die über die ihnen gemeinsame besondere Rolle des 7. oder des 8. Tages miteinander verbunden sind. In ihrer Gesamtheit bieten sie einen Abriss der erinnerten Geschichte Israels. Abschließendes Beispiel sind die acht Tage des Sukkotfestes und das Opfer am 8. Tag. Daran schließt sich eine kurze Auslegung zu Ps 149,4, die auf die Erzählung von Kain und Abel Bezug nimmt, an.

Es folgt eine längere Passage, die unmittelbar auf den Ausgangsvers Num 29,35 und den 8. Tag Bezug nimmt. In ihrem Zusammenhang bietet der Midrasch eine längere Aufzählung einzelner Halachot zum 8. Tag. Drei Meschalim charakterisieren die Gabe des zusätzlichen 8. Tages als besondere Wohltat für Israel. Der 8. Tag gilt der Verlängerung der Festfreude für die Diaspora.[59] Ganz Israel ermöglicht er zusätzliche Bittgebete. Der abschließende dritte Maschal spricht Israel den 8. Tag zu, nachdem es sieben Tage zugunsten der Völker geopfert hat.

Eine Passage, die die Festfreude und die Freude an JHWH mit der Freude an der Tora identifiziert, leitet über zu einer Chatima.[60] Die Chatima kündigt die Wiedererrichtung des Tempels im Falle der Toraobservanz Israels an.

Themenschwerpunkte

Israels Feste sind Ermöglichung wie Ausdruck von Israels Gottesverhältnis. Israel und die Völker treten als kontrastierende Größen vor dem Hintergrund ihres *jeweiligen* Verhältnisses zu dem Gott Israels auf. Ihr Gottesverhältnis bestimmt sie *als* Israel und *als* Völker. Neben der Frage nach dem Verhältnis Israels und der Völker tritt die Frage nach dem Verhältnis von Frevlern und Gerechten. Israel und die Völker betreffende Beispiele, die über den Midrasch verstreut in die Argumentation einfließen, stören die sich vor diesem Hintergrund aufdrängende Zuordnung und halten sie in der Schwebe.

7.2.2 Der engere Textzusammenhang

Übersetzung

> „Denn JHWH hat Gefallen an seinem Volk. Er schmückt die Armen mit Heil" (Ps 149,4). Rabbi Jehoschua aus Sikhnin im Namen Rabbi Levis: Er, der Heilige, gepriesen sei er, hat Gefallen [an den Opfern Israels][61]. „Er schmückt die Armen mit Heil" (Ps 149,4).[62] Und nicht Heil, sondern Opfer, so wie du sagst: „Und JHWH blickte auf Abel und auf seine Gabe" (Gen 4,4). [„Denn JHWH hat Gefallen an seinem Volk" (Ps 149,4). Er, der Heilige, gepriesen sei er, hat Gefallen an den Opfern Israels. Deshalb warnt Mose Israel: „Am achten Tag" (Num 29,35).][63]

---

[59] In PesR fehlt der erste Maschal über die Verlängerung der Festfreude für die Diaspora. PesR überliefert ausschließlich den Nimschal des abschließenden Maschal über die Opfer zugunsten der Völker und zugunsten Israels

[60] Pes JTS schließt mit der Freude an der Tora. Es fehlt die Chatima.

[61] Am Opfer des Armen, PRK א.

[62] … „Der Heilige ehrt das Opfer des Armen", PesR.

[63] Fehlt in PesR.

7.2.2.1 Analyse

Im Zusammenhang der Auslegung zu Ps 149,4 wird über das Zitat von Gen 4,4 das Opfer Abels eingespielt. PRK gehört zu den wenigen rabbinischen Texten, die die Person und das Opfer Abels, nicht Kains in den Mittelpunkt stellen.[64]

Dem Begriff חסידים (V 1 und V 9) kommt in Ps 149 eine Rahmenfunktion zu. Derselbe Begriff markiert außerdem die Mitte des Ps in V 5. V 1 und V 5 entsprechen sich mit ihrer an die Frommen gerichteten Aufforderung zum Lob resp. Jubel.[65] Eine herausragende Position in der Syntax des Psalms kommt neben V 5 auch V 4 zu, der seinerseits auf den einleitenden Vers Bezug nimmt.[66] In V 1 ergeht die Aufforderung an die קהל חסידים, JHWH ein Loblied zu singen. V 4 bringt unter Zugrundelegung der umgekehrten Aussagerichtung die Zuwendung Gottes zu einer mit seinem Volk (עמו) identifizierten Gruppe zum Ausdruck.[67] Der Bezug beider Verse legt eine sachliche Entsprechung von קהל חסידים und עמו nahe. Im Parallelismus von V 4a und b wird עמו (V 4a) mit den ענוים (V 4b) gleichgesetzt.

Nach dem Textverständnis der überwiegenden Mehrzahl der Exegeten hat das Lob, zu dem Israel aufgerufen ist, (VV 1–4) Gottes Eintreten für Israel und die Rettung Israels vor den Völkern (VV 5–9) zur Folge. Nach dem Textverständnis der Mehrheit der Exegeten schildert VV 5–9 die Auswirkungen des Gotteslobes Israels auf die Völker. Haltepunkt dieser Lesart ist das Verhältnis des in V 6a noch einmal konstatierten Lobes Gottes und der Rede von dem sich gegen die Völker richtenden zweischneidigen Schwert in V 6b. Beide Halbverse sind durch einfaches ו miteinander verknüpft.[68] In je modifizierter Weise deuten Zenger, Vanoni[69] und Sautermeier[70] das Verhältnis der beiden Halbverse zueinander nach der Art eines Vergleiches oder einer Erläuterung: Wie ein zweischneidiges Schwert wirkt sich der Lobpreis Gottes durch Israel auf die Völker aus.[71] Wenn nach Seybold der Lobpreis Israels das göttliche Heil vorwegnimmt, nicht aber verursacht,[72] deutet sich die Möglichkeit einer anderen Kausalbeziehung an: Das erhoffte ungeschuldete Eintreten Gottes für Israel ist Ursache des Gotteslobes. Wenn Gerstenberger für ein wörtliches Verständnis der mit ‚Israel' parallelisierten ענוים eintritt, gibt er einen Hinweis auf eine mögliche Ursache für das ungeschuldete Handeln Gottes, die

---

64 Außer für PRK 28 gilt Vergleichbares nur noch LevR 9, wo das Traditionsstück von den Opfern der Kinder Noahs allein Abel in den Mittelpunkt stellt. Die parallelen Vorkommen dieses Traditionsstückes erscheinen in Midraschim (NumR 13; HldR zu Hld 4,16), die dieses Traditionsstück mit einem weiteren kombinieren, das die Erzählung von Kain und Abel über die Figur des Kain einspielt.

65 Vgl. Ceresko (1986), 185. Der grammatischen Struktur nach (V 1 formuliert abweichend einen Imperativ in der 2. Pers.) liegt die Verbindung zwischen VV 2f und V 5 näher. Vgl. Gerstenberger (2001), 454. Mir scheint mit Hossfeld/Zenger (2008), 858f, die Verbindung, die die Rede von den Frommen, die nach V 1 und 5 in V 9 ein weiteres Mal in signifikanter Schlussposition begegnet, stärker zu sein.

66 Vgl. Seybold (1996), 545. Vgl. Gerstenberger (2001), 452.455; Hossfeld/Zenger (2008), 858f.

67 V 1 und V 4 entsprechen sich dabei auch in ihrer – im Psalm singulären – Verwendung des Gottesnamens.

68 VV 7.8.9a beschreiben in parallelen Infinitivstrukturen das Werk des zweischneidigen Schwertes unter den Völkern.

69 Vgl. Vanoni (1991), pass.

70 Vgl. Sautermeier (2000), pass.

71 Soweit nicht von einer historischen Realität oder einer erhofften eschatologischen ‚Realität' auf der Sachebene ausgegangen wird (vgl. auch Gerstenberger [2001], 455), deutet die überwiegende Mehrheit der Exegeten den Psalmvers in diesem Sinne. Vgl. den Forschungsüberblick bei Sautermeier (2000), 65–69 und Zenger (1997), 181–194. Endzeitlich-eschatologische Implikationen sind damit nicht ausgeschlossen. Anders Seybold (1996), 546.

72 Vgl. Seybold (1996), 545.

nicht im Verhalten Israels begründet ist.[73] Vor dem Hintergrund der parallelen Verwendung von קהל חסידים (V 1b), ישראל (V 2a) und בני ציון (V 2b)[74] meint קהל חסידים am ehesten die Kultgemeinde.[75]

Vor dem Hintergrund des Gesamtzusammenhangs der Parasche reagiert Israel auf die vorgängige Zuwendung Gottes und wird *deshalb* zu den חסידים gerechnet. Der Midrasch deutet Ps 149,4a mit Hilfe von Ps 149,4b unter Zuhilfenahme von Gen 4,4. Ps 149,4a konstatiert das Gefallen, das JHWH an seinem Volk hat. V 4b schildert, worin das Gefallen Gottes an seinem Volk zum Ausdruck kommt. Der Midrasch führt ישועה (‚Heil'), mit dem JHWH Israel schmückt, auf die שעה zurück, das in Gen 4,4 das Schauen Gottes auf das Opfer Abels bezeichnet. Die ישועה Gottes äußert sich im ‚Schauen' auf das Opfer Abels. So wie Gott auf Abel und sein Opfer ‚schaut' (שעה), zeichnet er die ענוים mit seinem ‚Schauen' und seiner ‚Beachtung' aus.[76] Das, woran Gott Gefallen hat, deutet der Midrasch – analog dem Beispiel aus Gen 4 – auf die Opfer Israels.[77] Vor dem Hintergrund der Frage nach der Bedeutung des Sukkotfestes sind die (Fest-)Opfer aber nicht nur Ursache, sondern auch Ausdruck dieses heilvollen Schauens Gottes auf sein Volk: „‚Er schmückt die Armen mit Heil.' (Ps 149,4b) Und nicht ‚Heil', sondern ‚Opfer'."

Die Bestimmung der Opfer Israels als Anlass und Ausdruck der hilfreichen Zuwendung des Gottes Israels zu seinem Volk wird durch den Kontext des Midrasch insgesamt gestützt: Die Gabe des (Opfer-)Festes Sukkot wird als Leben stiftendes Handeln Gottes an seinem Volk bestimmt.

Die Identifikation der ענוים mit Israel auf der einen, die Entsprechung der Opfer Israels und Abels und der Zuwendung Gottes zu den ענוים und zu Abel auf der anderen Seite macht Abel zum Identifikationsbeispiel des mit den ענוים identifizierten Israel.

7.2.3 Kain und Abel im Textzusammenhang

Die Erzählung von Kain und Abel wird über das Zitat von Gen 4,4 und das Schauen Gottes auf Abel und seine Gabe eingespielt. Das Opfer Abels ist Anlass der als heilvoll bestimmten Zuwendung Gottes, die sich im ‚Schauen' Gottes auf dieses Opfer manifestiert. Das Opfer ist Ausdruck der Zuwendung des Menschen (Abel) zu Gott. Im Gegensatz zu den Opfern des Sukkotfestes ist das Opfer Abels selbst noch nicht Ausdruck der Zuwendung Gottes zu ihm. Die Funktion des Opfers wird am Beispiel des Opfers Abels ganz vom Menschen her bestimmt. Erst in Bezug auf den Opferkalender der Tora und am Beispiel der Opfervorschriften des Sukkotfestes zeigt sich, dass das heilvolle und rettende ‚Schauen' Gottes in der Gabe der Opfervorschriften selbst bereits zum Ausdruck kommt. Gott ermöglicht die

---

73 Vgl. Gerstenberger (2001), 454. Für Ceresko werden die ענוים zum Anhaltspunkt für eine Deutung des Psalms vor dem Hintergrund des Exodusereignisses. Vgl. Ceresko (1986), 184.

74 Vgl. Gerstenberger (2001), 454.

75 Vgl. Gerstenberger (2001), 453.

76 Zur Semantik von שעה vgl. auch das Kapitel von Gen 4.

77 PRK א führt zusätzlich eine Dynamik in die Deutung des Midrasch ein. Anders als im Mehrheitstext folgt die Rede Rabbi Jehoschuas („Er, der Heilige, gepriesen sei er, hat Gefallen an den Opfern Israels") nicht zweimal unverändert auf ein Zitat von Ps 149,4. Näher am Text des Psalms ist beim erstenmal von den ‚Opfern der Armen' und erst in der Wiederholung von den ‚Opfern Israels' die Rede. Die Wiederholung fehlt in PesR. Aber auch PesR unterstreicht die Qualifizierung der Opfernden als ‚Arme' durch den Nachsatz zum Psalmzitat in der Rede Rabi Levis. Die Identifikation der Opfernden mit Israel tritt dahinter zurück.

Zuwendung des Menschen oder Israels zu ihm. Abel wird Israel hier nicht zugerechnet. Das Gottesverhältnis Abels wird vom Gottesverhältnis Israels überboten.

Das ‚Schauen' Gottes, das der Midrasch als heilvolle Zuwendung Gottes interpretiert, ist das, was das Opfer Abels vom Opfer Kains unterscheidet.[78] Wenn weder das Verhältnis, in dem Kain und Abel zueinander stehen, noch der Brudermord Erwähnung finden, entspricht das – in mehrfacher Hinsicht – der Aussagelinie des Midrasch: Der Duktus des Gesamtzusammenhangs des Midrasch lenkt die Aufmerksamkeit des Lesers auf das Gottesverhältnis. In der Aussagelinie des Midrasch ist ethisches Verhalten vom Gottesverhältnis nicht zu trennen, tritt in seiner Bedeutsamkeit aber dahinter zurück.[79]

Der Midrasch schweigt auch über das Ende Abels, das vor dem Hintergrund, dass von ihm als dem Protagonisten einer vorbildlichen Gottesbeziehung behauptet wird, dass das ‚Schauen' Gottes auf sein Opfer heilvolle bzw. hilfreiche (ישועה von שעה) Qualität hat, irritieren muss. Gerade dadurch aber wird die Figur des Abel anschlussfähig für das Selbstverständnis Israels.[80]

78 Wenn das ‚Schauen' Gottes auf das Opfer Abels eine Aussage über dessen Gottesverhältnis impliziert, mag eine entsprechende Aussage über das Gottesverhältnis Kains, auf dessen Opfer Gott nicht ‚schaut', vom Leser mitzuhören sein. In Analogie zu anderen Auslegungen derselben Textstelle, in denen angesichts der Frage nach der Motivation der unterschiedlichen Reaktionen Gottes argumentativ ins Feld geführt wird, dass Kain sich im Textzusammenhang nachträglich als ungerecht erweist, mag der ‚Erzähler' des Midrasch auch hier davon ausgehen, dass die unterschiedlichen Reaktionen Gottes auf beide Opfer die von Kain verantwortete Störung des Verhältnisses Gottes und Kains vorwegnehmend zum Ausdruck bringt. Explizit wird das nicht.

79 Die doppelte Semantik des רשע verknüpft beide Aussageebenen miteinander.

80 Der Psalm geht dem in seiner Identifizierung von ענוים und Israel analog.

8. Verknüpfung von Normdiskussionen, ‚Erinnerter Geschichte' und Kult

8.1 Tan und TanB בהר, Tan משפטים, ExR 31 und KohR zu Koh 6,3

8.1.1 Die Traditionsstücke: Besitz

Der engere Textzusammenhang, der jeweils in Tan und TanB בהר, Tan משפטים, ExR 31 und KohR zu Koh 6,3 die Erzählung von Kain und Abel zitiert, ist nicht völlig identisch. Die Passagen weisen aber ein so hohes Maß an Übereinstimmungen auf, dass es geraten scheint, sie im Zusammenhang darzustellen.

Übersetzung

Siehe Anhang.

8.1.1.1 Analyse

Die Erzählung von Kain und Abel wird auf unterschiedliche Weise über ein Zitat oder eine Anspielung eingespielt. Dort, wo zitiert wird, bedienen sich die Midraschim unterschiedlicher Zitate. Tan משפטים und ExR 31 spielen die Erzählung über das Zitat von Gen 4,8[1] und Gen 4,12, Tan/TanB בהר ausschließlich über das Zitat von Gen 4,12 ein. Auch in Tan/TanB בהר setzt die Argumentation das Wissen des intendierten Lesers um den Mord voraus. KohR, das in weiten Teilen parallel zu ExR 31 geht, spielt die Erzählung über die Nennung der Namen Kain und Abel an und verweist, ohne zu zitieren, auf das Ende dieser beiden Protagonisten.

In Tan/TanB בהר, Tan משפטים und ExR 31 steht das Kainbeispiel im Zusammenhang einer Reihe von parallelen Beispielen, die einen Petichavers Spr 28,22 auslegen. Den Bezug zum Ausgangsvers Lev 25,14 in Tan/TanB בהר, Ex 28,22 in Tan משפטים und ExR 31 stellt ein paralleles Beispiel (s. Kontext) her.

Im biblischen Textzusammenhang steht Spr 28,22 im Kontext einer Folge von Einzelsprüchen, die einen Tun-Ergehen-Zusammenhang beschreiben.[2] In TanB בהר folgen auf das Zitat von Spr 28,22a (‚Ein Mann schlechten Auges wird zu Reichtum getrieben.') die Identifikation des Mannes aus Spr mit Kain und eine Begründung, die als Motiv des Brudermordes das Erbe der Welt nennt. Eine negativ konnotierte Semantik von בהל (‚wird getrieben', ‚hastet nach') legt der unmittelbare Kontext von V 22a, V 22b und die vorausgehenden und nachfolgenden Einzel-

1 Fokussiert wird der Ort der Auseinandersetzung, das Feld.

2 Im Kontext dieses Verses im Sprüchebuch (Spr 28) geht es um den angemessenen Umgang mit ökonomischer und politischer Macht. Vgl. Murphy (2000), 218. Einer der Bereiche, dem der Abschnitt in Spr unter dieser Hinsicht besondere Aufmerksamkeit schenkt, ist der rechte Umgang mit Reichtum und materiellen Gütern. Ihn betreffen der im Midrasch zitierte Vers (28,22). Vgl. Murphy (2000), 213.218. Nur einzelne Sprüche spielen unmittelbar auf das Gottesverhältnis des Einzelnen an (VV 14f; 25f). Meinhold (1991), 473 spricht ihnen eine Rahmenposition und damit eine herausgehobene Funktion zu. Der Midrasch stellt den Gottesbezug ohne erkennbaren Bezug auf diesen Kontext her.

sprüche nahe.[3] Im Sprüchebuch hat בהל (‚getrieben werden') aber auch in anderen Kontexten eine negative Konnotation.[4] Im Midrasch folgt das Zitat von Spr 28,22b (‚Und er weiß nicht, dass Mangel über ihn kommt'). Der Mangel, der über Kain kommt, wird mit der Ruhelosigkeit Kains nach Gen 4,12 belegt. Die Tatfolge entspricht der Tat. Kain, der die Welt erben wollte, ist in der Welt ruhe- und heimatlos.

עין רע, in Spr nur noch in 23,6 belegt, wird von den Exegeten und Übersetzern zumeist in der Bedeutung ‚missgünstig' oder ‚habgierig' gelesen.[5] Der Midrasch vertritt eine Lesart, der die Mehrdeutigkeit von רע in Spr 28,22 ganz ernst nimmt: „Ein Mann schlechten/bösen Auges wird zu Reichtum getrieben und er erkennt/weiß nicht, dass Mangel über ihn kommt." Kain sieht das Resultat seiner Tat nicht. Er hat – in diesem Sinne – ein schlechtes Auge. Er hat darüber hinaus ein böses, d.h. ein gieriges Auge.[6] Gierig blickt er auf den Besitz dessen, auf dessen Kosten er sich bereichern will.

In Tan משפטים weist die Auslegung zu Gen 4 Parallelen mit dem Traditionsstück in TanB בהר auf, bietet aber eine erweiterte Fassung. Ein Streit über die Aufteilung der beweglichen und der unbeweglichen Güter, der sich zwischen Kain und Abel entspinnt, wird breit ausgemalt. Die Entsprechung von Schuld und Strafe Kains, die darin zum Ausdruck kommt, dass Kain, der den Bruder um des Alleinbesitzes der Welt willen aus ihr zu vertreiben sucht, selbst aus ihr vertrieben wird, wird durch Leitworte, die der Midrasch in seine Relektüre der biblischen Vorlage einträgt, unterstrichen. So wie Kain den Abel verfolgt (רדף) und ihn aus der Welt wegzuschicken (יצא Hif.) plant resp. ihn dazu auffordert, die Welt zu verlassen (יצא), wird in Folge des Strafspruches schließlich Kain verfolgt (רדף) und weggeschickt (יצא Hif.).[7]

In ExR 31 geht die Auslegung zu Gen 4 in ihrem ersten Teil mit der Auslegung in Tan משפטים weitgehend parallel. In ExR 31 schließt sich an eine der Auslegung von Gen 4 in Tan משפטים weitgehend parallele Interpretation der Erzählung eine zweite an, die auf Koh 6,3[8] Bezug nimmt.[9] Der Midrasch liest die durch ו eingelei-

---

[3] Vgl. auch Murphy (2000), 217.

[4] Vgl. Clifford (1999), 246f.

[5] Vgl. Meinhold (1991), 476; Clifford (1999), 247.

[6] Vgl. Meinhold (1991), 477.

[7] Dreimal verwendet der Midrasch יצא, einmal im Hif. bezogen auf das Subjekt Kain und das Objekt Abel, einmal im Imp. Qal. mit Blick auf Abel, einmal im Hif. bezogen auf das Subjekt der bösen Geister und das Objekt Kain. Zweimal verwendet der Midrasch רדף, einmal bezogen auf das Subjekt Kain und das Objekt Abel, einmal bezogen auf das Subjekt der bösen Geister und das Objekt Kain.

[8] Unter formalen wie inhaltlichen Gesichtspunkten nimmt die große Mehrheit der Exegeten, soweit sie nicht, wie Longman (1998), pass., insgesamt größere Textzusammenhänge diskutiert, einen engen Zusammenhang von Koh 6,3-6 wahr. Uneinheitlicher als das Ergebnis ist die Argumentation. Unter formalen Gesichtspunkten kennzeichnet nach Schwienhorst-Schönberger die Einheit Koh 6,3–6 das sie rahmende Stichwort שמים. Vgl. Schwienhorst-Schönberger (2004), 350. Das am Beispiel des Besitzes in Koh 6,1f entfaltete Thema des nicht erfahrenen Glücks wird in Koh 6,3–6 auf das gesamte Leben hin ausgedehnt. Vgl. Schwienhorst-Schönberger (2004), 350. Seow macht innerhalb einer größeren Einheit 5,8 – 6,9, die von der notwendigen Zufriedenheit des Menschen mit dem, was er hat, handelt, eine chiastische Struktur und darin eine Sinneinheit 6,3–6 aus. 6,3–6 ist mit 5,13–17 über Stichworte verknüpft. Vgl. Seow (1997), 217. Die Verbindung zu den umgebenden Texteinheiten ist gleichwohl eng. Vgl. Schwienhorst-Schönberger (2004), 350. Krüger (2000), 224.226 fasst dann auch Koh 6,1–6 zu einem Abschnitt zusammen, den er nach unterschiedlichen thematischen Gesichtspunkten noch einmal in VV 1–2.3–6 oder VV 1–5 (Reichtum ohne Genuss) und V 6 (Armut ohne Genuss) untergliedert.

teten Teilverse Koh 6,3a als untereinander parataktisch geordnete und in ihrer Gesamtheit V 3b untergeordnete Konditionalsätze. Auf zwei positive Konditionen folgen zwei negative.[10] Der Midrasch bezieht הטובה (V 3aβα) vor dem Hintergrund des Argumentationszusammenhangs der Parasche auf materielle Güter. Dass der Verlust des Grabes (V 3abβ) in der Lesart des Midrasch auf Ortlosigkeit verweist[11], entspricht dem interpretierten Szenario der Erzählung von Kain und Abel. Kains Unfähigkeit, materielle Güter zu genießen, wird durch seine Ortlosigkeit begründet. Kain, der nach Gen 4,12 unstet und flüchtig ist, sieht sich der Möglichkeit, seine Güter zu genießen, beraubt.

Die Auslegung zu Gen 4 in KohR zu Koh 6,3 ist wesentlich identisch mit diesem zweiten Teil der Auslegung zu Gen 4 in ExR 31, das ExR 31 mit den übrigen Parallelen nicht gemein hat. Die Folge aus zwei positiven und zwei negativen Konditionen, die Koh 6,3 zitiert, wird um eine negative gekürzt. Die Deutung, die den ausgefallenen Teilvers Koh 6,3c paraphrasiert und davon spricht, dass Kain seinen Reichtum nicht genießt, schließt unmittelbar an die große Zahl der Lebensjahre nach Koh 6,3b an. Es fehlt das Zitat aus Gen 4,12. Über den Textbestand von ExR 31 hinaus belegt KohR zu Koh 6,3 die Flut, die Kain auslöscht mit Gen 7,23. Da das Zitat aus Gen 4,12 fehlt, wird die Grablosigkeit Kains unmittelbar mit dem Tod Kains in der Flut begründet. In Auslegung von Gen 7,23 steht Kain und steht sein Besitz für das, was nur scheinbar Bestand hat.

Einiges spricht dafür, im Zitat den Kontext der zitierten Verse mitzuhören. In beiden Varianten des Traditionsstücks wird Abel mit der Fehlgeburt aus V 3b identifiziert. Diese Identifikation wird innerhalb des Midrasch nicht explizit begründet. Sie ergibt sich aus der Polarisierung Kains und Abels innerhalb der Erzählung. Implizit unterstützt wird sie, insbesondere im Kontext von ExR 31, aber durch die im Midrasch nicht mehr mitzitierten Verse Koh 6,4f. Der Midrasch kann V 4a als eine Anspielung auf den Namen ‚Abel' lesen: „Denn in הבל kommt sie [die Fehlgeburt] und in Finsternis geht sie …". Die נחת (Ruhe), die nach V 5 noch die Fehlgeburt auszeichnet, ist das, was Kain nach der Deutung der Erzählung durch ExR 31, die die Ruhelosigkeit Kains nach Gen 4,12 zitiert, nicht hat. KohR zu Koh 6,4f legt Koh 6,4f in einer Weise aus, die einen Bezug zur Auslegung von KohR zu Koh 6,3 nicht erkennen lassen.

Vom ‚Besitz', der als Paradigma die Parasche insgesamt bestimmt, ist ebenfalls außerhalb des zitierten Textbereiches in Koh 6,1f explizit die Rede. Koh 6,1f handelt von der Unfähigkeit des Menschen, Besitz zu genießen. Wird auch hier die Erzählung von Gen 4 eingetragen, haben die Konsequenzen der Tat Kains ihre Ursa-

---

9 In Tan משפטים wird Spr 28,22 als Petichavers in einem ersten Durchgang auf Kain in Gen 4, in einem zweiten Durchgang auf Koh 6,3 bezogen.

10 Moderne Interpreten setzen entsprechend des von ihnen vorausgesetzten anderen Szenarios zumeist eine komplexere syntaktische Struktur voraus. Vgl. Seow (1997) 210f; Longman (1998), 170f; Krüger (2000), 235ff; Schwienhorst-Schöberger (2004) 351f. Eine Zusammenschau vorgängiger Positionen bietet Seow (1997), 210f.

11 Nach Schwienhorst-Schönberger (2004), 350 verweist der Verlust des Grabes auf Unsterblichkeit. Anders ein Teil der dort zitierten Positionen und Longman (1998), 163.170f. Seow (1997), 211 bezieht den Vers auf den Besitz eines Begräbnisplatzes schon zu Lebzeiten, um den sich der Mensch unnötigerweise sorgt. Nach Schwienhorst-Schönberger nennen hohe Kinderzahl und langes Leben typische soziale Werte der jüdischen Tradition. Vgl. Schwienhorst-Schönberger (2004), 351. Eben das könnte gegen Schwienhorst-Schönberger dafür sprechen, auch die Grablosigkeit, nämlich unter negativem Vorzeichen, in diesen Zusammenhang zu stellen.

che letztlich in der im Mord an Abel zu seinem Höhepunkt gekommenen maßlosen Gier Kains.[12]

Gegen ExR 31 betont Tan משפטים die Verortung der Erzählung von Kain und Abel am Anfang (‚כשהיו קין והבל בעולם', ‚als [nur] Kain und Abel in der Welt waren').

8.1.2 Der Kontext

8.1.2.1 Tan und TanB בהר

TanB und Tan בהר zu Lev 25,1–47 setzt nach dem vorausgegangenen Abschnitt aus TanB und Tan בהר zu Lev 24,11f thematisch neu ein. Als Ausgangsvers dient durchgehend Lev 25,14. Damit unterscheidet sich TanB und Tan בהר zu Lev 25,1–47 von der Auslegung des folgenden Abschnitts, deren Auslegung bei einem anderen Ausgangsvers teilweise dem gleichen Textbereich gilt. TanB und Tan בהר zu Lev 25,1–47 schließt mit einem Ausblick auf die kommende Zeit und in der Version von Tan mit formelhaftem כי יום נקם בלבי ושנת גאולי באה.

Lev 25,1	
Lev 25,14	
Spr 28,22	
Kain	Gen 4,12
Efron	Gen 23,16.6
der auf Zins leiht	
die im siebten Jahr Handel treiben	Lev 25,2.14
Hld 5,15 eine Säule hat Kapitell und Basis	
Lev 25,1	
sukzessiver Verlust des Besitzes eines Einzelnen: Lev 25,8 → Lev 25,14 → Lev 25,25 → Lev 25,29 → Lev 25,35 → Lev 25,39 → Lev 25,47 → 2 Chr 36,17	
Streitgespräch: Mose – JHWH	
Mose: Lev 25,35 [Ps 122,8] [Jes 43,14]	
JHWH: Lev 25,29 [Ps 132,13] [2 Kön 25,9] [2 Chr 36,19]; Lev 25,47	
JHWH: [2 Chr 36,20]; Lev 25,3 (← Ersatz der Jobeljahre im Exil)	
Abraham achtet die Tora → JHWH verkauft Abraham die Welt	Lev 25,14; Gen 26,5; Gen 14,19; 13,15
Israel behandelt JHWH als Beisasse	Jer 14,8
JHWH verkauft sein Volk	Ps 44,13
Im Falle der Umkehr Israels	Lev 25,14.17.18; Jer 3,14; Jes 25,3.23
die gerechte Verteilung des Landes an alle Stämme, Aufforderung zur Lösung und Einlösung der Lösung durch Gott	Num 27,7: 36,9; Lev 25,41

TanB ‚Verkauf' legt Lev 25 aus. Die Exegese unterstreicht die Verbindung des in jedem Jobeljahr wiederherzustellenden Ideals der freien egalitären Gesellschaft Israels mit der Befreiungstat Gottes im Exodus und der Gabe des Landes. Der den Bestimmungen von Lev 25 insgesamt zu Grunde liegende Zusammenhang, ohne Land – und d.h. Versorgungsgrundlage – keine Freiheit, wird so theologisch untermauert.[13]

---

12 Vgl. Krüger (2000), 234. Longman (1998), 169f sieht von Koh her keine Möglichkeit, hier eine Verantwortlichkeit des Menschen für seine Unfähigkeit zu genießen in den Text einzutragen.

13 Für die Exegese sind in der Verknüpfung von Freiheit und Landbesitz soziale Fragen im Hintergrund präsent. Vgl. zu diesem Zusammenhang auch Milgrom (2001), 2173.2212. Der Midrasch fokussiert

Zentrales Thema des Midrasch ist die Frage eines angemessenen Umgangs mit Landbesitz angesichts der gesetzlichen Bestimmungen zum Jobeljahr. Der Midrasch unterstreicht die auch von der modernen Exegese wahrgenommenen Verbindung der Sozialgesetzgebung mit der Geschichte Israels. Für den Midrasch spiegelt sich das von jedem Einzelnen geforderte Verhalten im Verhalten Gottes gegenüber seinem Volk durch die erinnerte Geschichte Israels.[14]

Den Textzusammenhang des Midrasch einleitend steht eine Peticha zu Spr 28,22. Nacheinander wird Spr 28,22 auf Kain, Efron, einen, der auf Zins leiht und einen, der gegen den auszulegenden Gesetzestext aus Lev 25 verstößt, bezogen.[15] In der Lesart des Midrasch folgt Lev 25,14f der Logik fortgesetzter Verarmung[16], die ihrerseits aus der fortgesetzten Nichtbeachtung der Bestimmungen zu Jobeljahr und Schabbatjahr (Lev 25,2ff) resultiert. Auf den Verkauf der beweglichen Güter (V 14)[17] folgen in der Reihenfolge der in Lev 25 behandelten Rechtsbestände: Verlust oder Verkauf eines Teils der unbeweglichen Güter (V 25)[18], Verlust oder Verkauf des Hauses (V 29), Erbitten eines Kredites (V 35), Verkauf in die Sklaverei bei einem Israeliten (V 39)[19], Verkauf an die Völker (נמכר לגוים)[20] (V 47).[21]

Vor dem Hintergrund von Lev 25 deutet der Midrasch das Exil als Verkauf Israels an die Völker. Explizit führt er den Verkauf Israels abschließend auf die Nicht-

---

ganz auf den Zusammenhang von Gebotserfüllung durch Israel und Lebensermöglichung für Israel am Beispiel des Landes. In ähnlicher Weise liest Milgrom (2001), 2160.2163 bereits den biblischen Text. Nach Milgrom (2001), 2185 bezieht der priesterliche Text die Sphäre des Heiligen auf ganz Israel bzw. das ganze von Israel bewohnte Land.

14 Vgl. mit Bezug auf den biblischen Text Hartley (2000), 442; Milgrom (2001), 2153. Lev 25 kann so gelesen werden, dass JHWH im Bedarfsfall selbst in die Rolle des Lösers eintritt. Vgl. Hartley (2000), 439; Milgrom(2001), 2190.

15 Der erste Rechtstatbestand, das Zinsverbot, wird in TanB durch kein Schriftzitat belegt.

16 Vgl. auch Milgrom (2001), 2150, der sich hier allerdings seinerseits auf die rabbinische Tradition bezieht. Ohne ausdrücklichen Bezug auf rabbinische Quellen in ähnlicher Weise Staubli (1996). In allen übrigen Rechtsfällen ist das Datum des Jubeljahres von Bedeutung: Schulden werden erlassen. Schuldsklaven erhalten ihre Freiheit. Vgl. Hartley (2000), 424.

17 Im biblischen Text ist vom – zeitlich bis zum Jobeljahr befristeten – *Verkauf* des Feldes die Rede. Es handelt sich also um ein unbewegliches Gut. Erst mit V 29 wechselt das Thema. Der Midrasch setzt mit V 15 einen neuen Einschnitt, indem er eine durch den Text je gesetzte Schwerpunktsetzung und Perspektivverschiebung mit vollzieht und unterstreicht. Da das Feld nicht endgültig, sondern zeitlich befristet nur bis zum Jobeljahr verkauft wird, ist Gegenstand der Transaktion letztlich nicht das Feld, sondern die bis zum Jobeljahr zu erwartenden Ernten. Für den Midrasch steht mit VV 25ff dann der – nach wie vor zeitlich befristete – Verkauf des *Feldes* zur Disposition. Vgl. Hartley (2000), 443; Milgrom (2001), 2205ff.

18 Hebr. מאחזה. Für die Logik des Midrasch ist zentral, dass an dieser Stelle noch nicht alles Eigentum verkauft wird.

19 Wie Gott der eigentliche Eigentümer des Landes ist, ist er nach Lev 25 auch der eigentliche Eigentümer Israels. Vgl. Staubli (1996), 184; Hartley (2000), 444; Milgrom (2001), 2227.2240. Da der Fokus des Midrasch aber auf dem Land liegt, macht er diesen Aspekt nicht in gleicher Weise stark. Das Land ist es, das Israel als Israel konstituiert. Vgl. Milgrom (2001), 2231. Milgrom (2001), 2151 macht das Thema Land (20x) auch als zentrales Thema der biblischen Passage aus.

20 Die Formulierung לגוים entgegen גר und תושב im biblischen Text leitet bereits auf die andere Bedeutungsebene, die erinnerte Geschichte Israels und den ‚Verkauf' Israels an die Völker über.

21 Der Midrasch übergeht diejenigen Passagen des biblischen Textes, die das Verhältnis zwischen dem Land und Israel als Ganzes nur mittelbar betreffen: die Häuser der Leviten (VV 32ff), die Behandlung der Sklaven aus den Völkern in Israel (VV 44ff). Das hat zur Folge, dass ausgerechnet die Bestimmungen über den Verkauf der Häuser der Leviten, die anders als anderer Hausbesitz im Jobeljahr an den ursprünglichen Besitzer zurückgehen, vgl. Hartley (2000), 439; Milgrom (2001), 2203, nicht Gegenstand der Debatte sind.

einhaltung des Schabbat(!)jahres zurück.[22] Ausgehend von der Situation des Exils werden die in Lev 25 thematisierten Rechtsbestände in umgekehrter Reihenfolge wieder aufgerufen. Der Midrasch bezieht jeden einzelnen von ihnen auf das babylonische Exil.

Gegen das Exil stellt der Midrasch die Erinnerung an Abraham, gegenüber dem Gott die Rolle des Landverkäufers nach Lev 25,14 übernimmt. Abraham steht für die Vorgeschichte Israels wie für die Verheißung, dass Gott einem Israel, das sich an den Geboten der Tora orientiert, den ein solches Leben ermöglichenden Ort zur Verfügung stellt. Für die Gebote der Tora stehen die in Lev 25 den Umgang mit Landbesitz und unter diesen vor allem die das Jobeljahr betreffenden exemplarisch. ארץ steht für ארץ ישראל wie für den das Leben jeder einzelnen Familie ermöglichenden Landbesitz. In der Erinnerung an eine gerechte Verteilung des Landes unter den Israeliten nach dem Auszug aus Ägypten und dem im Verlauf des Textzusammenhangs mehrfach bemühten Argumentationszusammenhang, nach dem Israel ins Exil geht, wenn Israeliten sich in Bezug auf ihren Landbesitz nicht entsprechend der Tora verhalten, werden beide Bedeutungen miteinander verknüpft. Entsprechend der den Bestimmungen zum Jobeljahr zu Grunde liegenden Logik handelt es sich dabei um einen Verkauf auf Zeit. Eigentlicher Besitzer des Landes bleibt JHWH.[23] Das Handeln Gottes ist insofern beispielhaft für das Handeln des Menschen als die Freigiebigkeit Gottes der Habgier des Menschen negierend gegenübersteht. Weil Israel sein Land endgültig nicht verkaufen kann, wird das Exil als Verkauf auf Zeit zum Hoffnungszeichen. In diesem Sinne steht die Chatima.

Themenschwerpunkte

Zentrales Thema ist der Landbesitz und die Frage eines angemessenen Umgangs mit ihm. Das Thema ist durchscheinend auf die Geschichte Israels und die Beziehung zu seinem Gott einerseits und sich an den Einzelnen richtende ethische Ansprüche andererseits.

8.1.2.2 Tan משפטים

Innerhalb von Tan משפטים folgt auf eine Passage, die Ex 21,1ff auslegt und von einer Halacha abgeschlossen wird, eine längere Passage, die Ex 22,24–27 mehrfach nacheinander im Zusammenhang auslegt. Eingeleitet wird sie von einer Auslegung zu Lev 19,17(!), die vom Umgang mit Toraübertretungen handelt, und einer Auslegung zu Lev 18,4(!), die zum Halten aller Gebote aufruft. Die Passage zu Ex 22,24–27 endet mit einem Ausblick auf die kommende Zeit. Der Midrasch setzt dann mit einer Auslegung der Verse Ex 23,20ff neu ein.

Ausgehend von den einleitenden Auslegungen zu Lev 19,17 und 18,4 lässt sich die Auslegung zu Ex 22,24–27 als Auslegung eines exemplarischen Gebotes lesen.

---

[22] Indem der Midrasch sich hier argumentativ auf die Nichteinhaltung der Brache im Schabbatjahr und nicht auf das Jobeljahr bezieht, schlägt er einen Bogen zum letzten Beispiel des einleitenden Abschnitts. Andere innerbiblische und rabbinische Traditionen korrelieren die Dauer des Exils – 49 oder 50 Jahre – explizit mit der Zeitspanne zwischen zwei Jobeljahren. Das Exil ist dann Resultat der Nichteinhaltung des Jobeljahres. (Vgl. 2 Chr 36,21).

[23] Dass Gott Eigentümer des Landes ist, erweist sich als Schlüsselaussage. Der Verkauf des Landes an Abraham lässt Gott deshalb nur scheinbar in die Rolle des Beisassen eintreten. Der Midrasch spielt mit dieser äußersten Provokation. Wann immer der Mensch Gott tatsächlich als seinen ‚Beisassen' behandelt, verkehrt er die Ordnung der Welt.

Der Midrasch nimmt Ex 22,24–27 als Einheit wahr.[24] Die Gestalt des Armen, der in V 24 eingeführt wird, fungiert im Kontext des Midrasch als Paradigma.[25] Zentrales Thema ist das eines angemessenen Umgangs mit Besitz.[26] An der paradigmatischen Frage des Umgangs mit dem Besitz und am Beispiel des den Auslegungsbereich des Midrasch einleitenden Zinsverbotes verdeutlicht der Midrasch ein Beziehungsgefüge zwischen Gott und Mensch, das ein bestimmtes zwischenmenschliches Verhalten motiviert. Nach dem Zeugnis der Texte spiegelt sich in Gottes Verhalten gegenüber Israel das vom Rechtstext dem Armen gegenüber geforderte Verhalten.[27] Die gleichen Maßstäbe sind an der Schöpfung ablesbar.[28] Das Verbot des Zinsnehmens geht in seiner Intention über ein bestimmtes Einzelgebot damit hinaus.

Textpragmatisch sind Angehörige Israels als intendierte Adressaten des Midrasch in doppelter Weise angesprochen. Als Teil ihrer Geschichte erinnern sie das der Sozialgesetzgebung entsprechende Handeln Gottes an seinem Volk, das auch ihnen zur Verheißung wird. Innerhalb Israels sollen sie sich dem Armen gegenüber nicht in der Weise der Gegner Israels, sondern in der Weise des Gottes Israels selbst verhalten.

---

24 Jacob (1997), 711ff fasst VV 20–26 unter dem Stichwort „Bedrängte", VV 27–30 unter dem Stichwort „Höhere" als Einheit zusammen. Houtman (2000), 216ff unternimmt eine analoge Einteilung unter den thematischen Überschriften „Care for the socially weak" und „Treating YHWH respectfully". Dohmen (2004), 172f liest – wesentlich großräumiger – Ex 22,20 – 23,9 unter dem negativen Vorzeichen der ‚Bedrückung'. Mit V 27 sieht er auf inhaltlicher Ebene einen Neuanfang gegeben, der durch eine Stichwortverknüpfung (בעמך) mit dem Vorangehenden relativiert wird. Scharbert (2000), 94ff unterteilt VV 20–30 in VV 20–26.27.28f.30.

25 In ähnlicher Weise und entsprechend der differierenden Texteinteilung, nach der mit V 20 ein neuer Abschnitt beginnt, liest die überwiegende Mehrzahl moderner Interpreten VV 20–26 in einer Weise, nach der der Fremde paradigmatischen Status gewinnt. Weil Israel in Ägypten selbst ‚fremd' war, soll es sich im Land Fremden und anderen gesellschaftlichen Randgruppen gegenüber in bestimmter Weise verhalten. Vgl. Jacob (1997), 714; Dohmen (2004), 172f. Vgl. aber auch Houtman (2000), 217f: „The socially vulnerable are identified with various terms: 'alien' (22:20), 'widow and orphan' (22:21, 23), and with *the more general terms* (Hervorhebung J.E.) 'poor' (22:24) and 'fellow human being' (22:25). The alien the widow and the orphan are the typical representatives of the needy in society. What is said about them, applies to the poor in general."

26 Hinter diesen Aspekt tritt das umfassendere Thema des Umgangs mit sozialen Randgruppen, das für eine Lesart, wie sie die Mehrheit der modernen Exegeten vertritt, die die Verse 20–26 als Einheit liest, bestimmend ist (vgl. Houtman [2000], 217), zurück.

27 Weil Israel gegen Gottes Gebot verstößt, nimmt Gott das Heiligtum zum Pfand, er behält es aber (entsprechend Ex 22,25) nur für eine festgesetzte Frist, bis zur Ankunft des Messias. Gott ist der gnädige, gebende Gerechte nach Ps 37,21.

28 Zu geben, ohne dafür etwas (‚Zins') zu nehmen, ist Bauprinzip der Schöpfung und regelt die Beziehung von Tag und Nacht, von Himmel und Erde, der Geschöpfe untereinander, aber auch von Gerechtigkeit und Barmherzigkeit. (Vgl. die Auslegung zu Ijob 9,7, Hab 3,11, Dtn 28,12, Spr 21,21).

Der vierte von fünf Auslegungsdurchgängen zu Ex 22,24–27 berührt die Erzählung von Kain und Abel:

Ex 22,24			
	Spr 28,22		
		Kain	
		Wer Geld auf Zins leiht	
	Spr 28,22		
	Ex 22,22		Umkehr ist immer möglich
	Ex 22,23		wer Geld auf Zins leiht
Ex 22,24			
	Spr 28,8		
		Wer auf Zins leiht, spart zugunsten der Armen	
		Esau	

Der fünfte Abschnitt legt Ex 22,24 in Verbindung mit dem Petichavers Spr 28,22 aus. In einem ersten Durchgang wird Spr 28,22 zunächst auf Kain und Gen 4, dann unter Einbezug von Koh 6,3 auf einen bezogen, der auf Zins leiht. Ein zweiter Durchgang führt über die beiden Ex 22,24 vorausgehenden Verse Ex 22,23f auf Ex 22,24 zurück.

Themenschwerpunkte

Die Sozialgesetzgebung erinnert Israel an die Geschichte Gottes mit seinem Volk und motiviert ein bestimmtes Verhalten.

8.1.2.3 ExR 31

Nach einer Auslegung zu Ex 21,1 setzt ExR 31 mit einer Auslegung zu Ex 22,24 neu ein. Es folgt eine Passage, die Ex 22,24–30 mehrfach nacheinander im Zusammenhang auslegt. Das Zitat von Ps 15,5 beschließt ExR 31 mit einer Verheißung.

Der Midrasch nimmt Ex 22,24–30 gegen die überwiegende Mehrzahl zeitgenössischer Exegeten,[29] aber auch gegen die Mekhilta, als Einheit wahr.[30] Gegenüber Tan משפטים, mit dem ExR 31 einen Großteil seines Materials teilt, erweitert ExR 31 die Textbasis. Die Erweiterung der Textbasis betrifft mit Ex 22,28–30 solche Verse, die Sozial- mit Kultgesetzgebung verknüpfen und mit dem Verhältnis Gottes und Israels begründen.[31]

---

29 Zu Positionen der modernen Exegese vgl. das vorangegangene Kapitel.

30 Nach Einschätzung der Mekhilta beginnt mit V 30 ein neuer Abschnitt unter der Perspektive der ‚Heiligkeit'. Vgl. Dohmen (2004), 180.

31 Vgl. Dohmen (2004), 178ff; Houtman (2000), 234..

Ex 22,24	
Spr 28,22	
Kain	Gen 4,8.12; Koh 6,3
Efron	Gen 25,10
Esau	Gen 50,50
der eine Kuh leiht und eine mietet	Ex 22,14.13
der den Zehnten zurückhält	[→Anekdote]
der auf Zins leiht – lässt das Geld den Armen zu Gute kommen	
Spr 28,8 [Esau; Mächtige – das Königtum Babel zugunsten Israels in der kommenden Welt: Jes 23,18]	
Ex 22,24	
Wo Gott nicht wankt, wankt auch Israel nicht	
Ps 15,5	

Innerhalb von ExR 31 deckt sich das Auslegungsmaterial zum größeren Teil mit dem aus Tan משפטים bekannten. Stärker als in Tan משפטים ist in ExR 31 der Israelbezug. Gegenüber Tan משפטים werden Bezüge auf die Geschichte Israels insbesondere im Zusammenhang mit den Versen des biblischen Textzusammenhangs Ex 22,24ff, die ExR 31 seiner Auslegung über Tan משפטים hinaus zu Grunde legt, intensiviert.[32]

Der dritte von fünf Auslegungsdurchgängen präsentiert im Rahmen einer Auslegung von Spr 28,22 sechs Beispiele, deren Protagonisten Vermögen zum vermeintlich eigenen Nutzen verwenden. Drei Beispiele (bez. Kain, Efron und Esau) sind der erinnerten Geschichte Israels entnommen, drei beziehen sich auf die Nichteinhaltung von Rechtsbestimmungen[33]. Die ihr Vermögen unter der göttlichen Weisung zum vermeintlich eigenen Nutzen und zum Schaden ihrer Mitmenschen nutzen, schaden letztlich sich selbst.

Themenschwerpunkte

Im Umgang mit seinem (Land-)Besitz realisiert Israel sich selbst in seinem Verhältnis zu Rest-Israel, im Verhältnis zu seinem Gott, und schließlich im Verhältnis zur Schöpfung. Für Israel gilt dieser von Gott garantierte Zusammenhang vor dem Hintergrund der Tora. (Göttliche) Weltordnung, (Israels) Sozialgesetz, die erinnerte Geschichte Israels gehen analog.

8.1.2.4 KohR zu Koh 6,3

In ihrer Mehrheit nimmt die moderne Exegese unter formalen, vor allem aber unter inhaltlichen Gesichtspunkten, einen engen Zusammenhang der Verse Koh 6,3–6 wahr.[34] Innerhalb von KohR bildet die Auslegung zu Koh 6,3 einen kurzen in sich geschlossenen Textzusammenhang. Nachdem KohR zu Koh 6,2 עשר, נכסים und כבוד auf schriftliche und mündliche Tora bezieht und sich durch einen grundsätzlich positiven Ton auszeichnet, zielt die Auslegung des folgenden Verses auf das Lebensschicksal zweier Frevler. עשר, נכסים und כבוד beziehen sich in diesem Zusammenhang auf materiellen Besitz. Koh 6,4 bezieht sich im biblischen Kontext auf Koh 6,3 zurück. Was nach V 4 in Nichtigkeit kommt, ist die Fehlgeburt nach

---

32 Im Zusammenhang der Auslegung von Ex 22,28ff wird das besondere Verhältnis Gottes und Israels ausbuchstabiert.

33 Die Rechtstatbestände sind dem ausgelegten Textbereich in Ex 22 entnommen.

34 Vgl. Vgl. Seow (1997), 217; Krüger (2000), 225ff; Schwienhorst-Schönberger (2004), 350 und die dort referierten Positionen.

V 3. Die Auslegung des Midrasch macht diesen Rückbezug nicht mit. Nach KohR zu Koh 6,4 zeichnet sich, was in Nichtigkeit kommt, durch einen Mangel an Tora und guten Werken aus.[35] Die Auslegung zu V 3 hat die Fehlgeburt zunächst auf Abel im Gegenüber zu Kain, in der Parallele auf das (fiktive) Gegenüber Ahabs bezogen. Ein in sich geschlossener Sinnzusammenhang setzt sich damit aus der schon behandelten Passage zu Gen 4 und dem parallel konstruierten Ahab-Beispiel zusammen.

Themenschwerpunkte

Die Existenz des Frevlers hat keinen Bestand.

8.1.3 Kain und Abel im Textzusammenhang

Alle Varianten des Traditionsstücks knüpfen an die Ruhelosigkeit Kains nach Gen 4,12 an. In Tan und TanB בהר, Tan משפטים und ExR 31 steht der ‚Fall' Kain in Analogie zu einer wechselnden Auswahl von Rechtsfällen aus dem Leben anderer Protagonisten der erinnerten Geschichte Israels und Rechtsfällen der Tora. Immer berührt Kains Tat sein Verhältnis zu seinem Lebensumfeld. In Tan בהר wird die Störung des Verhältnisses Kains zu seiner Umwelt in der als Ortlosigkeit interpretierten Ruhelosigkeit konkret, die, bezogen auf Israel, auf das Land Israel als ihr positives Gegenüber verweist. Die Tat, deren Folge Kains Ruhelosigkeit ist, wird in Tan בהר und KohR zu Koh 6,3 nicht benannt oder zitiert.

Im Kontext von Tan משפטים und ExR 31 ordnen sich die im Zusammenhang mit der Erzählung von Kain und Abel getroffenen Aussagen in den Aussagenzusammenhang der Parasche insgesamt ein. Das Verhältnis des Menschen zu seiner Lebensgrundlage, sein Verhältnis zum Mitmenschen in Israel, zur Schöpfung und schließlich zum Gott Israels stehen in einem inneren Zusammenhang. Ist eines gestört, sind es die anderen auch.[36] Die Erzählung von Kain und Abel und ihre Ausgestaltung im Midrasch behauptet die grundsätzliche Gültigkeit dieses Zusammenhangs, indem sie ihn am ersten Menschenbrüderpaar selbst nachweist und den Streitwert mit der ganzen Welt identifiziert. Kain, der – unter Ausschluss seines Bruders – die Welt zu seinem alleinigen Besitz machen will, hat selbst keinen Ort mehr auf ihr. Kain ist Identifikationsfigur, aber kein Sympathieträger. Stärker als Tan משפטים interessiert die Erzählung von Kain und Abel in ExR 31 vor dem Hintergrund, dass, was von Anfang an gilt, in spezifischer Weise für Israel gilt.

Stärker noch ist die Israelperspektive in TanB und Tan בהר, in denen Kain nicht Identifikationsfigur ist. Das Beispiel Kains dient wie das Beispiel Efrons nicht der Auslegung des Ausgangsverses. Die Beispiele Kains und Efrons bieten Auslegungen unmittelbar nur zu Spr 28,22. Erst die Auslegung von Spr 28,22 führt über Lev 25,2 auf Lev 25,14 und damit auf das ‚Land Israel' (ארץ ישראל) wieder zurück. Das Beispiel Kains und zwei der drei mit ihm parallelisierten Beispiele sind über das gemeinsame Thema des Landes (ארץ) miteinander verknüpft.[37] Für die Parasche hat die Passage insgesamt einleitenden Charakter.

---

35 Die Auslegung schlägt so einen Bogen zurück zu der zu Koh 6,2.

36 Anders als in TanB בהר spielen soziale Fragestellungen in der Auslegung des Textes eine zentrale Rolle.

37 Einzige Ausnahme ist wiederum das durch den Midrasch nicht eigens durch ein biblisches Zitat belegte Beispiel des Zinsverbotes.

In TanB und Tan בהר stehen Kain und Efron, auf die hin Spr 28,22 einleitend exemplarisch ausgelegt wird, außerhalb Israels. Es handelt sich bei ihnen nicht um einen zeitlich begrenzten Verkauf bis zum nächsten Jobeljahr, das ja die dauerhafte Gabe des sich bleibend im Besitz Gottes befindlichen Landes an Israel[38] bereits voraussetzt. In Gen 23 handelt es sich – ganz im Gegenteil – um den erstmaligen Erwerb eines Teiles dieses später unveräußerlichen Landes durch Israel.[39] Zu einem späteren Zeitpunkt stellt der Midrasch eine weitere Parallele zwischen der Erzählung um Kain und Abel und der um Efron und Abraham her. Dort ‚verkauft' Gott Abraham, der die Weisungen der Tora(!) beachtet, Himmel und Erde.[40]

In beiden Fällen wird die Perspektive über Israel und das Israel verheißene Land hinaus geweitet. In wörtlicher Aufnahme des Motivs wird Abraham zum positiven Gegenüber und Gegenhorizont Kains. Kain, der die Welt (ארץ) erben und sich gewaltsam aneignen will, steht Abraham gegenüber, den Gott die Oberen und die Unteren (העליונים והתחתונים) in Besitz nehmen lässt und dem er die ganze Welt (ארץ) verkauft.

Die ‚Vorgeschichte', die diese einleitende Auslegung zu Spr 28,22 in Tan und TanB בהר entwirft, hat Konsequenzen für die in der Auslegung zu Lev 25 vorausgesetzte Semantik des Landes. Israel kommt zum ersten Stück seines Erbbesitzes, weil die Identifikationsfigur Israels innerhalb dieser Geschichte, anders als ihr Gegenüber, kein איש רע עין ist.[41] Weil Kain ein איש רע עין ist, kann er der Erbe des Landes nicht sein. Die Deutung der Episode um Kain und Abel gibt dem Leser gerade in ihrer grundsätzlichen Prägung eine Leseanweisung mit auf den Weg, die letztlich auf das zentrale Thema, die Bedeutung des Landes für Israel, zielt.

8.2 PRK 27 // LevR 30

8.2.1. Der Kontext

Schon die doppelte Überlieferung in unterschiedlichen Kontexten belegt PRK 27 // LevR 30 als in sich geschlossene Texteinheit. In beiden Kontexten lässt sie sich ausgrenzen.

Ausgangsvers der Auslegung von PRK 27 ist Lev 23,40. Eine Reihe von Auslegungen beginnt jeweils wieder mit diesem Vers. PRK 27 endet mit einem Ausblick auf die kommende Welt. PRK 28 setzt mit einer Halacha neu ein.

LevR 30 setzt nach dem durch eine Chatima markierten Ende von LevR 29 neu ein. Markierter Anfang und Ende entsprechen der parallelen Fassung in PRK 27. LevR 31 setzt mit Lev 24,2, der im Textverlauf weiter Struktur gebend bleibt, neu ein.

---

38 Geradezu leitmotivisch wird im Verlauf der Parasche betont, dass das Land Israel Eigentum Gottes ist. Vgl. für den biblischen Text in diesem Sinne aber auch Milgrom (2001), 2152.2184.2187ff.2212.

39 Genauer: Einen Vorläufer Israels. Milgrom (2001), 2190 führt den Verkauf der Höhle durch Efron an Abraham im Gegensatz zu Lev 25 als Beispiel eines endgültigen Landverkaufes an. Für den Midrasch bleibt aber auch hier Gott Eigentümer.

40 קנה, Part. („der erwirbt den Himmel und die Erde") in Gen 14,19 wird im Midrasch auf Abraham bezogen.

41 Wie die Rolle Abels und grundsätzlich auch die Rolle Abrahams ist dann auch die Rolle Israels negativ bestimmt. Israel soll kein איש רע עין sein. In ähnlicher Weise bestimmt die Brüderpaartraditionsstück in Tan und TanB אמור, PRK 9 und LevR 27 die Identität Israels negativ: Israel ist erwählt insofern es verfolgt ist. Anders als in den Brüderpaartraditionsstücken kommt Israel hier aber ein aktiver Part zu.

Spr 8,10
  Brot ist wertvoller als Silber / die Tora ist wie Brot (Jes 55,2; Spr 9,5)
  Für Feste und die Lehre der Tora ist eine unbegrenzte Summe gerechtfertigt
Anekdote: Rabbi Jochanan verkauft allen Besitz zugunsten des Studiums der Tora → der Wert der Tora überwiegt den Wert der Schöpfung / Hld 8,7
Spr 8,10
  Wert des Ysop / mit dem Ysop assoziierte Gebote → Exodus (Ex 12,22)
  < Wert des Lulab / mit dem Lulab assoziierte Gebote
Lev 23,40
Ps 16,11
  Gottesfurcht (Spr 10,27) u. warnende Beispiele (יסור) (Spr 6,23)
  fünf Freuden (Schrift, Mischna, Talmud, Tosefot/Halacha, Aggada);
  sieben Gruppen von Gerechten; Schreiber / Mischnalehrer;
  sieben Weisungen des Laubhüttenfestes (vier Bestandteile des Lulab, Sukka, Festfreude, das Pilgerfest)
    Der Lulab markiert als Siegeszeichen den Ausgang der gerichtlichen Auseinandersetzung zwischen Israel und den Völkern
Lev 23,40
Ps 102,18
  (Gerichtsverhandlung u. Klage Davids) David sieht Gerechte (Ps 72,1) und Frevler (Ps 102,1) unter seinen Nachkommen
  der Arbeiter, der seine täglichen Gebete zu beten keine Zeit findet
(pl⇔ sg)
  Manasse u. dessen Väter (2 Chr 33,13); die Generation der Rabbinen;
  eine spätere Generation (Ps 102,19); Generation des Hiskija;
  das Geschlecht Mordechais und Esthers; die Geschlechter der Rabbinen (Lev 23,40)
Ps 96,12f (sukzessive)
  die Welt (Gen 4,8); die Geschöpfe (Ps 24,1); die Bäume; im Angesicht JHWHs; an Rosch Haschana und Jom Kippur; um zu richten
Ps 26,6
  Kauf statt Raub
  Liturgie (umrunden)
Ps 26,7
  Opfer
  Hallel (Vergangenheit [Ps 114,1], Gegenwart [Ps 115,1] und Zukunft [Ps 116,1; 118,27f])
Lev 23,40
  nicht geraubt (bez. Lulab)
  Anekdote vom Straßenräuber, dessen vermeintlicher Anwalt ihm zum Ankläger wird → Lulab
Lev 23,40
1. ⇔ 15. Tag
Maschal vom sukzessiven Bittzug der Stadt und vom sukzessiven Steuernachlass durch den König
Rosch Haschana – 10 Tage – Jom Kippur
    Von Jom Kippur bis Sukkot beschäftigt sich Israel mit den Geboten
Lev 23,40
  Sukkot verdrängt den Jom Kippur

Sukzessive Auslegung:

Lev 23,40	I	Beschaffenheit des Lulab
	II	JHWH
	III	Abraham, Isaak, Jakob, Josef
	IV	Sara, Rebekka, Lea, Rachel
	V	der Sanhedrin
	VI	Israel (alle möglichen Kombinationen aus Torakenntnis und/oder guten Taten) → Israels wechselseitige Sühne[42]

Lev 23,40a: Verweis auf die kommende Welt

[42] Die einzelnen Einheiten Israels, das wie die Bestandteile des Lulab zusammengebunden ist, sühnen einander.

Die Parasche besteht aus einer Abfolge von fünf Petichot und einer abschließenden längeren Auslegung, die sich unmittelbar auf den Ausgangsvers Lev 23,40 bezieht. Lev 23,40 steht innerhalb des Festkalenders Lev 23 im Kontext der Bestimmungen zum Laubhüttenfest.[43] Den Midrasch interessieren v.a. die Bestimmungen zum Lulab[44], der für den Midrasch auf das Laubhüttenfest und die ihm zu Grunde liegende Festidee verweist. Sowohl die Bestandteile des Lulab[45] als auch die Art seiner Verwendung haben Verweisfunktion[46]. In der abschließenden Auslegung des Ausgangsverses betrachtet der Midrasch die drei aufeinander folgenden Feste Rosch Haschana, Jom Kippur und Sukkot als Festzusammenhang.[47]

In den Auslegungen jeder Peticha, die der abschließenden, auf den Ausgangsvers zurückführenden Auslegung vorausgehen, greift die Parasche verschiedene Themen auf, die sie geschickt mit dem vordergründigen Thema des Festes verbindet. Es sind dies: Studium der Tora und Toraobservanz, das Verdienst der Väter und Mütter Israels und das Gericht. Der Lulab ist Zeichen für die Erfüllung oder Nichterfüllung der Mizwot[48] und in dieser Funktion Zeuge und Beweismittel im Gericht,[49] auf das das Sukkotfest als Abschluss einer Reihe von Festen verweist,[50] indem es dieses Gericht und seinen Ausgang im kultischen Vollzug bereits vorwegnimmt. Vor allem das Thema des Gerichts ist für die Auseinandersetzung des Midrasch mit Gen 4 von Bedeutung. Der Lulab steht für die Verdienste der Väter und Mütter der erinnerten Geschichte Israels[51] bis hin zu den Tradenten der rabbinischen Schriften,[52] die für die Weitergabe der Tradition[53] einstehen.[54]

---

43 Die Exegese nimmt die Schilderungen zum Laubhüttenfest als Abschluss des Festkalenders in Lev 23 wahr. Vgl. Staubli (1996), 178. Die Bezeichnung des Laubhüttenfestes als החג יהוה in V 39 hebt es aus der Reihe der übrigen Feste heraus. Vgl. Gerstenberger (1993), 318; Staubli (1996), 178. Auch der Midrasch nimmt, erkennbar am Bezug auf Lev 23,1, Lev 23 als zusammenhängenden Text wahr.

44 Der Midrasch beginnt seine Auseinandersetzung mit dem Laubhüttenfest mit Lev 23,40 und den Bestimmungen zum Lulab. V 40 bringt nach einer allgemeinen Aufforderung zur Feier des Sukkotfestes in V 39 konkrete Bestimmungen zum Lulab, auf die in VV 42f konkrete Bestimmungen zum Leben in der Laubhütte folgen. Vgl. Staubli (1996), 174. Während die Anweisung zum Bau einer Laubhütte unter Bezug auf die erinnerte Geschichte Israels und den Auszug aus Ägypten innerbiblisch eine Begründung erfährt, vgl. Gerstenberger (1993), 319, bleiben die Anweisungen zum Lulab dort unbegründet.

45 Früchte und Zweige werden im biblischen Text nicht genauer spezifiziert. Vgl. Staubli (1996), 179. Der Midrasch füllt die Leerstelle im Sinne der jüdischen Tradition. Bereits antike Synagogenmosaike belegen Palmen und Etrog. Vgl. Staubli (1996), 179. Dem Midrasch geht es weniger darum, ungenaue Angaben im Text zu spezifizieren als darum, den Sinn des Laubhüttenfestes im Zusammenspiel mit den beiden ihm vorausgehenden Festen mittels dieser – in der Praxis längst geleisteten – Spezifizierung zu erfassen.

46 Auch die Art der Verwendung des Feststrauches wird vom biblischen Text nicht thematisiert. Vgl. Gerstenberger (1993), 319.

47 Der Lesart des Midrasch kommt Gerstenberger insofern nahe, als für ihn das Laubhüttenfest „für die Kalenderüberlieferung Ziel- und Höhepunkt der kultischen Veranstaltungen im ‚heiligen' siebten Monat zu sein [scheint]" (Gerstenberger [1993], 318.), innerhalb dessen er auch dem Jom Kippur eine m.E. durch die Tradition eher als durch Lev 23 gedeckte Sonderposition einräumt. Vgl. Gerstenberger (1993), 312. Außer dem Laubhüttenfest fallen nur Jom Kippur und Rosch Haschana in den siebten Monat. Eine engere Zusammengehörigkeit und Sonderfunktion der drei abschließend behandelten Feste lässt sich m.E. aber aus dem biblischen Text allein nicht begründen.

48 Vgl. die Peticha zu Spr 8,10.

49 Vgl. die Peticha zu Ps 102,18f – prominent als Zeichen des Freispruches Israels.

50 Nach Rosch Haschana und Jom Kippur.

51 Vgl. die Peticha zu Ps 102,18f.

52 Vgl. die Petichot zu Ps 16,11 und Ps 102,18f.

53 Etwa der über den Lulab.

Die abschließende Auslegung greift alle diese Aspekte noch einmal auf. Wie bereits durch die erinnerte Geschichte Israels hindurch die Generationen füreinander einstanden und Sühne füreinander leisteten,[55] sühnen einander auch die Angehörigen Israels. Bild dafür sind die im Lulab zusammengebundenen Bestandteile. Durch das wechselseitige Einstehen der Glieder Israels füreinander haben auch die Anteil an Israel, die den mit der Israel konstituierenden Tora verbundenen Ansprüchen[56] nicht entsprechen.

Themenschwerpunkte

Die Feier des Sukkotfestes steht für die Verdienste Israels und seiner Vertreter durch die erinnerte Geschichte Israels und exemplarisch für die Einhaltung der Tora. Dank der Verdienste der Eltern und im Verdienst der Einhaltung der Tora besteht Israel im Gericht.

8.2.2 Der engere Textzusammenhang

Übersetzung

[57]„Das Feld triumphiert“ (Ps 96,12). Das ist die Welt. [Wie geschrieben steht: „Und es geschah, als sie auf dem Feld waren“ (Gen 4,8).][58] „Und alles, was auf ihm ist“ (Ps 96,12). Diese sind die Lebewesen, über die du sagst: [„JHWH die Erde und ihre Fülle“ (Ps 24,1).][59] „Alle Bäume des Waldes sollen allezeit jubeln“ (Ps 96,12). Und es steht geschrieben: „Alle Bäume des Waldes“ (Ps 96,12). Rabbi Acha sagte: „Der Wald“, dies sind die Bäume, die Früchte tragen. „Und alle Bäume des Waldes“ (Ps 96,12). Dies sind Bäume, die keine Früchte tragen. Vor wessen Angesicht? „Im Angesicht JHWHs“ (Ps 96,13). Wozu? „Damit er kommt“ (Ps 96,13). An Rosch Haschana und an Jom Kippur. Um was zu tun? „Zu richten“ (Ps 96,13). „Die Welt in Gerechtigkeit und die Völker in seiner Wahrheit[60]“ (Ps 96,13).[61]

8.2.2.1 Analyse

Die Peticha zu Ps 96,12, die als einen ihrer Intertexte mit Gen 4,8 einen Vers aus Gen 4,1–16 einspielt, führt außer in LevR [62]כ nicht explizit auf den Ausgangsvers der Parasche und seinen Verweis auf das Laubhüttenfest zurück, sondern lässt das Lob der ganzen Schöpfung in den dem Laubhüttenfest im Festkreis unmittelbar vorausgehenden Festen Rosch Haschana und Jom Kippur kulminieren.

---

54 Als Aufruf zum Gotteslob ordnet sich auch der im Zusammenhang mit der Auslegung von Gen 4,1–16 breiter ausgelegte Ps 96 hier ein.

55 Vgl. die Peticha zu Ps 102,18f.

56 Über Toraobservanz und Studium der Tora.

57 Eine andere Sache: „Und ihr sollt euch am ersten Tag nehmen …“ (Lev 23,40). Dies ist es, was geschrieben steht …, LevR ד.

58 Fehlt in LevR ב א.

59 Fehlt in LevR א; „Und es geschah, als sie auf dem Feld waren“ (Gen 4,8), LevR כ.

60 Aufrichtigkeit, LevR ד ב א.

61 … „Von hier [findest du] allezeit für dich, was für uns zu tun ist. Wir nehmen Etrog, Myrte und Lulab und Weidenzweig und sie preisen vor JHWH. ‚Und ihr sollt für euch am ersten Tag nehmen‘ (Lev 23,40)“, LevR כ.

62 Durch die Fortsetzung in LevR כ, die den Bezug zum Ausgangsvers explizit herstellt, ändert sich an der Aussage des Psalms im Kontext des Midrasch nichts.

Angesichts des bevorstehenden Gerichtes über die ganze Schöpfung[63] präsentiert sich Ps 96 als globaler Lobaufruf,[64] der sich zunächst an Israel, im Zitat Israels an die Völker und am Ende – unter Verwendung des Konjunktivs – an die gesamte Schöpfung richtet. Die an die Völker ergehende Aufforderung gilt zunächst dem Lob, dann dem Zug nach dem Zion und schließlich der Teilnahme an der dortigen Tempelliturgie.[65] Im Lob anerkennen Völker und Schöpfung die Überlegenheit des Gottes Israels.[66] Im ‚Beben' der Völker – חול (V 9) ist Schöpfungsterminologie – und in der Befestigung (כון, V 10) des Erdkreises werden Völkerwelt und Schöpfung miteinander verbunden. Der Psalm hat einen erkennbar eschatologischen Charakter.[67]

Nach der Interpretation des Midrasch zielt der Jubel der Welt nach Ps 96,12f auf das Eintreten des göttlichen Gerichtes.[68] Neben seiner endzeitlichen Ausrichtung erfährt der Psalm in der Auslegung des Midrasch aber eine zweite zeitliche Orientierung. In der Auslegung von Ps 96,12f wird das Kommen Gottes zum Gericht mit Rosch Haschana und Jom Kippur verknüpft.[69] Über die im liturgischen Jahr regelmäßig wiederkehrenden Feste wird das globale(!) Gericht in eine kultisch je wieder neu zu realisierende Gegenwart eingetragen. Das liturgische Jahr Israels wird auf die Endzeit hin durchsichtig.

Der Midrasch zitiert die beiden Schlussverse des Psalms. In seinem Blick auf die Welt verengt der Psalm in diesen beiden letzten Versen die Perspektive auf die auf dem Feld lebenden Lebewesen und die Bäume des Waldes. Dass dieser Verse pars pro toto für die im Psalm besungene Schöpfung steht, unterstreicht der Psalm, indem er diesen Vers mit Ps 24,1 verknüpft. Das Stichwort ‚Feld' bietet den Anknüpfungspunkt für die intertextuelle Verknüpfung mit Gen 4,8. Das Feld ist Schauplatz des Mordes an Abel.

Jubelnde Schöpfung ist die Welt als und obwohl sie Schauplatz des Brudermordes ist. Die Erzählung von Kain und Abel gerät zur Zustandsbeschreibung der Welt. In der Identifizierung von Feld (Ps 96,12) und Welt über Gen 4,8[70] wird die jubelnde Schöpfung als korrumpierte Schöpfung präsentiert:[71] Die Identifikation

63 Vgl. Hossfeld/Zenger (2000), 671. Im Rahmen dieses Gerichts stellt Gott die Ordnung der Schöpfung wieder her.

64 Vgl. Gerstenberger (2001), 187. Anders Seybold (1996), 380, der den Psalm als Aufruf zu Verkündigung und Mission liest.

65 Vgl. Hossfeld/Zenger (2000), 669.

66 Vgl. Gerstenberger (2001), 187; Hossfeld/Zenger (2000), 669.

67 Vgl. Hossfeld/Zenger (2000), 672.

68 כי בוא in V 13 wird vom Midrasch final oder konsekutiv interpretiert (למה כי בא). LevR א ב ד korrigiert im letzten Psalmvers zu „… und die Völker in seiner Aufrichtigkeit."

69 An anderer Stelle wird der Ausgang des Gerichts wesentlich mit dem Sukkotfest und insbesondere mit dem Schwingen des Lulab in Verbindung gebracht. Vgl. auch die Peticha zu Ps 16,11, wo der Lulab Sieg und Freispruch Israels in der Gerichtsverhandlung Gottes demonstriert.

70 Nach dem Zeugnis von LevR א ב fehlt das Zitat Gen 4,8 ganz. In LevR ב fehlt damit der Verweis auf die jubelnde als auf die gestörte Schöpfung. Die Identifikation von Feld und Welt funktioniert über Ps 24,1: „… die Welt und die auf ihr wohnen". LevR א interpretiert Ps 96,12 ganz ohne Einspielung anderer Textstellen.

71 Die Einführung einer globalen Perspektive über die Identifikation des ‚Feldes' (V 12) mit der Welt über Gen 4,8 scheint auf den ersten Blick redundant, scheint doch die globale Perspektive über den Psalm selbst schon vorgegeben. Selbst das Stichwort ‚Welt' wäre über den Psalmtext einholbar gewesen (ארץ [VV 1.9.11.13]; תכון [V 10]; תבל [V 13]). Allerdings ist עולם, anders als ארץ auf das Land Israel nicht eng zu führen. Ausschlaggebend für eine Identifikation von שדה und עולם über Gen 4,8, in dessen Kontext ארץ 3mal (Gen 4,12.14.16), dabei אדמה 6mal, aber an keiner Stelle עולם vorkommt, ist aber m.E. die Kennzeichnung der Schöpfung als eine gebrochene. ארץ ist in Gen 4,1–16 der Ort der

von כל אשר בו (Ps 96,12) mit der Summe der auf der Erde lebenden Lebewesen geschieht in LevR כ außer über Ps 24,1 auch über Gen 4,8. Die nach Gen 4,8 auf dem Feld sind und also mit den Lebewesen auf der mit dem Feld identifizierten Welt identifiziert werden, sind Kain und Abel. In LevR כ א fehlt der Bezug auf Gen 4,8. Die Gebrochenheit der Schöpfung wird nur noch über Ps 96,13 und die Verbindung mit Rosch Haschana und Jom Kippur eingespielt, die globale Perspektive hier zurückgenommen.

Der Mehrheitstext zitiert Ps 24,1.[72] Nach Ausweis der Mischna-Traktate Tamid VII,4 und IV,3[73], HaShana 31a[74] und einigen späteren rabbinischen Zeugnissen[75] ist Ps 24 der am ersten Tag der Woche im Verlauf des morgendlichen Tamid am Tempel mutmaßlich von den Leviten in Anwesenheit der Tempelbesucher abschließend gesungene Psalm.[76] Er ist fester Bestandteil der Synagogenliturgie.[77] Im Traktat Tamid wird der Psalm über eben den auch im vorliegenden Midrasch zitierten ersten Vers eingespielt.[78] Das im Gesamtkontext beschriebene Lob der ganzen Schöpfung gewinnt, sofern man den Psalm als regelmäßig in der Liturgie gesungenen Psalm als bekannt voraussetzen kann, selbst die Qualität einer Liturgie.[79] Aus Schöpfungsbezug (Ps 24,1f),[80] der Präsentation JHWHs als ‚König der Welt'[81] und Bezug zum Kult[82] ergeben sich inhaltliche Parallelen zu dem gemäß der Syntax des Midrasch Ps 24 übergeordneten Ps 96. Ps 24,1 leitet eine Bewegung des Beters zum Tempel hin ein, die dem Kommen Gottes in Ps 96 korrespondiert.

Bedeutungsvoll ist die Spannung, die sich aus den Kontexten der beiden nacheinander zitierten Belegverse Gen 4,8 und Ps 24,1 ergibt. Während Kain fortgeschickt und die Erde für ihn zu einem Ort der Heimatlosigkeit wird, spricht Ps 24 vom Zug der Gerechten zum Zion.[83] Während Kain sich vom Angesicht Gottes

---

ber m.E. die Kennzeichnung der Schöpfung als eine gebrochene. ארץ ist in Gen 4,1–16 der Ort der Ruhelosigkeit Kains.

72 Die zweigliedrige Formulierung הארץ ומלואה wiederholt die Deutung des Midrasch von Ps 96,3, dessen Versglieder erst auf die Welt, dann auf die auf ihr lebenden Bewohner bezogen werden. Das Zitat des Psalms fehlt in LevR א.

73 Vgl. Maier (2004), 375; Trudinger (2004), 17.

74 Vgl. Maier (2004), 375; Trudinger (2004), 23.

75 Maier (2004), 375 zählt darüber hinaus auf: bAr 11b/12a; HldR IV,8.

76 Vgl. Maier (2004), 375; Trudinger (2004), 27.

77 Vgl. Maier (2004), 376f. Maimonides belegt erstmals die – zu diesem Zeitpunkt bereits selbstverständliche – Rezitation des Psalms im täglichen Morgengebet. Vgl. Maier (2004), 377. Ps 24 ist auch Teil des מעמד-Gottesdienstes, der für Kultpersonal, das am Tempel nicht anwesend sein kann, den Kult ersetzt. Ausweislich Maier (2004), 377 bestand dieser Brauch bis ins Mittelalter fort. Ps 96 ist selbst nicht unter die Tamid-Psalmen zu rechnen, drei Psalmen des näheren Kontext (Ps 92; 93; 94) sind aber Teil dieser Gruppe.

78 Vgl. Trudinger (2004), 17.

79 Umstritten ist, ob der Tamid in rabbinischer Tradition eher in der Funktion eines Dankopfers (so Philo) oder in der eines Sühnopfers (so die Jubiläen) gesehen wird. Vgl. Trudinger (2004), 50. Ein bestimmtes Verständnis hätte gegebenenfalls weitergehende Auswirkungen für ein Verständnis des Midrasch. Beides ist aus dem Kontext des Midrasch heraus denkbar. Im einen Fall würde die Gebrochenheit der Schöpfung, im anderen der Jubel der Schöpfung unterstrichen.

80 Vgl. zu Ps 24 Hossfeld/Zenger (1993), 160; Seybold (1996), 104; Maier (2004), 378; Trudinger (2004), 57. Zu Ps 96 s.o.

81 Vgl. zu Ps 24 Hossfeld/Zenger (1993), 157; Seybold (1996), 104. Zu Ps 96 s.o.

82 Ps 24,3b und Ps 96,8. S.o.

83 Ps 24 erstellt ein ‚moralisches Profil' derer, die Einlass im Tempel erhalten. Vgl. Hossfeld/Zenger (1993), 157.160; Trudinger (2004), 57.

(Gen 4,14) verbergen zu müssen glaubt,[84] pilgern nach Ps 24 die Menschen zum Zion, die Gottes Angesicht suchen.[85]

8.2.3 Kain und Abel im Textzusammenhang

Die Erzählung von Kain und Abel wird über den Ort des Brudermordes und das Zitat von Gen 4,8 eingespielt. Der Brudermord illustriert den Zustand der Welt[86]. Als Schauplatz des Brudermordes ist die Schöpfung korrumpierte Schöpfung. Gleichzeitig wird Kains Verhalten zum Gegenmodell eines im Kult vorweggenommenen zukünftigen Zustands nicht nur Israels, sondern der gesamten Schöpfung. Innerhalb des engeren Sinnzusammenhangs fungiert Gen 4 als Gegenhorizont zu Ps 24. Während Kain fortgeschickt wird, schildert Ps 24 den Zug der Gerechten zum Zion. In Vorwegnahme ihres zukünftigen Zustands wird die korrumpierte Welt als jubelnde Schöpfung präsentiert. Gen 4 steht so für eine globale Perspektive.

8.3 NumR 7 und 9

8.3.1 Der Kontext (Num 7)

NumR 1–14 folgt in groben Zügen dem biblischen Textverlauf. Die Gliederung des rabbinischen Textes folgt der Gliederung des biblischen Textes. NumR 7 und NumR 9 nehmen erkennbar aufeinander Bezug. Die vom Midrasch ausgelegten Texte sind in der Wahrnehmung moderner Exegese Teil eines Textzusammenhangs Num 5,1 – 6,27. Num 1 – 4 gilt der Ordnung des lagernden Israel. Das Lager Israels in der Wüste ist Bild des idealen, wenn auch von Anfang an in seiner Integrität bedrohten, Israel.[87] Gegenstand des Textkomplexes Num 5,1 – 6,27 ist die kultische Reinheit im Lager.[88] Die geforderte Reinheit ist mit der geglaubten und erfahrenen Anwesenheit Gottes in der Mitte Israels eng verknüpft. Die Passage wird in fünf relativ klar voneinander abgrenzbare Passagen untergliedert. Auf einen formelhaften Neueinsatz mit וידבר יהוה אל־משה לאמור in Num 5,1.5.11; 6,1.22 folgen jeweils Bestimmungen, die der Aufrechterhaltung der Ordnung im Lager Israels gelten. Zwei Passagen sind im Zusammenhang mit der Verwendung der Erzählung von Kain und Abel in ihrer Deutung durch NumR von Interesse: Num 5,1–4 behandelt verschiedene Formen der Unreinheit, die die Ausweisung aus dem Lager nach sich ziehen. Num 5,11–31, das so genannte Eifersuchtsordal, behandelt den in dem Fall zu vollziehenden Ritus, in dem ein Mann seine Frau eines Ehebruches be-

---

84 Kain greift in 4,14 die von Gott in 4,11 formulierte Tatkonsequenz auf und fügt ihr das Sich-verbergen-Müssen vor dem Angesicht Gottes eigenmächtig hinzu. Das Motiv ist an keiner Stelle Teil einer Gottesrede.

85 Ps 24,6: מבקשי פניך – Gen 4,14: מפניך אסתר. Der Psalm identifiziert die Gerechten mit denen, die das Angesicht Gottes suchen. Vgl. Hossfeld/Zenger (1993), 175.160. Ob hier auch Proselyten gemeint sind, ist für den Midrasch unerheblich. Die Semantik der מבקשי פניך im Kontext des Midrasch ergibt sich aus der Opposition zu Kain, der das Angesicht Gottes flieht.

86 Unterstrichen wird dies durch den Umstand, dass der Midrasch die Doppelung in עצי ער (Ps 96,12) auf fruchtbare und unfruchtbare Bäume bezieht.

87 Vgl. McConville (2002), 347.

88 Vgl. Staubli (1996), 220.

zichtigt, für den es keine Zeugen gibt. Auch sexuelles Fehlverhalten gilt als Form der Unreinheit.[89]

Gemeinsamer Verstehenshintergrund beider Textpassagen durch den Midrasch ist ein grundsätzlicher, d.h. auch über die Grenzen Israels hinaus als gültig behaupteter Zusammenhang.[90] Jede menschliche Gemeinschaft und die Gemeinschaft des Menschen mit Gott werden als reziprok voneinander abhängig gedacht. Wo der Mensch diesen Grundsatz verletzt, schließt er sich selbst sowohl aus der menschlichen als auch aus der Gemeinschaft des Menschen mit Gott aus. Vor dem Hintergrund des besonderen Gottesverhältnisses Israels gilt dieser grundsätzlich gültige Zusammenhang für Israel in einzigartiger Weise. Unter Bezug auf Num 5,3 wird die von Israel geforderte ‚Reinheit' mit dem Wohnen Gottes inmitten seines Volkes begründet. Umgekehrt wird Israel zu einem Beispiel dieses grundsätzlich gültigen Zusammenhangs für die Welt.

NumR 7 bezieht seine innere Kongruenz aus dem regelmäßigen Bezug auf Num 5,2 und aus seiner thematischen Einheitlichkeit. Durchgehendes Thema ist der Ausschluss aus der Gemeinde wegen körperlicher Unreinheit. Außer auf Num 5,2 bezieht sich der Midrasch auf Num 5,4. Auch in der Wahrnehmung der Exegese bildet Num 5,1–4, das wie der folgende Abschnitt mit formelhaftem וידבר יהוה אל־משה לאמר beginnt, einen in sich geschlossenen Textzusammenhang.

Num 5,2
Spr 25,4
Die Schlacke vom Silber entfernen ⇔ Israel zieht mit (gesundheitlichen) Mängeln behaftet aus Ägypten – Gott heilt Israel, um die Tora einem fehlerlosen Volk offenbaren zu können – mit der Fertigung des Goldenen Kalbes kommen Mängel auf Israel zurück (zügellos, verwildert [פרוע] = aussätzig [צרוע])
Num 5, 2 (sukzessive)
Das Kapitel über die Aussätzigen folgt auf das Kapitel über die Leviten – die Verstoßung derer, die sich mit dem Goldenen Kalb verunreinigt haben, folgt auf die Aussonderung derer, die sich nicht verunreinigt haben (die Leviten) – Zählung der Leviten und des Volkes
Die Königsherrschaft Gottes über Israel offenbart sich im Ausschluss der Erbauer des Goldenen Kalbes (die Aussätzigen)
Aussatz durch: Bau des Goldenen Kalbes
Klagen/Spott
Israel spottet darüber, dass Gott, als er Israel mit Manna versorgte, Israel von allen übrigen Menschen unterschied, indem er sie der Notwendigkeit enthob, Notdurft zu verrichten
Israel klagt angesichts des Manna über den Mangel an Fleisch → Entfremdung des Volkes (Aussatz)
Jes 17,10
Die Entfremdung Israels von Gott, die zur Herstellung des Goldenen Kalbes führt, beginnt im Moment des Bundesschlusses[91]
Aussatz wegen 11 Vergehen (Gotteslästerung, Unzucht, Blutvergießen [Kain: Gen 4,15; Joab: 2 Sam 3,29], Verleumdung, Stolz, Anmaßung, Lügen, Diebstahl, Meineid, Entweihung des göttlichen Namens, Götzendienst) (auch: Missgunst, Schmähung der Tora) →
Belege (Entsprechung von Tat und Tatkonsequenz)

[89] Vgl. Levine (1993), 181. Reinheit und Unreinheit, der Tora konformes oder torawidriges Verhalten wird in mehreren der eingespielten Texte am Beispiel der Sexualität abgehandelt. Zu Dtn 23 vgl. McConville (2002), 347.245.

[90] In diesem Zusammenhang steht auch die Erzählung von Kain und Abel.

[91] Der Aussatz zerstört den Körper

Num 5, 2 (sukzessive) „befehlen" = (→ Verknüpfung mit anderen göttlichen Weisungen) Lager = Lager der שכינה Mann und Frau (→ bei kultischer Unreinheit bis zur kultischen Sühne) Lager = 3 Lager (der Leviten, der Israeliten, der שכינה) – Übertragung auf eine dem Grad ihrer Heiligkeit und ihrer Nähe zum Tempel nach dreifach abgestufte Topographie Jerusalems [verschiedene Orte für die Ausgeschlossenen] – verschiedene Grade (und Gründe) der Verunreinigung (u.a. Aussatz) – 10 Stufen der Heiligkeit: Allerheiligstes – Umgebung des Altars – Duchan (Leviten) – Priesterhalle – Halle der Israeliten – Frauenhalle – Raum zwischen Tempelmauer und Tempelhalle – Tempelberg – Jerusalem – die Städte – das Land Israel (die Aussätzigen) – Kanaan diesseits des Jordan – Kanaan jenseits des Jordan / Übertragung der drei Lager der Wüstenwanderung auf drei Bereiche gestufter Heiligkeit in Jerusalem – Gott wohnt in Israel auch bei all seiner Unreinheit – Num 5,4 *freiwillige* Erfüllung der Weisung Num 5,2 („befiehl") das Exil wegen Götzendienst, Unzucht, Blutvergießen (auch: Versäumung des Erlassjahres) – *enge Verknüpfung mit der Heiligkeit des Landes* Störung der Heiligkeit und/oder Ausweisung durch die Völker – Die שכינה verlässt Israel nicht – Wo Israel Buße tut, sammelt Gott Israel – Erlösung am Ende der Tage

Für den Midrasch ist die Fehlerlosigkeit Israels – von Gott geschaffene – Voraussetzung für die Gabe der Tora. Als בעלי מומין (‚Herren der Fehler') bezeichnet der Midrasch die Israeliten in Ägypten, dann wieder im Zusammenhang mit den Ereignissen um das Goldene Kalb.[92] Die körperlichen ‚Fehler', die der Midrasch als Folge der Zwangsarbeit in Ägypten präsentiert, bilden den negativen Horizont der Charakterisierung des im Moment der Gabe der Tora am Berg ausharrenden (Ex 19,17), zum Handeln bereiten (Ex 24,7), auf die Stimme Gottes hörenden (Ex 24,7)[93] und diese Stimme sehenden(!) (Ex 29,18) Volkes und weisen insofern über bloß körperliche Mängel bereits hinaus. Die mit der Errichtung des Kalbes vollzogene Abwendung vom Gott Israels führt zu Aussatz und in Verbindung mit ihm zum Ausschluss aus dem mit diesem Gott verbundenen Volk. Entsprechendes gilt für schwerwiegende Verstöße gegen die Tora. Die vom Midrasch zitierten und in diesem Sinne gedeuteten biblischen Erzählungen verweisen auf diese ‚Ursünde' Israels.[94] Der Midrasch kennt 11 Vergehen, die Aussatz und Ausschluss aus der Gemeinschaft nach sich ziehen, und belegt eines von ihnen, den Mord, mit der Erzählung vom ersten Brudermord nach Gen 4. Drei Verstöße, ‚Dienst der Sterne' (Apostasie), ‚Nacktheit der Geschlechtsorgane' (Unzucht) und ‚Vergießen von Blut' (Mord), führen zum Exil.[95] Exil bedeutet das Ende des Wohnens in ארץ ישראל, in dem die Gemeinschaft Gottes mit Israel in Land und Tempel sinnfällig wird. Verbunden mit dem Motiv des mit dem Aussatz einhergehenden Ausschlusses aus der Gemeinschaft ist ein Konzept dreifach gestufter Heiligkeit in der Wüste (Lager der שכינה, Lager der am Bau des Kalbes nicht unrein gewordenen Leviten, Lager des

92 Die ‚Mängel' Israels werden im Zusammenhang mit der Abwendung vom Gott Israels und auch im weiteren Verlauf des Textes immer mit kapitalen Verstößen gegen die Tora in Verbindung gebracht.

93 Genauer: Das Volk signalisiert seine Bereitschaft zu hören.

94 „Darum sagte Gott zu Mose: Scheide die Aussätzigen, die unter ihnen sind, die diese Tat getan haben, aus. ‚Und sie sollen hinausschicken aus dem Lager jeden Aussätzigen usw.' (Num 5,2). Daher sagte Rabbi Jehuda ha Levi im Namen Rabbi Schalums: Über 11 Dinge kommt der Aussatz."

95 Es sind genau die Vergehen, die in der Kirche der Spätantike den (zeitweisen) Ausschluss aus der Gemeinde und Bußriten nach sich ziehen.

Volkes Israel) und im Land (Land Israel, Jerusalem, Tempel). Die Parasche endet mit der Zusage wiederhergestellter Gottesbeziehung.[96] Das in das dargestellte Konzept eingebundene hallachische Material ist vom konzeptionellen Rahmen des Midrasch her zu lesen.

Themenschwerpunkte

Jede menschliche Gemeinschaft und die Gemeinschaft des Menschen mit Gott werden als reziprok voneinander abhängig gedacht. Wo der Mensch diesen Grundsatz verletzt, schließt er sich selbst sowohl aus der menschlichen als auch aus der Gemeinschaft des Menschen mit Gott aus.

8.3.2 Das Traditionsstück: Aussatz

Übersetzung

Und über Vergießen des Blutes wegen Kain, wie gesagt worden ist: „Und JHWH setzte dem Kain ein Zeichen" (Gen 4,15). Rabbi Nechemja sagte: Dies ist der Aussatz. Hier ist ‚Zeichen' gesagt worden, und bei Hiskija ist ‚Zeichen' gesagt worden. Was bei Hiskija als ‚Beule' bezeichnet worden ist, ist auch hier eine ‚Beule'.

8.3.2.1 Analyse

Der Midrasch zitiert die Erzählung von Kain und Abel über Gen 4,15 und nimmt auf das Zeichen Kains Bezug. Indem der Midrasch die Erzählung von Kain und Abel einträgt, schließt er eine Leerstelle der Erzählung, die in der Unkenntnis des Lesers über die Art des Zeichens (אות) (Gen 4,15) besteht. Über die Verknüpfung mit Textstellen zu Hiskja und Joab wird das Zeichen Kains mit der Beule eines Aussätzigen identifiziert. Über die zitierten Stichworte אות und שחין lässt sich die eingespielte Erzählung von Krankheit und Heilung Hiskijas, die innerbiblisch in zwei Versionen in 2 Kön 19f und Jes 38 überliefert ist, als Intertext identifizieren. Die Abfolge der Ereignisse differiert zwischen den Versionen und ist in beiden Fassungen mit Schwierigkeiten verbunden.[97] Die Exegese bezieht das ‚Zeichen', das die Heilung des Hiskija von seiner Krankheit anzeigt, jedoch in beiden Textzusammenhängen zumeist auf die wunderbare Verkürzung des Schattens gegen den

---

[96] Spannungen ergeben sich aus einigen auf den ersten Blick konträr zueinander stehenden Vorstellungen. Neben der Vorstellung, dass Israel das Land als Ort der Gemeinschaft Gottes seiner, Israels, Gottesferne wegen verlässt, findet sich die Vorstellung, der sich aus dem durch Blutvergießen verunreinigten Land zurückziehenden שכינה. Mit Israel zieht die שכינה ins Exil. („Israel ist geliebt, an jedem Ort, an dem sie ins Exil gingen, war die שכינה bei ihnen.") Das Land ist zwar Ort der sinnfällig erfahrbaren, nicht aber der einzig mögliche Ort der Gottesgemeinschaft Israels.

[97] Unklar ist, welcher Text eingespielt werden soll. Beide Fassungen sind weitgehend parallel, unterscheiden sich jedoch in der Reihenfolge der auf die Stichworte אות und שחין bezogenen Ereignisse. In 2 Kön 20 folgen nacheinander die Konstatierung der Gebetserhörung (VV 5f), die Behandlung der Beule (V 7) und die Bitte um ein Zeichen (V 8), der entsprochen wird. Die sich daraus ergebende Schwierigkeit, dass die Bitte um ein Zeichen auf die bereits erfolgte Heilung folgt, ist häufig bemerkt worden. Vgl. Cogan/Tadmor (1988), 255ff; Fritz (1998), 482; Childs (2001), 280.282. In der Fassung von Jes 38 folgt auf die Konstatierung der Gebetserhörung (V 6) die Ankündigung des Zeichens durch Jesaja (V 7), dann, erst nach dem auf die erfolgte Heilung bereits zurückblickenden Dankespsalm des Hiskija (VV 9ff) die Notiz über die Behandlung der Beule (V 21) und die Bitte Hiskijas um ein erneutes(?) Zeichen. (V 22). Childs (2001), 281.283 diskutiert für die Jes-Fassung zwei Zeichen, von denen jedoch keines, entsprechend der Lesart des Midrasch, mit dem שחין identisch wäre. Hobbs (1985), 287.293 deutet das Auflegen der Feigen auf die Beule als eine erste nicht ausdrücklich als solche benannte Zeichenhandlung.

Lauf der Zeit.[98] Für den Midrasch ist das Zeichen das Krankheitssymptom. Die Beule (שחין) wird im biblischen Textzusammenhang nicht explizit mit Aussatz (צרעת) in Verbindung gebracht.[99] Erst 2 Sam 3, wo Joab für das vergossene Blut mit Aussatz unter den Mitgliedern seiner Familie bestraft wird, [100] hat צרעת. Für das Verständnis des Midrasch ist nicht so sehr die Identität des Zeichens, mit dem Gott Kain versieht, wesentlich, als der Anschluss an das übergeordnete Thema des Ausschlusses (Kains) aus der Gemeinschaft und vom Angesicht Gottes, der über die Identifikation des Kainszeichen mit dem Aussatz geschieht.[101] Der Leser hört die Ausweisung Kains von der אדמה und, entsprechend der Interpretation des göttlichen Strafspruches durch Kain – nicht aber entsprechend dem Wortlaut des göttlichen Strafspruches – die Entfernung Kains vom Angesicht Gottes mit.

Blutvergießen zählt sowohl unter die elf Verstöße, die zum Aussatz und insofern zum Ausschluss aus der Gemeinschaft führen, als auch zu den drei, die das Exil Israels zur Folge haben. Nicht für jedes dieser 11 Vergehen, die Aussatz und den Ausschluss aus der Gemeinschaft nach sich ziehen, findet der Midrasch ein Beispiel aus Israel.[102] Im Zusammenhang der drei Kapitalverbrechen, die der Midrasch für das Exil Israels verantwortlich macht, wird das Beispiel Kains nicht angeführt. Nichtsdestotrotz werfen sie ein Licht auf die Erzählung um Kain und Abel. Ohne bestimmten biblischen Bezug verweist der Midrasch auf die Verunreinigung und die ‚Entweihung' (חנף Hif.)[103] des ‚Landes' (ארץ). In Gen 4,10–12 ist das Vergießen des Blutes Abels auf der אדמה mit der Verfluchung Kains von der אדמה verknüpft. Der begriffliche Bezug ist nicht eindeutig. Ein Bezug ergibt sich aber dadurch, dass der Midrasch das Land (ארץ) als den Ort näher charakterisiert, an dem Israel für es selbst erfahrbar im Angesicht Gottes lebt.

8.3.3 Der Kontext (Num 9)

Auf den formelhaften Neueinsatz mit וידבר יהוה אל־משה לאמר in Num 5,11 folgen Bestimmungen über die von ihrem Mann des Ehebruchs verdächtigte Frau. NumR zu Num 5,12–30 legt diese Textpassage in zwei Durchgängen Vers für Vers aus. Die doppelte Auslegung, die Wiederholung zahlreicher Motive und der durchgehende thematische Bezug der Auslegung auf die Frage der Integrität Israels legt die Wahrnehmung der Einheitlichkeit des biblischen Textzusammenhangs auch durch den Midrasch nahe. Der Textzusammenhang endet pointiert mit der Ankündigung zukünftiger Vergebung in Auslegung zu Ez 37,28.

---

98 Vgl. Fritz (1998), 123; Blenkinsopp (2000), 484.

99 Die Krankheit des Hiskija bleibt in beiden Textvarianten unbestimmt. Vgl. Hobbs (1985), 291; Cogan/Tadmor (1988), 255. שחין findet sich aber u.a. auch in Ex 9, eine Stelle, die von den Rabbinen an anderer Stelle mit צרעת in Verbindung gebracht wird.

100 Die Midraschim um die תשובה Kains in LevR 10 und DtnR 8 korrelieren dieselben Episoden miteinander. Die Interpretation dort beruht auf der Strukturparallele der Rücknahme einer angekündigten Strafe, die Bedrohung oder Minderung des Lebens mit sich bringt, auf Einspruch Kains resp. Hiskijas. Die Erzählung um Joab, vgl. Hentschel (1985), 16; Caquot (1994), 391 passt nicht in dieses Schema. Von einer der Krankheit vorausgehenden Schuld ist bei Hiskija in keiner Fassung ausdrücklich die Rede. Vgl. Hobbs (1985), 290. Ob sie im biblischen Text, vgl. Fritz (1998), 122, anders Blenkinsopp (2000), 482, oder ob sie in der Deutung des Midrasch vorauszusetzen ist, bleibt unklar.

101 Auch die Krankheit des Hiskija führt aber zum Ausschluss aus der menschlichen Gemeinschaft. Bei Hiskija handelt es sich um eine letztlich temporäre kultische Unreinheit. Vgl. 2 Kön 20,8 und Jes 38,22, dazu Fritz (1998), 123. Vgl. Hobbs (1985), 292.

102 Kain, Naeman.

103 In Aufnahme von Num 25,33.

Num 5	
V 12	Heimlichkeit des Ehebrechers – heimliche Untreue gegenüber der Weisung des Schöpfers → Gott deckt alle Heimlichkeiten auf
	Rückverweis: Num 5,2: Weisungen zum Aussatz – Zeichnung des Ehe brechers (Num 5,21f)
Spr 5	Ehebruch → Verlust der eigenen Nachkommenschaft / Verstoß gegen die Weisung Gottes → Verlust der politischen Eigenständigkeit und des Landes (Gen 4)
	Ehebruch stellt die Integrität des Volkes Gottes in Frage
V 13	[genauere halachische Bestimmungen]
V 14	Gottes Unmut über den Ehebrecher wie über den, der gegen die Tora verstößt
V 15	Rückverweis: Num 5,5–10: Weisungen über die Abgaben ans Heiligtum
	Wer die pos. Weisungen der Tora (Bsp. Abgaben an den Tempel) nicht befolgt, wird schließlich zum Opfer einer negativen Weisung (Bsp. Anzeige des Ehebruchs am Heiligtum)
	[genauere halachische Bestimmungen]
V 16	[genauere halachische Bestimmungen]
V 17	die verwendete Gerätschaft verweist auf die erinnerte Geschichte Israels (Exodus) – Unzucht wird zum Unterscheidungsmerkmal zwischen Ägypten / den Völkern und Israel – Integrität des Volkes Israel – die Tat und ihre Folgen
	[genauere halachische Bestimmungen → *Vogelblut des Aussätzigen*]
V 18	[genauere halachische Bestimmungen → Konfrontation der Frau mit den Weisungen der Tora und der erinnerten Geschichte → *Vergleich mit Bestimmungen über Aussatz*]
V 21	[genauere halachische Bestimmungen – Analogie von Tat und Konsequenzen – das Ergehen des Körpers der Frau verweist auf die erinnerte Geschichte Israels]
V 22	[genauere halachische Bestimmungen – Verweis auf Tat und Folgen]
V 23	[genauere halachische Bestimmungen] – Heiligkeit des Namens – Heiligkeit der Ehe (Anekdote)
VV 24–26	[genauere halachische Bestimmungen]
V 27	[genauere halachische Bestimmungen – Verweis auf Tat und Folgen / Entsprechung von Tat und Tatfolgen – Beispiele aus der erinnerten Geschichte Israels[104]]
V 28	[genauere halachische Bestimmungen – Entsprechung von Tat und Tatfolgen – i.F. der Unschuld]
V 29	[Gültigkeit in der kommenden Welt – genauere halachische Bestimmungen]
VV 30f	[genauere halachische Bestimmungen]
V 12	[genauere halachische Bestimmungen] – andere Weisungen über Untreue und Betrug – Untreue gegenüber Gott
V 14	[genauere halachische Bestimmungen – zur Ehescheidung]
V 15	[genauere halachische Bestimmungen – Anekdoten – Übertragung auf die Zeit ohne Tempel]
V 26	
VV 16f	[genauere halachische Bestimmungen]
V 18	[genauere halachische Bestimmungen – Begründung m. erinnerten Geschichte Israels – Geschichte der Tamar – Verweis auf Geschichte des Exodus]
VV 19f	[genauere halachische Bestimmungen]
V 22	[genauere halachische Bestimmungen – Ausweitung auf den Ehebrecher – Ausweitung auf andere Verstöße gegen die Tora – Parallelen aus der erinnerten Geschichte]
V 23	[genauere halachische Bestimmungen] Übertragung → Auslöschung von Büchern der Sektierer

[104] Bevorzugt: Erzählungen über Unzucht oder Geschlechtsverkehr außerhalb Israels(!) – s.o.

VV 24–27	[genauere halachische Bestimmungen]
V 30	[genauere halachische Bestimmungen] – Ex 32 (Goldenes Kalb): Bezug auf Gott und Israel / Untreue = Götzendienst / Mose = Priester etc. / Tafel = Buch [= Tora?] / *V 18 (verwirrtes Haar) = Aussatz* → Einbezug der gesamten Textstelle VV 12ff
Ezechiel = Priester – Ankündigung zukünftiger Verzeihung (Ez 37,28)	

Durch das Trinken des Wassers mit dem Staub vom Boden der Stiftshütte und der im Wasser aufgelösten Tinte des Schriftstückes, das auch den Gottesnamen enthält,[105] bindet die Frau ihre Zukunft und das Ergehen ihres Körpers in sinnfälliger Weise an das Heiligtum und an die Gegenwart Gottes in ihm inmitten Israels.[106] Bereits auf der Ebene des biblischen Textes wird so eine Verbindung zwischen der Integrität der Beziehung von Mann und Frau und der von Gott und Israel hergestellt. Der Midrasch wird diesen Bezug weiter ausbauen.

Der Midrasch demonstriert den Zusammenhang zwischen der Integrität zwischenmenschlicher Beziehung und der Integrität der Beziehung von Gott und Mensch an einem in der Gegenwart der Rabbinen nicht praktizierten Ritual. NumR 9 schafft eine in doppelter Hinsicht fiktive Ausgangssituation. In der vorgestellten Situation kann der Verstoß nur vermutet, nicht bewiesen werden. Das Ordal, das Abhilfe verschafft, ist an die Stiftshütte (resp. den Tempel) gebunden. Es ist deshalb nicht länger durchführbar.

NumR betrachtet Num 5,11–31 als in sich geschlossenen Text und legt ihn zweimal hintereinander aus. An verschiedenen Stellen wiederholte Motive und Argumente legen ein Netz von Bezügen über den Text.[107] Der Midrasch legt den Text Vers für Vers aus.

Anders als in zahlreichen biblischen Texten, in denen die Untreue des Volkes zu JHWH mit dem außerehelichen Verhältnis einer verheirateten Frau verglichen wird, tritt hier als tertium comparationis immer der Verstoß gegen die Tora zwischen die beiden anderen zu vergleichenden Glieder. Der Ehebruch ist dabei sowohl selbst Verstoß gegen die Tora, er impliziert andere Verstöße gegen die Tora oder hat sie zur Folge[108], wie er auf die Tora in ihrer Gesamtheit und deren Missachtung verweist. Der Körper des Ehebrechers oder der Ehebrecherin, dessen Integrität der außereheliche Geschlechtsverkehr in der Lesart des Midrasch verletzt, wird durchsichtig auf die Integrität des Volkes Israel. Ehebruch gefährdet die Integrität des Volkes durch den Verstoß gegen die Tora wie durch die ungeklärte Herkunft der Nachkommenschaft.[109] Dabei wechselt der Midrasch an keiner Stelle vollständig auf die Bildebene.

---

105 Mit dem Motiv des im Wasser im Verlauf des Ordals ausgelöschten Gottesnamens verbindet sich eine abweichende Deutung des Ordals in anderen Midraschim, nach dem Gott sogar seinen Namen der Auslöschung preisgibt, um den Frieden zwischen Mann und Frau wieder herzustellen. Das Ziel wäre dort dann die Wiederherstellung des ehelichen Friedens, die den Nachweis der Unschuld der Frau im Zusammenhang mit dem Ordal ja voraussetzt. Die überwiegende Mehrzahl der Midraschim verwendet mehr Aufmerksamkeit auf die mögliche Schuld der Frau. Vgl. Grushcow (2006), pass.

106 Vgl. auch Levine (1993), 210f.

107 So wird z.B. das Motiv der Heimlichkeit mehrfach aufgegriffen. Mehrfach beschrieben wird auch die Szenerie, nach der das aus dem Ehebruch hervorgegangene Kind im Unwissen um seine tatsächliche Herkunft den leiblichen Vater verflucht und gegen das 4. Gebot des Dekalogs verstößt.

108 Lüge und falsches Zeugnis zwischen den Eheleuten, ein gestörtes Verhältnis zwischen Kindern und Eltern.

109 Gegenüber der biblischen Textvorlage Num 5,11–31 streicht der Midrasch die mögliche Folge unehelicher Kinder stark heraus. Unter den modernen Exegesen bringt nur eine Minderheit das Thema

Themenschwerpunkte

Der Körper des Ehebrechers oder der Ehebrecherin wird durchsichtig auf die Integrität Israels.

8.3.4 Der engere Textzusammenhang

Übersetzung

Eine andere Sache: „Ein Mann, ein Mann usw." (Num 5,12). Dies ist, was geschrieben steht: „Und ich werde dir und deinem Samen nach dir das Land deiner Fremdlingschaft geben usw." (Gen 17,8). ‚Und ich werde dir geben', Dies ist, was geschrieben steht: „Denn JHWH, dein Gott, geht umher usw." (Dtn 23,15). Dies ist, was geschrieben steht: „Und nun, Söhne, hört auf mich usw." (Spr 5,7). „Halte fern von ihr deinen Weg usw." (Spr 5,8). „Dass du nicht anderen gibst usw." (Spr 5,9). „Dass sich nicht Fremde an deiner Kraft sättigen" (Spr 5,10). Was ist das: „Und nun Söhne, hört auf mich" (Spr 5,7)? Die Rede ist von den 10 Stämmen und vom Stamm Juda und Benjamin, denn ganz Israel wird ‚Söhne/Kinder ' gerufen, wie gesagt worden ist: „Söhne/Kinder seid ihr für JHWH euren Gott usw." (Dtn 14,1). „Hört auf mich" (Spr 5,7). Er hat sie ermahnt, dass sie das Gehörte ausführen. „Und ihr sollt euch nicht abwenden von den Worten meines Mundes" (Spr 5,7). Er hat sie ermahnt, dass sie die Taten ausführen, wie sie es am Sinai auf sich genommen haben: „Alles, was JHWH geredet hat, werden wir tun und werden wir hören" (Ex 24,7). Weil sie beide wegen Übertretungen ins Exil gingen, wie gesagt worden ist: „Und der König von Assur führte Israel ins Exil usw." (2 Kön 18,11). „Weil sie auf die Stimme JHWHs nicht gehört haben." (2 Kön 18,12) „Und sie haben nicht gehört und sie haben nicht getan" (2 Kön 18,12). „Halte fern von ihr deinen Weg usw." (Spr 5,8). Er hat sie ermahnt, dass sie Abstand davon nehmen sollten, Unzucht zu treiben. „Und du sollst dich nicht dem Eingang ihres Hauses nähern" (Spr 5,8). Er hat sie ermahnt wegen der Nacktheit, wie über sie gesagt worden ist: „Ein Mann, ein Mann, keiner von euch soll sich einem, der von seinem Fleisch ist, nähern, um Nacktheit aufzudecken" (Lev 18,6). „Dass du nicht anderen deine Herrlichkeit gibst" (Spr 5,9), denn sie verlieren ihr Königtum, und es wird zu den Völkern getragen. Und nicht ‚deine Herrlichkeit, sondern ‚Königtum' wie, worüber du sagst: „Und sie legen die Herrlichkeit des Königtums nicht auf ihn" (Dan 11,21). „Und deine Jahre für einen Grausamen" (Spr 5,9). Ihre Jahre wurden einem grausamen Boten gegeben, denn ihre Tage und ihre Jahre sind dem Punkt nahe gekommen, an dem sie verloren gehen wie, worüber du sagst: „Und du hast deine Tage nahe gebracht und du bist zu deinen Jahren gekommen usw." (Ez 22,4). „Dass sich nicht Fremde an deiner Kraft sättigen" (Spr 5,10). Dass sie aus ihrem Land ins Exil gingen und Fremde an ihrem Ort wohnten und ihre Kraft und ihre Mühe aßen. Und nicht ‚deine Kraft', sondern ‚Kraft ihres Landes' wie, worüber du sagst: „Wenn du den Ackerboden bearbeitest usw." (Gen 4,12). Und so findest du: Als der König von Assur 10 Stämme ins Exil schickte, ließ er Fremde in ihrem Land wohnen, wie gesagt worden ist: „Und es brachte der König von Assur aus Babel und aus Kuta und aus Awa und aus Hamat usw." (2 Kön 17,24). Siehe, „dass sich nicht Fremde an deiner Kraft sättigen" (Spr 5,10). „Und deine Schmerzen in einem fremden Haus" (Spr 5,10). Nicht ‚Schmerz', sondern ‚Kinder' wie, worüber du sagst: „In Schmerz wirst du Kinder gebären" (Gen 3,16). Eine andere Sache: Und ‚deine Schmerzen', dies ist die Mühe des Landes, um zu sagen, dass sie alles, was sie im fremden Land essen werden, in Mühsal essen werden wie, worüber du sagst: „In Mühsal sollst du von ihm essen usw." (Gen 3,17).

‚Nachkommenschaft' mit dem Ordal in Verbindung. Die Vermutung, der anschwellende Bauch und die sinkende Hüfte verwiesen auf eine Fehlgeburt, so Levine (1993), 181f.198, steht der Lesart des Midrasch entgegen, die die Geburt unehelicher Kinder problematisiert.

8.3.4.1 Analyse

Die Passage, in deren Zusammenhang Gen 4 über das Zitat der fortgesetzten fruchtlosen Bebauung des Ackerbodens nach Gen 4,12 eingespielt wird, legt Spr 5 aus. Gegenstand des Lehrgedichtes ist das Verhalten des Schülers gegenüber der fremden Frau (זרה), die die ‚Frau deiner Jugend' kontrastiert.[110] In der Forschungsgeschichte herrscht Uneinigkeit darüber, ob es sich bei der זרה um eine Frau handelt, mit der der betroffene Mann nicht verheiratet ist, oder um eine unter ethnischen, geographischen oder religiösen Gesichtspunkten Fremden.[111] Die neuere Forschung tendiert zu dieser letzten Position.[112] In der Exegese ist umstritten, ob die Rede von beiden Frauen uneigentliche Rede impliziert. Die Beziehung des Schülers zur ‚Frau seiner Jugend' ist als Bild für die Beziehung zur Frau Weisheit, die fremde Frau oder der Umgang mit ihr als Bild der Frau Torheit lesbar.[113] Vor dem Hintergrund des Textzusammenhangs des Midrasch ist eine Lesart des Midrasch, die für זרה die nicht zu Israel gehörenden זרה einträgt, nahe liegend.

Zitiert wird der Textbereich der VV 7–10. Der Weisheitsschüler verliert Stärke (הוד, V 9) und Kraft (כח, V 10).[114] Die Exegese liest V 9f im Kontext der Folgeverse. Unter Rücksicht auf V 11 beziehen beide Verse sich allgemein auf die Erschöpfung der Lebenskraft.[115] Vor dem Hintergrund von V 14 deutet sie הוד als (Arbeits-)Kraft und כח als Nachkommenschaft des jungen Mannes, die der Gemeinschaft verlorengehen.[116] Moderne Exegeten, die sich auf den Verlust der Nachkommenschaft und die ‚Verschwendung' der Zeugungskraft des Mannes beziehen, vertreten eine Minderheitenmeinung.[117] Unklar ist, ob אכזרי (V 9) sich auf den Ehemann, die fremde Frau, einen Mitwisser oder den Tod bezieht.[118] In jedem Fall ergäben sich Bezüge zu Num 5.

Eine Reihe von Bezügen, die von Exegeten vielfach wahrgenommen worden sind, ermöglichen die intertextuelle Verknüpfung von Num 5 und Spr 5: Beide Texte meinen eine sexuelle Beziehung außerhalb der Ehe.[119] In beiden Fällen bleibt eine Unsicherheit bezüglich des tatsächlichen Verhaltens der angeklagten oder angesprochenen Person. Der Verstoß gegen die Tora vollzieht sich im Verborgenen, das Verborgene aber kommt ans Licht. Wie die Frau in Num 5 im Falle ihres Schuldspruchs aus der Gemeinschaft ausgeschlossen wird (V 27: בקרב עמה),[120]

---

110 Vgl. Clifford (1999), 69f; Fuhs (2001b), 103.

111 Vgl. Meinhold (1991), 104; Murphy (2000), 33. Vgl. Fuhs (2001b), 48. Vgl. zur Forschungsgeschichte über die Bedeutung der זרה Maier (1995), 7–24.

112 Vgl. Maier (1995), 137 und Baumann in einem unveröffentlichten Vortrag auf der Tagung der deutschen Sektion der ESWTR 2008.

113 Vgl. Meinhold (1996), 101; Murphy (2000), 31.33; Fuhs (2001b), 104.107. Fuhs verteilt metaphorische und eigentliche Rede auf Grund- und Bearbeitungsschicht. Clifford (1999), 70 kontrastiert das Nichtsehen des rechten Weges durch die fremde Frau (V 5) mit dem ‚Sehen' Gottes.

114 Vgl. Clifford (1999), 70.71.

115 Vgl. Meinhold (1996), 103. Der Verlust hat in V 11 körperliche Folgen.

116 Vgl. Fuhs (2001a), 108. Vgl. auch Maier (1995), 137.

117 Vgl. Meinhold (1996), 103.

118 Vgl. Meinhold (1996), 103; Murphy (2000), 32 bez. auf den Ehemann.

119 Die Kombination der Texte Num 5 und Spr 5 trägt eine Korrektur in den übergeordneten Text Num 5 ein. Kritisiert oder problematisiert wird nicht mehr einseitig das Verhalten eines der beiden Geschlechter.

120 Implizit Staubli (1996), 222

droht dem Weisheitsschüler der Ausschluss aus der Gemeinde[121] (V 14: בתוך קהל ועדה[122]).

V 14 und 16 gehören nicht zum unmittelbar zitierten Textbereich, enthalten aber zusätzliche Anknüpfungspunkte für Num 5 und dessen Lesart durch den Midrasch.[123] Der Weisheitsschüler, der sich mit seinem Handeln aus der Gemeinschaft ausschließt, verliert seine gesellschaftliche Reputation (V 14).[124] Bezieht sich das Bild der Quelle auf die ‚Frau seiner Jugend', gibt ihr Mann ihr Anlass zu außerehelicher Beziehung.[125] Bezieht es sich auf den Mann, zielt es entweder auf die ‚Verschwendung' der männlichen (Zeugungs-)‚Kraft' [126] oder auf die Zeugung außerehelicher Kinder[127]. Nahe legen sich für den Midrasch vor dem Hintergrund von Num 5 gerade auch die von der modernen Exegese mehrheitlich zurückgewiesenen Varianten. Ausgeführt wird, wie gleich noch zu sehen sein wird, unter Bezug auf Gen 4,12 allerdings ein anderer Aspekt.

In dem durch die Verknüpfung von Num 5 und Spr 5 gegebenen Rahmen werden eine Reihe weiterer biblischer Texte zu Spr 5 in Beziehung gesetzt: Dtn 23,15 und Gen 17,8 verbindet die Nähe Gottes (Dtn 23,15) mit seiner Bundeszusage (Gen 17,8). Über Dtn 14,1 werden die in Spr 5 angesprochenen Söhne mit Israel identifiziert. Gott tritt damit in die Rolle des Weisheitslehrers, dessen Worte mit den Inhalten der Tora gleichgesetzt werden, auf die sich Israel nach Ex 24,7 im Bundesschluss verpflichtet hat. Worauf Ex 24,7 sich innerhalb des biblischen Textes genau bezieht, ist unklar.[128] Der Midrasch trägt die Worte des Weisheitslehrers aus Spr 5 in diese Leerstelle ein. Einzelgebote wie Num 5, die im Gesamtkontext des Midrasch in Frage kommen, weisen über sich selbst hinaus auf die Identität und Integrität Israels in der Beziehung zu seinem Gott. Das Exil folgt als Tatfolge ohne weiteren Rückgriff auf den in seinem Fortgang fortkommentierten Text Spr 5 unmittelbar aus der Nichtbeachtung der Tora. Lev 18,6[129] wird über קרב mit

---

121 Vgl. Fuhs (2001b), 50.

122 V 5 ist auf den dem Schüler drohenden Tod hin deutbar. Nach Meinhold (1996), 101.102 führt der törichte Lebensvollzug zum Tod. Der Tod impliziert Unumkehrbarkeit. Vgl. Clifford (1999), 70; Fuhs (2001b), 48. Vor dem Verstehenshintergrund des Midrasch ergibt sich ein zusätzlicher Bezug zu Num 5. Auch dort verhilft das Ordal einem Tun-Ergehen-Zusammenhang zur Geltung. Vgl. auch den Zusammenhang zwischen der Zeichnung des Körpers der Frau und dem Gegenstand der Anklage bzw. den im Midrasch breit ausgeführten möglichen Folgen: der Geburt eines Kindes. Nach Clifford (1999), 70 verweist die körperliche Zeichnung der Frau im Gegenteil auf eine Fehlgeburt. Vgl. Clifford (1999), 70; Fuhs (2001b), 48.

123 Der Midrasch scheint diese Anknüpfungspunkte mit zu bedenken. Sie sind auch für einige der weiteren eingespielten Intertexte von Bedeutung.

124 Vgl. Clifford (1999), 70.71. Murphy (2000), 32.

125 Vgl. Murphy (2000), 32.

126 Diese Variante ist die in der modernen Exegese am häufigsten vertretene. Vgl. die zusammenfassende Darstellung bei Clifford (1999), 68. Begründet wird der Bildwechsel zwischen V 15 und V 16 mit dem Wechsel von Singular (Zisterne und Brunnen bezogen auf die Frau) zu Plural (Quellen und Wasserbäche bezogen auf die Zeugungskraft des Mannes). Vgl. Fuhs (2001b), 50.

127 Vgl. die Zurückweisung solcher älteren exegetischen Positionen bei Meinhold (1996), 105; Murphy (2000), 32. Vgl. insgesamt die überblicksartige Darstellung in Clifford (1999), 67f und Fuhs (2001a), 111f.

128 Vgl. die überblicksartige Darstellung bei Houtman (2000), 288.291.

129 Num 5,12 und Lev 18,6 sind über einleitendes doppeltes איש miteinander verknüpft. Elf von 18 Vorkommen eines doppelten איש beziehen sich auf Gesetzestexte. Das doppelte איש in Lev 18,6 kann über diesen Vers hinaus als einleitende Formulierung auf alle folgenden Einzelgebote, darunter V 20, das für Num 5,12ff vorausgesetzt zu sein scheint, bezogen gelesen werden. Vgl. auch Hartley (2000), 286.289; Milgrom (2000), 1524.1526f.1532.

Spr 5,8 und die Mahnung, sich mit dem Fremden nicht einzulassen, so mit dem Verbot bestimmter sexueller Handlungen verknüpft. Indem das Fehlverhalten Israels über die Identifikation der Völker mit der fremden Frau Israels Verhalten im Exil betrifft, als Beispiel der Weisung des göttlichen Weisheitslehrers aber ein Verhalten Israels, das mit dem Exil erst geahndet wird, ergibt sich eine gewisse Ungleichzeitigkeit. Das Exil ist sowohl Ort der Gefährdung als auch Folge der Missachtung der Tora. Dan 11,21 identifiziert den Verlust der הוד (Spr 5,9a) mit dem Verlust politischer Selbständigkeit. Ez 22,4, über das Stichwort שנה mit Spr 5,9 verknüpft, impliziert auf syntaktischer wie auf semantischer Ebene eine Steigerung gegenüber Spr 5,9 (ותבוא עד שנותיך in Ez 22,4 gegenüber הודך ושנתיך in Spr 5,9) und Dan 11,29. Während der Weisheitsschüler in der Gefahr steht, seine Jahre zu verschwenden, steht in Ez 22,4 das Ende der angeklagten Stadt Jerusalem unmittelbar bevor.[130] Die כח des Weisheitsschülers in Spr 5,10 ist nach Gen 4,12 die כח des Landes. Gen 4,12 wird auf das Verhältnis von Israel und Land Israel durchsichtig. Gen 3,16.17 beschreibt die Entfremdung vom Land vermittels der in der Fremde lebenden Kinder und verbindet diesen Umstand und das sich Ernähren im und vom fremden Land mit עצב (Gen 3,16.17). Implizit wird der Hinauswurf aus dem Paradies mit dem Hinauswurf aus dem Land Israel identifiziert.[131]

Die in dichter Folge eingespielten Intertexte stehen nicht nur je für sich in Verbindung mit Spr 5, über den Textkontext bilden sie auch untereinander ein dichtes Netz von Bezügen. Diese Bezüge betreffen zentrale biblische Themen und stellen nach dem Kriterium der Selektivität deshalb und deutlich schwächere intertextuelle Bezüge dar: Der Bund Gottes mit Israel[132] fordert von Israel ein dem Bund entsprechendes Verhalten.[133] Mit dem Bund eng verbunden ist die Verheißung des Landes.[134] Wie der Bund im Wohnen Gottes in der Mitte Israels konkret wird, äußert sich das dem Bund entsprechende Verhalten in der dem Wohnen Gottes inmitten Israels geschuldeten Reinheit des Lagers und später des Landes. Die Nichtbeachtung des Bundes hat den Ausschluss aus der Gemeinschaft[135] und die Entfernung aus dem Land zur Folge.[136]

8.3.5 Kain und Abel im Textzusammenhang

In NumR 7 wird die Erzählung von Kain und Abel über das Zitat von Gen 4,15 und die Erwähnung des Zeichens dort eingespielt. Das mit Aussatz identifizierte Zeichen verweist auf eine spezifische, einem bestimmten Aspekt der Tat entsprechenden Tatfolge, den Ausschluss aus der Gemeinschaft. Mord zerstört die Gemeinschaft. Wer Gemeinschaft zerstört, wird selbst aus ihr ausgeschlossen.

---

130 Vgl. Block (2005), 706; Greenberg (2005), 75. Die Formulierung in Ez 22,4 hat eine Parallele in Ez 12,23, wo die gleiche Formulierung in größerer Deutlichkeit den Untergang Jerusalems voraussagt. Vgl. Greenberg (2005), 84. In Ez 22,1–16.17–22, dem der vom Midrasch zitierte Vers entnommen ist, wird dieses Ende angekündigt, VV 23–31 blickt auf das Ende bereits zurück.

131 Für den Midrasch legt sich, wenn das Zitat nicht einfach eine Begriffsdefinition (Schmerz = Kinder) leisten, sondern auch den Kontext einspielen soll, auch gegen vereinzelte anders lautende Positionen zu Gen 3,16 – z.B. Jacob (1934), 117f, – eine Lesart, die Gen 3,16 als Strafspruch versteht, nahe.

132 Gen 17,8; Ex 24,7; Lev 18,2; Dan 11,22.27.30.

133 Gen 17; Dtn 14,1; 23,15; Ez 22,3.7.9.13.25.26.

134 Gen 17; Gen 3,16f (in der Deutung des Midrasch); Ez 22,15; 2 Kön 18,11; Lev 18,1–5.24ff.

135 Gen 17; Dtn 23,10–15.

136 Lev 18,29.

In NumR 9 wird die Erzählung von Kain und Abel über das Zitat von Gen 4,12 eingespielt. Der Midrasch zitiert explizit nur den ersten Teil des Verses Gen 4,12, der zweite dürfte mitzudenken sein. Beide Vershälften werden über den Midrasch kausal miteinander verknüpft. Das Land, das Kain den Aufenthalt verweigert, verweigert ihm seine ‚Kraft'. An das intertextuelle Netz, in das das Zitat von Gen 4,12 die Erzählung von Kain und Abel einträgt, schließen auch andere Verse sinnvoll an.[137] Gen 4,10 ist vor dem Hintergrund solcher Intertexte anschlussfähig, nach denen sich mit sozialen und kultischen Vergehen eine Verunreinigung des Landes verbindet.[138] Nach V 11 duldet das verunreinigte Land Kain nicht länger als seinen Bewohner.[139] Gen 4,14 setzt den von verschiedenen Intertexten angespielten Ausschluss aus der Gesellschaft bereits voraus. Der wechselseitige Bezug der Heimatlosigkeit und des Ausschlusses aus der Gesellschaft ist eine Möglichkeit der Deutung, die Gen 4 offen hält, ohne dass die biblische Textvorlage sie erzwänge. Vor dem Hintergrund seines intertextuellen Netzes verbindet der Midrasch den Ausschluss aus der menschlichen Gemeinschaft mit der Vertreibung aus dem Land.

Für den Midrasch ist Gen 4 nicht das Zentrum des von ihm konstruierten intertextuellen Bezügenetzes. Für die übergeordnete Perspektive des Midrasch ist das übergeordnete Szenario von Num 5 und der von der überwiegenden Zahl der Intertexte breit ausgeführte Israelbezug (am prominentesten ist in diesem Zusammenhang das Thema des Bundes) bestimmend. Vor diesem Hintergrund verweist die אדמה in Gen 4, von der Kain vertrieben wird, auf ארץ ישראל. Intertextuellen Bezügen kann jedoch aus unterschiedlichen Richtungen nachgegangen werden. Wie die über Gen 3,15 und 3,16 eingespielten Texte sprengt auch Gen 4,12 den übergeordneten Rahmen.[140] Der wechselseitige Bezug von Gottesgemeinschaft und Integrität der Gemeinde, die ein entsprechendes Verhalten des Menschen jeweils implizieren, hat grundsätzlich, auch über Israel hinaus, Gültigkeit. Unsoziales Verhalten zerstört Gemeinschaft und Lebensraum und stört das Verhältnis des Menschen zu Gott.[141] Dieser Zusammenhang gilt grundsätzlich, er gilt in besonderer Weise für Israel, dessen Gottesgemeinschaft durch den Bund in exzeptioneller Weise ausgestaltet ist. Gleichzeitig wird die ständig gefährdete Gottesbeziehung Israels in die Tradition des ursprünglichen Verlustes der Gottesgemeinschaft durch den Menschen gestellt. In diesem Punkt berühren sich die Auslegungen der Erzählung von Kain und Abel in NumR 7 und NumR 9.

---

[137] סתר (Nif.), das die Heimlichkeit der mutmaßlich schuldigen Frau nach Num 5,13 zum Ausdruck bringt, begegnet im Piel auch in Gen 4,14. Das Verb findet in der Hebräischen Bibel allerdings insgesamt über hundertmal Verwendung.

[138] Ez 22 nennt als ein Beispiel unter anderen explizit auch das Vergießen von Blut.

[139] Die Wurzel ארר verknüpft Num 5,11–31 (6 Vorkommen) mit V 11 aus Gen 4,1–16. Insgesamt begegnet die Wurzel in der hebräischen Bibel etwa 50mal, davon ca. 20mal in Dtn 27f, wo dieses Wort Leitwortcharakter hat. Allerdings steht ארר in Gen 4 im Qal, in Num 5 im Piel.

[140] Entsprechend ist der Garten Eden Ort ursprünglicher Gottesgemeinschaft.

[141] Vgl. Milgrom (2000), 1572. Vgl. Jacob (1934), 425f.

9. Andere Auslegungstraditionen

9.1 TanB ואתחנן

TanB ואתחנן dient der Charakterisierung des Mose. Der Abschnitt innerhalb von TanB ואתחנן, der die Erzählung von Kain und Abel berührt, setzt sich inhaltlich mit Dtn 4,41–43 auseinander, das der vorangegangene Abschnitt als ‚kleines'[1] Gebot charakterisiert. Im Bemühen um dieses ‚kleine' Gebot dokumentiert sich die Liebe des Mose zur Tora. Dtn 4,41 wird in doppelter Weise in der Biographie des Mose verortet. In ihm dokumentiert sich die Sorge des Mose um die Tora. Die Einrichtung der Fluchstätte im Osten hat ihren Anlass in den in Ex 2,11ff geschilderten Ereignissen im Leben des Mose. Im Kontext von TanB ואתחנן dient Dtn 4,41 als Gegenhorizont zu Num 35,33 und führt zu einer Einschränkung mit Blick auf den Sonderfall des Totschlages. Im Sprachgebrauch des Midrasch schließt der Mörder (רוצח) den Totschläger offenbar mit ein.

Das Traditionsstück in TanB ואתחנן unterscheidet sich von seiner Parallele in GenR 21 durch den expliziten Bezug sowohl des Adam- als auch des Kainbeispiels auf den übergeordneten Fall des Mörders oder Totschlägers. Der Kontext ordnet das Kainbeispiel Dtn 4,41–43 unter und präsentiert Num 35,33 als Gegenhorizont, vor dessen Hintergrund Dtn 4,41ff dann zum Sonderfall avanciert. Wie schon GenR 21 macht auch TanB ואתחנן keine expliziten Angaben über die Qualität des Mordes an Abel. Die Einbindung in den Kontext des Midrasch lässt keine eindeutigen Schlüsse darüber zu, ob der Midrasch Kain als Mörder oder Totschläger wahrnimmt.

Wenn die Flucht jedes Mörders nach Osten die Wahl der Asylstädte im Osten begründet, dient das Kainbeispiel zusammen mit dem Beispiel aus Gen 3 im Zusammenhang als Beispiel für diesen übergeordneten allgemeingültigeren Fall. Mehrere auf den Tatbestand des Mordes bezogene Motive begegnen in Num 35 und in Gen 4. Das vergossene Blut verunreinigt (חנף; טמא) das Land (ארץ) (Num 35,33f; vgl. Gen 4,10f)[2]. Kain fürchtet sich vor einem Bluträcher[3] (Gen 4,14). Begründet umgekehrt die Ortsangabe nach Dtn 4,41 die ihr entsprechende Ortsangabe im Kainbeispiel, ist eine Deutung von Gen 4 als Totschlag vorstellbar. Über die genauen Umstände des Mordes angesichts der in Num 35 angeführten Kriterien[4] ver-

---

1 Der Wortwahl קטן und dem Kontext im Midrasch ist nicht zu entnehmen, ob es sich um ein kleines, im Sinne eines unbedeutenden, oder um ein kurzes Gebot handelt.

2 Gen 4 verwendet allerdings nicht die gleiche Begrifflichkeit. Es ist auch nicht von ארץ, sondern von אדמה die Rede. Zum Motiv selbst vgl. Levine (2000), 561ff. Levine (2000), 561ff und Fuhs (2001b), 172 argumentieren mit Gen 4. Aber auch נוס und בור, auf die Fuhs mit Blick auf Gen 4,12 ausdrücklich verweist, werden durch נע ונד dort nicht ausdrücklich aufgenommen.

3 Zur Rolle des Bluträchers nach Num 35 vgl. Milgrom (1990), 291.294; Levine (2000), 554.556. Vorstellbar ist eine Lesart, nach der Kain unbeschadet seiner Identifizierung als Mörder oder Totschläger die Asylstadt im Osten als Zuflucht für sich (zunächst) in Anspruch nehmen darf. Nach Num 35 wird erst nach der Flucht des Mörders oder Totschlägers in die Asylstadt durch ein Gericht über Totschlag oder Mord entschieden. Vgl. Milgrom (1990), 291f; Levine (2000), 548.557. Dtn 4,41 kennt eine solche Unterscheidung nicht.

4 Die Umstände des Mordes (Mordwerkzeug, Vorsatz, Verhältnis zum Mordopfer etc.) entscheiden nach Num 35,16–24.30 über Mord oder Totschlag. Vgl. Staubli (1996), 344; Milgrom (1990), 292f.

lautet in Gen 4 nichts. Der Midrasch tut nichts, diese Lücke zu füllen.[5] Ein gegenüber GenR zusätzlicher Nachtrag in Gestalt einer Auslegung zu Spr 28,17[6] verbindet den Fluchtort des Mörders im Osten über Spr 28,17 noch einmal explizit mit dem Zufluchtsort, der einem Totschläger im Osten zugesprochen wird. Auffallend ist die enge strukturelle und inhaltliche Parallele zwischen Spr 28,17 und Gen 4, wenn der Leser die in Spr 28,17 enthaltenen Leerstellen entsprechend füllt.[7] Im Midrasch wird Spr 28,17 explizit als Belegvers für Totschlag angeführt.

9.2 HldR zu Hld 7,11

9.2.1 Text

Innerhalb des Hld-Textes lässt sich eine Texteinheit Hld 7,8–10 aus dem Kontext ausgrenzen.[8] Der Midrasch deutet das Beschreibungslied über die Frau als Beschreibung Israels. Zu Beginn der Auslegung zu V 9 hat der Midrasch die (versuchsweise) aufgerufene Perspektive auf Gesamtisrael als nicht angemessen zurückgewiesen und sich auf das Verdienst der Jünglinge im Feuerofen (Dan 3) und der Sinaigeneration konzentriert. Gegenstand der Auslegung von V 11 im Midrasch ist das Gottesverhältnis ganz Israels. Während V 9a.10a nach der Lesart der Rabbinen Rede Gottes und Gott im Zitat der Rabbinen auch Sprecher der Auslegung zu V 9a.10a ist, bezieht sich die Auslegung des dazwischen liegenden und des folgenden Vers(teil)es auf den Gegenstand der Rede, nicht auf ihren Sprecher. Sprecher der Auslegung sind die zitierten Rabbinen. Sprecher von V 11 nach Lesart der

---

Das Mordwerkzeug ist nur nach Num 35, nicht aber ausweislich der Paralleltexte Entscheidungskriterium. Vgl. Schmidt (2004), 221. Die Forderung der beiden Zeugen veranlasst, dass im Zweifel zugunsten des Mörders oder Totschlägers entschieden wird. Vgl. Levine (2000), 554.

5 Im Kontext von Num 35 ist es das vorsätzlich vergossene Blut, das das Land verunreinigt. (Vgl. Schmidt [2004], 222.) Denkbar ist eine Lesart von Num 35, nach der das durch einen unvorsätzlichen Mord vergossene Blut stellvertretend durch den (natürlichen) Tod des Hohepriesters gesühnt wird.

6 Spr 28,17 ist durch Stichwortverknüpfungen mit seinem ursprünglichen biblischen Kontext verbunden. Vgl. Meinhold (1991), 473. עשק in V 17 greift עשק in V 16 auf. Vgl. Meinhold (1991), 475; Fuhs (2001b), 172. Der Tun-Ergehen-Zusammenhang trifft die überwiegende Mehrzahl der Sprüche des biblischen Kontexts. Innerhalb des biblischen Kontexts lässt sich ein Tun-Ergehen-Zusammenhang zwischen V 16 und V 17 gegebenenfalls konstruieren. Im neuen Kontext des Midrasch aber tritt der Tun-Ergehen-Zusammenhang stark in den Hintergrund. Inhalte, die die umgebenden Verse betreffen und manchmal mehrere Verse zusammenbinden (VV 13f: Buße; VV 15f: Machtmissbrauch; VV 19–27: gerechte und ungerechte Formen des Erwerbs; V, 25f: Selbstvertrauen und Gottvertrauen – vgl. Meinhold [1991], 473; in ähnlicher Weise Murphy [1998], 218; insgesamt das Zusammenleben von Menschen, vgl. Murphy [2000], 218; Fuhs [2001], 170), werden im Midrasch weder herausgestrichen noch negiert. Sie berühren das Thema des Midrasch nicht. Wie auch an anderer Stelle scheint der Midrasch Sprüche als Einzelsprüche wahrzunehmen. Ähnlich Whybray (1994), pass.

7 Spr 28,17a trifft über die Tötungsabsicht keine Aussage. Vgl. Lelièvre/Maillot (1996), 279. Die Aussage des zweiten Halbverses Spr 28,17b bleibt ebenfalls unterbestimmt. בור (Zisterne, Grube) deutet nicht notwendig auf das Grab. Anders Meinhold (1991), 475. Das Ende des Mörders oder Totschlägers kann wörtlich oder figurativ verstanden sein. Vgl. Lelièvre/Maillot (1996), 279. אל יתמכו בו ist als verneinter Imperativ zu verstehen. תמך kann außer ‚unterstützen' – wie in der Mehrzahl deutscher Bibelübersetzungen –, auch ‚ergreifen', ‚festhalten' heißen. Vgl. Gesenius (1962). תמך, in der Grundbedeutung ‚halten', findet im Sinne von ‚(unter-)stützen', wie im Sinne von ‚festhalten', ‚ergreifen' Verwendung. Vgl. Fuhs (2001b), 172. Vgl. auch Whybray (1994), 394; Murphy (2000), 213. Der neue Kontext des Verses im Midrasch deutet darauf hin, dass der Midrasch es in diesem Sinne versteht. Die Zisterne oder Grube wird mit der Fluchstadt in Verbindung gebracht.

8 Vgl. zu GenR 20.

Rabbinen ist Israel. Mit V 12 wechseln erneut Sprecher und Adressat. Der Midrasch liest V 12 pointiert als Rede des heiligen Geistes. Adressat seiner Rede ist Gott. Gegenstand seiner Rede (die Früchte im Garten) ist Israel. HldR zu Hld 7,11, in dessen Kontext Gen 4,1–16 eingespielt wird, bietet eine kurze in sich geschlossene Auslegung.[9] Auf eine differenzierte Analyse von engerem und weiterem Kontext kann in diesem Fall verzichtet werden. Die Auslegung zu Hld 7,11 geht mit der Parallele in GenR 20 weitgehend parallel.

Übersetzung

Siehe Anhang.

9.2.2 Analyse

9.2.2.1 Struktur

Hld 7,11 drei Verlangen
Verlangen Israels nach Gott (Hld 7,11)
Verlangen der Frau nach ihrem Mann (Gen 3,16)
Verlangen des bösen Triebes nach Kain (Gen 4,7)

Verlangen des Regens nach der Erde (Ps 65,10)
Wenn die Erde es wert/rein ist, macht Gott sie reich

Hld 7,11
Obwohl Israel schwach ist, ruft es täglich zweimal den Namen Gottes an (Dtn 6,4)

Anders als GenR 20 verknüpft der Midrasch über das gemeinsame Stichwort תשוקה zunächst nur Hld 7,11 mit Gen 3,16 und Gen 4,7. Erst in einem Nachtrag bezieht der Midrasch auch Ps 65,10 über das Stichwort שוק mit ein. Das Verlangen des Regens nach der Erde resp. Gottes nach seiner Schöpfung erfährt eine Einschränkung, die der Textbestand in GenR 20 nicht kennt. Nur wenn die Erde es wert ist, zieht der Regen Fruchtbarkeit nach sich und macht Gott sie reich. Die aus GenR 20 bekannte an Dtn 6,4 anknüpfende Auslegung zu Hld 7,11wird durch דבר אחר eingeleitet als alternative Deutung präsentiert.

9.2.2.2 Einzelanalyse

Der Midrasch verknüpft Hld 7,11 mit Gen 3,16 und Gen 4,7. Anders als in der Parallele in GenR 20 und zusätzlich zum dort überlieferten Textbestand setzt HldR unmittelbar mit dem Zitat des im Kontext auszulegenden Verses Hld 7,11 ein. Anders als in GenR identifiziert der Midrasch das Subjekt des Verlangens nach Hld 7,11 nicht mit Gott, sondern mit Israel. Es ist Israel, das nach Gott, nicht Gott, der nach Israel verlangt. Anders als in GenR 20 werden der Sprecherwechsel zwischen Hld 7,10 und 7,11 und die Wechselseitigkeit der Aussage des Verses, der dadurch zum Ausdruck kommt, dass die Frau vom Verlangen des Mannes zu ihr spricht, durch den Midrasch nicht konsequent mit vollzogen. Subjekt des Verlangens wäre, nachdem die Rolle des Mannes im Vorfeld, wie im Deutungszusam-

[9] Das Stichwort ‚Feld', das in VV 12ff bestimmend ist und einen Anknüpfungspunkt für die Kain- und Abel-Erzählung böte (vgl. Gen 4,8.), wird vom Midrasch als Anknüpfungspunkt nicht genutzt. Die Erzählung von Kain und Abel wird in der Auslegung zu V 12, obwohl in der unmittelbar vorausgegangenen Auslegung zu V 11 zentral, nicht wieder aufgegriffen.

menhang des Midrasch auch sonst üblich, mit Gott identifiziert worden ist, Gott. Die Deutung des Midrasch macht jedoch Israel als Gegenüber Gottes zum Subjekt. Das Verlangen Israels zu seinem Gott stellt, insofern es insgesamt unter einem positiven Vorzeichen steht, einerseits einen Gegenhorizont zu dem Verlangen des bösen Triebes und wohl auch zu dem mit der Herrschaft des Mannes konfrontieren Verlangen der Frau nach ihrem Mann nach Gen 3,16 dar.[10] Allerdings ist gerade das Verlangen Israels nach seinem Gott noch ungestillt und bildet einen Gegenhorizont seinerseits erst im Modus der Einlösung.

Anders als in GenR bringt der Midrasch Ps 65,10, das Verlangen des Regens nach der Erde, als viertes Beispiel in einem durch Rabbi Jehoschua eingeführten Nachtrag. Unter dieser Voraussetzung, trägt der Midrasch eine komplementäre Perspektive nach. Israel verlangt nach Gott. Gott verlangt nach dem Land (ארץ). Dass ארץ auf das Land Israel beziehbar ist, unterstützt die komplementäre Perspektive des Midrasch im Kontext. Anders als im Kontext der Parallele von GenR 20 knüpft der Midrasch die Lebenssicherung Gottes an eine Bedingung. Das Land muss der Sorge Gottes wert (זכי) sein. Der Uneingelöstheit des Verlangens Israels nach Gott begegnet das Verlangen Gottes nach der ארץ, das nur bedingt zur Einlösung kommt.

Das anders als in GenR 20 durch דבר אחר eingeführte und als alternative Deutung gekennzeichnete Auslegungsstück zu Hld 7,11 und Dtn 6,4 liest sich als Antwort auf das in der Auslegung zu Ps 65,10 zum Ausdruck Kommende und greift gleichzeitig die eingangs in Auslegung zu Hld 7,11 formulierte Disposition Israels wieder auf. Im Gebet des שמע artikuliert sich das Verlangen Israels nach Gott. Im Kontext von HldR nimmt außerdem das Motiv der Schwäche Israels die in der Auslegung von Ps 65,10 vorausgesetzte Möglichkeit der Unreinheit des Landes wieder auf. Die abschließende Passage wird zur Antwort Israels auf das im Psalmvers formulierte göttliche Angebot.

9.2.3 Kain und Abel im Textzusammenhang

Gleich der Parallele in GenR 20 spielt auch HldR zu Hld 7,11 die Erzählung von Kain und Abel über das Gen 4,7 entnommene Stichwort תשוקה ein. Es gilt, was über die Bedeutung der Erzählung von Kain und Abel im Kontext von GenR 20 gesagt wurde, auch für Gestalt und Kontext des Traditionsstücks im Zusammenhang von HldR. Wie in GenR 20 gilt das Interesse des Midrasch dem Gottesverhältnis Israels. Deutlicher als in der Parallele dient in der Gestalt des Traditionsstückes und im Kontext von HldR Gen 4,7 jedoch als Gegenhorizont. Die Wirklichkeit Kains, die im Verlangen des bösen Triebes nach Kain zum Ausdruck kommt, steht der noch uneingelösten Wirklichkeit Israels in ihrer Faktizität und qualitativ entgegen.

---

[10] Bei einer positiven Deutung von תשוקה und משל in Gen 3,16 wäre Hld 7,11, da HldR in seiner Deutung des Hld-Verses die Wechselseitigkeit des Verlangens bezogen auf das Paar Gott – Israel austrägt und diesbezüglich also kein Gegensatz zu Gen 3,16 mehr bestünde, Horizont, nicht Gegenhorizont.

9.3 NumR 20

9.3.1 Der Kontext

Mit dem Beginn von NumR 20 wechselt die Perspektive von Mose und Israel (im Zuge der Auslegung zu Num 21,34) auf Bileam und die Auslegung der Kap. 22ff. Eine in sich sinnvolle, geschlossene Textpassage endet mit der Auslegung von Num 24,25 über das Auseinandergehen Bileams und Balaks und einem Vorausblick auf den Tod Bileams. Innerhalb von NumR 20 setzen zwei längere Passagen, die in den Druckausgaben der Parasche noch zugeordnet sind, jeweils mit einer Halacha pointiert neu ein. Die Person Bileams steht dort nicht mehr im Mittelpunkt.

> Auf eine Skizze wird vor dem Hintergrund der Länge des Textzusammenhangs ausnahmsweise verzichtet.

NumR 20 legt die Erzählung Num 22 – 24 sukzessive aus, wobei die Auslegung des Midrasch Segen und Prophezeiungen Bileams weitgehend unberücksichtigt lässt und sich auf die erzählenden Passagen konzentriert. Die Auslegung folgt, von einigen Rückblenden abgesehen, im Wesentlichen der Chronologie der Schilderung in Num 22 – 24.[11] Innerhalb von Num 22,1 – 23,26, dem der Auftrag Balaks an Bileam und die ersten beiden vergeblichen Versuche Bileams, Israel zu verfluchen, entnommen sind, ist die Dichte der Zitate groß.[12] Dem übrigen Textbereich sind nur zwei Zitate entnommen. Eines betrifft das Lagern Israels nach seinen Stämmen (24,1), das andere die abschließende Notiz vom Auseinandergehen Bileams und Balaks (24,25). Vorausgreifend angespielt wird im Zusammenhang mit 24,25 außerdem der Tod Bileams nach Num 31,8.[13]

Drei Themen bestimmen die Auslegung im Midrasch: (1) betrügerische und wahre Rede; (2) Missgunst (עין רעה), Stolz (גבורה) und Habsucht (נפש רחבה), die an Bileam exemplarisch aufgezeigt werden; (3) Vertreter aus den Völkern als Antitypus Israels und einzelner Vertreter aus Israel.[14] Da die Erzählung von Kain und Abel im Zusammenhang des ersten Themenblocks eine Rolle spielt, soll im Folgenden nur auf diesen Themenblock näher eingegangen werden.

Der Midrasch gleicht Spannungen im Text, die auch von modernen Interpreten vielfach beobachtet wurden, aus. Nach 22,12 gestattet Gott dem Bileam nicht, mitzugehen, nach V 20 nimmt er dieses Verbot im Zusammenhang mit dem zweiten Besuch der Boten zurück, um nach V 22 über den Aufbruch Bileams in Zorn zu geraten und ihm nach V 35 erneut zu gestatten, mit den Boten zu ziehen.[15] In der

---

11 Die Bileamfigur ist in der rabbinischen Literatur breit bezeugt. Zu dem in weiten Teilen negativen Bileambild in der rabbinischen Literatur vgl. Baskin (1983), pass.; Green (1991), pass.; Vgl. McNamara (1993), pass.60.66 (zu den Targumim); Staubli (1996), 300f; Rösel (1999), pass. Die positive Linie der Tradition wird in Teilen der hellenistischen jüdischen Auslegung weitergeführt. Zu Pseudo-Philo vgl. Baskin (1983), pass.; McNamara (1993), 64. Zu Josephus vgl. Rösel (1999), 523. Nach McNamara (1993), 66 ergibt sich das negative Bileambild aus Num 31,16. Num 31,16 wird im vorliegenden Text nicht zitiert.

12 Es fehlt fast gänzlich die dritte Vision Bileams, die sich von den beiden vorausgehenden dadurch unterscheidet, dass Gottes Geist auf Bileam ist. Vgl. Rösel (1999), 512; Levine (2000), 166. Zu נחש vgl. Levine (2000), 185.187f. Vgl. Milgrom (1990), 202; Schmidt (2004), 124.

13 Bileams Tod wird mit seiner Habgier in Verbindung gebracht. Bileam kehrt zurück, um Lohn einzutreiben.

14 Die Völker hätten die Chance gehabt wie Israel zu sein.

15 Vgl. Schmidt (2004), 123.130. Moderne Interpreten lösen dieses Problem in aller Regel literarkritisch.

Lesart des Midrasch verdeutlicht V 20, dass Gott auch einen Frevler den von ihm gewählten Weg schließlich gehen lässt. Nichtsdestotrotz erregt dieser Weg des Frevlers den Zorn Gottes (V 22). An anderer Stelle erscheint die Aufforderung Gottes, verbunden mit der Erscheinung des Engels, als Prüfung.[16] Der Midrasch versteht die Reaktion Bileams als taktisches Manöver. Die erneute Erlaubnis nach V 35 resultiert aus der nicht bestandenen Prüfung und weist auf Bileams Ende voraus. Bileams Motivation wird vom Midrasch derart akzentuiert, dass seine Bereitschaft zu verfluchen, nicht in Frage steht.[17]

Das Wortfeld ‚Rede' dominiert die Parasche. Gleich zu Beginn der Parasche wird Bileam als Antitypos der Propheten Israels eingeführt. Analog zu Mose ist Bileam aus der Perspektive Balaks und der Midianiter der אין כחו אלא בפיו. Die Charakterisierung Moses und schließlich ganz Israels als solcher, die wirkmächtig reden, bleibt eine Fremdeinschätzung. Ein Rückblick auf die hinter Num 21,27 stehenden Ereignisse, die Balak als Beweis der Wirkmächtigkeit der Worte Bileams anführt, ist selbst entlarvend. Subjekt des in Num 21,27 geschilderten Geschehens ist Gott.

Bileams Rede scheitert an einer Wirklichkeit Gottes, die eine durch das göttliche Wort determinierte Wirklichkeit ist. Israels Verhältnis zu Gott wird dadurch bestimmt, dass er seinem Wort – der Verheißung an die Väter – treu bleibt.[18]

Wirkmächtige menschliche Rede bezieht ihre Wirkmächtigkeit aus ihrer Übereinstimmung mit der Rede Gottes in der Tora.[19] Umkehr ist Ausrichtung an der durch

---

Vgl. Schmidt (2004), 123.125. Spannungen, die unterschiedliche Wertungen des Unternehmens Bileams implizieren, werden auf unterschiedliche literarkritische Schichten verteilt. Num 31,16 und Jos 13,22 im weiteren Umfeld der Bileam-Perikope kennzeichnet ein negatives Bileambild, Mi 6,5 erinnert ein positives Bileambild. Vgl. Rösel (1999), 517; Levine (2000), 154; Schmidt (2004), 131. Vgl. Levine (2000), 139.154ff über die Eselin-Episode als späte Bileam-kritische Schicht. Vgl. auch Rösel (1999), 513. Aus der Perspektive des Endtextes ergeben sich mehrere Lösungsansätze, die von denselben Exegeten vertreten werden: Gott bindet Bileam nach 22,20.35 noch einmal ausdrücklich an sein Wort. Vgl. Levine (2000), 158.159. Die wiederholte Nachfrage Bileams um Erlaubnis mitzuziehen in 22,16f demonstriert entweder seine Frömmigkeit, vgl. Schmidt (2004), 133 oder die unausgesetzte Hoffnung Bileams auf einen Meinungsumschwung Gottes, vgl. Milgrom (1990), 189. Staubli (1996), 294 entnimmt dem fortgesetzten Nachfragen Bileams eine Respektlosigkeit Bileams gegenüber der Rede Gottes. Milgrom (1990), 189 zitiert Lösungen der Rabbinen, an prominenter Stelle die aus NumR.

16 Num 22,21ff wird analog Gen 22 gelesen. Während Abraham nach Gen 22,3 früh am Morgen aufsteht, um Gottes Auftrag zu entsprechen, steht Bileam früh am Morgen auf, um – der Interpretation des Midrasch entsprechend – das Gegenteil zu tun. In beiden Fällen hindert ein Engel Gottes die Ausführung des Unternehmens

17 Die moderne Exegese ist in diesem Punkt zurückhaltender und betont die Leerstellen. Vgl. Levine (2000), 138: „In the narratives we read how Balak's plan failed; how Balaam was bound by the authority of Israel's God and remained powerless to harm Israel, even if he had been agreeable to doing so, which is far from certain." Lediglich מאן in Bileams Wiedergabe des nächtlichen Gespräches gegenüber den Boten Balaks impliziert, dass Bileam darum gebeten habe, mitziehen zu dürfen. Vgl. Levine (2000), 152.

18 Vgl. Num 23,8. In eine ähnliche Richtung geht Num 23,19, das der Midrasch zitiert. Vgl. zu Num 23,19, Schmidt (2004), 140.

19 Der Midrasch komponiert eine Argumentationsstruktur aus ähnlich lautenden Zitaten und eigenen Aussagen um das Leitwort ‚verfluchen', vgl. Levine (2000), 150: „Wer sich selbst verfluchen will, verfluche sich" (NumR); „Und wer dich verflucht, den will ich verfluchen" (Gen 12,3); „Die dir fluchen, seien verflucht" (Gen 27,29); „Wie soll ich verfluchen, den Gott nicht verflucht hat" (Num 23,8). Num 23,20 („Siehe, zu segnen habe ich empfangen (לכה); er hat gesegnet, und ich kann's nicht wenden.") und Num 24,9 („Die dich segnen, sind gesegnet, und die dich verfluchen, sind verflucht!") werden vom Midrasch nicht zitiert. Num 24,9, der von manchen Exegeten als Spitzensatz empfunden wird, greift auf 22,6 zurück und stellt die sich als Illusion erweisende Wirkmacht der Rede dem Volk Israel als der Realität gegenüber, an der sie scheitert. Vgl. Milgrom (1990), 205, nach dem sich das Abraham gegebene Versprechen hier erfüllt. Vgl. Schmidt (2004), 123. Ähnlich Milgrom (1990), 188

das göttliche Wort bestimmten Wirklichkeit. Refrainartig zieht sich das ממליכין / ממליך להקב"ה durch die letzte Passage und erschließt das große Leitthema des Abschnitts im Rückblick: Gottes Herrschaft bestimmt die Wirklichkeit der Welt. Im Studium der Tora und dem Sprechen des Schma[20] sowie in der rettenden Funktion, die dieses göttliche Wort für Israel hat, erweisen Wort und Treue Gottes ihre Wirkmacht[21].

In NumR 20 knüpft das Traditionsstück, das die Erzählung von Kain und Abel einspielt, an Spr 28,10 an. Im Geschick Bileams zeigt sich der Tun-Ergehen-Zusammenhang, der in Spr 28,10 zum Ausdruck kommt. Bileam, der nicht nur die Menschen irreführt (טעה Hif.), sondern auch Gott täuschen will, wird selbst irregeführt.[22]

Der Midrasch unterstreicht Aspekte, die im biblischen Text angelegt sind. Ob Bileam ein Seher ist, der die Zukunft kennt, oder ein Zauberer, der Einfluss auf sie nimmt, bleibt in Num 22ff offen. Balak setzt auf die Fähigkeit Bileams, Zukunft zu beeinflussen.[23] Gott und Bileam wiederholen in refrainartig anmutenden Passagen, dass Bileam nur reden kann, was Gott ihm zu reden aufträgt.[24] Weder über die Motivation Bileams[25] noch über die Qualität seiner Rede ist damit etwas gesagt, wohl aber über ihren Inhalt.

Themenschwerpunkte

Die Wirkmacht menschlicher Rede findet ihre Grenze in der Wirklichkeit stiftenden Rede Gottes.

9.3.2 Das Traditionsstück: Gott prüft drei[26]

Übersetzung

Siehe Anhang.

9.3.2.1 Analyse

NumR 20 bietet eine im Vergleich zu GenR 19 längere Fassung des Traditionsstücks. Der Dialog zwischen Gott und Kain, über den die Erzählung von Kain und Abel eingespielt wird, wird in NumR 20 in größerer Vollständigkeit als in GenR 19 zitiert. Zitiert wird außer der Frage Gottes auch die Antwort Kains und die Reaktion Gottes darauf. Das Beispiel Adams und das positive Beispiel Ezechiels fehlen. Dem immer gleichen Schema folgend zitiert der Midrasch gegen GenR 19 über die

---

über Num 22,12 über Israel als bereits gesegnetes Volk. Milgrom (1990), 202 betrachtet die den drei Visionen entnommenen Sätze Num 23,8.20 und 24,9 Glieder einer sich steigernden Reihe.

20 Und anderer Gebete.

21 Einmal lässt Israel sich dieses Wort zusprechen (Studium der Tora), einmal wird es zum Sprecher der Tora. Der Tod der Könige von Midian – und Bileams Tod! – wird an späterer Stelle mit dem Sehen des Stirnbleches des Hohenpriesters mit dem dort eingravierten Gottesnamen begründet. Num 22,6 ist in diesem Sinne zu verstehen: Bileams Segen und Fluch sind insofern wirkmächtig, als sie im Einklang mit dem göttlichen Willen und Handeln stehen. Zu Num 22,6 vgl. Staubli (1996), 293.

22 Jeweils טעה, Hif.

23 Vgl. Milgrom (1990), 187.473. Levine (2000), 182 nimmt eine Opposition Balak – Gott wahr.

24 Vgl. Num 22,8.18 (Bileam), 22,20 und 22,35 (Gott); 22,38 und 23,3.12 (Bileam); 23,26 (Balak); 24,11 (Bileam). Vgl. Milgrom (1990), 473; Schmidt (2004), 124.

25 Unterschiedliche Midraschim lösen dieses Problem unterschiedlich. Vgl. Baskin (1983), 88.

26 Das Traditionsstück begegnet in leicht variierter Form (‚Gott prüft vier‘) in GenR 19.

rhetorische Frage hinaus[27] auch die inadäquate Antwort. In jedem einzelnen Fall kontrastiert der Midrasch die gegebene mit der angemessenen Antwort der Form צריך לומר ... ואת שואל ..., nach der der Fragende die Formulierung des Offensichtlichen Gott überlässt. In einer Reihe mit Hiskija und Kain gibt Bileam ein Beispiel einer angesichts göttlich verantworteter Wirklichkeit unangemessenen Rede.[28] Mit dem Beispiel Ezechiels fehlt der positive Horizont des Ezechielbeispiels aus GenR 19. Die eigentlich angemessene Antwort, die aus keinem positiven Gegenbeispiel geschlossen werden kann, wird vom Midrasch formuliert. Sie liegt in einer Linie mit den Themen des Midrasch. Vor dem Hintergrund von NumR sind die unangemessenen Antworten weniger Ausdruck fehlender Gottesnähe als das Verkennen göttlich verantworteter Wirklichkeit. Die Unfähigkeit Bileams zu fluchen ist weniger Tatfolge als Implikation der göttlich bestimmten Wirklichkeit. Anders als GenR 19 nennt NumR 20 Motive für die unangemessene Rede Kains – Täuschung – und Hiskijas – Überheblichkeit. Die Frage nach den Motiven Bileams wird zu einem späteren Zeitpunkt unter Aufgriff dieser Motive beantwortet werden.[29]

9.3.2.2 Kain und Abel im Kontext des Traditionsstücks

Als rhetorische Frage Gottes zitiert der Midrasch im Kainbeispiel die Gottesrede nach Gen 4,9, die auch schon im biblischen Kontext als rhetorische Frage deutlich markiert ist. Er folgt dann dem Textverlauf dieses und des folgenden Verses und zitiert erst die auch im Textkontext unangemessene Antwort Kains nach Gen 4,9, dann die Erwiderung Gottes nach Gen 4,10, die Gottes überlegenes Wissen zum Ausdruck bringt, und sich auf die tatsächlichen Gegebenheiten bezieht.

Kain steht in Analogie zu Hiskija und Bileam Die Erzählung von Kain dient dem Midrasch in erster Linie als Vergleichshorizont für sein eigentliches Thema Bileam. In einer Reihe mit Hiskija und Kain gibt Bileam ein Beispiel einer angesichts göttlich verantworteter Wirklichkeit unangemessenen Rede. Mit Täuschung nennt der Midrasch ein Motiv für die Rede Kains. Für die Erzählung von Kain und Abel gilt im Umkehrschluss: Die Schuld Kains, soweit sie hier thematisiert wird, besteht in der Nichtakzeptanz der Wirklichkeit Gottes. Sie geht insofern auch über die Leugnung seiner Tat hinaus.[30] In seinem Scheitern kann Kain wie Hiskija Identifikationsfigur sein.

---

27 Vgl. auch Levine (2000), 152, der um die an Adam gerichteten rhetorischen Fragen nach Gen 3,9.11 ergänzt. Levine beruft sich auf von ihm nicht näher identifizierte rabbinische Quellen.

28 Vgl. GenR 19. Auch außerhalb der rabbinischen Literatur wird Kain mit Bileam parallelisiert. Vgl. Jude 1.11, zitiert nach Green (1991), 101: „walk in the way of Cain, and abandon themselves for the sake of gain to Balaam's error, and perish with Korah's rebellion."

29 Zu einem späteren Zeitpunkt nennt der Midrasch in Auslegung von Num 22,9 zwei Gründe für die Unangemessenheit der Antwort Bileams: Entweder leugnet Bileam in der Absicht, Gott zu täuschen, sein Wissen um die Identität der Männer oder er prahlt. Auch wenn das Beispiel Kains und Hiskijas an dieser zweiten Stelle als Vergleichshorizont nicht mehr explizit angespielt werden, sind sie doch über Begriffsverknüpfungen implizit. גאה (Hitp.) und טעה (Hif.) bezeichnen an dieser Stelle Bileam wie bei der ersten analogen Auslegung der gleichen Stelle schon Kain (גאה Hitp.) bzw. Hiskija (טעה Hif.).

30 Diese Tat selbst steht in diesem Midrasch nicht im Mittelpunkt.

9.3.3 Der engere Textzusammenhang

Übersetzung

„Und Bileam sagte zu Balak: Baue für mich an diesem Ort sieben Altäre" (Num 23,1). Und wozu sieben Altäre? Als Gegenstück zu den sieben Altären, die die sieben Gerechten von Adam bis Mose bauten. Adam und Abel und Noach, Abraham, Isaak und Jakob und Mose, über die er sagte: Wozu hast du diese angenommen?, wurden akzeptiert. Hast du sie nicht um des Dienstes willen, den sie vor dir dienten, angenommen? Ist es nicht angenehmer für dich, wenn dir sieben Völkern dienen, und nicht ein Volk? Der Geist der Heiligkeit antwortete ihm: „Besser ein trockener Bissen" (Spr 17,1). Besser eine Opfergabe, sie mit Öl zu mischen und dürr „als ein Haus voll Opfer des Streites" (Spr 17,1). Denn du willst Streit zwischen mich und die Kinder Israels bringen.

9.3.3.1 Analyse

Die Gestalt Abels wird über die Nennung des Opfers Abels und ohne unmittelbaren Zusammenhang mit der Gestalt Kains an einer zweiten Stelle angespielt. Sieben Altäre der Gerechten stehen sieben Altären gegenüber, die Bileam in betrügerischer Absicht baut. Unter die sieben Gerechten zählen drei Vertreter einer Zeit vor Israel, die die Anfänge der Menschheit repräsentieren (Adam, Abel und Noah). Zu ihnen zählen mit den Erzvätern Abraham, Isaak und Jakob und mit Mose außerdem vier zentrale Repräsentanten Israels. Die Bedeutung der sieben Altäre der Gerechten ergibt sich auf der Ebene des Midrasch aus ihrem Gegensatz zu den in betrügerischer Absicht erbauten des Bileam. Wenn Bileam sich anmaßt, über den Bau der Altäre Gott und die göttlich verantwortete Wirklichkeit beeinflussen zu können, stehen die Altäre der Gerechten – Vertreter Israels und über Israel hinaus – durch die erinnerte Geschichte Israels hindurch für diese Wirklichkeit.

9.3.3.2 Kain und Abel im Kontext des engeren Textzusammenhangs

Das Opfer Abels, das angespielt, nicht zitiert wird, steht im Kontext der Rede von den Altären der sieben Gerechten, die in Analogie zu Abel stehen. Über die Altäre der Gerechten wird die langfristig durchsetzungsfähige Wirklichkeit der Gerechten mit der Wirklichkeit Gottes gleichgesetzt. Mit Blick auf Abel behauptet der Midrasch die Durchsetzung der Wirklichkeit Gottes gegen den offensichtlichen Ausgang der Erzählung. Die Gerechtigkeit Abels lässt sich der Erzählung selbst nicht entnehmen. Die sechs Gerechten stehen in ihrer Funktion als Gerechte weniger für sich, als dass sie Israel durch seine Geschichte und Vorgeschichte repräsentieren.

9.3.4 Kain und Abel im Textzusammenhang

Ähnlich HldR zu Hld 4,16 – 5,1 und NumR 13f nimmt auch hier ein Traditionsstück Kain als Individuum in den Blick, während im Kontext eines zweiten, das mit dem ersten in keinem unmittelbaren Zusammenhang steht, Abel auf Israel verweist. Kain stellt sich in NumR 20, mehr noch mit der Leugnung seiner Tat als mit dieser Tat selbst, gegen die von der Seite des Menschen her nicht manipulierbare göttliche Wirklichkeit. Der Gerechte Abel ist mit den übrigen sechs Gerechten Repräsentant der erinnerten Geschichte Israels und Horizont. Er steht für die sich zuletzt durchsetzende Realität Gottes. Der Midrasch setzt Kain und Abel nur über den gemeinsamen Horizont resp. Gegenhorizont Bileam miteinander in Beziehung.

Konturen gewinnt das Vergehen Kains. Kains Versuch, den Mord an Abel und das Wissen Gottes um ihn zu leugnen, muss scheitern, weil Gott selbst für die Wahrheit (ein)steht. Kains Leugnung seiner Tat kommt einer Leugnung Gottes gleich. Im Zusammenhang beider Perspektiven ist die Funktion Kains als Identifikationsfigur gebrochen.

9.4 TanB מצורע

In Auseinandersetzung mit Lev 14,1 verbindet TanB מצורה das Thema des Aussatzes, der zum Ausschluss aus der Gemeinschaft führt, mit dem Thema der üblen Nachrede. Pointiert stellt der Midrasch die göttliche Tora und die menschliche לשון הרע einander gegenüber. Wie die negativen Auswirkungen der לשון הרע des Menschen auf den Menschen zurückfallen, so profitiert der Mensch von der Tora, wenn er seine Rede an ihr orientiert. Während die לשון הרע Leben mindert,[31] stellt die Tora einen Weg zum Leben dar. Die לשון הרע leugnet Gott und damit die göttlich verantwortete Wirklichkeit. Handelt der Midrasch von der Todesverfallenheit der לשון הרע, die der Todesnähe der Unreinheit des Aussätzigen entspricht, so handelt der Abschnitt des Rituals, auf das der Midrasch sich intertextuell bezieht, von der Wiedereingliederung des geheilten Aussätzigen in die Gemeinschaft und einer Rückkehr aus dem Bereich des Todes in den Bereich des Lebens.[32] Der Midrasch versieht den Diskurs so insgesamt mit einem positiven Vorzeichen.

Die Erzählung von Kain und Abel nimmt innerhalb der Syntax des Textzusammenhangs einen ganz untergeordneten Ort ein. Innerhalb einer Peticha zu Spr 18,21 kommt der am Beispiel von Gen 4,8 illustrierte Mord ausschließlich als Gegenhorizont der לשון הרע in den Blick, die sich auf Spr 18,21 bezieht.[33] Die Erzählung von Kain und Abel begegnet als Beispiel für Blutvergießen, das wie Unzucht und Götzendienst von der לשון הרע noch überboten wird. Der Mord Kains an Abel wird als Beispiel für einen Mord par excellence zitiert. Der Midrasch bezieht sich in seiner Argumentation auf ein einzelnes Wort. Die drei auf die Kapitalverbrechen Blutvergießen, Unzucht und Götzendienst bezogenen Belegverse Gen 4,13; 39,9 und Ex 32,31 belegen eine Singularform von גדול attributiv zu den teilsynonymen Begriffen רעה, עון und חטאה. Ps 12,4, der Belegvers für die לשון הרע, hat גדול im Plural, den der Midrasch als Intensivplural liest.

NumR 20 und TanB מצורה berühren sich in der ihnen zu Grunde liegenden Thematik. Sowohl die Gestalt des engeren Textzusammenhangs, der die Erzählung von Kain und Abel berührt, als auch sein Ort im größeren Kontext sind aber un-

---

31 Im Mord als Folge der לשון הרע wird dieser Zusammenhang augenfällig.

32 Vgl. Gerstenberger (1989), 161f.166; Milgrom (1991), 889.

33 Spr 18,21 formuliert die Doppelseitigkeit der Redefolge, die der Midrasch ausgestaltet und ausformuliert, grundsätzlich. Die Folge der Rede ist Leben oder Tod. Vgl. Murphy (2000), 138. Im Sprüchebuch ist Spr 18,21 über Themen mit dem Kontext verknüpft, die auch im Kontext des Midrasch eine Rolle spielen. Im Umfeld des zitierten Verses spielen das Wortfeld ‚sprechen‘ und die Thematik des rechten Gebrauches der Sprache eine wichtige Rolle. Vgl. Schökel nach Murphy (2000), 134; Whybray (1994), 263. Von den Folgen törichter Rede handelt V 6. Vgl. Murphy (2000), 135. V 8 handelt von der verführerischen Macht der Rede, vgl. Murphy (2000), 135; Whybray (1994), 267. V 20, im unmittelbaren Kontext von V 21, überdies über das Stichwort ‚Früchte‘ mit ihm verbunden, handelt von den (positiven) Rückwirkungen entsprechender Rede. Einen Bezug auf den biblischen Kontext über die Berührung gemeinsamer übergeordneter Themen hinaus lässt der Midrasch nicht erkennen.

terschiedlich. Selbst ihr Bezug auf die gemeinsame Thematik unterscheidet sich. Während in NumR Gen die Erzählung von Kain und Abel selbst Beispiel für die לשון הרע ist, ist diese Erzählung in TanB מצורה Beispiel für einen von der לשון הרע noch überbotenen Mord.

Die Thematik selbst unterliegt einer Verschiebung der Perspektive. NumR 20 nimmt die Beziehung Gottes zu seinem Volk in den Blick. TanB מצורה schränkt die durch die Rede Gottes bestimmte Wirklichkeit nicht auf eine bestimmte Zielgruppe ein.

9.5 AggBer 25ff

9.5.1 Der Kontext

Im Fall von AggBer ergibt sich die Abgrenzung des Textes aus der Anlage des rabbinischen Werkes, nach der jeweils ein Abschnitt zu einem Vers aus der Tora, den Propheten und den übrigen Schriften aufeinander bezogen werden.

Der Tora- und Schriftenabschnitt sollen im Folgenden nur soweit in den Blick genommen werden, wie sie für das Verständnis der Auslegung der Kain- und Abel-Erzählung innerhalb des Prophetenabschnitts von Interesse sind.

נב״ים

- Ri 9,22
  - Spr 27,10
    - Der Besuch der Boten Davids bei Hanun und Hanuns Reaktion: 2 Sam 10,2 – 2 Sam 10,4
      - Dtn 23,7 (Argument Hanuns)
  - Spr 27,10
    - Jehoram ermordet seine Brüder: 2 Chr 21,4
  - Spr 27,10
    - Ri 9,5: Abimelech ermordet seine Brüder
      - ⇔ Abimelech, König v. Gerar, der Abraham ehrt (Gen 20,16)
    - Ri 9,22: Tod Abimelechs
- Ri 9,22 (drei Jahre) – Verkürzung oder Verlängerung der Lebenszeit – Spr 10,27
- Ri 9,22
  - Spr 26,27
    - Jehoram ermordet seine Brüder – 2 Chr 21,13
      - Söhne der ‚Eingeweide' seines Vaters – Austreten der Eingeweide Jehorams (2 Chr 21,19)
  - Spr 26,27
    - Kain erschlägt Abel mit einem Stein — Gen 4,8 – Gen 4,23
    - Kain wird mit einem Stein erschlagen — Gen 4,16 – Spr 26,27
  - [Spr 26,27]
    - Abimelech erschlägt seine Brüder mit einem Stein — Ri 9,5
    - Abimelech wird mit einem Stein erschlagen — Ri 9,53
  - Spr 26,27
- Ri 9,22
  - Spr 18,12
    - Abimelech (Ri 9,4) – Gideon (Ri 8,22f)
      - Abimelech wird König (Ri 9,6.22)
      - Abimelechs Jahre werden nicht verlängert (Spr 15,33; Spr 28,16 – Ri 9,4)
- In der kommenden Zukunft wird der böse Trieb Israels ausgerissen und Israels Tage werden verlängert

Das sich durch den Prophetenabschnitt durchziehende Thema ist die Erzählung um Abimelech nach Ri 9 und die an ihr illustrierte Gültigkeit des Tun-Ergehen-Zusammenhangs. Ausgehend von drei Versen des Sprüchebuches wird Ri 9 mit anderen biblischen Erzählungen korreliert.

Ausgehend von Spr 27,10 präsentiert der Midrasch Beispiele, denen zu Folge nachbarschaftliche Hilfe einer nicht funktionierenden Bruderbeziehung vorzuziehen ist. Das Verhalten Davids gegenüber Hanun und das des Abimelech gegenüber Abraham stehen dafür positiv. Die Morde Jehorams und Abimelechs an ihren Brüdern stellen den Gegenhorizont dar. Der Beginn von Abimelechs Aufstieg weist auf sein Ende bereits voraus. Ausgehend von Spr 26,27 wird für Abimelech wie für Jehoram und Kain die Gültigkeit des Tun-Ergehen-Zusammenhanges dargelegt, der im Tod Abimelechs zum Ausdruck kommt.[34] In Auslegung des letzten Verses, Spr 18,12, entwirft der Midrasch als Gegenbild zu Abimelech abschließend das Bild Israels in der kommenden Welt.[35] Der Midrasch spitzt die Erzählung um Abimelech auf die Person Abimelechs und die Schuld Abimelechs am Tod seiner Brüder zu.[36] Während Jotam im Zusammenhang mit der vom Midrasch ausgeblendeten Jotamfabel (9,19) und der Erzähler nach 9,24 außer Abimelech auch den Sichemiten Verantwortung für den Mord an den Brüdern des Abimelech zuschreibt und sie in den geschilderten Tun-Ergehen-Zusammenhang einbindet, nimmt der Midrasch als Verantwortlichen Abimelech allein in den Blick. Die Erzählung vom ersten Brudermord dient wie die Erzählungen von der Reaktion Hanuns auf den Besuch Davids und der Ermordung der Brüder Jehorams der Interpretation der Erzählung von Abimelech durch den Midrasch als Vergleichshorizont.

Die Verbindung zwischen Tora- und Prophetenabschnitt ist schwach ausgeprägt.[37] Neben David erwies sich bereits Abraham entsprechend dem Abschnitt über die Tora als nahe im Sinne von Spr 27,10. Abraham stellt einen Gegenhorizont zu den im Prophetenabschnitt aufgezählten Frevlern dar. Der Abschnitt ‚Schriften' knüpft an das Ende des Prophetenabschnitts mit der Ankündigung der Verlängerung der Tage Israels nahtlos an.[38]

---

34 Gegenüber dem vorausgehenden Abschnitt zu Spr 27,10 findet ein Perspektivwechsel statt. Steht zunächst das Opfer im Mittelpunkt, für das ein naher Nachbar besser als ein ferner Bruder ist, ist später der Frevler exemplarisch der Bruder, der sich dem Bruder gegenüber wenig brüderlich verhält.

35 Positiv entspricht dem Gideon, der Vater des Abimelech.

36 Die Kritik am Königtum, die der Erzählung um Abimelech in ihrem biblischen Kontext inhärent ist, greift der Midrasch nicht auf. Von Relevanz ist in diesem Zusammenhang v.a. die Jotamfabel. Vgl. Görg (1993), 52.

37 Verbindendes Glied zwischen dem Abschnitt über die Tora und dem über die Neviim ist ein Zitat aus Dtn 23 (23,7). Mit diesem Zitat schließen der Toraabschnitt und die den Prophetenabschnitt einleitende Auslegung zu Spr 27,9. Das Verbot, Ammoniter und Moabiter in die Versammlung JHWHs aufzunehmen, wird im Abschnitt über die Tora aus der Interpretation der Loterzählung, die im Mittelpunkt des Tora-Abschnittes steht, heraus begründet. Im Abschnitt über die Propheten dient das Zitat von Dtn 23,7 dem Vertreter der Gegner Israels als Argument. Eine zweite Verbindungslinie ergibt sich daraus, dass Abimelech aus Ri 9, der im Abschnitt über die Neviim im Mittelpunkt steht, dort mit Abimelech aus Gen 10, der im Toraabschnitt im Zusammenhang mit Abraham eine wichtige Rolle spielt, kontrastiert wird. Auch inhaltlich bezieht sich die einleitende Einleitung zu Spr 27,10 auf den Toraabschnitt zurück.

38 Der Abschnitt ‚Schriften' weist außerdem über Gen 39, das hier unter dem Vorzeichen des Schicksals Judas/Israels steht, auf den Toraabschnitt zurück, wo ein Zitat aus Gen 39,7 der Ausgestaltung des Unzuchtthemas mit Blick auf Lot dient.

Themenschwerpunkte

Durchgehendes Thema ist die Aufrechterhaltung des Tun-Ergehen-Zusammenhangs, der unter negativem Vorzeichen am Ergehen Abimelechs und unter positivem Vorzeichen am Ergehen Israels dokumentiert wird.

9.5.2 Der engere Textzusammenhang

Übersetzung

> Eine andere Sache: „Und Abimelech regierte" (Ri 9,22). Dies ist, was die Schrift sagt: „Wer eine Grube gräbt, fällt hinein, und wer einen Stein rollt, auf den rollt er zurück" (Spr 26,27). Jeder, der seine Brüder erschlägt, wird einen Nachteil davon haben. Dies ist Jehoram. Er stand auf, und er erschlug die Söhne der Eingeweide seines Vaters, wie gesagt worden ist: „Und auch deine Brüder, das Haus deines Vaters, die besser sind als du, hast du erschlagen" (2 Chr 21,13). Und weil er die Söhne der Eingeweide seines Vaters erschlug, werden seine Eingeweide infoge der Krankheit heraustreten, wie gesagt worden ist: „Und es geschah nach Tagen, und als die Zeit verging, das Ende der Tage, zwei, traten seine Eingeweide infolge seiner Krankheit heraus" (2 Chr 21,19). Wozu? „Wer eine Grube gräbt, fällt hinein, und wer einen Stein rollt, auf den rollt er zurück" (Spr 26,27). Kain erschlug Abel, seinen Bruder, mit einem Stein. Wie gesagt worden ist: „Und Kain erhob sich gegen Abel, seinen Bruder, und er erschlug ihn" (Gen 4,8). Und wie erschlug er ihn? Indem er einen Stein aufhob und auf alle seine Glieder einschlug, Wunden über Wunden, bis er starb. Woher, dass es so war? Lamech sagte zu seinen Frauen: „Denn einen Mann erschlug ich für meine Wunde usw." (Gen 4,23). Und auch Kain wurde von einem Stein erschlagen. Wie gesagt worden ist: „Und Kain ging hinaus" (Gen 4,16). Der starb, als auf ihn ein Stein fiel. Warum? „Und wer einen Stein rollt usw." (Spr 26,27). So Abimelech, dieser erschlug seine Brüder mit einem Stein. Wie gesagt worden ist: „Und er erschlug usw. über einem Stein" (Ri 9,5). Und auch er wurde von einem Stein erschlagen. Wie gesagt worden ist: „Und eine Frau warf den Mahlstein eines Mühlsteins auf den Kopf Abimelechs und er zerschmetterte seinen Schädel" (Ri 9,53). Das meint: „Und wer einen Stein rollt, auf den rollt er zurück" (Spr 26,27).

9.5.2.1 Analyse

Ausgehend von Spr 26,27 korreliert der Midrasch drei Konflikte zwischen Brüdern mit tödlichem Ausgang. Spr 26,27 beschreibt einen Tun-Ergehen-Zusammenhang in reduzierter Form.[39] Allein das Faktum der Tat und das aus der Tat ableitbare weitere Geschick des Täters werden aufeinander bezogen. Über die Motivationen des handelnden Subjektes trifft der Vers keine Aussage.[40] Darüber, wer oder was

---

39 V 27 steht etwas zusammenhanglos im Kontext. Vgl. Meinhold (1991), 447, der V 27 für sekundär hält. Whybray (1994), 370 setzt für die VV 17–28 das Thema der ‚injudicious' oder ‚malicious speech' voraus. Ähnlich Clifford (1999), 228. Murphy (2000), 198 erkennt für Spr 26,17–28 keine thematische Einheitlichkeit. Die von ihm veranschlagten inhaltlichen Schwerpunkte kleinerer Texteinheiten kommen aber immer wieder auf das Thema böswilliger Rede zurück. Vgl. Murphy (2000), 202. Verbindende Stichworte berühren auch nach Murphy (2000), 198 das Thema der betrügerischen Rede. Whybray (19994), 376 geht weiterhin davon aus, dass alle aufgezählten Vergehen sich störend auf die Gemeinschaft auswirken. Das Thema der VV 23f.28, trügerische Rede (vgl. Meinhold [1991], 446), findet im Midrasch keinen unmittelbaren Widerhall. Das Thema sich hinter freundlicher Rede und vorgetäuschter Freundschaft verbergender schlechter Absichten (Spr 26,23–26) bietet allenfalls Berührungspunkte zum einleitenden Beispiel Hanuns. Das Beispiel Hanuns verkehrt die Umstände insofern, als Hanun und seine Berater David fälschlicherweise böse Absichten nach Spr 26,23–26 unterstellen. Das Beispiel Hanuns wird im Kontext der Auslegung zu Spr 26,27 nicht angeführt.

40 Vgl. Meinhold (1991), 448; Murphy (2000), 202.

für die Aufrechterhaltung des Tun-Ergehen-Zusammenhangs einsteht, sagt auch der nähere Kontext des Verses nichts aus.[41]

Unter Verweis auf Spr 26,27 stellt der Midrasch zwischen der Tat, dem Brudermord, und ihren Umständen und der Tatfolge, dem eigenen Tod des Mörders, und den näheren Umständen von dessen Tod einen Zusammenhang her. Der Tod des Mörders hat materialiter etwas mit dem von ihm verübten Mord zu tun.

Tat und Tatfolge in der Erzählung des Mordes Jehorams an seinen Brüdern und des Mordes Kains an Abel dienen der Interpretation der Erzählung nach Ri 9 als Vergleichshorizont. In seiner Interpretation der Erzählung vom Mord Jehorams an seinen Brüdern unterstreicht der Midrasch den Tun-Ergehen-Zusammenhang,[42] indem er von den ermordeten Brüdern des Jehoram zweimal als von den בני מעיו של אביו spricht.[43] 2 Chr 21,19 charakterisiert die Krankheit des Jehoram als eine, in deren Verlauf יצאו מעיו.[44]

Nach dem Midrasch erschlägt Abimelech seine Brüder mit einem Stein und wird selbst durch einen Stein getötet.[45] Der ‚Stein' (אבן) nimmt ein Stichwort aus dem einleitenden Petichavers (Spr 26,27[46]) auf. Mit dem Verweis auf Ri 9,5 bezieht sich der Midrasch auf ein Detail in der Schilderung der Tat, dessen Sinn sich aus dem biblischen Kontext nicht ohne weiteres erschließt.[47] Nach Ri 9,53 wird Abimelech bei der Belagerung der Stadt Tebez von einem Mühlstein getroffen. Es wird zwar kein Vers zitiert, der das Stichwort אבן hat, die semantische Überschneidung von אבן und פלח רכב ist aber offensichtlich.[48]

---

41 Vgl. Whybray (1994), 371.

42 Aus der biblischen Erzählung um Jehoram zitiert der Midrasch einen Brief des Propheten Elia, der einen unmittelbaren Zusammenhang zwischen Jehorams Vergehen und seinem angekündigten weiteren Geschick herstellt. Vgl. Japhet (2003), 271. Mit dem Mord an seinen Brüdern und der zu seinem eigenen Tod führenden Krankheit greift der Midrasch je ein Vergehen und eine Tatfolge heraus. Der biblische Textzusammenhang spricht außerdem von der Verführung des Volkes zum Götzendienst und kündigt den Verlust der Frauen und Söhne Jehorams an. Vor dem Hintergrund des biblischen Textzusammenhangs besteht ein besonders enger Zusammenhang zwischen dem Mord an Angehörigen der eigenen Familie und dem Verlust der eigenen Nachkommenschaft, vgl. Johnstone (1997), 112.114. Gegen die Logik der Sache trifft der Raubüberfall der Philister und Araber allein – vgl. Japhet (2003), 273 – oder doch vor allem den König. Zum Zusammenhang von Mord und dem Verlust der Gesundheit des eigenen Körpers vgl. Japhet (2003), 272.

43 Teugels (2001) ‚seines Bruders', beruht wohl auf einem Übersetzungsfehler.

44 Im Parallelbericht von 2 Kön 8 ist weder von einer solchen Krankheit noch vom Mord des Jehoram an seinen Brüdern die Rede. Vgl. Johnstone (1997), 108.

45 Im Jehoram- wie im Abimelechbeispiel geht es über den eigentlichen Brudermord hinaus um einen innerfamiliären Konflikt. Im Fall Jehorams steht das Haus Ahab, dem die Mutter und die namentlich genannte Frau des Jehoram entstammt, gegen das Haus David, dessen übrige Angehörige in Gestalt seiner Brüder er umbringen lässt. Abimelech sucht gegen seine Halbbrüder Unterstützung bei den Verwandten seiner Mutter. Vgl. Görg (1993), 50f; Webb (1987), 154. In beiden Fällen gehen dem Tod des Protagonisten weitere Tatfolgen, die der Midrasch für seine Argumentation aber ausblendet, voraus. Mit dem Tod beider Protagonisten endet eine sich aus ihrer anfänglichen Gewalttat ergebende Geschichte der Misserfolge und des Missgeschicks.

46 Spr 26,27a hat enge Parallelen in Ps 7,15; 9,16, Koh 10,8, Sir 27,26 und Koh 10,8. Vgl. Whybray (1994), 378; Clifford (1999), 234. Spr 26,27b mit dem Stichwort אבן, an das der Midrasch anknüpft, hat dort keine Parallele. Es gibt eine Parallele in einem außerbiblischen Text, vgl. Clifford (1999), 234. Ob die Verben in V 27 modal oder indikativ gelesen werden, ist für die Verwendung des Verses im Midrasch ohne Bedeutung. Vgl. Murphy (2000), 197.202.

47 Abimelech erschlägt seine Brüder על אבן, was zunächst eher auf eine Ortsbestimmung als auf das Mordwerkzeug hindeutet.

48 Der Midrasch greift, entsprechend des im Kontext seiner Interpretation übergeordneten Verses Spr 26,27 und dem von dort her aufgegriffenen und auch auf die Interpretation von Gen 4,1–16 übertragenen Motiv des Steines, ein Element der Erzählung heraus, das das Konzept des Tun-

Die Erzählung von Kain und Abel wird über zwei Zitate, eines, das nach Gen 4,8 die Tat, und eines, das mit dem Hinausgang Kains (יצא) nach Gen 4,16 die Tatfolge betrifft, eingespielt. Das Leitwort אבן, Stein, verbindet den Abschnitt über Abimelech mit dem über Kain und mit Spr 26,27. In der biblischen Erzählung von Kain und Abel steht nichts von einem Stein. Der vom Midrasch vorausgesetzte Mordhergang, das mehrfache Zuschlagen mit einem Stein, entnimmt der Midrasch der Replik Lamechs. In der Wahrnehmung moderner Exegese begründet der Wortlaut von Gen 4,23 die Vielzahl der Wunden.[49] Das ‚Hinausgehen' Kains nach Gen 4,16 wird mit Kains Tod gleichgesetzt.[50] Entsprechend dem Argumentationsmuster des Midrasch entsprechen sich die Umstände des Mordes und die Umstände des Todes des Mörders. Nimmt man keine Traditionen anderweitigen Ursprungs an,[51] wird die Leerstelle, die die näheren Umstände des Mordes und die Umstände des Todes Abels überhaupt betrifft, aus den Parallelen gefüllt. Jedes andere Mordwerkzeug, das sich sowohl auf den Mord an Abel als auch den Tod Kains bezöge, leistete argumentativ den gleichen Dienst. Mit dieser ‚offenen' Auslegung stellt der vorliegende Midrasch eine Ausnahme dar.[52]

9.5.3. Kain und Abel im Textzusammenhang

Der Midrasch spielt die Erzählung von Kain und Abel über Gen 4,8 und Gen 4,16 ein. Spr 26,27 ist organisierender Hypertext. Kain steht in Analogie zu Abimelech und Jehoram. Ziel des Midrasch ist weniger die Füllung einer Leerstelle und die Beantwortung der Frage nach dem Mordwerkzeug als die Untermalung des Tun-Ergehen-Zusammenhangs und der Parallelisierung der nebeneinander gestellten Texte. Im engeren Zusammenhang der Interpretation der Erzählung um Kain und Abel stehen in AggBer tödliche Bruderkonflikte im Zentrum. Sie kontrastieren im größeren Kontext mit dem Einsatz Gottes für den גר, der seinerseits mit dem Appell für den Einsatz für den Fremden, der nicht der Bruder ist, einhergeht.[53] Der (tödliche) Bruderkonflikt ist – kontrastierende – Zustandsbeschreibung wie Appell.[54]

Ergehen-Zusammenhangs betrifft, vgl. Webb (1987), 155, und hier pars pro toto für alle übrigen steht. Andere, die nicht nur Abimelech betreffen, kommen hinzu: Die gegen seine Brüder gerichtete Verschwörung Abimelechs mit Sichem spiegelt die gegen ihn gerichtete Konspiration Gaals mit Sichem. Umgekehrt antwortet der Hinterhalt Abimelechs für Sichem nach V 34 dem Hinterhalt der Sichemiten nach V 25. Vgl. Webb (1987), 155. Für Webb (1987), 158f zeichnet die exakte Einhaltung des Tun-Ergehen-Zusammenhangs die Abimelech-Erzählung vor den umgebenden Erzählungen des Richterbuches aus.

49 Teugels (2001), 83 vermutet, die Interpretation, nach der Kain den Abel mit Hilfe eines Steines erschlug, habe sich aufgrund des Ortes (das Feld) nahe gelegt. Das mag für die Tradition insgesamt Gültigkeit haben. Dem vorliegenden Midrasch jedoch scheint dieser Zusammenhang offensichtlich begründenswert: „Kain erschlug den Abel, seinen Bruder, mit einem Stein, wie gesagt worden ist: ‚Und es erhob sich Kain über Abel, seinen Bruder, und er erschlug ihn' (Gen 4,8). Und wie erschlug er ihn? Nicht anders, als dass er einen Stein aufhob und ihn auf alle seine Glieder schlug, Wunden über Wunden, bis er starb. Woher, dass es so ist? Lamech sagte zu seinen Frauen: ‚Denn einen Mann erschlug ich für meine Wunde usw.' (Gen 4,23)."

50 Vgl. Teugels (2001), 84.

51 Vielleicht baut der Midrasch auf eine außerbiblische Tradition. Es ist denkbar, eine Tradition, nach der Kain von Lamech getötet wurde, im Hintergrund zu vermuten. So Teugels (2001), 83. Eine solche Tradition würde dann aber, anders als in Ms 2340. nicht explizit.

52 Die Schließung der Leerstelle bezüglich des Zeichen Kains in NumR 7 durch ‚Aussatz' nimmt auf die Semantik des Aussatzes selbst Bezug. Aussatz zieht den Ausschluss aus der Gemeinschaft nach sich.

53 Paradoxerweise geht es im Eintreten Abrahams für Lot aber doch wieder um einen nahen Verwandten.

54 Der Version Ms Oxf. 2340 fehlt der Verweis auf den Stein als das Instrument, das den Tod Kains

9.6 Tan und TanB לך לך

Die besondere Sorge um den Konvertiten, die die einleitende Halacha einfordert, begründet sie mit dem Einsatz Gottes für Abraham als exemplarischen גר, das dem Eintreten Abrahams für den Fremden und für Gott entspricht. Das Geschick des גר und das Eintreten Gottes für ihn spiegelt das Geschick Israels und das Eintreten Gottes für sein Volk. Der גר, für dessen Rechte Abraham stellvertretend eintritt, ist nach Gen 14 Lot.

Tan und TanB haben eine im Kern gekürzte und durch parallele Beispiele erweiterte Fassung des aus GenR 22 bekannten an Ps 37,14f anknüpfenden Traditionsstücks. In Analogie zu dem Konflikt Amraphels mit Abraham und dem Konflikt Davids mit Hanun und in Anknüpfung an Ps 37,14f fällt der Ausgang des Konflikts zwischen Kain und Abel in Tan und TanB auf den zurück, der ihn begann.

Die Kriegsmetaphorik von VV 14f schließt an den Kontext des Midrasch an.[55] Von Kain und von Amraphel wird gesagt, dass sie entsprechend der Näherbestimmung von פתח durch חרב mit einer Gewalttat beginnen (i. S. v. sie eröffnen)[56]. Der von Kain verübte ist in der Chronologie der erinnerten Geschichte Israels der erste Mord.

In TanB fehlt gegen die Version des Traditionsstücks in GenR 22 im Kainbeispiel die auf Gottesrede und Zitat von Ps 37,15 folgende Schilderung der Folge der Tat Kains mitsamt ihrem biblischen Beleg. Über TanB לך לך hinaus bringt Tan לך לך V 15 mit dem Tod Kains und der Tradition von der Tötung Kains durch Lamech in Verbindung. Wenn in der Interpretation der Episoden um Abraham und David durch den Midrasch die ursprünglichen Gewaltopfer selbst – in der Darstellung des Midrasch als Werkzeuge des Handelns Gottes[57] – Sorge für die Aufrechterhaltung des Tun-Ergehen-Zusammenhangs tragen, ist das in der Deutung der Episode um Kain und Abel durch den Midrasch schon vom Gang der biblischen Erzählung her nicht möglich. Abel kann nicht Werkzeug seiner Durchsetzung durch Gott sein. In TanB wird die Durchsetzung des Tun-Ergehen-Zusammenhangs mit Blick auf Kain vor dem Hintergrund der parallelen Beispiele behauptet.[58] Stärker als in GenR 22, das die Tat fokussiert, liegt in TanB לך לך der Fokus auf der Tatfolge.

---

verursacht. Die Version entgeht der Schwierigkeit, die sich aus der Notwendigkeit ergibt, diesen Stein aus Gen 4,23, den der Midrasch auf die Tötung Kains durch Lamech bezieht, abzuleiten. Vgl. Teugels (2001), 84. Gleichzeitig bezieht sich der Zusammenhang von Tun und Ergehen nicht mehr auf das Mordwerkzeug.

55 Vgl. Hossfeld/Zenger (1993), 235.

56 Eine entsprechende übertragene Bedeutung von פתח ist innerbiblisch nicht belegt.

57 Die Reaktionen Davids und Abrahams, parallel durch מיד an die Gottesrede mit abschließendem Zitat von Ps 37,15 angeschlossen, werden so als Durchführung eines göttlichen Auftrags gekennzeichnet. Ob das Psalmzitat (angeschlossen durch כנאמר) selbst noch Teil der Gottesrede ist oder ob es einen die Gottesrede kommentierenden Einschub darstellt, kann letztgültig nicht entschieden werden.

58 Gegen Bietenhard übersetze ich vor dem Hintergrund einer divergierenden Satzabgrenzung den zweiten Teil der Gottesrede: „Du hast mit dem Schwert in der Welt begonnen. Das Schwert soll in das Herz dieses Mannes kommen". Unabhängig davon, ob Kain die Folgen seiner Tat in dieser oder in der kommenden Welt treffen – was diese Übersetzung aber offen lässt –, nimmt das ‚in der Welt' die einleitende Formulierung ‚kein Töten in der Welt' wieder auf. Es ist für den Midrasch entscheidend, dass Kain mit dem Töten in dieser Welt beginnt und damit, wie in Folge auch Amraphel, den Zustand der Welt nachhaltig verändert. In GenR 22 wird der Tun-Ergehen-Zusammenhang explizit und mit dem weiteren Schicksal Kains begründet.

Vor dem größeren Kontext des Midrasch verbindet sich das Eintreten Gottes für das Opfer einer Gewalttat mit dem Eintreten Gottes für den Fremden und schließlich dem Proselyten, dem Fremden *in* Israel. Die Rolle Abels ist passiv. Was er ist, ist er vor dem Hintergrund der Aktivitäten Kains.

Tan לך לך stimmt mit dem ersten Teil von TanB לך לך weitgehend wörtlich überein. Auf Halacha und Peticha zu Ps 37,14 folgt ein Neueinsatz mit einer neuen Halacha. Es fehlt die abschließende Parallele des Schicksals Abrahams und Israels. Gegenüber TanB tritt in Tan die Israelperspektive zurück.

9.7 MdrPss 148

9.7.1 Der Kontext

Wie MdrPss 100 zeigt sich auch die Geschlossenheit der Auslegung zu Ps 148 weniger durch einen deutlich markierten Neueinsatz und Schluss als durch eine einheitliche Thematik. Durchgehendes Thema ist der Lobpreis der Schöpfung.

V 1	Dienstengel
V 2	Schöpfung (Gen 2,4)
	Die den Willen Gottes tun (Ps 103,21)
V 3	Väter und Mütter (Gen 37,9)
	Gerechte (Dan 12,13)
V 4	Die Wasser
V 5	Lobpreis ist Zweck der Schöpfung
V 6	Zweck der Schöpfung ist es, den Schöpfer zu erfreuen
	Der Mensch sündigt → Fluch über den Erdboden (Gen 3,17)
	Kain lässt den Heiligen keine Freude an der Schöpfung haben (Gen 4,10.12)
V 7	Summarium

Ps 148 zerfällt in zwei Teile, die sich in ihrem Aufbau entsprechen: Auf Imperative, die den Himmel und seine listenartig aufgezählten Repräsentanten (VV 1–4) und solche, die die Erde und ihre Vertreter (VV 7–12) zum Lobpreis auffordern, folgt jeweils eine zusammenfassende Aufforderung zum Lobpreis im Jussiv der 3. Person, an die sich mit כי eine Begründung anschließt.[59] VV 5f, der Abschluss des ersten Teils, begründet das Lob der Schöpfung mit ihrem Geschaffensein.[60] Die listenartige Aufzählung der Adressaten der Lobaufforderung meint die Totalität der ganzen Schöpfung.[61] Mit V 14 kulminiert der Ps je nach Lesart im Lobpreis der Schöpfung um der Taten Gottes an Israel willen.[62]

MdrPss 148 beginnt mit einer Aufzählung der Subjekte des Preises Gottes, die sich über die Auslegung der ersten vier Verse des Psalms erstreckt. Zweck der Schöpfung nach VV 5f sind der Lobpreis und die Freude des Schöpfers an der Schöpfung. Der Textzusammenhang, der die Erzählung von Kain und Abel einspielt, schildert einen Gegenhorizont und bildet im Ablauf der Kommentierung des

59 Vgl. Hossfeld/Zenger (2008), 840f; Seybold (2008), 542; Gerstenberger (2001), 447f.

60 Vgl. Hossfeld/Zenger (2008), 848.

61 Vgl. Hossfeld/Zenger (2008), 842; Gerstenberger (2001), 449. Der Aspekt der Totalität wird durch zahlreiche Stilmittel, insbesondere durch Merismen, Wortpaare und das Stichwort כל unterstrichen. Vgl. Hossfeld/Zenger (2008), 842.847.849. Der Psalm präsentiert die Schöpfung als geordnete Schöpfung. Vgl. Gerstenberger (2001), 449; Hossfeld/Zenger (2008), 841f.

62 Vgl. Hossfeld/Zenger (2008), 840.844ff.850f; Seybold (1996), 542f; Gerstenberger (2001), 450.

Psalms ein retardierendes Moment: Der erste Mensch und Kain verfehlen den Zweck ihres Geschaffenseins. Ein abschließendes Summarium fasst noch einmal die Subjekte des Lobpreises und den Zweck der Schöpfung im Lobpreis zusammen.

Der Midrasch unterzieht nur die erste Hälfte des Ps (VV 1–6) und den den zweiten Teil einleitenden Vers (V 7) einer Auslegung. Es fehlt damit eben der Teil, der in einer Israelperspektive kulminiert. Der Midrasch legt den Schwerpunkt auf das Lob der ganzen Schöpfung. Die Israelperspektive tritt in den Hinterpunkt. Israel ordnet sich in die Schöpfung ein und der Perspektive des Midrasch auf die Schöpfung insgesamt unter.

Themenschwerpunkte

Zweck der Schöpfung ist der Lobpreis.

9.7.2 Der engere Textzusammenhang

Übersetzung

> „Und er stellte sie für die Welt/Ewigkeit auf. Er gab ein Gesetz, und man wird es nicht übertreten" (Ps 148,6). Und welches Gesetz gab er? Indem er zu ihnen sagte: „Und es soll ein Gewölbe sein usw." (Gen 1,6). Von diesem Tag haben sie sich nicht bewegt. Der Heilige, gepriesen sei er, schuf, sich zu freuen in ihr, wenn es möglich wäre. Es war *aber* keine Freude in ihr. Weil Adam sündigte, wurde der Ackerboden verflucht, wie gesagt worden ist: „Verflucht ist der Ackerboden usw." (Gen 3,17). Kain kam und erschlug Abel. Er sagte zu ihm: „Wo ist Abel, dein Bruder?" (Gen 4,9). „Die Stimme des Blutes deines Bruders schreit zu mir vom Ackerboden usw." (Gen 4,10). „Unstet und flüchtig wirst du auf der Erde sein." (Gen 4,12). Und er ließ sich den Heiligen, gepriesen sei er, nicht an seiner Welt freuen.

9.7.2.1 Analyse

Die Erzählung von Kain und Abel wird über die Erwähnung des Brudermordes und über die der Gottesrede aus dem sich anschließenden Dialog Gottes und Kains entnommene Zitate eingespielt. Der Textzusammenhang gliedert sich in drei Abschnitte. Während die Wasser die ihnen gesetzten Grenzen wahren, übertreten Adam und Kain ein Gebot und verunmöglichen die Freude Gottes an seiner Schöpfung. Das Lob der Wasser, das der Ps mit ihrem Geschaffensein begründet, ordnet dieses potentiell die Schöpfung gefährdende Element der Schöpfung in diese ein und der Ordnung der Schöpfung unter.[63] Umstritten ist die Lesart von Ps 148,6. Ist חק Subjekt von עבר, wäre עבר mit ‚vergehen' zu übersetzen.[64] Die Auslegung des Midrasch legt eine andere Lesart nahe: עולם in V 6a meint in rabbinischem Sprachgebrauch die Welt. Mit dem in V 6b genannten Gesetz (חק) identifiziert der Midrasch Gen 1,6. Die Welt und als ein Teil der Welt die durch das Gewölbe gemäß Gen 1,6 getrennten Wasser sind Subjekt von עבר. Die Wasser übertreten das Gesetz und die ihnen entsprechend diesem Gesetz gesetzte Grenze nicht.

Gemäß dem Gebot Gottes überschreiten die Wasser, die an anderer Stelle Subjekte des Lobes Gottes sind, die Grenze, die Gott ihnen gesetzt hat, nicht. Damit bilden sie einen Gegenhorizont zu der Gebotsübertretung des ersten Menschen und Kains, die den Zweck der Schöpfung damit verfehlen.

---

[63] Vgl. Hossfeld/Zenger (2008), 849.

[64] Vgl. Hossfeld/Zenger (2008), 839.

Zitiert wird im Fall Kains nicht der Mord, den der Midrasch nur referiert, sondern der missglückte Dialog zwischen Gott und Kain. Der Midrasch zitiert ausschließlich die Gottesrede. Die Antworten Kains, die zum Scheitern des Dialoges führen, treten im größeren Kontext an die Stelle des Lobpreises, der nicht stattfindet.

9.7.3 Kain und Abel im Textzusammenhang

Die Erzählung von Kain und Abel wird über den Dialog Gottes und Kains eingespielt. Der Midrasch zitiert ausschließlich Gottesrede. Die nicht zitierte unangemessene Antwort Kains tritt an die Stelle des nicht stattfindenden Lobpreises, das Zweck der Schöpfung ist. Einen Gegenhorizont zu Kain und dem analogen Beispiel Adams bilden im engeren Kontext die Wasser, die dem Zweck ihres Geschaffenseins, dem Lob des Schöpfers, nachkommen, im weiteren Kontext der Beter des Psalms. Die Erzählung von Kain und Abel steht für das Verfehlen des Schöpfungszweckes durch Kain. Weniger der Brudermord als die gestörte Kommunikation zwischen Gott und Kain, die an die Stelle des eigentlich geforderten Lobpreises tritt, belegen diesen Umstand. In seinem Scheitern ist Kain eine mögliche Identifikationsfigur.

10. Endauswertung

> Man kann als Ausleger nicht annehmen, dass man alle seine Aspekte ausschöpfen wird, und sollte das nicht einmal versuchen. Es gilt, dass man eine Partitur vor sich hat, die unterschiedlich musiziert werden kann, darf, ja soll.[1]

Das abschließende Kapitel widmet sich einer Lesarten und Inhalte betreffenden Typologie der Auslegung der Kain- und Abel-Erzählung durch die Midraschim. Verhandelt wird zunächst der ‚Kanon' der Formen, in denen sich Midraschim mit der Kain- und Abel-Erzählung auseinandersetzen und in denen sie sie auslegen. In einem zweiten Schritt behandelt die Typologie die in dieser Form mit Hilfe dieser und über diese Erzählung getroffenen Aussagen.

10.1 Syntax

Die Midraschim interpretieren die Erzählung von Kain und Abel, Gen 4,1–16, indem sie diese Erzählung mit anderen biblischen Erzählungen und Textzusammenhängen intertextuell verknüpfen. Die Art der intertextuellen Aufnahme durch den Midrasch zeichnet sich durch einige den Umgang aller Midraschim mit dem biblischen Text verbindende Besonderheiten aus und lässt sich anhand bestimmter Kriterien noch einmal intern klassifizieren.

Die Erzählung von Kain und Abel wird über bestimmte Verse durch Zitat oder Anspielung häufiger eingespielt als über andere. Bestimmte Verse innerhalb der Erzählung werden besonders oft in einen engen argumentativen oder in einen Erzählzusammenhang gerückt. Wo die Erzählung von Kain und Abel mit anderen biblischen Erzählungen oder Erzählzusammenhängen intertextuell verknüpft wird, geschieht diese Verknüpfung nach bestimmten wiederkehrenden Mustern.

Midraschim unterscheiden sich darin, über welche Verse sie die Erzählung von Kain und Abel einspielen. Sie unterscheiden sich darin, mit welchen anderen biblischen Texten sie Gen 4,1–16 intertextuell verknüpfen. Sie unterscheiden sich darin, welcher wiederkehrender Muster intertextueller Verknüpfungen sie sich bedienen.

Ein Traditionsstück kann eine bestimmte Passage der Erzählung in einem Fall explizit zitieren, in einem anderen Fall kann das im Übrigen gleichlautende Stück die Erzählung über die bloße Nennung eines Namens anspielen. So präsentiert das Traditionsstück von den Brüderpaaren in TanB שמות, ExR 31 und HldR zu Hld 8,1 Gen 4,8 als Belegvers und markiertes Zitat. Das über weite Strecken gleichlautende Traditionsstück in PesR 29/30 und PRK 16 spielt die Erzählung über die Erwähnung des Hasses zwischen den Brüdern ein.[2] Ein signifikanter Unterschied bezüglich der Intensität des intertextuellen Bezuges zwischen Zitat und Anspielung besteht nicht. Das Kriterium der Referentialität ist für die Bewertung des Grades der Intertextualität der Midraschim nicht aussagekräftig.

---

1 Seebass (1996), 100 über Gen 1.

2 Augenfälliger wird der Zusammenhang im Traditionsstück vom Auf- und Abstieg der שכינה mit Blick auf die in Analogie zu Kain und Abel auftretenden Brüderpaare. PesR 5, Tan und TanB נשא zitieren jeweils einen Belegvers, während die im Übrigen weitgehend parallelen Versionen sich auf die Nennung der Namen der Protagonisten beschränken. Das Beispiel Kains und Abels wird in all diesen Midraschim nur angespielt.

10.1.1 Aufnahme von Gen 4,1–16 durch die Midraschim

10.1.1.1 Selektive Wahrnehmung des biblischen Textes

Zwei Midraschim, GenR 22 und Tan בראשית, legen Gen 4,1–16 im Zusammenhang aus. Andere Midraschim nehmen im Kontext der Auslegung anderer Bibelstellen nur auf einzelne Verse explizit Bezug.

Wo Midraschim einen Vers aus Gen 4,1–16 zitieren, spielen sie die Erzählung von Kain und Abel über den explizit zitieren Vers hinaus ein. Der Argumentationszusammenhang von PRK 24, LevR 10, DtnR 8, TanB בראשית, PesR 47 und 50 funktioniert nur, wenn der Midrasch das in der Logik der Erzählung zuvor Geschehene beim intendierten Leser als bekannt voraussetzt. Die genannten Midraschim zitieren aus dem abschließenden Dialog zwischen Gott und Kain. Ihre Argumentation setzt die Schuld Kains voraus. In gleicher Weise beziehen sich TanB מצורע, das Gen 4,13 zitiert, und GenR 21 und TanB ואתחנן, die Gen 4,16 zitieren, auf die Tötung Abels durch Kain.[3] Die negative Konnotation von שדה in PRK 27 und LevR 30 ist nicht schlüssig, wenn der sich in unmittelbarer Folge ereignende Mord nicht mitgehört wird. Der genaue Umfang des der Auslegung im Einzelnen zu Grunde gelegten biblischen Textzusammenhanges lässt sich nur aus der Auslegung selbst erschließen. Wörtliche Zitate geben einen Hinweis auf den im Kontext des Midrasch hervorgehobenen Aspekt der Erzählung. Unterschiedliche Midraschim stellen unterschiedliche Aspekte der Erzählung in den Vordergrund.

Unterschiedliche Passagen der Erzählung werden in unterschiedlicher Häufigkeit zitiert. Innerhalb dieser Passagen ist das Interesse der Midraschim an einzelnen Aspekten unterschiedlich ausgeprägt. Neben V 8, dem Mord Kains an Abel und dem im biblischen Text nicht ausgeführten, von zahlreichen Midraschim aber vorausgesetzten Dialog zwischen Kain und Abel unmittelbar vor dem Mord, findet der Dialog zwischen Gott und Kain nach der Tat, der die Konsequenzen dieser Tat diskutiert, daraus insbesondere die VV 12 und 16, am häufigsten Beachtung. Daneben gibt es signifikante Lücken. Die einleitenden Verse VV 1f werden selten zitiert. In GenR 22 dient die Auslegung von Gen 4,1 dem Anschluss der Auslegung an GenR 21. Die in der modernen Exegese viel diskutierten grammatischen Schwierigkeiten von V 2 oder V 7 beschäftigt die untersuchte rabbinische Literatur nur im Rahmen der durchgehenden Kommentierung von Gen 4,1–16 in GenR 22, in GenR 20 und in HldR zu Hld 7,11.

VV 1–5: Einleitung und Opfer

Innerhalb der einleitenden Passage werden einzelne Verse und Versteile signifikant häufiger zitiert als andere. Allein der durchgehende Kommentar von GenR 22 zitiert Gen 4,1. GenR 22 fokussiert auf das ‚Erkennen‘ Evas durch Adam einerseits und Zeugung und Geburt andererseits. Eine Auslegung in GenR 22 fokussiert auf יסף bei fehlendem ילד in Gen 4,2.[4] Das Nicht-Blicken Gottes auf das Opfer Kains und die Reaktion Kains darauf nach Gen 4,5f finden in GenR 22 und dort innerhalb einer Passage, die der Überleitung dient, Erwähnung. Die Nichtannahme des Opfers Kains durch Gott wird außerdem in Tan בראשית im Zusammenhang der

---

[3] Nach GenR 21 und TanB ואתחנן muss es sich nicht um einen Mord, sondern kann es sich auch um einen Totschlag handeln.

[4] In Tan בראשית setzt die durchgehende Kommentierung mit Gen 4,3 erst ein.

Verteidigungsrede Kains angespielt. Dass Gott das Opfer Kains nicht angenommen hat, ist dort Behauptung Kains.

Das Opfer Kains nach Gen 4,3 wird in den durchgehenden Kommentaren in GenR 22 und Tan ברשית im Gegenüber zum Opfer Abels erwähnt. Zusammen mit dem Opfer Abels dient es der zeitlichen Verortung der Erzählung wie in GenR 22 später und in anderen Midraschim das Opfer Abels. Nur GenR 22 und Tan ברשית behandeln die Qualität beider Opfer und stellen sie einander gegenüber.

Neben GenR 22 bezieht sich auch das Traditionsstück von der größeren Zugabe in GenR 61 und TanB ויהיו חיי שרה auf יסף in Gen 4,2, nicht allerdings unter Rücksicht auf das im Kontext fehlende ילד. Auf die Berufsbezeichnung Kains nach Gen 4,2 bezieht sich das Traditionsstück von den drei, die die אדמה lieben, das in GenR 36 und Tan נח begegnet.

Häufiger als das Opfer Kains wird das Opfer Abels nach Gen 4,4 eingespielt oder zitiert und ausführlicher behandelt. Das Traditionsstück vom Opfer der Noahsöhne in GenR 22, HldR zu Hld 4,16 – 5,1, NumR 13f und PesR 5, LevR 9, Tan פקודי und Tan und TanB נשא, aber auch der kurze Textzusammenhang von den sieben Altären der Gerechten nach NumR 20 zitieren das Opfer Abels. Auch der parallele Textzusammenhang in PRK 28 und PesR 52 zitiert das Opfer Abels. Das Opfer Abels wird nach der Notiz über den Mord, das abschließende Gespräch Gottes und Kains und der Schlußnotiz V 16 am häufigsten zitiert.

VV 6f: Rede Gottes an Kain

Die dem Mord vorausgehende Gottesrede an Kain wird abgesehen von GenR 22 kaum je zitiert oder angespielt. Tan ברשית, das Gen 4, 1–16, wie GenR 22, durchgehend kommentiert, berührt Gen 4,6f nicht.

Nur GenR 22 zitiert aus dem ersten Gespräch Gottes und Kains aus Gen 4,7 den unter dem Gesichtspunkt der grammatischen Kongruenz problematischen ersten Halbvers und zitiert ihn nicht unter Berücksichtigung der Schwierigkeiten, die dieser Versteil der modernen Exegese macht. GenR 22 setzt eine Lesart, die der über Jahrhunderte vertretenen Mehrheitsmeinung entspricht, selbstverständlich voraus. Eine längere Auslegung in GenR 22 bezieht sich auf den letzten Versteil und die Herrschaft Kains über die חטאת. GenR 20 und HldR zu Hld 7,11 zitieren den zweiten Teil des zweiten Halbverses von Gen 4,7. Wie GenR 22 in seiner Auslegung des ersten Halbverses berücksichtigen auch GenR 20 und HldR zu Hld 7,11 die Schwierigkeiten, die Gen 4,7 der modernen Exegese macht, nicht, und setzen eine Lesart, die der über Jahrhunderte vertretenen Mehrheitsmeinung entspricht und das maskuline רבץ auf das feminine חטאת bezieht, selbstverständlich voraus.

V 8: Der Mord

Mit Abstand am häufigsten zitiert wird Gen 4,8, die Notiz über den Brudermord. Gegenstand der Auseinandersetzung sind sowohl der Gegenstand der Auseinandersetzung, festzumachen an ויאמר, (GenR 22, Tan ברשית, Tan משפטים, ExR 31) als auch der Mord. Thematisch wird der Mord auch dort, wo er Folge der beschriebenen Auseinandersetzung ist oder wo die aus ihm resultierenden Konsequenzen zur Sprache kommen.

VV 9–15: Dialog Gottes und Kains

Was für die einleitende Passage VV 1–5 galt, gilt auch für den Dialog Gottes und Kains. Einzelne Verse zählen quer durch die Midraschliteratur zu den durch die Midraschim am häufigsten zitierten. Andere werden kaum je angespielt. Das Interesse der Midraschim gilt den Folgen der Tat für Kain.

Allein GenR 22 handelt von der Ertraglosigkeit des Ackerbodens nach Gen 4,12 und zitiert das Motiv des Sich-verbergen-Müssens vor dem Angesicht Gottes nach Gen 4,14. Möglicherweise wird die Ertraglosigkeit des Ackerbodens vom Traditionsstück über die Liebe Kains zur אדמה in GenR 22 und 36 angespielt. Allein die durchgehenden Kommentare von GenR 22 und Tan בראשית zitieren aus dem Fluch über Kain nach Gen 4,11. Auch der Fluch von der אדמה her kann vom Traditionsstück über die Liebe Kains zur אדמה angespielt sein.

Das Motiv von der Furcht Kains, erschlagen zu werden, findet außer in den durchgehenden Kommentaren Aufnahme im Zitat von Gen 4,15 und der Diskussion über Art und Qualität des Zeichens. Außer in GenR 22 und Tan בראשית wird das Zeichen nur in NumR 7 diskutiert.Während das Zeichen in den beiden durchgehenden Kommentierungen mindestens versuchsweise positiven Charakter hat, deutet es NumR 7 mit Blick auf den Ausschluss Kains aus der menschlichen Gemeinschaft.

Aus dem sich an den Mord unmittelbar anschließenden ersten Teil des Dialogs zwischen Gott und Kain nach Gen 4,9f zitieren außer zwei Traditionsstücken (einige Varianten vom Traditionsstück von der תשובה Kains[5] und das Traditionsstück von der Prüfung der drei oder vier durch Gott[6]) nur die durchgehenden Kommentierungen in GenR 22 und Tan בראשית, außerdem NumR 20 und MdrPss 148. Mehrere Auslegungen (GenR 22, Tan בראשית) knüpfen an die Pluralform von דם an.

Gen 4,13 findet sich außer in Versionen des Traditionsstückes von der Umkehr Kains und in TanB מצורע in GenR 22 in einer der Fassungen des Traditionsstückes nach DtnR 8 und TanB בראשית parallelen Passage und in Tan בראשית.

Die Tatfolge des נע ונד wie sie in der Gottesrede nach Gen 4,12 und dem Zitat der Gottesrede durch die Rede Kains nach Gen 4,14 zum Ausdruck kommt, wird meist zusammen mit Gen 4,16 eingespielt. Neben Gen 4,8 werden diese beiden Verse am häufigsten zitiert. Im Einzelnen ist meist nicht zu entscheiden, ob das Motiv des נע ונד nach Gen 4,12 oder dessen Zitat in Gen 4,14 eingespielt wird.

V 16: Hinausgang und Wohnen Kains

Neben Gen 4,8 wird Gen 4,16 im Verein mit Gen 4,12 am häufigsten zitiert. Einzig das Traditionsstück von der Flucht der Mörder nach Osten in GenR 21 und TanB ואתחנן setzt sich mit der Ortsbestimmung קדמת עדן in Gen 4,16 auseinander. Der Hinausgang Kains findet außer in den Traditionsstücken von der תשובה Kains in PRK 24, LevR 10, DtnR 8, TanB בראשית, MdrPss 100, PesR 47 und PesR 50 auch in AggBer 26 Erwähnung. Wo Gen 4,16 im Zusammenhang mit Gen 4,14 zitiert wird, stehen der Hinausgang Kains (ויצא קין) und das וישב בארץ נוד im Mittelpunkt. Der Hinausgang Kains ist außerdem in Tan בראשית Gegenstand der Auseinandersetzung, wobei der Midrasch zwischen dem Hinausgang Kains vor und nach der Gabe des Zeichens differenziert.

---

5 Tan בראשית und DtnR 8.

6 GenR 19 und NumR 20.

10.1.1.2 Argumentative Zusammenhänge und Erzählzusammenhänge

Manchmal zitieren Midraschim mehrere Passagen der Erzählung von Kain und Abel und setzen mehrere im Textverlauf auseinander liegende Textabschnitte unter einer übergeordneten Proposition neu zueinander in Beziehung.

Das Traditionsstück von der unangemessenen Antwort der drei oder vier in der Gestalt von NumR 20 zitiert, durch Kommentare unterbrochen, den Dialog Gen 4,9f als längeren Textzusammenhang. Kains unangemessene Antwort auf die Frage Gottes und die Reaktion Gottes darauf weisen weniger auf die Tat Kains, die aufgedeckt wird. Das Scheitern der Kommunikation zwischen Kain und Gott steht selbst im Mittelpunkt.

Die Versionen des Traditionsstückes von der Umkehr Kains setzen durch eine abweichende Auswahl von Zitaten Akzente. Das Zusammenspiel von Gen 4,12 und 16, die von all diesen Midraschim zitiert oder angespielt werden, begründet die Proposition von der Rücknahme der halben Schuld. Wo Gen 4,13 zitiert wird, wird die Schuld oder das Bekenntnis der Schuld Kains betont. Der Erzählzusammenhang ist der von Schuld und Vergebung. יצא in Gen 4,16 öffnet den Plot über das Ende der biblischen Erzählung hinaus.

AggBer 26 bezieht die Lamech-Episode nach Gen 4,23 in die Erzählung um Kain und Abel mit ein und setzt sie zum Mord Kains an Abel nach Gen 4,8 und dem Tod Kains, auf den Gen 4,16 nach AggBer 26 verweist, in Bezug. Verbindendes Moment ist ein Tun-Ergehen-Zusammenhang.

Häufig werden Tat und Tatfolge zueinander ins Verhältnis gesetzt. Nicht alle Midraschim identifizieren das entscheidende Vergehen Kains mit dem Mord. Midraschim greifen einzelne der dem Bibeltext zu entnehmenden Tatfolgen heraus.

Tan und TanB בהר, Tan משפטים und ExR 31 nehmen Streit, Tat und Tatfolge als einander entsprechende Ereignisse in den Blick. Tan und TanB בהר und Tan משפטים schließen von der Tatfolge (Ortlosigkeit in der Welt) auf das Streitmotiv (der Besitz der Welt). Tan משפטים findet sich zusätzlich durch den Ort des Streites (das Feld), der auf den Gegenstand der Auseinandersetzung (die unbeweglichen Güter) verweist, bestätigt. Nach der Lesart von ExR 31 äußert sich im נע ונד die Vertreibung Kains von der Erde, um deren Besitz er mit Abel stritt. Wer nach ExR 31 die Welt – unter Ausschluss des anderen von ihr – zu seinem alleinigen Besitz machen will und dem Bruder einen Ort auf der gemeinsam zu bewohnenden Welt versagt, hat selbst keinen Ort mehr auf ihr. Nach NumR 7 und NumR 9 führt das die Gemeinschaft schädigende Verhalten des Brudermörders Kain zu seinem Ausschluss aus ihr.

In einigen Fällen wird über den zitierten Vers hinaus ein bestimmter anderer Abschnitt des auszulegenden Textes zwar nicht explizit zitiert, aber erkennbar eingespielt. Das Traditionsstück vom Einstehen Gottes für die Verfolgten nach Tan und TanB אמור, PRK 9, LevR 27, KohR zu Koh 3,15 und MdrPss 2 zitiert das Schauen Gottes auf das Opfer Abels nach Gen 4,4 und begründet es mit der Verfolgung Abels durch Kain, die der Midrasch am Text nicht festmacht. Als eine Handlung Kains an Abel scheint am ehesten der Mord eingespielt zu sein. Der Midrasch dreht die Konsequenz der Handlung damit entweder um oder schließt aus dem Mord auf eine grundsätzliche Disposition Kains.[7] AggBer 47 trägt für den Mord

---

7 Kugel (1990), 179 geht davon aus, dass auch die Targumim sich in ihrer Beurteilung der Protagonisten Kain und Abel auf Taten Kains vor den in Gen 4,1–16 geschilderten Ereignissen beziehen. Hin-

ein Motiv (‚um des Erbes willen') in den Text ein, das das sich vom biblischen Text her nahe liegende Motiv der unterschiedlichen Behandlung der Opfer ausblendet.

In der Mehrheit der Midraschin, die Tat und Tatfolge in Beziehung setzen, spielen das Opfer beider Brüder oder die Reaktion Gottes auf dieses Opfer keine Rolle. Das Traditionsstück vom Einstehen Gottes für die Verfolgten nach Tan und TanB אמור, PRK 9, LevR 27, KohR zu Koh 3,15 und MdPss 2 bilden eine Ausnahme.

In einigen Fällen setzt der größere Kontext des Midrasch zwei Deutungen zur Kain- und Abel-Erzählung, die in keinem unmittelbaren Zusammenhang zueinander stehen, zueinander in Beziehung. TanB und Tan אמור, PRK 9 und LevR 27 behandeln die Erzählung von Kain und Abel im Kontext zweier in der Syntax des Argumentationszusammenhangs des Midrasch an ganz unterschiedlicher Stelle verorteter Traditionsstücke. In beiden Fällen steht jedoch das mit dem übergeordneten Thema des Midrasch eng verbundene Motiv des Eintretens Gottes für Israel, das Israel nicht eigener Leistung, sondern seiner Rolle als verfolgtes Israel verdankt, im Vordergrund.

In ähnlicher Weise findet, wo in HldR zu Hld 4,16 – 5,1, NumR 13f und PesR 5 die Traditionsstücke vom Opfer der Kinder Noahs und vom Auf- und Abstieg der שכינה aufeinandertreffen, die Auseinandersetzung mit dem Geschick Kains und die Auseinandersetzung mit dem Geschick Abels ohne unmittelbaren wechselseitigen Bezug aufeinander statt. Durch den Beitrag, den sie jeweils zur Konstruktion der erinnerten Geschichte leisten, sind sie aufeinander bezogen.

10.1.2 Möglichkeiten intertextueller Verknüpfung

Indem Midraschim Gen 4,1–16 oder Passagen aus dieser Erzählung mit anderen biblischen Erzählungen verknüpfen, stellen sie sie in einen Erzähl- oder Argumentationszusammenhang, der über Gen 4,1–16 hinausreicht.

10.1.2.1 Auswahl der Intertexte

Die Midraschim zitieren aus dem gesamten Tanach. Privilegiert sind einige der Tora entnommene Texte und Textkomplexe, nicht aber die Tora in ihrer Gesamtheit. Am häufigsten zitiert werden die Gabe der Tora (Ex 19 – 24), die Errichtung des Heiligtums (Ex 40), die Inbesitznahme des Heiligtums durch die שכינה (Ex 40) und der erste Opfergottesdienst am Heiligtum (Lev 9; Num 7). Als zentrale Gegenerzählung fungiert die Erzählung um das Goldene Kalb (Ex 32; Dtn 9). Abhängig von der Gewichtung der Gabe der Tora ist die Bedeutung der Figur des Mose und in Abhängigkeit davon die Bedeutung solcher Texte, die von der Person des Mose handeln.[8] Andere Texte aus der Tora stehen gleichberechtigt neben Texten, die den Erzählzusammenhängen anderer biblischer Bücher entnommen sind.[9]

---

weise auf diese Vergangenheit können die Targumim und Midraschim, so sie sie nicht völlig frei eintragen, nur wieder dem Text selbst entnehmen.

8 Eine Privilegierung von Hld, Koh und Spr, wie Boyarin (190), 65 sie in ihrer Funktion als Meschalim behauptet, ist – für die hier untersuchten Texte – m.E. nicht nachvollziehbar. Nach Boyarin (1990), 90 entnehmen die Midraschim die den biblischen Erzählungen der Tora zu Grunde gelegte Grundstruktur den Propheten und Schriften, die die Tora interpretieren.

9 Im Traditionsstück von den drei oder vier, die Gott prüft, in GenR 19 und NumR 20 ist ein qualitativer Unterschied zwischen den von Adam, Kain und Bileam handelnden Texten der Tora und dem Jes entnommenen Text über Hiskija nicht zu entnehmen. Gleiches gilt von den im Zusammenhang mit Kain, Noah und Hiskija im Traditionsstück von den drei, die den Ackerboden lieben, in GenR 36

10.1.2.2 Analogiebildung (Horizonte)

Einige grundsätzliche Typen intertextueller Verknüpfung begegnen immer wieder. Am häufigsten begegnet das Konzept der Analogiebildung. Im Zuge von Analogiebildungen werden verschiedene biblische Erzählungen, Protagonisten oder Ereignisse biblischer Erzählungen nebeneinander gestellt. Je nach Vergleichshorizont treten unterschiedliche Texte oder Protagonisten biblischer Texte in Analogie zueinander. Die Auswahl der miteinander parallelisierten Texte bestimmt den Vergleichspunkt. Manche Anknüpfungspunkte für eine Analogiebildung, etwa das sich in der Gen wiederholende Motiv einer Feindschaft unter Geschwistern, sind auch einem modernen Leser unmittelbar einsichtig.[10] Andere kann ein Leser, der die Plausibilitätsstrukturen der Autoren und der intendierten Leser nicht länger teilt, nur aus den ihm vorliegenden Midraschim erschließen.

MdrPss 148 parallelisieren den ersten Menschen und Kain, die beide den Zweck ihres Geschaffenseins verfehlen. Im engeren Kontext des Traditionsstückes von der Umkehr Kains in der Gestalt von GenR 22, PRK 24 und LevR 10, die die Begegnung Adams und Kains mit umfasst, wird über Ex 4,14 eine Analogie zwischen Kain und Adam auf der einen und Mose und Aaron auf der anderen Seite hergestellt. Diese Analogie gibt dem den Erzählzusammenhang abschließenden Dialog zwischen Gott und Kain die Dignität einer Gotteserfahrung.[11] In NumR 20 steht der Altar des Gerechten Abel in Analogie zu den Altären der Gerechten Adam, Noah, Abraham, Isaak, Jakob und Mose. Das Brüderpaartraditionsstück, das in zwei unterschiedlichen Ausprägungen in HldR zu Hld 8,1–5, Tan und TanB שמות und ExR 5 und in PesR 29/30 und PRK 16 vorliegt, parallelisiert mit Kain und Abel, den Erzvätern Isaak und Jakob samt ihren brüderlichen Gegenspielern und Josef und seinen Brüdern misslingende, in ExR 5 und HldR zu Hld 8,1–5 mit Josef und Benjamin und Mose und Aaron auch zwei gelingende Brüderpaarbeziehungen miteinander. Das Traditionsstück vom Eintreten Gottes für die Verfolgten in Tan und TanB אמור, PRK 9, LevR 27, KohR zu Koh 3,15 parallelisiert Paare aus Verfolgern und Verfolgten. Auch hier treten die Erzväter in Analogie zu Abel. In NumR 20 stellt das Traditionsstück von den drei oder vier, die Gott prüft, Kain in Analogie zu Bileam und Hiskija, in GenR 19 zu Adam, Bileam und Hiskija. Das Traditionsstück von den drei, die den Ackerboden lieben, in GenR 36 parallelisiert Kain mit Noah und Usija. In AggBer 26 steht Kain vor dem Hintergrund von Tun und Ergehen analog zu Abimelech (Ri 9) und Jehoram. In Tan und TanB בהר, Tan משפטים und ExR 31 steht das Beispiel Kains mit Protagonisten der erinnerten Geschichte Israels, aber auch mit solchen Beispielen in einer Reihe, die in Rechtstexten der Tora behandelt sind.

Wiederholt wird eine Analogie gegen den Anschein konstruiert. Meist trifft sie den Ausgang der Erzählung von Kain und Abel. Wenn Gott im Traditionsstück vom Eintreten Gottes für die Verfolgten in den Parallelen in Tan und TanB אמור, PRK 9 und LevR 27 und in KohR zu Koh 3,15 für die Verfolgten Partei ergreift

---

zitierten Texten. Kain und Noah kommt keine größere Bedeutung zu als Hiskija. Die Reihe der Beispiele ließe sich fortsetzen.

[10] HldR zu Hld 8,1–5, Tan und TanB שמות und ExR 5 stellen Analogien zwischen Kain und Abel und anderen Brüderpaaren der erinnerten Geschichte her.

[11] In konträrer Weise wird Kain in MdrPss 100 nicht mit Mose, sondern mit Haman, also statt mit einer der zentralen Gestalten der erinnerten Geschichte Israels mit einem durchweg einer negativen Wertung unterzogenen Gegner Israels aus der erinnerten Geschichte Israels parallelisiert.

und für sie einsteht und wenn sich darin wie in KohR die Ordnung der Schöpfung zeigt, lässt sich ein solcher Zusammenhang für das Kain- und Abel-Beispiel angesichts des Todes Abels analog den übrigen Beispielen nur postulieren. GenR 61 und TanB ויהיו חיי שרה parallelisieren eine Anzahl von Beispielen, in denen Gott das scheinbar Nachgeordnete zur Hauptsache macht. In beiden Fassungen des Traditionsstücks deutet ויסף gegen allen Anschein und in Analogie zu anderen biblischen Erzählungen auf eine Überbietung der Geburt Kains durch die Geburt Abels hin. In TanB ויהיו חיי שרה gilt diese Überbietung angesichts des Segen und Leben stiftenden Handelns Gottes. Insbesondere vor dem Hintergrund von TanB ויהיו חיי שרה steht die Überbietung der Geburt Kains durch die Geburt Abels in Widerspruch zum Geschick Abels, das offenkundig mit seinem Tod endet. In GenR 34 sorgt der Kontext des Traditionsstückes vom Opfer der Kinder Noahs für eine zusätzliche Analogie, die nur gegen den Anschein aufrecht erhalten werden kann. Wenn in Analogie zum Opfer Noahs auch das Opfer Abels verdienstvoll ist, steht diese Behauptung im Kontrast zur Erzählung, nach der die Geschichte, soweit sie Abel betrifft, mit dessen Tod und zerstörter menschlicher Gemeinschaft endet. Wenn das Schauen Gottes auf das Opfer des Abel in PRK 28 und PesR 52 ‚heilvolle'[12] Qualität hat, muss das Ende Abels irritieren.

Gestalt und Kontext eines Traditionsstückes können den Vergleichspunkt verschieben. Die Gotteserfahrung Adams ist in TanB בראשית Horizont der Erfahrung Kains, in PRK 24, LevR 10 und PesR 50 wird sie in der Aneignung der Vergebungserfahrung Kains durch Adam zu einer analogen Erfahrung. Im größeren Kontext von PRK 24 wird die Umkehr Kains mit der unaufrichtigen Umkehr anderer Protagonisten der erinnerten Geschichte Israels parallelisiert. Der Kontext stellt damit auch die Aufrichtigkeit der Umkehr Kains in Frage. Im Kontext von PesR 50 macht seine Umkehr den mit Ruben parallelisierten Kain zu einem exemplarischen Gerechten. In LevR 10 und PesR 47 tritt neben die Umkehr, die Kain repräsentiert, gleichberechtigt das Gebet. In DtnR folgt die Rücknahme der Strafe auf das Gebet Kains. Wenn DtnR 8 Kain mit Hiskija im Zusammenhang mit einer Halacha über das Gebet parallelisiert, rückt das Motiv der Umkehr, damit auch das Thema der Schuld, gegenüber dem der Gebetserhörung in den Hintergrund.

10.1.2.3 Überbietung

Das Mittel der Überbietung dient entweder dazu, einzelne Figuren einer besonderen Wertung zu unterziehen oder eine Dynamik zum Ausdruck zu bringen. Innerhalb des Traditionsstückes von den sich überbietenden Plänen der Frevler in Tan und TanB אמור, PRK 9 und LevR 27 entsteht so eine Dynamik, die ihren Höhepunkt in den Plänen der Völker gegen Israel hat. In PRK 24 übertrifft die Annahme der Umkehr Kains durch Gott die Annahme der Umkehr Israels, um die der Midrasch wirbt.[13] Auch PesR 50 lässt sich so lesen, dass die Annahme der Umkehr Kains die Annahme der Umkehr Rubens und der Umkehr Israels, zu der der Midrasch aufruft, übersteigt. In PesR 47 wird Kain von Aaron, der eigentlichen Identifikationsfigur des intendierten Lesers, übertroffen. An die Stelle der Analogie der Schuld Kains und der Schuld Adams, wie sie in den Umkehr-Traditionsstücken begegnet, tritt in GenR 22 die Überbietung der Schuld Adams durch die Schuld Kains.

[12] Der Midrasch leitet ישועה von שעה ab.

[13] Die Argumentationsstruktur entspricht der ‚Regel vom Leichteren zum Schwereren', einer der sogenannten sieben Regeln des Hillel. Vgl. hierzu auch Stemberger (1992), 28. Wenn Gott die Umkehr dieser Protagonisten, darunter die Kains, annimmt, um wie viel mehr dann die Israels.

Häufig gilt wie im Traditionsstück über die sich überbietenden Pläne der Frevler in Tan und TanB אמור, PRK 9 und LevR 27 das Moment der Überbietung Israel oder der kommenden Welt. In PRK 28 / PesR 52 äußert sich in der Beachtung des Opfers Abels wie der Opfer Israels die heilvolle Zuwendung Gottes. Erst in Bezug auf Israel aber ist bereits das Opfer selbst Zuwendung nicht nur des Opfernden zu Gott, sondern auch, seiner Möglichkeit nach, Gottes zu Israel.

10.1.2.4 Gegenhorizonte

Den Analogiebildungen treten kontrastierende Gegenüberstellungen zur Seite. Auch hier werden verschiedene biblische Erzählungen, Protagonisten oder Ereignisse biblischer Erzählungen nebeneinander gestellt. Je nach Vergleichshorizont fungieren unterschiedliche Texte oder Protagonisten biblischer Texte wechselseitig als ihre Gegenhorizonte. Auch hier bestimmt die Auswahl der miteinander parallelisierten Texte den Vergleichspunkt.

In MdrPss 100 fungiert Adam als Gegenhorizont für Kain. In TanB בהר ist Kain ein איש רע עין. In wörtlicher Aufnahme des Motivs wird Abraham zum positiven Gegenüber und Gegenhorizont Kains. In PRK 27 und LevR 30 stehen sich die Protagonisten zweier Belegverse auch vor dem Hintergrund ihrer gegensätzlichen Bewegungsrichtungen gegenüber. Während Kain von der אדמה fortgeschickt wird, schildert Ps 24 den Zug der Gerechten zum Zion.

Intertextuelle Verknüpfungen, die nach dem Modell der Verknüpfung von Gegenhorizonten arbeiten, werden häufig mit intertextuellen Verknüpfungen anderer Art, insbesondere mit Analogiebildungen, kombiniert. Das Traditionsstück von der Prüfung der vier nach GenR 19 setzt Adam, Kain, Bileam und Hiskija Ezechiel als Gegenhorizont gegenüber. Anders als Adam und Kain entsprechen die Wasser nach MdrPss 148 dem Zweck der Schöpfung, den Schöpfer zu erfreuen und zu loben. Nach Tan und TanB שמות werden die einer negativen Wertung unterzogenen Brüderpaare Mose und Aaron, in ExR 5 und HldR zu Hld 8,1–5 außerdem Josef und Benjamin, in PesR 29/30 und PRK 17 Josef im Verhältnis zu seinen Brüdern gegenübergestellt. In AggBer 26 fungiert Kain im größeren Kontext als Gegenhorizont des Einsatzes Gottes für den גר und des geforderten Einsatzes für den Fremden.

Der Kontext verschiebt den Vergleichspunkt oder akzentuiert ihn neu. Innerhalb der Brüderpaartraditionsstücke ist die Einseitigkeit der Beziehung Vergleichspunkt aller negativ gewerteten Beispiele. In Tan und TanB שמות steht die Einseitigkeit der Beziehung Kains und Abels der gegenseitigen Liebe Moses und Aarons kontrastiv gegenüber. Sowohl Aarons Umgang mit der eigenen Zurücksetzung als auch Moses sensibler Umgang mit dem Zurückgesetzten kontrastieren den Umgang Kains und Abels mit ihrer Ungleichbehandlung durch Gott. In PesR 29/30 und PRK 17 ist die Einseitigkeit des Verhältnisses Josefs zu seinen Brüdern wesentlich für das Bild des Verhältnisses Gottes zu Israel. Das Beispiel Kain und Abel ist Gegenhorizont einzig vor dem Hintergrund der Qualität dieser Beziehung.

Die Beziehungen, in die Modelle intertextueller Verknüpfung Protagonisten biblischer Erzählungen zueinander stellen, unterliegen mitunter einer Dynamik. In MdrPss 100, PRK 24 und LevR 10 ist die Erfahrung Adams zunächst Gegenhorizont der Erfahrung Kains. In MdrPss 100 bleibt Adam, der dort keine Umkehr tut, Gegenhorizont. In PRK 24 und LevR 10 steht die Erfahrung Adams der Erfahrung Kains zunächst konträr gegenüber. In der Aneignung der Erfahrung Kains durch

Adam wird der Kontrast aufgehoben. Aus dem Gegenhorizont wird eine – ungleichzeitige – Analogie.[14]

Wo, wie im Traditionsstück von den vier, die Gott prüft, in GenR 19 oder in den Brüderpaartraditionsstücken nach HldR zu Hld 8,1–5, Tan und TanB שמות und ExR 5, PesR 29/30 und PRK 17 auf mehrere negative Beispiele ein positives folgt, gilt dieses abschließende positive Beispiel zumeist Israel. In mehreren Midraschim ist die Beziehung Kains und Abels Gegenhorizont der Beziehung Gottes zu Israel. GenR 20 und HldR zu Hld 7,11 dient das Verlangen des bösen Triebes nach Kain nach Gen 4,7 als Gegenhorizont zum Verlangen Israels nach Gott. Kain und Abel markieren in Tan und TanB שמות, HldR zu Hld 8,1–5, PesR 29/30 und PRK 17 sowohl auf der Ebene einer zwischenmenschlichen Beziehung wie mit Blick auf die Beziehung von Gott und Mensch, was nicht sein soll. Stilisiert ExR 5 Mose und Aaron in ihrer Beziehung zueinander als Personifikation solcher göttlicher Attribute, die dessen Beziehung zum Volk Israel und zur Schöpfung beschreiben, sind Kain und Abel auch in diesem weiteren Kontext Gegenhorizont.

10.1.2.5 Wirklichkeit und Entwurf

Eine besondere Spielart eines Modells intertextueller Verknüpfungen, das sich an Gegenhorizonten orientiert, ist eines, das Gegenhorizonte als Wirklichkeit und Entwurf näher bestimmt. In HldR zu Hld 7,11, Tan und TanB שמות und ExR 5 stehen Kain und Abel für die Wirklichkeit, die zum Gegenhorizont einer Hoffnungsperspektive wird. In HldR zu Hld 7,11 ist die Wirklichkeit Kains, die im Verlangen des bösen Triebes nach Kain zum Ausdruck kommt, Gegenhorizont zu der noch uneingelösten Hoffnung Israels. Wo – wie in Tan und TanB שמות und ExR 5, aber auch in HldR zu Hld 7,11 – Kain und Abel und ihre Beziehung zum Gegenhorizont für die Beziehung Gottes und Israels werden, kommt die Gottesbeziehung Israels als eine noch unvollkommene in den Blick. Als letztgültig positives Gegenbild fungiert Israel häufig erst mit Blick auf die kommende Welt. Prominente Vertreter aus Israel, allen voran Mose und Aaron, verweisen in Tan, TanB שמות und ExR 5 auf die endgültige Einlösung dessen, was sie repräsentieren, erst in der kommenden Welt.[15]

10.1.2.6 Gen 4,1–16 als Gegenstand der Interpretation innerhalb des Midrasch

Manchmal erscheint ein im biblischen Text erzählter Ereigniszusammenhang als Konsequenz einer bestimmten Deutung des in Gen 4,1–16 erzählten Ereigniszusammenhangs durch die Protagonisten. Die beiden nach diesem Muster intertextuell verknüpften Erzählungen stehen dabei auf unterschiedlichen Ebenen. Andere biblische Erzählungen als Gen 4,1–16 werden als Konsequenzen einer bestimmten Auslegung der Erzählung von Kain und Abel vorgestellt.

In PRK 24, LevR 10, PesR 50 und TanB בראשית kommentiert Adam die Erzählung von der Umkehr Kains und von der Vergebung und Rücknahme der halben Strafe. In PRK 24 und LevR 10, PesR 50 macht er sie dabei zu seiner eigenen. Bereits auf der Ebene der Auslegung des Midrasch geschieht Aneignung und Auslegung.

---

[14] In MdrPss 100 bleiben die Erfahrung und das Geschick Adams Gegenhorizont.

[15] HldR zu Hld 8,1 verweist auf die Gottesbeziehung Israels jetzt. Das Zitat Hld 8,1 trägt jedoch ein irreales Moment ein.

Tan und TanB אמור, PRK9 und LevR27, das Traditionsstück von den sich überbietenden Plänen der Frevler, AggBer 47, in dem Esau und Ismael, oder GenR 36, in dem Ham mit dem ersten Brudermord argumentiert, gehen einen Schritt weiter. Innerhalb der Auslegung des Midrasch berufen sich einzelne Protagonisten biblischer Erzählungen auf den Tanach. Die Erzählung von Kain und Abel wird innerhalb der Auslegung einer anderen Erzählung durch den Midrasch zum Gegenstand der Auslegung und zum Argument. Sie steht damit innerhalb dieser Auslegung auf einer anderen Ebene als die biblische Erzählung, die mit ihr konfrontiert wird.

Im Traditionsstück von den sich überbietenden Plänen der Frevler in Tan und TanB אמור, PRK 9 und LevR 27 kommt Kain unter den aufgezählten Frevlern selbst nicht zu Wort. Über Kains Motivation erfährt der Leser ausschließlich im Modus von deren Deutung durch den ihm nacheifernden Esau. Dessen Interpretation der Ereignisse sind es (eher als diese Ereignisse selbst), die das Folgende in Gang setzen.

Ham in GenR 36 und Esau in AggBer 47 rechtfertigen ihr Verhalten gegenüber anderen Protagonisten der biblischen Erzählung mit dem Verhalten Kains und diskreditieren es damit zugleich. Weder Sem und Japhet in GenR 36 noch Ismael in AggBer 47 lassen sich von dieser Argumentation überzeugen. Während in AggBer 47 der Ausgang der Erzählung von Kain und Abel explizit zum Argument Ismaels wird, bleibt es in GenR 36 dem Leser überlassen, diesen Schluss zu ziehen. Innerhalb des Midrasch konkurrieren eine angemessene und eine unangemessene Deutung eines biblischen Textes durch die Protagonisten anderer biblischer Texte.

10.1.3 Elemente von Hypertext-Strukturen organisieren intertextuelle Verknüpfungen

Die Erzählung von Kain und Abel wird – mit anderen biblischen Erzählungen – in einen größeren Erzähl- oder Darstellungszusammenhang eingeordnet. Solche Erzähl- oder Darstellungszusammenhänge bilden Hypertext-Strukturen über den auszulegenden biblischen Texten. Anhand wiederkehrender Strukturelemente lassen sich Textgruppen von Midraschim über die Verwendung gleicher Traditionsstücke hinaus zusammenstellen. Manche Strukturelemente stehen zueinander alternativ. Andere werden von den Midraschim miteinander kombiniert. Strukturelemente können sich an räumlichen und zeitlichen Mustern orientieren. Sie realisieren Argumentationsmuster. Sie können, sie müssen aber nicht die Form einer Erzählung annehmen.

10.1.3.1 Der Intertext als Hypertext-Strukturelement

Manchmal kann ein biblischer Text selbst zum organisierenden Zentrum anderer ihm in der Syntax des Argumentationszusammenhangs untergeordneter Intertexte werden. In Midraschim, die einen Text Vers für Vers auslegen, ist dies, wo der auszulegende Text als Textzusammenhang wahrgenommen wird, der Fall. Im größeren Kontext von NumR 13f ist Num 7, das die Gaben der Stämme Israels für das neuerrichtete Heiligtum aufzählt, organisierender Text. Organisierendes Moment des größeren Kontextes von NumR 9 ist das Eifersuchtsordal nach Num 5,11ff. Grundlage und Organisationsprinzip von NumR 20 ist die Bileamerzählung nach Num 22ff. In GenR 22 und in Tan בראשית, die Gen 4,1–16 auslegen, ist die Erzählung von Kain und Abel selbst organisierendes Zentrum.

In eine Reihe von Texten formuliert der Struktur gebende Text einen Tun-Ergehen-Zusammenhang. Für Tan und TanB בהר, Tan משפטים und ExR 31 übernimmt Spr 28,22, für TanB לך לך und dessen Parallele innerhalb von GenR 22 übernimmt Ps 37,14f, für AggBer 26 übernimmt Spr 26,27 diese Funktion. Die miteinander intertextuell verknüpften Texte werden unter dieser Vorgabe gelesen.[16]

10.1.3.2 ‚Erinnerte Geschichte'

Miteinander kontextualisierte Ereignisse der biblischen Erzählungen werden in aller Regel in der Chronologie der Ereignisse der erinnerten Geschichte Israels dargestellt. Der Begriff der ‚erinnerten Geschichte' impliziert eine Chronologie und feste Abfolge der Ereignisse und ist einem Begriff wie dem des ‚kulturellen Gedächtnisses' deshalb vorzuziehen.

Innerhalb verschiedener Entwürfe erinnerter Geschichte haben einzelne Ereignisse besondere Valenz. Sie fungieren im Zusammenhang des hypertextuellen Strukturelements der erinnerten Geschichte als Wende-, Höhe- oder Zielpunkte. Zu solchen Ereignissen innerhalb der erinnerten Geschichte zählen die Gabe der Tora, die Errichtung des Heiligtums und der erste Opfergottesdienst am neu errichteten Heiligtum. Seltener ist ein Anfangspunkt, der dann meist mit dem ersten Menschen (אדם הרישון) oder mit dem ersten Auftreten eines Ereignisses in Verbindung steht, deutlich markiert. Endpunkt der erinnerten Geschichte ist die kommende Welt und sind solche Ereignisse, die mit der kommenden Welt in Verbindung gebracht werden: die endgültige Rückkehr der Exilierten[17] oder die Ankunft des Messias. Vielfach fungieren aber auch Wende- und Höhepunkte als Endpunkte in der Darstellung einer vorläufigen Entwicklung.

Die Midraschim um das Traditionsstück vom Opfer der Noahsöhne in GenR 22 und 34, HldR zu Hld 4,16 – 5,1, NumR 13f, LevR 9 und PesR 5 unterscheiden zwischen einer Zeit vor und einer Zeit nach der Gabe der Tora. In HldR zu Hld 4,16 – 5,1 greift auch der größere Kontext den Zeitpunkt der Gabe der Tora als entscheidenden Zeitpunkt auf. Im Kontext der anderen Midraschim kommen weitere Zeitpunkte hinzu. Die Installation des ersten Opfers ist in NumR 13 von besonderer Relevanz. Im Kontext von NumR 13, der auch das Traditionsstück von den Opfern der Noahsöhne beinhaltet, sind Strukturelemente, die das Traditionsstück und solche, die den Kontext bestimmen, damit nicht kongruent. Sie kommentieren sich wechselseitig. PesR 5 stellt dem Bau des Heiligtums im Kontext die Gabe der Tora zur Seite. Die Gabe der Tora und der Bau des Heiligtums vollenden sukzessive die Schöpfung. In allen Kontexten außer in PesR 5 wird die zeitliche Linie bis in die Endzeit hinein ausgezogen. Auch in HldR zu Hld 8,1 stellt die Gabe der Tora am Sinai das zentrale Ereignis dar.

In vielen Fällen geht die Ordnung der erinnerten Ereignisse mit einer Dynamik zunehmenden Heils oder Unheils einher. In seltenen Fällen kann die Einlinigkeit der Entwicklung zugunsten einer wechselvolleren Dynamik aufgegeben sein. Die Linearität der Entwicklung, die die Traditionsstücke um die Kain- und Abel-Erzählung in NumR 13 und HldR zu Hld 4,16 – 5,1 implizieren und die der größe-

---

16 In AggBer 26 geht die *inhaltliche* Entsprechung von Tatmotiv und Tatfolge, die die Beispiele außerdem auch untereinander verbindet, über den Inhalt von Spr 26,27 hinaus.

17 Wo von der Rückkehr der Exilierten die Rede ist, ist diese immer auf die endzeitliche Rückkehr der Exilierten hin durchsichtig.

re Kontext des Midrasch in NumR 13 unterstützt, tritt in HldR mit Blick auf Israel hinter das Bild der ständig wechselhaften Beziehung Gottes und Israels zurück.

In bestimmten Fällen tritt die mit dem Konzept einer erinnerten Geschichte einhergehende Dynamik hinter eine statischere Betrachtung von in Relation zu bestimmten herausgehobenen Zeitpunkten stehenden Zeitabschnitten zurück. Eine durch eine durchgehende Dynamik gekennzeichnete erinnerte Geschichte und die statische Wahrnehmung von Zuständen vor und nach zentralen Ereignissen aus der erinnerten Geschichte, die sich voneinander abheben, bis hin zu einer grundsätzlichen Gegenüberstellung von עולם הזה und עולם הבוא, stellen grundsätzliche Möglichkeiten auf einer Skala dar, auf der sich die Konzepte einzelner Midraschim einordnen lassen. Im Kontext von LevR 9 tritt die Dynamik, die NumR 13, HldR zu Hld 4,16 – 5,1 und PesR 5 mit dem Traditionsstück vom Opfer der Noahsöhne verbindet, hinter eine statische Betrachtung von dieser Welt und der kommenden Welt zurück.

In Einzelfällen gerät die Einlinigkeit der Dynamik der erinnerten Geschichte mit der biblisch überlieferten Reihenfolge der Ereignisse in Konflikt. Im Zweifel hat die Einlinigkeit der Dynamik das Primat über die biblisch überlieferte Reihenfolge der Ereignisse. Innerhalb des Traditionsstücks von den Opfern der Kinder Noahs betreibt der Midrasch Literarkritik, um mit seiner Argumentation auf einer von der Darstellung des biblischen Textes abweichenden Zeitfolge aufbauen zu können. Da שלמים erst nach der Gabe der Tora möglich sind, kann Jitros Besuch bei Mose, in dessen Zusammenhang von שלמים die Rede ist, erst nach der Gabe der Tora stattgefunden haben.

Im Kontext von Hypertext-Strukturen der erinnerten Geschichte arbeiten die Midraschim mit dem ganzen Repertoire der zur Verfügung stehenden Möglichkeiten intertextueller Verknüpfung. Modelle der Überbietung und solche, bei denen ein Text nicht nur durch den Midrasch, sondern auch innerhalb des Midrasch zum Gegenstand der Auslegung wird, bieten sich zur Ausgestaltung einer Dynamik in besonderer Weise an. Wo ‚diese Welt' und ‚kommende Welt' einander kontrastiv gegenübergestellt sind, finden intertextuelle Konzepte der Überbietung und finden Gegenhorizonte bevorzugt Verwendung.

Gen 4,1–16 im Kontext der Hypertext-Struktur der erinnerten Geschichte

In Midraschim, die der Hypertext-Struktur der erinnerten Geschichte folgen, werden Gen 4,1–16 oder Aspekte dieser Erzählung im Zusammenhang unterschiedlicher Geschichtsmodelle an unterschiedlicher Stelle in der Syntax des Argumentationszusammenhangs verortet. Nirgends dient Gen 4,1–16 als Höhe- oder Zielpunkt.

Einige Midraschim stellen Kain und Abel in eine Reihe mit anderen Protagonisten der erinnerten Geschichte, ohne sie unter ihnen hervorzuheben. In manchen Midraschim illustrieren Kain und Abel im Verein mit anderen mit ihnen parallelisierten Protagonisten der erinnerten Geschichte Israels einen Zustand. In anderen sind die mit ihnen verbundenen Ereignisse Teil einer Dynamik. Im Traditionsstück von den vier, die Gott prüft, in GenR 19 oder im Traditionsstück von den drei, die den Ackerboden lieben, in GenR 36 ist unter den entsprechend ihrer Aufeinanderfolge in der erinnerten Geschichte Israels präsentierten Gestalten Adam, Kain, Bileam und Hiskija, denen – als positiver Horizont – Ezechiel gegenübersteht, einerseits und Kain, Noah und Usija andererseits keine Dynamik erkennbar.

Das Traditionsstück vom Auf- und Abstieg der שכינה in GenR 19, HldR zu Hld 4,16 – 5,1, NumR 13f, PesR 5, Tan פקודי, Tan und TanB נשא setzt auf eine klare

Bewegung, die gegenläufig erst von zunehmendem Unheil, dann von zunehmendem Heil geprägt ist.

Auch wo Kain oder Abel das erste Glied einer Reihe von Beispielen bilden, stehen sie nicht notwendig für einen markierten Anfang. In einigen Midraschim stehen Kain und Abel, nicht selten zusammen mit dem ersten Menschen, für die Welt, wie sie ist. In einigen Fällen weisen sie in dieser ihrer Rolle bereits auf die Welt, die sein wird. Im Traditionsstück vom Eintreten Gottes für die Verfolgten in den Parallelen in Tan und TanB אמור, PRK 9 und LevR 27 und in KohR zu Koh 3,15 steht das Brüderpaar Kain und Abel nicht für einen Beginn, sondern für ein Paradigma, das die Geschichte insgesamt bestimmt und auch für Israels Gottesverhältnis Gültigkeit hat. In GenR 34, HldR zu Hld 4,16 – 5f, NumR 13f, LevR 9 und PesR 5 repräsentiert das Opfer Abels eine Zeit vor der Gabe der Tora. Es ist Teil einer noch defizitären Welt. In HldR zu Hld 4,16 – 5,1 und NumR 13f verweist das Opfer Abels aber gleichzeitig bereits auf die kommende Welt.

In MdrPss 148 verfehlen der erste Mensch und Kain den Zweck ihres Geschaffen-Seins. In PRK 27 und LevR 30 steht das Feld als Ort des Brudermordes für die korrumpierte Welt, die zugleich die in der Erwartung des endzeitlichen Gerichtes jubelnde Welt ist. PRK 27 stellt die Welt als Ort des Brudermordes dem Zion als Gegenmodell einer im Kult vorweggenommenen Zukunft, nicht nur Israels, sondern über Israel hinaus der ganzen Schöpfung gegenüber.

Eine Folge zunächst misslingender, dann gelingender Loblieder strukturiert die erinnerte Geschichte Israels in TanB בראשית. Nach TanB בראשית ist es genuine Aufgabe des Menschen, Loblieder zu singen. Wie schon in MdrPss 148 verfehlen auch hier die ersten Menschen den Zweck ihres Geschaffenseins. Vom misslingenden Loblied Adams über das gelingende Loblied Adams und Kains führt diese Darstellung erinnerter Geschichte zum gelingenden Loblied der ganzen Schöpfung in der kommenden Welt. Dabei weisen Adams und Kains Vergehen wie auch die Umkehr Kains und das Lob Adams und Kains bereits auf spätere Ereignisse der erinnerten Geschichte voraus. Spielen die Vergehen Adams und Kains die Schuld Israels und die Zerstörung des Tempels an, weist das am Ende gelingende Loblied Adams und Kains auf das Loblied der ganzen Schöpfung in der kommenden Welt.

Gelegentlich füllt der Midrasch die Verortung des Beispiels Kain und Abels am Anfang aller Geschichte auch explizit mit Bedeutung. In Tan und TanB שמות und ExR 5 folgen die positiv gewerteten Brüderpaare der langen Reihe der negativ gewerteten Brüderpaare in der Chronologie der erinnerten Geschichte nach. Ganz grundsätzlich ist nach Tan und TanB שמות und ExR 5 das Verhältnis von Brüdern durch Gewalt bestimmt. TanB שמות betont im Zusammenhang mit der Erzählung von Kain und Abel die Gültigkeit dieses Paradigmas von Anfang an und leitet das Beispiel Kains und Abels entsprechend ein („Du findest von Anfang seiner Schöpfung der Welt und bis jetzt …“). In ähnlicher Weise bringt ExR 31 die mit Kain parallelisierten Beispiele nicht nur, wie auch Tan und TanB משפטים, in ihrer chronologischen Reihenfolge, auch dieser Midrasch charakterisiert das Beispiel Kains explizit als Beispiel des Anfangs (‚Als [nur] Kain und Abel in der Welt waren‘).

Einen Sonderfall stellen solche Midraschim dar, in denen Kain und Abel nicht nur den Anfangspunkt einer Dynamik darstellen, sondern diese Dynamik selbst allererst freisetzen. In aller Regel stehen sie dabei selbst außerhalb dieser Dynamik. In der Regel stellt die Erzählung von Kain und Abel dort ein initiales Ereignis dar, wo sie zum Gegenstand der Auslegung durch andere im selben Midrasch auftretende Protagonisten biblischer Erzählungen wird.

In den Parallelen in Tan und TanB אמור, PRK9 und LevR27, dem Traditionsstück über die sich überbietenden Pläne der Frevler, oder in AggBer 47 stellt das Ereignis des Mordes Kains an Abel ein initiales Ereignis dar, das die nachfolgenden in Gang setzt. Das Beispiel Kain und Abel steht selbst außerhalb des Geschehenszusammenhangs, den es anstößt. Andere beziehen sich darauf. Noch offensichtlicher wird in AggBer 47 die Erzählung von Kain und Abel innerhalb der Interpretation des Midrasch selbst zum Gegenstand der Interpretation.

Beschreibt die erinnerte Geschichte eine Dynamik vom Unheil zum Heil, steht die Erzählung von Kain und Abel am Anfang dieser Dynamik. Am Anfang einer Dynamik vom Unheil zum Heil steht die Erzählung von Kain und Abel für das anfängliche Unheil oder für eine defizitäre Ausgangssituation. Wo Ereignisse innerhalb der erinnerten Geschichte einen Scheidepunkt darstellen, steht die Erzählung von Kain und Abel für einen Zustand der Welt, der im Gegensatz zu dem steht, wie Welt sein soll oder einmal sein wird. Es ist gleichzeitig ein Zustand, der von dem, was im Kontext Israels anfanghaft vorhanden oder möglich ist, überboten wird oder in Kontrast dazu steht. Es selbst verweist auf seine Aufhebung in der kommenden Welt.

10.1.3.3 Konstruierter Raum

Midraschim verknüpfen biblische Intertexte, indem sie die behandelten Protagonisten und Ereignisse in ein räumlich vorgestelltes Verhältnis zueinander setzen. Konstruierte Räume ordnen sich um Zentren und Achsen. Die Midraschim verorten Protagonisten und Ereignisse zwischen Zentrum und Peripherie und setzen sie so zum Zentrum und zueinander in Relation. Die oberen genuin göttlichen Bereiche und die unteren von den Menschen bewohnten Bereiche werden entlang einer vertikalen Achse vorgestellt.

Am häufigsten stellen konstruierte Räume den Kultort in Gestalt des Wüstenheiligtums oder (seltener) des Tempels ins Zentrum. Andere Zentren sind der Garten Eden oder ארץ ישראל. Wo mehrere Orte zentral sind, werden sie miteinander identifiziert. Besonders ausgeprägt ist das Hypertext-Strukturelement des konstruierten Raumes in den Midraschim, die mit der erweiterten Fassung des Traditionsstücks vom Opfer der Noahsöhne und dem Traditionsstück vom Auf- und Abstieg der שכינה umgehen.

Das Traditionsstück vom Auf- und Abstieg der שכינה in GenR 19, HldR zu Hld 4,16 – 5,1, NumR 13, PesR 5, Tan פקודי, TanB und Tan נשא organisiert einen Raum entlang einer Achse, die die oberen und die unteren Bereiche miteinander verbindet. Ausgangspunkt der שכינה ist in jeder seiner Fassungen der Garten Eden, der mit dem Ausgangspunkt identifizierte Ort ihrer Rückkehr ist nach PesR 5, Tan פקודי und NumR 13 das neu errichtete Heiligtum, nach Tan und TanB נשא der Sinai als Ort der Erscheinung JHWHs, nach GenR 19 ארץ ישראל.

Die erweiterte Fassung des Traditionsstücks vom Opfer der Kinder Noahs in den Fassungen von HldR zu Hld 4,16 – 5,1, NumR 13f und LevR 9 identifizieren den Norden als den Ort der Darbringung der עולות mit der Peripherie. Gerade die Peripherie aber ist Ausgangspunkt endzeitlicher Ereignisse. Aus dem Norden kommt Gog. Aus dem Norden kommen aber auch die heimkehrenden Exilierten und der Messias. Das Ende der erinnerten Geschichte hebt die Trennung von Zentrum und Peripherie auf.

HldR zu Hld 4,16 – 5,1, NumR 13 und PesR 5 verknüpfen beide Traditionsstücke, das vom Opfer der Noahsöhne und das vom Auf- und Abstieg der שכינה und verbinden sie mit einer komplexen Raumkonzeption. Der Kontext lädt das Zentrum weiter mit Bedeutung auf. In HldR zu Hld 4,16 – 5,1 ist das Zentrum auch das Ziel der endzeitlichen Rückkehr der Exilierten und Ort des endzeitlichen Heiligtums und damit der Ort, an dem sich auf die Endzeit projizierte Hoffnungen erfüllen. ארץ als Aufenthaltsort der שכינה wie der Gerechten schillert zwischen ארץ als dem Aufenthaltsort der Menschen, der synonym mit ‚den Unteren' im Gegensatz zu ‚den Oberen' steht, und ארץ ישראל. NumR 13 erweitert um den Ort der ursprünglichen Begegnung von Gott und Israel im Exil, der in Opposition zu ארץ ישראל steht und den er ebenfalls mit dem Zentrum identifiziert. Damit steht die Peripherie zum Zentrum in einem spannungsvollen Verhältnis von Gegensatz und Identität. Tan, TanB נשא und Tan פקודי konstruieren die Entsprechung eines irdischen und himmlischen Heiligtums.

Nicht selten werden Hypertext-Strukturelemente konstruierter Räume und der erinnerten Geschichte miteinander verknüpft. Zentrale Orte verbinden sich mit den unter 10.1.3.1 bereits benannten signifikanten Ereignissen. Der Ort des Heiligtums wird mit dem Zeitraum seiner Errichtung, dem Einzug der שכינה dort oder dem ersten Gottesdienst an ihm in Verbindung gebracht. Wenn signifikante Orte mit signifikanten Ereignissen in Verbindung gebracht werden, werden auseinander liegende Ereignisse über die Identifikation der mit ihnen verbundenen Orte auch selbst aufeinander bezogen.

GenR 34, HldR zu Hld 4,16 – 5,1, NumR 13f, LevR 9, PesR 5 und in deren Kontext die Traditionsstücke vom Opfer der Kinder Noahs und vom Auf- und Abstieg der שכינה nutzen Hypertext-Strukturelemente des konstruierten Raumes und kombinieren sie in je unterschiedlicher Weise mit solchen der erinnerten Geschichte.

HldR zu Hld 4,16 – 5,1 und NumR 13 verbindet die Abfolge der Ereignisse der erinnerten Geschichte mit der Bewegung der Protagonisten durch den konstruierten Raum, den sie im Zuge dieser Bewegung erst konstruiert und beschreibt. In PesR 5 entsteht dieser Raum (etwa im Zuge des Baus des irdischen Heiligtums) erst durch die erinnerte Geschichte. In Tan פקודי ist ein solcher Zeitpunkt unter negativem Vorzeichen aber auch die Zerstörung des mit dem Heiligtum – gegen den offensichtlichen Wechsel des Ortes – identifizierten Tempels. In Tan פקודי spiegelt die Geschichte Israels die Geschichte dieses Ortes.

Indem der zentrale Ort des Heiligtums – in Gestalt des Tempels – in der Gegenwart des intendierten Lesers nicht mehr existiert, ist er als Bedeutungsträger vielfältig aufladbar. Als etwas, dessen Verlust als Defizit erfahren wird, verweist er auf die Auflösung dieses Defizits in der kommenden Welt. Als Ort steht der Tempel auch in einem signifikanten Verhältnis zum intendierten Leser.

Midraschim, die mit Hypertext-Strukturelementen des konstruierten Raumes arbeiten, bedienen sich intertextueller Verknüpfungen nach dem Modell der Analogie oder von Gegenhorizonten.

Gen 4,1–16 im Kontext von Hypertext-Strukturen des konstruierten Raumes

In einer Reihe von Midraschim, in denen Gen 4,1–16 nicht selbst Gegenstand der Auslegung ist, erfährt die Erzählung eine Einordnung in eine mit Bedeutung versehene Topographie, die sie mit den mit Gen 4,1–16 intertextuell verknüpften Texten gleichzeitig konstruiert. Sie markiert dort keinen zentralen Ort. In den Midraschim um das Traditionsstück von den Opfern der Kinder Noahs in GenR 22 und 34, HldR zu Hld 4,16 – 5,1, NumR 13f, PesR 5 und LevR 9 und im Zusammenhang des Traditionsstücks vom Auf- und Abstieg der שכינה in GenR 19, HldR zu Hld 4,16 – 5,1, NumR 13f, PesR 5, Tan und TanB נשא und Tan פקודי dient die Erzählung von Kain und Abel der Konstituierung eines zeitlichen und räumlichen Bezugssystems, in dem sich die Geschichte des Gottes Israels mit Israel und der Welt verortet.

Die erweiterte Fassung des Traditionsstücks vom Opfer der Kinder Noahs in HldR zu Hld 4,16 – 5,1, NumR 13f und LevR 9 identifiziert das Opfer Abels mit dem Norden als dem Ort der Darbringung der עולות. Der Norden und damit auch das Opfer Abels verweisen auf endzeitliche Ereignisse und in diesem Zusammenhang auf die Aufhebung der Unterscheidung von Zentrum und Peripherie.

Wenige Midraschim verbinden die Erzählung von Kain und Abel mit einem zentralen Ort des konstruierten Raumes. Solche Midraschim, die sich mit dem Ort des Opfers Abels oder dem Ort des Mordes, dem Feld, auseinandersetzen, bringen diese Orte mit dem Ort des Heiligtums in Verbindung, indem sie ihn mit dem Heiligtum oder indem sie ihn mit dem Ort des zerstörten Heiligtums identifizieren. Manchmal verweist die אדמה auf ארץ ישראל. In GenR 22 ist der Ort des Tempels Gegenstand der Auseinandersetzung zwischen den Brüdern. Der Ort des Brudermordes wird mit dem Ort des zerstörten Zion in Verbindung gebracht. NumR 7 und 9 verknüpfen die אדמה, von der Kain vertrieben wird, mit dem Land (ארץ), das auf das Land Israel als Ort erfahrbarer Gottesgemeinschaft auf der einen und den Garten Eden auf der anderen Seite verweist. In TanB בראשית wird die Schuld der Söhne des ersten Menschen mit der Zerstörung des Tempels in Verbindung gebracht.

Einige Midraschim verbinden das Feld als Ort des Brudermordes oder den Osten als Zufluchtsort Kains mit bestimmten dezidiert nicht zentralen Orten. In PRK 27 und LevR 30 ist das Feld als Ort des Brudermordes identisch mit der Welt. Nach GenR 21 ist das Wohnen im Osten Folge und Ausdruck der schützenden Zuwendung Gottes und ist der Endpunkt der Flucht Kains also gerade kein Ort der Gottesferne.

10.1.3.4 Normative Diskurse

Wiederkehrende Argumentationsmuster in normativen Diskursen stellen Hypertextstrukturelemente dar. Häufig werden Gebote der Tora über einen Tun-Ergehen-Zusammenhang begründet. Der Blick auf die Erzählung von Kain und Abel dient dem Midrasch der Vergewisserung dessen, was grundsätzlich Gültigkeit hat. Was gilt, gilt für Israel und bestimmt die erinnerte Geschichte Israels in besonderer Weise. Die Erzählung von Kain und Abel illustriert die Folge eines der Tora nicht entsprechenden Verhaltens. Umgekehrt spiegelt ein der Tora entsprechendes Verhalten gegenüber dem Mitmenschen positiv das Verhältnis Gottes zu Israel.

Das beschriebene Strukturelement geht mit intertextuellen Modellen der Analogie und der Überbietung häufig einher. Hypertext-Strukturelemente normativer Diskurse werden mit solchen der erinnerten Geschichte oft kombiniert.[18]

---

18 Tan und TanB בהר, Tan משפטים und ExR 31 verknüpfen normative Diskurse mit Strukturelementen der erinnerten Geschichte. Das Beispiel Kains steht in einer Reihe mit anderen Beispielen in ihrer der Chronologie der erinnerten Geschichte entsprechenden Reihenfolge. Abschließendes Beispiel ist Israel.

Gen 4,1–16 im Kontext normativer Diskurse

In Tan und TanB בהר, Tan משפטים und ExR 31 ist die Entsprechung von Streitursache und Tatfolge Ausdruck eines aus sich heraus gültigen Zusammenhangs. Im größeren Zusammenhang begründet das Kainbeispiel in Tan und TanB בהר das Gebot des Jobeljahres nach Lev 25,14, in Tan משפטים und ExR 31 das Zinsverbot nach Ex 22,24. Die Einhaltung dieser Gebote spiegelt das Verhalten Gottes gegenüber Israel.

In Tan und TanB בהר ist das Verhältnis Kains zur ארץ auf das Verhältnis Israels zum Land Israel hin durchsichtig. In NumR 7 und 9 ist die Gemeinschaft, deren Bestand die Sorge des Textkontextes gilt und aus der der Schuldige ausgeschlossen wird, die Kultgemeinschaft Israels. Die (menschliche) Gemeinschaft, aus der sich Kain ausgeschlossen sieht, wird im Verlauf der Argumentation auf sie enggeführt. Was allgemein gilt und am Beispiel Kains exemplarisch wird und was für Israel gilt, steht zueinander in einer Beziehung der Überbietung oder Engführung.

10.1.3.5 Diskussion religiöser Vollzüge

Eine Anzahl von Midraschim behandeln religiöse Vollzüge, die sie mit zusätzlicher Bedeutung aufladen. Sie betreffen den täglichen Kult oder Feste am Tempel, aber auch religiöse Vollzüge oder Feste in der Gegenwart der Rabbinen. Dort, wo die Diskussion religiöser Vollzüge den Tempel betrifft, ist sie mit den Strukturelementen der erinnerten Geschichte verknüpft. In PRK 27 und LevR 30 verweist der Ort des Zion auf den Kult und die im Kult vorweggenommene zukünftige Welt.

Andere Midraschim beziehen sich auf die Gegenwart der Rabbinen. Religiöse Vollzüge der Gegenwart vergegenwärtigen Momente der erinnerten Geschichte Israels. In dieser Weise verbindet PesR 50 den Versöhnungstag mit einem Aufruf zur Umkehr, die er an Beispielen durch die erinnerte Geschichte illustriert.

Mitunter knüpfen normative Diskurse an kultische Weisungen an. NumR 7 und 9 diskutieren ausgehend von Texten, die den Umgang mit Unreinem behandeln, die Verletzlichkeit menschlicher Gemeinschaft durch soziale Vergehen.

Gen 4,1–16 im Kontext der Diskussion religiöser Vollzüge

Im Kontext der Diskussion religiöser Vollzüge verweisen Elemente der Erzählung von Kain und Abel auf den Tempelkult oder stehen für eine defizitäre Situation, die der Tempelkult aufhebt.[19] Manchmal verweisen sie unter dem Vorzeichen der Aufhebung eines Defizits auf die kommende Welt.

In NumR 13 und LevR 9, PesR 50 verweist der defizitäre Kult der Zeit vor der Gabe der Tora, damit auch das Opfer Abels, über die Verbindung der עולות mit dem Norden auf die Aufhebung dieses Defizits in der kommenden Welt.[20] Der Kontext von LevR 9 setzt mit dem Verweis der erst nach der Gabe der Tora möglichen שלמים auf die kommende Welt ein Gegengewicht. Das Opfer Abels rückt weiter an die Peripherie. In PRK 27 und LevR 30 verweist der Schauplatz des Mordes auf den Zustand der korrumpierten Schöpfung. Der korrumpierten Schöp-

[19] Es handelt sich dabei nicht notwendig um das Opfer Kains oder Abels.

[20] Indem der Kontext von NumR 13, LevR 9 und PesR 50 Bezüge zwischen dem Tempelkult und den in der Gegenwart möglichen religiösen Vollzügen herstellt, bilden die עולות auch zu diesen religiösen Vollzügen einen Gegenhorizont. Indem sie in die Zeit nach der Zerstörung des Tempels fallen, sind sie aber auch Teil der defizitären Situation nach der Zerstörung des Tempels.

fung steht der im Kult vorweggenommene zukünftige Zustand nicht nur Israels, sondern der gesamten Schöpfung entgegen.

Einen Sonderfall bilden solche Midraschim, nach denen kultische Weisungen sich aus der Erzählung von Kain und Abel unmittelbar erklären. Wenn Bestimmungen wie das Verbot, Mischgewebe zu tragen, oder die Bedeckung des Blutes geopferter Vögel in Tan בראשית aus einer bestimmten Deutung der Erzählung von Kain und Abel abgeleitet werden, erinnern diese Weisungen an diese Erzählung und den ersten Brudermord. Sie haben damit einen ethisch-moralischen Impetus.

10.1.4 Der Ort von Gen 4 im Aufbau des Midrasch

Die Midraschim stellen biblische Intertexte in ein geordnetes Gefüge aus Intertexten und Deutungen. Die Erzählung von Kain und Abel kann innerhalb der Syntax der Traditionsstücke und kleineren Sinneinheiten an einem mehr oder weniger zentralen Punkt verortet sein. Der weitere Kontext des Midrasch gibt dem Traditionsstück und darin der Erzählung von Kain und Abel einen mehr oder weniger zentralen Ort. An zentraler Stelle ist die Erzählung von Kain und Abel dort verortet, wo sie selbst wie in GenR 22 und Tan בראשית hauptsächlicher Gegenstand der Auslegung ist. An ganz untergeordneter Stelle in der Syntax des Argumentationszusammenhangs steht sie in TanB מצורע, dem der an Gen 4,8 illustrierte Mord ausschließlich zur Präzisierung des eigentlichen Themas, der ihn überbietenden לשון הרע, dient.

Wo ein Traditionsstück in unterschiedlichen Midraschim auf unterschiedliche Weise kontextualisiert wird, verändert sich der Ort der Erzählung von Kain und Abel im Gesamt des Midrasch. An unterschiedlich wichtiger Position verortet der größere Kontext des Traditionsstückes von der תשובה Kains dieses Traditionsstück und damit Kain im Gesamt des Argumentationsgefüges des Midrasch. In PRK 24 und DtnR 8 stehen Kain und die mit ihm parallelisierten Figuren unterschiedslos beispielhaft für einen Sachverhalt. In LevR 10 und PesR 50 gilt das hauptsächliche Interesse des Kontextes Aaron als einer der mit Kain parallelisierten Gestalten. Die Gestalt Kains rückt damit in den Hintergrund.

10.1.4.1 Differenzierung im Kontext

Werden Traditionsstücke in unterschiedlichen Midraschim unterschiedlich kontextualisiert, setzt der Kontext neue Akzente, unter Umständen quer zu den Aussagen des Traditionsstücks. Der Kontext verändert die Deutung der Erzählung von Kain und Abel. Die Parallelen in Tan und TanB אמור, PRK9 und LevR27 stellen Kain und Abel in eine lang Reihe von Beispielen der erinnerten Geschichte Israels, die im Beispiel Israels und der Völker ihren Zielpunkt hat. Im veränderten Kontext von KohR zu Koh 3,15 stellt dasselbe Traditionsstück Kain und Abel neben Israel und die Völker.

10.2 Inhalte

Die behandelten Midraschim kennzeichnet eine größere Breite in der Varianz der (Be-)Deutungen der Erzählung als die Literatur ihr zuspricht. Kaum je ist Abel Muster des Gottesfürchtigen, noch ist Kain per se Prototyp des Gottlosen.[21] Ebensowenig lässt sich Abel als Protoisraelit und Kain auf das außerhalb Israels zu verortende Andere festlegen.[22] Während Abel, wo er nicht in Abhängigkeit vom Subjekt Kain gedacht ist, die Erzählung von Kain und Abel im Gesamtzusammenhang der erinnerten Geschichte verortet oder auf den Zustand der Welt verweist, steht Kain als Individuum.

10.2.1. Kain und Abel

Midraschim, die Kain und Abel in den Mittelpunkt stellen, thematisieren entweder die Ursache des Konfliktes oder den Mord. Berührt die Gottesbeziehung beider Brüder das Verhältnis der Brüder, ist sie entweder Ursache des Konflikts oder ergibt sich aus ihm.

Eine Gruppe von Midraschim behandelt die Ursache des tödlichen Bruderkonflikts. Tan und TanB בהר, Tan משפטים und ExR 31 schließen aus dem Ausgang der Erzählung auf den Gegenstand des Konflikts und aus der als Ortslosigkeit interpretierten Ruhelosigkeit Kains nach Gen 4,12 auf eine Auseinandersetzung der Brüder um das Erbe der Welt. Auch nach GenR 22 und Tan בראשית ist der Besitz der Welt Gegenstand der Auseinandersetzung der Brüder.

Wo das ungleiche Gottesverhältnis der Brüder Ursache des Konflikts ist, steht es in aller Regel in der Verantwortung Gottes, nicht der Brüder.[23] PRK 28 und PesR 52 macht zwar die Gerechtigkeit Abels an seinem Opfer fest, verzichtet aber auf eine entsprechende Charakterisierung Kains. Einzig Tan בראשית macht die unterschiedliche Qualität der Opfer zur Ursache ihrer unterschiedlichen Akzeptanz durch Gott.

Wo göttliche Ungleichbehandlung Thema ist, steht sie nicht im Vordergrund der Argumentation. Einzig Tan בראשית macht die Akzeptanz der Opfer beider Brüder durch Gott unmittelbar zur Ursache des Konflikts. Allerdings geschieht dies an untergeordneter Stelle im Argumentationsgefüge des Midrasch. Es handelt sich um ein nachgeschobenes Argument Kains, das durch den Kontext, in dem die unterschiedliche Qualität der Opfer für die unterschiedliche Reaktion Gottes verantwortlich ist, zu einem wesentlichen Teil bereits widerlegt ist.

Häufig ist die Ungleichbehandlung der Brüder auf das Erwählungsmotiv hin durchsichtig. In GenR 22 identifiziert eine von mehreren Auslegungen das Erbe, um das gestritten wird, mit dem Land, auf dem einst der Tempel erbaut werden

---

21 Vgl. Oberhänsli-Widmer (2004), 166; vgl. aber auch Oberhänsli-Widmer (2004), 172.

22 Vgl. Oberhänsli-Widmer (2004), 167; vgl. auch Springer (2006), 270.

23 GenR 22 deutet zwar unmittelbar aufeinander folgend die Opfer der Brüder, zielt damit aber nicht darauf, sie in ihrem Gottesverhältnis einander gegenüberzustellen. Während die ausführliche Behandlung des Opfers Abels der Konstruktion von Bezügen zur erinnerten Geschichte Israels dient und auf die Gottesbeziehung Abels verweist, fällt die Behandlung des Opfers Kains wesentlich kürzer aus. Die Gottesbeziehung Kains macht GenR 22 am Verhalten Kains im Zusammenhang mit dem und nach dem Mord, nicht aber am Opfer fest.

wird. In AggBer 47 ist das Erbe der Welt, das Gegenstand des Konfliktes zwischen Kain und Abel ist, auf das Erbe ‚unseres Vaters Abraham' im Konflikt der Erzväter Israels als der Verheißungsträger mit ihren Brüdern durchsichtig.

In ExR 5, HldR zu Hld 8,1ff steht die Ungleichbehandlung der Brüder durch Gott im Hintergrund des Konflikts. Tan und TanB שמות und AggBer 47 machen die Ungleichbehandlung der Brüder explizit zum Thema. Entscheidend ist jedoch nicht die Ungleichbehandlung der Brüder durch Gott, sondern der Umgang der Brüder mit ihr. AggBer diskutiert das Verhalten des benachteiligten Bruders. Auch erwiesene Ungerechtigkeit rechtfertigt den Brudermord nicht. In TanB שמות steht der Umgang des bevorzugten, nicht des benachteiligten Bruders, mit der Benachteiligung des anderen im Vordergrund. Dabei unterwerfen sich weder Mose noch Aaron der göttlichen Perspektive. Mose opponiert und lässt sich erst angesichts der Haltung Aarons, der seinen Bruder nichtsdestotrotz liebt, überzeugen.

In einer anderen Gruppe von Midraschim hat das Verhältnis der Brüder zueinander das Verhältnis Gottes zu den Brüdern und ein Handeln Gottes zur Folge. Im Traditionsstück vom Einstehen Gottes für die Verfolgten in TanB und Tan אמור, PRK 9 und LevR 27 und in KohR zu Koh 3,15 äußert sich in der Erwählung Abels die Parteinahme Gottes für den Verfolgten. Das Prädikat der Erwählung, das Abel positiv auszeichnet, kommt ihm angesichts einer passiven Rolle zu, zu der ihn sein Gegner bestimmt.

Wo nicht die Ursache des Konflikts, sondern der Mord im Zentrum steht, fokussieren die Midraschim auf Kain. In aller Regel handelt es sich um den Nachweis eines Tun-Ergehen-Zusammenhangs. In AggBer 26, TanB לך לך und in GenR 22 zu Gen 4,9 fällt das Verhalten Kains gegenüber dem Bruder auf ihn selbst zurück. Gott kommt nur verhalten als Gewährsmann dieses Tun-Ergehen-Zusammenhangs in den Blick.

Zusammenfassung

Wo der Konflikt zwischen den Brüdern Gegenstand der Auslegung ist, behandeln Midraschim weniger die Ursachen als die Konsequenzen dieses Konflikts. Kain und Abel sind, was sie sind, im Gegenüber zum jeweils anderen. In aller Regel kommt Kain der aktive Part zu. Abel kommen Prädikate, die ihn positiv auszeichnen, angesichts der (passiven) Rolle zu, zu der ihn sein Gegner Kain bestimmt.

Wo Midraschim die Brüder in ihrem Verhältnis zueinander in den Blick nehmen, zitieren sie vor allem Gen 4,8. Wo die Ungleichbehandlung der Brüder durch Gott als Ausgangspunkt des Konfliktes thematisch wird, konstatiert der Midrasch diese Ursache des Konfliktes, ohne sie am Text zu belegen. Eine Ausnahme bildet Tan בראשית, wo Kain mit der Nichtannahme des Opfers durch Gott argumentiert.

Neben allen übrigen Möglichkeiten intertextueller Verknüpfung spielt in diesen Midraschim Gen 4,1–16 auch als Gegenstand der Interpretation innerhalb des Midrasch eine Rolle. Bevorzugte Hypertext-Strukturelemente sind neben normativen Diskursen die der ‚erinnerten Geschichte'.

10.2.2 Kain und Gott

Unterschiedliche Midraschim akzentuieren das Verhältnis Gottes zu Kain in unterschiedlicher Weise. GenR 22 trifft am Beispiel Kains Aussagen über den Menschen. Indem der Mensch mit Hilfe der Tora dem bösen Trieb widersteht, hat er Teil an der Herstellung der Schöpfungsordnung und ermöglicht die gnadenhafte ihrerseits Leben ermöglichende Zuwendung Gottes zu ihm. Voraussetzung für die Vergebung der Schuld Kains nach dessen Scheitern ist deren Offenlegung unter dem Vorzeichen der Umkehr. Das Verhältnis Kains und Gottes zur Schuld Kains entscheidet letztlich über die Möglichkeit des Lebens Kains. Die Möglichkeit, gut zu tun, gewinnt im Offenlegen der Schuld Kains vor Gott Gestalt. Indem der Mensch Schuld offenlegt, macht er רחם (Barmherzigkeit) und חסד (Liebe) möglich. Dass Kain nach GenR 22 die Überlebensmöglichkeit auch nach dem Mord nicht genommen wird, ist wiederum Zeichen der Leben ermöglichenden Zuwendung Gottes, in der das Schöpfungshandeln Gottes und die im Schöpfungshandeln Gottes zum Ausdruck kommt. Gott schützt Kain vor dem Aufstand der Schöpfung und erhält gerade dadurch seine Schöpfung. Das Leben Kains steht exemplarisch für die Leben ermöglichende רחם und חסד Gottes. רחם und חסד stehen ihrerseits im Zusammenhang der Schöpfung. In GenR 22 sind die Schöpfung und Kain von der רחם und חסד Gottes abhängig. [24]

Wenn in Tan בראשית das Opfer Thema des Streits zwischen den Brüdern ist, spielt die Gottesbeziehung der Brüder in diesen Streit von Anfang an mit hinein. In Tan בראשית liegt die unterschiedliche Qualität der Opfer in der Verantwortung Kains und Abels. Gegenstand des Streites ist auch der Ort des gelungenen Opfers Abels. Kain kämpft mit den falschen Mitteln und gegen den Bruder um seine Gottesbeziehung und bringt die Schöpfung gegen sich auf. Die Unwissenheit Kains steht dem überlegenen Wissen Gottes gegenüber. Eine Hoffnungsperspektive besteht für die Schöpfung und die Menschheit über Kain hinaus.

Die Auslegung unterschiedlicher Momente der Erzählung von Kain und Abel betont unterschiedliche Aspekte der Gottesbeziehung Kains. In TanB und Tan אמור, PRK 9 und LevR 27 und KohR zu Koh 3,15 ergibt sich das Verhältnis Gottes zu Kain aus dem Verhältnis Kains zum verfolgten Bruder. Im Traditionsstück vom Auf- und Abstieg der שכינה in GenR 19, HldR zu Hld 4,16 – 5,1, NumR 13f, PesR 5, Tan פקודי, Tan und TanB נשא ist die Gottesbeziehung Kains eine gestörte Beziehung. Die Ursache im Brudermord zu sehen, legt sich auch dort nahe, wo der Brudermord nach Gen 4,8 nicht Gegenstand einer Paraphrase ist. In den Varianten, in denen das Traditionsstück keine bestimmte Textstelle erkennbar anspielt, bleibt der genaue Bezugspunkt jedoch in letzter Konsequenz unklar. In jedem Fall gilt das Interesse des Midrasch weniger der Tat Kains als deren Folgen.

In solchen Midraschim, in denen das Verhältnis Gottes zu Kain und Abel bereits Ursache des Konflikts ist, steht es nicht im Zentrum. AggBer 47 legt eine Lesart, nach der Gott ungerecht handelt, nahe. Das hauptsächliche Aussageinteresse des Midrasch liegt jedoch darin, dass auch eine berechtigte Kritik am Handeln Gottes den Brudermord nicht rechtfertigt. Auch die übrigen Brüderpaartraditionsstücke, unter denen Tan und TanB שמות die ungleiche Behandlung der Brüder ausdrücklich thematisiert, konzentrieren sich nicht auf dieses Moment.

In einigen Midraschim hat der Brudermord Folgen für das Verhältnis Gottes nicht nur zu Kain, sondern über Kain hinaus zur Menschheit oder zur Schöpfung. Im Traditionsstück von den sich überbietenden Plänen der Frevler in Tan und TanB אמור, PRK 9 und LevR 27 stellt der Mord einen Angriff auf die Schöpfungs-

---

[24] Indem Aussagen über die Gottesbeziehung Kains getroffen werden, werden auch Aussagen über Gott getroffen. Die Gottesbeziehung der Protagonisten der Erzählung von Kain und Abel kann als etwas in den Blick geraten, das diese Protagonisten auszeichnet, ohne dass Gott als Protagonist dadurch Konturen gewinnt. Umgekehrt wird die Haltung Gottes gegenüber Kain und Abel niemals unabhängig vom Gottesverhältnis der Protagonisten thematisiert.

ordnung dar. Das Traditionsstück vom Auf- und Abstieg der שכינה in GenR 19, HldR zu Hld 4,16 – 5,1, NumR 13, PesR 5, Tan פקודי, Tan und TanB נשא interessiert die Frage der Schuld Kains im Hinblick auf ihre Auswirkungen auf das Gottesverhältnis der Menschheit über Kain hinaus.

Das zentrale Moment der Schuld Kains ist nicht immer der Brudermord. In zahlreichen Midraschim betrifft die Schuld Kains das Gottesverhältnis unmittelbar. Im Rahmen des Traditionsstückes von der Prüfung der drei oder vier durch Gott in GenR 19 und NumR 20 steht das schuldhafte Scheitern der Kommunikation zwischen Kain und Gott im Mittelpunkt. Für GenR 19 ist die unangemessene Antwort Kains Gradmesser für dessen Gottesferne. Nach NumR 20 besteht die Schuld Kains darin, dass er sich mehr noch als durch die Tat selbst durch die – sinnlose – Leugnung der Tat der Wirklichkeit Gottes verweigert. Kains Leugnung der Tat kommt einer Leugnung Gottes gleich.

PRK 24, LevR 10, DtnR 8, TanB בראשית, PesR 47 und PesR 50 nehmen die Gottesbeziehung Kains unter positivem Vorzeichen in den Blick. Gegenstand der Diskussion ist die Gottesbeziehung, wie sie in Umkehr und Gebet zum Ausdruck kommt. Die Gestalt des Traditionsstückes und sein Kontext akzentuieren Aussagen über die Beziehung Gottes und Kains in bestimmter Weise. Schwerpunkt der Auslegung von PRK 24, PesR 50 und LevR 10 ist die Umkehr Kains. In PesR 50 macht Kains Umkehr aus ihm sogar einen exemplarischen Gerechten. In TanB בראשית tritt neben die Umkehr das Gottesbekenntnis. Im Kontext von DtnR 8 tritt das Moment der Umkehr hinter das Moment des Gebetes zurück. In je unterschiedlicher Weise tradieren PRK 24 und TanB בראשית das Motiv von der Unaufrichtigkeit der Umkehr Kains. Während Kain in TanB בראשית zu rechter Umkehr findet, bleibt das Motiv der Unaufrichtigkeit der Umkehr Kains in PRK zentral.

GenR 21 nimmt die Wiederherstellung der Gottesbeziehung Kains in den Blick. In den Folgen des Brudermordes kommt das Gottesverhältnis des Brudermörders zum Ausdruck. Das Wohnen im Osten steht für Distanz. Gleichzeitig ist es Folge und Ausdruck der schützenden Zuwendung Gottes.[25]

Aussagen über Kain implizieren Aussagen über das Gottesbild der Midraschim. Besonders augenfällig ist dieser Zusammenhang in den Midraschim, die von der Umkehr Kains handeln. In LevR 10 und DtnR 8 ist es Gott, der durch die Bereitstellung von Gebet und Kult die Voraussetzung für die heilvolle Wirkung von Umkehr und Gebet bzw. die Bedingung der Möglichkeit für Umkehr und Gebet allererst schafft. In LevR 10 zeigt sich in der Annahme der Umkehr Kains die größere Gerechtigkeit Gottes. Wird in PRK 24 einerseits die Fragwürdigkeit der Umkehr Kains diskutiert, stellt sich andererseits Gott als einer dar, der auch noch die fragwürdige Umkehr annimmt. Wo die Auslegung eines Midrasch wie in AggBer 47 Kritik am Verhalten Gottes impliziert, liegt darin nicht das hauptsächliche Interesse des Midrasch.

Zusammenfassung

Das Bild Kains ist vielschichtiger als das Bild Abels. Das Gottesverhältnis Kains kann entweder unabhängig vom oder abhängig vom Verhältnis der Brüder zur Sprache kommen. Als Schuldiger oder als Umkehrer steht Kain– im Kontext der Menschheit oder im Kontext Israels – für den Einzelnen. Von herausragender Re-

25 Im Gegensatz dazu setzt AggBer 26 den Hinausgang Kains mit seinem Tod gleich.

levanz ist neben der Schilderung des Mordes nach V 8 das abschließende Gespräch zwischen Gott und Kain.

10.2.3 Kain und die menschliche Gemeinschaft

In der Deutung des Midrasch berührt Kains Handeln die menschliche Gemeinschaft. Im biblischen Text öffnet allein VV 14f den Blick auf andere als die in der kurzen Erzählung beim Namen genannten Protagonisten. Einige Midraschim stärken diesen Aspekt. Die Auswirkungen des Mordes auf das Verhältnis Kains zur menschlichen Gemeinschaft gerät dort in den Blick, wo Midraschim Normen diskutieren, die das Verhältnis des Einzelnen zur Gemeinschaft betreffen. Die Identifikation des Kainszeichens mit Aussatz nach NumR 7 beantwortet nicht in erster Linie die im biblischen Textkontext offen gebliebene Frage nach der Art des Zeichens. Über die Identifikation des Zeichens mit Aussatz setzt sie den Ausschluss Kains aus der menschlichen Gemeinschaft erzähllogisch in Szene. NumR 7 und 9 verbinden das Motiv der Vertreibung von der אדמה und das Moment der Heimatlosigkeit mit dem Ausschluss aus der Gemeinschaft.

In einer Anzahl von Midraschim hat Kains Tat ganz unmittelbar Auswirkungen auf das Verhältnis der menschlichen Gemeinschaft zu Gott. Nach GenR 22 wird Kain zum Mittler von Fluch und Segen. Indem תיטיב und לא תיטיב mit der Offenlegung von Schuld vor Gott gleichgesetzt wird, ist es das Gottesverhältnis Kains, das zum Fluch oder Segen für seine Mitmenschen wird. Im Traditionsstück vom Auf- und Abstieg der שכינה in GenR 19, HldR zu Hld 4,16 – 5,1, NumR 13f, PesR 5, Tan פקודי, Tan und TanB נשא betrifft der Brudermord die Gottesbeziehung der Menschheit überhaupt. Im Traditionsstück von den sich überbietenden Plänen der Frevler in TanB und Tan אמור, PRK 9 und LevR 27 gilt der Angriff Kains auf Abel als Angriff auf die Schöpfung. Das Bemühen aller Frevler, auch Kains, zielt auf die Unterbindung des Vollzugs des göttlichen Schöpfungsauftrags und scheitert an ihm. Kains Tat betrifft nicht ihn allein.

Einige Midraschim, die Kain als Lernenden, als Lehrer oder als Gegenstand des Lernens in Szene setzen, greifen über die Erzählung hinaus und nehmen auf spätere Erzählzusammenhänge und schließlich auf den intendierten Leser Bezug. Im Traditionsstück von den sich überbietenden Plänen der Frevler in TanB und Tan אמור, PRK 9 und LevR 27 wird Kain zum Vorbild für alle später auftretenden Protagonisten der erinnerten Geschichte Israels. In den Traditionsstücken von der Umkehr Kains in der Gestalt von MdrPss 100, PesR 50, PRK 24, LevR 10 und TanB בראשית, die von der abschließenden Begegnung Kains und Adams berichten, gewinnt die den biblischen Erzählzusammenhang Gen 4,1–16 abschließende Gottesbegegnung Kains die Qualität einer Gotteserfahrung, die über das Geschick Kains hinaus relevant ist.[26] Tan בראשית und GenR 22 deuten das Kainszeichen so, dass es zum Gegenstand des Lernens wird. Darüber hinaus ist die Rolle Kains als Lehrender und Lernender in GenR 22 aber ambivalent. Über die Protagonisten biblischer Erzählungen hinaus wird der intendierte Leser in den Lernprozess mit hineingenommen.

---

26 Im Kontext von PesR 50 hat die Umkehr eines Einzelnen aus Israel Konsequenzen für das Gottesverhältnis Israels insgesamt. Die Identifikation Adams mit der Umkehr Kains mag vor diesem Hintergrund zu werten sein.

Zusammenfassung

Über die handelnden Personen hinaus spielt im Bibeltext die menschliche Gemeinschaft nur über die über V 14 eingespielten Personen eine Rolle. Für die Midraschim ist die menschliche Gemeinschaft die, auf die sich der Brudermord auswirkt und aus der Kain mit der Vertreibung von der אדמה ausgeschlossen ist.

In zweierlei Hinsicht greift die Deutung der Erzählung von Kain und Abel in den Midraschim über die Erzählung selbst hinaus. Protagonisten anderer biblischer Erzählungen lernen von ihm. Die Folge der in der erinnerten Geschichte Kain nachfolgenden Protagonisten setzt sich über die biblischen Erzählzusammenhänge hinaus bis zum intendierten Leser hin fort.

Wo die Deutung an die menschliche Gemeinschaft, wie sie die Erzählung selbst präsentiert, anknüpft, zitieren die Midraschim die Vertreibung Kains von der אדמה, die eng mit dem Zeichen des Aussatzes verbunden wird und die Fluchtstätte im Osten. Wo sich die menschliche Gesellschaft auf den intendierten Leser hin öffnet, erstreckt sich der eingespielte Textbereich auf nahezu die gesamte Erzählung, insbesondere auf Geburt, Opfer, die Begegnung auf dem Feld, den Mord und das abschließende Gespräch zwischen Gott und Kain. Von zentraler Bedeutung sind Hypertext-Strukturelemente der erinnerten Geschichte und normativer Diskurse.

10.2.4 Kain und die Welt

Ausgehend von seiner Gottesbeziehung oder seiner Beziehung zu Abel wird Kain zur Welt oder Schöpfung als Ganzes in Beziehung gesetzt. In PesR 5 sind Kain und Abel Teil der noch nicht abgeschlossenen Schöpfung. In GenR 20 ist das Verlangen des bösen Triebes nach Kain Teil der korrumpierten Schöpfung. In PRK 27 und LevR 30 steht das Feld als Ort des Brudermordes für die korrumpierte Schöpfung. Im Jubel der korrumpierten Welt wird eine heilvolle Zukunft bereits vorweggenommen.

In TanB בראשית und MdrPss 148 verfehlen der erste Mensch und Kain den Zweck ihres Geschaffenseins. Der Zweck ihres Geschaffenseins wird in jedem Fall in ihrem Verhältnis zum Schöpfer bestimmt. Nach TanB בראשית wäre es die Aufgabe der ersten Menschen gewesen, Gott zu loben, nach MdrPss, den Schöpfer zu erfreuen.[27] Das Versagen Adams und Kains wird jeweils an einer Gebotsübertretung festgemacht. Anders als die Wasser, auch in ihrem Lobpreis positiver Gegenhorizont, übertreten Adam und Kain in MdrPss 148 die ihnen in der Schöpfung gesetzte Grenze. In MdrPss 148 tritt der sich an den Mord anschließende Dialog, diesen negierend, an die Stelle des Lobpreises. In TanB בראשית kommen Adam und Kain dieser Zweckbestimmung nach vollzogener Umkehr doch noch nach und weisen auf eine heilvolle Zukunft der Schöpfung insgesamt voraus.

Nach TanB בראשית bedroht die Schuld der ersten Menschen, das Gericht über sie und die mit ihm verbundene drohende Verbannung aus der Welt den Fortbestand der Menschheit. Tan und TanB אמור, PRK 9, LevR 27 interpretieren die sich wechselseitig überbietenden Pläne der Frevler als Angriff auf die Schöpfungsordnung. Der Anfang aller die Schöpfung bedrohenden Gewalt, die Gewalttat Kains, ist zugleich der Anfang der sich schließlich gegen Israel richtenden Gewalt.

---

27 Auch MdrPss 148 bestimmt im weiteren Kontext den Zweck der Schöpfung näher im Lobpreis.

Zusammenfassung

Ausgehend von seiner Gottesbeziehung oder von seiner Beziehung zu Abel wird Kain zu anderen Größen der Erzählung ins Verhältnis gesetzt. In einigen Midraschim steht Kain pars pro toto für die korrumpierte Schöpfung.

10.2.5 Abel und Gott

Häufig dient die Gestalt Abels im Zusammenhang mit dem von ihm dargebrachten Opfer der Einordnung der Erzählung von Kain und Abel in die erinnerte Geschichte Israels.

Ähnlich AggBer 47 gerät auch in GenR 22 Gott in die Kritik. In GenR 22 wird das Blut Abels zum Ankläger nicht nur Kains, sondern auch Gottes. Als Wissender, der doch nicht eingreift, gerät Gott in eine ambivalente Rolle. Als Wissendem gilt ihm aber auch die Hoffnung des Unterlegenen. Das Interesse des Midrasch gilt dem Menschen in seinem Verhältnis zu Gott. Selbst wo Gottes Handeln nicht über Kritik erhaben ist, bleibt Gott für den Menschen einzige Hoffnung. Innerhalb des Midrasch funktioniert die Kritik an Gott als retardierendes Moment. Wie in AggBer 47 ist Gotteskritik auch hier nicht hauptsächliches, sondern Nebenthema.

In den Midraschim um das Traditionsstück von den Opfern der Kinder Noahs in GenR 22 und 34, HldR zu Hld 4,16 – 5,1, NumR 13f, LevR 9 und PesR 5 dient das Opfer Abels und die sich in diesem Opfer ausdrückende Gottesbeziehung der Konstruktion eines Zeitschemas und repräsentiert die Zeit vor der Gabe der Tora. In HldR zu Hld 4,16 – 5,1 und NumR 13 im Zusammenhang des Traditionsstückes vom Opfer der Kinder Noahs weist das (defizitäre) Opfer Abels auf die Aufhebung aller Defizite am Ende der Zeit.

Innerhalb des Traditionsstückes vom Eintreten Gottes für den Verfolgten in TanB und Tan אמור, PRK 9 und LevR 27 und KohR zu Koh 3,15 ist Abel, analog Israel, um seiner Opferrolle willen Gegenstand der ‚Erwählung' Gottes. Die Erwählung Abels zeigt sich in der Annahme seines Opfers durch Gott. Allein in PRK 28 und PesR 52 bestimmt das Verhältnis Abels zu Gott das Verhältnis Gottes zu Abel unmittelbar. Auf die sich im Opfer ausdrückende Hinwendung Abels zu Gott antwortet Gottes heilvolle Zuwendung, die in der Beachtung des Opfers Abels zum Ausdruck kommt. Abels Hinwendung zu Gott macht ihn zu einem Gerechten.[28] PRK 28 und PesR 52 verzichten auf eine entsprechende Charakterisierung Kains.

Als gelingendes Opfer steht das Opfer Abels in einer Reihe mit späteren Opfern der erinnerten Geschichte Israels. In NumR 20 steht der Altar Abels mit den Altären der übrigen Gerechten, die Israel zuzurechnen sind, für die Wirklichkeit Gottes, die Bileam nicht beeinflussen kann. Im Traditionsstück vom Opfer der Kinder Noahs bleiben vor der Gabe der Tora alle Opfer, und als solches auch das Opfer Abels, defizitär. Oft verweist das gelingende Opfer Abels auf das gelingende Opfer Israels, von dem es überboten wird. Nach PRK 28 und PesR 52 ist, anders als in dem das Beispiel Abels überbietenden Beispiel Israels, die Initiative zum Opfer selbst im Falle Abels noch nicht der Zuwendung und Initiative Gottes geschuldet.

---

[28] Auch im größeren Kontext des Midrasch treten Fragen zwischenmenschlicher Ethik hinter die Frage des Gottesverhältnisses zurück.

Zusammenfassung

Häufig verweist das Gottesverhältnis Abels, das im Opfer zum Ausdruck kommt, auf eine Phase der erinnerten Geschichte Israels. Seltener verweist das Opfer Abels auf das Verhältnis Gottes zu Abel, das das Verhältnis Kains zu Abel bestimmt. Eine Ausnahme bilden PRK 28 und PesR 52, in denen Abel seine Gottesbeziehung maßgeblich selbst bestimmt. Am häufigsten wird das Opfer Abels zitiert.

10.2.6 Der intendierte Leser

Verschiedene Midraschim implizieren ein je spezifisches Verhältnis der auftretenden Protagonisten zum intendierten Leser und zu Israel, dem der intendierte Leser[29] zugerechnet ist.

10.2.6.1 Der Bezug zu Israel

Alle Midraschim stellen die Protagonisten der von ihnen behandelten Texte ins Verhältnis zu Israel. Manche Protagonisten biblischer Erzählungen werden Israel selbstverständlich zugerechnet (z.B. Mose), stehen pars pro toto für Israel oder stehen zu Israel in Sukzession (z.B. die Erzeltern). Andere, die schon im biblischen Text Antipoden solcher Figuren sind (wie Esau im Gegenüber zu Jakob), sind es auch in den Midraschim. Wieder andere Figuren scheinen in ihrer Relation zu Israel weniger deutlich festgelegt. Zu diesen zählen Kain und Abel als Protagonisten von Gen 4,1–16.

In einer Reihe von Midraschim ist Kain Repräsentant der korrumpierten Schöpfung, unter deren Bedingungen auch Israel lebt. Im Traditionsstück von der Liebe der drei zum Ackerbau in GenR 36 steht Kain für eine Grundkonstante menschlichen Daseins in all seiner Ambivalenz. Im Traditionsstück vom Verlangen in GenR 20 steht das Verlangen des bösen Triebes nach Kain für die korrumpierte Schöpfung.

Einige Midraschim wie GenR, Tan und TanB בראשית kennen kein ‚Außerhalb' Israels. Die Geschichte Kains ist dort bruchlos Teil der Geschichte Israels. Nach TanB בראשית wäre es im Garten Eden Adams Aufgabe gewesen, die Tora zu studieren und Loblieder zu singen. Ps 92, den Adam in Antizipation der Umkehr Kains singt, löst dieses Defizit bereits ein Stück weit ein. TanB בראשית und DtnR 8 lassen Kain ganz ungebrochen eine Passage aus Mi, die sich auf das Gottesverhältnis Israels bezieht, als Argument heranziehen. In Tan בראשית steht das Opfer Israels am Ort des Opfers Abels unmittelbar zu diesem in Sukzession. Das Zeichen nach Gen 4,15 wird mit dem Schabbat als einem Zeichen für Israel identifiziert. Ähnliches gilt im größeren Kontext für GenR. Gegenstand des Streites zwischen Kain und Abel ist nach GenR 22 der Besitz des Ortes, an dem einst der Tempel stehen wird. Der Ort des Mordes ist der Ort des zerstörten Zion. Die Identifikation dieses Ortes mit dem Ort des Tempels verbindet Abel mit Israel. Umgekehrt wird das Tragen des Fluches, das eine Konsequenz der Tat Kains ist, mit den Folgen der Bundesbrüche Israels in Verbindung gebracht. GenR 34 spricht nicht nur nicht von einer Konversion Jitros und verzichtet vor diesem Hintergrund

---

[29] Der intendierte Leser meint den von den Autoren und Redaktoren der Texte angesprochenen und vorgestellten Leser, über dessen historische und soziologische Bedingtheiten sich aus den Texten nur wenige Grunddaten erschließen lassen. Zentrales Grunddatum ist, dass sich dieser Leser der Größe Israel zurechnet und dass er sich mit Israel identifiziert.

auf die Konstruktion eines Gegensatzes Israel – außerhalb Israels. Der weitere Kontext nimmt Noah als Empfänger an Israel gerichteter Gebote explizit in die Geschichte Gottes mit Israel mit hinein.[30]

An anderer Stelle ist das Verhältnis Kains und Abels zu Israel weniger eindeutig. In einigen der Midraschim, die mit dem Hypertextstrukturelement der erinnerten Geschichte arbeiten, stehen Kain und Abel für eine Zeit, die Israel vorausgeht. Signifikante Zeitpunkte und Orte stellen Grenzen dar. Im Traditionsstück vom Auf- und Abstieg der Schechina sind es die Erzväter und die unmittelbaren Vorfahren des Mose, die die Wende einläuten, die mit dem Auftreten des Mose und den mit seinem Auftreten verbundenen Ereignissen endgültig eintritt. Im Traditionsstück von den Opfern der Noahsöhne in HldR zu Hld 4,16 – 5,1, NumR 13, LevR 9, PesR 5 und GenR 34 stellen der Zeitpunkt der Gabe der Tora oder das erste Opfer am Heiligtum eine solche Grenze dar. Häufig verweist in Midraschim, die Kain und Abel in einer Zeit verorten, die Israel vorausgeht, Abel auf Israel. In PRK 28 und PesR 52 fungiert Abel als – deutlich von Israel unterschiedener – Vorläufer Israels. Das Opfer Abels ist von Israel überbotener Vorläufer des Opfers Israels.

In Midraschim, die ein solches zeitliches Nacheinander nicht kennen, verweist Abel auf Israel, ohne dass der Midrasch das Verhältnis zwischen Abel und Israel über den Vergleichspunkt hinaus näher bestimmt. In NumR 20 repräsentiert der Altar des Gerechten Abels die sich letztlich zugunsten Israels durchsetzende Gerechtigkeit Gottes. Im Traditionsstück vom Eintreten Gottes für die Verfolgten in den Parallelen in Tan und TanB אמור, PRK 9 und LevR 27 und in KohR zu Koh 3,15 verweist Abel insofern auf Israel, als seine Rolle in Gen 4,1–16 der Israels in der erinnerten Geschichte Israels entspricht. Abel wird in seiner Rolle als Verfolgter mit Israel identifiziert. Wo Abel auf Israel durchsichtig wird, steht Kain entsprechend für die Gegner Israels. Wie Abels Rolle ihn ins Verhältnis zu Israel setzt, wird auch Kains Verhältnis zu Israel durch seine Rolle bestimmt, die außerdem abhängig ist von Abels durch dessen Rolle bestimmtes Verhältnis zu Gott.

Wo sich im Kontext die Perspektive auf Israel verändert, verändert sich auch die Perspektive auf Kain und Abel im Verhältnis zu Israel: In LevR 9 ersetzt das Traditionsstück vom Opfer der Noahsöhne durch das Moment der Konversion Jitros das Moment der zeitlichen Trennung durch das Moment der Gruppenzugehörigkeit. TanB und Tan אמור, PRK 9 und LevR 27 konstruiert ein Konzept erinnerter Geschichte, die in Israel zum Ziel kommt. In KohR zu Koh 3,15 tritt die Bedeutung Israels im größeren Kontext zurück. Israel ist letztgenanntes Beispiel, nicht länger Zielpunkt geordneter Geschichte. Entsprechend fungiert auch innerhalb des Traditionsstücks vom Eintreten Gottes für die Verfolgten Abel unter dem Gesichtspunkt seiner Rolle als Vorläufer Israels oder tritt mit ihm unter dem Vorzeichen dieser gemeinsamen Rolle in Analogie. Das Traditionsstück von den sich überbietenden Plänen der Frevler in TanB und Tan אמור, PRK 9 und LevR 27 bricht entweder die Israelperspektive auf die Schöpfung hin auf oder nimmt das Schöpfungshandeln Gottes als Handeln Gottes in der Geschichte an Israel in den Blick.

In manchen Midraschim treten Kain und Abel zu Israel in einen Gegensatz. In den Brüderpaartraditionsstücken in Tan und TanB שמות und ExR 31, HldR zu Hld 8,1–5, PesR 29/30 und PRK 16 ist die Beziehung Kain und Abels Gegenhori-

---

[30] Die Unterscheidung einer Zeit vor und einer Zeit nach der Gabe der Tora, die das Traditionsstück aufmacht, kann, sie muß aber nicht, mit einer Zeit vor Israel und einer Zeit Israels, einem Außerhalb und einem Innerhalb Israels, verbunden sein. Ob erst die Gabe der Tora Israel eigentlich konstituiert, entscheidet der Kontext.

zont zur Beziehung Gottes zu Israel, auf die die Beziehung Moses und Aarons verweist. In HldR zu Hld 8,1–5 gewinnt diese Beziehung Gottes zu Israel in der Gabe der Tora Gestalt. In allen genannten Midraschim ist Abel auf die Größe Israel insgesamt durchsichtig.

Während Abel auf die Größe Israel insgesamt durchscheinend wird, fungiert Kain als Identifikationsfigur für den Einzelnen, der sich Israel zurechnet. In den Traditionsstücken, die Kain als Umkehrer in den Blick nehmen, in DtnR 8 und TanB בראשית, die ein Außerhalb Israels nicht kennen, ist Kain unmittelbar Identifikationsfigur des Einzelnen aus Israel. In anderen Midraschim dient die Umkehr Kains der seiner Umkehr überbietenden Umkehr Israels als Vergleichshorizont. In PRK 24 überbietet die Annahme der Umkehr Kains die Annahme der Umkehr Israels. In PesR 50 dient Kain als Beispiel am Anfang der erinnerten Geschichte und außerhalb Israels Israel als Vergleichshorizont. Was grundsätzlich gilt, gilt auch für Israel. Während als positives Rollenmuster für die Umkehr Israels Ruben dient, dient das Beispiel Kains vor dem Hintergrund der Annahme sogar seiner Umkehr durch Gott als Argument für die zu erwartende Annahme der Umkehr auch Israels. Anders als im Verhältnis zur Umkehr Rubens ist im Verhältnis der Umkehr Kains zur Umkehr Israels ein Moment der Überbietung vorstellbar, das der Text – anders als in PRK 24 – jedoch durch die Ausgestaltung der einzelnen Beispiele nicht expliziert. In PesR 47 überbietet die Umkehr Aarons die Umkehr Kains. In LevR 10 ist ein qualitativer Unterschied zwischen Kain und den mit ihm parallelisierten Vertretern Israels hingegen nicht wahrnehmbar. In all diesen Midraschim verbindet sich mit dem Beispiel Kains, ob dieses durch das Beispiel Israels oder seiner Vertreter noch überboten wird oder nicht, ein Appell zur Umkehr an den Leser.

In Midraschim, die normative Diskurse tradieren, belegt die Erzählung von Kain und Abel beispielhaft einen grundsätzlich geltenden Zusammenhang, der für Israel aufgrund seines besonderen Gottesverhältnisses in besonderer Weise gilt. Ganz grundsätzlich gilt dieser Zusammenhang für solche Midraschim, die, wie Tan משפטים oder ExR 31, an der Erzählung von Kain und Abel die Gültigkeit eines Tun-Ergehen-Zusammenhangs verdeutlichen. In der Deutung der Erzählung von Kain und Abel durch Tan und TanB בהר sind Elemente der Erzählung auf die spezifische Situation Israels hin durchsichtig, ohne auf sie reduzierbar zu sein. Die ארץ, die in Tan und TanB בהר Gegenstand der Auseinandersetzung zwischen Kain und Abel ist, verweist auf ארץ ישראל. Indem bereits der mit Kain kontrastierte Abraham sich an die Gebote der Tora hält, steht gegen die Logik der Chronologie das Verhältnis Kains auch zur Tora Israels in Frage. In NumR 7 und 9 ist die Gemeinschaft, aus der der Schuldige ausgeschlossen wird, durchsichtig auf die Kultgemeinde Israel. In AggBer 26 ist das Verhalten Kains Gegenhorizont für das vom Leser geforderte Verhalten wie für das Verhalten Gottes gegenüber Israel.

In einer Aufzählung von Beispielen in der Chronologie der erinnerten Geschichte gilt das abschließende Beispiel in aller Regel Israel. Im Traditionsstück von den vier, die Gott prüft, in GenR 19 gilt das abschließende positive Beispiel einem Vertreter Israels. Die Reihung der negativ wie der positiv gewerteten Brüderpaare in HldR zu Hld 8,1–5, Tan und TanB שמות, ExR 5, PesR 29/30 und PRK 17 endet jeweils mit einem Paar aus Israel. Im Traditionsstück vom Eintreten Gottes für die Verfolgten in den Parallelen in Tan und TanB אמור, PRK 9 und LevR 27 und in KohR zu Koh 3,15 findet die Darstellung ihren Ziel- und Endpunkt in Israel. Eine Ausnahme stellt MdrPss 100 dar. MdrPss 100 endet mit der Hoffnung auf eine heilvolle Zukunft für die ganze Welt ausdrücklich unter Einschluss der Völker.

10.2.6.2 Der Bezug zum intendierten Leser

Der Bezug zum intendierten Leser ist vom Israelbezug der Texte nicht zu trennen. Häufig dient die Gestalt Abels der Einordnung der Erzählung in die erinnerte Geschichte, während in ihnen Kain dem Einzelnen als Identifikationsfigur dient.[31] Dort, wo Abel auf Israel verweist, ist er Sympathieträger und wird er zur Identifikationsfigur des intendierten Lesers, der sich Israel zurechnet. Eine Handlungsoption ist mit dieser Identifikation zumeist nicht verbunden.

Im Traditionsstück vom Eintreten Gottes für die Verfolgten in Tan und TanB אמור, PRK 9, LevR 27 und KohR zu Koh 3,15 folgt aus der Identifikation der Verfolgten, darunter Abels, mit Israel eine Zusage. Eine Handlungsoption ergibt sich ausnahmsweise aus der Identifikation des intendierten Lesers mit Abel in PRK 28 und PesR 52. Dort zeigt sich die Gottesbeziehung des Gerechten Abel in seinem Opfer. Indem der Midrasch die Gerechten auch über ihre in religiösen Vollzügen zum Ausdruck kommende Gottesbeziehung qualifiziert, ruft er zur Feier der Feste Israels, im konkreten Kontext insbesondere zur Feier des Sukkotfestes auf.

Eine Sonderstellung nimmt das Traditionsstück von der größeren Zugabe in GenR 61 ein, in der der Kontext sich nahelegende Identifikationen untergräbt. Wenn die Vorrangstellung der Söhne der Ketura gegenüber Ismael gilt und den Vorrang Isaaks letztlich doch nicht in Frage stellt, verweist auch Abel als mit den Söhnen der Ketura parallelisierte Figur nicht auf Israel. In GenR 61 ist Abel Sympathieträger, nicht Identifikationsfigur.

Je komplexer das Verhältnis von Abel und Israel, desto vielschichtiger gestaltet sich der Bezug zum intendierten Leser und die mit ihm verbundenen Handlungsoptionen. Die Brüderpaartraditionsstücke mögen dafür exemplarisch stehen. Nach dem Brüderpaartraditionsstück in HldR zu Hld 8,1ff, ExR 5, Tan und TanB שמות, PesR 29/30 und PRK 17 beschreibt die Erzählung von Kain und Abel die ungleiche Situation unter Brüdern und den sich aus dieser Ungleichheit ergebenden Hass. Indem das Verhältnis der Brüder zueinander mit dem ihrerseits auf das Verhältnis Gottes zu Israel verweisenden Verhältnis des positiv gezeichneten Brüderpaares kontrastiert, dient es dem Leser als Gegenhorizont, von dem es sich abzusetzen gilt. Mit der Erzählung von Kain und Abel verbindet sich eine implizite Handlungsoption. In den genannten Midraschim ist auch Abel Teil des Gegenhorizontes. Gleichzeitig steht er in einer Linie mit den Erzvätern und Verheißungsträgern Israels. Insofern hat Abel, ohne dass diese Funktion explizit würde, das Zeug zur Identifikationsfigur. Seine Funktion als Sympathieträger ist jedoch gebrochen. Wenn Abel in Tan und TanB שמות auch die Sorge des bevorzugten Mose um den zurückgesetzten Aaron kontrastiert, bringt der Midrasch auch für Kain ein gewisses Maß an Empathie auf. Ähnliches gilt für AggBer 47, wo Kain zwar nicht Identifikationsfigur ist, wo er seiner Zurücksetzung wegen aber auch Empathie erfährt. Sympathieträger ist neben Jakob als Vertreter Israels, auch Ismael, der sich in seinem Handeln am Gegenhorizont Kain orientiert.

Wo Kain Identifikationsfigur ist, ergeben sich Handlungsoptionen für den intendierten Leser. In den Midraschim, die von der Umkehr Kains handeln, ist er sowohl Identifikationsfigur als auch Sympathieträger. Während Kain in DtnR 8 und TanB בראשית zu Israel gerechnet selbst unmittelbar Identifikationsfigur ist, fungiert er in den übrigen Kontexten als Identifikationsfigur über den Vergleichshorizont,

---

[31] So in GenR 22.

den er für Israel darstellt. Wo Kain im Kontext normativer Diskurse als Gegenhorizont dient, ist er Identifikationsfigur, aber nicht Sympathieträger. In Tan und TanB בהר, Tan משפטים und ExR 31 bietet sich Kain in seinem Scheitern als Identifikationsfigur an. Anders als bei Abel verbindet sich die Identifikation des Lesers mit ihm selten mit religiösen Vollzügen. PesR 50 verknüpft die Aufforderung zur Umkehr mit der Feier des Jom Kippur.

Wo Midraschim bereits in den Text der Auslegung Figuren einführen, die lehren oder lernen und diesen Lernprozess über den Text hinaus für den Leser offenhalten, dient ihnen eher Kain als Abel als Anknüpfungspunkt. In PRK 24 und LevR 10 wird die Aneignung der Umkehr Kains durch Adam zum Handlungsmuster auch für den Leser. Wie die Gestalt des Kain in der Erzählung nach der Deutung von GenR 22 Lehrender und Lernender ist, wird er zum Gegenstand des Lernens über den Midrasch hinaus auch für den Leser. Auf die Spitze getrieben wird diese Rolle Kains, wo GenR 22 Kain in Auslegung zu Gen 4,16 zum Gesandten Gottes und schließlich selbst zum Zeichen werden lässt.

11. Zusammenfassung (Thesen)

1. Zur Beschreibung des Umgangs rabbinischer Literatur mit ihren biblischen Prätexten bietet ein Konzept der Intertextualität ein geeignetes begriffliches Instrumentarium.

2. Gegen die häufig vertretene These von der Fragmentierung der Schrift nehmen Midraschim den biblischen Kanon als linearen Text oder als eine Sammlung linearer Texte wahr. Wird ein Vers zitiert, wird auch der Kontext eingespielt. Der Umfang des der Auslegung tatsächlich zu Grunde gelegten biblischen Textzusammenhangs lässt sich nur aus der Auslegung selbst erschließen.

3. Analogiebildungen, Überbietung, die Konstruktion von Gegenhorizonten, die Gegenüberstellung von Wirklichkeit und Entwurf stellen typische, im Zusammenhang der Auslegung zu Gen 4,1–16 häufig wiederkehrende Modi intertextueller Verknüpfungen dar.

4. Erzähl- oder Darstellungszusammenhänge, in die Gen 4,1–16 und andere biblische Intertexte eingeordnet werden, bilden Hypertexte über den auszulegenden biblischen Texten und einzelnen intertextuellen Verknüpfungen und stellen sie in einen größeren übergeordneten Zusammenhang. Hypertext-Strukturelemente arbeiten mit den Kategorien Zeit (‚erinnerte Geschichte') und Raum (‚konstruierte Räume'). Sie können die Form einer Erzählung annehmen. Auch wiederkehrende Argumentationsmuster in normativen Diskursen oder religiöse Riten können solche Strukturelemente sein.

5. Midraschim greifen auf überlieferte Auslegungsversatzstücke (Traditionsstücke) zurück. Indem sie sie in je verschiedener Weise kontextualisieren, verhalten sie sich zu den in ihnen vertretenen und treffen sie ihre eigenen Aussagen. Gegen eine mehrheitlich vertretene Forschungsposition ist der Kontext kleiner Sinneinheiten und Einzelauslegungen damit sinnstiftend.

6. Die Verwendung von Traditionsstücken und wiederkehrenden Hypertextstrukturelementen ermöglicht eine Kategorisierung der Auslegung von Gen 4,1–16, die in dieser Hinsicht exemplarisch ist.

7. Unterschiedliche Midraschim fokussieren unterschiedliche Protagonisten in ihrer Beziehung zueinander. Die Mehrheit der Midraschim stellen die Brüder in ihrem Verhältnis zueinander oder in ihrer Beziehung zu Gott ins Zentrum. Wo Kain und Abel in ihrem Verhältnis zueinander in den Blick kommen, bestimmen sie sich gegenseitig in ihren Rollen. In aller Regel kommt Kain der aktive Part zu.

8. Kain und Abel können Widerpart oder Identifikationsfigur, sie können inner- oder außerhalb Israels verortet sein. In jedem Fall werden sie so ins Verhältnis zu dem sich mit Israel identifizierenden Leser gesetzt.

9. Deutlicher als Abel steht Kain, der als Identifikationsfigur negative (als Mörder oder in seiner Wendung gegen Gott) oder positive (in seiner Umkehr) Wertung erfahren kann, für den Einzelnen, der Subjekt seiner Handlung ist.

10. Häufiger als Kain dient Abel in seiner Gottesbeziehung (über sein Opfer) der Konstruktion eines räumlichen und/oder zeitlichen Bezugssystems, in dem sich Israel und der sich Israel zuordnende intendierte Leser verorten.

11. Ausgehend von dem von ihnen in der Erzählung selbst verorteten Motiv des Lernens und der Aneignung fremder (Gottes-)Erfahrung öffnen einzelne Midraschim die Erzählung jenseits von Identifikation und Gegenhorizont über die Protagonisten hinaus auf den Leser.

12. Zum Verhältnis von rabbinischer Auslegung und moderner Exegese (Thesen)

1. Rabbinische Auslegung wie moderne Exegese ist Auslegung des biblischen Textes. Rabbinische Auslegung und moderne Exegese vollziehen sich aber vor dem Hintergrund unterschiedlicher Erfahrungsräume und unterscheiden sich in ihren vorausgesetzten impliziten Plausibilitätsstrukturen. Implizite Plausibilitätsstrukturen drücken sich in Auslegungskonventionen aus, die die Methodik der Auslegung einerseits und die bestimmte Inhalte andererseits betreffen.

2. Die der rabbinischen Auslegung zu Grunde liegenden Plausibilitäten betreffen bereits den Blick auf den Text. Innerhalb des biblischen Textes werden bestimmte Sinneinheiten vorausgesetzt, Kausalzusammenhänge hergestellt und Leerstellen wahrgenommen. Die der rabbinischen Auslegung zu Grunde liegenden Plausibilitäten betreffen die Wertung und Gewichtung bestimmter Texte. Besondere Relevanz werden der Gabe der Tora, der Errichtung des Heiligtums, der Inbesitznahme des Heiligtums durch die Schechina und dem ersten Opfergottesdienst zugesprochen. Die der rabbinischen Auslegung zu Grunde liegenden Plausibilitäten betreffen übergeordnete Erzählzusammenhänge, die biblische Texte untereinander verknüpfen. In biblischen Texten dargestellte Ereignisse und Personen unterliegen einer in unterschiedlich hohem Maße feststehenden Wertung. Den behandelten Auslegungen ist die – inhaltlich unterschiedlich gefüllte – Bezugnahme auf Israel gemeinsam, in der alle diese Auslegungen kulminieren.

3. Moderne Exegese funktioniert innerhalb unterschiedlicher Orientierungsrahmen, deren Schnittmengen ihrer sich überschneidenden Erfahrungsräume wegen untereinander jedoch größer sind als zum Orientierungsrahmen rabbinischer Auslegung.

4. Der moderne Leser hat keinen Anteil am Erfahrungsraum rabbinischer Auslegung. Er teilt die Plausibilitätsstrukturen, die rabbinische Texte bei der Lektüre biblischer Texte zugrunde legen, nicht. Moderne Leser müssen implizite Plausibilitäten aus der rabbinischen Auslegung der Texte selbst erschließen.

5. Unterschiede in der Wahrnehmung des biblischen Textes durch den rabbinischen Text sind nur dort zu erkennen, wo sie im rabbinischen Text thematisch werden. Damit setzt das Lesen und Verstehen des rabbinischen Textes ein mindestens implizites Vorverständnis des biblischen Textes bei seinem Leser, auch bei seinem modernen Leser bereits voraus. Dessen Vorverständnis bestätigt sich an der Auslegung des rabbinischen Textes oder wird an ihr korrigiert. Um rabbinische Exegese einzuordnen, muss sich der moderne Leser seines eigenen Textverständnisses bewusst sein.

6. Rabbinische Auslegung ist intertextuelle Auslegung. Vor dem Hintergrund anderer Plausibilitätsstrukturen werden jedoch andere Sinneinheiten im biblischen Text vorausgesetzt, andere Kausalzusammenhänge hergestellt und Leer-

stellen anders wahrgenommen als in moderner intertextueller Exegese. Strukturen, anhand derer Texte dort miteinander verknüpft werden, sind mit denen in der rabbinischen Auslegung vorausgesetzten nicht identisch.

7. Rabbinische Auslegung ist kanonische Auslegung. Es ist wesentlicher Teil des Orientierungsrahmens rabbinischer Auslegung, dass der biblische Text selbst bevorzugter Referenzrahmen dieser Auslegung ist. Rabbinische Auslegung unterliegt anderen Plausibilitätsstrukturen als moderne kanonische Exegese. Über die besondere Relevanz bestimmter zentraler Texte, die alle der Tora entnommen sind (nicht aber Genesis!), ist eine Wahrnehmung abgrenzbarer Kanonteile nicht feststellbar. Eine bestimmte Kanongestalt (Reihenfolge der Bücher) ist der Auslegung nicht entnehmbar.

8. Die Betrachtung der rabbinischen Exegese schärft den Blick für die Relevanz und Zeitbedingtheit eigener Plausibilitätsstrukturen, die den Blick auf den Text selbst wie die Wahrnehmung relevanter Kontexte bestimmt.

Anhang: deutsch

3.2.2 / 7.1.1

GenR 19	HldR zu Hld 4,16f	NumR 13	PesR 5	Tan פקודי	Tan/TanB נשא
	„Ich komme in meinen Garten“ (Hld 5,1). Rabbi Menachem, Schwiegersohn des Rabbi Eliezer bar Abunah, sagte im Namen Rabbi Simeons bar Jusna: Es steht hier nicht geschrieben ‚ich komme in den Garten’, sondern ‚in meinen Garten’, in meine Brautkammer. Zu dem Ort, an dem mein Ursprung am Anfang war. Aber der Ursprung der Schechinah ist nicht in den unteren Bereichen.	Rabbi Ischmael bar Rabbi Joses sagte: Es steht hier nicht geschrieben ‚ich bin in den Garten gekommen’, sondern ‚ich bin in meinen Garten gekommen’. In meine Brautkammer, zu dem Ort, an dem mein Ursprung am Anfang war. Und dass der Ursprung der Schechina nicht in den unteren Bereichen ist?	{Rab sagte: Etwas, das in der Welt erst jetzt geschaffen worden ist. Seit die Welt geschaffen worden war, hatte die Schechina nicht in den unteren Bereichen gewohnt, aber als Mose die Wohnstätte aufstellte, wohnte die Schechina in den unteren Bereichen. Und Rabbi Simeon ben Jochai sagt: Warum ‚und es geschah‘? Etwas, das war und endete und zurückkehrte, um zu sein, wie es war, denn du findest: Am Anfang der	Komm und sieh, wie sehr der Heilige, gepriesen sei er, die Wohnstätte liebte, denn er verließ die oberen Bereiche und er wohnte in der Mitte der Wohnstätte. Rabbi Simeon sagte: Der Ursprung der Schechina ist in den unteren Bereichen, wie gesagt worden ist:	[Rabbi Samuel bar Nachman sagte:][1] In der Stunde, in der der Heilige, gepriesen sei er, die Welt schuf, wünschte er, dass es für ihn eine Behausung in den unteren Bereichen gebe, wie es sie in den oberen Bereichen gibt. Er schuf den Menschen und er befahl ihm und er sagte zu ihm: „Von jedem Baum des Garten essen, ja essen sollst du. Aber vom Baum der Erkenntnis von Gut und Böse, von ihm sollst du nicht essen.“

1 Fehlt in TanB.

			Schöpfung der Welt war die Schechina in den unteren Bereichen, wie geschrieben steht: „Und sie hörten die Stimme JHWH Gottes im Garten umhergehen“ (Gen 3,8).		(Gen 2,16f) . Und er übertrat sein Gebot. Der Heilige, gepriesen sei er, sagte zu ihm: So wünschte ich, dass es für mich eine Behausung in den unteren Bereichen gebe, wie es sie für mich in den oberen Bereichen gibt. Aber eine Sache habe ich dir geboten und du hast sie nicht beachtet. Sofort erhob der Heilige, gepriesen sei er, seine Schechina zum ersten[2] Himmel. Woher? Weil geschrieben steht:
‚Und sie hörten die Stimme JHWH Gottes im Garten mit dem Wind des Tages umhergehen‘ (Gen 3,8).	Dies ist, was geschrieben steht: „Und sie hörten die Stimme JHWH Gottes im Garten umhergehen“ (Gen 3,8).	Dies ist, was geschrieben steht: „Und sie hörten die Stimme JHWH Gottes, im Garten mit dem Wind des Tages umhergehen“ (Gen 3,8).	„Und sie hörten die Stimme JHWH Gottes im Garten umhergehen“ (Gen 3,8).	„Und sie hörten die Stimme JHWH Gottes im Garten umhergehen.“	„Und sie hörten die Stimme JHWH Gottes im Garten umhergehen.“
Rabbi Chelphon sagte: Wir hörten, dass ‚gehen‘ (Hitp.) im Zusammenhang mit der Stimme vorkommt. Wir hörten ‚gehen‘					

[2] Fehlt in TanB.

(Hitp.) nicht im Zusammenhang mit dem Feuer. Und wo hörten wir darüber? ‚Und Feuer ging (Qal)‘ (Ex 9,23).					
Rabbi Abba bar Kahana sagte: Es steht hier nicht ‚gehen‘ (Qal), sondern ‚umhergehen‘ (Hitp.) geschrieben. Springen und aufsteigen.	Rabbi Abba sagte: Es steht hier nicht ‚gehen’ (Piel), sondern ‚umhergehen’ (Hitp.) geschrieben. Sie springt und sie steigt auf, sie springt und sie steigt auf.	Rabbi Chama bar Kahana sagte: ‚Gehen‘ (Piel) steht hier nicht geschrieben, sondern ‚im Garten’ umhergehen‘ (Hitp.). Springen und aufsteigen.			
		Was bedeutet: „Und Adam und seine Frau versteckten sich“ (Gen 3,8)? Rabbi Ibu sagte: In dieser Stunde verminderte er die Höhe des ersten Menschen und sie betrug 100 Ellen.			
Der Ursprung der Schechina war in den unteren Bereichen. Als der erste[3] Mensch sündigte, wurde sie zum ersten Himmel erhoben.	Der erste Mensch sündigte und die Schechina erhob sich zum ersten Himmel.	Als Adam sündigte, erhob sich die Schechina zum ersten Himmel.	Der erste Mensch sündigte und die Schechina erhob sich zum [ersten Himmel.	Adam kam und er sündigte, und sie erhob sich von der Erde zum Himmel.	Als sie ein Gebot übertraten, erhob er seine Schechina zum ersten Himmel.

3 Fehlt in ל.

Kain sündigte. Sie erhebt sich[6] zum zweiten Himmel.	Kain sündigte. Sie erhob sich zum zweiten Himmel.	Kain sündigte. Sie erhob sich zum zweiten Himmel.	Kain stand auf und erschlug seinen Bruder, sie erhob sich zum][5] zweiten Himmel.	Kain stand auf und er erschlug seinen Bruder und sie erhob sich vom ersten Himmel zum zweiten.	Kain stand auf und er erschlug den Abel. Sofort erhob er seine Schechina [zum zweiten Himmel][4].
Das Geschlecht des Enosch sündigte. Sie [erhebt sich][7] zum dritten.	Enosch sündigte. Sie erhob sich zum dritten Himmel.	Das Geschlecht des Enosch sündigte. Sie erhob sich zum dritten Himmel.	Das Geschlecht des Enosch stand auf und sie sündigten: „Zu dieser Zeit begann man im Namen JHWHs zu rufen" (Gen 4,26), und sie erhob sich zum dritten Himmel.	Das Geschlecht des Enosch stand auf und es reizte ihn und sie erhob sich vom zweiten zum dritten.	[Das Geschlecht des Enosch stand auf und sie verrichteten einen fremden Gottesdienst, wie gesagt worden ist: „Zu dieser Zeit begann man den Namen JHWHs anzurufen" (Gen 4,26). Und er erhob seine Schechina vom zweiten zum dritten.
Das Geschlecht der Flut sündigte. [Zum vierten][9].	Das Geschlecht der Flut sündigte. Sie erhob sich zum vierten Himmel.	Das Geschlecht der Flut sündigte. Sie erhob sich zum vierten Himmel.	Das Geschlecht der}[8] Flut stand auf und sie sündigten, wie geschrieben steht: „Und JHWH sah, dass die Bosheit des Menschen groß war" (Gen 6,5), [Und sie erhob sich zum vierten Himmel.	Das Geschlecht der Flut stand auf und verkehrte seinen Weg und sie erhob sich vom dritten zum vierten.	Das Geschlecht der Flut stand auf. Und über sie steht geschrieben: „Und sie sprachen zu Gott: Weiche von uns" (Ijob 21,14). Sofort erhob er seine Schechina vom dritten Himmel zum vierten.

4 … vom ersten Himmel zum zweiten, TanB.

5 Fehlt in Ms Parma.

6 Wird erhoben, ד פ ו א$_1$ י מ כ ג.

7 Wird erhoben, א$_1$ י ט; fehlt in ד פ ו ג כ.

8 Fehlt in Ms Wien. Ms Wien beginnt an dieser Stelle.

9 Sie wird zum vierten Himmel erhoben, א$_1$ י.

Das Geschlecht der Zerstreuung. [Zum fünften][11].	Das Geschlecht des Turmes sündigte. Sie erhob sich zum fünften Himmel.	Das Geschlecht der Zerstreuung sündigte. Sie erhob sich zum fünften Himmel.	Das Geschlecht der Zerstreuung stand auf,][10] und die Schechina erhob sich zum fünften Himmel.	Das Geschlecht der Zerstreuung wurde stolz. Sie erhob sich vom vierten zum fünften.	Das Geschlecht der Zerstreuung stand auf. Sie sagten: Es gehört ihm nicht alles, damit er für sich die Oberen und für uns die Unteren schafft. Was sagten sie: „Wohlan, wir wollen für uns eine Stadt bauen“ (Gen 11,4). Und was tat ihnen der Heilige, gepriesen sei er? „Und JHWH zerstreute sie von dort“ (Gen 11,8). Er stand auf und er hob seine Schechina vom vierten Himmel zum fünften.
Die Sodomiten. [Zum sechsten][12].	Die Männer Sodoms sündigten. Sie erhob sich zum sechsten Himmel.	Die Sodomiten sündigten. Sie erhob sich zum sechsten Himmel.	Und die Sodomiten standen auf, und sie erhob sich zum sechsten, denn sie sündigten: „Und die Männer Sodoms, Böse und Sünder“ (Gen 13,13).	Die Sodomiten diskreditierten sich. Sie erhob sich vom fünften zum sechsten.	Die Sodomiten standen auf. Was steht über sie geschrieben? „Und die Männer Sodoms, Böse und Sünder“ (Gen 13,13). ‚Böse‘ gegeneinander. ‚Und Sünder‘ im Aufdecken der Nacktheit. ‚Vor JHWH‘ im fremden Gottesdienst. ‚Sehr‘ im Vergießen

10 Fehlt in der Editio princeps, da offensichtlich korrumpiert, hier ergänzt.

11 Sie wird zum fünften Himmel erhoben, 'א$_1$.

12 Sie wird zum sechsten Himmel erhoben, 'א$_1$.

					von Blut. Sofort erhob er seine Schechina vom fünften Himmel zum sechsten.
Die Ägypter [in den Tagen Abrahams][14]. [Zum siebten][15].	Die Ägypter sündigten in den Tagen Abrahams. Sie erhob sich zum siebten Himmel.	Die Ägypter sündigten. Sie erhob sich zum siebten Himmel.	Die Philister kamen und sie sündigten: „Und Abimelech, König von Gerar, sandte und er nahm Sara“ (Gen 20,2), und sie erhob sich zum siebten.	Amraphel und seine Freunde standen auf. Sie erhob sich vom sechsten zum siebten.	Die Philister standen auf und sie reizten den Heiligen, gepriesen sei er. Sofort erhob er seine Schechina vom sechsten Himmel zum siebten.][13]
Und entsprechend standen sieben Gerechte auf: Abraham, Isaak, Jakob, Levi, Kehat, Amram, Mose. Und sie brachten sie zur Erde hinab.	Entsprechend standen sieben Gerechte auf und brachten sie zur Erde hinab.	Und entsprechend standen sieben Gerechte auf und brachten die Schechina von den Höchsten zu den Unteren hinab. Und dies sind sie.			Der Heilige, gepriesen sei er, sagte: Sieben Himmel habe ich geschaffen und noch immer gibt es Frevler, die unter ihnen aufstehen. Was tat er[16]? Er beseitigte alle ersten[17] Geschlechter der Frevler, und er ließ Abraham[18] aufstehen.
Abraham vom siebten zum sechsten.	Abraham wurde wert befunden, er brachte sie vom siebten zum sechsten.	Abraham brachte sie hinab vom siebten zum sechsten.	Abraham kam und hortete gute Taten, und die Schechina stieg vom siebten zum	Abraham stand auf, und er häufte gute Taten an. Die Schechina wurde vom siebten	[Als er Abraham aufstehen ließ, häufte er gute Taten auf.][19] [Der Heilige, gepriesen sei

13 Bezeugt nur von der längeren Textfassung in TanB.
14 Fehlt in $_2$א׳י.
15 Sie wird zum siebten Himmel erhoben, א׳י$_1$.
16 Der Heilige, gepriesen sei er, TanB.
17 Fehlt in TanB.
18 … unseren Vater, TanB.
19 Als unser Vater Abraham aufstand, tat er gute Taten, TanB.

			sechsten Himmel hinab.	zum sechsten gezogen.	er, stieg][20] vom siebten Himmel zum sechsten hinab.
Isaak brachte vom sechsten zum fünften hinab.	Isaak stand auf, und er brachte sie vom sechsten zum fünften.	Isaak brachte sie vom sechsten zum fünften hinab.	Isaak kam und streckte seinen Nacken über die Seite des Altars und sie stieg vom sechsten zum fünften hinab.	Isaak, sie wurde vom sechsten zum fünften gezogen.	Isaak stand auf, und er streckte seinen Hals über die Seite des Altars. Er stieg vom sechsten[21] zum fünften hinab usw.[22]
Jakob brachte vom fünften zum vierten hinab.	Jakob stand auf, und er brachte sie vom fünften zum vierten.	Jakob brachte sie vom fünften zum vierten hinab.	Jakob kam und stellte ein Zelt für die Tora auf, wie geschrieben steht: „Und Jakob, ein unbescholtener Mann, wohnte bei den Zelten“ (Gen 25,27), und die Schechina stieg vom fünften zum vierten hinab.	Jakob, vom fünften zum vierten.	[Jakob stand auf, und er stieg vom fünften zum vierten hinab.
Levi brachte vom vierten zum dritten hinab.	Levi stand auf, und er brachte sie vom vierten zum dritten.	Levi brachte sie vom vierten zum dritten hinab.	Levi kam und [brachte sie][23] vom vierten zum dritten hinab.	Levi, sein Sohn, vom vierten zum dritten.	Levi stand auf, und ihre Taten waren angenehm, und er stieg vom vierten zum dritten hinab.
Kehat brachte vom dritten zum zweiten hinab.	Kehat stand auf, und er brachte sie vom dritten zum zweiten.	Kehat vom dritten zum zweiten.	Kehat kam und [brachte sie][24] vom dritten zum zweiten hinab.	Kehat, Sohn des Levi, vom dritten zum zweiten.	Kehat stand auf, und er stieg vom dritten zum zweiten hinab.

20 Sofort stieg der Heilige, gepriesen sei er, TanB.
21 … Himmel, TanB.
22 Fehlt, TanB.
23 Die Schechina stieg, Ms Parma, Ms Wien.
24 [Die Schechina, Ms Wien] stieg, Ms Parma, Ms Wien.

Amram brachte vom zweiten zum ersten hinab.	Amram stand auf, und er brachte sie vom zweiten zum ersten.	Amram brachte sie vom zweiten zum ersten hinab.	Amram kam und [brachte sie][26] zum ersten hinab. Glücklich die Gerechten, die die Schechina auf der Erde wohnen lassen, über die so geschrieben steht: „Denn die Gerechten werden das Land bewohnen“ (Spr 2,21).	Amram, vom zweiten zum ersten.	Amram stand auf und er brachte ihn vom zweiten zum ersten Himmel hinab.][25]
[Mose brachte sie nach unten hinab][28].	Als sie im ersten war, stand Mose auf und brachte sie zur Erde hinab.	Mose brachte sie von den oberen Bereichen zu den unteren Bereichen hinab.	Mose kam und [brachte sie][27] nach unten hinab, wie geschrieben steht: „Und die Wolke bedeckte das Zelt und die Herrlichkeit JHWHs füllte die Wohnung.“ (Ex 40,34).	Mose an dem Tag, an dem die Wohnstätte aufgestellt wurde, und die Herrlichkeit JHWHs die Wohnstätte füllte.	Mose stand auf und er brachte [sie zur Erde hinab, wie gesagt worden ist: „Und JHWH stieg hinab vom Sinai´“(Ex 19,20).
Rabbi Isaak sagte: Es steht geschrieben: ‚Und die Gerechten werden das Land erben und sie werden für immer auf ihm wohnen‘ (Ps 37,29). Und	Rabbi Isaak sagte: Dies ist, was geschrieben steht: „Die Gerechten werden das Land erben und sie werden für immer auf ihm wohnen“ (Ps 37,29). Die	Rabbi Isaak sagte: Es steht geschrieben: „Die Gerechten werden das Land erben und sie werden für immer auf ihm wohnen“ (Ps 37,29). Wo	Es steht geschrieben: „Siehe, die Himmel und die Himmel der Himmel, können dich nicht fassen“ (1 Kön 8,27). Und dies steht geschrieben: „Und die	Dies ist, was die Schrift sagt: „Denn die Aufrechten werden das Land bewohnen“ (Spr 2,21). Sie ließen die Schechina auf der Erde wohnen.	Und es steht geschrieben][29]: „Ich bin in meinen Garten gekommen, [meine Schwester Braut“ (Hld 5,1). Wann? Als die Wohnstätte aufgestellt wurde.][30]

25 Bezeugt nur von der längeren Textfassung in TanB.
26 Sie stieg, Ms Parma, Ms Wien.
27 Sie stieg, Ms Parma, Ms Wien.
28 Wird erhoben, דפוא, ימכג.
29 die Schechina hinab. Wann? Als die Wohnstätte aufgestellt wurde. Der Heilige, gepriesen sei er, sagte, TanB.
30 Fehlt in TanB.

die Frevler? Was werden sie tun? Sie schweben im leeren Raum. Vielmehr: Die Frevler lassen die Schechina nicht auf der Erde wohnen.	Frevler, was tun sie? Sie hängen im Raum, denn sie lassen die Schechina nicht auf der Erde wohnen. Aber die Gerechten lassen die Schechinah auf der Erde wohnen. Was ist der Sinn? „Die Gerechten werden das Land erben und sie werden für immer auf ihm wohnen“ (Ps 37,29). Sie lassen die Schechina auf ihr wohnen, ewig und heilig sein Name.	wohnen die Frevler? Im leeren Raum? Vielmehr: Die Frevler entfernen die Schechinah von der Erde, aber die Gerechten lassen die Schechina auf der Erde wohnen.	Herrlichkeit JHWHs füllte die Wohnung.“ (Ex 40,34). Rabbi Jehoschua von Sikhnin sagte im Namen Rabbi Levis: Wem ist die Sache gleich? Einer Höhle, die sich über dem Ufer des Meeres öffnet. Das Meer ergießt sich und die Höhle wird gefüllt, und dem Wasser fehlt nichts. Entsprechend steht auch geschrieben: „Und die Herrlichkeit JHWHs füllte die Wohnung“ (Ex 40,34), den oberen und den unteren Bereichen fehlt vom Glanz der Herrlichkeit des Heiligen, gepriesen sei er, nichts, wie geschrieben steht: „Ich fülle die Himmel und die Erde nicht, Spruch JHWHs“ (Jer 23,24). Darum steht hier geschrieben: „Und es geschah“ (Num 7,1). Wie dort gilt, dass die Schechina vom Anfang der Schöpfung der Welt an

unten war und sich nach oben erhob, dass sie nach unten umkehrte, wo sie gewesen war. „Und es geschah am Tag der Vollendung durch Mose“ (Num 7,1).

3.2.2 / 9.3.2

GenR 19	NumR 20
„Und der Mensch sprach: Die Frau, die du mir gegeben hast usw.“ (Gen 3,12).	„Und Balak sah“ (Num 22,2). Als seine Gesandten zu Bileam kamen, sagte der Heilige, gepriesen sei er: „Wer sind diese Männer?“ (Num 22,9). Bileam sagte zu ihm: „Balak, Sohn des Zippor, König von Moab, hat zu mir gesandt“ (Num 22,10).
Vier sind es, die der Heilige, gepriesen sei er, mit Krügen verglich, und er fand einen Nachttopf. Diese sind es: Adam und Kain und Bileam, der Frevler[31], und Hiskija.	Rabbi Abba bar Kahana sagte: Dieser ist einer von drei Söhnen des Menschen, die der Heilige, gepriesen sei er, befragte und er fand einen Nachttopf: Kain, Hiskija und Bileam.
Adam: „Und der Mensch sagte“[32] (Gen 3,12).	
Kain: „Und JHWH sprach zu Kain“ (Gen 4,9).	Kain: In der Stunde, in der der Heilige, gepriesen sei er, zu ihm sagte: „Wo ist Abel, dein Bruder?“ (Gen 4,9), versuchte er *ihn* irrezuführen, als ob das möglich wäre. Er hätte sagen müssen: Meister der Welt, die verborgenen und die aufgedeckten Dinge liegen offen vor dir, und du fragst mich wegen meines Bruders? Aber er sagte zu ihm: „Ich weiß nicht. Bin ich der Hüter meines Bruders?“ (Gen 4,9). Der Heilige, gepriesen sei er, sagte zu ihm: Bei

31 Fehlt in יאפד.

32 „Und er sprach zu ihm: Wo bist du? … Und der Mensch sagte“, פ.

Bileam, der Frevler: „Wer sind diese Männer?“ (Num 22,9).
Hiskija: „Was haben diese Männer gesagt usw.“ (2 Kön 20,14).

Aber Ezechiel wurde beschlagener gefunden als sie alle: „Menschensohn, werden diese Knochen lebendig werden usw.“ (Ez 37,3).[34]

deinem Leben, so hast du geredet. „Die Stimme des Blutes deines Bruders schreit“ (Gen 4,10)

Hiskija: Als er von seiner Krankheit aufstand, sandte Baladan ihm ein Geschenk, wie gesagt worden ist: „In dieser Zeit sandte Merodach-Baladan“ (Jes 39,1). Jesaja kam. Er sagte zu ihm: „Was haben diese Männer gesagt und von wo sind sie zu dir gekommen?“ (Jes 39,3). Er hätte sagen müssen: Du bist ein Prophet des Ortes, und du fragst mich? Aber er begann sich zu brüsten und sagte: „Aus einem entfernten Land sind sie zu mir aus Babel gekommen“ (Jes 39,3). Jesaja sagte zu ihm: Weil du so sprichst: „Siehe, Tage kommen und alles, was in deinem Haus ist, wird fortgetragen […] und von deinen Söhnen, die von dir abstammen, werden einige Eunuchen im Palast des Königs von Babel sein“ (Jes 39,6f).
Und so Bileam, der Frevler, in der Stunde, in der Balak zu ihm sandte: Der Heilige, gepriesen sei er, sagte zu ihm: „Wer sind diese Männer bei dir?“ (Num 22,9). Er hätte sagen müssen: Meister der Welt, alles liegt offen vor dir, nichts ist vor dir verborgen und mich fragst du? Aber er sagte zu ihm: „Balak, Sohn des Zippor, König von Moab, hat zu mir gesandt“ (Num 22,10). Der Heilige, gepriesen sei er, sagte: Weil du so sprichst: „Du sollst das Volk nicht verfluchen“ (Num 22,12). Der Heilige, gepriesen sei er, sagte: Frevler, der in der Welt ist, über Israel steht geschrieben: „Denn wer euch schlägt, schlägt auf meinen Augapfel“ (Sach 2,12). Und du gehst, um sie zu schlagen und sie zu verfluchen. Sein Auge soll ausgehen, wie gesagt worden ist: „Geöffnet sind die Augen“ (Num 24,3)[33]. Um zu bestätigen: Wer sie schlägt, schlägt auf seinen Augapfel.

33 NumR liest Num 24,3 wahrscheinlich als ‚dessen Augen geschlossen sind‘.Vgl. Levine (2000), 192f; Schmidt (2004), 141. Ähnlich etwa auch EÜ.
34 … Herr, mein Gott, du weißt es, zahlreiche Varianten.

3.3.2 / 9.2.1

GenR 20	HdR zu Hld 7,11
„Und nach deinem Mann ist dein Verlangen“ (Gen 3,16). Vier Verlangen gibt es. Das Verlangen der Frau ist allein nach ihrem Mann[35]. „Und nach deinem Mann ist dein Verlangen“ (Gen 3,16).	„Ich gehöre meinem Freund und nach mir ist sein Verlangen“ (Hld 7,11). Drei Verlangen gibt es: Das Verlangen Israels ist allein nach seinem Vater, der in den Himmeln ist, wie gesagt worden ist: „Ich gehöre meinem Freund und nach mir ist sein Verlangen“ (Hld 7,11). Das Verlangen der Frau ist allein nach ihrem Mann, wie gesagt worden ist: „Und nach deinem Mann ist dein Verlangen“ (Gen 3,16).
Das Verlangen des bösen Triebes ist allein nach Kain und seinen Freunden. „Und nach Dir ist sein Verlangen“ (Gen 4,7). Das Verlangen des Regens ist allein nach der Erde. „Du hast die Erde besucht und berührst sie.“ (Ps 65,10). Und das Verlangen des Heiligen, gepriesen sei er, ist allein nach Israel. „Und nach mir ist sein Verlangen.“ (Hld 7,11).	Das Verlangen des bösen Triebes ist allein nach Kain und seinem Kollegium, wie gesagt worden ist: „Und nach dir ist sein Verlangen“ (Gen 4,7). Rabbi Jehoschua im Namen Rabbi Achas: Das Verlangen des Regens ist allein nach der Erde, wie gesagt worden ist: „Du hast die Erde besucht und berührst sie, du machst sie sehr reich“ (Ps 65,10). Wenn sie würdig sind, machst du sie reich, und wenn nicht, gibst du ein Zehntel, d.h., sie bringt für euch ein Zehntel hervor.
Schwach sind wir. Obwohl wir schwach sind, warten wir [auf die Rettung des Heiligen, gepriesen sei er, und wir rufen den Namen des Heiligen, gepriesen sei er, zweimal an jedem Tag an und sagen: Höre, Israel, JHWH unser Gott, JHWH ist einer][36].	Eine andere Sache: „Und nach mir ist sein Verlangen“ (Hld 7,11). Schwach sind wir. Obwohl wir schwach sind, hoffen wir und warten wir auf die Rettung des Heiligen, gepriesen sei er, an jedem einzelnen Tag rufen wir seinen Namen zweimal an und sagen: Höre Israel, JHWH unser Gott, JHWH ist einer.

35 Herrn, עוחאכי.
36 Fehlt in פואגכרי.

3.5.2. / 7.1.1.

GenR 34	HldR zu Hld 4,16f	NumR 13	LevR 9	PesR (EditioPprinceps)
„Und JHWH roch den beruhigenden Duft" (Gen 8,21).	„Erhebe Dich, Norden, und komm, Südwind" (Hld 4,16).			Eine andere Sache: „Und es geschah am Tag der Fertigstellung" (Num 7,1). Dies ist, was die Schrift sagt: „Erhebe dich, Norden und komm, Südwind usw." (Hld 4,16). ‚Erhebe dich, Norden', dies sind die Ganzopfer, die im Norden geschlachtet werden.
Rabbi Eliezer und Rabbi Jose bar Chanina.	Rabbi Eliezer und Rabbi Jose bar Rabbi Chanina.	Rabbi Eliezer und Rabbi Jose bar Rabbi Chanina.	Rabbi Eliezer und Rabbi bar Chanina.	
Rabbi Eliezer sagte: Die Kinder Noahs opferten Friedensopfer.	Rabbi Eliezer sagte: Die Kinder Noahs opferten Friedensopfer.	Rabbi Eliezer sagte: Die Kinder Noahs opferten Friedensopfer.	Rabbi Eliezer sagte: Die Kinder Noahs opferten Friedensopfer.	Rabbi Eleazar ben Padat sagte: die Kinder Noahs opferten Friedensopfer.
Rabbi Jose bar Chanina sagte: Ganzopfer opferten sie.	Rabbi Jose sagte: Die Kinder Noahs opferten Ganzopfer.	Rabbi Jose bar Rabbi Chanina sagte: Die Kinder Noahs opferten Ganzopfer.	Rabbi Jose bar Chanina sagte: Die Kinder Noahs opferten Ganzopfer.	
Rabbi Eliezer erwiderte dem Rabbi Jose bar Chanina: Und es steht geschrieben: „Und Abel brachte dar, auch er, von den Erstgeburten seines Kleinviehs und von ihren Fetten" (Gen 4,4). Es heißt, dass er von seinem Fett darbrachte.	Rabbi Eliezer erwiderte dem Rabbi Jose: „Und Abel brachte dar, auch er, von den Erstgeburten seines Kleinviehs und von ihren Fetten" (Gen 4,4).	Rabbi Eliezer erwiderte dem Rabbi Jose bar Chanina: Dies steht geschrieben: „Und Abel brachte dar, auch er, von den Erstgeburten seines Kleinviehs und von ihren Fetten" (Gen 4,4). Die Sache, die ‚seinem Fett' nahe kommt.	Rabbi Eliezer erwiderte dem Rabbi Jose bar Chanina: „Und Abel brachte dar, auch er, von den Erstgeburten seines Kleinviehs und von ihren Fetten" (Gen 4,4). Eine Sache, die ‚seinem Fett' nahe kommt.	Woher? „Und Abel brachte dar […] von den Erstgeburten seines Kleinviehs und von ihren Fetten" (Gen 4,4). Was bedeutet ‚und von ihren Fetten'? Etwas, dessen Fett sich auf den Altar bezieht. Und Rabbi Jose bar Rabbi Chanina sagte: [Ganzopfer opferten die Kinder Noahs.
Was machte Rabbi Jose bar Chanina daraus? Von ihren fetten *Tieren.*	Dies, was macht Rabbi Jose damit? Von ihren fetten *Tieren.*	Was machte Rabbi Jose bar Rabbi Chanina damit? Von ihren fetten *Tieren.*	Dies, was macht Rabbi Jose bar Chanina damit? Er macht daraus: ‚von ihren fetten *Tieren*'.	Und was behauptete Rabbi Jose? ‚Und von ihren Fetten.' Von ihnen. Und Rabbi Jose

37 Er opferte Ganzopfer. Und was Rabbi Jose bar Chanina? Siehe, es steht geschrieben, Ms Parma.

Rabbi Eliezer erwiderte dem Rabbi Jose bar Chanina: Und es steht geschrieben: „Und er sandte junge Männer von den Kindern Israels, und sie opferten Ganzopfer und sie schlachteten Schlachtopfer als Friedensopfer“ (Ex 24,5). Was machte Rabbi Jose bar Chanina daraus? Friedensopfer in der Haut ohne Häuten und Zerteilen.	Rabbi Eliezer erwiderte dem Rabbi Jose: „Und er sandte junge Männer von den Kindern Israels“ (Ex 24,5). Dies, was macht Rabbi Jose damit? Friedensopfer in der Substanz, ohne Häuten und Zerteilen.	Rabbi Eliezer erwiderte dem Rabbi Jose bar Chanina: „Und er sandte junge Männer von den Kindern Israels und sie opferten Ganzopfer und sie schlachteten Schlachtopfer als Friedensopfer für JHWH, junge Stiere“ (Ex 24,5). Was machte Rabbi Jose bar Rabbi Chanina damit? Friedensopfer in ihrer Haut ohne Häuten und ohne Zerteilen.	Rabbi Eliezer erwiderte dem Rabbi Jose bar Chanina: „Und er sandte junge Männer von den Kindern Israels“ (Ex 24,5). Dies, was macht Rabbi Jose bar Chanina damit? Er macht *etwas* damit wie derjenige, der sagt, Friedensopfer, sie waren in den Häuten, ohne Häuten und ohne Zerteilen.	bar Rabbi Chanina antwortete. Er sagte zu ihm: Und siehe, es steht geschrieben][37]: „Und Jitro, der Schwiegervater des Mose, nahm ein Ganzopfer und Schlachtopfer“ (Ex 18,12). Er sagte zu ihm: Wie der, der sagt: Jitro kam nach der Gabe der Tora. Rabbi Jannai sagte: *Es spricht* dafür: Er kam nach der Gabe der Tora. Rabbi Chijja, der Große, sagte: Vor der Gabe der Tora. Rabbi Eleazar sagte zu ihm: Siehe, es steht geschrieben: „Und er sandte
Rabbi Eliezer erwiderte dem Rabbi Jose bar Chanina: Und es steht geschrieben: „Und Jitro, der Schwiegervater des Mose, nahm ein Ganzopfer und Schlachtopfer“ (Ex 18,12).	Rabbi Eliezer erwiderte: Es steht geschrieben: „Und Jitro nahm usw. ein Ganzopfer und Schlachtopfer“ (Ex 18,12). Ganzopfer steht dort für Ganzopfer und Friedensopfer steht dort für Friedensopfer.	Rabbi Eliezer erwiderte dem Rabbi Jose bar Chanina: Dies steht geschrieben: „Und Jitro, der Schwiegervater des Mose, nahm ein Ganzopfer und Schlachtopfer“ (Ex 18,12). ‚Ein Ganzopfer, dies ist ein Ganzopfer. ‚Schlachtopfer‘, dies sind Schlachtopfer der Friedensopfer.	Rabbi Eliezer erwiderte dem Rabbi Jose bar Chanina: „Und Jitro, der Schwiegervater des Mose, nahm ein Ganzopfer und ein Schlachtopfer“ (Ex 18,20).	junge Männer von den Kindern Israels und sie schlachteten Schlachtopfer als Friedensopfer und sie opferten Ganzopfer“ (Ex 24,5). Er[38] sagte zu ihm: Es lässt sich nicht dem Gesetz der Tora entnehmen, wobei die Erneuerung einer Sache auch im Verlauf des Jahres geschah. Hiskija; Sohn des Rabbi Chij-
Was machte Rabbi Jose bar Chanina daraus? Wie einer, der sagt: Jitro kam nach der Gabe der Tora.	Dies, was macht Rabbi Jose damit?	Was macht Rabbi Jose bar Chanina damit? Wie der, der sagt, dass Jitro nach der Gabe der Tora kam.	Dies, was macht Rabbi Jose bar Chanina damit? Er macht *etwas* damit, wie der, der sagt, dass Jitro nach der Gabe der	ja: „Und sie schlachteten Schlachtopfer als Friedensopfer.“ (Ex 24,5) In ihren Häuten. Sie opferten Ganzopfer.

[38] Rabbi Jose bar Chanina, Ms Parma.

Rabbi Huna sagte: Rabbi Jannai und Rabbi Chijja, der Große, unterschieden sich. Rabbi Jannai sagte: Jitro kam vor der Gabe der Tora. Rabbi Chijja, der Große, sagte: Jitro kam nach der Gabe der Tora.	Es sagt dir: Zwei Amoräer unterscheiden sich darin: Einer sagt, dass Jitro nach der Gabe der Tora kam, und ein anderer sagt, dass Jitro vor der Gabe der Tora kam.	Rab sagte: Rabbi Eliezer und Rabbi Jose bar Chanina unterscheiden sich: Einer sagt: Jitro kam vor der Gabe der Tora, und der andere sagt: Jitro kam nach der Gabe der Tora.	Tora konvertierte[39]. Rabbi Huna sagte: Rabbi Chijja bar Abba und Rabbi Jannai unterscheiden sich. Einer sagte, dass Jitro nach der Gabe der Tora konvertierte und einer sagte, dass Jitro vor der Gabe der Tora konvertierte.	Und sie häuteten sie nicht, und sie zerteilten sie nicht.
Rabbi Chanina sagte: Und sie unterscheiden sich nicht: Wer sagt, Jitro kam vor der Gabe der Tora, *meint*: Die Kinder Noahs opferten Friedensopfer.	Wer sagt, dass Jitro vor der Gabe der Tora kam, *meint*: Die Kinder Noahs opferten Friedensopfer.	Rabbi Chanina sagte: Wer sagt, dass Jitro vor der Gabe der Tora kam, ist wie einer, der sagt, sie opferten Friedensopfer.	Wer zu denen gehört, die sagen, Jitro konvertierte vor der Gabe der Tora, ist wie der, der sagt, die Kinder Noahs opferten Friedensopfer.	
Wer sagt, Jitro kam nach der Gabe der Tora, *meint*: Ganzopfer opferten sie.	Und wer sagt, dass Jitro nach der Gabe der Tora kam, *meint*: Die Kinder Noahs opferten Ganzopfer.	Und wer sagt, dass Jitro nach der Gabe der Tora kam, ist wie einer der sagt, sie opferten Ganzopfer.	Wer zu denen gehört, die sagen, dass Jitro nach der Gabe der Tora konvertierte, ist wie der, der sagt, die Kinder Noahs opferten Ganzopfer.	
Und dies ist eine Stütze für Rabbi Jose bar Chanina: „Erhebe dich, Norden" (Hld 4,16). Dies ist das Ganzopfer, das im Norden geschächtet wird. Was bedeutet: ‚erhebe dich'? Etwas, das schlief und aufgeweckt wird. „Und komm, Südwind" (Hld 4,16). Dies sind Friedensopfer, die im	Und dies ist eine Stütze für Rabbi Jose bar Rabbi Chanina: „Erhebe dich, Norden, und komm, Südwind" (Hld 4,16). „Erhebe dich, Norden" (Hld 4,16). Dies ist das Ganzopfer, das im Norden geschächtet wurde. Und wozu nennen sie es ‚erhebe dich'? Etwas, das schläft und aufgeweckt	Dies ist eine Stütze für Rabbi Jose ben Chanina. „Erhebe dich, Norden" (Hld 4,16). Dies ist ein Ganzopfer, das im Norden geschächtet wurde. Was bedeutet: „Erhebe dich" (Hld 4,16)? Eine Sache, die schläft und aufgeweckt wird. „Und komm, Südwind" (Hld 4,16). Dies sind	Dies ist eine Stütze für Rabbi Jose bar Chanina: „Erhebe dich, Norden, und komm, Südwind" (Hld 4,16). „Erhebe dich, Norden" (Hld 4,16). Dies ist das Ganzopfer, das im Norden geschächtet wurde. Und wozu ruft er es: Wache auf/erhebe dich? Eine Sache, die schläft und auf-	

[39] kam, א ב.

Süden geschächtet werden. Und was bedeutet: ‚komm'? Etwas Neues.	wird. „Und komme, Südwind“ (Hld 4,16). Dies sind Friedensopfer, die im Süden geschächtet werden. Und wozu nennen sie sie ‚komm'? Etwas Neues.	Friedensopfer, denn sie werden im Süden geschächtet. Was bedeutet: „Und komme“ (Hld 4,16)? Eine Sache, die neu kommt.	geweckt wird. „Und komm, Südwind“ (Hld 4,16). [Dies sind Friedensopfer, die im Süden geschächtet wurden][40]. Und wozu ruft er sie: Und komm, Südwind? Eine Sache, die neu ist.	
Rabbi Jehoschua von Sikhnin im Namen Rabbi Levis: Auch dieser Vers ist eine Stütze für ihn, für Rabbi Jose bar Chanina: „Dies ist die Tora des Ganzopfers“ (Lev 6,2), das die Kinder Noahs opferten. So antwortete er zugunsten der Friedensopfer. „Dies ist die Tora des Schlachtopfers der Friedensopfer“ (Lev 7,11), die ‚ geopfert wurden', (AK) steht hier nicht geschrieben, sondern ‚die geopfert werden' (PK). Von jetzt an und in Zukunft.	Rabbi Abba bar Kahana und Rabbi Chanina bar Papa und Rabbi Jehoschua sagen im Namen Rabbi Levis: Auch dieser Vers ist eine Stütze für Rabbi Jose: „Dies ist die Tora des Ganzopfers“ (Lev 6,2). Es ist ein Ganzopfer, das die Kinder Noahs opferten. Zu Beginn und als er zu den Friedensopfern kam, sagte er: „Und dies ist die Tora des Schlachtopfers der Friedensopfer“ (Lev 7,11), worüber nicht geschrieben steht, dass sie opferten (SK), sondern, dass sie opfern werden (PK), von jetzt an und in Zukunft.	Rabbi Abba Sohn des Rabbi Papi. Und Rabbi Jehoschua ben Sikhnin sagte im Namen Rabbi Levis: Auch dieser Vers ist eine Stütze für ihn, für Rabbi Jose bar Rabbi Chanina: „Dies ist die Tora des Ganzopfers“ (Lev 6,2). Es ist das Ganzopfer, das die Kinder Noahs opferten. Entsprechend gilt dies für die Friedensopfer: Es steht hier nicht geschrieben: ‚Dies ist die Tora des Schlachtopfers der Friedensopfer, die sie opferten (SK)', sondern ‚die sie opfern werden (PK)'. Von jetzt an und in Zukunft.	Auch der Vers ist eine Stütze für ihn, für Rabbi Jose bar Chanina: „Dies ist die Tora des Ganzopfers. Dieses Ganzopfer“ (Lev 6,2), das die Kinder Noahs darbrachten. Und wie ist, was das Friedensopfer ist? Hier steht nicht geschrieben, „und dies ist die Tora des Schlachtopfers der Friedensopfer“ (Lev 7,11), ‚das sie für JHWH opferten', sondern, „das sie für JHWH opfern werden“ (Lev 7,11). Von jetzt an und in Zukunft.	Rabbi Jehoschua von Sikhnin sagte im Namen Rabbi Levis: Der Vers unterstützt Rabbi Jose bar Chanina. Sieh, was geschrieben steht: „Dies ist die Tora des Speiseopfers“ (Lev 6,7). Es steht hier nicht geschrieben: ‚Es ist das Speiseopfer'. „Dies ist die Tora des Schuldopfers“ (Lev 7,1). Es steht hier nicht geschrieben: ‚Es ist das Schuldopfer'[41]. [Aber wenn es zum Ganzopfer kommt, wie heißt es da? „Dies ist die Tora des Ganzopfers“ (Lev 6,2). Was bedeutet: ‚Es ist das Ganzopfer'?][42] Wie etwas, was sie von Anfang an opferten. Aber wie heißt es an der Stelle, an der man die Friedensopfer erin-
	In welche Beziehung stellt	In welche Beziehung stellt	In welche Beziehung stellt	

40 Dies ist das Dankopfer, das im Süden geschächtet wurde, ד.

41 … sondern: Dies ist die Tora des Schuldopfers, Ms Parma.

42 Wenn es zum Ganzopfer kommt: Was bedeutet: Dies ist die Tora des Ganzopfers. Dies ist das Ganzopfer. Was bedeutet: Dies ist das Ganzopfer, wie dies ist das Ganzopfer.

43 Fehlt in Ms Parma.

Rabbi Eliezer diesen Vers? „Erhebe Dich, Norden, und komm, Südwind“ (Hld 4,16). Dass die Exilierten, die im Norden sind, aufgeweckt werden, und kommen und sich im Süden lagern werden, wie du sagst: „Siehe, ich bringe sie aus dem Land des Nordens und ich sammle sie von den Ländern der Erde“ (Jer 31,8). Dass Gog und Magog, die im Norden sind, aufgeweckt werden, und er kommen und im Süden einfallen wird, wie du sagst: „Und ich werde dich zurückbringen und ich werde dich führen und ich werde dich hinaufbringen“ (Ez 39,2). Dass der König Messias, der im Norden ist, aufgeweckt wird, und kommen und das Haus des Heiligtums, das im Süden ist, bauen wird, wie du sagst: „Ich werde aufwecken vom Norden und er wird kommen“ (Jes 41,25).	Rabbi Eliezer den Vers des Rabbi Jose bar Chanina? „Erhebe dich, Norden, und komm, Südwind usw.“ (Hld 4,16). Er interpretierte ihn in Bezug auf die Exilierten. „Erhebe dich, Norden“ (Hld 4,16). Wie die Exilierten aufgeweckt werden, die im Norden sind, kommen und im Süden lagern werden. Wie Gog aufgeweckt werden wird, der im Norden ist, aufstehen und im Süden einfallen wird. „Und ich werde dich zurückbringen und ich werde dich führen und ich werde dich hinaufbringen von den Rändern des Nordens“ (Ez 39,2). Wie der König Messias aufgeweckt werden wird, der im Norden ist, kommen und das Haus des Heiligtums bauen wird, das im Süden ist, wie die Menschen sagen: „Ich werde aufwecken vom Norden und er wird kommen usw.“ (Jes 41,25).	Rabbi Eliezer den Vers des Rabbi Jose bar Chanina? „Erhebe dich, Norden“ (Hld 4,16). Wie die Exilierten aufgeweckt werden, die im Norden sind, kommen und im Süden lagern werden: „Siehe, ich bringe sie aus dem Land des Nordens“ (Jer 31,8). Wie Gog aufgeweckt werden wird, der im Norden ist, kommt und im Süden einfallen wird, wie du sagst: „Und ich werde dich zurückbringen und ich werde dich führen und ich werde dich hinaufbringen von den Rändern des Nordens“ (Ez 39,2). Wie der König Messias aufgeweckt werden wird, der im Norden ist, kommen und das Haus des Heiligtums bauen wird, das im Süden ist. Dies ist, was geschrieben steht: „Ich werde aufwecken vom Norden und er wird kommen vom Aufgang der Sonne“ (Jes 41,25).	nert? „Dies ist die Tora des Schlachtopfers der Friedensopfer“ (Lev 7,11). Es steht hier nicht geschrieben, dass ‚sie sie darbrachten für JHWH‘, sondern dass, ‚er es darbringen wird für JHWH‘. Auch dieser Vers unterstützt Rabbi Jose bar Rabbi Chanina: „Erhebe dich, Norden und komm, Südwind usw.“ (Hld 4,16). [Es heißt ‚erhebe dich‘ nur für eine Sache, die schläft.][43] ‚Und komm, Südwind.‘ Dies sind die Friedensopfer, die im Süden geschlachtet werden. Rabbi Simeon sagte im Namen Rabbi Samuels bar Rabbi Nachman: Es steht geschrieben: „Du sollst einen Altar aus Erde für mich machen und du sollst auf ihm schlachten“ (Ex 20,24). Rabbi Ruben sagt: Ein Ort, rein für Ganzopfer und rein für Friedensopfer. Seine nördliche Hälfte ist rein für Ganzopfer, seine südliche Hälfte ist rein für Friedensopfer.

5.1.1.

MdrPss 100	PesR 47	PesR 50[44]	PRK 24	LevR 10	TanB בראשית	DtnR 8 (Ausgabe Wilna)
Dies ist, was die Schrift sagt: „Wer seine Übertretungen zudeckt, dem wird nichts gelingen, und wer bekennt und es sein lässt, wird Erbarmen finden“ (Spr 28,13). Dies ist der erste Mensch, der zum Heiligen, gepriesen sei er, sagte: „Die Frau, die Du mir gegeben hast usw.“ (Gen 3,12). Und er wollte nicht umkehren, wie gesagt worden ist: „Und jetzt, dass er nicht seine Hand ausstreckt“	Rabbi Jehuda bar Chijja sagte: Woher, dass die Umkehr die Hälfte des Rechtsspruchs aufhebt? Weil in der Angelegenheit gesagt worden ist: „Unstet und flüchtig wirst du auf der Erde sein“ (Gen 4,12)	Er sagte zu ihnen: Meine Kinder, die Umkehr Kains habe ich angenommen und eure Umkehr sollte ich nicht annehmen? Zwei Rechtssprüche wurden über Kain gesprochen, wie gesagt worden ist: „Unstet und flüchtig wirst du auf der Erde sein“ (Gen 4,12).	Er sagte zu ihnen: Die Umkehr Kains habe ich angenommen, [und eure Umkehr sollte ich nicht annehmen? Denn über ihn wurde ein harter Rechtsspruch gesprochen. Dies ist, was geschrieben steht: „Wenn du den Ackerboden bearbeitest, wird er nicht fortfahren, dir seine Kraft zu geben“ (Gen 4,12).	Über die Meinung des Rabbi Jehuda bar Rabbi, der gesagt hat: Umkehr macht die Hälfte. Von wem lernst du das? Von Kain, über den ein harter[46] Rechtsspruch gesprochen wurde. Wie geschrieben steht: „Unstet und flüchtig wirst du auf der Erde sein“ (Gen 4,12).	Du findest: In der Stunde, in der Kain den Abel erschlug, offenbarte sich ihm der Heilige, gepriesen sei er. Und er sagte zu ihm: „Wo ist Abel, dein Bruder?“ (Gen 4,9). Er versuchte, das Wissen des Höchsten zu täuschen. Der Heilige, gepriesen sei er, sagte: „Was hast du getan? Die Stimme des Blutes deines Bruders schreit zu mir“ (Gen 4,10).	„Kain erhob sich gegen Abel, [seinen Bruder][45], und er erschlug ihn“ (Gen 4,8). Ein Rechtsspruch erging: „Unstet und flüchtig wirst du auf der Erde sein“ (Gen 4,12).

44 Der Text der Editio Princeps liegt nicht vor. Die Übersetzung folgt JTS.
45 Fehlt in der Ausgabe Liebermann.

(Gen 3,22). Rabbi Abba bar Kahana sagte: Der Heilige, gepriesen sei er, sagte zu ihm: Kehre um. Und er sagte: ‚Dass nicht'. Und nicht ‚jetzt', sondern das Wort ‚Umkehr', wie gesagt worden ist: „Und nun Israel, was fordert JHWH, dein Gott, von dir, als zu fürchten usw." (Dtn 10,12). Siehe: „Wer seine Übertretungen zudeckt, dem wird nichts gelingen" (Spr 28,13).	Sobald er Umkehr getan hatte: „Zu groß ist meine Schuld/Strafe, um sie zu tragen" (Gen 4,13).	Aber als er umgekehrt war. „Und er sprach […] zu groß ist meine Schuld/Strafe, um sie zu tragen" (Gen 4,13).	Aber als er umgekehrt war, wurde der halbe Rechtsspruch von ihm zurückgehalten. {Und woher, dass er umkehrte? „Und Kain sprach zu JHWH][51]: Zu groß ist meine Schuld/Strafe zu tragen." (Gen 4,13)	Aber als er umgekehrt war, wurde der halbe Rechtsspruch von ihm zurückgehalten.[50]	Als Kain das hörte, begann er, vom Betrug umzukehren, wie gesagt worden ist: „Und Kain sprach zu JHWH: Zu groß ist meine Schuld/Strafe, um sie zu tragen" (Gen 4,13). Er sprach vor dem Angesicht des Herrn der Welt: Du trägst die hohen und die tiefen *Dinge*, und du kannst meine Schuld nicht tragen?	Sofort stand er auf und bekannte[47] vor dem Angesicht des Heiligen, gepriesen sei er, wie gesagt worden ist: „Zu groß ist meine Schuld/Strafe, um sie zu tragen" (Gen 4,13). Er sagte vor seinem Angesicht: Meister der Welt, die ganze Welt [trägst du][48], und meine Schuld/Strafe [trägst du nicht][49]?
„Und wer bekennt und sein lässt, wird Erbarmen finden"	Sie hebt die Hälfte seines Rechtsspruches auf[, wie ge-	Die Hälfte der Rechtssprüche wurde von ihm zu-	Und woher, dass der halbe Rechtsspruch von ihm	Dies ist, was geschrieben steht: „Und Kain ging	Eine andere Auslegung: Er sagte vor dem An-	[Du hast geschrieben][52]: „Der Schuld/Strafe trägt

46 Fehlt in ט ד.

47 … in seinem Gebet, Ausgabe Liebermann.

48 Kannst du tragen, Ausgabe Liebermann.

49 Kannst du nicht tragen, Ausgabe Liebermann.

50 … Und woher, dass er umkehrte? Weil gesagt worden ist: „Und Kain sprach zu JHWH: Zu groß ist meine Schuld/Strafe, um sie zu tragen" (Gen 4,13). Und woher, dass der halbe Rechtsspruch von ihm zurückgehalten wurde?, ד.

51 Fehlt in $_2$א.

52 Über dich steht geschrieben, Ausgabe Liebermann.

(Spr 28,13). Dies ist Kain, wie gesagt worden ist: „Und Kain ging hinaus, fort vom Angesicht JHWHs“ (Gen 4,16).	sagt worden ist: „Und er wohnte im Land Nod, östlich von Eden“ (Gen 4,16).][54]	rückgehalten, wie geschrieben steht: „Und Kain ging hinaus, fort vom Angesicht JHWHs und er wohnte im Land Nod.“ (Gen 4,16).	zurückgehalten wurde? „Und Kain ging hinaus, fort vom Angesicht JHWHs}[53] und er wohnte im Land Nod“ (Gen 4,16).	hinaus, fort vom Angesicht JHWHs und er wohnte im Land Nod (Gen 4,16).	gesicht des Herrn der Welt: Du wirst genannt: „Wer ist ein Gott wie du, der Schuld/Strafe trägt und Übertretung übergeht?“ (Mi 7,18).	und Übertretung übergeht“ (Mi 7,18).
					„Und zu groß ist meine Schuld/Strafe, um sie zu tragen“ (Gen 4,13).	Vergib meine Schuld, die groß ist.
			Im Land ‚Unstet und Flüchtig‘ steht hier nicht geschrieben, sondern: im Land ‚Flüchtig‘ östlich von Eden (Gen 4,16).	‚Im Lande Unstet und Flüchtig steht hier nicht geschrieben, sondern ‚im Lande ‚Flüchtig‘ östlich von Eden.[55]	Der Heilige, gepriesen sei er, sagte zu ihm: Du bist umgekehrt. Bei deinem Leben, ich hebe einen Rechtsspruch über dich auf, wie gesagt ist: „Und Kain ging hinaus, fort vom Angesicht JHWHs und er wohnte im Land Nod“ (Gen 4,16).	Sofort fand er Gnade vor dem Angesicht des Heiligen, gepriesen sei er, und er hielt von ihm ‚unstet‘, die Hälfte des Rechtsspruches zurück, worüber geschrieben steht: „Und er wohnte im Land Nod“ (Gen 4,16).
Rabbi Huna sagte im Namen Rabbi			Was heißt: ‚Er ging hinaus?‘ Rabbi Ju-	„Und Kain ging hinaus“ (Gen		

53 Fehlt in פ.
54 Fehlt in Ms Parma.
55 … Eine andere Sache, ד.

Chaninas bar Isaak: Es lehrt, dass er fröhlich hinausging, wie gesagt worden ist: „Und Haman ging an diesem Tag fröhlich und guten Herzens hinaus“ (Est 5,9). Der erste Mensch traf ihn. Er sagte zu ihm: Was wurde in deinem Fall getan? Er sagte zu ihm: Ich habe Umkehr getan und mir wurde erlassen. Er sagte zu ihm: Und so groß ist sie, die Umkehr. „Gut ist es, JHWH zu preisen“ (Ps 92,2)		dan im Namen Rabbi Aibos: Wie einer, der Worte über seine Schulter wirft, und wie einer, der das Wissen des Höchsten stiehlt. Rabbi Berekhja im Namen Rabbi Eleazars, Sohn des Rabbi Simon: [Er ging hinaus wie ein Gespaltener und einer, der seinen Schöpfer betrügt. Rabbi Huna im Namen Rabbi Chaninas, Sohn des Rabbi Isaak][57]: Er ging hinaus wie einer, der fröhlich ist.	4,16). Wie ging er hinaus? Rabbi Judan im Namen Rabbi Aibos sagte: Er warf seine Worte[56] über seine Schulter und er ging hinaus wie einer, der das Wissen des Höchsten stiehlt. Rabbi Berekhja im Namen Rabbi Eleazars bar Rabbi Simon: Er ging hinaus: Wie einer mit gespaltenem Fuß, wie einer, der seinen Schöpfer betrügt. Rabbi Huna im Namen Rabbi Chaninas bar Isaak sagte: Er ging fröhlich hinaus.	
	Der erste Mensch traf ihn. Er sagte zu ihm: Mein Sohn, was wurde in deinem Fall getan? Er sagte zu ihm: Ich habe Umkehr	Wie, worüber du sagst: „Und auch, siehe, er geht hinaus, dich zu treffen usw.“ (Ex 4,14). Als er hinausging, traf er	Wie, worüber du sagst: „Und auch, siehe, er geht hinaus, dich zu treffen“ (Ex 4,14). Als er hinausging, traf ihn der erste	Als er hinausging, traf ihn der erste Mensch. Er sagte zu ihm: Was wurde in deinem Fall getan? Er sagte: Hätte ich nicht

56 Kleider, ב ד פ.

57 Fehlt in כ.

getan und mir wurde vergeben. In dieser Stunde, als Adam das hörte, begann er in sein Gesicht zu schlagen und er sagte: So ist sie, die Kraft der Umkehr, und ich, ich habe es nicht gewusst. Sofort öffnete Adam seinen Mund zum Preis: „Ein Psalm. Ein Lied für den Tag des Schabbat" (Ps 92,1f).	den ersten Menschen. Er sagte zu ihm: Was wurde in deinem Fall getan? Er sagte zu ihm: Ich bin umgekehrt und ich habe einen Kompromiss herbeigeführt. In dieser Stunde begann der erste Mensch in sein Gesicht zu schlagen, und er sagte: So ist die Kraft der Umkehr und ich habe es nicht gewußt. In dieser Stunde sagte er: „Gut ist es, JHWH zu preisen usw." (Ps 92,2). [Rabbi Levi sagte: Adam nannte diesen Psalm: „Ein Psalm, ein Lied für den Tag des Schabbat" (Ps 92,1).][60] Und eure Umkehr sollte ich nicht annehmen?	Mensch. Er sagte zu ihm: [Was wurde in deinem Fall getan?][58] Er sagte zu ihm: Ich bin umgekehrt und [ich habe einen Kompromiss herbeigeführt][59]. Als der erste Mensch das hörte, begann er in sein Gesicht zu schlagen. Er sagte: Ganz so ist die Kraft der Umkehr, und ich habe es nicht gewusst. In dieser Stunde sagte der erste Mensch: „Ein Psalm, ein Lied für den Tag des Schabbat" (Ps 92,1). Rabbi Levi sagte: Diesen Psalm, der erste Mensch sang ihn.	bekannt, wäre ich längst aus der Welt getilgt. In dieser Stunde sagte der erste Mensch: „Gut ist es, JHWH zu preisen" (Ps 92,2).

58 Was hast Du in Deinem Fall getan?, א.

59 mir wurde verziehen, א ב

60 Fehlt in ${}_{2}$א und פ.

6.4.1.

TanB שמות	ExR 5	HldR zu Hld 8,1–5
Eine andere Sache. „Geh, um Mose in der Wüste zu treffen“ (Ex 4,27).	„Und JHWH sprach zu Aaron: Geh, um Mose in der Wüste zu treffen. Und er ging und er traf ihn am Berg Gottes und er küßte ihn.“ (Ex 4,27).	
Dies ist, was die Schrift sagt: „Wer läßt dich für mich wie ein Bruder sein“ (Hld 8,1). Israel sagt zum Heiligen, gepriesen sei er: „Wer lässt dich für mich wie ein Bruder sein“ (Hld 8,1). Wie welcher Bruder? Vom Anfang der Schöpfung der Welt und bis jetzt findest du: Brüder hassen einander.	Dies ist, was die Schrift sagt: „Wer läßt dich für mich wie ein Bruder sein, der an den Brüsten meiner Mutter saugte“ (Hld 8,1). Wie welcher Bruder?	Wer läßt dich für mich wie ein Bruder sein? In welcher Hinsicht ist dies ein Bruder?
Kain hasste Abel und er erschlug ihn, wie gesagt worden ist: „Und Kain erhob sich gegen Abel seinen Bruder, und er erschlug ihn. (Gen 4,8)	Du sagst: Wie Kain und Abel. Siehe, es steht geschrieben: „Und Kain erhob sich gegen Abel, seinen Bruder, und er erschlug ihn.“ (Gen 4,8).	Wie Kain für Abel? Kain erschlug den Abel, wie gesagt worden ist: „Und Kain erhob sich gegen Abel, seinen Bruder, und er erschlug ihn.“ (Gen 4,8)
Ismael hasste Isaak wie gesagt worden ist: „Und Sarah sah den Sohn der Hagar, der Ägypterin, den sie dem Abraham geboren hatte, scherzen“ (Gen 21,9). Und nicht ‚scherzen‘, sondern dass er ihn zu erschlagen suchte, wie gesagt worden ist: „Die jungen Männer sollen doch aufstehen und sie sollen vor uns scherzen“ (2 Sam 2,14).	Aber wie Ismael für Isaak: Ismael hasst Isaak.	Aber wie Ismael für Isaak? Ismael hasst Isaak.
Und Esau hasste Jakob, wie gesagt worden ist: „Und Esau sprach in seinem Herzen usw.“ (Gen 27,41).	Wie Esau für Jakob[61]. Dies steht geschrieben: „Und Esau hegte einen Groll gegen Jakob“ (Gen 27,41).	Aber wie Esau für Jakob? Siehe, es wurde gesagt: „Und Esau hegte einen Groll gegen Jakob“ (Gen 27,41).
Und die Stämme hassten Josef, wie gesagt worden ist: „Und sie hassten ihn“ (Gen 37,4).	Wie die Brüder des Josef für Josef: Dies steht geschrieben: „Und sie hassten ihn“ (Gen 37,4).	Aber wie die Brüder des Josef für Josef? Sie hassen einander, wie gesagt worden ist: „Und seine

61 Israel, ש א י.

	[„Und seine Brüder waren auf ihn eifersüchtig" (Gen 37,11).][62]	Brüder waren auf ihn eifersüchtig" (Gen 37,4).
Wie was für ein Bruder?	Aber wie welcher Bruder? Wie Josef für Benjamin: „Der an den Brüsten meiner Mutter saugte" (Hld 8,1).	In welcher Hinsicht ist dies ein Bruder? „Der an den Brüsten meiner Mutter saugte" (Hld 8,1). Er sagt, wie Josef den Benjamin, den er in seinem Herzen liebte, wie gesagt worden ist: „Und Josef sah Benjamin bei ihnen" (Gen 43,16).
Israel sagte: Wie Mosche und Aaron, wie gesagt worden ist: „Siehe, wie gut und angenehm usw." (Ps 133,1). Denn sie lieben einander. Und sie ehrten einander. Denn in der Stunde, in der Mose das Königtum empfing und Aaron die Hohepriesterschaft, neideten sie sie einander nicht, sondern freuten sich, dieser über die Größe von jenem und jener über die Größe von diesem.	Wie Mose für Aaron:[63] „Und er küsste ihn." (Gen 4,27). […]	„Fände ich dich auf der Straße/draußen, würde ich dich küssen" (Hld 8,1). ‚Auf der Straße/draußen'. Das ist die Wüste, denn sie ist außerhalb des bewohnten Landes. ‚Würde ich dich küssen'. Zwischen zwei Brüdern, die einander küssen, dieser jenen. Und diese sind Mose und Aaron, wie gesagt worden ist: „Und er ging und er traf ihn am Berg Gottes und er küsste ihn." (Ex 4,27).
Du weißt für Dich, dass es so ist. Du findest: In der Stunde, in der der Heilige, gepriesen sei er, zu Mose sagte: „Und nun geh und ich sende dich zum Pharao usw." (Ex 3,10), sagte Mose zu ihm: „Sende doch, durch wen du senden willst" (Ex 4,13). Du nimmst vielleicht an, dass Mose nicht gehen wollte. Er tat es nur, um Aaron zu ehren. Mose sagte: Bis ich auftrat, prophezeite Aaron ihnen bereits achtzig Jahre. Er, von dem gesagt worden ist: „Und ich gab mich ihnen im Land Ägypten zu erkennen" (Ez 20,5). Und woher, dass Aaron ihnen prophezeite? Denn es ist gesagt worden: „Und ein Mann Gottes kam zu Eli und er sagte zu ihm: So spricht JHWH: Habe ich mich nicht dem Haus deines Vaters offenbart,	„Und er ging und er traf ihn am Berg Gottes und er küsste ihn." (Ex 4,27). Dies ist, was geschrieben steht: „Gnade und Wahrheit treffen sich. Gerechtigkeit und Frieden küssen sich" (Ps 85,11). Gnade, das ist Aaron, wie gesagt worden ist: „Deine Tummim und deine Urim für den Mann, der dir treu ist" (Dtn 33,8). Und Wahrheit, das ist Mose, wie gesagt worden ist: „In meinem ganzen Haus ist er treu" (Num 12,7). Sie sind: „Gnade und Wahrheit treffen sich. Gerechtigkeit und Frieden küssen sich." Gerechtigkeit, das ist Mose, wie gesagt worden ist: „Gerechtigkeit JHWHs hat er getan" (Dtn 33,21). Und Frieden: Dies ist Aaron, wie gesagt worden ist: „In Frieden und in Geradheit ging er mit mir." (Mal 2,6). Sie küssten sich. „Und	„Sie würden mich nicht verachten" (Hld 8,1). Rabbi Pinchas sagte: Ein Ereignis um zwei Geschwister, von denen einer in Meron und einer in Gusch Chalab war. Es fiel Feuer auf das Haus dessen, der in Meron war, und seine Schwester kam aus Gusch Chalab. Sie begann ihn zu umarmen, ihn zu umklammern und ihn zu küssen und sie sagte: Es gab nur dieses Gerücht für mich, dass mein Bruder in Not ist, und er wurde aus ihr gerettet.

62 Fehlt in ש א י נ פ.
63 Über sie wurde gesagt: „Siehe, wie gut und lieblich ist es, wenn Brüder einträchtig beieinander sitzen." (Ps 133,1), ש א י נ פ.

während sie in Ägypten im Haus des Pharao waren. Und ich habe ihn aus allen Stämmen Israels für mich zum Priester erwählt“ (1 Sam 2,27f). Er sagte zu ihm: Alle Jahre seines Lobes prophezeite Aaron für sie. Und nun komme ich zu ihnen in den Herrschaftsbereich meines Bruders, so dass er zurückgewiesen ist. Deshalb wollte Mose nicht gehen. Der Heilige, gepriesen sei er, sagte zu ihm. Aaron, dein Bruder, ist nicht zurückgewiesen in dieser Angelegenheit, sondern er freut sich. Du weißt für dich, dass er hinausgegangen ist, um dich zu treffen. Wie gesagt worden ist: „Siehe, er geht hinaus, um dich zu treffen, und er sieht dich und er freut sich in seinem Herzen“ (Ex 4,14). Nicht ‚in seinem Mund‘, sondern ‚in seinem Herzen‘. ‚Sein Herz’ ist mehr als ‚sein Mund’. Und er sieht dich und er freut sich in seinem Herzen. Rabbi Simeon ben Jochai sagt: Das Herz, das sich über die Größe seines Bruders freut, es soll Urim und Tummim anziehen, wie gesagt worden ist: „Und gib für das Brustschild der Rechtsentscheidung die Urim und Tummim und sie sollen über dem Herzen Aarons sein“ (Ex 28,30). Siehe „Und auch, siehe, er geht hinaus, um dich zu treffen und er sieht dich und er freut sich in seinem Herzen.“ (Ex 4,14). Als er so zu ihm sprach, nahm er es auf sich zu gehen. Sofort offenbarte sich der Heilige, gepriesen sei er, Aaron. Er sagte zu ihm: Zieh hinaus, um Mose, deinen Bruder, zu treffen, nun, dass er erkennt, dass du dich in der Angelegenheit freust. Deshalb ist gesagt worden: „Geh, um Mose in der Wüste zu treffen.“ (Ex 4,27) Dies ist: „Wer lässt dich für mich wie ein Bruder sein“ (Hld 8,1). Wie er küsste ihn.“

Eine andere Sache: „Und er küsste ihn“. Er trug die Priesterwürde und das Levitentum. Dieser trägt die Priesterwürde und gibt das Levitentum, und jener gibt die Priesterwürde und trägt das Levitentum.

Eine andere Sache: „Und er küsste ihn.“ Dieser freute sich an der Größe von jenem und jener freute sich an der Größe von diesem.

Eine andere Sache: „Und er küsste ihn.“ Rabbi Samuel bar Nachman sagte: Gleich einem Goldschmied, dem eine Münze gebracht wurde, und er sah sie, von innen aus Ton und von außen aus Gold. Nach Tagen wurde ihm eine Münze gebracht, die ganz aus Gold war. Er sagte zu ihnen: Die erste ist Ton und ist mit Gold überzogen. Aber diese ist ganz aus Gold. So war der Kuss, mit dem Esau den Jakob küsste nur unangebracht, wie gesagt worden ist: „Silberglasur auf Ton aufgebracht“ (Spr 26,23). Und was ist sein Ende? Brennende Lippen und ein böses Herz, denn er suchte ihn nur zu küssen, um ihn zu beißen. Aber der Kuss des Aaron und des Mose war ein Kuss der Wahrheit. Und über sie sagt er: „Treue und Wahrheit küssen sich“. Rabbi Jehuda bar Rabbi Simon sagte: Treue, das ist Aaron, und Wahrheit, das ist Mose. Und Rabbi Azarja sagte: Treue, das ist Mose, denn er tat Treue an Josef. Und Wahrheit, das ist Aaron, wie gesagt worden ist: „Weisung der Wahrheit war in seinem Mund“ (Mal 2,6). Siehe: Treue und Wahrheit küssen sich: Das sind Mose und Aaron. Und er küsste ihn. Wir wissen nicht, an wen der Heilige, gepriesen sei er, Ehre verteilte, ob an Aaron, ob an Mose. Es gibt solche, die sa-

Mose und Aaron, die einander liebten. „Fände ich dich draußen/auf der Straße, würde ich dich küssen“ (Hld 8,1). „Und er ging hinaus und er traf ihn am Berg Gottes und er küsste ihn“ (Ex 4,27).

gen, an Aaron, denn er war in Ägypten und er weissagte Israel, dass der Heilige, gepriesen sei er, sie in der Zukunft auslösen würde. Als Mose kam und er die Worte Aarons bezeugte, spricht Israel: Wahrheit hat Aaron prophezeit. Und es gibt solche, die sagen, an Mose, als Mose kam und sie seinen Worten trauten.

6.6.1.

PRK 16

„Wer lässt dich für mich wie ein Bruder sein, der saugte?“ (Hld 8,1).
Wie welcher Bruder?
{[Wie Kain für Abel?][65] [Kain erschlug den Abel.][66]
Wie[67] Ismael für Isaak? Ismael hasst den Isaak.
Wie[68] Esau für Jakob? Esau hasst den Jakob.
Wie[69] die Brüder des Josef für Josef? [Die Brüder des Josef hassen den Josef.][70]}[71]
Sondern: Wie Josef für seine Brüder. Du findest: Nach all den Schlechtigkeiten, die sie an ihm taten, was steht über ihn geschrieben? „Und nun,

PesR 29/30

„Wer lässt dich für mich wie ein Bruder sein?“ (Hld 8,1).[64]
Wie?
Wie Kain den Abel? Kain erschlug den Abel.
Wie Ismael den Isaak? Ismael hasst den Isaak.
[Wie Jakob den Esau?] Esau hasst den Jakob.
Wie die Brüder des Josef den Josef? „Und sie hassten ihn“ (Gen 37,4).

Sondern: Wie Josef seine Brüder. Du findest: Nach all den Schlechtigkeiten, die sie an ihm taten, was steht dort geschrieben? „Und nun, fürchtet euch

64 Ms Parma und die Handschrift des Jewish Theological haben im Kontext der Auslegung zu Hld 8,1 den abgedruckten Text des Traditionsstücks. In eckigen Klammern stehen Zusätze von JTS. Was in geschweiften Klammern steht, hat nur Ms Parma.

65 Nicht wie Kain für Abel, צ.

66 Fehlt in פ.

67 Und nicht wie, צ.

68 Und nicht wie, צ.

69 Und nicht wie, צ.

70 Wie gesagt worden ist: „Und sie hassten ihn und sie konnten ihm nicht ‚Frieden‘ sagen, פ.

71 Nicht wie Kain für Abel, nicht wie Ismael für Isaak, nicht wie Esau für Jakob, nicht wie die Brüder des Josef für ihn, $_2$א.

fürchtet euch nicht. Ich werde für euch und für eure Kinder sorgen. Und er tröstete sie und er sprach zu ihrem Herzen“ (Gen 50,21).
Rabbi Simlai sagte: Er sagte zu ihnen: Ihr seid ein Haupt und ich bin ein Körper. Wenn ein Haupt fortgeht, wozu ist ein Körper gut?

Eine andere Sache: Er sagte zu ihnen: Ihr wurdet mit dem Staub der Erde und mit dem Sand des Meeres und mit den Sternen des Himmels verglichen. Gehe ich etwa und führe gegen sie Krieg? Wenn ich es gegen sie könnte, siehe, ich könnte es gegen euch. Und wenn ich es nicht gegen sie kann, kann ich es nicht gegen euch.
Eine andere Sache: Er sagte zu ihnen: Wie könnte ich zu einem Gerichtsgegner des Vaters werden? Ein Vater zeugt und ich begrabe.
Eine andere Sache: Er sagte: Wie könnte ich zu einem Gerichtsgegner des Heiligen, gepriesen sei er, werden? Der Heilige segnet und ich beende.

Eine andere Sache: Ihr entsprecht dem Brauch der Weltordnung: Zwölf Stunden im Tag, zwölf Stunden in der Nacht, zwölf Monate, zwölf Planeten, zwölf Stämme. Kann ich den Brauch der Weltordnung außer Kraft setzen?
Eine andere Sache: Bevor ihr hierher hinabgekommen seid, behandelten die Ägypter mich als Sklaven, seit ihr hierher hinabgekommen seid, habt ihr sie meine Herkunft wissen lassen.
Eine andere Sache: Er sagte zu ihnen: Wenn ich euch jetzt erschlage, werden die Ägypter sagen: Eine Bande von jungen Männern. Siehe, und er sagte: Diese, meine Brüder sind sie. Du weißt für dich, dass es so ist. Denn nach einer Zeit hat er einen Vorwand gegen sie gefunden und tötete sie.
Eine andere Sache: Er sagte zu ihnen: Wenn ich euch töte, werden die Ägypter sogleich sagen: Seinen Brüdern bewahrt er keine Treue, und uns sollte er Treue bewahren?
Darum: „Und er tröstete sie und er sprach zu ihrem Herzen“ (Gen 50,21). Siehe, Worte leicht und tröstend. Wenn Josef, der zum Herzen seiner Brüder sprach, gute Worte, tröstliche Worte, sie tröstete, um wie viel mehr wird der Heilige, gepriesen sei er, kommen, um Israel zu trösten. „Tröstet, tröstet mein Volk, spricht euer Gott.“ (Jes 40,1).

nicht“ (Gen 50,21).

Rabbi Simlai sagte: Er sagte zu ihnen: Ihr seid ein Haupt und ich bin ein Körper. [Nicht:] Wenn ein Haupt {vom Körper} fortgeht, wozu ist ein Körper [gut]?
Eine andere Sache: Er sagte zu ihnen: Ihr wurdet mit dem Staub der Erde und mit dem Sand des Meeres und mit den Sternen des Himmels verglichen. Gehe ich etwa und führe {gegen den Staub} Krieg? Wenn ich es gegen sie könnte, könnte ich es gegen euch.

Eine andere Sache: Er sagte zu ihnen: Wie [könnte ich zu einem Gerichtsgegner des Vaters gemacht werden? Ein Vater zeugt und ich begrabe.
Er sagte zu ihnen: Was würde ich tun?] könnte ich zu einem Gerichtsgegner des Heiligen, gepriesen sei er, gemacht werden, dass er segnet, und ich beende? {Nein.}
Eine andere Sache: Er sagte zu ihnen: Ihr entsprecht [dem Brauch] der Weltordnung: Zwölf Stunden im Tag, zwölf in der Nacht, zwölf Stämme, zwölf Planeten, zwölf Monate des Jahres. Kann ich {die Weltordnung} außer Kraft setzen?
Eine andere Sache: Er sagte zu ihnen: Bevor ihr nach Ägypten hinab gestiegen seid, behandelten die Ägypter mich {ehrenhaft} [als Sklaven], und seit ihr [hierher] herabgestiegen seid, habt ihr *sie* meine Herkunft wissen lassen.
[Und wenn ich euch erschlage, werden die Ägypter sagen: Eine Bande von jungen Männern. Und er sagte: Diese, meine Brüder sind sie. Du weißt für dich, dass es so ist, denn nach einer Zeit erhob er sich gegen sie und er tötete sie.
Eine andere Sache: Und er sagte zu ihnen:] Wenn ich euch töte, werden die Ägypter sogleich sagen: Seinen Brüdern bewahrt er keine Treue, erst recht nicht anderen.

8.1.1.

KohR zu Koh 6,3	ExR 31	Tan משפטים	Tan/TanB בהר
„Und wenn du Deinem Nächsten etwas verkaufst“ (Lev 25,14). Dies ist, was die Schrift sagt: „Ein Mann des schlechten Auges wird zu Reichtum getrieben und er weiß nicht, dass Mangel über ihn kommt“ (Spr 28,22). Dieser Vers spricht von einigen Söhnen des Menschen.[72] „Ein Mann des schlechten Auges wird zu Reichtum getrieben“ (Spr 28,22). Dies ist Kain.[73] Der Heilige, gepriesen sei er, sagte: Du wirst getrieben,[74] die Welt zu erben. Bei deinem Leben, Mangel gibt es für dich. Es ist „Und er weiß nicht, dass Mangel über ihn kommt.“ (Spr 28,22). Und was bedeutet es für ihn? Dass er in der Welt umhergetrieben wird. Wie gesagt worden ist: „Rastlos und ruhelos wirst du auf der Erde sein“ (Gen 4,12).[75]	„Wenn du Silber leihst“ (Ex 22,24). Dies ist, was die Schrift sagt: „Ein Mann des schlechten Auges wird zu Reichtum getrieben und er weiß nicht, dass Mangel über ihn kommt“ (Spr 28,22). Ein Mann des schlechten Auges. Dies ist Kain, der sich entschied, die Welt zu tragen. In welcher Weise? Als nur Kain und Abel in der Welt waren. Was steht über sie geschrieben? „Als sie auf dem Feld waren“ (Gen 4,8). Abel wurde wegen der Angelegenheiten des Feldes erschlagen. Kain sagte zu Abel: Wir wollen die Welt teilen. Nimm du die beweglichen Güter und ich die Felder. Denn er plante, ihn aus der Welt hinauszuschicken. Sie teilten zwischen sich. Abel nahm die beweglichen Güter und Kain die unbeweglichen Güter. Und Abel ging in die Welt, und Kain verfolgt ihn und er sagt zu ihm:	„Wenn du meinem Volk Silber leihst“ (Ex 22,24). „Ein Mann des schlechten Auges wird zu Reichtum getrieben.“ (Spr 28,22). Dies ist Kain, der hastet, sich selbst die Welt zu nehmen. In welcher Weise? Als er bei seinem Bruder war, wie gesagt worden ist: „Und es war, als sie auf dem Feld waren“ (Gen 4,8). Sie sagten einer zum anderen: Komm und wir wollen die Welt teilen. Kain sagte: Nimm du die beweglichen und ich die unbeweglichen Güter. Und sie teilten zwischen sich. Abel nahm die beweglichen und Kain die unbeweglichen Güter. Und er plante, ihn aus der Welt hinauszuschicken. Abel ging in der Welt und Kain verfolgt ihn. Er sagte zu ihm: Geh hinaus aus der Mitte dessen, was mir gehört. Und er ging zu den Bergen. Und er sagt: Geh hinaus aus der Mitte dessen, was mir ge-	

72 … von Kain und von Efron und von einem, der auf Zins leiht, TanB.

73 … der seinen Bruder erschlug, um die Welt für sich zu erben. Er war: „Ein Mann des schlechten Auges wird zu Reichtum getrieben“ (Spr 28,22)., TanB.

74 … reich zu werden und, TanB.

75 … Es ist: „Ein Mann des schlechten Auges wird zu Reichtum getrieben“ (Spr 28,22). Dies ist Kain, TanB.

Geh hinaus aus der Mitte dessen, was mir gehört. Er rennt zu den Bergen, und er ist hinter ihm und er sagt: Dies ist meines. Bis er gegen ihn aufstand und ihn tötete, wie gesagt worden ist: „Und Kain erhob sich gegen Abel, seinen Bruder, und er erschlug ihn“ (Gen 4,8). Und er wusste nicht, dass Mangel über ihn kommen würde. Was war sein Mangel? „Unstet und flüchtig wirst du auf der Erde sein“ (Gen 4,12). An jedem Ort, an dem er ging, ließ der Heilige, gepriesen sei er, ihm einen bösen Geist auf den Fuß folgen. Und sie schlugen ihn, und sie verfolgten ihn, bis sie ihn aus der Welt hinausschickten.	hört, bis er über ihm stand und ihn tötete. Es ist: „Ein Mann des schlechten Auges wird zu Reichtum getrieben“ (Spr 28,22). Dies ist Kain, dessen Auge böse auf seinen Bruder war. Und er wusste nicht, dass es ihm Mangel brachte. Welcher Mangel kam über ihn? Dass der Heilige, gepriesen sei er, sagte: „Unstet und flüchtig wirst du auf der Erde sein“ (Gen 4,12). Und was bedeutet es? So dass an jedem Ort, an den er kam, der Heilige, gepriesen sei er, Böses für seine Füße brachte. Und sie schlugen ihn und verfolgten ihn, bis sie ihn hinausschickten.	
	Und Salomo sagt über ihn: „Wenn ein Mann hundert zeugte“ (Koh 6,3).	„Wenn ein Mann hundert zeugte“ (Koh 6,3).
	Dies ist Kain, denn er zeugte hundert Kinder.	Dies ist Kain, denn er zeugte hundert Kinder.
	„Und viele Jahre lebte“ (Koh 6,3). Denn er lebte so lange wie Adam lebte.	„Und viele Jahre lebte“ (Koh 6,3). Denn er lebte viele Jahre.
	„Und viele waren die Tage seiner Jahre“ (Koh 6,3). Denn er fügte Tage zu den Tagen seines Vaters hinzu, 726 Jahre. „Und sich seine Seele nicht vom Guten sättigt.“ (Koh 6,3).	„Und viele waren die Tage seiner Jahre“ (Koh 6,3).
	Denn seine Seele sättigt sich nicht von seinem Reichtum, wie gesagt	Denn seine Seele sättigte sich nicht von seinem Reichtum und sie sättig-

worden ist: „Unstet und flüchtig wirst du auf der Erde sein“ (Gen 4,12).	te sich nicht vom Gut der Welt.
„Und auch ein Grab wurde ihm nicht zuteil“ (Koh 6,3). Denn er war in den leeren Raum gehängt und die Flut kam und wusch ihn weg.	„Und auch ein Grab wurde ihm nicht zuteil“ (Koh 6,3). Denn er war in den leeren Raum gehängt, und die Flut kam und wusch ihn weg, wie geschrieben steht: „Und er löschte alles Bestehende aus, das auf der Oberfläche des Erdbodens war“ (Gen 7,23). Was ist ‚das Bestehende‘? Ein Erhaltenes. Rabbi Bun sagte: Bewohnte Erde. Rabbi Eliezer sagt: Das Bestehende, es ist der Reichtum, der die Füße seiner Besitzer festhält. Rabbi Samuel sagte: Das Bestehende, dies ist Kain, der weggewaschen wurde.
„Ich sprach: Besser als er ist die Fehlgeburt“. Dies ist Abel, sein Bruder, gegen den er aufstand, und den er niederwarf, den er auf dem Feld tötete.	„Besser als er ist die Fehlgeburt“ (Koh 6,3). Dies ist Abel, sein Bruder.

Anhang: hebräisch

3.1.1. GenR 22

והאדם ידע את חוה אשתו זכור רחמיך י"י וחסדיך כי מעולם המה (תהלים כה ו) אמר ר' יהושע בר נחמיה שבם התנהגת עם אדם הראשון שכך אמרת לו כי ביום אכלך ממנו מות תמות (בראשית ב יז) ואילולא לא נתתה לו יום אחד משלך שהוא אלף שנים היאך הוא נזקק להעמיד תולדות

והאדם ידע וגו' ר' הונא ור' יעקב בשם ר' אבא לא שימש ברייה קודם לאדם הראשון אדם ידע אין כת' כאן אלא והאדם, ידע הודיע דרך ארץ לכל.

ידע מאי זו דרך שליווה נישלה.

ידע מה עבדת ליה חוויה[1], אמר ר' אחא חיויה חוויך ואת חוויה דאדם.

ותהר ותלד את קין אמר ר' אלעזר בן עזריה ג' פלאים נעשו באותו היום, בו ביום נבראו בו ביום שימשו בו ביום הוציאו תולדות, אמר ר' יהושע בן קרחה עלו למטה שנים וירדו שבעה, קין ותאומתו הבל ושתי תאומותיו.

ותאמר קניתי איש וגו' אמר ר' יצחק חמת לה איתה בנין היא אמרה הא קנה הא קנה בעלי בידיי.

ר' ישמעאל שאל את ר' עקיב' אמר לו בשביל ששימשתה את נחום איש גם זו כ"ב שנה אכים ורקים מיעוטים, איתים גמים ריבויין, את דכת' הכא מהו, אמר ליה אילו נאמר קניתי איש י"י היה הדבר קשה אלא את י"י, אמר ליה כי לא דבר רק הוא מכם (דברים לב מז) ואם רק הוא מכם שאין אתם יודעין לדורשו, אלא את י"י לשעבר אדם נברא מאדמה וחוה מן אדם, מיכן ואילך בצלמינו כדמותינו (בראשית א כו) לא איש בלא אשה, לא אשה בלא איש, ולא שניהם בלא שכינה.

ותוסף ללדת וגו'. הדא מסייעא לההיא דאמר ר' יהושע בן קרחה עלו למטה שנים וירדו שבעה ותוסף ללדת תוספת ללידה ולא תוספת לעיבור.

ויהי הבל רועה צאן וקין היה עובד אדמה שלשה היו להוטים אחר אדמה ולא נמצא בהם תוחלת[2], קין ונח ועוזיהו, קין היה עובד אדמה, נח איש האדמה (בראשית ט כ), עוזיהו כי אוהב אדמה היה (דברי הימים ב' כו י).

ויהי מקץ ימים ר' אליעזר ור' יהושע ר' אליעזר א' בתשרי נברא העולם, ר' יהושע א' בניסן, מאן דאמר בתשרי עשה הבל קיים מן החג ועד חנוכה, מאן דאמר בניסן עשה הבל קיים מן הפסח ועד עצרת, בין כדברי אילו ובין כדברי אילו הכל מודים שלא עשה הבל בעולם יותר מנ' יום.

ויבא קין מפרי האדמה וגו' מן הפסולת, משל לאריס רע שהיה אוכל את הבכורות ומכבד למלך את הסיפות.

והבל הביא גם הוא מבכורות צאנו ומחלבהן ר' אלעזר ור' יוסי בר' חנינא ר' אלעזר א' הקריבו בני נח שלמים, ר' יוסי בר' חנינא אמר עולות הקריבו, איתיב ר' אלעזר לר' יוסי בר' חנינא והכת' ומחלבהן מדבר שחלבו קרב, מה עבד ליה ר' יוסי בר' חנינא, מן שמיניהון, אתיב ר' אלעזר לר' יוסי בר' חנינא והא כת' וישלח את נערי בני ישראל ויעלו עולות ויזבחו זבחים שלמים (שמות כד ד), מה עבד ליה ר' יוסי בר' חנינא, שלימים בעורן בלא הפשט וניתוח, אתיב ר' לעזר לר' יוסי בר' חנינא והכת' ויקח יתרו חתן משה עלה וזבחים (שמות יח יב), מה עבד ליה ר' יוסי בר' חנינא, כמאן דאמר לאחר מתן תורה בא יתרו, אמר ר' הונא איתפלגון ר' ייניי ור' חייה רבה, ר' ינאי אמר קודם מתן תורה בא יתרו, ר' חייה רבה אמר אחר מתן תורה בא יתרו, אמר ר' חנינא ולא פליגי מאן דאמר קודם מתן תורה בא יתרו הקריבו בני נח שלמים, מאן דאמר לאחר מתן תורה בא יתרו עולות הקריבו, והא מסייעא ליה לר' יוסי בר' חנינא עורי צפון (שיר השירים ד טז) זו העולה שהיתה נשחטת בצפון, מה הוא עורי דבר שהיה ישן ומתעורר, ובואי תימן (שיר השירים ד טז) אילו שלמים שהיו נשחטים בדרום ומהו בואי דבר שלחידוש, ר' יהושע דסכנין בשם ר' לוי אף הדין קרייא מסייע ליה לר' יוסי בר' חנינא זאת תורת העולה היא העולה (ויקרא ו ב) שהיו בני נח מקריבים, כד היא אתייה לשלמים זאת תורת זבח השלמים (ויקרא ז יא) אשר הקריבו אין כת' כאן אלא אשר יקריבו (ויקרא ו יא) מיכן ולבא.

וישע י"י אל הבל ואל מנחתו נפייס ממנו. ואל קין ואל מנחתו לא שעה לא נפייס ממנו. ויחר לקין מאד ויפלו פניו שנעשו כאוד[3].

ויאמר י"י אל קין למה חרה לך ולמה נפלו פניך הלא אם תיטיב שאת ברכה[4], ואם לא תיטיב שאת קללה[5].

ד"א הלא אם תיטיב אני מוחל לך[6] ואם לאו חטאו שלאותו האיש גדוש ומוגדש, ר' ברכיה בשם ר' שמעון לדוד מזמור אשרי נשוי פשע כסוי חטאה (תהלים לב א) אשרי אדם שהוא גבוה מפשעיו ולא פשעו גבוה ממנו.

---

1 חוה, ד

2 תועלת, ד

3 בעור, פ א $ר_2$ | באודים, $ל_0$

4 ... כד"א וישא אהרן את ידיו אל העם ויברכם, ד פ א

5 ... דכתי' והשיאו אותם עון אשמה, ד פ

6 ... על עונותיו, ד פ י | ... על כל עונותיו, א ג כ ר

לפתח חטאת רובץ רובצת אין כת' כאן אלא רובץ, בתחילה הוא תש כנקבה ואחר כך הוא מתגבר כזכר[7].

אמר ר' עקיבה בתחילה נעשה כחוט שלכוכיא ובסוף נעשה כקלע זו שלספינה הה"ד הוי מושכי העון בחבלי השוא וכעבות העגלה חטאה (ישעיה ה יח).

אמר ר' יצחק בתחילה הוא נעשה אכסניי ואחרכך אורח ואחרכך בעל הבית הה"ד ויבא הלך לאיש העשיר (שמואל ב' יב ד) רגל דמהלכה, ויחמל לקחת מצאנו ומבקרו לעשות לאורח הבא לו (שמואל ב' יב ד) הרי אורח, ויעשה לאיש הבא אליו (שמואל ב' יב ד) הרי בעל הבית. אמר ר' תנחום בר מריון אית כלבין ברומי ידעין למשדלה, אזיל ויתיב ליה קומי פרטירה ועביד גרמיה מתנמנם ומרי פרטירה מתנמנם והוא שמיט עיגולה ארעא ועד דהומיה מצמתונון הוא משתכח ספי עיגולה ומהלך ביה.

אמר ר' אבא בר יודן לליסטים[8] שפוף שהיה יושב בפרשת דרכים, כל דעבר הוא אמר הב מה דעלך, עבר פיקח אחד וראה שאין בו תוחלת[9] התחיל מכתתו, כך[10] כמה דורות איבד יצר הרע, דור אנוש ודור המבול ודור הפלגה, כיון שעמד אברהם וראה שאין בו תוחלת[11] התחיל מכתתו הה"ד וכתותי מפניו צריו וגו' (תהלים פט כד).

אמר ר' אמי אין יצר הרע מהלך לצדדים אלא באמצע פלטיא, ובשעה שרואה אדם משמש בעיניו מתקן בשערו מתלה בעקבו אומר הדין דידי מה טעם ראית איש חכם בעיניו תקוה לכסיל ממנו (משלי כו יב)[12].

אמר ר' אבין כל מי שמפנק[13] את יצרו בנערותו סופו להיות מנון[14] עליו בזקנותו מה טעם מפנק מנוער עבדו ואחריתו יהיה מנון (משלי כט כא).

ר' חנינא אמר אם בא יצרך להסחיקך רומיהו[15] בדברי תורה[16] יצר סמוך תצור (ישעיה כו ג), [ואם עשיתה כן אני מעלה עליך כילו בראת את השלום תצור [שלום (ישעיהו כו ג) אין כת' תנצור אלא תצור][17]][18], ואם תאמר שאינו ברשותך [תלמוד לומר כי בך בטוח (ישעיהו כו ג)][19], וכבר כתבתי לך בתורה ואליך תשוקתו ואתה תמשל בו, ר' סימון אמר אם בא יצרך להסחיקך שמחהו בתורה יצר סמוך, ואם עשית כן מעלה אני עליך כאילו בראת ב' עולמות שלום אין כת' אלא [שלום שלום וגו' (ישעיהו כו ג)][20].

ויאמר קין אל הבל אחיו וגו' על מה היו הדינין אמורים, אמרו בוא ונחלק העולם, אחד נטל את הקרקעות ואחד נטל המיטלטלין, דין אמר ארעא דאת קאים דידי היא ודין אמר מה דאת לביש דידי הוא, דין אמר חלוש ודין אמר פרוח, מתוך כן ויקם קין אל הבל וגו'.

ר' יהושע דסיכנין בשם ר' לוי שניהן נטלו את הקרקעות ושניהם נטלו המיטלטלין, ועל מה היו אותן הדינין, זה אמר בתחומי בית המקדש ניבנה וזה אמר בתחומי ויהי בהיותם בשדה, אין שדה אלא בית המקדש היך מה דאת אמר ציון שדה תחרש (מיכה ג יב)[21], מתוך כן ויקם קין וגו'.

יהודה בר' אמר על חוה הראשונה היו הדינין, [אמר ר' איבו חוה ראשונה חזרה לעפרה, ועל מה היו הדינין][22], אמר ר' הונא תאומה יתירה נולדה עם הבל, זה א' אני נוטלה וזה אומר אני נוטלה, זה א' אני נוטלה שאני בכור וזה א' אני נוטלה שנולדה עימי. ויקם קין וגו'.

אמר ר' יוחנן הבל היה גיבור מקין שאין תלמוד לומר ויקם אלא מלמד שהיה תחתיו נתון, אמר לו שנינו בעולם מה את הולך ואומר לאבא, נתמלא עליו רחמים, מיד עמד עליו והרגו, מן תמן אינון אמ' טב לביש לא תעבד ובישה לא מטי לך.

במה הרגו, ר' שמעון א' בקנה הרגו וילד לחבורתי (בראשית ד כג) דבר שעושה חבורה, רבנין אמ' באבן הרגו כי איש הרגתי לפצעי (בראשית ד כג) דבר שעושה פצעים.

ר' עזריה ור' יונתן בשם ר' יצחק נתבונן קין מאיכן שחט אביו את הפר ותיטב לי"י משור פר (תהלים סט לב) ומשם הרגו ממקום הצואר[23] וממקום הסימנין.[24]

---

7 כדבור, א

8 היצר הזה דומה ..., ד

9 תועלת, פ א$_1$ | תוחלת לגזול לו כלום, ד י

10 ... הה"ד וכתותי מפניו צריו, א ג כ

11 תועלת, י

12 ... וכת' לב בסיל בשמאלו, פ

13 שממתק, י | שמתקן, א מ | שהוא מתקן, כ

14 מותח עליו, ח א ג כ י מ

15 רמחיהו, פ ב | רמחהו, א ר$_3$ | דחחו, ד ר$_1$ | שמחהו, ח ג | סמכהו, י

16 ... אם עשית כן מעלה אני עליך כאלו בראת את השלום, ד

17 שלום אכ"כ אלא תצורשלום, כ | שלום אכ"כ אלא תצר שלום שלום, ג | (תצור) שלום אכ"כ אלא שלום שלום, ד א י

18 Fehlt in ד$_1$.

19 Fehlt in ר.

20 שלום שלום ובכר כתבתי לך בתורה ואליך תשוקתו וגו', א$_1$ | תצר [תצור] שלום שלום ובכר הכתבתי ואליך תשוקתו, ג כ | שלום שלום ואם תאמר שאינו ברשותך בכר הכתבתי בתורה ואליך תשוקתו וגו', ד | שלום שלום ואם תאמר שאינו ברשותך ת"ל כי בך בטוח ובכר הכתבתי לך בתורה ואליך תשוקתו, א$_2$

21 ... ויש אומ' על עסקי אשתו כד"א ואם בשדה מצאה צעקה הנערה, פ

22 Fehlt in א.

23 Fehlt in ל.

ר' יהושע בשם ר' לוי כת' חרב פתחו רשעים (תהלים לז יד) זה קין, להפיל עני ואביון (תהלים לז יד) זה הבל, חרבם תבוא בלבם (תהלים לז טו) נע ונד תהיה בארץ.
ויאמר י"י אל קין אי הבל וגו' לאיפרכוס שהיה מהלך באמצע פלטיה, מצא הרוג אחד ואחד עומד עליו, אמר לו מי הרג זה, אמר ליה אנא בעי לך ואת בעי לי, אמר ליה לא אמרת כלום.
לאחד שניכנס לגינה וליקט תותין ואכל, והיה בעל הגינה רץ אחריו, אמר ליה מה בידך, אמר לו ולא כלום, והרי ידיך מלוכלכות, כך[25] קול דמי אחיך צועקים אלי מן האדמה.
לאחד שנכנס למרעה[26] וחטף גדי והפשילו אחריו, ובעל המרעה[27] רץ אחריו, אמר לו מה בידך, ולא כלום, אמר לו והרי מפעה אחריך כך קול דמי אחיך צועקים אלי.
ר' יודן ור' חונא ורבנין ר' יודן אמר דם אחיך אין כת' אלא דמי דמו ודם זרעו, [ר' הונא אמר אם לא את דם נבות ואת דם בניו אין כת' כאן אלא דמי (מלכים ב'= ט כו) דמו ודם זרעו][28], רבנין אמ' וימת בדם יהוידע[29] אין כת' כאן אלא בדמי[30] (דברי הימים ב' כד כה) [דמו ודם זרעו][31].
אמר ר' שמעון בן יוחי קשה הדבר לאומרו ואי איפשר לפה לפרשו, לשני אתליטין שהיו עומדין ומתגששין לפני המלך אילו רצה המלך פירשן, לא רצה לפרשן חזק אחר על חבירו והרגו[32], והיה צווח ואמר יבעי[33] דיני קדם מלכא כך קול דמי אחיך צועקים אלי מן האדמה.
לעלות למעלה לא היתה יכולה שעדיין לא עלתה שם נשמה ולמטה לא היתה יכולה שעדיין לא נקבר שם אדם והיה דמו מושלך על העצים ועל האבנים.
ועתה ארור אתה אמר ר' שמעון בן גמליאל בשלשה מקומות דיברו הכתובין בלשון ממועט ועתה ארור אתה, ואם בריאה יברא י"י (במדבר טז ל), ואנכי פציתי פי אל י"י (שופטים יא לה).
כי תעבד את האדמה לא תסף תת כחה לך ר' אלעזר אמר לך אינה נותנת, לאחר[34] נותנת, ר' יוסי בר' חנינה אמר לא לך ולא לאחר[35], ודכוותה זרע רב תוציא השדה (דברים כח לח) ר' יהודה א' זורע סאה ומכניס סאה, אמר ר' נחמיה אם כן פרנסה מנין, אלא הראויה לעשות עשרים עושה עשר, הראויה לעשות עשר עושה חמש.
כי תעבד את האדמה לא תסף תת כחה לך כוחה אינה נותנת לך, כוחך נותנת לך[36].
ויאמר קין אל י"י גדול עוני מנשוא לעיליונים ותחתונים אתה סובל, לפשעי[37] לא תסבול.
גדול עוני משלאבה, אבה[38] על מצוה קלה עבר ונטרד מגן עדן, זו שהיא עבירה חמורה שפיכות דמים על אחת כמה וכמה גדול עוני. [הן גרשתה אתמול גרשתה את אבה ועכשיו את מגרשיני, [אמנון אמ' אומנין את צואר על מה][39]][40] הן גרשת אותי היום שמא מפניך אסתר וגו'.
ויאמר לו י"י לכן כל הורג קין וגו' ר' יהודה א' נתכנסו [בהמה וחיה ועוף לתבוע][41] דיקיון[42] שלהבל אמר לו[43] הקב"ה לך אני אומר כל הורג קין וגו'[44].
ר' נחמיה א' לא כדינן שלרוצחנין דין קין, קין הרג ולא היה לו ממי ללמוד, מיכן ואילך כל הורג יהרג.
וישם י"י לקין אות ר' יהודה א' הזריח לו גלגל חמה, אמר לו ר' נחמיה לאותו רשע היה מזריח גלגל חמה, אלא[45] צרעת הזריח לו כמ' דאת אמר והיה אם לא יאמינו לך ולא ישמעו לקול האות וגו' (שמות ד ח), רב אמר כלב מסר

---

24 ... ומי קברו אמר ר' אלעזר בן פדת עופות השמים וחיות טהורות קברוהו ונתן להן הקב"ה שכרן שתי ברכות שמברכין עליהם אחת לשחיטה ואת'לכיסוי הדם, ד י

25 ... אמר לו קין להקב"ה השומר אחי אנכי אמר לו הקב"ה הא רשע, ד י

26 מדינה, פ א

27 מגינה, פ א כ

28 Fehlt in פ ע ג.

29 בן יהוידע, פ ג י

30 בן יהוידע, י | בני יהוידע הכוהן, ג

31 Fehlt in ל.

32 Fehlt in ע ג.

33 מאן יבעי, ד י

34 לאחרים, א

35 לאחרים, א

36 ... כל כוחך אינה נותנת לך מקצת כוחך היא נותנת לך, ח ג | ... כל כחך אינה נותנת היא לך נותנת לך מקצת כחך, ד | ... ד"א כל כחך אינה נותנת לו אבל נותנת היא לו מקצת כחך, פ

37 ולעוני, פ

38 א"ל אביך, א

39 Fehlt in ד ג כ י.

40 Fehlt in א$_1$.

41 Fehlt in ל.

42 דין, פ | דמו, ד ר$_1$ ש י

43 להם, ח א ר | להן, ד כ ש י | Fehlt in ג.

44 ... אמ' ר' לוי בא נחש הקדמוני לתבוע דיוקן (דינו, ד י) של הבל אמ' לו הקב"ה לך (לכן, ד) אני אומר כל הורג קין (קין יהרג, ד ח) (להרג יהיה, י)

45 במצחו, ח

לו, אבא יוסי אמר קרן הצמיח לו, רב אמר עשאו אות לרוצחנין, ר' חנין אמר עשאו אות לבעלי תשובה, ר' לוי בשם ר' שמעון בן לקיש תליו בריפון ובא מבול ושטפו וימח את כל היקום וגו' (בראשית ז כג)[46].
ויצא קין וגו' מאיכן יצא, ר' איבו אמר הפשיל דברים לאחוריו ויצא כגונב דעת העיליונים, ר' ברכיה בשם ר' אלעזר אמר יצא כמפריס[47] כמרמא בבוראו, ר' חננא בר יצחק אמר יצא שמח כמה דתימר יוצא לקראתך וראך ושמח בלבו (שמות ד יד), פגע בו אדם אמר לו מה נעשה בדינך, אמר לו עשיתי תשובה ופישרתי[48], התחיל אדם מטפיח על פניו כך היא[49] כח התשובה ולא הייתי יודע, מיד עמד ואמר מזמור שיר ליום השבת טוב להודות לי"י (תהלים צב א ב)[50].

3.4.2. GenR 21

מקדם רב אמר בכל מקום רוח מזרחית קולטת, אדם הראשון ויגרש את האדם וישכן מקדם לגן עדן, קין ויצא קין מלפני י"י וישב בארץ נוד קדמת עדן (בראשית ד טז), רוצח אז יבדיל משה שלש ערים בעבר הירדן מזרחה שמש (דברים ד מא).

3.6.2. GenR 36

איש האדמה שלשה הם שהיו להוטים אחר האדמה ולא נמצא בהם תוחלת, ואילו הן קין נח ועוזיהו, קין היה עובד אדמה (בראשית ד ב) נח ויחל נח איש האדמה, עוזיהו אכרים וכורמים בהרים ובכרמל כי אוהב אדמה היה (דברי הימים ב' כו י).

3.6.3. GenR 36

וירא חם אבי כנען וגו' ויגד לשני אחיו וגו' אמר לאחיו אדם הראשון שנים בנים היו לו ועמד אחד[51] והרג חבירו[52] וזה יש לו שלשה ומבקש לעשותן ארבעה, אמר להון ויגד להון, אמר ר' יעקב בר זבדי מה טעם העבד יוצא בשן ועין, מהכא וירא ויגד[53].

3.7.2. GenR 61

ריש לקיש בשם בר קפרא תוספתו של הקב"ה מרובה על העיקר, קין עיקר והבל על ידי שהוא לשון תוספת[54] נולד הוא ושתי תאומותיו, יוסף עיקר ובינימין על ידי שהוא לשון תוספת הוא מעמיד עשרה שנ' ובני בנימן בלע ובכר ואשבל גרא וגו' (בראשית מו כא), ער עיקר ושלה על ידי שהוא לשון תוספת הוא מעמיד עשרה בתי דינים הה"ד בדברי הימים ובני שלה בן יהודה ער אבי לכה ולעדה אבי מרשה ומשפחות בית עבודת הבץ לבית אשבע וגו' (דברי הימים א' ד כא כב), עיקר שנותיו של איוב לא היו אלא מאתים ועשר שנים וניתוסף לו מאה וארבעים שנה הה"ד ויהי איוב אחרי זאת מאה וארבעים שנה (איוב מב טז), עיקר מלכותו שלחזקיהו לא היו אלא י"ד שנה וניתוסף לו ט"ו שנה דכת' הנני מוסיף על ימיך חמש עשרה שנה (ישעיה לח ה), ישמעאל עיקר ובני קטורה על ידי שהיו לשון תוספת ותלד לו את זמרן ואת יקשן וגו'.

---

46 כד"א ויקם קין וגו', ד

47 כמפיים, פ ח ב | כמערים, י

48 ופרשתי, ד פ ג ר$_3$ | ונתפשרתי, א$_2$

49 היא גדולה, א

50 ... אמר ר' לוי המזמור הזה אדם הראשון אמר ונשתכח מדורו ובא משה וחדשו על שמו מזמור שיר ליום השבת טוב להודות לי"יוגו', ד

51 קין, א$_1$

52 את אחיו, א ת

53 ... שגרמו לו עבדות, פ

54 ... דכתיב ותוסף ללדת, ד | ... דכת' ותוסף ללדת את אחיו את הבל, ת

4.1.1. Tan ברשית

ויהי מקץ ימים ויבא קין וגו', יש מקץ שנה ויש שנתים ויש ימים ויש ארבעים שנה אמרו חז"ל בני ארבעים שנה היו קין והבל, ויבא קין מפרי האדמה מהו מן מותר מאכלו, ורבנן אמרו זרע פשתן היה, והבל הביא גם הוא מבכורות צאנו ומחלביהן לפיכך נאסר צמר ופשתים שנא' (דברים כב) לא תלבש שעטנז וגו' ואמר הקב"ה אינו דין שיתערב מנחת החוטא עם מנחת זכאי לפיכך נאסר, ויאמר קין אל הבל אחיו מה א"ל נחלק העולם ואני בכור ואטול פי שנים, א"ל הבל איפשר, א"ל קין א"כ אני נוטל יתר חלק על חלקי מקום שנתקבל בו קרבנך, א"ל הבל לא תטול ועל דבר זה נפלה קטטה ביניהם שנאמר ויהי בהיותם בשדה ולהלן כתיב (ירמיה כו) ציון שדה תחרש ויש אומרים שאמר קין להבל נחלק העולם, א"ל הן, נטל הבל צאנו וקין אדמה לעבוד, והתנו ביניהם שלא יהא לזה על זה כלום כשנטל הבל את צאנו התחיל לרעות את הצאן וקין רודף אחריו מהר לבקעה ומבקעה להר עד שנתאחזו זה בזה ונצח הבל אל קין ונפל תחתיו, וכשראה קין כך התחיל צווח הבל אחי אל תעשה בי רעה, ורחם עליו והניחו ועמד והרגו שנאמר ויקם קין מכלל שנפל, כיון שהרגו אמר אברח מפני אבי ואמי שאין מבקשין אותו אלא ממני שאין אחד בעולם אלא אני והוא מיד נגלה עליו הקב"ה א"ל מפני אבותיך אתה יכול לברוח מפני אין אתה יכול לברוח שנאמר (ירמיהו כג) אם יסתר איש במסתרים ואני לא אראנו, א"ל אי הבל אחיך, א"ל ווי לו שריחם עליך ולא הרגך כשנפלת תחתיו ואתה עמדת והרגת אותו והאיך הרגו עשה לו פציעות פציעות חבורות חבורות באבן בידו וברגליו שלא היה יודע מהיכן נשמתו יוצאת עד שהגיע לצוארו כיון שאמר לו הקב"ה אי הבל אחיך א"ל לא ידעתי השומר אחי אנכי אתה הוא שומר כל הבריות ואתה מבקשו מידי, משל למה"ד לגנב שגנב כלים בלילה ולא נתפש, לבקר תפשו השוער, א"ל למה גנבת את הכלים, א"ל אני גנב ולא הנחתי אומנתי אבל אתה אומנתך בשער לשמור למה הנחת אומנתך, ועכשיו אתה אומר לי כך, ואף קין כך אמר אני הרגתי אותו בראת בי יצה"ר, אתה שומר את הכל ולי הנחת אותו להרגו אתה הוא שהרגתו שנקראת אנכי שאלו קבלת קרבני כמותו לא הייתי מתקנא בו. מיד השיבו מה עשית קול דמי אחיך צועקים מכאן אתה למד שעשה בו פציעות וחבורות חבורות. צועקים אלי צועקים עלי משל לשנים שעשו מריבה הרג אחד מהן את חבירו היה בהן שליש ולא הפריש ביניהם, על מי הכל משיחין לא על השליש, לכך כתיב צועקים אלי צועקים עלי. א"ל קין רבש"ע לא ידעתי ולא ראיתי הרוג מימי וכי הייתי יודע שאני מכהו באבן והוא מת והשיבו מיד ארור אתה מן האדמה וגו' כי תעבוד את האדמה לא תוסף תת כחה לך. אמר לפניו רבש"ע יש לפניך דלטורין שמלשינין את האדם לפניך, אבי ואמי הרי הן בארץ ואינן יודעין שאני הרגתיו, ואתה בשמים מנין אתה יודע. א"ל שוטה כל העולם כולו אני סובל שנאמר (ישעיה מו) אני עשיתי ואני אשא אני אסבול ואמלט. א"ל כל העולם כולו אתה סובל ועוני אינך יכול לסבול גדול עוני מנשוא. א"ל הואיל ועשית תשובה צא וגלה מן המקום הזה שנאמר ויצא קין מלפני ה' וישב בארץ נוד. כשיצא כל מקום שהיה הולך היתה הארץ מזדעזעות מתחתיו והיו חיות ובהמות מזדעזעות ואומרות מהו זה. אומרות זו לזו קין הרג את הבל אחיו גזר הקב"ה עליו נע ונד תהיה. והן אומרות נלך אצלו ונאכלנו והיו מתכנסות ובאות אצלו באותה שעה זלגו עיניו דמעות ואמר (תהלים קלט) אנה אלך מרוחך ואנה מפניך אברח אם אסק שמים שם אתה ואציעה שאול הנך אשא כנפי שחר אשכנה באחרית ים גם שם ידך תנחני ותאחזני ימינך.

הן גרשת אותי וגו' ויאמר לו ה' לכן כל הורג קין וגו' יש אומרים שבת נעל בפניו כמ"ש (שמות לא) ביני ובין ישראל אות היא לעולם כשם שלמד שבת זכות על אדם הראשון כך למד על קין. וי"א קרן קבע במצחו בשעה שהרג קין את הבל היה מושלך ולא היה יודע קין מה לעשות זימן לו הקב"ה שני עופות טהורים והרג אחד מהן את חבירו וחפר בידו וקברו וממנו למד קין וחפר וקבר את הבל לפיכך זכו העופות לכסות את דמן.

ויאמר לו ה' לכן כל הורג קין א"ל ארבע משפחות עתידות לצאת מהבל ובטלת מן העולם כך תפתח הארץ את פיה ותבלע לך ארבע משפחות אלו הן חנוך עירד ומחויאל ומתושאל, וכיצד נהרג קין נעשה מלאך המות ק"ל שנה והוא נע ונד בקללה למך בן בנו היה שביעי לדורות וסומא היה יוצא לצוד והיה בנו אוחזו בידו כשהיה רואה אותו תינוק חיה היה אומר לו א"ל כמין חיה אני רואה מתח את הקשת כנגדו והרג את קין. ראה אותו תינוק מרחוק הרוג וקרן במצחו אמר לו ללמך אבי הרי דמות אדם הרוג וקרן במצחו. א"ל למך ווי לי זקני הוא. טפח שתי ידיו בחרטה ונגע בראש התינוק והרגו בשוגג שנאמר כי איש הרגתי לפצעי וילד לחבורתי נשארו שלשתן במקום אחד. קין הרוג ואותו תינוק הרוג ולמך סומא. לערב יצאו נשיו אחריו מצאו זקינם הרוג ותובל קין בנם הרוג ולמך. באותה שעה פתחה הארץ פיה ובלעה ד' משפחות חנוך ועירד ומחויאל ומתושאל ונעשה למך מלאך המות לקיים מה שנאמר כי שבעתים יקם קין ולמך שבעים ושבעה כיון שבאו לבית אמר להם למך לנשיו עלו למטה. א"ל הרגת את קין זקנינו ותובל קין בננו לא נעלה א"ל כבר נטלו חלקו קין שבעה דורות, אבל אני שבעים ושבעה. א"ל לא נשמע לך מה אנו מולידות למארה. א"ל נלך לב"ד. הלכו להם אצל אדם הראשון. א"ל עדה וצלה אדונינו למך זה בעלנו הרג את זקנינו. א"ל אי זקנינו לפי תומו הרגו. א"ל אדם נשי למך האזינה אמרתי למך אומר וכי איש הרגתי לפצעי בתמיה אמר להן לכו תשמעו לבעליכן א"ל אסיא אסא חגרתך אתה פרשת ממטתך מאה ושלשים שנה ואתה מלמד אותנו מה כתיב אחריו ויחי אדם שלשים ומאת שנה ויולד בדמותו כצלמו ויחי למך שתים ושמונים שנה ומאת שנה ויולד בן שממנו נברא העולם. ויקרא את שמו נח לאמר זה ינחמנו. מנין היה יודע לומר זה ינחמנו ממעשינו וגו' וכי נביא היה, אר"ש בן יהוצדק למודין היו שבשעה שא"ל הקב"ה לאדם ארורה האדמה בעבורך בעצבון תאכלנה כל ימי חייך אמר אדם רבש"ע עד מתי, א"ל עד שיולד אדם מהול. כיון שנולד נח מהול מיד ידע למך ואמר ודאי זה ינחמנו וגו'. ומהו ממעשינו ומעצבון ידינו קודם שנולד נח לא כשהיו זורעין היו קוצרין אלא היו זורעין חטים וקוצרים קוצים ודרדרים כיון שנולד נח חזר העולם לישובו. קצרו מה שזרעו זורעין חיטין וקוצרין חטים, שעורים וקוצרין שעורים,

ולא עוד אלא עד שלא נולד נח עושין מלאכה בידיהם לכך כתיב ומעצבון ידינו. נולד נח התקין להם מחרשות ומגלות וקרדומות וכל כלי מלאכה.

6.1.2. Tan אמור

והאלהים יבקש את נרדף (קהלת ג), רבי הונא בשם רבי יוסף אמר עתיד הקב"ה לתבוע דמן של נרדפין מיד רודפיהן צדיק רודף צדיק והאלהים יבקש את נרדף, רשע רודף רשע,[55] ורשע רודף צדיק והאלהים יבקש את נרדף, נמצאת אומר שאפילו צדיק רודף רשע מ"מ והאלהים יבקש את נרדף[56]
תדע לך שהוא כן שהרי הבל היה נרדף מפני קין, לכך[57] וישע ה' אל הבל ואל מנחתו ואל קין ואל מנחתו לא שעה (בראשית ד), נח נרדף מפני דורו, וכתיב[58] (בראשית ו) ונח מצא חן בעיני ה', אברהם נרדף מפני נמרוד וכתיב[59] (נחמיה ט) אתה הוא ה' האלהים אשר בחרת באברם והוצאתו מאור כשדים, יצחק נרדף מפני פלשתים, וכתיב[60] (בראשית כו) ויאמר ראה ראינו כי היה ה' עמך ונאמר תהי נא אלה בינותינו בינינו ובינך ונכרתה ברית עמך, יעקב נרדף מפני עשו וכתיב[61] (תהלים קלה) כי יעקב בחר לו יה ישראל לסגולתו, {יוסף נרדף מפני אחיו וכתיב[62] (בראשית לט) ויהי ה' את יוסף ויהי איש מצליח ויהי בבית אדניו המצרי,}[63] משה נרדף מפני פרעה וכתיב[64] (תהלים קו) לולי משה בחירו עמד בפרץ לפניו להשיב חמתו מהשחית[65] ישראל נרדפים מפני עכו"ם[66] וכתיב[67] בך בחר ה' אלהיך להיות לו לעם סגולה[68].

6.1.3. Tan אמור

אמר רבי לוי אוי להם לרשעים[69] שהם מתעסקין בעצות רעות על ישראל, כל אחד ואחד אומר עצתי יפה מעצתך עשו אמר שוטה היה קין שהרג את הבל אחיו בחיי אביו אבל לא היה יודע שאביו יפרה וירבה אני איני עושה כן אלא יקרבו ימי אבל אבי ואהרגה את יעקב אחי (בראשית כז), פרעה אמר שוטה היה עשו שאמר יקרבו ימי אבל אבי לא היה יודע שאחיו[70] פרה ורבה בחיי אביו אני איני עושה כן אלא עד דאינון דקיקין [תחת כרסי][71] אמתהון אני מחניק להון, הה"ד כל הבן הילוד היאורה תשליכוהו (שמות א), המן אמר שוטה היה פרעה שאמר כל הבן הילוד, לא היה יודע שבנות נשואות לאנשים ופרות ורבות מהן אני איני עושה כן אלא להשמיד להרוג וגו' (אסתר ג), אמר רבי לוי אף גוג ומגוג [לעתיד לבא][72] אומר כן שוטים היו הראשונים [שהיו מתעסקין בעצות על ישראל][73], לא היו יודעין שיש להם פטרון בשמים אני איני עושה כן אלא בתחלה אני מזדווג לפטרונם ואח"כ אני מזדווג להם הה"ד יתיצבו מלכי ארץ ורוזנים נוסדו יחד על ה' ועל משיחו (תהלים ב), [א"ל הקב"ה רשע לי [אתה רוצה][74] להזדווג חייך שאני עושה עמך מלחמה [הה"ד ה' כגבור יצא כאיש מלחמות יעיר קנאה (ישעיה מב) וכתיב][75] ויצא ה' ונלחם בגוים ההם (זכריה יד).

---

55 ... האלהים יבקש את נרדף, TanB, PRK, LevR
56 צדיקים, א LevR
57 [...] והאלהים יבקש את נודף, PRK, Lev R (außer ד) | ובחר הקב"ה בהבל שנאמר, ד LevR
58 והאלהים יבקש את נודף, PRK, Lev R (außer ד) | ולא בחר הקב"ה אלא בנח שנאמר, ד LevR
59 והאלהים יבקש את נודף, PRK, Lev R (außer ד) | ובחר הקב"ה באברבם שנאמר, ד LevR
60 והאלהים יבקש את נודף, PRK, Lev R (außer ד) | ובחר הקב"ה ביצחק שנאמר, ד LevR
61 והאלהים יבקש את נודף, PRK, Lev R (außer ד) | ובחר הקב"ה ביעקב שנאמר, ד LevR
62 והאלהים יבקש את נודף, PRK, Lev R (außer ד) | ובחר הקב"ה ביוסף שנאמר, ד LevR
63 Fehlt in LevR (außer ד).
64 והאלהים יבקש את נודף, PRK, Lev R (außer ד) | ובחר הקב"ה במשה שנאמר, ד LevR
65 דוד נרדף מפני שאול האלהים יבקש את נרדף, ויבחר בדוד עבדו (תהלים עח ע), LevR (außer ד) | דוד נרדף מפני שאול האלהים יבקש את נרדף, ויבחר בדוד עבדו (תהלים עח ע). שאול נרדף מפני פלשתים ובחר הקב"ה בשאול שנאמר הראיתם אשר בחר בו יי', ד LevR |פ Vgl. auch LevR.
66 אומות העולם, TanB | אומות, LevR
67 והאלהים יבקש את נודף, PRK, LevR
68 ומה כתיב תמן, והיה יי' למלך על כל הארץ (זכריה יד ג), Lev R (außer ל)
69 לאומות העולם, כ LevR
70 שאביו, פ LevR
71 במעי, כ LevR
72 לעתיד לבא עתיד, LevR, PRK (außer כ) | עתיד, TanB
73 מתקוממי' על עצות, כ
74 באת, TanB
75 Fehlt in PRK כ, LevR פ.

6.7.2. AggBer 47 (Ms Oxford 2340)

ד"א ויברח יעקב. זש"ה ערום ראה רעה ונסתר וגו' (משלי כב ג). זה יעקב, ומה ראה וברח, אלא כיון שנטל את הברכות, התחיל עשו מבקש להרגו, שנאמר וישטום וגו' ואהרגה את יעקב אחי (בראשית כז מא). הלך לו אצל ישמעאל. שנא' וילך עשו אל ישמעאל (שם /בראשית/ כח ט),

מה עשה עשו הרשע. הלך אצל ישמעאל וא"ל נועץ אני ואתה ונשול בכל העולם כלו.

א"ל היאך.

א"ל עשו. אתה יודע שהי' אביך אוהב אותך כנפשו. שנ' לו ישמעאל יחיה לפניך. ועכשיו כשנולד יצחק אחיך בא אביך וגרשך והוציאך מביתו ריקם. ואמרה לו אשתו. גרש האמה הזאת וגו'. ולא הניחך לירש מכל אשר לאביך אפילו פרוטה אחת. כדכתיב "ויתן אברהם את כל אשר לו ליצחק.

ולא די מה שעשה לך אלא אף אותי הוציא.

ועתה אתה יודע שאין דין לבן להרוג את אביו אלא האח יכול להרוג את אחיו בשביל נחלתו. שכן מצינו בקין שהרג את הבל אחיו. שנא' ויקם קין אל הבל אחיו ויהרגהו.

ועתה הדין נותן לך להרוג את אחיך שהוציאך מכל ממונך ומכל אשר לך. ואני כן אהרוג את אחי ואח'כ נירש את כל העולם כלו ונהיה אנחנו שנינו שולטין בכל מה שהיה לאברהם אבינו.

א"ל ישמעאל. איני יכול להאמין הדברים מפני שאתה הפכן.

א"ל עשו. אם אני אקח בתך תאמין לי.

א"ל. הן.

מיד ויקח את מחלת בת ישמעאל וגו' לו לאשה.

באותה שעה נשא ישמעאל ק'ו בעצמו ואמר. אם אהרוג את יצחק אחי יחייבני הקב"ה ומביא מארה עלי ועל זרעי כמו שעשה לקין שהכריתו מן העולם הזה. מוטב לי להניח כל אשר לי ולא אירש קללתו של מקום.

ועשו הרשע לא היה עושה דבר זה אלא מרוב ערמה שהיה בו. ואמר בלבו. כשהוא הורג את אבא אחרי כן אביא עליו בדין ואומר לו. למה הרגת את אבא. ויתחייב מיד ואהרוג אותו. ואח"כ אהרוג את אחי יעקב ואהיה אני מלך על כל העולם כלו.

א"ל הקב"ה. רשע. סובר אתה בדעתך שאיני יודע מה שחשבת בלבך ואני עומד בכל מקום ויודע כל מחשבות הלב. ומנין שכך חשב בלבו אותו רשע. שנ' יען אמרך את שני הגוים וגו'. חייך. שם הייתי. והריני מפרסמך כל כך לכל באי עולם ממה שרצית לעשות. שנ' כי אני חשפתי את עשו גליתי את מסתריו.

בשביל שביקש להרוג את אביו ואת אחיו וכל שכניו. שנ' איך נחפשו עשו נבעו מצפוניו. וזה שידע יעקב וברח מפניו. לפיכך אמר הכתוב ערם ראה ונסתר וגו'. זש"ה ויברח יעקב. ורוח הקודש צווחת ואומרת. וישלך עליו ולא יחמול מידו כרה יברח.

7.2.2. PRK 28

[76]כי רוצה י"י בעמו יפאר ענוים בישועה (תהלים קמט ד). ר' יהושע דסכנין בשם ר' לוי רוצה הוא הקב"ה בקרבנותיהם של ישר'[77], יפאר ענוים בישועה (תהלים קמט ד)[78], ואין ישועה אלא קרבן, כמה דאת או' וישע י"י אל הבל ואל מנחתו (בראשית ד ד). [כי רוצה י"י בעמו (תהלים קמט ד), רוצה הוא הקב"ה בקרבנותיהם של ישר'. לפיכך משה מזהיר את ישר' ביום השמיני (במדבר כט לה).][79]

8.2.2. PRK 27

[80]יעלז שדי (תהלים צו יב), זה העולם, [דכת' ויהי בהיותם בשדה (בראשית ד ח).][81] וכל אשר בו (תהלים צו יב), אילו הבריות, כמה דאת או' [לי"י הארץ ומלואה (תהלים כד א)][82]. אז ירננו כל עצי היער (תהלים צו יב) וכת' כל עצי היער (תהלים צו יב), א"ר אחא היער, אילו אילנות שהם עושין פירות, וכל עצי היער אילו אילנות שאינן עושין

76 Die Parallele in PesR bezeugt nur JTS.

77 בקרבנו של עני, א$_1$ (PRK)

78 ... מהדר הקב"ה בקרבנו של עני, JTS (PesR)

79 Fehlt in JTS (PesR).

80 ד"א ולקחתם לכם ביום הראשון הה"ד ..., ד LevR

81 fehlt in א כ

82 ויהי בהיותם בשדה, כ | Fehlt in א.

פירות. לפני מי, לפני י"י (תהלים צו יג). למה, כי בא (תהלים צו יג), בראש השנה וביום הכיפורים. מה לעשות, לשפוט, תבל בצדק ועמים באמונתו[83] (תהלים צו יג).

8.3.2. NumR 7

ועל שפיכות דמים מקין שנא' (בראשית ד) וישם ה' לקין אות א"ר נחמיה זו הצרעת נאמר כאן אות ונאמר בחזקיהו אות מה אות האמור בחזקיהו שחין אף כאן שחין.

8.3.4. NumR 9

ד"א איש איש וגו' הה"ד (בראשית יז) ונתתי לך ולזרעך אחריך את ארץ מגוריך וגו' ונתתי לך הה"ד (דברים כג) כי ה' אלהיך מתהלך וגו' הדא הוא דכתיב (משלי ה) ועתה בנים שמעו לי וגו' (משלי ה) הרחק מעליה דרכך וגו' (משלי ה) פן תתן לאחרים וגו' (משלי ה) פן ישבעו זרים כחך וגו' מהו ועתה בנים שמעו לי מדבר בי' השבטים ובשבט יהודה ובנימין שכל ישראל נקראו בנים שנאמר (דברים יד) בנים אתם לה' אלהיכם וגו' שמעו לי הזהירם שיקיימו את השמועה ואל תסורו מאמרי פי הזהירם שיקיימו את העשייה כשם שקבלו עליהם בסיני (שמות כד) כל אשר דבר ה' נעשה ונשמע לפי שעל עבירות שניהם גלו שנאמר (מלכים ב יח) ויגל מלך אשור את ישראל וגו' (שם) על אשר לא שמעו בקול ה' (שם) ולא שמעו ולא עשו (משלי ה) הרחק מעליה דרכך הזהירם שיתרחקו הזנות מהם ואל תקרב אל פתח ביתה הזהירם על העריות שנאמר בהן (ויקרא יח) איש איש אל כל שאר בשרו לא תקרבו לגלות ערוה (משלי ה) פן תתן לאחרים הודך שיאבדו מלכותם ותנשא לגוים ואין הודך אלא מלכות כמה דתימא (דניאל יא) ולא נתנו עליו הוד מלכות (משלי ה) ושנותיך לאכזרי נתנו שנותיהם למלאך אכזרי שקרבו ימיהם ושנותיהם ליאבד כמה דתימא (יחזקאל כב) ותקריבי ימיך ותבואי עד שנותיך וגו' (משלי ה) פן ישבעו זרים כחך שגלו מארצם וישבו זרים במקומם ואכלו כחם ויגיעם ואין כחך אלא כח ארצם כמה דתימא כי תעבוד את האדמה וגו' וכן את מוצא כשהגלה מלך אשור לי' השבטים הושיב זרים בארצם שנא' (מלכים ב יז) ויבא מלך אשור מבבל ומכותה ומעוא ומחמת וגו' הוי פן ישבעו זרים כחך (שם) ועצביך בבית נכרי אין עציבה אלא בנים כמה דתימא (בראשית ג) בעצב תלדי בנים ד"א ועצביך זה יגיעת הארץ לומר שיאכלו בעצבון כל מה שיאכלו בארץ נכריה כמה דתימא (בראשית ג) בעצבון תאכלנה וגו'

9.3.3. NumR 20

ויאמר בלעם אל בלק בנה לי בזה שבעה מזבחות ולמה שבעה מזבחות כנגד שבעה מזבחות שבנו שבעה צדיקים מאדם ועד משה ונתקבלו אדם והבל ונח אברהם יצחק ויעקב ומשה שהיה אומר למה קבלת את אלו לא בשביל עבודה שעבדו לפניך קבלתם לא נאה לך שתהא נעבד משבעים אומות ולא מאומה אחת השיבו רוח הקדש (משלי יז) טוב פת חריבה טוב מנחה בלולה בשמן וחריבה מבית מלא זבחי ריב שאתה רוצה להכניס מריבה ביני ובין ישראל.

9.5.2. AggBer 26

ד"א וישר אבימלך. זש"ה כורה שחת בה יפול וגולל אבן אליו תשוב (משלי כו כז). כל מי שהרג לאחיו בו בדבר לקה, הוא יהורם עמד והרג בני מעיו של אביו, שנאמר וגם את אחיך בית אביך הטובים ממך הרגת (דברי הימים ב' כא יג), ולפי שהרג את בני מעיו של אביו, לפיכך יצאו מעיו מן החולי, שנאמר ויהיו לימים מימים וכעת צאת הקץ לימים שנים יצאו מעיו עם חליו (דברי הימים ב' כא יט), למה כורה שחת בה יפול וגולל אבן אליו תשוב. קין הרג את הבל אחיו באבן, שנאמר ויקם קין אל הבל אחיו ויהרגהו (בראשית ד ח) והאיך הרגו, אלא שנטל אבן והיה מכה בו בכל איבריו פצעים פצעים עד שמת, מנין שכך אמר למך לנשיו כי איש הרגתי לפצעי וגו' (בראשית ד כג). ואף קין נהרג באבן, שנאמר ויצא קין וגו' (בראשית ד טז). שמה נפל עליו אבן מת, למה וגולל אבן וגו'. כך אבימלך זה הרג לאחיו באבן, שנאמר ויהרג וגו' על אבן אחת (שופטים ט ה), ונהרג גם הוא באבן, שנאמר ותשלך אשה אחת פלח רכב על ראש אבימלך ותרץ את גולגלתו (שופטים ט נג), הוי וגולל אבן אליו תשוב.

---

83 במישרים, אבד

9.7.2. MdrPss 148

ויעמידם לעד לעולם חק נתן ולא יעבור. ואיזה חק נתן, שאמר להם, יהי רקיע וגו' (בראשית א ו), מאותו היום לא זזו, ברא הקב"ה לשמוח בו כביכול לא היתה בו שמחה, לפי שחטא אדם נתקללה האדמה, שנאמר ארורה האדמה וגו' (בראשית ג יז), בא קין והרג הבל, א"ל אי הבל אחיך קול דמי אחיך צועקים אלי מן האדמה וגו' נע ונד תהיה בארץ (בראשית ד יב), ולא הניחו להקב"ה לשמוח בעולמו.

3.2.2. / 7.1.1.

GenR 19	HldR zu Hld 4,16	NumR 13	PesR 5	Tan פקודי	Tan/TanB נשא
	באתי לגני, אמר ר' מנחם חתניה דר' אלעזר בר אבונה בשם ר' שמעון בר' יוסנה, באתי לגן אין כתיב כאן, אלא לגני, לגנוני, למקום שהיה עיקרי מתחלה, ועיקר שכינה לא בתחתונים היתה,	א"ר ישמעאל ב"ר יוסי באתי לגן אין כתיב כאן אלא באתי לגני לגנוני למקום שהוא עיקרי מתחלה וכי עיקר שכינה אינה בתחתונים היתה	{רב אמר דבר שלא היה נברא בעולם אלא עכשיו, משנברא העולם לא שרתה השכינה בתחתונים אלא משה וקם המשכן שרתה השכינה בתחתונים, ר"ש בן יוחאי אומר מאי ויהי דבר שהיה ופסק וחזר להיות כמה שהיה, שכן אתה מוצא מתחילת ברייתו של עולם הייתה השכינה בתחתונים כמה שכתוב	בא וראה כמה חבב הקב"ה את המשכן שהניח את העליונים ושכן בתוך המשכן, אמר רבי שמעון עיקר שכינה בתחתונים היתה שנאמר	[אמר רבי שמואל בר נחמן][1] בשעה שברא הקב"ה את העולם נתאוה שיהא לו דירה בתחתונים כמו שיש בעליונים ברא את האדם וצוה אותו ואמר לו מכל עץ הגן אכול תאכל ומעץ הדעת טוב ורע לא תאכל ממנו (בראשית ב) ועבר על צוויו, אמר ליה הקב"ה כך הייתי מתאוה שיהא לי דירה בתחתונים כמו שיש לי בעליונים ודבר אחד צויתי אותך ולא שמרת אותו, מיד סלק הקב"ה שכינתו לרקיע הראשון[2] מנין דכתיב
וישמעו את קול יי' אלהים מתהלך בגן לרוח היום	הה"ד (בראשית ג') וישמעו את קול ה' אלהים מתהלך בגן	הה"ד (בראשית ג) וישמעו את קול ה' אלהים מתהלך בגן לרוח היום	וישמעו את קול ה' אלהים מתהלך בגן (בראשית ג ח),	וישמעו את קול ה' אלהים מתהלך בגן (בראשית ג),	(בראשית ב) וישמעו את קול ה' אלהים מתהלך בגן,
אמר ר' חלפיי שמענו שיש הילוך לקול, הילוך לאש					

[1] Fehlt in TanB.
[2] Fehlt in TanB.

					לא שמענו, והיכן שמענו להלן ותיהלך אש (שמות ט כג).
			א"ר חמא בר כהנא מהלך אין כתיב כאן אלא מתהלך בגן מקפץ ועולה מהו (בראשית ג) ויתחבא האדם ואשתו א"ר איבו באותה שעה גרעה קומתו של אדם הראשון ונעשית של ק' אמה	א"ר אבא מהלך אין כתיב כאן אלא מתהלך, מקפץ וסליק מקפץ וסליק,	אמר ר' אבא בר כהנא מהלך אין כת' כאן אלא מתהלך מקפץ ועולה,
כיון שעברו על הצווי סלק שכינתו לרקיע הראשון,	בא אדם וחטא נסתלקה מן הארץ לשמים,	חטא אדם הראשון נסתלקה השכינה לרקיע [הראשון,	כיון שחטא אדם נסתלקה השכינה לרקיע הראשון,	חטא אדם הראשון ונסתלקה השכינה לרקיע הראשון,	עיקר שכינה בתחתונים הייתה, כיון שחטא אדם הראשון[3] ניסתלקה לרקיע הראשון,
עמד קין והרג להבל מיד סלק שכינתו [לרקיע שני כו'][4]	עמד קין והרג את אחיו נסתלקה מן הרקיע הראשון לשני,	עמד קין והרג לאחיו נסתלקה לרקיע][5] השני	חטא קין נסתלקה לרקיע השני,	חטא קין נסתלקה לרקיע השני,	חטא קין עלה[6] לרקיע השיני,
{עמדו דור אנוש והיו עובדי ע"ז, שנאמר אז הוחל לקרא בשם ה' (בראשית ד כו), וסילק שכינתו מן השני לשלישי,	עמד דור אנוש והכעיס לפניו נסתלקה מן השני לשלישי,	עמד דור אנוש וחטאו אז הוחל לקרא בשם ה' (בראשית ד כו) ונסתלקה לרקיע השלישי,	חטאו דור אנוש נסתלקה לרקיע השלישי,	חטא אנוש נסתלקה לרקיע השלישי,	חטא דור אנוש עלה[7] לשלישי,
עמדו דורו של מבול, וכתיב בהם ויאמרו לאל סור ממנו (איוב כא יד), מיד סילק	עמד דור המבול והשחית דרכו נסתלקה מן השלישי לרביעי,	עמדו דור}[8] המבול וחטאו כמה שכתוב וירא ה' כי רבה רעת האדם (בראשית	חטאו דור המבול נסתלקה לרקיע הרביעי,	חטא דור המבול נסתלקה לרקיע הרביעי,	חטא דור המבול [לרביעי][9],

3 Fehlt in ל.

4 מרקיע הראשון לרקיע השני, TanB

5 Fehlt in Ms Parma.

6 נסתלקה, ד פ ו א1 י מ כ ג

7 נסתלקה, א1 י ת | .ד פ ו ג כ Fehlt in

8 Fehlt in Ms Wien (Ms Wien beginnt an dieser Stelle).

9 נסתלקה לרקיע רביעי, א1 י

שכינתו מן הרקיע השלישי לרביעי,			ו ה) [ונסתלקה לרקיע הרביעי,		
עמדו דור הפלגה אמרו לא כל הימנו, לבור לו את העליונים, וליתן לנו את התחתונים, מה אמרו, הבה נבנה לנו עיר (בראשית יא ד), ומה עשה להם הקב"ה, ויפץ ה' אותם משם (בראשית יא ח), עמד וסילק שכינתו מן הרקיע הרביעי לחמישי.	דור הפלגה נתגאה נסתלקה מן רביעי לחמישי,	עמדו דור הפלגה][10] ונסתלק' השכינ' לרקיע החמישי,	חטאו דור הפלגה נסתלקה לרקיע החמישי,	חטא דור המגדל נסתלקה לרקיע החמישי,	דור הפלגה [לחמישי][11],
עמדו הסדומיים מה כתיב בהם, ואנשי סדום רעים וחטאים (בראשית יג יג), רעים זה לזה, וחטאים בגילוי עריות, לה' בע"ז, מאד בשפיכות דמים, מיד סילק שכינתו מן הרקיע החמישי לששי.	סדומיים קלקלו נסתלקה מן החמישי לששי,	עמדו הסדומיים ונסתלקה לששי שהיו חוטאים ואנשי סדום רעים וחטאי' (בראשית יג יג),	חטאו הסדומיים נסתלקה לרקיע הששי	חטאו אנשי סדום נסתלקה לרקיע הששי,	סדומיים [לששי][12],
עמדו הפלשתים והכעיסו להקב"ה מיד סילק שכינתו מרקיע הששי לשביעי.}[13]	עמדו אמרפל וחבריו נסתלקה מן ששי לשביעי,	באו פלשתים וחטאו וישלח אבימלך מלך גרר ויקח את שרה (בראשית כ ב) ונסתלקה לשביעי.	חטאו המצריים נסתלקה לרקיע השביעי	חטאו המצריים בימי אברהם נסתלקה לרקיע השביעי,	מצריים [בימי אברהם][14] [לשביעי][15],
אמר הקב"ה שבעה רקיעים בראתי ועד עכשיו יש רשעים לעמוד בה מה			וכנגדן עמדו שבעה צדיקים והורידו את השכינה מן העליונים לתחתונים ואלו הן	כנגדן עמדו שבעה צדיקים והורידוה לארץ,	וכנגדן עמדו ז' צדיקין אברהם יצחק יעקב לוי קהת עמרם משה והורידו

10 Fehlt in der Editio Princeps, da offensichtlich korrumpiert, hier ergänzt.

11 נסתלקה לרקיע חמישי, א$_{1}$ י'

12 נסתלקה לרקיע ששי, א$_{1}$ י'

13 Bezeugt nur von der längeren Textfassung in TanB.

14 Fehlt in י' א$_{2}$.

15 נסתלקה לרקיע שביעי, א$_{1}$ י'

עשה[16] קפל את כל הדורות הראשונים[17] הרשעים והעמיד אברהם[18]					אותה לארץ,
[כיון שהעמיד אברהם סיגל מעשים טובים][19] ירד הקב"ה מן רקיע שביעי לששי[20] ירד הקב"ה מן רקיע שביעי לששי	עמד אברהם וסגל מעשים טובים נמשכה השכינה מן שביעי לששי,	בא אברהם וסיגל מעשי' טובים וירדה השכינ' מן הרקיע השביעי לששי,	אברהם הורידה מן השביעי לששי	זכה אברהם הורידה משביעי לששי,	אברהם משביעי לשישי,
עמד יצחק ופשט צווארו על גבי המזבח ירד[21] מששי לחמישי כו'[22]	יצחק משכה מן ששי לחמישי,	בא יצחק ופשט צווארו על גבי המזבח וירדה מן הששי לחמישי,	יצחק הורידה מן הששי לחמישי	עמד יצחק והורידה מששי לחמישי,	יצחק הוריד משישי לחמישי,
{עמד יעקב וירד מן החמישי לרביעי,	יעקב מן חמישי לרביעי,	בא יעקב ונטע אהלה לתורה כמו שכתב ויעקב איש תם יושב אהלי' (בראשית כה כז) וירדה השכינ' מחמישי לרביעי,	יעקב הורידה מן החמישי לרביעי	עמד יעקב והורידה מחמישי לרביעי,	יעקב הוריד מחמישי לרביעי,
עמד לוי והיו מעשיו נאים וירד מן הרביעי לשלישי,	לוי בנו מן רביעי לשלישי,	בא לוי והורידה[23] מרביעי לשלישי,	לוי הורידה מן הרביעי לשלישי	עמד לוי והורידה מרביעי לשלישי,	לוי הוריד מרביעי לשלישי,
עמד קהת וירד מן השלישי לשני,	קהת בן לוי מן שלישי לשני,	בא קהת והורידה[24] משלישי לשני,	קהת הורידה מן השלישי לשני,	עמד קהת והורידה משלישי לשני,	קהת הוריד משלישי לשיני,
עמד עמרם והורידו מן השני לרקיע הראשון,}[25]	עמרם מן שני לראשון,	בא עמר' והורידה[26] לראשון, אשריה' הצדיקים	עמרם הורידה מן השני לראשון,	עמד עמרם והורידה משני לאחד	עמרם הוריד משיני לראשון,

16 הקב"ה ... TanB
17 Fehlt in TanB.
18 אבינו ... TanB
19 כיון שעמד אברהם אבינו ועשה מעשים טובים, TanB
20 מיד ..., TanB
21 מרקיע ..., TanB
22 Fehlt in TanB.
23 וירדה השכינה, Ms Parma, Ms Wien
24 וירדה [השכינה, Ms Wien], Ms Parma, Ms Wien
25 Bezeugt nur von der längeren Textfassung in TanB.
26 וירדה, Ms Parma, Ms Wien

עמד משה והורידה [לארץ שנאמר (שמות יט) וירד ה' על סיני	משה ביום שהוקם המשכן וכבוד ה' מלא את המשכן,	שהם משכינים השכינה בארץ שכן כתיב כי ישרים ישכנו ארץ (משלי ב כא) בא משה והורידה[27] למטה כמה שכתב ויכס הענן את האהל וכבוד ה' מלא את המשכן (שמות מ לד).	משה הורידה מן העליונים לתחתונים,	שהוא ראשון, עמד משה והורידה לארץ,	משה הורידה למטה[28],
וכתיב][29] (שיר השירים ה) באתי לגני אחותי כלה, [אימתי כשהוקם המשכן][30].	זשה"כ כי ישרים ישכנו ארץ (משלי ב) ישכינו השכינה בארץ.	כתב הנה השמים ושמי השמים לא יכלכלוך (מלכים א ח כז) וכאן כתב וכבוד ה' מלא את המשכן א'ר יהושע דסכנין בשם רבי לוי למה הדבר דומ' למער' פתוחה על שפת הים געש הים ונתמלא המערה והים לא חסר כך אע'פ שכתב וכבוד ה' מלא את המשכן אלא העליוני' והתחתוני' לא חסרו מזיו כבודו של הקב'ה כשם שכתב הלא את השמים ואת הארץ אני מלא נאם ה' (ירמיה כג כד) לפיכך כתב כאן ויהי שכשם שהייתה השכינה מתחלת ברייתו של עולם למטה ונסתלקה למעלה אלא חזרה עכשיו להיות למט' כשם שהייתה ויהי ביום כלות משה.	א"ר יצחק כתיב (תהלים לז) צדיקים יירשו ארץ וישכנו לעד עליה הרשעים במה ישכנו באויר אלא הרשעים סלקו השכינה מן הארץ אבל הצדיקים השכינו השכינה בארץ	א"ר יצחק הה"ד (תהלים ל"ז) צדיקים יירשו ארץ וישכנו לעד עליה, הרשעים מה עשו תלויין באויר כי לא השכינו שכינה לארץ, אבל הצדיקים השכינו שכינה לארץ, מה טעם צדיקים יירשו ארץ וישכנו לעד עליה, ישכינו לשכינה עליה שוכן עד וקדוש שמו,	אמר ר' יצחק כת' וצדיקים ירשו ארץ וישכנו לעד עליה (תהלים לז כט) ורשעים מה יעשו, פורחין באויר אתמהא, אלא שהרשעים לא השכינו שכינה לארץ

27 וירדה, Ms Parma, Ms Wien

28 לארץ, ח | מן הראשון למטה, פ ג ר$_2$ | מלמעלה למטה, ד | מלמעלן למטן, ו

29 את השכינה, אימתי כשהוקם המשכן, אמר הקב"ה, TanB

30 Fehlt in TanB.

3.2.2. / 9.3.2.

GenR 19	NumR 20
ויאמר האדם האשה אשר נתת עמדי וגו'	וירא בלק כיון שבאו שלוחיו אצל בלעם א"ל הקב"ה מי האנשים א"ל בלעם בלק בן צפור מלך מואב שלח אלי
ארבעה הם שהקיש הקב"ה על קנקנן ומצאן קדירה שלמימי רגלים, אילו הן אדם וקין ובלעם הרשע[31] ויחזקיהו, אדם[32] ויאמר האדם, קין ויאמר י"י אל קין (בראשית ד ט),	א"ר אבא בר כהנא זה א' מג' ב"א שבדקן הקב"ה ומצא קרון של מי רגלים, קין, חזקיה ובלעם, קין בשעה שא"ל הקב"ה (בראשית ד) אי הבל אחיך בקש להטעות כביכול היה צריך לומר רבש"ע הנסתרות והנגלות לפניך גלויות ואת שואלני בשביל אחי אלא א"ל לא ידעתי השומר אחי אנכי א"ל הקב"ה חייך כך דברת קול דמי אחיך צועקים, חזקיה כשעמד מחליו שלח לו מרודך בלאדן דורון שנאמר (ישעיה לט) בעת ההיא שלח מרודך בלאדן בא ישעיה אמר לו (ישעיהו לט) מה אמרו האנשים האלה ומאין יבאו אליך היה צריך לומר את נביא של מקום ולי את שואל אלא התחיל מתגאה ואמר (ישעיהו לט) מארץ רחוקה באו אלי מבבל אמר לו ישעיה הואיל וכך אמרת (ישעיהו לט) הנה ימים באים ונשא את כל אשר בביתך ומבניך אשר יצאו ממך יהיו סריסים בהיכל מלך בבל,
בלעם הרשע מי האנשים האלה (במדבר כב ט),	כן בלעם הרשע בשעה ששלח בלק אצלו א"ל הקב"ה (במדבר כב) מי האנשים האלה עמך היה צריך לומר רבש"ע הכל גלוי לפניך ואין כל דבר נעלם ממך ולי את שואל אלא אמר לו (במדבר כב) בלק בן צפור מלך מואב שלח אלי אמר הקב"ה הואיל וכך אתה מדבר (במדבר כב) לא תאור את העם אמר הקב"ה רשע שבעולם כתיב על ישראל (זכריה ב) כי הנוגע בכם כנוגע בבבת עינו ואתה הולך ליגע בהם ולקללם תצא עינו שנא' שתום העין לקיים כל הנוגע בהם כנוגע בבבת עינו.
יחזקיהו מה אמרו האנשים וגו' (מלכים ב' כ יד), אבל יחזקאל נמצא בקי מכולם בן אדם התחיינה העצמות האלה וגו' (יחזקאל לז ג)	

31 Fehlt in ד פ א י.

32 ... ויאמר לו איכה ויאמר האדם האשה אשר נתת, פ

3.3.2. / 9.2.1.

GenR 20	HdR zu Hld 7,11
ואל אישך תשוקתך ד' שוקים הן, אין שוקה שלאשה אלא על אישה[33] ואל אישך תשוקתך, אין שוקו שליצר הרע אלא על קין וחביריו ואליך תשוקתו (בראשית ד ז), אין שוקין שלגשמים אלא על הארץ פקדת הארץ ותשוקקיה (תהלים סה י), ואין שוקו שלהקב"ה אלא על ישראל ועלי תשוקתו (שיר השירים ז יא), תשים אנו ואפעלפי שאנו תשים (לו) אנו מקוים [לישועתו שלהקב"ה ומיחדים שמו של הקב"ה שני פעמים בכל יום ואומרים שמע ישראל י"י אלהינו י"י אחד (דברים ו ד)][34]	אני לדודי ועלי תשוקתו , ג' שוקין הן, אין שוקן של ישראל אלא באביהם שבשמים, שנאמר אני לדודי ועלי תשוקתו, אין שוקה של אשה אלא בבעלה שנא' (בראשית ג) ואל אישך תשוקתך, אין שוקו של יצר הרע אלא בקין וחבורתו, שנא' (שם ד) ואליך תשוקתו, ר' יהושע בשם ר' אחא אין שוקן של גשמים אלא בארץ, שנאמר (תהלים סה) פקדת הארץ ותשוקקה רבת תעשרנה, אם זכיתם תעשירנה ואם לא תעשרנה, שתעשה לכם אחד מעשרה, ד"א ועלי תשוקתו, תשים אנו, אע"פ שאנו תשים, אנו מצפים ומקוים לישועתו של הקב"ה בכל יום ויום, ומיחדים שמו שתי פעמים ואומרים שמע ישראל ה' אלהינו ה' אחד.

3.5.2. / 7.1.1.

GenR 34	HldR zu Hld 4,16f	NumR 13	LevR 9	PesR 5 (edition princeps)
[{וירח י"י את ריח הניחח ר' אלעזר ור' יוסי בר' חנינא ר' אלעזר א' הקריבו בני נח שלמים, ר' יוסי בר חנינא אמר עולות הקריבו, איתיב [ר' אלעזר ל][37]ר' יוסי בר'	עורי צפון ובואי תימן, ר' אלעזר ורבי יוסי ברבי חנינא, רבי אלעזר אמר שלמים הקריבו בני נח, ר' יוסי אמר עולות הקריבו בני נח, מותיב ר' אלעזר לר' יוסי	ר"א ור' יוסי ברבי חנינא רבי אלעזר אמר שלמים הקריבו בני נח ר' יוסי בר' חנינא אמר עולות הקריבו בני נח מתיב ר"א לר' יוסי בר' חנינא	ר' אלעזר ור' יוסי בר' חנינא. ר' לעזר אמ' שלמים הקריבו בני נח, ור' יוסי בר' חנינה אמ' עולות הקריבו בני נח. מתיב ר' לעזר לר' יוסי בר' חנינה	ד"א ויהי ביום כלות זש"ה עורי צפון ובואי תימן (שיר השירים ד טז) עורי צפון אילו העולות שהן נשחטין בצפון. רבי אלעזר בן פדת אמר הקריבו בני נח שלמי' מניין והבל הבי' מבכורו' צאנו ומחלביהן (בראשית ד' ד') מהו

33 בעלה, ע ו ח א כ י

34 Fehlt in פ ו א ג כ ר י.

מחלביהן דבר שחלבו קרב לגבי המזבח [ורבי יוסי ברבי חנינא אמר עולות הקריבו בני נח, ומה מקיים רבי יוסי ומחלביהן משמניהם השיב רבי יוסי בר חנינא אמר לו והרי כתב][35] ויקח יתרו חותן משה עולה וזבחים (שמות יח יב) אמר לו כמאן דאמר לאחר מתן תורה בא יתרו, ר' ינאי אמר לאחר מתן תורה בא רבי חייא הגדול אמר קודם מתן תורה, אמר לו רבי אלעזר הרי כתב וישלח את נערי בני ישראל ויזבחו שלמים ויעלו עולות (שמות כד ה) [אמר לו][36] אין למדין מן התורה שחידוש דבר היה אע"פ שנה) [ע"פ שעה], חזקי' בי ר' חיי' ויזבחו זבחי שלמים בעורותיהן הקריבו את העולות ולא הפשיטום ולא ניתחום,	והבל הביא גם הוא מבכורות צאנו ומחלביהן (בראשית ד, ד), דבר שחלבו קרב,	והא כתיב (בראשית ד) והבל הביא גם הוא מבכורות צאנו ומחלביהן דבר שחלבו קרב	(בראשית ד') והבל הביא גם הוא מבכורות צאנו ומחלביהן,	חנינא והכתי' והבל הביא גם הוא מבכורות צאנו ומחלביהן (בראשית ד ד) מדבר שחלבו קרב,
	דא מה עבד לה ר' יוסי בר' חנינה, עבד לה משמיניהון. מתיב ר' לעזר לר' יוסי בר' חנינה וישלח את נערי בני ישראל (שמות כד, ה),	מה עבד לה' ר' יוסי ב"ר חנינא מן שמניהון מתיב ר"א לר' יוסי ב"ר חנינא (שמות כד) וישלח את נערי בני ישראל ויעלו עולות ויזבחו זבחים שלמים לה' פרים	דא מה עבד לה ר' יוסי, מן שמיניהון, מותיב ר' אלעזר לר' יוסי (שמות כ"ד) וישלח את נערי בני ישראל,	[מה עבד ליה ר' יוסי בר' חנינא, מן שמיניהון, אתיב ר' אלעזר לר' יוסי בר' חנינא והא כת' וישלח את נערי בני ישראל ויעלו עולות ויזבחו זבחים שלמים (שמות כד ה),][38]
	דא מה עבד לה ר' יוסי בר' חנינה, עביד לה כמן דאמ' מה שלמים היו בעורן בלא הפשט ובלא ניתוח.	מה עבד לה ר' יוסי בר ר' חנינא שלמים בעורן בלא הפשט ובלא נתוח	דא מה עבד לה ר' יוסי, שלמים בגופן בלא הפשט וניתוח,	[מה עבר ליה ר' יוסי בר' חנינא, שלימים בעורן בלא הפשט וניתוח,
	מתיב ר' לעזר לר' יוסי בר' חנינה ויקח יתרו חתן משה עלה וזבחים (שמות יח, יב),	מתיב ר"א לר' יוסי בר חנינא הא כתיב (שמות יח) ויקח יתרו חותן משה עולה וזבחים, עולה זו עולה, זבחים אלו זבחי שלמים	מותיב רבי אלעזר כתיב (שמות יח) ויקח יתרו עולה וזבחים, עולה לשם עולה ושלמים לשם שלמים,	אתיב ר' לעזר לר' יוסי בר' חנינא והכת' ויקח יתרו חתן משה עלה וזבחים (שמות יח יב),
	דא מה עבד לה ר' יוסי בר' חנינה, עבד לה כמן דאמ' לאחר מתן תורה נתגייר[39] יתרו.	מה עביד לה ר' יוסי בר חנינא כמאן דאמר לאחר מתן תורה בא יתרו,	דא מה עבד לה רבי יוסי,	מה עבד ליה ר' יוסי בר' חנינא, כמאן דאמר לאחר מתן תורה בא יתרו,
	ר' הונא אמ' איתפלגון ר' חייא רבא ור' ייני, חד אמ' לאחר מתן תורה נתגייר יתרו וחד אמ' קודם מתן תורה נתגייר יתרו.	רב אמר אתפלגות רבי אלעזר ור' יוסי בר חנינא חד אמר קודם מתן תורה בא יתרו ואחרינא אמר לאחר מתן תורה בא יתרו	אמר לך פליגי בה תרי אמוראי חד אמר לאחר מתן תורה בא יתרו, ואחרינא אמר קודם מתן תורה בא יתרו,	אמר ר' הונא איתפלגון ר' ייניי ור' חייה רבה, ר' ייניי אמר קודם מתן תורה בא בא יתרו, ר' חייא רבה אמר אחר מתן תורה בא יתרו,
	מן דאמ' קודם מתן תורה נתגייר יתרו כמן דאמ' שלמים הקריבו	א"ר חמא א"ר חנינא מ"ד קודם מתן תורה בא יתרו כמ"ד שלמים	מאן דאמר קודם מתן תורה בא יתרו שלמים הקריבו בני נח,	אמר ר' חנינא ולא פליגי מאן דאמר קודם מתן תורה בא יתרו

35 ר' יוסי בן חנינ' אומ' עולות הקריב ומה ר' יוסי בן חנינא הרי כת' ,Ms Parma

36 א"ר יוסי בר' חנינא ,Ms Parma

37 Fehlt in א1.

38 Fehlt in פ.

39 בא, א ב.

	בני נח, מאן דאמ' לאחר מתן תורה נתגייר יתרו כמן דאמ' עולות הקריבו בני נח.	הקריבו ומ"ד לאחר מתן תורה בא יתרו כמ"ד עולות הקריבו,	, ומאן דאמר אחר מתן תורה בא יתרו עולות הקריבו בני נח	הקריבו בני נח שלמים , מאן דאמר לאחר מתן תורה בא יתרו [עולות הקריבו][40] ,
	דא מסייעא ליה לר' יוסי בר' חנינה עורי צפון ובואי תימן (שיר השירים ד טז). עורי צפון, זו עולה שנשחטה בצפון, ולמה קורא אותה עורי, דבר שהיה ישן ונתעורר. ובואי תימן, [אילו שלמים][41] שנשחטו בדרום, ולמה קורא אותה ובואי תימן, דבר שהוא לחידוש.	הדא מסייע לרבי יוסי בן חנינא עורי צפון זו עולה שנשחטה בצפון, מהו עורי דבר שהיה ישן ונתעורר ובואי תימן אלו שלמים שהם נשחטים בדרום, מהו ובואי דבר שהוא בא לחדש,	ודא מסייעא לר' יוסי ברבי חנינא, עורי צפון ובואי תימן, עורי צפון, זו העולה שנשחטת בצפון, ולמה קורין לה עורי, דבר שהוא ישן ונתעורר, ובואי תימן, אלו שלמים שנשחטין בדרום, ולמה קורין אותה ובואי דבר של חידוש,	והא מסייע ליה לר' יוסי בר' חנינא עורי צפון (שיר השירים ד טז) זו העולה שהיתה נשחטת בצפון, מה הוא עורי דבר שהיה ישן ומתעורר, ובואי תימן (שיר השירים ד טז) אילו שלמים שהיו נשחטים בדרום ומהו בואי דבר שלחידוש,
אמר רבי יהושע דסכנין בשם ר' לוי המקרא מסייע את ר' יוסי בר חנינ' ראה מה כתב זאת תורת המנחה (ויקרא ו ז) היא המנחה אין כתיב כאן זאת תורת האשם (ויקרא ז א) הוא האשם אין כתב כאן[42] אבל [כשהוא בא לעולה מה הוא אומר זאת תורת העולה (ויקרא ו ב) מה הוא היא העולה][43] שהקריבו מראש אבל כשהוא מזכיר את השלמים מה הוא אומר זאת תורת זבח השלמים (ויקרא ז יא) אשר הקריבו' לי"י אין כתב כאן אלא	אף קרייה מסייעא ליה לר' יוסי בר חנינה זאת תורת העולה היא העולה (ויקרא ו, ב), שהקריבו בני נח. וכדו דאתו שלמים, וזאת תורת זבח השלמים (ויקרא ז יא), אשר הקריבו לי"י אין כת' כאן, אלא אשר יקריבו לי"י (ויקרא ז יא), מיכן ולהבא.	רבי אבא בריה דרבי פפי ורבי יהושע דסכנין בשם ר' לוי אמר אף הדין קריה מסייע ליה לר' יוסי ברבי חנינא זאת תורת העולה היא העולה שהקריבו בני נח כדאתי לשלמים, זאת תורת זבח השלמים אשר הקריבו אין כתיב כאן אלא אשר יקריבו מכאן ולהבא	ר' אבא בר כהנא ור' חנינא בר פפא ור' יהושע בשם ר' לוי אמרי אף הדין קרא מסייעא לרבי יוסי (ויקרא ו') זאת תורת העולה היא העולה שהקריבו בני נח בתחלה וכד הוי מטי גבי שלמים אמר וזאת תורת זבח השלמים, אשר הקריבו אין כתיב כאן, אלא אשר יקריבו, מכאן ולהבא,	ר' יהושע דסיכנין בשם ר' לוי אף הדין קרייא מסייע ליה לר' יוסי בר' חנינא זאת תורת העולה היא העולה (ויקרא ו ב) שהיו בני נח מקריבים, כד היא אתייה לשלמים זאת תורת זבח השלמים (ויקרא ז יא) אשר הקריבו אין כת' כאן אלא אשר יקריבו (ויקרא ז יא) מיכן ולבא.][44]}[45]
	מה מקיים ר' אלעזר לקרייה דר' יוסי בר חנינה, עורי צפון, לכשיתעוררו גליות הנתונות לצפון יבואו ויחנו בדרום, הנני מביא אותם מארץ צפון (ירמיה	במה מקיים ר"א קרייה דרבי יוסי בן חנינא עורי צפון ובואי תימן פתר ליה בגליות עורי צפון לכשיתעוררו הגליות שהן נתונות בצפון יבאו ויחנו בדרום,	מה מקיים ר' אלעזר קרא דין עורי צפון ובאי תימן, לכשיתעוררו הגליות הנתונות בצפון ויבאו ויחנו בדרום, המד"א (ירמיה ל"א) הנני מביא אותם	

40 לא הקריבו שלימם בני נח, ג | דא הקריבו בני נח שלמים, כ

41 תודה, ד.

42 ... אלא זאת תורת האשה, Ms Parma

43 כשהוא בא לעולה מהו זאת תורת העולה היא העולה מהו הוא העולה כהיא העולה, Ms Parma

44 והכתי' והבל נביא גם הוא, א1

45 ר' אלעזר ור' יוסי בר' חנינא ר' אלעזר אמ' הקריבו בני נח שלמים ר' יוסי בר' חנינא או' משמיניהון, פ

מארץ צפון וקבצתים מירכתי ארץ לכשיתעורר גוג ומגוג שנתון בצפון ויבא ויפול בדרום המד"א (יחזקאל לט) ושבבתיך וששאתיך והעליתיך, לכשיתעורר מלך המשיח שנתון בצפון ויבא ויבנה בית המקדש שנתון בדרום המד"א (ישעיה מא) העירותי מצפון ויאת,	לכשיתעורר גוג שהוא נתון בצפון יבא ויפול בדרום (יחזקאל לט) ושובבתיך וששאתיך והעליתיך מירכתי צפון לכשיתעורר מלך המשיח שהוא נתון בצפון יבא ויבנה את בהמ"ק שהוא נתון בדרום כד"א (ישעיה מא) העירותי מצפון ויאת וגו',	לא, ז). לכשיתעורר גוג הנתון בצפון יבוא ויפול בדרום, המד"א ושובבתיך וששאתיך והעליתיך מירכתי צפון (יחזקאל לט, ב). לכשיתעורר המלך המשיח שנתון בצפון יבוא ויבנה את בית המקדש שנתון בדרום, הה"ד העירותי מצפון ויאת ממזרח שמש (ישעיה מא, כה).	אשר יקריב לה', אף המקרא זאת מסייע לר' יוסי בר' חנינא עורי צפון ובואי תימן אין אומר עורי אלא לדבר שהיה ישן. ובואי תימן אלו השלמים שהן נשחטים בדרום, א"ר סימון בשם ר' שמואל בר נחמן כתב מזבח אדמה תעשה לי וזבחת עליו (שמות כ כא) רבי ראובן אומר במקום כשר לעולות וכשר לשלמים מחציו לצפון כשר לעולות מחציו לדרום כשר לשלמים

5.1.1.

MdrPss 100	PesR 47	PesR 50[46]	PRK 24	LevR 10	TanB בראשית	DtnR 8 (Ausgabe Wilna)
זהו שאמר הכתוב מכסה פשעיו לא יצליח ומודה ועוזב ירוחם (משלי כח יג), זה אדם הראשון שאמר להקב"ה האשה אשר נתתה עמדי וגו' (בראשית ג יב), ולא רצה לעשות תשובה, שנאמר ועתה פן ישלח	א"ר יהודה בר חייא מניין שהתשובה מבטלת חצי הגזירה	אמר להם בני תשובתו של קין קבלתי ותשובותיכם איני מקבל,	א' להם תשובתו של קין קבלתי [ותשובתכם איני מקבל,	על דעת' דיהודה בר' דאמ' תשובה עשה מחצה ממי את למד,	אתה מוצא בשעה שהרג קין להבל, נגלה עליו הקב"ה,	קין עמד על הבל אחיו[47] והרגו יצאה גזירה
	שנ' בקי' נע ונד תהי' בארץ (בראשית ד יב)	שתי גזירות נגזרו על קין שנ' נע ונד תהיה בארץ (בראשית ד יב)	שנגזרה עליו גזירה קשה, הד"ה דכת' כי תעבוד את האדמה לא תסף תת כחה לך (בראשית ד יב),	מקין, שנגזרה עליו גזירה קשה[48] דכתיב נע ונד תהיה בארץ (בראשית ד, יב),	ואמר לו אי הבל אחיך (בראשית ד ט), בקש לגנוב דעת של מעלה, אמר הקב"ה מה עשית קול דמי אחיך צועקים אלי (בראשית ד י),	נע ונד תהיה בארץ (בראשית ד)

46 Der Text der Editio Princeps liegt nicht vor. Der Text folgt JTS.
47 Fehlt in der Ausgabe Liebermann.

מיד עמד ונתודה[49] לפני הקב"ה שנא' גדול עוני מנשוא (בראשית ד) אמר לפניו רבש"ע [כל העולם אתה סובל ולעוני אי אתה סובל][50]	כיון ששמע קין התחיל עשות תשובה של רמאות, שנאמר ויאמר קין אל ה' גדול עוני מנשוא (בראשית ד יג), אמר לפניו רבונו של עולם אתה טוען העליונים והתחתונים, ואין אתה יכול לטעון עוני.	וכיון שעשה תשובה נמנע ממנו חצי גזירה[51],	וכיון שעשה תשובה נמנעה ממנו חצי גזירה. {ומנין שעשה תשובה, ויאמר קין אל י"י][52] גדול עוני מנשא (בראשית ד יג).	וכיון שעשה תשובה ואמר גדול עוני מנשא (בראשית ד יג)	כיון שעשה תשובה גדול עוני מנשוא (בראשית ד יג)	ידו (בראשית ג כב), אמר ר' אבא בר כהנא היה הקב"ה אומר לו עשה תשובה, והוא אומר פן, ואין עתה אלא לשון תשובה, שנאמר ועתה ישראל מה ה' אלהיך שואל מעמך כי אם ליראה וגו' (דברים י יב), הוי מכסה פשעיו לא יצליח.
כתבת[53] נושא עון ועובר על פשע (מיכה ז)	ד"א אמר לפניו רבונו של עולם אתה נקראת מי אל כמוך נושא עון ועובר על פשע (מיכה ז יח),	הה"ד ויצא קין מלפני י"י וישב בארץ נד (בראשית ד טז).	ומנין שנמנעה ממנו חצי גזירה, ויצא קין מלפני י"י}[54] וישב בארץ נוד (בראשית ד יז),	נמנע ממנו חצי הגזירות דכתיב ויצא קין מלפני ה' וישב בארץ נוד (בראשית ד טז),	בטלה ממנו חצי הגזירה [שנ' וישב בארץ נוד קדמת עדן (בראשית ד טז)][55]	ומודה ועוזב ירוחם. זה קין, שנאמר ויצא קין מלפני ה' (בראשית ד טז),
סלח לעוני שהוא גדול, מיד מצא חסד לפני הקב"ה ונמנע ממנו נע חצי הגזירה שכן כתיב (בראשית ד) וישב בארץ נוד	וגדול עוני מנשוא, א"ל הקב"ה עשית תשובה, חייך שאני מבטל ממך גזירה אחת, שנאמר ויצא קין מלפני ה' וישב בארץ נוד (בראשית ד טז),	בארץ נע ונד אין כת' כאן אלא בארץ נד קדמת עדן (בראשית ד טז).[56]	בארץ נע ונד אין כת' כאן אלא בארץ נד קדמת עדן.			

48 Fehlt in ט ד.
49 Ausgabe Liebermann, בתפלתו ...
50 Ausgabe Liebermann, כל העולם כולו את סובל ועוני אין את יכול לסבול
51 ... ומנין שעשה תשובה שנאמר ויאמר קין אל י"י גדול עוני מנשוא. ומנין שנמנעה ממנו חצי הגזירה, ד.
52 Fehlt in א$_1$.
53 Ausgabe Liebermann, כתי' בך
54 Fehlt in פ.
55 Fehlt in Ms Parma.
56 ... ד"א, ד.

	ויצא קין, מהיכן יצא, ר' יודן בש' ר' אייבו אמ' הפשיל דברים[57] לאחריו ויצא כגונב דעת העיליונה. ר' ברכיה בש' ר' אלעזר בר' שמעון יצא כמפריס כמרמה מבוראו. ר' חונא בש' ר' חננא בר יצחק אמ' יצא שמח,	מהו ויצא, ר' יודן בשם ר' אייבו כמפשיל דברים לאחוריו וכגונב דעת העליונה. ר' ברכיה בשם ר' לעזר בר' שמע' [יצא כמפייס וכמרמה בבוראו. ר' חונה בשם ר' חננה בר' יצחק][58] יצא כמין שמח,		אמר ר' הונא בש"ר חנינא בר יצחק מלמד שיצא שמח, שנאמר ויצא המן ביום ההוא שמח וטוב לב (אסתר ה ט), פגע בו אדם הראשון, אמר לו מה נעשה בדינך, א"ל עשיתי תשובה ונתפשרתי, אמר לו וכך הוא התשובה גדולה טוב להודות לה' (תהלים צב ב).
	המד"א וגם הנה הוא יוצא לקראתך (שמות ד, יד). כיון שיצא פגע בו אדם הראשון אמ' לו מה נעשה[59] בדינך, אמ' לו עשיתי תשובה ופירשתי.	כמה דאת אומ' וגם הנה הוא יוצא לקראתך וג' (שמות ד יד).		
עד שהוא יוצא פגע בו אדם הראשון, א"ל מה נעשה בדינך, אמר אילולי שהודיתי כבר הייתי אבוד מן העולם, באותה שעה אמר אדם הראשון טוב להודות לה' (תהלים צב ב)	כיון ששמע אדם הראשון כך התחיל טופח על פניו, אמ' כל כך היא כוחה שלתשובה ולא הייתי יודע.	עם שהוא יוצא פגע בו אדם הראשון א' לו מה נעשה בדינך, אמ' לו עשיתי תשובה ופישרתי[60], באותה שעה היתחיל אדם הראשון טופח על פניו ואו' כך הוא כוחה של תשובה ולא הייתי	פגע בו אדם הראשון אמר לו בני מה נעשה בדינך אמר לו עשיתי תשובה ונתפשרתי, באותה שעה כיון ששמע אדם התחיל טפוח על פניו ואמר כך הוא כח התשובה ואני לא הייתי יודע, מיד	

57 בגדיו, ב ד פ.

58 Fehlt in כ.

59 עשיתה, א.

60 ונפשרתי, א | ונתפשרתי, ב

פתח אדם פיו בשבחו של מזמור שיר ליום השבת וכו' (תהלים צ"ב).	יודע.	
	באותה השעה אמ' טוב להודות לי"י וג' (תהלים צב ב), [א"ר לוי המזמור הזה אדם אמרו מזמור שיר ליום השבת (תהלים צב א)][61], ותשובתיכם איני מקבל.	באותה שעה אמר אדם הראשון מזמור שיר ליום השבת (תהלים צב, א).

6.4.1.

TanB שמות	ExR 5	HldR zu Hld 8,1–5
ד"א לך לקראת משה המדברה.	ויאמר ה' אל אהרן לך לקראת משה המדברה וילך ויפגשהו בהר האלהים וישק לו	
זש"ה מי יתנך כאח לי (שיר השירים ח א), ישראל אומרים להקב"ה מי יתנך כאח לי, כאיזה אח, את מוצא מתחילת ברייתו של עולם ועד עכשיו האחין שונאין זה לזה,	זה שאמר הכתוב: מי יתנך כאח לי יונק שדי אמי (שיר השירים ח). כאי זה אח?	מי יתנך כאח לי, באי זה אח
קין שנא להבל והרגו, שנאמר ויקם קין אל הבל אחיו ויהרגהו (בראשית ד ח), ישמעאל שנא ליצחק, שנאמר ותרא שרה את בן הגר המצרית אשר ילדה לאברהם מצחק (בראשית כא ט), ואין מצחק אלא שביקש להרגו, שנאמר יקומו נא הנערים וישחקו לפנינו (שמואל ב' ב יד),	תאמר: כקין והבל, הרי כתיב: ויקם קין אל הבל אחיו ויהרגהו (בראשית ד). אלא כישמעאל ליצחק - וישמעאל שונא ליצחק!	כקין להבל, קין הרג להבל שנא' (בראשית ד') ויקם קין אל הבל אחיו ויהרגהו, אלא כישמעאל ליצחק ישמעאל שונא ליצחק,

61 Fehlt in פ $_2$א.

אלא כעשו ליעקב, הרי נאמר (בראשית כז) וישטום עשו את יעקב,
אלא כאחי יוסף ליוסף, שונאין היו אותו שנא' (בראשית לז) ויקנאו בו אחיו,
באי זה אח יונק שדי אמי, הוי אומר כיוסף לבנימין שאהבו בלבו, שנאמר (בראשית מג) וירא יוסף אתם את בנימין, אמצאך בחוץ אשקך, חוץ, זה המדבר שהוא חוץ לישוב, אשקך, בשני אחים שנשקו זה לזה, ואלו הן משה ואהרן, שנא' (שמות ד') וילך ויפגשהו בהר האלהים וישק לו,

לא יבוזו לו, אמר ר' פנחס מעשה בשני אחים שהיה אחד במירון ואחד בגוש חלב, נפלה דליקה בבית זה שהיה במירון ובאת אחותו מגוש חלב התחילה מגפפתו מחבקתו ומנשקתו ואומרת לית דא מבדה לי דהוה אחי באנגקי ונתפלט ממנה.

כעשו ליעקב[62] - הא כתיב: וישטם עשו את יעקב (בראשית כז).
כאחי יוסף ליוסף - הא כתיב: וישנאו אותו (בראשית לז), [ויקנאו בו אחיו (בראשית לז).][63]
אלא כאי זה אח? כיוסף לבנימין? יונק שדי אמי!

כמשה לאהרן[64]. [...]

וילך ויפגשהו בהר האלהים וישק לו. הדא הוא דכתיב: חסד ואמת נפגשו צדק ושלום נשקו (תהלים פה). חסד זה אהרן, שנאמר: תמיך ואוריך לאיש חסידך (דברים לג). ואמת זה משה, שנאמר: בכל ביתי נאמן הוא (במדבר יב). הוי: חסד ואמת נפגשו. צדק ושלום נשקו - צדק זה משה, שנאמר: צדקת ה' עשה (דברים לג), ושלום זה אהרן, שנאמר: בשלום ובמישור הלך אתי (מלאכי ב). נשקו - וישק לו (שמות ד). דבר אחר: וישק לו (שמות ד). נטל כהונה ונטל לויה. זה נוטל כהונה ונותן לויה וזה נותן כהונה ונוטל לויה. דבר אחר: וישק לו. זה שמח בגדולתו של זה וזה שמח בגדולתו של זה. דבר אחר: וישק לו. אמר רשב"ן: משל לזהבי שהביאו לו מוניטא אחת וראה אותה מבפנים של חרס ומבחוץ של זהב. לימים הביאו מוניטה אחרת שכלו זהב. אמר להם: הראשון חרס היה והיה מצופה זהב, אבל זה כולו זהב. כך נשיקה שנשק עשו ליעקב לא היתה אלא לפסלות, שנאמר: כסף סיגים מצפה על חרש (משלי כו). ומה היה סופה? שפתים דלקים ולב רע (משלי כו). שלא בקש לנשקו אלא לנשכו. אבל נשיקה של אהרן ומשה היתה נשיקה של אמת ועליהם הוא אומר: חסד ואמת נפגשו צדק ושלום נשקו (תהלים פה). ר' יהודה

ועשו שנא ליעקב, שנאמר ויאמר עשו בלבו וגו' (בראשית כז מא),
והשבטים שנאו ליוסף, שנאמר וישנאו אותו (בראשית לז ד),
וכאיזה אח,

אמרו ישראל כמשה ואהרן, שנאמר הנה מה טוב ומה נעים וגו' (תהלים קלג א), שהיו אוהבים זה לזה, ומחבבים זה לזה, שבשעה שנטל משה את המלכות, ואהרן כהונה גדולה, לא קנאו זה לזה, אלא היו שמחין, זה בגדולת זה, וזה בגדולת זה, תדע לך שכן אתה מוצא בשעה שאמר לו הקב"ה למשה ועתה לך ואשלחך אל פרעה וגו' (שמות ג י), א"ל משה שלח נא ביד תשלח (שמות ד יג), את סבור שמא עיכב משה שלא לילך, לא עשה אלא כמכבד לאהרן, אמר משה עד שלא עמדתי היה אהרן מתנבא להם שמונים שנה, הוא שנאמר ואודע להם בארץ מצרים (יחזקאל כ ה), ומנין שאהרן היה מתנבא להם, שנאמר ויבא איש אלהים אל עלי, ויאמר אליו כה אמר ה' הנגלה נגליתי לבית אביך בהיותם במצרים לבית פרעה ובחור אותו מכל שבטי ישראל לי לכהן (שמואל א' ב כז כח), אמר לו כל השנים הללו היה אהרן מתנבא להם, ועכשיו אני בא להם בתחום אחי שיהא מיצר, לכך לא ביקש משה לילך, א"ל הקב"ה אהרן אחיך אינו מיצר בדבר הזה, אלא ישמח תדע לך שהוא יוצא לאנפטי שלך, שנאמר הנה הוא יוצא לקראתך וראה ושמח בלבו (שמות ד יד), לא בפיו בלבד אלא בלבו, לבו יותר מפיו, וראך ושמח בלבו, אמר ר' שמעון בן יוחי הלב ששמח בגדולת אחיו ילבש אורים ותומים, שנאמר ונתת אל חשן המשפט את האורים ואת התומים והיו על לב אהרן (שמות כח ל), הוי וגם הנה הוא יוצא לקראתך וראך ושמח בלבו, כיון שאמר לו כך קיבל

62 לישראל, ש א י
63 Fehlt in פ נ י א ש.
64 ועליהם נאמר הנה מה טוב ומה נעים שבת אחים גם יחד, ש א י נ פ

ב"ס אומר: חסד זה אהרן ואמת זה משה. ור' עזריה אומר: חסד זה משה, שעשה חסד עם יוסף, ואמת זה אהרן, שנאמר: תורת אמת היתה בפיהו (מלאכי ב). הוי: חסד ואמת נפגשו - זה משה ואהרן.

עליו לילך, מיד נגלה הקב"ה על אהרן, א"ל צא לקראת משה אחיך, כדי שידע שאתה שמח בדבר, לכך נאמר לך לקראת משה המדברה, הוי מי יתנך כאח לי כמשה ואהרן, שהיו אוהבין זה לזה, אמצאך בחוץ אשקך (שיר השירים ח א), וילך ויפגשהו בהר האלהים וישק לו (שמות ד כז).

6.6.1.

<table>
<tr><th>PesR 29/30 (JTS)</th><th>PRK 16</th></tr>
<tr><td>מי יתנך כאח לי (שיר השירים ח א)[65]
כיצד
בקין להבל קין הרג את הבל
בישמע' ליצחק ישמעאל שונא את יצחק
[ויעקב לעשו לעשו נ"ל] עשו שונה את יעקב,
באחי יוסף ליוסף וישנאו
אלא ביוסף לאחיו את מוצא, אחר כל הרעו' שעשו לו מה כת' שם ועתה אל תיראו וג' (בראשית נ כא)
א"ר שמלאי אמ' להון אתון רישא ואנא גופא [אין] אזל רישא {מן גופא} מה גופא [טב]
ד"א אמ' להון נמשלתם בעפר הארץ ובחול הים ובכוכבי השמים הריני הולך ועושה</td><td>מי יתנך כאח לי יונק (שיר השירים ח א),
כאי זה אח,
{[כקין להבל][66], [קין הרג את הבל][67].
כישמעאל[68] ליצחק, ישמעאל שונא ליצחק.
כעשו[69] ליעקב, עשו שונא ליעקב.
כאחי[70] יוסף ליוסף, [אחי יוסף שונאים ליוסף][71]}[72].[73]
אלא כיוסף לאחיו, את מוצא אחר כל הרעות שעשו לו מה כת' ביה, ועתה אל תיראו אנכי אכלכל אתכם ואת טפכם וינחם אותם וידבר על לבם (בראשית נ כא).
א"ר שמלאי א' להון אתון רישא ואנא גופא, אין אזל ראשא מה גופא טב.
ד"א אמ' להון נמשלתם בעפר הארץ ובחול הים ובכוכבי השמים, הרי אני הולך ועושה</td></tr>
</table>

65 Ms Parma und die Handschrift des Jewish Theological haben im Kontext der Auslegung zu Hld 8,1 den abgedruckten Text des Traditionsstücks. Der Text folgt bei geringfügigen Differenzen Ms Parma. In eckigen Klammern stehen Zusätze von JTS. Was in geschweiften Klammern steht, hat nur Ms Parma.

66 לא כקין לבהל, צ

67 Fehlt in פ.

68 ולא כישמעאל, צ

69 ולא כאשו, צ

70 ולא כאחי, צ

71 שנ' וישנאו אותו ולא יכלו דברו לשלום, פ

72 לא כקין להבל לא כישמעאל ליצחק לא כעשו ליעקב לא כאחי יוסף לו, א2

73 לישראל, ש א י Varianten im folgenden Abschnitt sind ohne Relevanz für die Bedeutung der Erzählung von Kain und Abel im Kontext. Hier sei auf die kritische Ausgabe verwiesen.

מלחמה עמהם, אם יכולתי להם הרי אני יכול לכם, ואם לא יכולתי להם איני יכול לכם. ד"א א' להון מה נעשה אנטידיקוס של אבא, אבא מוליד ואנא קובר. ד"א א' מה נעשה אנטידיקוס של הקב"ה, הק' מברך ואני מסייף. ד"א א' להון אתם מנהג סידורו של עולם, שתים עשרה שעות ביום ושתים עשרה שעות בלילה, שנים עשר חדשים, שנים עשר מזלות, שנים עשר שבטים, יכול אני לבטל מנהג סידורו של עולם. ד"א א' להון עד שלא ירדתם לכאן היו המצריים נוהגין בי עבד, משירדתם לכאן הודעתם גניסיי' שלי. ד"א א' להון אם הורג אני אתכם עכשיו, יהו המצריים אומ' כת של בחורים ראה ואמר אילו אחיי הם, תדע לך שהוא כן, שלאחר זמן מצא עליהם עלילה והרגן. ד"א א' להון אם הורג אני אתכם עכשיו יהו המצריים אומ', עם אחיו לא משמר אמנה ועמנו הוא משמר אמנה, לפיכך וינחם אתם וידבר על לבם (בראשית נ כא). והרי דברים קל וחומר, מה אם יוסף שהוא מדבר היה על לבן של אחיו דברים טובים דברים נחומים ניחמן, כשיבא הקב"ה לנחם את ירושל' על אחת כמה וכמה, נחמו נחמו עמי יאמר אלהיכם (ישעיה מ א).	{בעפר} מלחמה עמהם אם יכולתי להם אוכל להם ד"א אמ" להם מה [אנא מתעביד אנטיריקוס של אבא אבא מוליד ואנא קובר א"ל מה אעשה] אנא מתעביד אנטיריקוס דהקב דיהא הוא מברך ואנא מסייף {לא} ד"א אמ' להם אתם [מנהג] סידרו של עולם שתים עשרה שעות ביום שתים עשרה בלילה שנים עשרה שבטים שנים עשר מזלות שנים עשר חדשי שנה יכול אני לבטל {סידרו של עולם} ד"א אמ' להם עד שלא ירדתם למצרים היו המצריים נוהגין בי {כבוד} [עבדות] ומשירדתם [לכאן] הודעתם גינוסיא שלי [ואם אני הורג אתכם יהיו המצריים אומרים כת של בחורים ואמר אלו אחי הם תדע לך שהוא כן שלאהו זמן עלה עליהן והרגן ד"א אמר להם] אם אני הורג אתכם עכשיו יאמרו המצריים עם אחיו לא שומר אמונה עם אחרים על אחת

8.1.1.

Tan/TanB בהר	Tan משפטים	ExR 31	KohR zu Koh 6,3
וכי תמכרו ממכר לעמיתך זש"ה נבהל להון איש רע עין ולא ידע כי חסר יבואנו (משלי כח) הפסוק הזה מדבר בהרבה בני אדם,[74] נבהל להון איש רע עין זהו קין[75] אמר הקב"ה אתה נבהלת לירש[76] את העולם חייך חסרון יש לך הוי ולא ידע כי חסר יבואנו, ומה היה לו שנטלטל בעולם	אם כסף תלוה, זש"ה (משלי כח) נבהל להון איש רע עין ולא ידע כי חסר יבואנו, איש רע עין זה קין שהבדיל עצמו ליטול את העולם כיצד כשהיו קין והבל בעולם מה כתיב בהן ויהי בהיותם בשדה (בראשית ד) על עסקי שדה נהרג הבל, א"ל קין להבל נחלוק העולם טול	אם כסף תלוה את עמי, הה"ד (משלי כח) נבהל להון איש רע עין זה קין שהבהיל עצמו ליטול העולם, כיצד כשהיה עם אחיו שנאמר (בראשית ד) ויהי בהיותם בשדה, אמרו זה לזה בא ונחלוק העולם אמר קין טול אתה את המטלטלין ואני הקרקעות וחלקו ביניהם נטל הבל את המטלטלין וקין	

74 ... בקין ובעפרון ובמלוה ברבית, TanB

75 ... שהרג לאחיו בשביל שירש לעצמו את העולם, הוי נבהל להון איש רע עין, TanB

76 להעשיר ולירש, TanB

זה הבל אחיו,
טוב ממנו הנפל
בעליו, ר' שמואל אמר היקום זה קין שנשטף,
אומר היקום הוא הממון שמעמיד רגליו של
מהו היקום קיומא, ר' בון אמר אוקומיני, ר"א
פני האדמה
(בראשית ז') וימח את כל היקום אשר על
שהיה תלוי ברפיון ובא המבול ושטפו דכתיב
וגם קבורה לא היתה לו,

של עולם,
שלא שבע נפשו מממונו ולא שבע מטובו

ורב שיהיו ימי שניו,
שחיה שנים הרבה,
ושנים רבות יחיה,
זה קין שהוליד מאה בנים,

אם יוליד איש מאה,

בשדה,
זה הבל אחיו שעמד עליו והפילו הרוג
אמרתי טוב ממנו הנפל,

שהיה תלוי ברפיון ובא המבול ושטפו,
וגם קבורה לא היתה לו
נע ונד תהיה בארץ,

שלא תשבע נפשו בממונו שנאמר
ונפשו לא תשבע מן הטובה,
שהוסיף ימים על ימי אביו תשכ"ו שנים,
ורב שיהיו ימי שניו,
שחיה כמו שחיה אדם,
ושנים רבות יחיה,
זה קין שהוליד מאה בנים,
מאה
ושלמה קורא עליו (קהלת ו) אם יוליד איש

את הקרקעות וחשב להוציאו מן העולם
היה הבל מהלך בעולם וקין רודפו אמר לו
צא מתוך שלי והיה הולך להרים ואומר צא
מתוך שלי עד שעמד עליו והרגו, הוי נבהל
להון איש רע עין זה קין שהיתה עינו רעה
באחיו, ולא ידע כי חסר יבואנו, ומה חסרון
הגיע לו שאמר הקב"ה נע ונד תהיה בארץ,
ומהו כן שכל מקום שהולך הקב"ה היה
מביא לו רעה לרגליו והיו מכין אותו
ורודפין אחריו עד שמוציאין אותו,

המטלטלין ואני את השדות והוא שחשב
להוציא אותו מן העולם, חלקו ביניהם נטל
הבל המטלטלין וקין הקרקעות והיה מהלך
הבל בעולם וקין רודפו ואמר ליה צא מתוך
שלי, רץ להרים והוא אחריו ואומר זו שלי
עד שעמד עליו והרגו שנאמר ויקם קין אל
הבל אחיו ויהרגהו ולא ידע כי חסר יבואנו,
מה חסרו נע ונד תהיה בארץ בכל מקום
שהיה הולך היה הקב"ה מביא רוח רעה
לרגלו והיו מכין אותו ורודפין אחריו עד
שמוציאין אותו מן העולם,

שנאמר (בראשית ד) נע ונד תהיה בארץ[77]

77 ... הוי נבהל להון איש רע עין זה קין, TanB

Glossar

AGGADAT BERESCHIT (AggBer): Von jeweils drei thematisch aufeinander bezogenen Abschnitten nimmt einer einen Vers der Genesis, einer einen Vers aus den Prophetenbüchern, der dritte einen Vers aus den Ps zum Ausgangspunkt. Die Abfolge der Abschnitte entspricht der Abfolge der Genesiszitate. Der Midrasch wird meist in das 10. Jahrhundert datiert. Eine kritische Ausgabe existiert nicht. Die von Salomon Buber besorgte Ausgabe verwendet neben dem Erstdruck Ms Oxford.

CHATIMA: Der Abschluss einer Sinneinheit mit einem hoffnungsvollen Ausblick auf die Endzeit.

DEUTERONOMIUM RABBA (DtnR): DtnR ist Teil der Tanchumaliteratur. DtnR besteht, quer zu der Einteilung der Druckausgaben in 11 Abschnitte, aus 27 Homilien, die jeweils durch eine Halacha eingeleitet werden. Eine kritische Ausgabe liegt nicht vor. Die gewöhnliche Fassung beruht auf dem Erstdruck und der Ausgabe Wilna (1545). S. Buber veröffentlicht abweichendes Material des Cod. Hebr. 229 der Staatsbibliothek München. Epstein beschreibt ein Manuskript, das in einzelnen Paraschen abweicht. Die Ausgabe Liebermann (Oxford Ms 147) verzeichnet Abweichungen in geringerem Umfang. Zunz und Herr datieren um 900. Im Anschluss an Liebermann datiert Stemberger zwischen 450 und 800. Die vorliegende Arbeit berücksichtigt die Ausgaben Wilna und Liebermann mit den dort verzeichneten Varianten.

EXODUS RABBA (ExR): Innerhalb von ExR werden ExR 1 – 14, ein exegetischer Midrasch, der Ex 1 – 10 Vers für Vers auslegt, und ExR 15 – 52 zu Ex 12 – 40, ein Midrasch, der den Tanchuma-Midraschim nahe steht, unterschieden. Nach Stemberger benützt ExR Tan als Grundtext, den ExR mit anderem, zum größeren Teil dem Talmud entnommenen Material auffüllt und um eigene Traditionen ergänzt. Zunz datiert das Werk insgesamt in das 11. oder 12. Jahrhundert. Stemberger und Herr datieren ExR 1 – 14 später als ExR 15 – 52. Shinan datiert ExR 1 – 14 ins 10. Jahrhundert. Shinan (1984) bietet einen kritischen Text zu ExR 1 – 14.

GENESIS RABBA (GenR): Formales Ordnungsprinzip ist der Bibeltext, der einer Vers-für-Vers-Kommentierung unterzogen wird. Wenige Verse, darunter Genealogien und Texte wie Gen 24,35–48, bleiben unberücksichtigt. Druckausgaben und Handschriften untergliedern in eine unterschiedliche Zahl von Paraschen, deren Unterteilung insbesondere in der zweiten Hälfte des Werkes zwischen den Versionen nicht einheitlich ist. In vielen Fällen liegen der Einteilung des Midrasch in Paraschen Sinneinheiten des biblischen Textes zugrunde. Vertreten wird auch eine ursprünglich andere Einteilung nach Sedarim, die durch die Struktur der Paraschen überlagert wurde. Häufig beginnt eine Parasche mit einer Reihe von Proömien in der Form einer Peticha. Das Ende einer Parasche ist seltener als ihr Anfang markiert. Manchmal wird vorgeschlagen, das eine Parasche in einigen Fällen abschließende Zitat des Verses, mit dem die folgende Parasche beginnt, als markiertes Ende zu werten. Zunz datiert in das 6. Jahrhundert. Herr und Stemberger datieren die Endredaktion auf die Zeit nach 400. Mit Albeck (1965) liegt eine kritische Ausgabe vor.

HOHESLIED RABBA (HldR): HldR ist ein Auslegungsmidrasch, der den Text des biblischen Buches Vers für Vers auslegt. Die Unterteilung des Midrasch in Paraschen, die der Kapitelzählung des biblischen Buches folgen, ist spät. Der Erstdruck untergliedert in HldR 1,1 – 2,7 und 2,8ff. Die Struktur von HldR bestimmen thematische Schwerpunkte, die einander abwechseln, dabei aber weniger klar voneinander abgrenzbar sind, als dass sie ineinander überleiten. Themenüberschneidungen sind die Regel. Hinzu kommen thematische, Motiv- und Stichwortverknüpfungen, die nicht unmittelbar aufeinander folgende Abschnitte miteinander verbinden. Exemplarisch sei die thematische Aufschlüsselung zu Hld 7,11 – 8,8.

7,11	drei Verlangen (**Israel** nach **Gott**, die **Frau** nach dem **Mann**, der **böse Trieb** nach **Kain**)
7,12.13	Geist **Gottes** unter den **Völkern** und in **Israel** / Israel als **Weinberg** Gottes
	Früchte = Weisung
7,14	Früchte = Israel
	Früchte = Weisung
8,1	Brüdertraditionsstück
	Ziel: Mose und Aaron
	Einschub: Anekdote von den Geschwistern in Meron und Gusch Calab
8,2	Israel am **Sinai** (Motiv: Israels neue Geburt am Sinai)
8,2–5*(2.5)	Lehre Israels am **Sinai** (Motiv: Israels neue Geburt am Sinai) / **Früchte = Weisung**
8,6a	Gehorsamsversprechen Israels und die Sonderrolle Israels vor Gott
	Möglichkeit von Umkehr und Buße zur Wiederherstellung dieser besonderen Beziehung
8,6b–7	**Liebe** und Eifersucht (Motiv: Brüderpaare)
	Gott und Israel / Gott und die **Völker**
8,7	**Liebe** riskiert alles
8,8	Israel und **Völker** (Kontext: Israels und der Völker Beziehung zu Gott)
	Abraham und die **Völker**

Zunz datiert in die zweite Hälfte des 8. Jahrhunderts. Lachs datiert in das 7. Jahrhundert, Stemberger und Herr in die Mitte des 6. Jahrhunderts. Eine kritische Ausgabe liegt nicht vor.

HALACHA: (1) Gesetzliche Verordnungen oder Einzelentscheidungen der jüdischen Tradition; (2) das sich daraus ergebende Rechtssystem.

JELAMDENU: Typische formelhafte Einleitung einer Halakha (ילמדנו רבינו – Es belehre uns unser Meister).

KOHELET RABBA (KohR): KohR unterzieht den Text von Koh einer Vers-für-Vers-Kommentierung. Wenige Verse bleiben unberücksichtigt. Gut bezeugt ist eine Aufteilung des Koheletbuchs durch die Gliederung des Midrasch in drei Sedarim. Weiss sieht diese Untergliederung durch den Text des Midrasch selbst unterstützt. Die zweite und dritte Ordnung entspricht der Einteilung der Masorah. Wachten argumentiert gegen eine Untergliederung der ersten Ordnung zwischen KohR zu Koh 3,12 und 3,13 entsprechend der Masorah. Wachten vertritt eine Berücksichtigung der Einteilung von Koh in zwölf Kapitel durch den Midrasch, die sich in der signifikant unterschiedlichen Länge der sich auf diese Kapitel beziehenden Kommentierungen spiegle. Weniger als durch klar zu ziehende Textgrenzen ist der Text durch streckenweise parallel verlaufende Sinnlinien und durch thematische Verknüpfungen strukturiert. Stemberger datiert ins 8. Jahrhundert. Hirshman datiert in das 6. oder 7. Jahrhundert. Die Dissertation von Hirshman (1983) bietet eine kritische Ausgabe von KohR zu Koh 1 – 4. Wachten (1978) beschreibt relevante Geniza-Fragmente.

LEVITIKUS RABBA (LevR) / PESIKTA DES RAB KAHANA (PRK): Die Ausgangsverse der Paraschen von LevR folgen den Anfangsversen der liturgischen Leseabschnitte, entsprechen den bekannten Leseordnungen aber nicht genau. Die Abfolge der Paraschen innerhalb des Midrasch orientiert sich an der Abfolge der Ausgangsverse im Buch Levitikus. Die einzelnen Paraschen folgen einem weitgehend analogen Aufbau. Auf eine Reihe von Petichot zum Ausgangsvers folgen Auslegungen zu den auf den Ausgangsvers folgenden Versen. Eine Parasche schließt mit einer Chatima. Zunz datiert in die Mitte des 7. Jahrhunderts, Stemberger mit der überwiegenden Mehrheit der zeitgenössischen Forscher in das 5. Jahrhundert. Mit Margulies (1953–1960) liegt eine kritische Ausgabe vor. PRK kommentiert die Leseabschnitte der jährlich wiederkehrenden Feste und besonderen Schabbate. Der Aufbau der Pesiktot in PRK gleicht dem der Paraschen in LevR. Zunz datiert PRK um 700, Stemberger datiert den Grundbestand mit Mandelbaum in das 5. Jahrhundert. PRK liegt in einer kritischen Ausgabe, Mandelbaum ([2]1987), vor. PRK und LevR haben fünf Pesiktot gemeinsam. Die Richtung der Abhängigkeit ist umstritten. In neuerer Zeit geht

Heinemann von der Ursprünglichkeit von PRK (außer LevR 28) aus. Die Mehrheit der Forscher hält LevR für ursprünglich. Margulies geht vom gemeinsamen Ursprung beider Werke aus einer Schule evtl. sogar von der Hand eines Redaktors aus. Zehn Pesiktot der PRK haben weitgehende Entsprechungen in PesR. Pesiktot aus PRK finden sich außerdem in Tan und TanB.

MIDRASCH PSALMEN (MdrPss): MdrPss zerfällt in zwei Teile. Der Erstdruck und die meisten Handschriften belegen Ps 1 – 118. Zwei Handschriften belegen darüber hinaus Ps 119. Die Handschriften weichen stark voneinander ab. Die Datierung ist umstritten. Die Mehrheit der Forscher geht von einer langen Entwicklungsgeschichte und von einem frühen Grundbestand aus talmudischer Zeit aus. Eine kritische Textausgabe befindet sich in Vorbereitung. Der zweite Teil zu Ps 119 – 150 liegt erstmals in einer Druckausgabe von 1515 vor.

NUMERI RABBA (NumR): NumR zerfällt in zwei Teile, die sich im Stil deutlich voneinander unterscheiden. Während der erste Teil, der etwa drei Viertel des Gesamtwerkes umfasst, Num 1 – 7 auslegt, bespricht der zweite Num 8 – 36 in sehr viel kürzerer Form. Während sich der erste Teil mutmaßlich an der einjährigen Leseordnung orientiert, aber in einer nach der dreijährigen palästinischen Leseordnung gegliederten Fassung, auf die sich auch die Einteilung nach Paraschen in den Druckausgaben bezieht, vorliegt, verhält es sich mit dem zweiten Teil umgekehrt. Ursprünglich wohl nach dem dreijährigen Zyklus gegliedert, ist er in den Ausgaben nach den Leseabschnitten des einjährigen Zyklus zum Schabbat aufgeteilt. Für beide Teile vermutet Stemberger eine Vorlage vom Typ der Tanchuma-Midraschim. Der erste Teil hat sich von diesem Grundtyp stärker entfernt. Zunz und Stemberger datieren die Endfassung, für die sie eine längere Entstehungsgeschichte voraussetzen, nicht vor das 12. Jh. Herr datiert NumR insgesamt in das 9. Jh. Stemberger hält den zweiten Teil für deutlich älter. Eine kritische Ausgabe liegt nicht vor.

PARASCHE: Leseabschnitte der Tora.

PESIKTA: Leseabschnitte an den Festtagen und besonderen Sabbaten.

PESIKTA DES RAB KAHANA (PRK): S. Levitikus Rabb

PESIKTA RABBATI (PesR): PesR versammelt Auslegungen zu den Lesungen der Feste und besonderer Schabbate. Die Auslegungen stehen in der Reihenfolge des Jahresfestkreises. Die Einteilung in Piskot nehmen erst die Drucke vor. Die Datierung des Midrasch gestaltet sich aufgrund komplexer Abhängigkeitsverhältnisse noch schwieriger als üblich. PesR vermerkt an einer Stelle 777 Jahre seit der ‚Zerstörung'. Bezieht man dieses Datum auf die Zerstörung des Tempels, steht das Jahr 845 als terminus post quem. Zunz datiert in die zweite Hälfte des 9. Jahrhunderts und später. Herr datiert in das 6. oder 7. Jahrhundert. Da einzelne Gruppen von Paraschen sich in Stil und Inhalt deutlich unterscheiden, ist für einzelne von ihnen eine frühere Entstehung diskutabel. Zu einzelnen Paraschen liegen kritische Texteditionen vor. Wo nicht anders angegeben, folgt der in dieser Arbeit abgedruckte Text der Editio princeps.

PETICHA (pl.: PETICHOT): Anstelle des Ausgangsverses, der hauptsächlicher Gegenstand der Auslegung ist, wird ein anderer Vers so ausgelegt, dass die Auslegung auf den Ausgangsvers zurückführt.

PROÖMIUM: Einleitender Abschnitt einer Parasche oder Sinneinheit, häufig eine oder mehrere Petichot.

TANCHUMA (Tan) / TANCHUMA BUBER (TanB): Tanchuma bezeichnet einen in mehreren Fassungen vorliegenden Midrasch zum gesamten Pentateuch. Der Midrasch orientiert sich an der dreijährigen palästinischen Leseordnung. Meist werden die ersten Verse eines Leseabschnittes ausgelegt. Häufig ist der Beginn eines in sich geschlossenen Abschnitts eine Halacha, an die sich eine aggadische Auslegung anschließt. Der aggadische Teil endet oft mit einer Chatima. Allerdings lassen sich nicht alle Textpassagen einem klaren Schema unterordnen. Tanchuma liegt in zwei hauptsächlichen Druckausgaben vor: Die so genannte gewöhnliche Ausgabe wird durch zwei frühe Drucke von 1520 und 1545 repräsentiert. Der von Buber veröffentlichte Text (TanB) orientiert sich an Ms Oxford Neubauer 154 und berücksichtigt vier weitere Handschriften. Zu Lev, Num und Dtn sind beide Druckausgaben weitgehend identisch. Über die beiden genannten

Textrezensionen hinaus sind weitere Handschriften und Fragmente bekannt. Die Grenze zwischen solchen Texten, die der Tanchuma-Texttradition zuzurechnen sind, und solchen, die nicht dazugehören, ist schwer zu ziehen. Eine kritische Aufarbeitung der Texttraditionen ist erst noch zu leisten. In der vorliegenden Arbeit werden ausschließlich die beiden hauptsächlichen Druckausgaben berücksichtigt. Angesichts der komplizierten und weitgehend ungeklärten Textgeschichte gestaltet sich eine Datierung schwierig. Zunz datiert in die zweite Hälfte des 9. Jahrhunderts. Herr datiert die frühesten Vertreter der Gruppe um 800. Stemberger geht von einer Fassung, nicht notwendig in der jetzt in den Drucken vorliegenden Form, bereits für das 4. Jahrhundert aus.

Literaturverzeichnis

Rabbinische Quellen und Übersetzungen

ALBECK, Theodor/Albeck, Chanor, מדרש ברשית רבא. 3 Bd., Jerusalem 1963.

BAR-ILAN UNIVERSITY (Hg.), Responsa Project. Version 13+, Tel Aviv 2005.

BERMAN, Samuel A., Midrash Tanhuma-Yelammedenu. An English Translation of Genesis and Exodus from the Printed Version of Tanhuma-Yelammedenu, Hoboken, New Jersey 1996.

BIETENHARD, Hans, Midrasch Tanhuma B. R. Tanhuma über die Tora, genannt Midrasch Jelammedenu. Band 1 (Judaica et Christiana 5), Bern 1980.

–, Midrasch Tanhuma B. R. Tanhuma über die Tora, genannt Midrasch Jelammedenu. Band 2 (Judaica et Christiana 6), Bern 1982.

BUBER, Salomo (Hg.), מדרש תנחומא. 2 Bd., Jerusalem 1964.

–, מדרש תהלים, Jerusalem 1966.

–, אגדת בראשית, Jerusalem 1973.

HIRSHMAN, Marc G., Midrash Qohelet Rabbah. Chapters 1 – 4. Commentary (Ch. 1) and Introduction, New York 1983.

LIEBERMANN, Schaul, מדרש דברים רבה, Jerusalem 1992.

MANDELBAUM, Bernhard (Hg.), Pesikta de Rav Kahana. With Commentary and Introduction by Bernard Mandelbaum. 2 Bd., New York 1962.

MARGULIES, Mordecai (Hg.), מדרש ויקרא רבה. 2 Bd., New York 1999.

מדרש תנחומה, Jerusalem 1960.

SHINAN, Avigor, מדרש שמות רבה, Jerusalem 1984.

TEUGELS, Lieve M., Aggadat Bereshit. Translated from the Hebrew with an Introduction and Notes (Jewish and Christian Perspectives Series 4), Leiden 2001.

WÜNSCHE, August, Der Midrasch Bereschit Rabba. Das ist die Haggadische Auslegung der Genesis. Mit einer Einleitung von F. Fürst, Noten und Verbesserungen von J. Fürst und O. Straschun, und Varianten von M. Grünwald. Leipzig 1881; 1993.

Gen 4

BUTTING, Klara, Kain und Abel – und Set. Gen 4,1–26, in: JK 61/7 (2000) 433–437.

–, Abel steh auf! Die Geschichte von Kain und Abel – und Schet (Gen 4,1–26), in: BiKi 58 (2003) 16–19.

CHEVILLARD-Mabousson, Anne/Marchadour, Alain, Cain et Abel. Lecture et relectures, in: Centre pour l'analyse du discours religieux (Hg.), Le temps de la lecture. Exégèse biblique et sémiotique recueil d'hommages pour Jean Delorme (LeDiv 155), Paris 1993, 267–288.

CRÜSEMANN, Frank, Kanon und Sozialgeschichte. Beiträge zum AT, Gütersloh 2003.

DIETRICH, Walter, „Wo ist dein Bruder?" Zu Tradition und Intention von Gen 4, in: Dietrich, Walter (Hg.), Theopolitik. Studien zur Theologie und Ethik des Alten Testaments, Neukirchen-Vluyn 2002, 159–172.

EBACH, Jürgen, Kain und Abel in Gen 4, in: Kienzle, Ulrich/Kirsch, Winfried/Neuhaus, Dietrich (Hg.), Kain und Abel. Die biblische Geschichte und ihre Gestaltung in bildender und DRAMATISCHER KUNST, LITERATUR UND MUSIK. FRANKFURT A. M. 1998, 15–30.

HERION, Gary A., Why God Rejected Cain's Offering. The Obvious Answer, in: Beck, Astrid B./Freedman, David Noel (Hg.), Fortunate the Eyes that see (FS David Noel Freedman), Grand Rapids, Michigan 1995, 52–65.

HEYDEN, Katharina, Die Sünde Kains. Exegetische Beobachtungen zu Gen 4,1–16, in: BN 118 (2003) 85–109.

JACOB, Benno, Das erste Buch der Tora. Genesis, Berlin 1934.

JANOWSKI, Bernd, Jenseits von Eden. Gen 4,1–16 und die nichtpriesterschriftliche Urgeschichte, in: Kiesow, Klaus (Hg.), „Textarbeit". Studien zu Texten und ihrer Rezeption aus dem

Alten Testament und der Umwelt Israels (FS Peter Weimar) (AOAT 294), Münster 2003, 267–284.

KIM, Angela Y., Cain and Abel in the Light of Envy. A Study in the History of the Interpretation of Envy in Genesis 4,1–16, in: JSP 12/1 (2001) 65–84.

LEWIS, Jack P., The Offering of Abel (Gen 4:4). A History of Interpretation, in: JETS 37 (1994) 481–496.

MCENTIRE, Marc, Being Seen and not Heard. The Interpretation of Gen 4,8, in: Evans, Craig A. (Hg.), Ancient Versions and Traditions (Library of Second Temple studies 50), London 2004, 4–13.

REIS, Pamela T., What Cain Said. A Note on Gen 4.8, in: JSOT 27/1 (2002) 107–113.

RUPPERT, Lothar, Genesis. Ein kritischer und theologischer Kommentar (FzB 106), Würzburg 1992.

SOGGIN, Jan Alberto, Das Buch Genesis. Kommentar, Darmstadt 1997.

SPINA, Frank Anthony, The "Ground" for Cain's Rejection (Gen 4). Adamah in the Context of Gen 1 – 11, in: ZAW 104 (1992) 319–332.

STADLER, Michael, Gottes Intervention in der Kainsgeschichte. Gedanken zu Gen 4,1–17, in: Zeitschrift für Theologie und Gemeinde 8 (2003) 65–95.

SWENSON, Kristin M., Care and Keeping East of Eden. Gen 4,1–16 in Light of Gen 2 – 3, in: Interpretation 60/4 (2006) 373–384.

VOGELS, Walter, Caïn: l'être humain qui devient une non-personne. (Gn 4,1–16), in: NRTh 114 (1992) 321–340.

WACKER, Marie-Theres, Kain und die Macht der Sünde. Eine feministisch-gendersensible Lektüre von Gen 4,1–17, in: Weibel, Nadine (Hg.), Weiblicher Blick – Männerglaube. Religions d'hommes – regards de femmes. Beiträge zur Gender-Perspektive in den Religionen, Münster 2007, 45–54.

WEHRLE, Josef, Kain und Abel. Der Mensch im Spannungsfeld zwischen der von Gott geschenkten Freiheit und zwischen der eigenen verantworteten Entscheidung für das Gute oder das Böse, in: Wehrle, Josef (Hg.), Gottes Wort – unser Leben. Biblische Texte als Grundlage einer lebensbejahenden Ethik, Münster 2007, 4–47.

WESTERMANN, Claus, Genesis. I. Genesis 1 – 11. (BK.AT I.1), Neukirchen-Vluyn 1976.

VAN WOLDE, Ellen, The Story of Cain and Abel. A Narrative Study, in: JSOT 52 (1991) 25–41.

ZENGER, Erich, „Das Blut deines Bruders schreit zu mir" (Gen 4,10). Gestalt und Aussageabsicht der Erzählung von Kain und Abel, in: Bader, Dietmar (Hg.), Kain und Abel. Rivalität und Brudermord in der Geschichte der Menschen (Schriftenreihe der Katholischen Akademie der Erzdiözese Freiburg), München, Zürich 1983, 9–28.

ZWILLING, Anne-Laure, Cain versus Abel. (Gen 4,1–16), in: Focant, Camille/Wénin, André (Hg.), Analyse narrative et Bible. Deuxième Colloque International du RRENAB, Louvain-la-Neuve, avril 2004 (Bibliotheca Ephemeridum Theologicarum Lovaniensium 3,191), Leuven 2005, 507–516.

Gen 4 in der rabbinischen Auslegung

APTOWITZER, Viktor, Kain und Abel in der Agada, den Apokryphen, der hellenistischen, christlichen und muhammedanischen Literatur, Wien/Leipzig u.a. 1922.

GEIGER, Michaela, Kains Zeichen Gottes. Eine Erinnerungsspur, in: Hedwig-Jahnow-Forschungsprojekt (Hg.), Körperkonzepte im Ersten Testament. Aspekte einer feministischen Anthropologie, Stuttgart 2003, 124–143.

MILLARD, Matthias, Kain – ethische Evidenz in der Genesis. Ein Element biblischer Ethik in auslegungsgeschichtlicher Perspektive, in: Texte und Kontexte 22/3 (1999) 3–13.

OBERHÄNSLI-Widmer, Gabrielle, Das Böse an Kains Tür. Die Erzählung von Kain und Abel in der jüdischen Literatur, in: Kirche und Israel 19 (2004) 164–181.

SPRINGER, Anthony Joseph, Proof of Identification. Patristic and Rabbinic Exegesis of the Cain and Abel Narrative, in: Studia patristica 39 (2006) 259–271.

TEUGELS, Lieve M., The Twin Sisters of Cain and Abel. A Survey of the Rabbinic Sources, in: Luttikhuizen, Gerard P. (Hg.), Eve's Children. The Biblical Stories Retold and Interpreted in Jewish and Christian Traditions (Themes in Biblical Narrative 5), Leiden 2003, 47–56. (2003b)

Gen 4 in anderen Auslegungstraditionen

ERZBERGER, Johanna, Genesis 4 bei Flavius Josephus, in: PzB 17 (2008) 1–13.

KUGEL, James L., Cain and Abel in Fact and Fable, in: Brooks, Roger/Collins, John Joseph (Hg.), Hebrew Bible or Old Testament? Studying the Bible in Judaism and Christianity (Christianity and Judaism in Antiquity 5), Notre Dame, Indiapolis 1990, 167–190.

MCNAMARA, Martin, Early Exegesis in the Palestinian Targum (Neofiti 1) Numbers Chapter 24, in: Proceedings of the Irish Biblical Association 16 (1993) 57–79.

RÖSEL, Martin, Übersetzung als Vollendung der Auslegung. Studien zur Genesis-Septuaginta (BZAW 223), Berlin 1994

Rabbinische Auslegung ausgewählter biblischer Texte

BAKHOS, Carol, Ishmael on the Border. Rabbinic Portrayals of the First Arab (SUNY Series in Judaica), Albany 2006. (2006b)

BASKIN, Judith R., Pharaoh's Counsellors. Job, Jethro, and Balaam in Rabbinic and Patristic Tradition (Brown Judaic Studies 47), Chico, California 1983.

BODENDORFER, Gerhard, Gott und die Völker im Kontext von Exil und Leidbewältigung, in: Jud 57/3 (2001) 162–181.

BOYARIN, Daniel, The Song of Songs: Lock or Key? Intertextuality, Allegory and Midrash, in: Schwartz, Regina M. (Hg.), The Book and the Text. The Bible and Literary Theory, Cambridge Massachusetts 1990, 214–230. (1990a)

–, Intertextuality and the Reading of Midrash, Bloomington, Indianapolis 1990. (1990b)

GREEN, John T., The Balaam Figure and Type before, during, and after the Period of the Pseudepigrapha, in: JSP 8 (1991) 67–110.

GRUSHCOW, Lisa, Writing the Wayward Wife. Rabbinic Interpretations of Sotah (Ancient Judaism and Early Christianity 62), Leiden 2006.

LANGER, Gerhard, Der Grenzgänger Esau. Zur Frage nach jüdischer Identität am Beispiel der talmudischen Auslegung zu Jakob und Esau, in: Strecker, Christian (Hg.), Kontexte der Schrift. Band 2. Kultur, Politik, Religion, Sprache – Text. (FS Wolfgang Stegemann), Stuttgart u.a. 2005, 223–249. (2005a)

–, Bruder Esau. Zur Frage nach der jüdischen Identität am Beispiel der Auslegung zu Jakob und Esau in Bereshit Rabba, in: Gelardini, Gabriella (Hg.), Kontexte der Schrift. Bd. 1. Text, Ethik, Judentum und Christentum, Gesellschaft. (FS Ekkehard W. Stegemann), Stuttgart u.a. 2005, 373–390. (2005b)

MAIER, Johann, Psalm 24,1. Rabbibische Interpretation, jüdische berakah und christliche Benediktion, in: Maier, Johann (Hg.), Studien zur jüdischen Bibel und ihrer Geschichte (Studia Judaica 28), Berlin 2004, 375–390.

RÖSEL, Martin, Wie einer vom Propheten zum Verführer wurde. Tradition und Rezeption der Bileamgestalt, in: Bib. 80 (1999) 506–524.

TEUGELS, Lieve M., Bible and Midrash. The Story of "The Wooing of Rebekah" (Gen. 24) (Contributions to Biblical Exegesis and Theology 35), Leuven 2004.

THOMA, Clemens, Die Weltvölker im Urteil rabbinischer Gleichniserzähler, in: Thoma, Clemens/Stemberger, Günter/Maier, Johann (Hg.), Judentum – Ausblicke und Einsichten (FS Kurt Schubert) (Judentum und Umwelt 43), Frankfurt a. M. u.a. 1993, 115–133.

WAGNER, Bettina, Ein Psalm, ein Lied für den Tag, der ganz Sabbat, Ruhe ist (mTam VII, 4). Psalm 92 in der Liturgie des Sabbats, Münster 1998. (Unveröffentlichte Diplomarbeit)

Rabbinische Auslegung

BAKHOS, Carol, Method(ological) Matters in the Study of Midrash, in: Bakhos, Carol (Hg.), Current Trends in the Study of Midrash (JSJ.S 106), Brill/Leiden/Boston 2006, 161–187. (2006a)

– (Hg.), Current Trends in the Study of Midrash (JSJ.S 106), Brill/Leiden/Boston 2006.

BÖHL, Felix, Aufbau und literarische Formen des aggadischen Teils im Jelamdenu-Midrasch, Wiesbaden 1977.

BOYARIN, Daniel, The Song of Songs: Lock or Key? Intertextuality, Allegory and Midrash, in: Schwartz, Regina M. (Hg.), The Book and the Text. The Bible and Literary Theory, Cambridge Massachusetts 1990, 214–230. (1990a)

–, Intertextuality and the Reading of Midrash, Bloomington, Indianapolis 1990. (1990b)

BRAUDE, William G., Overlooked Meanings of Certain Editorial Terms in the Pesikta Rabbati, in: JQR 52 (1961) 264–272.

– / KAPSTEIN, Israel J., Pesikta de Rab Kahana. R. Kahana's Compilation of Discourses for Sabbaths and Festal Days, London 1975.

ELBAUM, Jacob, Art. Midrash Tehillim, in: EJ 11, 1519–1520.

FRAADE, Steven D., Rewritten Bible and Rabbinic Midrash as Commentary, in: Bakhos, Carol (Hg.), Current Trends in the Study of Midrash (JSJ.S 106), Brill/Leiden/Boston 2006, 60–78.

FRAENKEL, Yonah, דרכי האגדה והמדרש, Tel Aviv 1991.

GOLDBERG, Arnold, Die funktionale Form Midrasch, in: FJB 10 (1982) 1–45.

–, Die Schrift der rabbinischen Schriftausleger, in: FJB 15 (1987) 1–15.

–, Formen und Funktionen von Schriftauslegung in der frührabbinischen Literatur (1. Jh.v.Chr. bis 8. Jh.n.Chr.), in: LingBib 64 (1990) 5–22.

–, Die Zerstörung von Kontext als Voraussetzung für die Kanonisierung religiöser Texte im rabbinischen Judentum, in: Goldberg, Arnold/Schlüter, Margarete/Schäfer, Peter (Hg.), Gesammelte Studien. Mystik und Theologie des rabbinischen Judentums I. Tübingen 1997, 413–425.

–, Form-Analysis of Midrashic Literature as a Method of Description, in: Goldberg, Arnold/Schlüter, Margarete (Hg.), Rabbinische Texte als Gegenstand der Auslegung (TSAJ 73), Tübingen 1999, 80–95.

GRY, Léon, La Ruine du temple par Titus. Quelques traditions juives plus anciennes et primitives a la base de Pesikta Rabbati XXVI, in: RB 55 (1948) 215–226.

HARTMAN, Geoffrey H./BUDICK, Sanford (Hg.), Midrash and Literature, New Haven, Connecticut 1986.

HEINEMANN, Joseph, Profile of a Midrash. The Art of Composition in Leviticus Rabba, in: JAAR 39 (1971) 141–150.

HERR, Moshe D., Art. Genesis Rabbah, in: EJ 7, 399–401.

–, Art. Tanhuma Yelamdenu, in: EJ 15, 794–796

KADUSHIN, Max, A Conceptual Commentary on Midrash Leviticus Rabbah. Value Concepts in Jewish Thought (Brown Judaic Studies 126), Atlanta, Georgia 1987.

KALMIN, Richard, Midrash and Social History, in: Bakhos, Carol (Hg.), Current Trends in the Study of Midrash (Supplements to the Journal for the Study of Judaism 106), Brill/Leiden/Boston 2006, 133–159.

KERN, Brigitte, Die Pesiqta Rabbati 29/30 Nahamu und die Pesiqta de Rav Kahana Nahamu. Eine Gegenüberstellung zweier Textzeugen aus Parma, in: FJB 11 (1983) 91–112.

–, Tröstet, tröstet mein Volk! Zwei rabbinische Homilien zu Jes 40,1 (PesR 30 und PesR 29/30) (Frankfurter Judaistische Studien 7), Frankfurt a. M. 1986.

KUGEL, James L., Two Introductions to Midrash, in: Hartman, Geoffrey H./Budick, Sanford (Hg.), Midrash and Literature, New Haven, Connecticut 1986, 77–103.

–, In Potiphar's House. The Interpretive Life of Biblical Texts, Cambridge, Massachusetts 1994.

LACHS, Samuel T., Prolegomena to Canticles Rabba, in: The Jewish Review 55 (1964) 235–255.

LERNER, Maier, Anlage des Bereschith Rabba und seine Quellen. Preisschrift, Berlin 1882.

LEVINSON, Joshua, Literary Approaches to Midrash, in: Bakhos, Carol (Hg.), Current Trends in the Study of Midrash (Supplements to the Journal for the Study of Judaism, 106), Brill/Leiden/Boston 2006, 189–226.

MANDELBAUM, Bernhard, Prolegomenon to the Pesikta, in: PAAJR 23 (1954) 41–58.

MARMORSTEIN, A., Zur Erforschung des Jelamdenu-Problems, in: MGWJ 74 (1930) 266–284.

MEIR, Ophra, Chapter Division in Midrash Genesis Rabbah, in: The World Union of Jewish Studies/Asaf David (Hg.), Proceedings of the Tenth World Congress of Jewish Studies, Jerusalem 1990, 101–108.

MERKLEIN, Helmut/MÜLLER, Karl-Heinz/STEMBERGER, Günther (Hg.), Bibel in jüdischer und christlicher Tradition (BBB 88), Frankfurt a. M. 1993.

NEUSNER, Jacob, Genesis Rabbah. The Judaic Commentary on Genesis. A New Translation, 3 Bd. (Brown Judaic Studies 104), Atlanta 1985.
–, Judaism and Scripture. The Evidence of Leviticus Rabbah, Chicago/London 1986.
–, Appropriation and Imitation: The Priority of Leviticus Rabbah over Pesiqta DeRab Kahana, in: PAAJR 54 (1987) 1–28. (1987a)
– (Hg.), Midrash as Literature. The Primacy of Documentary Discourse. Lanham 1987. (1987b)
–, The Role of Scripture in the Torah. Is Judaism a „Biblical Religion"? in: Merklein, Helmut u.a. (Hg.), Bibel in jüdischer und christlicher Tradition (BBB 88), Frankfurt a. M. 1993, 212–225.
PORTON, Gary G., Midrash. Palestinian Jews and the Hebrew Bible in the Greco-Roman Period, in: Temporini, Hildegard/Haase, Wolfgang (Hg.), Aufstieg und Niedergang der Römischen Welt. Geschichte und Kultur Roms im Spiegel der Neueren Forschung 19/2, Berlin/New York 1979, 103–138.
–, Understanding Rabbinic Midrash. Texts and Commentary (The Library of Judaic learning 5), Hoboken, New Jersey 1985.
–, One Definition of Midrash, in: Neusner, Jacob (Hg.), Midrash as Literature. The Primacy of Documentary Discourse, Lanham 1987, 225–229.
–, Defining Midrash, in: Neusner, Jacob (Hg.), The Study of Ancient Judaism (South Florida Studies in the History of Judaism), Atlanta, Georgia 1992, 55–92.
RABINOVITZ, Zvi Meir, Ginze Midrasch. The Oldest Forms of Rabbinic Midrashim according to Genizah Manuscripts, Tel Aviv 1976.
SAMELY, Alexander, Forms of Rabbinic Literature and Thought. An Introduction, New York 2007.
SARASON, Richard S., The Petihtot in Leviticus Rabba. 'Oral Homilies' or Redactional Constructions? in: JJS 33 (1982) 557–567.
SCHÄFER, Peter, Research into Rabbinic Literature. An Attempt to Define the Status Quaestionis, in: JJS 37 (1986) 139–152.
SCHLÜTER, Margarete, Ein Auslegungsmidrash im Midrash Tanhuma, in: FJB 14 (1986) 71–98.
SHINAN, Avigdor/ZAKOVITCH, Yair, Midrash on Scripture and Midrash within Scripture, in: ScrHie 31 (1986) 257–277.
SILBERMAN, Lou H., Toward a Rhethoric of Midrash. A Preliminary Account, in: Polzin, Robert/Rothman, Eugene (Hg.), The Biblical Mosaic. Changing Perspectives, Chico 1982, 15–26.
STEMBERGER, Günter, Einleitung in Talmud und Midrasch, München 1992.
–, Zum Verständnis der Schrift im rabbinischen Judentum, in: Merklein, Helmut u.a. (Hg.), Bibel in jüdischer und christlicher Tradition (BBB 88), Frankfurt a. M. 1993, 212–225.
STERN, David, Parables in Midrash. Narrative and Exegesis in Rabbinic Literature, Cambridge, Massachusetts 1994.
–, Midrash and Theory. Ancient Jewish Exegesis and Contemporary Literary Studies (Rethinking theory), Evanston, Illinois 1996.
SVEDLUND, Gerhard, The Aramaic Portions of the Pesiqta de Rab Kahana. According to MS Marshall Or. 24, the Oldest Known Manuscript of the Pesiqta de Rab Kahana. With English Translation, Commentary and Introduction, Uppsala 1974.
TEUGELS, Lieve M., Midrash in the Bible or Midrash on the Bible? Critical Remarks about the Uncritical Use of a Term, in: Bodendorfer, Gerhard/Millard, Matthias (Hg.), Bibel und Midrasch. Zur Bedeutung der rabbinischen Exegese für die Bibelwissenschaft (FAT 22), Zürich 2000, 43–63.
–, Textual Criticism of Late Rabbinic Midrashim. The Example of Aggadat Bereshit, in: Weren, Wim/Koch, Dietrich-Alex (Hg.), Recent Developments in Textual Criticism. New Testament, other Early Christian and Jewish Literaturepapers Read at a Noster Conference in Münster, January 4–6, 2001, Asse 2003, 207–255. (2003a)
THEODOR, J., Zur Composition der agadischen Homilien, in: MGWJ 3 (1879) 97–113; 4 (1879) 164–175; 6 (1879) 271–278; 8 (1879) 337–350; 9 (1879) 408–418.
THOMA, Clemens /LAUER, Simon, Von der Erschaffung der Welt bis zum Tod Abrahams. Bereschit Rabba 1 – 63. Einleitung, Übersetzung mit Kommentar (Judaica et Christiana 13, Texte), Bern 1991.
TRUDINGER, Peter L., The Psalms of the Tamid Service. A Liturgical Text from the Second Temple (VT.S 98), Brill/Leiden/Boston 2004.

ULMER, Rivka, Pesiqta Rabbati. A Synoptic Edition of Pesiqta Rabbati Based upon all extant Manuscripts and the Editio Princeps, Atlanta, Georgia 1997.
UNGAR, Eli, When "Another Matter" is the Same Matter. The Case of Davar-Aher in Pesiqta DeRab Kahana, in: Neusner, Jacob (Hg.), Approaches to Ancient Judaism, Atlanta 1990, 1–43.
URBACH, Ephraim E., The Homiletical Interpretations of the Sages and the Expositions of Origen on Canticles, and the Jewish-Christian Disputation, in: ScrHie 22 (1971) 247–275.
VERMES, Geza, Scripture and Tradition in Judaism. Haggadic studies (Studia Post-Biblica 4), Leiden 1973.
VISOTZKY, Burton L., Anti-Christian Polemic in Leviticus Rabbah, in: PAAJR 56 (1990) 83–100.
WACHTEN, Johannes, Midrasch-Analyse (JTSt 8), Hildesheim 1978.
WEISS, Eizik Hirsch, Dor dor we-Dorschaw, New York, Berlin 1924.
WRIGHT, Addison G., The Literary Genre Midrash, New York 1967.
ZINGER, Zvi, The Bible Quotations in the Pesikta de Rav Kahana, in: Textus 5 (1966) 114–124.
ZUNZ, Leopold, Die gottesdienstlichen Vorträge der Juden historisch entwickelt, Frankfurt a. M. 1892.

Exegetische Literatur

AUFFRET, Pierre, Essai sur la structure litteraire du psaume 133, in: BN 27 (1985) 22–34.
BAUER, Dieter, Das Buch Daniel (NSK.AT 22), Stuttgart 1996.
BAUMANN, Gerlinde, „Zukunft feministischer Spiritualität" oder „Werbefigur der Patriarchats"? Die Bedeutung der Weisheitsgestalt in Prov 1 – 9 für die feministisch-theologische Diskussion, in: Schottroff, Luise/Wacker, Marie-Theres (Hg.), Von der Wurzel getragen. Christlich-feministische Exegese in Auseinandersetzung mit Antijudaismus (Biblical Interpretation Series 17), Leiden/New York/Köln 1996, 135–152. (1996a)
–, Die Weisheitsgestalt in Proverbien 1 – 9. Traditionsgeschichtliche und theologische Studien (FAT 16), Tübingen 1996. (1996b)
BAUMGART, Norbert Clemens, Die Umkehr des Schöpfergottes. Zu Komposition und religionsgeschichtlichem Hintergrund von Gen 5 – 9 (HBS 22), Freiburg i. Br. 1999.
BEN ZVI, Ehud, Hosea (FOTL 21.A.1), Grand Rapids, Michigan 2005.
BERGANT, Dianne, Song of Songs. The Love Poetry of Scripture, Hyde Park, New York 1998.
BERGES, Ulrich, Jesaja 40 – 48 (HThKAT), Freiburg im Breisgau 2008.
BERGMAN, Jan, Art. אהב, in: ThWAT 1, 105–107.
BLENKINSOPP, Joseph, Isaiah 1 – 39 (AncB 19), New York 2000.
–, Isaiah 40 – 55 (AncB 19.A), New York 2002.
BLOCK, Daniel Isaac, Hesekiel. Chapters 25 – 48 (NIC 25.48), Grand Rapids, Michigan 2002.
–, Hesekiel. Chapters 1 – 24 (NIC 1.24), Grand Rapids, Michigan 2005.
BOADT, Lawrence, The Poetry of Prophetic Persuasion. Preserving the Prophet's Persona, in: CBQ 59 (1997) 1–21.
BONS, Eberhard, Das Buch Hosea (NSK.AT 23.1), Stuttgart 1996.
BOOIJ, Thijs, Psalm 133. "Behold, how Good and how Pleasant", in: Bib. 83 (2002) 258–267.
CAQUOT, André/ROBERT, Philippe, Les livres de Samuel (CAT 6), Genève 1994.
CASSUTO, Umberto, From Adam to Noah. Genesis I – VI 8 (A Commentary on the Book of Genesis 1), Jerusalem 1989.
–, From Noah to Abraham. Genesis VI 9 – XI 32. With an Appendix. A Fragment of Part III (A Commentary on the Book of Genesis 2), Jerusalem 1992.
CERESKO, Anthony R., Psalm 149. Poetry, Themes (Exodus and Conquest), and Social Function, in: Bib. 67 (1986) 177–194.
CHILDS, Brevard S., Isaiah. A Commentary (OTL), Louisville, Kentucky 2001.
CHRISTENSEN, Duane L., Deuteronomy 1 – 11 (WBC 6.A), Waco, Texas 1991.
–, Deuteronomy 21,10 – 34,12, (WBC 6.B), Waco, Texas 2002.
CLIFFORD, Richard J., Proverbs. A Commentary (OTL), Louisville, Kentucky 1999.
COATS, George W., Exodus 1 – 18 (FOTL 2.A), Grand Rapids, Michigan 1999.
COGAN, Mordechai/Tadmor, Hayim, II Kings (AncB 11), Garden City, New York 1988.
COHEN, Norman J., Leviticus Rabbah, Parashah 3. An Example of a Classic Rabbinic Homily, in: JQR 72 (1981) 18–31.

COLLINS, John J., Daniel. A Commentary on the Book of Daniel (Hermeneia), Minneapolis 1993.
CRENSHAW, James L., Joel. A New Translation with Introduction and Commentary (AncB 24.C), New York 1995.
DAHMEN, Ulrich/FLEISCHER, Gunther, Die Bücher Joel und Amos (NSK.AT 23.2), Stuttgart 2001.
DAVIES, Graham I., Hosea (NCB), Grand Rapids, Michigan 1992.
DEISSLER, Alfons, Zefanja, Haggai, Sacharja, Maleachi (NEB 21), Würzburg 1988.
DEURLOO, Karel Adriaan, Gedächtnis des Exils (Psalm 120 – 134), in: CV 34/2 (1992) 5–14.
DOHMEN, Christoph, Exodus 19 – 40 (HThKAT), Freiburg i. Br. 2004.
DOYLE, Brian, Heaven, Earth, Sea, Field and Forest. Unnatural Nature in Ps 96, in: JNWSL 27/2 (2001) 23–44.
DREWERMANN, Eugen, Die jahwistische Urgeschichte in exegetischer Sicht (Paderborner theologische Studien 4), Paderborn 1995.
FISCHER, Georg, Jeremia 1 – 25 (HThKAT), Freiburg i. Br. 2005. (2005a)
–, Jeremia 26 – 52 (HThKAT), Freiburg i. Br. 2005. (2005b)
FRETHEIM, Terence E., Exodus (Int), Louisville 1991.
FRETTLÖH, Magdalene L., Wenn Mann und Frau im Bilde Gottes sind. Über geschlechtsspezifische Gottesbilder, die Gottesbildlichkeit des Menschen und das Bilderverbot, Wuppertal 2002.
FREVEL, Christian, Art. רדף, in: ThWAT 7, 362–372.
FRITZ, Volkmar, Das zweite Buch der Könige (ZBK.AT 10,2), Zürich 1998.
FUHS, Hans F., Das Buch der Sprichwörter. Ein Kommentar (FzB 95), Würzburg 2001. (2001a)
–, Sprichwörter (NEB 35), Würzburg 2001. (2001b)
GERSTENBERGER, Erhard S., Psalms. Part 1. With an Introduction to Cultic Poetry (FOTL 14), Grand Rapids, Michigan 1991.
–, Das dritte Buch Mose. Leviticus (ATD 6), Göttingen 1993.
–, Psalms. Part 2 and Lamentations (FOTL 15), Grand Rapids, Michigan 2001.
GIEßAUF, Johannes M., Vorboten der Endzeit. Zur (Be-)Deutung des biblischen Mythos von Gog und Magog, in: Göbel, Erhard (Hg.), Faszination Bibel: Von der Handschrift zum Computer. Ausstellung an der Universitätsbibliothek Graz 11. April bis 13. Mai 2003 / Universitätsbibliothek Graz. Gestaltet von Erhard Göbel, Graz 2003, 5–10.
GÖRG, Manfred, Richter (NEB 31), Würzburg 1993.
GREENBERG, Mose, Ezechiel 21 – 37 (HThKAT), Freiburg i. Br. 2005.
GUNKEL, Hermann, Genesis, Göttingen 1977.
HAAG, Ernst, Daniel (NEB 30), Würzburg 1993.
HALDAR, Alfred, Art. אהב, in: ThWAT 1, 107–108.
HAMIDOVIĆ, David, Le Psaume 133. Psaume sacerdotal par excellence, in: Bord, Lucien-Jean/Riaud, Jean (Hg.), De Jérusalem à Rome (FS Jean Riaud), Paris 2000, 59–90.
HARTLEY, John E., Leviticus (WBC 4), Waco, Texas 2000.
HENTSCHEL, Georg, 2 Könige (NEB 11), Würzburg 1985.
HOBBS, T. Raymond, 2 Kings (WBC 13), Waco, Texas 1985.
HOLLADAY, William L., The Root šûbh in the Old Testament. With Particular Reference to its Usages in Convenantal Contexts, Leiden 1958.
–, A Commentary on the Book of the Prophet Jeremiah. Chapters 1 – 25 (Hermeneia), Philadelphia 1983.
–, A Commentary on the Book of the Prophet Jeremiah. Chapters 26 – 52 (Hermeneia), Minneapolis 1989.
HOSSFELD, Frank-Lothar/ZENGER, Erich, Die Psalmen I. Psalm 1 – 50 (NEB 29), Würzburg 1993.
–/–, Psalmen 51 – 100 (HThKAT), Freiburg i. Br. 2001.
–/–, Psalmen 101 – 150 (HThKAT), Freiburg i. Br. 2008.
HOUTMAN, Cornelis, Exodus. Chapters 7,14 – 19,25 (HCOT 3), Kampen 1996.
–, Exodus. Chapters 20 – 40 (HCOT 2), Kampen 2000.
IRSIGLER, Hubert, Speech Acts and Intention in the 'Song of the Vineyard' Isaiah 5:1–7, in: Old Testament Essays 10/1 (1997) 39–68.
JACOB, Benno, Das erste Buch der Tora. Genesis, Berlin 1934.
–, Das Buch Exodus, Stuttgart 1997.

JAPHET, Sara, 2 Chronik (HThKAT), Freiburg i. Br. 2003.
JEREMIAS, Jörg, Der Prophet Hosea (ATD 24.1), Göttingen 1983.
–, Die Propheten Joel, Obadja, Jona, Micha (ATD 24.3), Göttingen 2007.
JOHNSTONE, William, 2 Chronicles 10 – 36. Guilt and Atonement (JSOT.S 254), Sheffield 1997.
KEEL, Othmar, Das Hohelied (ZBK.AT 18), Zürich 1992.
KESSLER, Rainer, Micha (HThKAT), Freiburg i. Br. 2000.
KONKEL, Michael, Die zweite Tempelvision Ezechiels (Ez 40 – 48). Dimensionen eines Entwurfs, in: Keel, Othmar/Zenger, Erich (Hg.), Gottesstadt und Gottesgarten. Zu Geschichte und Theologie des Jerusalemer Tempels (QD 191), Freiburg i. Br. 2002, 154–177.
KRÜGER, Thomas, Kohelet (Prediger) (BK 19), Neukirchen-Vluyn 2000.
LANGE, Armin/MÜLLER, Hans-Peter (Hg.), Mythos im Alten Testament und seiner Umwelt (FS Hans-Peter Müller) (BZAW 278), Berlin 1999.
LELIÈVRE, André/MAILLOT, Alphonse, Commentaire des Proverbes, Paris 1996.
LEVINE, Baruch A., Leviticus (JPS 3), Philadelphia, Pennsylvania 1989.
–, Numbers 1 – 20 (AncB 4), New York 1993.
–, Numbers 21 – 36 (AncB 4A), New York 2000.
LIPINSKI, Edouard Art. קנה, in: ThWAT 7, 63–71.
LONGMAN, Tremper, The Book of Ecclesiastes (NIC), Grand Rapids, Michigan 1998.
–, Song of Songs (NIC), Grand Rapids, Michigan 2006.
LUNDBOM, Jack R., Jeremiah 21 – 36. A New Translation with Introduction and Commentary (AncB 21B), New York.
MAIER, Christl, Die „fremde Frau“ in Proverbien 1 – 9. Eine exegetische und sozialgeschichtliche Studie (OBO 144), Göttingen 1995.
MALCHOW, Bruce V., A Manual for Future Monarchs, in: CBQ 47 (1985) 238–245.
MCCONVILLE, J. Gordon, Deuteronomy (AOT 5), Leicester 2002.
MEINHOLD, Arndt, Die Sprüche. Teil 1. Sprüche Kapitel 1 – 15 (ZBK.AT 16), Zürich 1991.
MILGROM, Jacob, Numbers (JPS 4), Philadelphia, Pennsylvania 1990.
–, Leviticus 1 – 16 (AncB 3), New York 1991.
–, Leviticus 17 – 22 (AncB 3.A), New York 2000.
–, Leviticus 23 – 27. A New Translation with Introduction and Commentary (AncB), New York 2001.
MURPHY, Roland E., Ecclesiastes (WBC 23.A), Waco, Texas 1992.
–, The Song of Songs. A Commentary on the Book of Canticles or The Song of Songs (Hermeneia), Minneapolis 1994.
–, Proverbs (WBC 22), Nashville 2000.
NELSON, Richard D., Deuteronomy. A Commentary (OTL), Louisville, Kentucky 2002.
OLSON, Dennis T., Numbers (Int), Louisville 1996.
POHLMANN, Karl-Friedrich, Das Buch des Propheten Hesekiel (Ezechiel). Kapitel 20 – 48 (ATD 22.2), Göttingen 2001.
REVENTLOW, Henning Graf, Die Propheten Haggai, Sacharja und Maleachi (ATD 25.2), Göttingen 1993.
RUPPERT, Lothar, Genesis. Ein kritischer und theologischer Kommentar (FzB 106), Würzburg 1992.
SAUTERMEIER, Jochen, Ps 149,6 und die Diskussion um das waw adaequationis, in: BN 101 (2000) 64–80.
SCHARBERT, Josef, Exodus (NEB 24), Würzburg 2000.
SCHMIDT, Ludwig, Das vierte Buch Mose. 10,11 – 36,13 (ATD 7.2), Göttingen 2004.
SCHROER, Silvia, Die göttliche Weisheit und der nachexilische Monotheismus, in: Wacker, Marie-Theres/Zenger, Erich (Hg.), Der eine Gott und die Göttin. Gottesvorstellungen des biblischen Israel im Horizont feministischer Theologie (QD 135), Freiburg i. Br. 1991, 151–182.
–, Die Weisheit hat ihr Haus gebaut. Studien zur Gestalt der Sophia in den biblischen Schriften, Mainz 1996.
SCHWIENHORST-Schönberger, Ludger, Kohelet (HThKAT), Freiburg i. Br. 2004.
–, Das Hohelied, in: Zenger, Erich u.a. (Hg.), Einleitung in das Alte Testament (Kohlhammer-Studienbücher Theologie 1,1), Stuttgart 2006, 389–396.

SCORALICK, Ruth, Gottes Güte und Gottes Zorn. Die Gottesprädikationen in Ex 34, 6f und ihre intertextuellen Beziehungen zum Zwölfprophetenbuch (HBS 33), Freiburg i. Br. 2002.
SEEBASS, Horst, Genesis. Urgeschichte (1,1 – 11,26), Neukirchen-Vluyn 1996.
–, Genesis. Vätergeschichte (11,27 – 22,24), Neukirchen-Vluyn 1997.
–, Numeri 10,11 – 22,1 (BK.AT 4,2), Neukirchen-Vluyn 2003.
–, Numeri 22,2 – 36,13 (BK.AT 4,2), Neukirchen-Vluyn 2007.
SEIDL, Theodor, Art. צרעת, in: ThWAT 6, 1127–1133.
SEOW, Choon Leong, Ecclesiastes. A New Translation with Introduction and Commentary (AncB 18C), New York 1997.
SEYBOLD, Klaus, Die Psalmen (HAT 1.15), Tübingen 1996.
SIMON, Uriel, Jona. Ein jüdischer Kommentar (SBS 157), Stuttgart 1994.
SOGGIN, Jan Alberto, Das Buch Genesis. Kommentar, Darmstadt 1997.
STAUBLI, Thomas, Die Bücher Leviticus, Numeri (NSK.AT 3), Stuttgart 1996.
STRUPPE, Ursula, Die Bücher Obadja, Jona (NSK.AT 24.1), Stuttgart 1996.
STUART, Douglas, Hosea – Jonah (WBC 31), Waco, Texas 1987.
TOV, Emanuel, Der Text der hebräischen Bibel. Handbuch der Textkritik, Stuttgart/Berlin 1997.
TRIBLE, Phyllis, God and the Rethoric of Sexuality (OBT 2), Philadelphia 1978.
VANONI, Gottfried, Zur Bedeutung der althebräischen Konjunktion w. Am Beispiel von Ps 149,6, in: Gross, Walther/Irsigler, Hubert/Seidl, Theodor (Hg.), Methode und Grammatik. (FS Wolfgang Richer), St. Otilien 1991, 561–576.
WALLIS, Gerhard, Art. אהב, in: ThWAT 1, 107–128.
WANKE, Gunther, Jeremia 25, 15 – 52, 34, Zürich 2003.
WEBB, Barry G., The Book of the Judges. An Integrated Reading (JSOT 46), Sheffield 1987.
WENHAM, Gordon J., The book of Leviticus, Grand Rapids, Michigan 1979.
–, Genesis 16 – 50 (WBC 2), Waco, Texas 1994.
WESTERMANN, Claus, Genesis. I. Genesis 1 – 11. (BK.AT I.1), Neukirchen-Vluyn 1976.
–, Genesis. II. Gen 12 – 36 (BK.AT I.2), Neukirchen-Vluyn 1981.
WHYBRAY, Roger N., Proverbs. Based on the Revised Standard Version (NCB), London 1994.
ZAKOVITCH, Yair, Das Hohelied (HThKAT), Freiburg i. Br. 2004.
ZAPFF, Burkard M., Jesaja 40 – 55 (NEB 36), Würzburg 2001.
ZENGER, Erich, Vom Segen der Brüderlichkeit. Überlegungen zum Verständnis des 133. Psalms, in: Mosis, Rudolf/Deissler, Alfons (Hg.), Der Weg zum Menschen. Zur philosophischen und theologischen Anthropologie (FS Alfons Deissler), Freiburg i. Br. 1994, 173–182.
–, „Dass alles Fleisch den Namen seiner Heiligung segne“ (Ps 145,21). Die Komposition Ps 145 – 150 als Anstoß zu einer christlich-jüdischen Psalmenhermeneutik, in: BZ 41/1 (1997) 1–27.
–, Ein Gott der Rache? Feindpsalmen verstehen, Freiburg i. Br. 1998.
–, Das Mythische in den Psalmen 84 und 85, in: Lange, Armin/Müller, Hans-Peter (Hg.), Mythos im Alten Testament und seiner Umwelt (FS Hans-Peter Müller) (BZAW 278), Berlin 1999, 233–251.
– (Hg.), Einleitung in das Alte Testament (Kohlhammer-Studienbücher Theologie 1,1), Stuttgart 2006.

Intertextualität

BACHTIN, Michael M., Die Ästhetik des Wortes, Frankfurt a. M. 1979.
BAIL, Ulrike, Gegen das Schweigen klagen. Eine intertextuelle Studie zu den Klagepsalmen Ps 6 und Ps 55 und der Erzählung von der Vergewaltigung Tamars, Gütersloh 1998.
BOYARIN, Daniel, The Song of Songs: Lock or Key? Intertextuality, Allegory and Midrash, in: Schwartz, Regina M. (Hg.), The Book and the Text. The Bible and Literary Theory, Cambridge Massachusetts 1990, 214–230. (1990a)
–, Intertextuality and the Reading of Midrash, Bloomington, Indianapolis 1990. (1990b)
BROCKMÖLLER, Katrin, „Eine Frau der Stärke – wer findet sie?“. Exegetische Analysen und intertextuelle Lektüren zu Spr 31,10–31 (BBB 147). Berlin/Wien 2004.
BROICH, Ulrich/PFISTER, Manfred (Hg.), Intertextualität. Formen, Funktionen, anglistische Fallstudien (Konzepte der Sprach- und Literaturwissenschaft 35), Tübingen 1985.

KRISTEVA, Julia, Bachtin, das Wort, der Dialog und der Roman, in: Ihwe, Jens (Hg.), Literaturwissenschaft und Linguistik. Egebnisse und Perspektiven. Bd. 3,2: Zur linguistischen Basis der Literaturwissenschaft II, Frankfurt a. M. 1972, 345–375.

LACHMANN, Renate, Gedächtnis und Literatur. Intertextualität in der russischen Moderne, Frankfurt a. M. 1990.

RAKEL, Claudia, Judit – Über Schönheit, Macht und Widerstand im Krieg. Eine feministisch-intertextuelle Lektüre (BZAW), Berlin/New York 2003.

STEINS, Georg, Die „Bindung Isaaks" im Kanon (Gen 22). Grundlagen und Programm einer kanonisch-intertextuellen Lektüre, mit einer Spezialbibliographie zu Gen 22 (HBS 20), Freiburg i. Br. 1999.

TRIMPE, Birgit, Von der Schöpfung bis zur Zerstreuung. Intertextuelle Interpretationen der biblischen Urgeschichte (Gen 1 – 11) (Osnabrücker Studien zur jüdischen und christlichen Bibel 1), Osnabrück 2000.

Sozialforschung / Leseverhalten

BOHNSACK, Ralf, Rekonstruktive Sozialforschung und der Grundbegriff des Orientierungsmusters, in: Siefkes, Dirk (Hg.), Sozialgeschichte der Informatik. Kulturelle Praktiken und Orientierungen (DUV-Sozialwissenschaft), Wiesbaden 1998, 105–121.

–, Dokumentarische Methode. Theorie und Praxis wissenssoziologischer Interpretation, in: Hug, Theo (Hg.), Wie kommt Wissenschaft zu Wissen? Baltmannsweiler 2001, 326–345.

–, Rekonstruktive Sozialforschung. Einführung in qualitative Methoden (UTB Erziehungswissenschaft, Sozialwissenschaft 8242), Opladen 2008.

DERRIDA, Jacques, Grammatologie (Suhrkamp-Taschenbuch Wissenschaft 417), Frankfurt a. M. 2004.

EBNER, Martin/Gabriel, Karl/Erzberger, Johanna/Geller, Helmut, Schramm, Christian, Bibel im Spiegel sozialer Milieus. Eine Untersuchung zu Bibelkenntnis und -verständnis in Deutschland (Forum Religion & Sozialkultur. Abt. A: Religions- und kirchensoziologische Texte 16), Münster 2008.

ECO, Umberto, Die Grenzen der Interpretation, München 1995.

EIBL, Thomas, Hypertext. Geschichte und Formen sowie Einsatz als Lern- und Lehrmedium. Darstellung und Diskussion aus medienpädagogischer Sicht (Kopaed Internet Studien), München 2004.

GABRIEL, Karl/NUSCHELER, Franz/KELLER, Sabine/TREBER, Monika (Hg.), Christliche Dritte-Welt-Gruppen. Praxis und Selbstverständnis (Forum Weltkirche 5), Mainz 1995.

ISER, Wolfgang, Der Akt des Lesens. Theorie ästhetischer Wirkung. München 1994.

KUHLEN, Rainer, Hypertext. Ein nicht-lineares Medium zwischen Buch und Wissensbank (Edition SEL-Stiftung), Berlin 1991

MANNHEIM, Karl/Kettler, David, Strukturen des Denkens (Suhrkamp-Taschenbuch Wissenschaft 298), Frankfurt a. M 1980.

MONTROSE, Louis Adrian, The Purpose of Playing. Shakespeare and the Cultural Politics of the Elizabethan Theatre, Chicago 1999.

NELSON, Theodor H., A File Structure of the Complex. The Changing and the Indeterminate, in: Proceedings of the 1965 20th National ACM-Conference, Cleveland, Ohio, 84–100.

NELSON, Theodor H., Computer Libdream Machines, Redmond, Washington 1987.

–, Literary Machines 93.1, Sausalito, California 1992.

SCHRAMM, Christian, Alltagsexegesen. Sinnkonstruktion und Textverstehen in alltäglichen Kontexten (SBB 61), Stuttgart 2008.

Sonstiges

GESENIUS, Wilhelm/BUHL, Franz, Wilhelm Gesenius' Hebräisches und aramäisches Handwörterbuch über das Alte Testament, Berlin 1962; 1915.

JASTROW, Marcus, A Dictionary of the Targumim, the Talmud Babli and Yerushalmi, and the Midrashic Literature, Jerusalem 1903.

Register

Bibelstellenregister

Midraschim

Tanchuma (Tan)

Tanchuma Buber (TanB)